金泰地产
G·T·R

北京九州通医药有限公司

董事长 刘兆年

北京九州通医药有限公司以药品批发、物流配送、医药电子商务等为主营业务，专营各类中药材、中药饮片、中成药、化学原料药、化学药制剂、抗生素、生化药品、生物制品、第二类精神药品、体外诊断试剂(器械类与药品类)、保健食品、定型包装食品、卫生用品、医疗器械、医疗商品、化妆品等，经营品种、品规达11000多种。

公司坚持“放心的商品，满意的服务”的质量管理方针，严格按GSP要求严把采购、收货、验收、储存、养护、销售、出库、配送、运输等环节的药品质量关。计算机管理信息系统，能覆盖药品购进、储存、销售等经营环节质量控制的全过程；对购销单位、经营品种和供货方销售人员等建立了数据库，对其法定资质和经营权限进行自动关联控制；对库存药品进行有效管理；具有实现接受药品监督管理部门电子监管的条件。公司经营的药品质量优、品种全、价格低，为客户提供周到、便捷的服务，并在客户中建立了良好的口碑。

国内一流的现代化医药物流中心。物流中心具有运行效率高、差错少、成本低的特点，各项运行指标达到国际先进水平，可以有效地保证北京以及周边地区用药安全和应对突发公共卫生事件的需要。

覆盖华北地区及内蒙古地区的医药营销和物流配送网络。公司及下属企业配置了各种类型配送专用车辆共计99台。市内配送自订单下达之时起6小时内送达；方圆200公里范围内的12小时送达；半径200公里内的，在24小时内送达。现与全国四千多家药品生产企业和近万家药品经销商、零售商、医疗机构和政府采购团保持着良好的合作关系和业务往来关系。

第三方物流服务业务。为充分利用九州通现代化医药物流模式，公司组织相关方面专家成立集仓储保管、配送支持、技术保障于一体的第三方物流专设项目组，为客户规划设计特有的物流方案。第三方物流客户作为公司的合作伙伴，可享受到中国顶尖、国际领先的物流技术所带来的效益提升。

完善的医药电子商务平台。国内唯一一家同时具有互联网药品交易资格“B2B”、“B2C”认证的企业。公司的电子商务平台利用现代化电子信息技术将公司的上游客户和下游客户的生产、库存、交易、需求等环节有效地结合起来，极大地提高了效率，降低了物流成本。

公司地址：北京市大兴区大兴经济开发区广平大街9号

公司电话：010-60210222　60210808　　邮编：102600

公司网址：http://www.jzteyao.com

北京丰台年鉴

2010

北京市丰台区地方志编纂委员会

中华书局
2010

图书在版编目（CIP）数据

北京丰台年鉴. 2010/北京市丰台区地方志编纂委员会编.
—北京：中华书局，2010.12
ISBN 978—7—101—07691—2

Ⅰ. 北…　Ⅱ. 北…　Ⅲ. 丰台区—2010—年鉴
Ⅳ. Z521.3

中国版本图书馆 CIP 数据核字（2010）第 221215 号

责任编辑：金　锋　张云静

北京丰台年鉴（2010）
北京市丰台区地方志编纂委员会编
*
中华书局出版
（北京市丰台区太平桥西里 38 号　100073）
http://www.zhbc.com.cn
E-mail:zhbc@zhbc.com.cn
廊坊市金虹宇印务有限公司
*
787×1092　1/16　29.5 印张　60 插页　642 千字
2010 年 12 月第 1 版　2010 年 12 月第 1 次印刷
印数：1500 册　定价：88.00 元

ISBN 978—7—101—07691—2

北京市丰台区地方志编纂委员会

《北京丰台年鉴》编辑部

编 辑 说 明

一、《北京丰台年鉴》是一部综合性资料性工具书和史料文献。在丰台区委、区政府领导下，由区地方志编纂委员会主持编纂。

二、本年鉴以马列主义、毛泽东思想、邓小平理论和“三个代表”重要思想为指导，坚持以经济建设为中心，坚持实事求是的原则，与时俱进、开拓创新、科学地反映客观情况。

三、本年鉴从 2002 年开始，逐年编辑出版。当年出版的年鉴全面汇集上一年度丰台区各项事业、行业等诸方面新发生的重大事件、新情况和重要的文献信息，为各级领导提供可资参考的依据，为各个行业提供有价值的资料，为各方面人士了解、熟悉和研究丰台提供最新信息。

四、本年鉴以详记区属各系统、各单位为主，略记驻区部分中央、市属单位的情况。

五、本年鉴采用文章、条目等体裁，以条目为主，用规范的语体文、记述体直陈其事，文字力求言简意赅。

六、本年鉴文字内容设有特载、大事记、政党团体、政权政协、政法军事、农村经济和农业、工业、商贸服务业、高新技术产业、综合经济管理、财政税务审计、金融、城市建设和管理、交通邮电、科技教育、文化体育卫生、社会、街乡（镇）、人物、附录等一级栏目，一级栏目下设二级栏目，二级栏目下设分目，分目下设条目。

七、本年鉴收有 2009 年内丰台区党、政、军、民主党派、团体、街乡（镇）、部分企业负责人名录及驻区部分单位负责人名录，所列职务均以2009年内任职为限，其中有任免情况的分别予以说明，同时收有获得国家（中央部委）、市奖励与荣誉称号的单位和个人名单和获得高级职称的人员名单。

八、本年鉴选入的文章、条目均由各部门、各单位确定专人撰写，并经主管负责人审核。统计资料由区统计局提供，照片由各单位提供。

九、本年鉴反映2009年1月1日至12月31日期间的情况，文内一般直书月、日，不再写年份。

十、本年鉴由区地方志办公室《北京丰台年鉴》编辑部负责编辑、文字加工和版面设计。在编辑出版过程中得到了全区各单位及各方面的大力支持和热情帮助，在此一并表示感谢。由于编辑水平所限，疏漏和不足之处恳请读者批评指正。

胡锦涛总书记观看区少年宫“小星星”艺术团演出

市委书记刘淇、市长郭金龙到丽泽金融商务区调研

团中央书记陆昊到新发地调研

市委常委梁伟到长安新城社区调研

全国政协常委高俊良到国润商务大厦调研

市发改委主任张工到马草河调研

团市委书记王少峰到新发地调研
流动团员青年团建工作

市政法委常务副书记李伟到区调研拆违工作

区委书记李超钢到郭庄子西局小区调研

区委副书记、区长游广斌到广播电视中心调研

人大主任杜瑞琴到丽泽商务区调研

政协主席初建华到基层调研

常务副区长汪洪视察政府幼儿园

副区长李昌安到规划局调研

副区长李丽萍到街道检查工作

副区长孔令斌到地方志调研

区十四届人民代表大会第五次会议

区政治协商会议第八届委员会第四次会议

区共青团第十一次代表大会

区工会第十一次代表大会

区编办党支部成立大会

区政法工作会议

市政法委在法院召开农民工工资执行案件现场会

国际禁毒日主题宣传活动

与法同行

首都医科大学卫生法学教学实习基地签约仪式

公安部副部长刘京到西罗园派出所慰问

丰台分局局长孙钫检查春节安全保卫工作

消防支队扑灭菜户营东街仓库大火

主题演讲比赛

大红门中队成功营救井下被困三名男子

人大机关科学发展观总结会

市政管理委员会科学发展观测评总结大会

机关事务管理处学习科学发展观活动

残联开展学习实践科学发展观活动

丰台街道科学发展观学习交流会

环卫中心学习实践科学发展观动员会

教委学习实践科学发展观活动动员会

烟草公司开展科学发展观活动总结视频会

军区政委符廷贵到区人武部检查工作

区四套班子领导开展军事日活动

政协主席初建华、副区长吕仕杰慰问阅兵部队

民兵高炮分队集训开训动员大会

太平桥邮局职工上门为两会代表服务

地铁4号线建成通车

京九铁路电气化北京局6000T列车首发仪式

5.12汶川大地震1周年南区邮局
开展爱心包裹捐赠活动

动车段竣工

北京南站南路外部路网运行

城市节水宣传周启动仪式

城市绿化

莲花池荷花

绿堤公园开园仪式

国台办副主任叶克冬到三兴公司视察工作

首都航天机械公司庆祝建国60周年老干部座谈会

检修维护合同签字仪式

首都航天机械公司天津航天装备有限公司开业典礼

京丰热电公司迎厂庆红歌会

中国基督教会长来清真寺

纪念民进丰台工委成立20周年

农工民主党医疗专家进社区

方庄地区启动侨法宣传角

农工党员在社区开展义诊宣传活动

区红十字会发放救助物资

区红十字会开展宣传活动

区红十字会成立志愿者服务队

区领导慰问玉林西里困难党员

总工会两节送温暖活动启动仪式

解放军302医院“健康社区行”专家医疗队

市总工会“就业援助送岗位”系列活动

区残联与区卫生局开展爱耳日讲座

社工委与两所高等院校
签订合作协议

大学生社区工作者入职培训

人口计生系统新春联谊会现场

南苑医院翻扩建工程开工奠基典礼

幸福家庭工程“科学育儿行动”启动仪式

区政府与天坛医院签订合作意向书

卫生系统庆祝党建88周年表彰大会

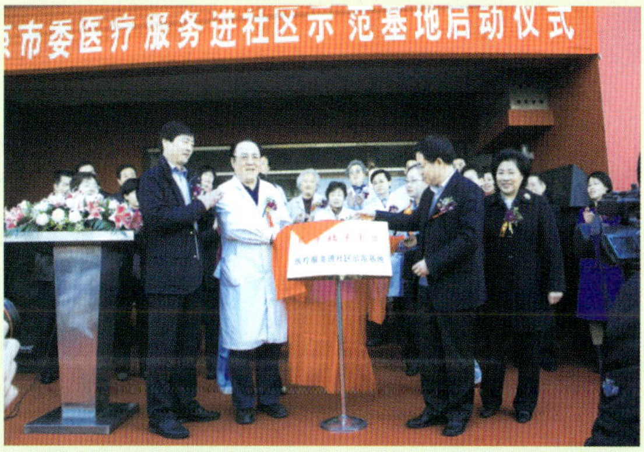

民革市委医疗服务进社区示范基地启动仪式

第二届残疾人艺术汇演

残疾人家庭无障碍改造工作

人事局与残联举办残疾人招聘会

区与中残联联合开展全国助残日活动

全民科学素质行动号启动仪式

区实施首都职工素质教育工程大会

科普创作文艺演出颁奖晚会

行政服务中心干部作风研讨会

接收奥运缶等物品进档案馆

科技支撑北京市农产品安全物流

创建药品放心区工作达标单位授牌仪式

青年教师先进个人表彰大会

北京小学丰台万年花城分校开学

小学走进国学课堂

区中高考暨初中建设工程总结表彰会

右安门街道冬令营快乐数独大课堂

五所幼儿园成为市早教基地

少年宫建宫五十周年

成长的天空

首届棋弈少年杯中小学生棋类锦标赛

我与祖国共成长

少年宫东区成立

丽泽金融商务区B6B7项目银团贷款签约仪式

市五一劳动奖章获得者

云岗街道主办钻石婚庆典活动

博物馆日

区政法工作会议

区建设工程工作大会

丰台街道廉政风险防范管理工作会

西罗园街道阳光少年科普乐园基地启动仪式

保障高考考点环境卫生

互助年启动仪式

总工会召开庆五一经济技术创新表彰会

第二十三届卢沟桥醒狮杯越野跑比赛

国庆六

祝福祖国六十周年活动

区职工第26届“五月的鲜花”文艺汇演

星星火炬方阵的少先队员在行进中

首经贸举办爱我中华歌咏比赛

国庆游行继往开来方阵总结表彰大会

十周年

国庆60周年庆祝活动总结表彰大会

国庆祖国60华诞长城组歌

“十一”游行

右安门街道北京南站志愿者服务站

三兴汽车有限公司承制的阅兵后勤装备车

国民党荣誉主席连战到卢沟桥参观

澳大利亚友人参观方庄社区卫生服务中心

中国工商银行股份有限公司
北京方庄支行

北京丽泽金融商务区 B6B7 项目银团贷款签约仪式

支行党委组织党员干部赴西柏坡纪念馆开展党日活动

方庄支行积极应对国际金融危机带来的严峻挑战，立足地区经济发展，以提升支行核心竞争能力为目标，抢抓发展机遇，全力拓展优质客户市场，努力提高市场占有率，为可持续发展夯实了基础。

提高金融服务能力，加快资源储备 支行围绕“公路贷款、政府融资平台、房地产开发和小企业贷款”四大业务板块，全力拓展优质信贷资源，调整客户结构，首次尝试银团贷款，加强对区内基础设施建设和道路交通建设的支持力度；贯彻客户分层管理机制，带动电子银行、法人理财、代发工资、个人金融等相关业务发展；开展产品线的横向邦定销售，实现公私业务起头并进。

持续加强服务管理，服务面貌有效改善 加强组织推动，坚持服务检查和考核约束，开展客户满意度测评，持续提升服务意识；加强服务队伍建设，提升服务技能；完善投诉管理，提升客户满意度；加快渠道建设，增强客户服务能力。

加强内部控制，提升全面风险管理水平 规范制度管理，提高管理人员履职效果，提高干部员工的廉洁勤政和依法合规经营意识；定期召开风险管理委员会，分析运营体制改革要点，及时发现风险隐患；继续加大不良贷款清收处置力度，实现不良贷款和不良率的双下降，进一步夯实资产质量。

加强党建和队伍建设，积极构建和谐文化 加强党员干部党风廉政教育和支部建设，提高党员干部党性修养；实施人才发展战略，稳步提升金融理财师、综合柜员占比；缓解员工工作压力，丰富业余生活，将关心员工的行动落到实处，构建和谐企业文化。

“与您携手 财富共成长”中秋客户答谢活动

第五届员工业务技能比赛

万科
让建筑赞美生命
中粮
COFCO
开发商：北京中粮万科假日风景房地产开发有限公司
建筑规划：北京建筑设计研究院
立面方案设计：北京市墨臣建筑设计事务所
景观设计：中国建筑设计研究院景观设计研究所
销售代理：思源经纪
紫苑第5季
双倍空间 非乘勿扰
2010
收入翻番。
如果工资没涨，那么双倍的消费回报，效果也一样。
在万科中粮紫苑·第5季，
你可以花一层的钱，买两层住房。
北京这地方，打拼创业的高学历人群多，这样的房子很好卖。
不过，建这种房子，开发商获利不会太高，
所以，这样的好事不会太多。
能与第5季结缘的人，挺幸运的。
VIP8610+
8383 8888
自由尺度全功能户型
挑高5.3米双层空间
咫尺地铁14号线
西长安街醇熟环境
接待中心：西长安街玉泉路口向南4000米
此广告仅为要约邀请，不作为商品房买卖合同的组成部分，买卖双方的权利义务均以双方签署的商品房买卖合同约定为准。品牌行销：Ribo 世纪瑞博

WESTERN
INTERNATIONAL PLAZA
西区国际广场
西区核心·全龄层无限量CITY PLAZA
COFFEE
COFFEE
ICE CREAM SHOP
冰淇淋店
抢铺热线 | 010-63370078 | 接待中心：北京市太平桥中路西区国际广场/金彩视界眼镜城联合接待中心 / 投资开发：北京盛达兴业房地产开发有限公司
设计：上海天华建筑设计有限公司 / 施工建设：南通建筑工程总承包有限公司 / 全案代理：
本资料所有图文不作为合同附件，结果以政府批文及销售合同为准，最终解释权归开发商所有。

2.5万元/m²起
WESTERN INTERNATIONAL PLZAZ
限/量/发/售

WESTERN INTERNATIONAL PLAZA

旺地掘金 / 千载难逢

西区国际广场，地处广安门商圈、马连道中央采购区、丽泽桥商务区三大商圈交汇核心，商业氛围浓厚，毗邻2大高速路、4大客运枢纽、5条城市主干线，30余条公交车线，交通优势无与伦比，随着南城和丽泽商务区的高速发展，升值潜力无可限量。

下一站 西区国际"财富"广场

7、9、14、16和新增的11号线地铁紧邻项目设有站点，开通后将网聚八方人流，形成无比强大的"汇聚效应"和"漏斗效应"，西区国际广场，华丽转身晋升成为"西区财富广场"！

三大优势组合 / 投资信心保证

商业布局优势、产品优势、高投资回报优势，丰富多元化的商业布局，为项目注入活力，高利用率的框架结构，可自由组合，临街现铺，是区域内不可多得的优质产品。项目周边的商业租金每年都在稳定增长，事实胜于雄辩，超高投资回报。

中国铁建
青秀城
FRAGRANCE CITY
三环畔/低密/逸生活
VIP +8610 8362 8888

丰台区房屋经营管理中心

区委常委、副区长李昌安听取南苑棚户改造进展汇报

纪念房地事业五十周年座谈会

2009 年是丰台房管成立五十周年。五十年来的传承、发展、超越，房管事业凝聚了几代房管人的智慧和汗水。如今的丰台区房屋经营管理中心依然秉承着“构建和谐房管，服务政府百姓”的宗旨，在区委、区政府的领导下，全年完成总产值 3.97 亿元，实现净利润 2068 万元，上缴税金 999.54 万元。主业公房管理、供暖服务有序进行，两费收缴其中租金完成 2099.59 万元，供暖费完成 1.056 亿元。同时，以城南发展计划为契机，发挥所属企业房地产开发、建筑、拆迁、评估、测绘等优势，积极开拓市场，投入到丰台区“两带四区”的建设中，为丰台区的强势崛起贡献力量。

房管中心一届四次职代会

科级以上干部参观廉政展览

祖国在我心中演唱会

中心所属企业丰房建筑工程公司是具有房屋建筑施工总承包壹级资质；市政公用工程总承包；以及爆破与拆除、装饰装修、钢结构、建筑防水、金属门窗等专业承包资质的国有建筑施工企业，连续多年获得北京市“重合同守信用单位”等称号。丰房公司恪守“以人为本、求真务实、促进国有资产保值增值”的企业价值观，2009 年承接了青塔危改、晓月苑三定三限住宅楼、区残疾人综合服务中心等重点工程，还完成 43 栋 22 万平方米楼房的节能改造，改善了百姓的居住环境。

构建和谐房管 服务政府百姓

中心主任邓永权主持南苑棚改项目动员会

鸿华公司南苑棚户改造项目

中心所属企业鸿华公司成立伊始就肩负着丰台区旧城改造工作的重任，十七年来公司稳步发展，先后完成了南苑、角门、前泥洼、福顺里、长辛店等多项危旧房改造项目，累计危改开发建设面积达89万多平方米。2009年，公司又承担了南苑棚户区改造项目，该项目是2009年市政府直接关系群众生活方面拟办的57件重要实事之一。改造项目涉及居民7097户，19742人，企业36家，总占地103.18公顷，现状房屋总建筑面积46.43万平方米。整个项目分三期进行，目前已基本完成一期项目，二期正在顺利推进中。

棚改指挥部办公室副主任肖果侦在南苑一期拆迁现场

鸿华公司领导班子成员研究拆迁方案

南苑棚户区改造方案

丰房建筑工程公司重点工程

晓月苑三定三限安置房项目开工仪式

大兴庞各庄中学工程

区残疾人综合服务中心工程

北京鑫建捷市政

区委书记李超钢等领导到鑫建捷市政公司调研

开拓进取的领导班子

鑫建捷全景

大井自来水管网改造工程开工典礼

市政道路建设

工程有限责任公司

区领导到鑫建捷市政公司慰问

公司承担丰台区安全生产事故应急救援任务

北京鑫建捷市政工程有限责任公司是一家专门从事道路与桥梁施工工程、拆除工程和防水工程的市政公用工程承包二级资质的施工企业 。由北京市丰台区市政公司、北京鑫华丰锅炉安装队等 8 家公司共同参股组建。现有职工 400 余人,年产值突破一亿元,拥有大中型机械 80 余台(辆),施配套力量雄厚的市政公用工程公司。同时担任北京市丰台区市政应急抢险大队、水务急救抢险大队、防汛救援抢险大队等社会应急救援任务。

公司不断引进先进的管理理念, 建立健全了三位一体的管理体系。在注重企业经营发展的同时,贯彻落实《劳动法》、《工会法》, 重视工会组织建设。建立“以人为本”的人力资源管理制度,维护公司和员工的合法权益。

鑫建捷公司凭借坚实的技术力量,科学的管理手段,始终坚持“诚信务实、开拓进取”的宗旨,为北京建设世界城市贡献力量。

安全生产事故应急救援演练

中国农业银行股份

中国农业银行股份有限公司北京丰台支行现有在岗职工434人，支行本部共设有七个职能部门，对外营业机构17家，包括支行营业部1家，二级支行8家，分理处8家，储蓄所1家。是年，丰台支行深入学习实践科学发展观，坚持"一个中心、两个提高"的发展思路不动摇，重点加快推进网点转型，大力拓展优质客户群体，坚持五个并举，全力提高综合竞争能力；强化内控管理，提升全面风险管理能力；加强党建和队伍建设。支行各项工作取得了较好的发展。2009年实现本外币存款余额1677358万元，存款增长额比上年翻了一番，人民币各项贷款较年初增加151943万元，实现中间业务收入5708万元，实现经营利润31741万元。

丰台支行领导与大客户亲切交谈

注重企业文化和软环境建设，领导班子经常利用年节探访老党员老干部慰问困难在岗职工。充分利用党建、团建、工会建设三支力量，开展丰富多彩的员工活动。以活动促经营，加强员工队伍活力和支行凝聚力

有限公司北京丰台支行

丰台支行作为经营行参与北京分行与京能集团银企战略合作签约仪式

丰台支行以技术大练兵和柜员准入工作为基础，举办了支行第九届业务技术比赛，进一步激发了支行员工奋勇争先的热情，激励员工进一步提高业务技能水平，促进支行员工业务素质、操作技能和服务质量全面提高

加快网点建设步伐，2009年支行先后对12家网点进行了整体建设，其中包括9家新建网点和3家装修改造网点。对下属16家网点进行了不同程度的装修改造。精品网点万年花城支行于9月份正式开业运营

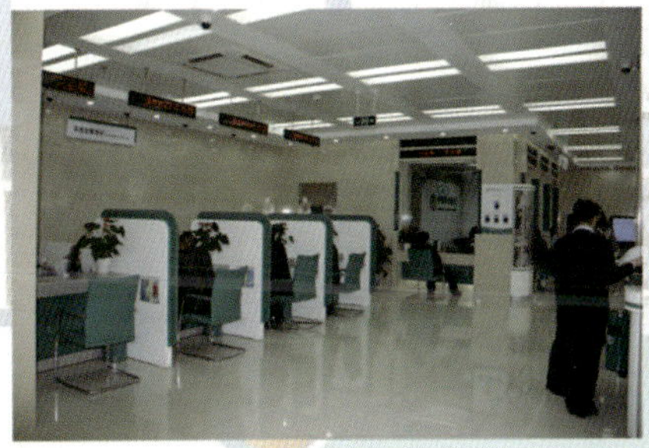

大力提高网点服务水平，先后有6家网点分别接受了专业公司的服务转型和营销转型导入，其余网点由支行进行了服务转型指导，整体服务意识得到大幅提高

通过客户联谊会、社区金融宣传等丰富多彩的活动形式，服务客户、回馈客户，拉近与客户的距离

北京市丰台区

北京市丰台区烟草专卖局（公司）实行“统一领导，垂直管理、专卖专营”的经营管理体制，主要负责辖区内的卷烟经营和市场管理。严厉打击违反烟草专卖法律法规行为，依法办理烟草专卖零售许可，深入开展内部专卖管理监督，维护国家和消费者利益。本年，实现销售收入12.34亿元，同比增长13.74%；实现利税2.73亿元，同比增长11.55%。丰台烟草的企业效益稳中有升。

党组书记、局长（经理）武斌陪同市局领导考察西客站

丰台烟草按照“三项检查”工作要求，继续完善各项制度，认真建立“一项一卷”，同时开展全面自查，发现问题及时整改，确保顺利完成国家局关于“三项检查”工作的试点任务

创建优秀基层单位试点工作取得成效，顺利通过了北京市烟草专卖局（公司）“创优”工作验收小组的考评，所有考核内容均已达标，创优试点工作取得初步成效

强化市场调研，加强批零互动，营销水平再上新台阶。始终坚持“控制总量、稍紧平衡”的行业方针，秉承以零售客户利益为中心的经营理念。通过召开零售客户座谈会及实地走访等形式加强批零互动，全方位构筑和谐批零关系，责任丰台烟草形象日益加强，营销水平再上新台阶。北京市烟草专卖局（公司）党组书记周瑞增同志对丰台烟草市场调研工作作出了较高评价

烟草专卖局(公司)

国家烟草专卖局到丰台烟草进行安全检查指导

深入开展学习实践科学发展观活动，并着重突出实践特色，紧密结合业务工作，将科学发展观的精神实质和内涵运用到各项工作中，学习活动取得实效

落实“三定”工作及薪酬制度改革。丰台烟草认真制定了本单位“三定”工作方案，通过开展科级和副科级干部竞聘上岗、职工双向选择，实现了人尽其才、人岗相宜，职工队伍建设进一步提升，“三定”工作得到有效落实。同时，认真开展了薪酬改革工作的工资统计、测算、发放工作，薪酬制度改革工作顺利完成

积极开展企业文化宣传贯彻活动，使全体干部职工自觉接受企业文化的熏陶、监督和约束。通过组织开展企业文化系列活动，使员工在工作、学习、娱乐中加深对北京烟草企业文化的掌握和理解。进一步提高了全员整体素质，塑造公司良好形象

烟草专卖打网络工作、联合办案机制成效显著，创新治理辖区无证经营，顺利完成新版烟草专卖许可证换发工作。打假成绩受到北京市烟草专卖局(公司)领导的充分肯定，丰台区涉烟犯罪联合执法工作实现了质的飞跃

中国建设银行股份有限公司北京丰台支行

建行丰台支行秉承"立足丰台，面向全市"的经营战略，以支持区域经济发展为己任。2009 年 7 月 28 日，分行王军行长(中)、支行秦伶华行长(右三)出席北京丽泽金融商务区政银战略合作协议签约暨新闻发布会

建行丰台支行不断总结过去，挑战未来。2009 年 3 月 18 日在建银大厦召开 2009 年工作会议。主题为坚定信心，直面挑战，拼抢市场，精细管理，实现支行加快发展的工作目标

中国建设银行股份有限公司北京丰台支行一贯秉承"立足丰台，面向全市"的经营战略，坚持以大客户为支撑，以中小客户为基础的发展方针，竭诚服务于本地区经济的发展，充分发挥公私联动优势，不断壮大资金实力，拓展个人业务和中间业务。是年，面对激烈的竞争形势和经营任务，支行努力创建一流银行，着力打造服务品牌，强化内部管理，严格控制风险，创新思路，锐意进取，实现了支行快速稳健全面发展。

建行丰台支行加强党政工团建设，着力提升员工队伍建设和整体凝聚力。图为全体党员党日活动合影

建行丰台支行迎来 20 周年行庆日，图为"开拓，崛起，跨越"庆典晚会现场

建行丰台支行丰富员工业余生活，在分行第八届职工运动会上取得第三名的历史最好成绩

建行丰台支行致力于打造银企合作的优质平台，与客户同发展。2009 年 9 月 7 日建行北京市分行与金隅集团签署战略合作协议，建行丰台支行为金隅家居龙卡的发行承办行

建行丰台支行积极参加区域内企业家协会的各项活动，在 2009 年 8 月 27 日卢沟桥街道企业家协会年会上，建行丰台支行与中国民族证券丰台营业部签订战略合作协议

目 录

特 载

大 事 记

政党 团体

政权 政协

政法　军事

农村经济和农业

工　　业

商贸　服务业

高新技术产业

综合经济管理

财政　税务　审计

金　融

城乡建设和管理

交通　邮电

科技　教育

文化　体育　卫生

社　　会

街　乡(镇)

人　　物

统计资料

附　　录

特　　载

立足新起点　抢抓新机遇　谋划新发展　强势推进丰台崛起

——李超钢同志在区委十届十四次全会上的工作报告

（2010年1月4日）

同志们：

这次全会的主要任务是，认真学习贯彻党的十七届四中全会、中央经济工作会议和市委十届七次全会精神，总结2009年工作，研究部署2010年工作任务。下面，我受区委常委会委托，向全会作工作报告。

一、全力以赴、攻坚克难，圆满完成2009年的各项任务

2009年是新中国成立60周年，也是应对国际金融危机挑战、推动丰台科学发展的重要一年。在市委、市政府的正确领导下，常委会认真学习贯彻党的十七大和十七届三中全会精神，全面贯彻落实市委十届五次、六次、七次全会精神，坚持以邓小平理论和“三个代表”重要思想为指导，深入贯彻落实科学发展观，紧紧围绕保增长、保民生、保稳定和国庆60周年庆祝活动等中心任务，扎实开展深入学习实践科学发展观活动和领导干部作风建设年活动，认真履行职责，先后召开了39次常委会、23次专题会和4次务虚会，召开了区委十届十一次、十二次和十三次全会，就推动“两带四区”建设、促进重点产业发展、优化区域发展环境等工作作出了决策，对筹备国庆活动、落实“三保”任务、推进城乡统筹、着力改善民生、加强党的建设等工作进行了部署，团结带领全区广大干部群众，真抓实干、迎难而上，圆满完成了国庆庆祝活动和全年经济社会发展等各项任务，全面提升了各项工作的水平。

（一）学习实践活动深入开展。常委会坚持把学习实践活动作为重要的政治任务，按照党员干部受教育、科学发展上水平、人民群众得实惠的总要求，精心组织、结合实际、突出特色、注重实效。

一是理清科学发展新思路。在开展学习实践活动的过程中，紧紧围绕“抢抓历史机遇、推进城乡统筹、加快区域发展”的主题，全面分析了丰台的现状和面临的形势，深入剖析了自身的优势和存在的差距，科学谋划了丰台未来发展的目标方向和方法路径，形成了把总部经济作为丰台经济科学发展的鲜明特征，把现代服务业和文化创意产业作为丰台经济科学发展的主打产业，把重点功能区

建设作为丰台经济科学发展的重要载体，把区域统筹、基础先行、政策支撑、环境促进作为丰台经济科学发展基本战略的发展思路；明确提出了“两带四区”的发展战略格局，并且提出在未来5-10年的时间内，争取使丽泽金融商务区初步形成规模，科技园区总部基地作用更加突出，大红门服装商务区完成改造升级，河西生态休闲旅游区开发建设全面启动，三四环都市型产业带、永定河绿色生态发展带以及蒲黄榆商圈、南站商圈基本成型，真正将丰台建设成为金融发展新区、总部经济名区、现代服务业和文化创意产业大区，进而迈入首都经济强区行列的发展目标，这一思路在全区上下形成了广泛共识，为推动区域科学发展奠定了思想基础。

二是赢得加快发展新机遇。在抢抓机遇、加快发展的同时，区委积极呼吁、主动争取，推动了城南行动计划的出台。一是提前谋划、深入调研，梳理了目前存在的薄弱环节和未来发展的突出矛盾，提出了需要市政府和有关部门支持帮助的具体领域和重点项目；二是主动沟通、争取支持，采取邀请市领导参加市人大丰台团座谈、到丰台进行专题调研和承办城南五区领导座谈会等方式，汇报情况、交换意见、反映需求；三是广泛发动、形成合力，区领导挂帅亲征，把促进行动计划的出台作为一项战略性工作紧抓不放，区人大代表和政协委员发挥优势、多方呼吁，为行动计划的出台做了大量工作、发挥了重要作用；四是各部门、各街乡镇各司其职、各负其责，积极与上级主管部门进行联系，保证了行动计划的顺利出台。正是由于大家的共同努力，城南行动计划最大程度地吸收了丰台的意见，满足了丰台的要求，成为丰台乃至整个城南地区千载难逢的战略机遇。

三是推动城乡一体化新发展。统筹城乡管理体制，研究确定了改革城乡社会管理体制的意见和调整街道行政区划的方案。统筹城乡经济发展，研究提出了集体经济产业结构调整的意见，健全了城乡统筹、部门联动的工作机制。统筹城乡规划布局，推动土地资源向重点功能区、主要道路沿线和轨道交通站点周边聚集。统筹城乡公共服务，积极引导优秀教师、医生支援农村地区，健全了农村医疗卫生服务体系，改善了河西地区办学条件；完善了农村社会保障体系，投入1.4亿元对参保人员进行补贴，惠及城乡居民23万人，农民参保率达到98%，新农合参合率达到95.5%，帮助3.2万名城乡劳动力实现就业，城镇登记失业率控制在3.1%以内。统筹农村地区发展，打破村域限制，全面推进花乡城乡一体化综合配套改革试点；推进农村金融体制改革，成立了丰花等三家农村小额贷款公司；加快绿化隔离地区建设，成立了区绿隔建设办公室；深入开展重点村整治，明确了区领导联系点，加强了对违法建设的管控和流动人口的管理。

(二)“三保”各项目标全面实现。面对国际金融危机影响和宏观经济下行的压力，常委会坚持把保增长、保民生、保稳定作为全年工作的重中之重，统筹谋划，狠抓落实，确保了全年各项任务目标的圆满实现。

一是多措并举出实招。强化组织领导，建立了“保增长、促发展”的区级领导体制。优化发展环境，建立了区领导联系企业的长效机制，完善了区招商工作联席会议制度，开辟了区级重大建设项目绿色审批通道，研究出台了应对危机、帮扶企业、促进就业等一系列政策措施。狠抓督促落实，常委会研究明确了各项工作任务的年度目标、完成时限和责任单位，定期听取经济形势分析汇报，确保了全年保增长、保民生、保稳定各项任务的圆满完成。

二是把握关键重实干。全力提速重点功能区建设。丽泽金融商务区的开发建设开局良好，以市政府名义印发了加快丽泽金融商务区开发建设的实施意见，完成了城市设计方案国际征集并形成了规划综合方案，基本完成了示范区B6B7地块的征地拆迁，设立了金融办，组建了丽泽控股公司；获得了总额600亿元的银行授信，与五家电信运营商签订了合作协议，国家金融信息中心和中国环境产业基金等项目落户丽泽。丰台科技园区一马当先，技工贸总收入达到1560亿元，同比增长25%，留区财政收入达到9.3亿元，同比增长25%，全年实现开复工面积120万平方米，园区东区三期征地拆迁正式启动，西区开发规划取得突破。大红门服装商务区完善了领导体制，深入开展商务区发展规划研究，为推动大红门地区的整体提升奠定基础。河西生态休闲旅游区基础设施建设、服务配套设施进一步加强，经过不懈努力、多方争取，初步获得了2013年第九届中国国际园林博览会和2014年第75届世界种子大会的承办权。

全力推进基础设施建设，加大了基础设施征地拆迁工作的力度，成立了轨道交通和蒲黄榆路等重点工程拆迁指挥部，确保了地铁4号线、六环路按期通车和大兴线、亦庄线、房山线等重点工程的顺利实施。成立了恒盛宏大公司，重点推进道路前期工作，为基础设施建设的提速奠定了基础。

全力提升公共服务水平，积极推进天坛医院、北京小学等优质医疗教育资源的引进工作；推进北京十八中、南苑医院及北京十二中科丰校区改扩建工程；启动了南苑棚户区拆迁，加快对接安置房建设；实现自建保障性住房新开工20万平方米、定向安置房新开工13.3万平方米；改造城镇危房228户，完成了成寿寺二期等12个拆迁安置房的选址；帮扶1.1万名就业困难人员就业，实现了“零就业家庭”动态为零、城乡低收入群众动态管理下的应保尽保。

三是合力攻坚见实效。在全区上下的共同努力下，2009年发展目标全面完成，实现地区生产总值541亿元，同比增长9%以上；实现财政收入39.8亿元，同比增长10%以上；完成固定资产投资387亿元，同比增长26.3%；实现消费品零售额630亿元，同比增长16%。招商引资势头良好，全区工商注册企业累计达57478家，注册资本总额1768亿元，新引进注册资本超亿元企业15家，注册资本总额390亿元，同比增长14.8倍。重点产业较快发展，高新技术产业持续快速增长，高新技术产业实现技工贸总收入1560亿元，同比增长25%；金融业实现增加值49.2亿元，同比增长14%；旅游业综合收入达到41亿元，同比增长19%；装备制造业总产值达到175亿元以上，同比增长7%；文化创意产业资产总额达到210亿元以上，同比增长10%。

（三）国庆筹办任务圆满完成。国庆60周年庆祝活动是举世瞩目的大事，更是必须完成好的首要政治任务。常委会高度重视，按照中央和市委的要求和部署，组建了区级领导牵头的领导小组和15个专项指挥部，召开了6次专题会议研究解决相关问题，精益求精、狠抓落实，圆满完成了各项筹备和服务保障任务。

一是庆祝活动喜庆热烈。群众游行、联欢晚会、游园活动以及焰火燃放工作，按照“严格、谨慎、细致、扎实”的工作原则，倒排时序、细化方案、反复演练，达到了“隆重、喜庆、节俭、祥和”的总要求。各项服务保障工作热情、周到、细致，得到了各方的充分肯定，确保了国庆庆典活动的圆满成功。

二是环境氛围优美祥和。开展了莲花池公园周边、南苑机场外围等重点地区和70条主要大街的环境整治工作，实施了花卉景观摆放和立交桥夜景亮化工程。拆除违法建设和违法出租大院，推进了10个城中村、11个城市边角地和55个老旧小区的整治改造。深入开展了“迎国庆、讲文明、树新风”活动，开展了“爱祖国、爱北京、爱家乡”等爱国主义主题教育活动和“科学发展之旅”等群众性文化活动。大力宣传新中国成立60年来丰台区在经济社会发展等方面取得的成就,进一步激发了广大干部群众喜迎国庆、推动发展的极大热情。

三是区域社会安全稳定。深入开展“平安国庆行动”,按照“下好先手棋,打好主动仗”的要求和“四个坚决防止”的目标,连续开展了“南部战役”、“雷霆行动”等一系列治安整治专项行动。加强群防群控,发动全区6万多名“红袖标”和民兵参与国庆期间的巡逻、值守,形成了多层次、全方位、无缝隙的社会面防控网络。狠抓管理重点,加强城乡结合部地区重点村、重点人的防控,采取派驻国庆平安督导组、增加技防设施、推广出租房屋旅店式管理等措施,确保了安全稳定。建立完善了领导干部接访、包案和信访特派员、信访风险评估等制度,积极开展了“清理执行积案”和“信访积案化解年”活动,化解了13件历史积案和12件区级重点矛盾,化解率分别达到92%和80%。加大安全生产监管力度,完善城市应急运行指挥平台,加强对水电气热等基础设施的维护,确保了城市运行安全有序。

(四)党的建设得到全面加强。常委会坚持以改革创新精神加强党的自身建设,认真贯彻党的十七届四中全会精神,全面加强党的思想、组织、作风、制度和反腐倡廉建设,为加快区域发展提供了坚强的组织保证。

一是不断强化思想政治建设。坚持用科学发展观武装党员干部头脑,进一步破除制约科学发展的思想观念。全年共组织理论中心组学习24次,采取请有关专家和具有丰富实践经验的有关领导辅导相结合,集中学习和分散自学相结合等办法,突出抓好科学发展观、十七届四中全会精神以及城南行动计划的学习、理解,使广大党员干部增强对科学发展观的准确理解和把握,增强在新形势下加强党的建设的紧迫感和责任感,增强落实城南行动计划的主动性和自觉性。

二是积极推进基层党的组织建设。加强城乡基层党建工作,深入开展了农村党建“三级联创”和街道社区“双争创”活动,顺利完成了266个社区党组织换届选举工作。加大基层干部培训力度,选调30名优秀中青年村党组织书记进行专题培训,及时做好换届后社区党组织书记的培训工作。进一步加强和规范机关党建,制定了《关于加强和改进机关党的建设的意见》和《关于开展机关党组织与农村社区党组织结对联建活动的实施方案》。不断扩大党组织和党的工作覆盖面,先后在国润商务大厦等25座楼宇建立了党的组织,在新发地农产品批发市场建立了流动党员党支部,进一步提高了基层党建活力,夯实了党的组织基础。

三是突出抓好党的作风建设。深入开展领导干部作风建设年活动,下大力气解决紧迫感、大局观、责任心、创造性和执行力等5个方面的突出问题,引导全区党员干部讲党性、重品行、作表率,在全区上下形成了振奋精神、抢抓机遇、加快发展的良好氛围和强大合力。引导广大党员干部正确认识和把握丰台发展面临的优势和机遇,进一步坚定了科学发展的共识、增强了抢抓机遇的能力、弘扬了奋发有为的精神、树立了后来居上的雄心。引导广大党员干部深入基层、深入群众,结合学习实践活动和保增长、保民生、保稳定工作,开展了“访百家企业、入百户困难家庭、进百个社区村”主题活动,虚心听取意见,认真破解难题。

四是深入开展反腐倡廉建设。加大惩防体系建设力度,开展农村党风廉政建设责任制专项检查,进一步规范村级组织基本制度建设。强化监督检查,对重点投资项目和纳入市级绿色通道审批项目主动跟进、靠前监督。加大行政问责力度,出台了《关于扩大内需重大项目行政问责办法》,加大了对领导干部经济责任审计的力度。全面推进廉政风险防范管理工作,出台了工作意见、扩大了防范层面、延伸了工作对象、强化了风险控制。加大案件线索初核和立案力度,重点查处了农村基层干部和区属企事业单位个别工作人员以权谋私、贪污受贿的案件。加大体制创新力度,成立了三个联合纪检监察组,变单一派驻为联合派驻、变平行管理为垂直管理、变分散监督为分类监督。

根据中央和市委的要求,下面把2009年度干部选拔任用工作情况向全委会作简要报告。2009年,区委常委会讨论决定调整的处级干部共156人。其中,新提拔处级党政正职12人,交流党政正职12人。在干部选拔任用工作中,区委常委会严格贯彻执行《党政领导干部选拔任用工作条例》,坚持德才兼备、以德为先的用人标准和民主、公开、竞争、择优的方针,树立正确的用人导向,使想干事、能干事、干成事的人有机会、有舞台、有位子。坚持规范选人用人程序。充分做好干部酝酿工作。认真落实全委会票决制的规定,对21名党政正职领导干部的任用进行了全委会票决或征求意见。深入把好考察、公示关。提拔的处级领导干部,均书面征求了区纪委意见。所有提拔任职的干部都进行了任前公示。注重优化领导班子结构。全年提拔的干部中,以45岁左右的干部为主体,占54.7%;35岁以下的干部10名,占15.7%;女干部16人,占25%;少数民族干部2人,占3.1%;研究生学历的15人,占23.4%。加大了交流力度,畅通了机关与基层、街道与乡镇干部交流的渠道,进一步丰富了干部的工作经历,提高了干部队伍整体素质。加强后备干部和优秀年轻干部队伍建设。开展了处级后备干部和优秀年轻干部推荐考察工作。经民主推荐、集中座谈和组织考察,新补充调整487名处级后备干部和220名30岁左右的优秀年轻干部,建立了全区后备干部和优秀年轻干部库。选派了40名优秀年轻干部到基层一线、重点工程、重点项目进行实践锻炼,提升工作能力。加强对干部的经常性的考察。研究制定体现科学发展观要求的领导班子和领导干部综合考核评价办法,组织开展了乡镇届中考察,对部分委办局处级领导班子和领导干部进行了重点考察。加强了对干部选拔任用工作的监督。按照中组部、市委组织部的部署,在党政领导班子后备干部集中调整工作中,认真开展了治理拉票行为专项行动,保证了后备干部集中调整工作的顺利进行。新开通了网上举报信箱,形成了"12380"电话举报、信访举报和网上举报"三位一体"的举报网络。推行了科级干部选拔任用工作"一报告两评议",组织了选拔任用工作的专项检查,有效防范用人上的不正之风。

回顾一年来的工作,我们深刻地体会到,贯彻落实科学发展观,在新的形势下发展建设丰台,必须要坚持解放思想、振奋精神,敢于突破制约发展的思想观念,敢于打破影响发展的条条框框,敢于冲破妨碍发展的体制机制,要有破釜沉舟的勇气、永争一流的志气和敢为人先的豪气,充分发挥自身优势,广泛动员各方力量,为实现丰台的跨越式发展奠定坚实的思想基础、提供牢固的体制保障。必须要坚持抢抓机遇、积极作为,不断提高发现机遇、捕捉机遇、把握机遇的能力,通过抢抓机遇来凝聚人心、鼓舞士气、推动工作、加快发展,通过工作和发展再去发现、捕捉和把握更多、更大的机遇,以有所作为为荣、以无所作为为耻,不等不靠、不怨不悔,形成万众一心、共谋发展的良好氛围。必须要坚持区域统筹、协调发展,实现城乡一体化,离不开区域统筹;推进"两带四区"建设,离不开区域统筹;落实城南行动计划,也离不开区域统筹;打造世界城市,更离不开区域统筹。历史的教训告诉我们,离开了统筹,就抓不住大项目、形不成大集聚、做不到大发展,只有坚持区域统筹,才能真正实现城市与农村、河东与河西、经济与社会、人口与资源环境的协调发展。必须要坚持转变作风、真抓实干,好的机遇、好的思路、好的政策、好的项目都必须经过实实在在的努力,才能转化成真真切切的发展成果。只要全区上下,万众一心、艰苦奋斗、持之以恒,不漂浮、不空谈、不扯皮、不折腾,丰台的跨越式发展就一定能够实现,丰台崛起的那一天就一定会到来。

同志们,2009年的工作成绩可圈可点、难能可贵,这是全区上下同心同德、不懈努力的结果。全区各级党组织和政府各部门全力以赴、尽职尽责,圆满完成了年初确定的各项任务。区人大、区政协围绕中心、服务大局,结合中心工作深入开展调研、视察活动,积极参政议政、建言献策,在推动城南行动计划、完成"三保"任务、服务保障国庆、推进重点工程等方面发挥了突出作用。各群团组织和全区广大干部群众立足本职、真抓实干,为全年发展目标的圆满实现做出了重要贡献、提供了坚强保障。

在充分肯定成绩的同时,我们也要清醒地认识到工作中存在的问题和不足,主要是:在把握机遇的意识和能力上还有待于进一步加强,特别是在发现机遇的敏锐性、捕捉机遇的主动性和抓牢机遇的执行力等方面仍需进一步提高;在体制机制创新的魄力和勇气上还有待于进一步加强,特别是在破解制约发展的体制性障碍等方面的办法还不够多、力度还不够大;在整合资源攻坚克难的组织和调度上还有待于进一步加强,特别是在集中优势力量抓大项目、打歼灭战等方面还需要下更大的气力;在作风建设的措施和力度上还有待于进一步加强,特别是少数部门和一些领导干部的精神状态还不能适应当前快速发展的需要。对于这些问题,我们必须在今后的工作中认真对待,并切实加以解决。

二、认清形势、把握机遇,努力实现丰台的强势崛起

当前,丰台发展既面临着千载难逢的机遇,又面临着前所未有的挑战,如何认清形势、抓住机遇、战胜挑战、跨越发展,是我们面临的一项重要而紧迫的任务。总体上看,当前我们至少面临着以下四个方面的重大发展机遇。

一是首都建设世界城市的机遇。继成功举办奥运会、完成新中国成立60周年庆祝活动之后,市委、市政府顺应首都发展的新变化,从实际出发提出了打造世界城市的新目标。世界城市是指具有世界影响力、聚集世界高端企业总部、国际组织总部和高端人才的城市,是重要的国际活动召集地、国际会议举办地、国际旅游目的地。打造世界城市必须有新的产业来支撑,发展新的产业必须有新的空间来承载,挖掘新的空间必须主要在城市功能拓展区来实现。丰台作为首都的城市功能拓展区,处在承接城市核心功能拓展、现代经济要素转移、新兴产业聚集的前沿,必将成为首都经济发展的新引擎,必将成为首都建设世界城市的主力军。

二是全面落实城南行动计划的机遇。今年是城南行动计划全面启动的第一年,城南行动计划的210个项目中,涉及丰台的有78个,约占项目总数的37%;总投资2975亿元,涉及丰台的约1300亿元,占资金总量的43%。无论是项目总数和投资总额,丰台所占的比例都是最大的。如果城南行动计划所列的项目全部实现,我区的基础设施将更加完备、公共服务将明显提升、发展环境将显著改善,丰台必将发生翻天覆地的变化,成为城南行动计划的最大受益者。

三是打造永定河绿色生态发展带的机遇。永定河绿色生态发展带是城南行动计划中"一轴一带多园区"产业空间格局的重要组成部分,市规划委规划了沿岸13个重点建设区域,其中有5个布局在丰台,可以说永定河丰台段是永定河绿色生态发展带当之无愧的重点、亮点。全长13.6公里的丰台段,有名桥、古城等历史文化元素,有湖泊、草甸等湿地生态资源,如果说改造后的永定河将成为首都西南部地区一条色彩斑斓的项链的话,那么永定河丰台段必将会成为这条项链上最璀璨夺目的绿色宝石。

四是推进城乡一体化的机遇。按照市委、市政府的要求，今年全市将突出抓好50个重点挂帐村的整治，加快推进中心城区规划内271个行政村的城市化进程。其中，涉及丰台的有8个重点村、51个行政村。这对于地处城乡结合部地区的丰台来说，也是一个难得的机遇，必将有利于发展资源的释放、城乡面貌的改善、区域环境的优化、农民利益的实现，有利于破解困扰我们多年的绿化隔离地区的历史遗留问题，加速城乡结合部地区的建设和发展。

以上这些机遇，将给丰台带来许多新的变化：一是从首都发展的配角转变为主角；二是从首都整体布局的后台转变为前台；三是对首都发展的贡献从间接转变为直接；四是从在首都发展中的跟跑转变为城南发展中的领跑；五是从媒体、社会关注的冷门转变为热门。过去我们总是抱怨机遇不光顾丰台，总是羡慕其他区县有很好的发展机遇，现在当机遇纷至沓来、接二连三地汇集到丰台的时候，我们必须将这些机遇抓住、抓牢、用足、用好。

在充分认识机遇的同时，我们也要清醒地意识到伴随而来的严峻挑战，主要体现在以下四个方面：

一是机遇稍纵即逝，对我们把握机遇、乘势而上的能力是挑战。建设世界城市、落实城南行动计划、打造永定河绿色生态发展带等机遇都不是永恒的，也不是唯一的。如果我们抓不住，就又会留下让机遇与我们擦肩而过、失之交臂的遗憾，而丧失发展的最佳时机。

二是矛盾错综复杂，对我们化解矛盾、协调利益的能力是挑战。随着区域发展步伐的不断加快，各项工作面临的难题越来越多，压力越来越大。在征地拆迁中如何妥善处理各类主体之间的利益矛盾，在招商引资中如何妥善处理眼前利益与长远利益之间的矛盾，在维护社会安全稳定中如何妥善处理解决群众合理诉求与打击极个别人员违法滋事之间的矛盾等等，都是对我们领导智慧、艺术和能力的重大考验。

三是工作千头万绪，对我们突出重点、统筹全局的能力是挑战。当前工作中，要干的事情很多，想干的事情更多，而我们主观和客观的能力又相对有限。我们既要抓好发展，又要保障民生，更要维护稳定，方方面面的工作都要做好，这对我们突出重点、加强统筹的能力和水平无疑提出了更高的要求。

四是区县争先恐后，对我们扬长避短、奋勇争先的能力是挑战。按照市委、市政府的部署，在当前及今后一个时期，首都将重点建设整合后的中关村科技园区核心区和扩充后的亦庄产业开发区，这将使我们的“两带四区”建设面临更加激烈的竞争。此外，各区县都在抢占建设世界城市的制高点和主动权。丰台仍面临着被第一梯队落远、被第三梯队赶上的危险，必须充分发挥自身优势，以只争朝夕的精神、真抓实干的作风和超乎寻常的举措，加快推动区域发展。

目前，丰台区已经进入了经济社会发展的加速期、转型期和攻坚期，正处在从人均GDP5000美元到10000美元的关键阶段。在这个特定的历史时期，如果要抓住机遇、战胜挑战、加快发展，就必须推进和加快实现丰台的强势崛起。

丰台崛起是我们的奋斗目标，也是当前的大势所趋。一是首都的科学发展需要丰台崛起。奥运会后，北京更加重视统筹区域之间和城乡之间的发展，丰台作为城八区之一，又是城南的重要地区，加快自身发展对于优化首都的城市功能和布局，促进全市经济社会全面协调可持续发展具有重要意义。可以说，首都的科学发展离不开丰台的发展，首都打造世界城市离不开丰台的崛起。二是区域的自身发展要求丰台崛起。丰台是城八区中的面积大区、全市的人口大区,但却一直没有进入经济强区的行列,我们的发展水平与自身的资源、禀赋很不相称,发展速度仍不尽如人意。如果我们慢条斯理、四平八稳地发展,只能被现在的发达地区越落越远,并被其他后发地区所超越,我们只有埋头苦干、强势崛起,才能缩小差距、赶超先进。三是人民的迫切愿望期盼丰台崛起。由于经济发展的相对滞后,我们在基础设施、城乡环境、公共服务、民生保障等方面与先进地区相比仍存在差距,还不能满足广大群众的生产生活需求,加快丰台崛起已经成为全区人民的共同呼声。四是面临的良好机遇助推丰台崛起。城南行动计划的出台为丰台崛起提供了千载难逢的机遇。除此之外,加快建设中关村国家自主创新示范区、加快推进丽泽金融商务区开发建设、积极筹办园博会和世界种子大会等,都将进一步增强区域对高端要素的吸引力,增强区域发展的动力和活力。我们一定要发奋图强,争取在首都新的一轮发展中成为领头羊、排头兵。五是自身优势支撑丰台崛起。得天独厚的区位优势,使丰台正在成为首都发展的新枢纽和环渤海经济圈建设的新支点;令人羡慕的资源优势,使丰台成为首都未来发展新的空间;日益凸显的生态优势,使丰台正在成为首都近郊最宜居的休闲度假地区;丰台拥有的潜力巨大的综合优势,使丰台完全具备了崛起所必需的条件。

丰台崛起不能只停留在口号上,要努力实现这一目标,一是必须坚持高起点,要按照建设世界城市的要求,认真学习借鉴先进地区的经验教训,立足当前、着眼长远,用超前的意识、先进的理念和国际化的眼光来谋篇布局、规划建设。二是必须坚持高标准,着眼于世界高端,不论是规划还是建设,不论是经济发展还是民生保障,不论是环境还是管理都要瞄准国际一流水平,敢于超越先发地区,敢于引领时代潮流。三是必须坚持高速度,机遇不等人、发展不等人,我们必须抢时间、抢进度、抢先机,加快推进征地拆迁、土地储备,加快推进项目开工、投资落地,加快推进结构调整、招商引资,以时不我待、只争朝夕的精神状态推动工作。四是必须坚持高效率,高起点、高标准、高速度都离不开党政机关的高效率,我们必须不断增强各级党政部门的工作积极性和主动性,加快建立更加方便、快捷、高效的服务体制和服务方式,以让企业方便、让群众方便、让基层方便为原则,着力完善程序科学、运转高效的运行机制,使丰台党政机关的工作效率率先走在各区县的前列。

三、乘势而上、真抓实干,扎实做好2010年的各项工作

2010年是丰台崛起极为重要、极其关键的一年。今年工作的总要求是:全面贯彻落实党的十七届四中全会、中央经济工作会议和市委十届七次全会精神,坚持以邓小平理论和“三个代表”重要思想为指导,深入贯彻落实科学发展观,按照首都建设世界城市的要求,紧紧围绕建设“人文北京、科技北京、绿色北京”的战略任务,紧紧抓住城南行动计划等重要的战略机遇,着力推进产业结构调整,加快发展方式转变;着力加强基础设施建设,优化区域发展环境;着力提升公共服务水平,继续大力改善民生;着力抓好体制机制创新,注重基层基础工作,全面完成“十一五”时期的经济社会发展目标,保持经济社会又好又快发展,为实现丰台的强势崛起而努力奋斗。

今年经济社会发展的主要目标是:实现地区生产总值增长9%,财政收入增长10%,城镇居民人均可支配收入和农村人均纯收入分别增长6%以上,城镇失业率控制在3%以内。完成以上任务目标,重点要抓好以下八个方面的工作:

(一)以发展为要务,着力推动“两带四区”建设

从长远看,丰台的经济发展要形成“两翼

齐飞、四轮驱动”的格局。“两翼”就是三四环都市型产业带和永定河绿色生态发展带，“四轮”就是四个重点功能区。今年区域经济发展的主要任务就是加快推进“两带四区”建设，在科技园区“一马当先”的基础上，尽快形成科技园区、丽泽金融商务区“二龙戏珠”的态势，力争在最短的时间内使“两翼”都飞起来、“四轮”都跑起来，为区域发展提供有力支撑。

三四环都市型产业带。一方面，要做好发展规划，完成产业规划和空间规划的编制；另一方面，要整合土地资源，改变以往小而散的格局，为真正成为产业带打好基础。

永定河绿色生态发展带。要围绕着园博会、世界种子大会的筹办，加快规划的调整、土地的储备、生态的修复、河道的整治以及基础设施的建设和成熟项目的开工。

丽泽金融商务区。要按照“绿色商务区、金融不夜城、立体交通网、信息高速路”的理念，全面加快开发建设步伐，全力打造“人文北京、科技北京、绿色北京”的示范区。一是加快开发建设进度，要继续推进丽泽路南侧土地一级开发，积极推进核心区全面开工建设，扎实推进C9回迁房建设和新的回迁房选址工作。二是加强基础设施建设，争取地铁14号线首先从丽泽开工，推动金中都北路、柳村路、凤凰嘴路、骆驼湾路开工建设，完成三路居路、南马连道路建设的前期工作，尽快研究确定丽泽路下穿的具体可操作性方案。三是加大招商引资力度，充分发挥招商顾问团的作用，瞄准新兴金融机构、新兴金融产业，研究、细化、整合现有的招商政策，加大政策支持的力度，吸引影响力强、成长性好和贡献率大的企业入驻。四是继续完善体制机制，研究完善地下空间开发利用和土地供应等政策，充实加强丽泽控股公司，搭建新的融资平台，建立“政府主导、企业运作”的开发机制，健全商务区与所在乡村的利益共享机制。

丰台科技园区。要坚持一手抓增量、一手抓存量，一手抓开发、一手抓服务，努力实现主要指标三年翻一番的目标。2010年，要实现技工贸总收入同比增长25%，留区税收占财政收入的比重同比增长一个百分点，实现开复工面积100万平方米、竣工39.2万平方米，金融港、总部广场、总部国际二期等项目实现竣工验收，更好地发挥对区域经济发展的拉动作用。一方面，要加快推进“东扩”、“西进”。“东扩”就是指园区东区三期和汽车博览中心周边土地的开发建设。今年要完成东区三期拆迁并启动基础设施建设，实现部分土地上市、争取部分项目开工，全力将这一区域建设成为总部基地的升级版、配套版。“西进”就是指园区西区“现代高端装备制造业基地”建设。要尽快促进与航天二院、三院和兵器工业集团合作项目的落地，抢占发展先机。另一方面，优化企业发展环境。根据园区企业多样化的需求，按照“缺什么、补什么，需什么、供什么”的原则，对重点企业跟踪服务，解决中小企业融资难、人才引进难、科丰桥进出难等突出问题，积极为园区企业提供良好服务。要紧紧围绕建设中关村国家自主创新示范区，加强高新企业认证，促进产业技术联盟的组建，积极帮助企业做好专利申请、行业标准制定等项工作。着眼于培育和引进领军型企业，提高产业聚集度，有重点地做好招商引资工作。

大红门服装商务区。要充分发挥中轴路这一得天独厚的优势，重新进行区域功能定位研究，进一步明确产业定位和发展方向，在更高的起点上实现升级发展。

河西生态休闲旅游区。要注重发挥生态优势，突出抓好“青龙湖国际文化会都”建设和园博会、世界种子大会的筹办，以重大项目带动河西地区的发展。

（二）以项目为载体，着力落实城南行动计划

落实好城南行动计划是我区今年工作的重中之重，必须竭尽全力，确保所列项目真正

落地。

一要细化方案、打好开局。今年是落实城南行动计划的第一年,打好开局对全面落实城南行动计划尤为重要。要研究提出落实城南行动计划的三年安排和今年的进度要求,明确每一个项目的牵头领导、责任单位和时间进度,确保今年12个项目按计划完成、41个项目实现开工、19个项目顺利推进前期,实现投资439亿元,达到投资总额的34%,为全面落实城南行动计划奠定坚实的基础。

二要积极创新、破解难题。城南行动计划的落实需要大量的资金支持,要在积极争取市政府投资的同时,加大融资力度、加强资金筹措,确保项目建设资金按计划落实。要进一步加大前期手续的办理力度,扩充重大办的职能和力量,充分发挥专业公司的作用,宁可让前期工作等项目,也不能让项目等前期工作。

三要健全机制、形成合力。建立区委、区政府定期研究城南行动计划落实情况的机制,及时研究解决城南行动计划落实中的困难和问题。各单位都要把落实城南行动计划作为今年乃至今后三年的重要任务,密切配合、主动作为,必要时可以打破部门界限,建立重大项目指挥部,为项目落实到位提供保障。

四要加强督促、落实责任。坚持把城南行动计划落实情况作为区委、区政府督查的重点内容,坚持全程督办,确保各项任务按计划推进。切实将各单位年度贯彻落实城南行动计划的情况作为效能考核的重要内容,作为领导班子和主要领导干部考核评价的重要指标,对因敷衍塞责等行为严重延误城南行动计划落实的要严肃问责。

(三)以土地为基础,着力扩大土地储备规模

土地储备是发挥资源优势、拓展发展空间、加快项目落地、支撑区域发展的关键所在。今年必须紧紧抓住市政府继续投入1000亿元用于土地储备的机遇,切实加大土地储备力度,实现上市土地不低于500公顷、完成拆迁土地不低于1000公顷、启动开发土地不低于2000公顷的目标。

一要积极主动、提前谋划。要转变观念,变“要我储备”为“我要储备”,主动思考、积极作为,加强土地储备的前瞻性和预见性分析,努力做到早储多储、应储尽储。要认真研究制定2010年丰台区土地储备落实计划,进一步明确土地储备的具体地块、开发时序、责任单位和融资模式,确保土地储备任务真正落到实处。

二要围绕中心、突出重点。要围绕“两带四区”建设,积极推进丽泽金融商务区和科技园区的土地一级开发和供应。要围绕园博会和世界种子大会的筹备,结合长辛店生态城、科技园区西区、青龙湖国际文化会都和长辛店老镇改造,进行集中连片成规模的土地储备。要围绕重点工程和项目建设,在郭公庄等轨道交通站点、蒲黄榆等主要道路两侧、分钟寺和亚林西等开发项目范围,进行整体土地储备和一级开发。要围绕城乡一体化发展,通过土地储备的方式破解城乡一体化的难题。

三要创新体制、完善机制。要建立健全领导协调机制,加大领导力度,实行区级领导分工负责、靠前指挥,强势推进重点土地储备项目。要创新土地储备开发模式,坚持政府主导、市场运作,充分发挥区土地储备分中心的主体作用,进一步调动乡、村的积极性,组建开发联合体,共担征地拆迁责任,共享一级开发利润。要着力破解征地拆迁难题,在坚持拆迁主体下移、发挥集团作战优势、提早建设回迁房的同时,充分保障被拆迁人的合法、合理利益,严格控制征地成本,探索多元化补偿方式,建立集体经济组织参与长远利益共享的机制,确保征地拆迁工作按计划推进。要拓宽土地储备融资渠道,用足、用好国家和

北京市的土地储备政策，最大限度地争取1000亿土地储备专项资金的支持，加强与金融机构的合作，盘活农村集体经济组织近年来积淀的土地补偿资金，扩大土地储备的融资渠道，争取一举多得的效果。

（四）以规划为龙头，着力引领高端发展方向

坚持高起点、高标准、高水平编制好“十二五”规划、产业规划、空间规划，发挥好规划的引领作用。

一要着力编制好“十二五”发展规划。要按照首都建设世界城市的要求，紧扣区域功能定位，在科学分析丰台发展环境和发展条件的基础上，提出“十二五”国民经济和社会发展的总体要求，明确未来5年丰台经济社会发展的目标和蓝图，引领丰台实现新跨越、新发展。要利用首都人才优势，统筹各方资源，发挥好人大、政协和各民主党派的积极作用，使“十二五”规划既鼓舞人心，又符合实际，既具有前瞻性，又具有可操作性。

二要重点编制好产业发展规划。要分析需求、瞄准高端，深入研究产业发展规划。要围绕“两带四区”建设，重点研究高新技术、金融、高端装备制造、现代服务、文化创意、旅游等产业的发展规划，确定产业发展的目标方向，强调产业发展与空间布局的相互协调，形成引领高端方向、支撑区域发展的产业集群。以高水平的产业规划为引领，加快推进现代服务业、文化创意产业等绿色、低碳、高端产业发展，推动第三产业内部结构调整，积极吸引大型金融机构、大型企业和跨国公司总部、研发中心入区发展，进一步促进区域产业结构优化升级。

三要科学编制好区域空间规划。要充分考虑发展需要，针对当前产业发展存在的小而散的问题，打破村域界限，重新研究、调整、完善、优化空间规划，使空间规划与发展规划相适应、与产业规划相协调。要把丽泽金融商务区、科技园区“东扩”和“西进”、蒲黄榆商务区、大红门服装商务区、园博会和世界种子大会会址等规划作为重点，优先安排、抓紧推进，努力以高标准的空间规划落实高端化的发展要求。

（五）以基础为先导，着力优化区域发展环境

良好的发展环境是提高区域竞争力的关键因素，是吸引项目、资金、人才等要素集聚的前提条件。必须把优化区域发展环境作为当务之急，切实抓紧抓好。

一要打造宜居宜业的城乡环境。要加快轨道交通建设，大力协调解决征地拆迁中的矛盾和问题，确保大兴线、亦庄线、房山线等年内通车，保证9号线、10号线按计划实施和7号线、14号线尽快开工。要围绕重点功能区建设和改善居民出行条件，积极推进主次干路建设，确保蒲黄榆路、马家堡东路、成寿寺路等道路建成通车；加快推进万寿路南延、梅市口路西延、北宫南路、北宫路等道路建设。要加强河道治理，积极推进丰草河前期工程，完成马草河上段主体工程。要采取强有力措施，坚决制止新增违法建设，进一步遏制流动人口的无序增长，缓解人口资源环境的矛盾。要继续深入开展主要大街、重点地区环境整治，加强绿化美化，改善生态环境，不断提升城乡环境的档次和质量。

二要构建安全稳定的社会环境。认真履行第一责任，深入开展“平安丰台”建设，着力解决影响安全稳定的源头性、基础性、根本性问题。深入开展矛盾纠纷排查调处，进一步落实矛盾纠纷化解年的各项要求，进一步落实领导接访、包案等项制度，建立健全党代表、人大代表、政协委员联系群众制度和信访风险评估机制，充分发挥信访四级调处网络的作用，降低矛盾纠纷的总量。着力强化社会治安综合治理，深入推动治安防控精细化、社会化、信息化，不断充实街乡镇综治维稳力量，构筑好社会治安防控的南部屏障。全力抓好安全生产工作，进一步强化监管责任、属

地责任和主体责任,加大教育、检查和监管力度,确保不出现重特大安全事故。

三要营造文明和谐的文化环境。加大文化建设力度,深入研究丰台文化、丰台精神、丰台品牌、丰台形象的内涵和相互关系。加强社会主义核心价值观的教育,深入开展各类精神文明创建活动,广泛开展群众喜闻乐见的文体活动,积极打造文艺精品,全面推进公共文化基础设施建设,进一步满足城乡群众多样化文化需求。提高与媒体沟通能力,创新宣传载体、整合宣传资源、增强宣传效果,切实用丰台的文化和精神聚集人气、振奋士气,以丰台的品牌和形象增加商气、打造名气,进一步提升丰台的知名度、美誉度和影响力。

四要打造务实高效的政务环境。积极深化政府行政效能建设,加快行政审批制度改革,建立绿色审批通道长效机制,变“绿通”为“普通”,严格纠正不作为、乱作为、慢作为等问题,进一步提高办事效率,提升服务质量。探索实施自查自评自述等考核办法,强化行政问责,形成集中精力抓发展、全力以赴抓落实的良好工作氛围。

(六)以农村为重点,着力加快城乡统筹步伐

农村地区是我区发展的资源所在、潜力所在。要进一步加大城乡统筹力度,努力实现城乡产业发展一体化、公共服务均等化、基础设施城市化、管理体制科学化,形成城乡一体化发展新格局。

一要加快城乡结合部发展。通过重点功能区推动、重点工程拉动、城乡一体化带动、土地储备联动、学习实践活动互动等多种途径,大力解决城乡结合部的发展难题。积极推进花乡城乡一体化试点,系统解决绿化隔离地区旧村改造、农民上楼、集体经济发展等问题。突出抓好城乡结合部地区重点村的整治,针对市里挂帐的8个重点村,主动争取市级指挥部的支持,逐一分析存在的问题,逐一制定有针对性的整治方案,彻底解决重点村的问题,全面改善城乡结合部的面貌。

二要优化集体经济结构。针对农村集体经济存在的“小、散、低、弱”的突出问题,进一步推动农村地区产业结构调整,积极发展资源集约、环境友好、城市需要、效益明显的都市型产业,不断推动传统产业改造升级,着力打造品牌、抢占高端,逐步实现由瓦片经济向楼宇经济、由农村经济向都市经济、由乡镇企业向现代企业的转变,引导农村集体经济服务于功能区、配套于功能区,形成区域主导产业与农村集体经济的良性互动、协调发展。深化村级和乡级产权制度改革,提升企业市场运作能力,鼓励花卉、服装、农副产品批发等传统产业逐步做大做强,成为同行业中的龙头企业。

三要创新城乡管理体制。着眼于城乡管理体制中存在的突出问题,积极争取在河东三乡加挂地区办事处牌子,积极探索破解城乡交叉管理的难题,提高城乡管理的科学化、规范化水平。加快推进撤村建居工作,切实做到成熟一个、撤建一个,加快推进城市化进程。不断深化街乡联手、居村共建模式,创新流动人口服务与管理方式,进一步加大城乡环卫保洁、市政养护、绿化美化等工作的统筹力度。

(七)以民生为根本,着力提升公共服务水平

着眼于城乡公共服务均衡发展,全方位提升公共服务水平,努力实现好、维护好、发展好全区人民的根本利益,切实做到发展的成果由人民群众共享。

一要扎实做好扩大就业工作。进一步调整、完善现有的就业政策,加快建设统一规范的人力资源市场和城乡一体的就业信息网络,广泛挖掘就业岗位,重点促进就业困难人员、农村劳动力和高校毕业生等群体就业,确保就业形势稳定。

二要不断完善社会保障体系。进一步扩

大社会保险覆盖面，提高城乡居民保险待遇，优化各项保险经办模式，完成65万张社会保障卡发放工作，农村居民养老保险参保率保持在98%以上。按照居家养老助残"九养"办法，做好养老助残服务工作。

三要切实加快公共卫生事业发展。配合做好北京天坛医院迁建的相关工作和北京口腔医院迁建的前期准备工作，稳步推进社区卫生服务改革，不断完善农村基本医疗体系，建立健全全区一体化、标准化的急救服务绿色通道，提高应对突发事件的处置能力。扎实做好人口和计划生育工作。

四要积极推进教育优质均衡发展。加快推进十八中改扩建工程、十二中科丰校区工程建设，开工建设长铁中改扩建工程，完成丰台二中改扩建前期手续，保证芳草地国际学校丽泽分校如期开学。继续大力引进优质教育资源，推动教学设施、优质师资向农村地区特别是河西地区和薄弱学校倾斜。着力抓好干部队伍和教师队伍建设，不断提升办学水平。

五要继续加大住房保障力度。完成南苑棚户区改造一期拆迁，启动二期拆迁，实现长辛店老镇改造回迁房开工建设，确保经济适用房新开工15万平方米、竣工40.7万平方米，廉租房竣工8.94万平方米，定向安置房新开工74万平方米，进一步完善多层次的住房保障体系。

六要着力加快社会建设步伐。积极推进社区规范化建设，今年将在100个社区开展规范化建设工作。着眼于社会需求，有计划地完善服务设施、开发服务项目，充分发挥社区服务站的平台作用。不断加强"枢纽型"社会组织建设，大力扶持和发展公益性社会组织。加快推进社区工作者队伍专业化、职业化建设，进一步提高区域社会工作水平。

(八)以党建为保障，着力加强执政能力建设

实现丰台的科学发展，根本在人，关键在党。全区各级党组织和党员干部要以十七届四中全会精神为指导，认真贯彻落实《中共北京市委关于贯彻〈中共中央关于加强和改进新形势下党的建设若干重大问题的决定〉的意见》，坚持围绕中心、服务大局，奋发有为、率先垂范，争当丰台崛起的先行者、引领者和开拓者。

一要强化学习型党组织建设。认真学习贯彻十七届四中全会精神，继续扎实开展第二批学习实践科学发展观活动，不断巩固和发展学习实践活动成果，健全深入学习科学发展观活动的长效机制。进一步加强和改善党委理论中心组学习，组织引导党员干部加强理论学习，紧紧围绕落实城南行动计划、调整区域产业结构、加强城市建设和管理等内容，增强学习动力、健全学习机制、加强调查研究，把学习理论、研究问题、推动工作有机结合，不断深化对科学发展观的学习与实践。采取重点调训、专题集训、普遍轮训等方式搞好培训，积极探索离岗培训等干部培训的新方式，着力提高党员干部综合素养，增强解决实际问题的能力。

二要严格落实民主集中制。进一步加强区委全委会、常委会的领导，继续完善全委会、常委会议事规则和决策程序，广泛听取党员、群众、基层干部意见和建议，发挥咨询研究机构、专家学者、社会听证在决策过程中的作用。以落实党员知情权、参与权、选举权、监督权为重点，拓宽党员意见表达渠道，进一步保障党员的民主权利。积极支持、保证人大和政协依法依章程履行职能，充分发挥人民代表和政协委员的作用；扎实做好对统一战线的领导，加强对各民主党派和无党派人士的政治引导，认真做好民族、宗教、港澳台和工商联工作；加强和改进党对群众工作的领导，充分发挥工青妇等人民团体在帮扶困难群众、联系和组织动员群众中的重要作用。

三要努力培养高素质干部队伍。树立正确的用人导向，按照民主、公开、竞争、择优的

原则,进一步完善民主推荐、民主测评制度,注重全面了解干部,真正把那些政治上靠得住、工作上有本事、作风上过得硬、人民群众信得过的干部选拔到各级领导岗位。进一步从严管理干部,研究制定《丰台区处级领导干部组织处理办法(试行)》,加大治懒治庸力度,对不胜任、不称职的干部及时进行调整,建立能上能下、能进能出的用人机制。加大干部轮岗力度,让干部接受多岗位锻炼,不断提高素质能力,始终保持工作热情和激情。形成优秀人才脱颖而出的机制,完善人才引进、公开选拔机制,面向国家机关、高等院校、科研单位定向引进区内亟需的专业知识型干部,调整优化干部队伍结构;公开选拔一批具备金融管理、区域经济、土地、规划、文化创意等方面知识的领导干部。采取有效的考核评价办法,坚持德才兼备、以德为先用人标准,注重从履行岗位职责、完成急难险重任务、关键时刻表现、对待个人名利等方面考察干部的德、能、勤、绩、廉。实施和完善《丰台区处级领导班子和领导干部综合考评办法(试行)》,重点对街道领导班子和领导干部进行全面考察,解决突出问题,强化整体功能。全面开展党员作风建设年活动,进一步巩固和扩大深入学习实践科学发展观活动和领导干部作风建设年活动的成果,充分激发各级领导班子和领导干部干事创业的热情和活力,敢于碰硬、勇于担当,心无旁骛、狠抓落实,以昂扬向上的精神风貌投入到推动丰台崛起的伟大事业之中。

四要做好抓基层打基础工作。按照围绕中心、服务大局、拓宽领域、强化功能的总体要求,不断创新基层党组织的设置形式、工作方式、活动载体和活动内容,增强服务群众、服务发展的功能。在全区基层党组织和党员中开展“落实城南行动计划,党员在行动”主题实践活动。认真做好农村“两委”换届选举工作,选好配强农村基层党组织领导班子。建立基层党组织负责人培养选拔、教育培训、管理考核、保障激励等机制,突出抓好村、社区党组织负责人队伍建设。以楼宇党建、大型市场党建为突破口,加强非公经济组织、新社会组织和流动党员党组织建设,进一步扩大党在社会领域的工作覆盖面。

五要切实加强反腐倡廉建设。以落实党风廉政建设责任制为龙头,进一步抓好惩防体系责任和任务分解,确保今年实现构建惩防体系基本框架的目标。构建“大预防”格局,利用多种形式开展廉政教育,普遍开展处级干部任前廉政谈话、廉政考试;推动廉政风险防范管理工作向城乡基层单位延伸,开展工程建设领域突出问题专项治理,实现廉政风险防范管理“全延伸、广覆盖”。强化有效监督,加强对“两带四区”重大工程项目推进、建设的监督,加大工程招投标、政府采购、违法建设等方面的监管力度,突出抓好重点部位的监管,特别是在人防工程使用管理方面,要及时堵塞漏洞,新建的人防工程一般应作为居民公益性活动场所交所在社区使用,未经区委区政府批准一律不得用于经营。严格案件查处,把群众反映最强烈、影响区域经济社会发展最直接、民生领域违法违纪最恶劣的案件作为直查重点,始终保持惩治腐败的高压态势。完善监管体制,继续探索创新纪检监察联合派驻体制,逐步建立健全相关制度。认真履行区委赋予的巡视工作职能,把对领导班子、领导干部的巡视与对派驻单位的监督检查、行政监察结合起来,在查办案件上下实功,保证党员干部正确行使权力,始终保持为民、务实、清廉的良好形象。

同志们,新的目标已经确定,新的任务已经下达,我们要深入贯彻落实科学发展观,团结一致、抢抓机遇、开拓创新、真抓实干,以更加昂扬的精神、更加严格的标准、更加扎实的工作,在丰台这块充满生机、富有活力的热土上,在推动丰台强势崛起的伟大事业中做出新的更大的贡献!

丰台区人民代表大会常务委员会工作报告

——2010年1月18日在丰台区第十四届人民代表大会第六次会议上

丰台区人大常委会主任　杜瑞琴

各位代表:

我受丰台区第十四届人民代表大会常务委员会委托,向大会报告工作,请予审议。

2009年的主要工作

2009年,在区委的领导和市人大常委会的指导下,区人大常委会深入贯彻落实科学发展观,紧紧围绕区第十四届人大四次会议确定的工作目标,认真履行宪法和法律赋予的职责,积极进取,求真务实,扎实工作,完成了各项工作任务,人大工作取得了新成效。

一、围绕区域发展大局,依法履行职权

监督"一府两院"工作是人大常委会的重要职责。依照监督法,围绕全区中心工作和人民群众普遍关注的热点问题确定监督重点,改进工作方式,促进"一府两院"依法行政、公正司法。

突出监督重点,增强监督实效。常委会着眼于全区经济社会发展、重点功能区建设、城市建设与管理,以及推动"两院"公正司法等重要问题,听取和审议"一府两院"专项工作报告,召开9次常委会会议,审议了14项议题。其中,听取和审议了区政府关于"十一五"规划纲要实施情况的中期评估、垃圾处理、议案和建议办理,区法院关于商事审判、区检察院关于侦查监督等专项工作报告,提出了加快重点功能区建设、增强区域经济发展实力,关注民生投入,重视河西规划建设,提升执法公信度等30多条意见和建议,并书面通知"一府两院",引起了"一府两院"的高度重视。

按照区人代会确定的财政增长目标,加大了对经济较快发展、财政收入措施的落实、转变和优化预算支出结构、改善民生等方面工作的监督力度,促进了各项经济工作的落实。审查和批准了2008年决算和2009年预算调整方案,审查了2009年上半年及全年国民经济和社会发展计划、预算执行情况,初步审查了2010年国民经济和社会发展计划草案及预算草案。听取和审议了《关于丰台区2008年本级预算执行和其他财政收支的审计工作报告》。

认真开好主任会议,确保各项工作质量。区人大常委会主任会议是闭会期间履行常委会职能的重要环节,担负着确定常委会会议议程、审议相关材料、跟踪"一府两院"落实常委会审议意见等工作任务,特别是区人大常委会机关自身建设和重要工作研究,均需通过主任会议来实行集体领导。根据需要,主任会议还听取区内主要工作进展情况汇报,对于了解区情,掌握情况,实行有效监督起着重要作用。全年共召开主任会议12次,为开好常委会和人大工作有效开展奠定了基础。

改进监督方式,强化"四个坚持"。认真

贯彻《提高审议质量，增强监督实效的实施意见》，把好监督工作每个环节。坚持听取工作汇报。听取区政府组成部门上年度工作任务完成情况和本年度工作安排的汇报，总体把握区政府各部门重点工作、折子工程、为民办实事以及责任制落实情况。坚持深化调研。围绕议题开展调研，注重对调研工作的集体领导，常委会主任、副主任全程参加，并不断扩大委员、代表参与范围，广泛、深入地了解情况。对重点议题调研时，既听取有关部门的情况汇报，又听取"一府两院"主管领导的意见。坚持围绕主题组织好审议发言。重视审议发言质量，要求提出的意见和建议有针对性，有助于实际问题的解决。坚持跟踪问效。常委会审议意见书交由"一府两院"后，督促在规定时限内落实。

深入开展执法检查，促进相关法律法规落实。坚持市、区、乡镇三级代表上下联动，共同参与的做法，采取区政府主管部门自查和常委会执法检查、集中视察与重点检查、明查与暗访相结合等多种形式，重点对水污染防治法、义务教育法、食品安全法、文物保护法、农产品质量安全法、实施水污染防治法办法、公共场所禁止吸烟规定等法律法规实施情况进行检查。对查出的问题，及时与有关部门沟通，提出整改意见和建议。

积极参与立法工作。按照市人大常委会的部署，完成了选举法、武装警察法、国防动员法、村民委员会组织法、侵权责任法（草案）、实施妇女权益保障法办法、实施农民专业合作社法办法（草案）、北京市城乡规划条例和北京市道路运输条例等11部法律法规的征求意见工作，召开座谈会20多次，反馈了修改意见。

切实重视信访工作。把信访接待作为体察民情、民意和了解"一府两院"工作的窗口，不断完善信访工作制度，参与全区信访联席会议，及时研究信访工作。全年共受理群众来信62件次，接待群众来访44批106人次。将群众反映的一些实际问题，及时与"一府两院"沟通，并督促、协调解决，做到了事事有答复，件件有回音。

依法行使人事任免权。坚持党管干部与人大依法任免相统一的原则，按照法定程序，依法任免国家机关工作人员80人次。其中，任免区政府工作人员19人次，检、法两院工作人员50人次，常委会工作机构负责人11人次。坚持对任命人员法律知识考试和供职报告制度。

二、加大代表议案建议督办力度，努力增强办理实效

高度重视代表议案、建议办理工作，把议案、建议督办工作作为尊重代表民主权利、发挥代表作用、依法行使人大监督权的过程，作为监督和促进"一府两院"改进工作的过程，作为维护人民利益、为广大人民群众办实事的过程。注重把握提出、接收、办理三个重要环节，在改变过去重答复轻办理方面采取了一些措施。坚持常委会领导督办重点建议制度，促进难点问题解决。邀请领衔代表参与督办，提高建议办理的透明度。注重建议督办与常委会视察检查、专题调研等工作相结合，增强督办实效。

代表十分关注河西地区的建设与发展，区第十四届人大四次会议确立了"进一步改善河西生态环境，着力抓好基础设施建设，整合旅游资源，加快河西生态休闲旅游区发展"议案。常委会将议案督办工作列入年度工作要点，制定督办方案，明确部门责任、完成时限、工作目标，组织议案领衔代表视察相关工作，认真审议区政府议案办理情况报告，围绕河西生态休闲旅游区的发展，提出了"抓紧发展定位研究、加大生态环境建设力度、加快市政基础设施建设、有效整合旅游资源、改善社会公共服务事业、加强宣传推广"等6项建议，力促议案办理工作的落实。

区第十四届人大四次会议共收到代表建

议 207 件，其中，已经解决的 48 件，占 23.2%；基本解决和正在研究解决的 154 件，占 74.4%；受政策、法规等因素限制，暂时不能解决的 5 件，占 2.4%。从代表对办理的意见看，满意、基本满意的占 72.9%。闭会期间代表提出建议 27 件，20 件已办复，7 件正在办理之中。

三、围绕代表作用的发挥，加强代表工作

组织代表认真履职、发挥代表作用是各级人大的重要任务。常委会将代表工作视为人大的基础性工作，强化服务意识，采取有效措施，保障代表依法履行职权。

完善服务保障机制，规范代表依法履职。认真贯彻落实市委 23 号和区委 8 号文件精神，扎实推进代表工作。一是畅通知情知政渠道。围绕审议议题和重点工作，组织代表参加视察检查、列席常委会议、参与各工作委员会活动、旁听法院公开审理案件。为代表订阅相关刊物，及时发送区委、区人大、区政府重要文件、信息。通过人大网站、《人大在线》电视栏目，向代表通报常委会和“一府两院”工作情况。组织代表开展“科学发展观之旅”一日游，拓展代表深入了解区情活动空间，使代表切身体会我区发生的巨大变化和取得的成就。全年，常委会和乡镇人大、人大街工委、代表联组共组织市、区代表活动 200 多次，参加代表 2000 多人次。二是加强学习培训。突出针对性和实效性，根据代表履职需求，采取集中和分散培训相结合、以会代训等多种方式，组织代表学习监督法、组织法、代表法等法律法规和中央、市、区有关文件，并就怎样提好议案、建议进行专题培训，增强代表的责任意识和履职能力。三是深入开展专题研讨活动。把开展专题研讨活动作为推进代表工作的一项重要举措，连续四年开展了“论坛”活动，在上年度开展代表密切联系群众论坛的基础上，又以“加强和改进代表议案、建议工作，增强办理实效”为主题，组织各乡镇人大、人大街工委、代表联组、人大机关委室负责人及承办建议的政府部门主要负责人，就如何提高建议的提出质量、办理质量、督办质量举办论坛，交流经验，研讨问题，提升工作水平。

发挥市代表联络处职能作用，为市人大丰台团代表履职提供服务。认真组织市人大丰台团代表开展各项活动，为市人大代表发挥作用、推动我区建设发展提供服务。加强市、区代表联系，建立了区代表与市代表的联系机制。市人大丰台团代表始终关注丰台发展，连续多年建议市政府加大南城政策倾斜力度，促进全市协调发展。在市人代会期间，邀请市委、市政府主要领导，直接反映加快丰台发展的需求和意见。在市第十三届人大二次会议上，丰台团提出的关于“出台加快南城发展意见，继续给予丰台政策倾斜支持”的议案，与其他团提出的议案被合并确立为“加快南城建设，促进首都经济社会协调发展”的大会一号议案，对市政府出台城南行动计划起到了积极的促进作用。在市人大办理“推进北运河水系综合治理，实现污水防治资源化”议案中，丰台团代表积极反映我区水系情况，并实现了将我区水系治理纳入议案办理之中，为加快我区水系治理、改善环境起到了推动作用。

依法补选区人大代表和召开区第十四届人大五次会议。根据工作需要和有关法律规定，周密安排，精心组织，对部分出缺代表进行了补选。召开了区第十四届人大五次会议，选举产生了区政府区长；听取了区政府关于落实“三保”情况的报告，使代表进一步了解我区面临的形势和工作重点。

四、重视乡镇人大、人大街工委、代表联组工作，不断加大指导和领导力度

乡镇人大、人大街工委、代表联组是我区人大代表工作格局的重要组成部分。坚持按季度召开乡镇人大主席联席会议制度，听取了乡镇人大促进“三保”目标落实工作情况汇报,就建立乡镇人大工作制度、坚持必要的工作程序进行了研讨,对开好乡镇代表大会作具体指导。加强对人大街工委工作的领导,在听取工作安排的基础上,注重了解和掌握街工委开展工作的情况,针对新的形势、重点工作任务和组织代表开展活动中遇到的问题进行了研究,不断拓展工作思路。将乡镇人大、人大街工委、代表联组年度工作要点汇编成册,并下发各单位,便于检查和交流情况。乡镇人大、人大街工委和代表联组工作思路清晰,开展各项活动的措施有力,工作很有成效。在组织、联系和培训代表方面注重发挥资源优势作用,为代表联系群众提供服务,加强代表联系群众的规范化管理。在代表公示、接待选民、走访选民、代表述职等方面大胆实践,创造性地开展工作,为促进地区和谐稳定发挥了重要作用。

五、以开展科学发展观活动为契机,加强自身建设

以科学发展观为统领,把学习实践活动与促进自身建设紧密结合,不断提升人大工作水平。

(一)深入学习实践科学发展观,不断推进人大工作

围绕区委确定的“抢抓历史机遇、推进城乡统筹、加快区域发展”的指导思想,结合人大工作特点,确定了“发挥地方国家权力机关作用,促进区域发展”的主题,严格按照活动的安排要求,深入学习实践科学发展观。努力做到“三个结合”:与增强监督实效,促进“一府两院”依法行政、公正司法相结合;与提高代表工作水平,发挥代表主体作用相结合;与加强自身建设,提升人大机关参谋助手和服务保障能力相结合。建立和完善了“加强调查研究,提高审议质量,增强监督实效”的相关工作流程。认真落实区委确定的研究河西地区发展定位和规划、加大征地拆迁力度推进基础设施建设两项重点课题的调研工作。常委会领导积极参与“访百家企业、入百户困难家庭、进百个社区”的实践活动,了解情况,积极协调解决问题。

(二)改进工作方式,不断提高常委会履职能力和机关工作水平

不断探索和改进工作方式,是提高人大工作效率的重要途径。常委会始终重视组成人员和机关干部的政治素质、法律意识和履职能力培养,坚持常委会会前学法和机关干部隔周学习制度,不断增强坚持人民代表大会制度的自觉性和坚定性。强化调研、信息、宣传等基础工作,力求扎实、高效。落实各项工作制度,严格工作程序,不断规范人大工作。

精心组织,认真开好常委会。把“改进监督方式、提高调研质量、增强审议实效、加强会后督办”作为提高常委会会议质量的重要抓手。会前,做好审议议题的各项准备工作。会上,围绕议题认真组织好审议发言。会后,把督促“一府两院”落实常委会审议意见作为重要的监督内容,对重点和难点问题进行跟踪督办。

切实加强调研工作。把调研作为开展工作的基础环节和必经程序,围绕工作搞调研、通过调研促工作。常委会领导和各工作委员会负责人,从客观实际出发,围绕审议议题、区域建设和发展、人民群众关心的热点难点问题,深入重点功能区、街乡镇、社区及企业开展调研,力求了解掌握准确真实的情况。注重调研报告的撰写工作,加强学习交流,强化基础训练,提出明确要求,逐篇严格把关,调研报告撰写质量明显提高,为常委会审议议题提供了有益参考。

重视信息宣传工作。把信息作为反应“三情两声”的渠道和交流工作经验、为常委会和代表履职服务的载体,召开会议,定期研究,完善网络。积极向市人大报送信息,反映我区情况。加强新闻宣传工作,及时将常委

会审议决定的重要事项以及重要活动情况，通过电视、报刊、网站等新闻媒体广泛宣传。改进人大网站版面，丰富网站内容。坚持办好《人大在线》电视专题栏目，宣传人民代表大会制度、代表依法履职和“一府两院”工作情况。

坚持工作制度，严格工作程序。认真落实各项工作制度，严格按照法定程序办事，不断规范人大工作。在健全完善已有的工作制度，按照工作程序依法履行职责的同时，紧密结合工作实际，注重总结经验，创新工作机制，促进工作制度化、程序化和规范化。

为了切实加强农村工作，推动我区城乡一体化进程，成立了农村工作委员会。

各位代表，常委会工作取得的成绩，离不开区委的正确领导以及市人大常委会的指导，离不开常委会组成人员和全体代表的共同努力，离不开“一府两院”、驻区单位、社会各界和全区人民的大力支持。在此，我代表区人大常委会，向所有关心、支持、帮助人大工作的同志们、朋友们，表示衷心的感谢！

在总结工作和肯定成绩的同时，我们对工作中的问题和不足也进行了认真思考，感到还有很多方面需要改进，特别是：监督工作在改进方式、完善程序、提高会议材料质量方面需要不断加强；代表工作在服务保障、更广泛地听取意见方面需要不断加强；自身建设在深入调研了解情况、完善制度方面需要不断加强。对工作中存在的问题，我们将高度重视，认真研究并加以改进。

2010年的主要工作

各位代表，今年是加快我区经济社会发展步伐、提升整体实力和水平的重要一年，也是实施国民经济和社会发展“十一五”规划的最后一年，市政府城南行动计划在我区的项目正在逐步落实，给我们带来了难得的发展机遇。区委十届十四次全会对全年工作做了部署安排，特别是对落实城南计划，实现跨越式发展提出了明确要求。常委会要在区委的坚强领导和市人大常委会的正确指导下，坚持以邓小平理论和“三个代表”重要思想为指导，深入贯彻落实科学发展观，围绕中心，服务大局，认真履行宪法和法律赋予的职责，充分发挥人大在推进我区快速发展工作中的职能作用。

一、加强监督，促进“一府两院”依法行政、公正司法

按照这次大会确定的目标任务，把经济、社会发展中存在的突出问题，广大人民群众普遍关心迫切需要解决的问题作为监督工作的重点，特别要加大对城南行动计划项目落实情况的监督，采取听汇报、视察检查、难点问题研讨等多种形式，力促资金、项目得到落实。听取和审议区政府关于国民经济和社会发展计划、预算执行、城乡一体化建设进展、重点功能区建设和发展、代表议案和建议办理等工作情况的报告；听取和审议“两院”关于民事审判和反贪污贿赂工作开展情况的报告。做好议案办理、丽泽金融商务区建设、“十一五”规划纲要实施情况中期评估报告审议意见落实情况的跟踪检查。组织代表参与“十二五”规划编制工作。

配合市人大做好相关工作。

二、严格程序，依法讨论决定重大事项

按照有关法律法规严格监督程序，把关系全区改革发展稳定大局和城南行动计划中涉及我区重点建设项目的落实等重大事项作为重点，听取和审议“一府两院”重要事项的工作报告，依法行使决定权，必要时作出决议或决定。认真落实常委会人事任免办法，严格按照法定程序做好本区国家机关工作人员的任免工作。

三、完善机制，切实保障人大代表依法履

职

认真贯彻市委23号文件和区委8号文件精神，增强服务意识，巩固基础，完善制度，创新机制，丰富内容，不断促进代表工作取得新成效。举办好以“认真履行代表职务，充分发挥代表作用”为主题的人大代表论坛，为代表交流履职经验搭建平台。继续开展代表述职活动，注意总结经验，建立必要制度。探索代表工作考核、代表履职通报机制，调动代表履职的积极性。认真落实代表建议办理办法，进一步做好建议督办工作。落实市人大《关于加强代表与群众密切联系，充分发挥代表作用的工作意见》，指导乡镇人大、人大街工委、代表联组开展代表联系选民活动。

组织好市人大丰台团代表各项活动，为市代表依法履职提供优质服务。

四、扎实工作，不断提升常委会和机关工作水平

以学习贯彻市委第三次人大工作会议精神为契机，不断加强常委会和机关自身建设。强化学习意识，努力适应新形势对常委会和机关工作的新要求；强化责任意识，扎实做好各方面工作；强化大局意识，牢固树立全区一盘棋思想，紧紧围绕全区中心工作，发挥好地方国家权力机关的作用。

加强对乡镇人大工作的指导，进一步规范乡镇人大工作；加强对人大街工委、代表联组工作的领导，发挥其在人大工作中的基础作用。

各位代表，随着城南行动计划的全面实施，我区进入了快速发展的新阶段。新的形势、新的任务对人大工作提出了更高的要求，使命光荣、责任重大。让我们在区委领导下，以更加奋发有为的精神状态，更加求真务实的工作作风，更加扎实有效的工作措施，抢抓机遇，努力工作，为推动我区经济社会快速发展，做出新的贡献。

北京市丰台区人民政府工作报告

——2010年1月17日在丰台区第十四届人民代表大会第六次会议上

丰台区区长 游广斌

各位代表：

现在，我代表丰台区人民政府，向大会报告政府工作，请予审议，并请区政协各位委员提出意见。

一、2009年工作回顾

过去的一年极不平凡。在国际金融危机和宏观经济下行压力持续影响的复杂形势下，我区各项工作在困难中开局、在逆境中奋进。面对实现“保增长、保民生、保稳定”目标的艰巨任务，在市委、市政府和区委的坚强领导下，区政府凝聚人心、鼓舞斗志，抢抓历史机遇、推进城乡统筹、加快区域发展，通过采取一系列扎实有效的工作措施，圆满完成了区十四届人大四次会议确定的各项工作任务，143项区政府折子工程全部完成，区域经济和社会各项事业平稳较快发展。全区上下形成了加快发展的共识，树立了快速发展的形象，奠定了跨越式发展的基础。

——保增长任务超额完成。实现地区生产总值541亿元，增长9%；完成财政收入39.8亿元，增长10%；完成全社会固定资产投资387亿元，增长26.3%；实现社会消费品零售额630亿元，增长16%，增速位于城八区第一位，对全市扩内需保增长做出了重要贡献。

——保民生目标全面实现。城镇居民人均可支配收入、农民人均纯收入分别达到2.48万元和1.32万元，增长8%和13.8%。新增城镇就业3.2万人，城镇登记失业率控制在3.1%以内。五项社会保险累计收支分别达33亿元和52亿元，增长11%和30%。新型农村合作医疗人均筹资标准提高到420元，参合人数12.8万人，参合率达到95.5%。为群众办理的40件实事全部完成，人民生活水平不断提高。

——保稳定措施成效明显。实现了无重大重复上访户和初信初访化解率90%、重信重访化解率80%、历史积案化解率70%的目标。组织4000余名治安巡防队员和6万余名治安志愿者开展了卓有成效的社会面防控。生产安全、食品安全、动植物防疫等公共安全保持平稳态势。

——国庆服务保障任务圆满完成。深入开展“迎国庆、讲文明、树新风”活动，实施夜景亮化工程，重点区域和主要道路两侧摆放花卉400多万株，完成烟花燃放以及国庆游园活动任务，营造了喜庆热烈的节日气氛。为安塞腰鼓表演方阵、南苑机场阅兵村、游行和演出队伍集结提供周到细致的服务；组织6700多名中小学生参加首都国庆游行和3000多名群众参加天安门广场联欢晚会，展现了我区人民朝气蓬勃的精神风貌，得到了市委市政府的表彰。

回顾2009年，区政府在坚决贯彻落实党中央、国务院、市委、市政府“保增长、保民生、保稳定”各项决策部署的同时,注重把握丰台作为首都城市功能拓展区的功能定位,站在首都发展的大局中谋划发展思路;注重挖掘区域优势,统筹发展规划,优化发展环境;注重产业结构调整和发展方式转变,推动重点功能区建设,增强发展后劲;注重尊重农民和集体经济组织利益,理顺各方面利益关系,促发展惠民生;注重完善促进区域发展的体制机制,在改革创新中,不断提高政府工作效能,把抢抓机遇的精神状态和工作干劲体现在各项工作之中。重点做了以下六方面工作:

(一)以转变发展方式为着力点,经济工作跨上新台阶

扩内需保增长取得明显成效。狠抓投资落地,完成政府投资111.8亿元,完成经营性土地上市交易101.5公顷,土地储备投资62.5亿元。认真落实汽车下乡、家电以旧换新等政策;积极开展北京汽车文化消费节、金秋旅游月等主题促销活动;引进乐天玛特等大型连锁超市;加快方庄和万丰路餐饮特色街区建设;新发地农副产品批发市场完成交易额300亿元,全区消费市场保持繁荣活跃。制定了4个方面26条措施帮扶企业应对国际金融危机,开展走访百家企业活动,累计解决企业发展难题74个;实施专利奖励和科技成果转化办法,设立产业发展引导基金,增加中小企业担保贷款资金,解决企业融资难题,帮助企业做大做强。制定税源建设奖励政策,推进非税收入收缴制度改革,开展国有资本收益收取工作,圆满完成财政增收目标。

调结构上水平取得新进步。狠抓招商选资,加强与中央部委和企业单位合作,共引进注册资本千万元以上企业221家,其中超亿元企业15家,规模以上企业数量增长39%;新增注册资本426亿元,增长3.9倍,增幅居全市首位。高新技术产业实现技工贸总收入1560亿元,增长25%,留区财政收入达到9.3亿元,增长25%,占全区财政收入的23.4%;科技型企业比重从22.9%增至23.5%。北京鼎汉科技公司在创业板成功上市。旅游业快速发展,接待游客1200万人次,增长33%,实现营业收入41亿元,增长19%。中国出版集团文化产业总部基地落户丰台,全区文化创意产业提速发展,资产总额达210亿元,增长10%。节能降耗工作效果明显,加快推进“三高”工业企业退出和年能耗5000吨标煤以上企业能源审计,太空板业、华京源再生资源利用项目纳入北京市循环经济首批试点,万元地区生产总值能耗逐年下降。

重点功能区建设取得突破性进展。加强区级统筹,成立了丽泽控股公司和大红门服装商务区、河西生态休闲旅游区领导小组。高起点、高标准完成丽泽金融商务区城市设计方案国际征集和控制性详细规划方案的深化设计,规划面积扩大至8.09平方公里,示范区B6B7地块和C9回迁安置房拆迁基本完成;与中国联通等五大运营商签订信息化战略合作协议,与国家开发银行等12家金融机构签订600亿元银团授信;国家金融信息中心(新华08)、中国首家环境产业基金等项目落户丽泽。科技园区完成中关村国家自主创新示范区规划调整,面积扩大到16.32平方公里,西区规划方案调整初步完成,东区三期征地拆迁全面启动;总部基地金融港、总部国际二期、托普科技园项目如期推进,央广传媒入驻园区;推动成立了生物医药产学研联盟,促进了高新技术产业集群发展;不断丰富完善园区的配套设施和服务功能,提升了园区的品质。大力推进大红门服装商务区基础设施改造和环境建设,CBC大厦等重点项目如期推进。河西旅游发展规划编制初步完成;申办2014年世界种子大会的申请已获得农业部的批准,正在等待国务院的最后批复;成功获得2013年第九届中国国际园林博览会举办权。

(二)以基础设施建设为支撑,区域发展环境展现新形象

基础设施建设速度加快。实行征地拆迁主体下移,全年共拆迁1793户69万平方米,确保了京石第二高速、南水北调等国家重点工程如期推进,地铁4号线、西六环路按时通车,地铁大兴线等7条轨道交通如期开工建设。北宫路完成提级,北宫南路和梅市口路西延设计方案已经确定,万寿路南延、六圈路等主干路前期手续进展顺利,柳村路及柳村铁路道口平改立工程启动拆迁,马家堡东路、成寿寺路拆迁基本完成,蒲黄榆路开工建设,北京南站外部路网竣工通车,区域内道路联络线更加畅通。启动了马草河上段治理工程拆迁,加快推进河西再生水厂前期工作,完成五里店、七里庄变电工程,市政基础设施进一步完善,城市承载能力进一步提升。

环境建设成效显著。加强生态建设和小流域治理,对永定河西岸建筑垃圾填埋场和大灰厂非法开采进行了集中整治,恢复裸露山体植被67公顷,林木绿化率达到38.8%;加强城市绿化美化,建成郊野公园5个,新增改造绿化面积270公顷,城市绿化覆盖率达到47.2%。北天堂、永合庄垃圾填埋厂建设取得重大进展,从源头上减少了空气异味。全面完成市政府下达的第十五阶段控制大气污染工作任务,改造燃煤锅炉130蒸吨,淘汰黄标车3266辆,完成二氧化硫和化学需氧量减排任务,丰台花园子站和云岗子站空气质量完成市定指标。

城市管理水平进一步提高。加大城乡结合部地区整治和建设力度,加快推进21个"城中村"和"城市边角地"治理,完成55个老旧小区改造,大修改造便民路43条;制定了违法建设监管责任追究办法,拆除违法建设31.6万平方米,拆除出租大院49.5万平方米。加强联合执法,对"六小七黑"场所和小广告、游商、黑车等进行了集中整治。进一步健全城市应急管理体制,修订了36项应急预案,开展了100余次应急演练,加强了极端天气下城市运行保障工作,提高了处置突发公共事件的能力。

(三)以保障和改善民生为根本,公共服务取得新成效

城乡就业规模继续扩大。出台了促进就业工作的意见,投入1.3亿元对1.6万名城乡劳动者和161家稳定就业企业进行补贴;成立创业指导中心,实现创业700余人,带动就业4000余人;开发就业岗位安置失业人员2.1万人;帮扶1.1万名就业困难人员就业,实现了"零就业家庭"动态为零。对辖区1000余家企业实施了动态监控,稳定就业5万人。搭建了农村人力资源管理信息系统,帮助6600余名农村劳动力转移就业。实现了金融危机下就业形势稳定,荣获"全国民营企业招聘组织工作优秀城市"称号。

群众居住条件不断改善。危改工作取得突破性进展,南苑棚户区改造正式启动拆迁,15万平方米的安置房已经封顶;长辛店老镇改造初步方案已经制订;城镇危房改造完成228户440间。完成15个小区3.9万户老旧供热管网改造和4万余户居民老楼通气工程。启动了涉及3.9万人的老旧小区自来水管网改造,居民安全饮用水问题得到进一步解决。南苑西和长辛店经济适用住房项目实现开工43万平方米,选定成寿寺二期等12个地块建设定向安置房,规划约140万平方米;及时为3071户困难家庭办理保障性住房配售、配租和廉租房补贴,低收入家庭住房得到保障。

社会保障水平显著提高。积极贯彻落实城乡居民养老、老年保障、"一老一小"及无业人员医保等惠民政策,新增养老床位1100张。投入1.4亿元对参保人员进行补贴,惠及城乡居民23万余人。改革社保经办模式,实现了五险合一,统一征缴;降低了失业、工伤、农民工大病医疗等社会保险企业和个人缴费比例,减轻了企业和职工社会保险费负担。提高就医救助比例,降低医疗报销起付线,将贫困群体临时救助额度提高到每年3

万元。投入6424万元将全区1.68万名城乡低收入居民全部纳入低保范围,实现了动态管理下的应保尽保。

医疗教育水平稳步提升。引进了天坛医院、北京小学、芳草地国际学校等优质医疗教育资源。完成65所学校综合维修和113校次安全改造,加快推进北京十八中新建校舍和丰台镇教育资源整合工程,教育设施进一步改善;安排2.17亿元规范127所义务教育学校的教师绩效工资;完成东高地、马家堡、长辛店等地区的教育布局调整;深入推进小学规范化建设工程;两所幼儿园被评为市级示范园,促进了素质教育全面发展。健全社区(村)医疗卫生服务网络,丰台社区卫生服务机构成功创建为北京市中医药特色示范区;丰台医院妇幼保健楼竣工,南苑医院翻扩建主体工程完工,医疗基础设施水平进一步提高。深入开展创建药品放心街乡镇达标工作,药品销售零差率惠及129.5万人次。实施幸福家庭工程,落实全民健康行动计划,不断提高人口素质,优化人口结构。

(四)以加快城市化进程为目标,农村建设提升新水平

农村经济快速发展。圆满完成69项新农村建设折子工程,实现农村经济总收入236.5亿元,增长9.5%。安排4400多万元扶持农村特色产业发展,李家峪生态农业示范村项目按计划实施,庄户籽种展示基地等设施农业新建20万平方米。新发地农副产品批发市场升级改造和上市前期准备工作加紧推进。花乡与科技园区签订了产业发展合作协议,卢沟桥乡围绕丽泽金融商务区大力发展配套产业,南苑乡大力推进大红门服装商贸市场的改造升级,城乡经济一体化进程加速推进。

农村环境不断改善。开展了京郊农村"迎国庆百日环境整治"专项行动。投入1.1亿元推进新农村"五项基础设施"和"三起来"建设,实施河西地区无害化户厕改造2800户,安装太阳能灯1500盏,完成农村街坊路硬化65.7万平方米。长辛店人畜饮水管网改造工程已竣工,王佐镇集中供水管道改造项目已立项。西庄店等3个村被评为北京市"生态村"。

农村改革不断深化。制订了花乡城乡一体化试点方案。创新农村金融体制,成立了丰花、鑫福海、农投丰融3家小额贷款公司;政策性农业保险投保额扩大到1000万元。制定了农村征地补偿费管理使用办法,建立了农村土地承包经营权流转信息平台,完成了老庄子村撤村工作。

(五)以国庆服务保障为契机,和谐社会建设呈现新局面

群众生产生活环境更加有序。组织了安全生产执法监察、隐患治理、宣传教育"三项行动",开展了有限空间整治等执法检查,加强对建筑施工、交通运输、危险化学品行业监管力度,有效遏制了重大安全生产事故的发生。开展了清理执行积案、社会治安秩序综合整治、南部战役等专项行动,确保了国庆60周年庆祝活动祥和有序。强化了人防、物防、技防手段,加强巡逻检查、监控,完成了"四个零指标"的任务。突出学校、社区、医院三个重点,严格落实单位、个人、属地、行业四方责任,全力抓好甲型H1N1流感防控工作,确保群众正常的生产生活秩序。

关系群众切身利益的问题得到进一步解决。在全市率先推进了劳动监察"两网化"管理试点,劳动者合法权益得到进一步保障。制定了31个小区临电带永久改造方案,计划用三年时间解决居民小区临电问题。在10个街道25个社区推广建设便民菜站,解决辖区群众买菜难问题。继续开展主要领导大接访,化解了13件历史积案和12件区级重点矛盾,有效化解了一批历史遗留问题;建立信访特派员制度,组建信访督导组深入一线,妥善解决了一批涉及群众切身利益的难点问题。

和谐社区建设不断加强。出台了社会建设系列文件,开展了65个社区规范化试点建设和楼宇党建试点工作,公开招录258名社区专职工作者充实到社区服务站,投入3000余万元改善社区办公和服务用房。举办了首届社区文艺汇演和社区体育运动会,覆盖21个街乡镇,50万名群众积极参与。推行出租房屋网格化管理新模式,加强对来京务工人员的服务与管理。圆满完成第七届社区居委会选举。育仁里社区和晓月苑社区被评为北京市第四届“十大魅力社区”。

群众精神文化需求不断满足。大力开展精神文明创建,在学校、家庭、机关、社区开展了社会主义核心价值体系宣传教育,加强社会公德、职业道德、家庭美德和个人品德建设,积极倡导现代文明风尚。积极开展科普阵地建设,创建了3个市级和7个区级科普型社区,建成2个科技应用示范社区。大力实施文化惠民工程,新建万米文化休闲广场5个,社区文化活动站建成率达98%;着力抓好“科学发展之旅”、文化“四进”工程等特色活动,高水平策划举办第二届北京卢沟晓月中秋文化节和莲花池庙会,持续举办“百姓周末大舞台”文化活动2000余场次,群众精神文化生活更加丰富。

(六)以民主法制建设为保障,服务型政府建设迈入新阶段

民主法制建设进一步加强。自觉接受区人民代表大会及其常委会的法律监督、政协的民主监督和社会的舆论监督,认真听取各民主党派、工商联、无党派人士和人民团体的意见,集中民智,汇集各方力量,形成共谋发展的合力。一年来,共办复市、区人大代表议案、建议225件,办理政协委员建议案、提案172件,办结区长信箱信件871件,接听和处理便民电话6000余次。深入开展“五五”普法,进一步做好法律服务和法律援助工作。强化农村党风廉政建设,认真贯彻落实党务、政务、财务公开制度。严格落实政府信息公开条例,政府决策的公开透明度进一步增强;完善政府法律顾问制度,提高了依法行政水平。

政府自身建设富有成效。完成政府机构改革,成立了区经济和信息化委员会、金融服务办公室等新机构,组建绿化隔离地区建设指挥部办公室统筹绿隔地区开发建设,构建了园林绿化局、人力资源和社会保障局等大部门工作格局。建立三会联动和保增长调度机制,设立“明确责任抓落实”专项议题,出台了扩大内需重大项目问责办法,对各项工作制定倒排时间计划表,明确主责部门和配合部门的职责和完成时限,加大督查力度,及时落实各项决策部署。完善专家顾问制度,不断提高政府科学决策水平。以深入开展学习实践科学发展观活动和领导干部作风建设年活动为契机,政府工作人员的服务意识和办事效率得到较大提高,丰台街道荣获全国“人民满意的公务员集体”称号。

全面落实征兵新政策,实施拥军优属工程,军政军民关系进一步巩固;深入开展民族团结进步创建活动,切实维护宗教领域稳定;妇女、儿童事业健康发展;残疾人社会保障水平进一步提高;工会、共青团等人民团体在公共管理公共服务中发挥了积极作用;侨务、外事、对台、档案、保密等工作取得新成绩。

各位代表!过去的一年是各级领导高度重视丰台发展的一年,是社会各界高度关注丰台发展的一年,是全区上下抢抓机遇、振奋精神,内聚人心、外树形象,构划目标、共谋丰台发展的一年。区人大、区政协汇民智、献良策,各部门、各单位大胆创新、真抓实干,驻区部队和企事业单位齐心协力、共克时艰,广大人民群众积极参与、无私奉献,各级领导干部思变求进、发奋图强,形成了聚精会神搞建设、一心一意谋发展的强大合力。各项成绩的取得凝结着市委、市政府和区委的坚强领导,凝结着社会各界的大力支持,凝结着全区人民的共同奋斗。在此,我谨代表区政府,向

奋斗在各条战线上的全区广大干部群众,向给予政府工作大力支持的人大代表和政协委员,向各民主党派、工商联、人民团体和社会各界人士,向中央驻区单位和驻区人民解放军、武警部队官兵,向所有关心、支持丰台发展的海内外朋友,表示崇高的敬意和衷心的感谢!

在总结成绩的同时,我们也清醒地认识到,我们的工作与实践科学发展观的要求和人民群众的期望还存在一些差距:一是在落实首都城市功能拓展区的区域功能定位方面,还需要以更大的气魄、更开阔的思路、更高的站位,科学制订系统的区域发展规划;二是在土地储备和土地供应方面,还需要加大统筹力度,构建政府主导的资源释放体系支持区域发展,提升基础设施和公共服务水平;三是在招商引资,推动产业发展和重点功能区建设方面,还需要依循促进经济发展的工作规律,创新先进理念,完善政策引导,整合各方力量,实现互利共赢;四是在落实城南行动计划方面,还需要进一步提高领导干部抢抓机遇、加快发展、组织战役、攻坚克难的能力;五是在城乡一体化发展方面,还需要进一步强化区域统筹,建立科学持续的利益共享机制;六是在建设服务型政府方面,还需要进一步转变作风,增强服务意识,提高政府部门的办事效率。对这些问题,我们必须高度重视,采取更加有力的措施加以解决。

二、2010年工作安排

今年是实施"十一五"规划的决战之年,是实施首都城南行动计划的关键之年,也是"十二五"蓝图的谋划之年。在成功举办奥运会和国庆60周年庆典活动后,北京站在了更高的发展起点上,提出了建设世界城市的宏伟目标。面对前所未有的机遇和挑战,丰台要实现跨越式发展,就必须勇敢地、充满自信地从首都发展的大背景中明确目标,谋求发展。这就要求我们以科学的发展理念、必胜的信念,主动实践首都城南发展战略,努力打造首都发展新空间,推动丰台强势崛起。

今年工作总体要求是:以邓小平理论和"三个代表"重要思想为指导,深入贯彻落实科学发展观,全面贯彻党的十七大、十七届四中全会和中央经济工作会议精神,努力实践"人文北京、科技北京、绿色北京"发展理念;全面落实市委、市政府建设世界城市的战略部署和区委十届十四次全会要求,紧紧抓住实施城南行动计划的战略机遇,围绕"两带四区"建设,加快推进产业结构调整和发展方式转变,努力实现跨越式发展;强化以人为本的核心理念,加强以改善民生为重点的社会建设;进一步完善城市管理与服务长效机制,不断提高城市现代化水平,实现发展成果由人民群众共享。

今年全区经济社会发展的主要指标和城南行动计划主要任务:地区生产总值增长9%以上,全社会固定资产投资增长25%以上,社会消费品零售额增长10%以上,实现财政收入增长10%以上,城镇居民人均可支配收入和农民人均纯收入分别增长6%以上,城镇登记失业率控制在3%以内;确保今年城南行动计划12个项目完工、41个项目开工、19个项目推进前期工作,实现投资439亿元,达到三年投资总额的34%。

为全面实现今年目标,并为今后区域发展奠定基础,必须着眼首都科学发展,谋划大思路,着眼区域快速发展,谋划大战役,着眼经济社会可持续发展,谋划大项目;必须抓紧实施城南行动计划,加快基础设施和环境建设,树立丰台率先发展新形象;必须积极转变发展方式,加快重点区域建设,吸引高端产业聚集;必须加大城乡统筹力度,建立健全利益共享机制,破解征地拆迁难题,扩大土地储备土地供应规模;必须以规划为引领,构建资源释放、政策引导、决策服务、资本支持、文化支撑、机制创新六大体系。为此,要着重抓好七方面工作:

（一）构建两带四区发展格局，逐步建立适应首都发展的现代都市型产业体系

面对加快城南发展机遇，树立敢为人先、当仁不让、舍我其谁的工作勇气，以超常规的工作状态，加快构建区域发展新格局，打造高端产业聚集区。

加快推进两带四区建设。委托知名专业机构抓紧完成三四环都市型产业带发展定位和产业布局研究，加快推进北京南站和蒲黄榆商圈建设；加大土地储备和一级开发力度，着力布局一批现代服务业和文化创意产业项目，形成成片开发的态势。加快永定河（丰台段）绿色生态发展带建设步伐，建立有利于开发建设的体制机制，组建筹办工作团队，尽早启动园博会、世界种子大会各项筹办工作；全力推进青龙湖国际文化会都、军民融合产业园、长辛店长兴生态城低碳示范区建设，打造兼具生态环境优美和经济发展良好的绿色生态发展带。

按照市政府已经批准的丽泽金融商务区规划综合方案，科学细化地下空间、市政设施、交通路网等专项规划和土地分宗、丽泽路下穿等专项方案。加快推进土地深度一级开发，实现B6B7地块上市交易，开工建设国家金融信息中心。实现C9回迁安置用房开工建设，开展新一轮回迁房建设选址工作。实施丰草河治理工程拆迁，推进莲花河滨水景观工程前期工作。完成南马莲路前期工作，实施金中都北路、三路居路、凤凰嘴路征地拆迁，实现柳村路、柳村铁路道口平改立开工建设。积极推进北京信息基础设施提升综合示范区建设，充分利用世界银行贷款支持新能源、低碳项目建设，打造智慧丽泽、绿色丽泽。强化发展战略研究，创新政府主导、专家顾问、以商招商新模式，大力吸引银行总部和交易所、股权投资、财务公司等新兴金融机构入驻。全面发挥丽泽控股公司作用，着眼建设上市公司的发展方向，为商务区建设注入活力。

以建设中关村国家自主创新示范区为契机，研究制定一揽子推动科技园区发展的实施意见，鼓励科技创新和成果转化，提高区域自主创新能力，实现技工贸总收入和财政收入增长25%。完成科技园东区三期拆迁，启动基础建设，实现汽博中心周边土地上市。金融港、总部广场、总部国际二期实现竣工验收，托普科技园开工建设，全年争取开复工100万平方米，竣工39.2万平方米。继续完善园区基础设施建设，解决科丰桥交通拥堵问题，进一步优化园区发展环境。

围绕首都发展建设时代要求，结合城南新一轮发展战略和首都中轴路建设规划布局，委托国际知名公司制订以大红门服装商务区为核心的南中轴发展规划。创新体制机制，吸引国内外知名服装品牌厂商和机构参与开发建设，推动服装创意设计、品牌服装展览展示等产业链发展，打造时尚文化中心。

与筹备建设园博会、世界种子大会、青龙湖国际文化会都相衔接，完成河西生态休闲旅游区规划，确定北宫路设计方案，开工建设北宫南路，加快梅市口路西延、周云路建设，尽快尽早打通河西交通瓶颈。依托山地、生态、温泉、农业等特色资源，以南宫、北宫、鹰山、千灵山等为主体，打造北京知名的旅游胜地。

加大产业结构调整力度。在推动“两带四区”开发建设的同时，落实与航天二院、三院、兵器集团签订的战略合作协议，加快推进重大产业项目落地。全力打造高端装备制造业基地，积极推动成立轨道交通产业联盟和绿色产业联盟。加快中国出版集团文化产业总部基地、环球马戏城、水魔方等项目建设，做好中国动漫游戏城周边产业规划。推动区属国有企业改革，着手淘汰整合老企业，适时组建新企业，联合做强大企业，提高区属国有企业参与区域建设的能力。推进非公经济结构调整，鼓励个体工商户向公司制企业转轨。落实节能降耗行动计划，积极推进“三高”企

业退出,大力发展循环经济和低碳经济,强化重点耗能大户和污染企业清洁生产审核,督促企业加快技术改造。逐步建立政府引导、企业为主、公众参与的节能减排运行机制,实现万元GDP能耗下降3.5%的目标。

加大招商选资力度。实施“走出去”战略,联合市政府有关部门在港独立举办招商洽谈会;积极开展境外代理招商,强化与国际组织、跨国公司、知名机构的直接沟通,促成其在丰台设立地区总部或分支机构。创新“以商招商”模式,依托企业资本、人脉资源吸引同一行业、同一产业链的优势规模企业入区发展,形成产业集聚效应。研究制定更优惠、更具吸引力的招商政策,对世界500强、央企总部、民营企业总部等带动性强的企业开展量身订制服务,为能够带动产业发展、提升区域竞争力的企业经营管理人才提供施展作为的环境。深入研究投融资政策,积极创新投融资模式,建立吸引社会资本、民间投资共同参与区域建设的体制机制。

(二)加强城市规划和建设,夯实跨越式科学发展的基础

以落实城南行动计划为契机,加快基础设施和产业布局规划,加大土地资源释放,着力改善城市形象和环境面貌,全力打造首都发展新空间。

坚持规划引领,拓展产业发展空间。按照首都建设世界城市的要求,紧扣首都城市功能拓展区的定位,科学制定“十二五”发展规划,谋划好未来5年发展蓝图。深化土地利用总体规划、重点地区控制性详细规划、产业发展规划和其它专项规划,注重各类规划之间的衔接,统筹区域产业关联和功能互补,优化产业布局。进一步强化规划意识,严格依法编制和依照程序调整规划,增强规划执行的严肃性。

坚持政府主导,扩大土地储备规模。落实好土地供应计划,争取实现上市土地500公顷。用足用好国家和北京市土地储备政策,完成丽泽金融商务区70公顷和科技园区西区、东区三期200公顷的土地储备任务;在郭公庄等轨道交通站点、蒲黄榆等主要道路两侧进行整体土地储备开发。尊重农民和集体经济组织利益,探索建立责任共担、利益共享的土地开发新模式。创新融资手段,推进农村集体经济组织与金融机构合作,增强土地储备融资能力。

坚持基础先行,提高城市承载能力。强化责任制,组建项目攻坚团队,集中力量完成一批重大基础设施建设。加大征地拆迁力度,建立健全拆迁户、乡镇村与区域发展的利益共享机制,积极争取地铁14号线率先在丽泽金融商务区开工建设,保证9号线、10号线按计划实施,7号线、16号线提前开工,大兴线、亦庄线、房山线按时开通。确保蒲黄榆路、成寿寺路、马家堡东路年内建成通车,广莲路等5条道路实现竣工,万寿路南延三期等10个项目开工建设,康辛路二期、南中轴路四期完成拆迁。强化重大项目调度,完成马草河上段治理主体工程,推进南水北调配套工程、郭公庄水厂和卢沟桥、吴家村、丰台河西等再生水厂建设,启动草桥燃气热电厂、槐房等3个输变电站以及石榴庄路热力管线工程建设,促进市政基础设施进一步改善。

坚持环境促进,不断改善城乡形象。继续抓好22条主要大街、32个老旧小区整治,实施小区供热管网改造,完成3万户居民老楼通气工程,进一步改善居民生活环境。继续实施城区供水管网建设和改造,保障居民饮用水安全。加强夜景照明、户外广告、牌匾标识等管理和升级,进一步加大重点地区环境秩序整治,改善街容街貌。加快循环经济园建设,提高生活垃圾处理能力;完善环卫专业作业机制,实现农村地区道路环卫专业保洁。完成绿化818公顷,修复裸露山体100公顷,建设郊野公园4个,对四环以内绿地、林地进行改造提升。实现新农村村庄街坊路全部硬化,完成农村户厕改造任务,加强农

村水务基础设施建设,提高农村污水处理率。继续狠抓大气污染控制,完成二氧化硫削减任务,空气质量二级和好于二级天数达到市定指标。

(三)统筹城乡发展,加快城乡一体化建设步伐

以抓好花乡城乡一体化试点为突破口,深化农村各项改革,探索建立联村开发、联片建设、优势互补、利益共赢、共谋发展的体制机制,实现规划、土地、产业"三位一体"发展的新模式。

统筹城乡产业发展。结合绿化隔离地区建设规划,落实花乡城乡一体化试点的各项任务。加强花乡千亩花卉产业园配套基础设施建设,探索建立花卉产品电子交易模式,提升花卉产业品牌和知名度。进一步加强北宫南路、长青路两条都市型现代农业生态走廊建设,大力发展观光采摘、农艺体验、体育健身、温泉养生等产业,形成河西生态休闲旅游的品牌。深化集体经济产权制度改革,完成集体林权制度改革,建立健全现代农村金融服务制度,实现土地联合、产业联合和资本联合,提升农村集体经济发展水平。鼓励乡村龙头企业发展壮大,形成市场竞争力强、发展优势明显的企业集团。新发地农副产品批发市场要在加快升级改造步伐的同时,以更高的质量和水平,肩负起确保首都市场供应和维护社会稳定的政治责任。

统筹城乡建设管理。以分钟寺村为切入点,以西局村等8个市级挂账村为重点,加大对城乡结合部地区违法建设、群租房等综合整治力度,对违法建设责任人和监管失职人员实施问责。调整街乡行政区划,赋予河东三乡管理城市居民的职责,实现区域内城乡一体化管理。加快规划城区内行政村整建制转居步伐,建立新建居住区纳入城市管理和社区建设的长效机制,妥善解决"建而未转"、"转而未管"问题,实现城乡管理"全覆盖"和"无缝隙"。

统筹城乡公共服务。完成农村劳动力转移就业2000人,完成新型农民培养8000人次。加快建立覆盖城乡的一体化社会保障体系,落实城乡统一的居民养老保障政策,实现城乡居民养老保险制度有效衔接,农民参保率保持在98%以上。推进居民医疗保障制度城乡一体化,完善农村基本医疗制度,加强农村卫生人才队伍建设,实现岗位培训率100%。加强农村教师队伍建设,在师资选聘、骨干教师培养等方面向农村学校倾斜。进一步完善农村科技服务体系,加强农村科技服务港、特色科技协调员服务站建设。强化农村文化网络建设,每个乡镇至少建成一处1000平方米以上的文化体育服务设施,增强农村基层文化服务功能。

(四)着力抓好民生工程,提升公共服务水平

坚持把关注民生、保障民生、改善民生作为政府的第一职责,加大民生领域公共财政投入力度,提高城乡居民特别是低收入群体的收入水平,办好直接关系群众生活的40件实事,让人民群众共享改革发展成果。

持续完善社会保障体系。进一步调整完善就业政策,推进统一规范的人力资源市场建设,继续实施大学生村官计划,拓宽就业渠道,力争新增城镇就业3.2万人,培训1.3万人。树立"大民政"理念,整合规范各专项、临时救助政策,缓解低收入群体生活困难;落实居家养老、助残服务"九养"办法,完善充实服务内容;启动老年综合服务中心建设,加快推进老年服务设施和示范性养老机构建设,新增床位500张。扩大社会保险覆盖面,提高城乡居民保险待遇,推进公费医疗制度改革,发放65万张社会保障卡。完成南苑棚户区改造一期拆迁,启动二期拆迁;长辛店老镇改造回迁房开工建设;实现自建经济适用房新开工15万平方米、竣工40.7万平方米,廉租房竣工8.9万平方米;抓好政策性住房配租配售和对接工作,定向安置房新开工74万平

方米,保证征地拆迁居民的住房需求。

努力促进教育医疗均衡优质发展。加快推进十八中改扩建和十二中科丰校区建设,开工建设长辛店铁路中学改扩建工程,完成丰台二中改扩建前期手续;完成107栋36万平方米的中小学校舍抗震加固改造;狠抓校长和教师队伍建设,提高师资水平;进一步推进小学规范化工程,深化中小学课程、教育教学方法改革试点,全面推进素质教育;推动职业教育发展,加强社区教育、学前教育和成人教育,构建终身教育体系。扎实做好天坛医院迁建和口腔医院选址工作;充分发挥我区资源优势,争创全国中医药特色卫生示范区;推进医药卫生体制改革,提高基本医疗卫生服务水平。坚持和完善各项措施,继续做好甲型H1N1流感疫情防控工作。

切实加强社会建设与管理。开展100个社区规范化建设,规范部门工作进社区;加强社会工作人才队伍建设,继续面向社会及应届高校毕业生公开招录社区工作者;推进社会工作岗位设置,培育扶持专业社工机构,提高社区公共服务水平。大力扶持公益性、服务性社会组织发展,成立丰台区社区工作者协会和志愿者联合会。推进消费维权网络建设,提高消费维权的社会参与和社会监督力度。全面做好第六次全国人口普查。深入推进幸福家庭工程,为计划生育家庭提供全方位服务,不断提高人口素质。切实加强对人防工程的管理,发挥人防工程的公益用途;切实做好流动人口服务与管理,加大对地下空间、出租大院等流动人口集中居住场所的管理力度;整合社区内各类协管员的职能作用,提高基层综合服务管理能力。贯彻党的民族宗教政策,认真做好侨务工作;支持工会、共青团、妇联等群众组织开展工作,维护妇女、儿童、老年人合法权益;完善助残服务体系,发展残疾人事业。

(五)深入开展平安丰台建设,切实维护社会安全稳定

牢固树立群众利益高于一切、安全责任重于泰山、稳定压倒一切的意识,坚决遏制重特大事故、重特大案件、重大公共安全事件发生,为人民群众创造和谐有序的生产生活环境。

加强社会治安综合治理。充分发挥群防群治作用,完善社会治安防控体系,构筑治安防控网络。进一步提高科技创安水平,重点抓好老旧小区技防设施建设,居民区技防设施安装率达到80%。深入开展社区矫正和帮教安置工作,加强对社区服刑和刑释解教人员的教育管控和帮扶解困。着力整治重点地区的治安突出问题,依法严厉打击各种违法犯罪行为,增强人民群众安全感。

妥善处理人民内部矛盾。坚持调解优先原则,积极开展人民调解、行政调解、司法调解,把矛盾纠纷化解在基层、解决在萌芽状态。健全领导干部接访、约访、下访、回访、会访等制度,认真做好人民来信来访和“便民热线”办理工作,实现由被动接访向主动预防的转变。全面落实重大决策信访处置评估机制,注重从源头上预防和化解矛盾纠纷。完善矛盾纠纷排查调处工作制度,重点解决因征地拆迁等引起的社会矛盾,积极解决群众的合理诉求,妥善处置各类群体性事件,确保无重大重复上访户、无信访群体性事件。

突出抓好安全隐患整治。健全安全生产问责制度,加强对特种设备、危险化学品、有限空间、施工工地、人员密集场所和重大危险源等重点行业、重点领域监管力度;加大隐患排查和整改,坚持事故责任倒查和责任追究制度,落实企事业单位主体责任、部门监管责任和属地管理责任;抓好生产、防火、交通、食品和预防煤气中毒、森林防火、烟花爆竹等安全管理工作,努力实现安全生产形势持续稳定,保障人民群众生命财产安全。

完善城市公共安全应急体系。做好隐患排查,制定整改方案,完善各类应急预案,做好专业化应急演练,进一步减少各类突发公

共事件的发生;推进食品监督体制改革,强化药品监管,保障人民群众身体健康;完善重大疾病防控体系和人员聚集场所公共卫生保障机制;全面开展城市风险评估与控制,健全基层应急管理组织,结合区域规划逐步建立居民应急避难场所,提升城市应对突发事件能力。

(六)大力繁荣文化体育事业,推进精神文明建设

积极促进区域文化繁荣发展,努力让文化在塑造城市形象、彰显城市品位、提升文明素质方面发挥更大作用,营造凝聚人心、共谋发展的社会氛围。

大力发展文化体育事业。制定文体资源统筹利用政策,引导社会单位开放生活服务和文体设施,实现共建共享。深入挖掘辖区文化资源,整合各类节庆活动,着力打造卢沟文化品牌,为区域可持续发展提供文化支撑。加大文化体育设施建设力度,加强文化演出场所建设,继续开展数字电影、文化进社区(村)等活动。注重培育群众性文体协会,加强基层文化组织建设。加大体育生活化社区创建力度,促进体育与生活融合。利用奥运垒球场打造北京西南高端文化体育休闲中心,引进高端文体服务设施,满足首都市民高品质生活需求。

继续加强精神文明建设。深入开展“讲文明、树新风”系列活动和群众性精神文明创建活动,着力加强社会主义核心价值体系建设。加强网络监管和扫黄打非工作,切实加强未成年人思想道德建设。广泛开展文明机关、文明单位、文明村镇创建工作,建成率达到80%。着力加强社会文明风尚建设,营造开拓创新、蓬勃向上的良好氛围。深入开展国防教育和创建全国双拥模范城活动,发挥驻区部队维护稳定的作用,军地携手共谋发展。

(七)强化政府自身建设,优化区域发展环境

实现丰台跨越式发展,必须打造一个行政效能高、服务本领强、工作作风硬、人民群众满意的政府。

大力改进作风,建设高效政府。积极深化政府行政效能建设,建立绿色审批通道长效机制,变“绿通”为“普通”,进一步提高办事效率。树立超常规的工作作风,增强等不起的紧迫感、慢不得的危机感、坐不住的责任感,以一流的精神状态、一流的工作态度、一流的工作标准,把一件件实事、一个个项目、一项项任务抓紧抓实,把政绩体现在干大事、办实事上,体现在抓落实、见成效上。通过自查自评自述的全过程考核,强化行政问责,形成善抓落实、狠抓落实的工作局面。

严格依法行政,建设法治政府。在推动区域发展的任务和压力面前,既要振奋精神,创新工作,更要把依法行政贯穿政府决策、执行、监督的全过程和政府管理的各个环节,严格按照法定权限和程序行使权力、履行职责,不能带着问题搞建设。健全群众参与、专家顾问和集体决策相结合的行政决策和规范性文件制定机制,推行重大决策和重要事项咨询、听证、公示、通报等制度,不断提高政府决策法制化水平。扎实推进惩治和预防腐败体系建设,对重大建设、重点工程等领域,实行全程介入、跟踪审计,打造阳光工程、透明工程。认真落实党风廉政建设责任制,切实加强廉政建设和反腐败工作,提高政府的公信力。

创新管理体制,建设服务政府。严格落实政府机构改革方案,切实理顺关系、优化结构,强化公共服务和社会管理职能。全面推进事业单位绩效工资改革。深化行政审批改革,进一步减少、规范行政审批和许可事项。大力推进政府信息公开,完善各类公开办事制度,畅通政府网站、新闻发言人等公开渠道,保障群众对政府工作的知情权、参与权和监督权。

继续加强民主法制建设。坚决执行区人

民代表大会及其常委会决议,依法向区人大常委会报告工作,高度重视并认真办理人大议案、建议和政协建议案、提案,自觉接受人大的法律监督。主动加强与人民政协的联系,自觉接受政协民主监督;认真听取各民主党派、工商联、无党派人士和人民团体的意见,坚持与人大代表、政协委员联系制度,广泛征集群众建议,接受社会公众和新闻舆论监督。深入开展“五五”法制宣传教育活动,增强人民群众的法制观念和法律意识。深入推行村务、财务、厂务公开,健全基层群众自治机制;依法组织第八届村民委员会选举,加强农村基层民主建设。

各位代表!丰台的发展进入了一个全新的阶段。市政府明确提出促进首都南部地区发展的战役要在丰台率先打响,要求我们要有充分的思想准备,形成高昂的工作斗志,迎接首都新一轮建设高潮的到来。

各位代表!历史的目光注视着我们,人民的期盼鼓舞着我们,拓展首都发展新空间、建设世界城市的使命激励着我们。我们面临的任务艰巨而繁重,我们肩负的责任光荣而伟大,让我们在市委、市政府和区委的坚强领导下,坚定必胜信心,勇敢面对挑战,扎实工作,锐意进取,艰苦打拼,创造无愧于时代、无愧于历史、无愧于丰台人民的新业绩!

中国人民政治协商会议北京市丰台区第八届委员会常务委员会工作报告

——2010年1月16日在政协北京市丰台区第八届委员会第四次会议上

周大春

各位委员：

我受政协北京市丰台区第八届委员会常务委员会委托，向大会作工作报告，请予审议。

2009年工作回顾

2009年是新中国和人民政协成立60周年，是推进丰台区"十一五"规划实施的重要一年，也是应对金融危机、促进经济发展的关键之年。过去的一年里，在中共丰台区委领导下，区政协坚持以邓小平理论和"三个代表"重要思想为指导，深入学习贯彻落实科学发展观，围绕区委、区政府关于"抢抓历史机遇、推进城乡统筹、加快区域发展"的中心工作，以保增长、保民生、保稳定为主线，以庆祝新中国和人民政协成立60周年为契机，牢牢把握团结、民主主题，坚持"与时俱进、开拓创新、求真务实、争创一流"的工作指导思想，团结带领各界委员，认真履行政治协商、民主监督、参政议政职能，圆满完成了各项工作任务，在我区改革开放和现代化建设事业中作出了重要贡献，发挥了不可替代的作用。

一、贯彻中央和市区重大决策部署，为促进丰台区经济平稳较快发展献计出力

召开促进经济发展专题研讨会。2009年初，国际金融危机逐步向实体经济扩大，我区经济发展也受到了较大影响，区域经济发展困难增多，压力加大。区政协紧紧围绕"保增长、保民生、保稳定"的工作中心，选择"面对金融危机影响，如何促进丰台区经济平稳较快发展"为课题，充分发挥政协人才荟萃、智力密集的优势，深入开展调查研究，积极建言献策。举办了相关职能部门、区政协委员、党派团体、驻区企业、各界代表人士参加的报告会、座谈会、研讨会等，先后有600多人次参加。组织委员认真学习中央经济工作会议精神，增强贯彻中央和市、区关于"扩大内需，促进经济增长"重大决策部署的自觉性；邀请市、区有关专家举办了《国际金融危机与北京经济发展情况、问题及对策》和《关于丰台区经济发展情况、问题及对策》报告会，使广大委员对国际金融危机大背景下的市情、区情有了更充分的了解，为调查研究、研讨问题奠定了坚实的基础。通过广泛调研，精心准备，区政协举办了"促进丰台区经济发展研讨会"，以"应对金融危机，推动丰台区经济平稳较快发展"为主题，在委员中广泛开展"扩内需、促增长"献计献策活动。政协委员和各界人士围绕丰台区的区域经济、中小企业、发展环境、重点功能区建设、重点产业、城乡一体化等方面，共撰写了36篇文章。区政协形成了《关于应对金融危机影响，推动丰台区经济平稳较快发展》的常委会建议案，区委、区政府主要领导作出批示：政协所提建议针对性很强，请政府办牵头，将任务逐条分解到相关部门加以落实。

认真进行政治协商。按照区委确定的政治协商议题，区政协在开好“促进经济发展专题研讨会”的基础上，认真组织了“关于贯彻落实科学发展观”政治协商会议，区委、区政府主要领导出席会议。参加协商会议的区政协常委、各民主党派、工商联负责人和有关专家、学者12人先后发言，大家紧密围绕区委、区政府中心工作，就应对金融危机、促进中小企业发展、以创业带动就业、科学规划河西地区发展等方面提出了具有前瞻性、建设性、可操作性的意见和建议。区委书记李超钢同志对协商会议和区政协工作给予了充分肯定，表示要认真研究和吸纳协商会意见，将其转化为具体行动。他还介绍了丰台区面临的形势和任务，希望区政协继续献计出力，从而使区政协的研讨会、协商会成果得到了很好的运用。

参与第三届首都西南区域经济发展论坛各项工作。积极参加由门头沟区政协承办的第三届论坛，认真做好论坛宣传工作，将论坛征稿信息分别刊登在《丰台报》和区政府、区政协网站上，为论坛征集到了23篇建言立论文章；协助完成了《首都西南区域旅游休闲产业发展研究》课题组在我区的调研工作；制作完成了反映我区经济建设成就的宣传展板；录制完成了宣传短片，为第三届论坛的成功举办做出了贡献。

二、深入开展调查研究，为我区破解热点难点问题出谋划策

深入调查研究。2009年，在国际、国内形势的大背景下，针对区域宏观经济走势和我区就业问题的严峻态势，常委会将“促进我区创业带动就业工作”作为重点调研课题之一，为区政府解决就业方面的突出问题寻找良策。区政协主要领导亲自挂帅，社会法制委员会与有关党派、人民团体组成联合调研组，在相关职能部门的支持下，先后开展调研活动13次。调研组认真学习有关方针政策，听取情况通报，与辖区失业人员、复转军人、大学生等七个创业群体共200余人进行了专题座谈，赴通州区学习考察，召开专题研讨会，在充分调查研究的基础上写出了调研报告，提出了解决问题的具体对策。城乡建设和管理委员会按照常委会要求，以“加快新农村建设，推进城乡一体化”为课题，与有关党派组成联合调研组，召开专题报告会、情况通报会9次，深入五个乡镇、三个街道、七个村开展调研活动，赴顺义区学习考察了新农村建设经验，在深入调研的基础上，形成了调研报告，充分肯定了我区在实施“河东城市化、河西城镇化”中的成绩，指出城乡二元体制是制约我区现代化新城区建设的“瓶颈”问题；从思想认识、管理体制改革、城乡统一规划、基础设施建设、促进河西经济发展、加快绿化隔离地区建设等六个方面提出了意见和建议。教文卫体委员会以常委会确定的“促进丰台西部文化创意产业发展”为课题，联合7个民主党派组成调研组，集中组织14次调研，听取了7个单位负责人的情况通报，邀请专家进行专题座谈，共有169人次参加调研活动，12名成员提出书面建议，在此基础上，经反复修改，形成了《关于促进丰台区西部地区文化创意产业发展的建议》。

以上三个调研报告形成常委会建议案，报送区委、区政府，得到高度重视。区委、区政府主要领导逐件作出批示，指示相关部门要认真吸纳政协意见，并采取切实措施加以落实。区政府有关部门积极采纳建议案意见，七个部门联合召开了政协建议案答复办理见面会，向政协通报办理情况。

组织视察考察。区政协按照《中共丰台区委关于加强人民政协工作的意见》的有关规定，先期将视察内容、时间等有关情况告知

区政府，由区政府办公室组织实施，区政协领导、各分管副区长、有关部门负责人参加视察活动，向委员通报情况。先后两次组织政协常委、经济科技和社会法制委员会委员视察了丽泽金融商务区、区民政基础设施情况。委员们对金融商务区展现的美好前景感到振奋，充满期望，对建设者迎难而上的精神给予充分肯定，并提出了具体意见和建议。各专门委员会还就群众普遍关心的药品放心区建设、社区卫生工作、社会救助管理、社区矫正工作、看守所建设、农村户厕改造、地铁四号线开通、环境保护等方面工作进行了考察，积极为解决群众关心的热点、难点问题出主意想办法。

举办企业家联谊会。为更加深入地了解我区中小企业面临的困难和问题，帮助企业渡过难关，经济科技委员会在深入了解我区中小企业面临融资难的问题后，积极协调区财政局、发改委、综合投资公司等部门，与区工商联共同举办了“搭建银企合作平台，促进中小企业发展”为主题的第十届区政协企业家联谊会，引入我区七家银行参与合作，有两家企业与北京银行现场签订了800万元贷款协议。针对金融危机对我区台资企业和清真餐饮业的影响，民族宗教和港澳台侨委员会与区台办联合召开驻区台企、台商见面交流会，得到了与会企业家、台企、台商的积极回应；及时听取和向区政府汇报了我区清真餐饮企业面临的困难和问题，努力帮助企业走出困境。

编辑《咨议建言集》。为了充分反映各党派、广大政协委员在调查研究、视察考察、专题研讨、大会发言等方面的意见和建议，区政协编印了第19期《咨议建言集》，共收录建言立论文章41篇、31万余字，这些文章贴近群众、贴近生活、贴近实际，从多方面反映了区政协履职情况，对领导和有关部门科学决策有一定参考价值，得到广泛好评。

三、强化民主监督力度，增强民主监督实效

坚持知情通报制度。为扩大委员知情权，更好地履行民主监督职能，区政协请区委、区政府领导通报了全区政治、经济、党风廉政建设情况。在暑期学习班上，区政府领导介绍了我区在金融危机蔓延、经济增长压力加大的情况下，抓住机遇、因势利导，采取各项正确有力的措施，在保增长、保民生、保稳定中取得的成绩，分析了经济运行特点、存在问题以及作出的工作部署。区政协还请区纪检委领导通报了党风廉政建设和反腐败工作情况，请区建委领导通报了2009年拆迁和基础建设工作情况。委员们在充分了解区情的基础上，提出了意见和建议，得到了高度重视和采纳。

实施对财政和教育工作的专项民主监督。区政协财政工作民主监督小组听取了区财政局《关于丰台区2008年决算和2009年预算调整方案及上半年执行情况》和《关于丰台区2009年预算执行情况和2010年预算草案的报告》，委员们围绕我区财政预算和执行中的热点、难点问题进行了认真讨论，提出了具体意见和建议。为了延伸对财政工作的民主监督，财政工作民主监督小组还听取了区教委对财政预算执行情况的通报。教育工作民主监督小组针对规范化建设中的健康促进校情况，考察了洋桥职业高中和丰台五小，委员们在充分肯定成绩的同时，就工作中存在的认识不到位、发展不平衡的问题，提出了具体的意见和建议。

认真做好提案工作。区政协八届三次会议以来，共审查立案201件提案。在积极做好办理工作的同时，区政协加大了对平时提案的征集力度，共收到平时提案21件，经审查立案20件，比前一年提高了两倍以上。为了进一步提高提案质量，由区政协主管领导对全体委员进行了专题培训。继续坚持主席、副主席、秘书长和专门委员会督办重点提案的做法,主席会议确定的14件重点提案分别由各位主席、秘书长和有关专门委员会认真督办,强化协调,加大指导力度,有力推动了提案办理工作。

切实加强特约监督工作。区政协分别召开了担任特约监督员的委员和特约工作人员聘请单位领导两个座谈会,研究、探讨特约监督工作经验,多方听取意见和建议。18位委员和8个单位的领导分别在座谈会上发言,交流了履行政协职能,倾听、反映群众呼声,充分发挥监督员作用的经验、做法,指出了工作中存在的问题,提出了改进意见和建议。座谈会还就制定和完善特约工作制度、搭建特约人员知情平台、促进本单位党风廉政建设和转变工作作风所取得的成效进行了总结交流,就进一步完善加强特约监督工作提出了设想和建议。区政协领导充分肯定了多年来特约监督工作所取得的成绩,并就进一步提高对人民政协特约监督工作的认识、用制度保障和规范特约监督工作等重要方面提出了要求。

四、以庆祝新中国和人民政协成立60周年为契机,促进大团结大联合

举办系列庆祝活动。一是召开座谈会。区政协、区委统战部联合召开座谈会,各党派、团体和政协委员代表先后发言,大家从不同角度和亲身经历,热情歌颂了在中国共产党领导下新中国和人民政协60年的辉煌历程、改革开放和社会主义现代化建设所取得的辉煌成就,交流了在人民政协舞台上尽职尽责的经验体会。区委主要领导充分肯定了区政协工作成绩,就进一步做好新形势下人民政协工作提出了具体要求。二是举办民族宗教、台侨界茶话会。以“与共和国同行、与人民政协同行”为主题,10位代表先后发言。区政协将座谈会和茶话会的25篇稿件收入到《庆祝新中国暨人民政协成立60周年文集》。三是举行大型文艺演出。各民主党派、工商联、人民团体和政协委员150余人参与演出,共同抒发对中国共产党和人民共和国的深深爱恋,热情讴歌美好幸福的生活,各界群众400多人观看了演出,演出获得圆满成功。四是举办书画展。共征集书画作品80多幅,参展60幅。这些作品饱含对祖国的热爱、对新时代的赞美、对人民政协事业的自豪,区委、区政协领导参加开幕式并向作者代表颁发了证书。

关注民生,促进社会和谐稳定。认真落实区委提出的“访百家企业、入百户困难家庭、进百个社区(村)”的要求,区政协领导带领委员走访区属和驻区企业单位、驻区台商企业、民营中小企业;慰问困难家庭,送去党的温暖;考察乡、镇、社区,了解情况,牵线搭桥,反映问题,解决困难,促进发展。通过开展多种形式的对外联络工作,促成了中国前外交官联谊会及8个国家的大使夫人向南苑一小捐助“阳光助学金”活动;促成了博茨瓦纳驻华大使等到访儿童福利院,开展捐助活动。进一步加强委员地区活动组工作,8个委员地区活动组积极开展活动,地区党政领导大力支持,委员们认真听取区域情况通报,就经济和社会发展、群众关心的热点问题,通过写提案、信息等形式提出意见建议。卢沟桥地区委员活动组还举办了“卢沟桥乡经济发展项目推介会”等活动,取得了良好效果。协助组织解放军302医院的专家深入13个街、乡、镇,开展“健康社区行、服务为人民”大型义诊活动,医护人员共447人次参与义诊,接治病人20195名。与解放军302医院、九三学社市委、南苑乡、区爱卫会共同承办了第21届“国际科学与和平周”丰台会场的活动。

加强同各民主党派、工商联和人民团体合作共事。区政协领导走访各民主党派区委、区工商联和有关人民团体,广泛联系各界代表人士,认真听取意见建议,努力为他们履行职能创造良好条件,通过党派提案、联合调研、大会发言等多种形式,为各民主党派、工商联、人民团体在政协更好地发挥作用搭建有效平台。积极开展富有界别特点的活动，加强同民族宗教界代表人士的联系，弘扬爱国主义，反对民族分裂，开展“民族团结林”认养和养护活动，为切实维护民族团结、宗教和睦创造良好条件。

深入宣传“和平统一，一国两制”方针。举办“台海形势报告会”，正确认识新的形势下两岸关系的新形势、新特点，为促进两岸关系和平发展，实现中华民族的伟大复兴，推进祖国统一大业贡献力量。

？编辑出版文史资料专辑。编辑纪念丰台区改革开放30年来文稿86篇，近32万字、86幅照片，集中反映了我区总体发展进程和民营经济发展轨迹，展示了农村经济体制改革和新农村建设取得的丰硕成果，讲述了各项事业的发展变化，反映改革开放给人们带来的发展机遇。该书被首都图书馆收藏，较好地起到了存史、资政、团结、育人的作用。

五、学习实践科学发展观，政协自身建设得到加强

常委会和委员队伍建设得到加强。通过举办双月学习座谈会、专题报告会、暑期学习班、发学习通知等多种形式，组织和号召委员认真学习贯彻中共十七届三中、四中全会精神，胡锦涛同志在庆祝人民政协成立60周年大会上的讲话，听取形势报告、贯彻《中共中央关于加强人民政协工作的意见》，进一步增强做好新形势下人民政协工作的责任感和使命感，强化常委会组成人员的政治意识、组织意识、大局意识、责任意识和表率意识，努力把政协常委会建设成为更加务实、更加开放、更加创新、更加团结的领导集体。组织全体委员听取区委书记李超钢同志在丰台区深入学习实践科学发展观活动大会上的讲话，参与区委、区政府、区政协深入学习实践科学发展观活动中的征求意见和测评工作。坚持主席、副主席、秘书长联系常委，常委联系委员制度，各专门委员会积极走访委员，认真落实委员履职“四要”，广大政协委员履职积极性有了很大提高。

切实加强政协机关建设。按照市、区的统一部署，去年3至8月，区政协党组和政协机关开展了深入学习实践科学发展观活动，这次活动把“发挥政协优势、服务全区大局、提高履职水平、促进科学发展”确定为特色主题，主要特点是：注重思想发动、加强组织领导；注重正面教育、强化理论武装；注重广开言路、广泛征求意见；注重边查边改、解决突出问题；注重统筹兼顾、切实推动工作。通过半年的学习实践活动，取得的主要成效是：深化了对科学发展观的认识；找出了工作中存在的主要问题；明确了发展方向、思路和措施；进一步激发了开拓进取的良好精神状态。通过学习和实践，调整和充实机关干部队伍，政协机关干部的政治素质、业务素质不断提高，为委员服务的意识和能力进一步增强。

认真做好区政协宣传工作。2009年全年在市级媒体、刊物、网站上刊登区政协工作信息102条；在区级媒体、刊物、网站和区政协网站上登载工作信息206条；拍摄《政协视窗》12辑，充分利用《丰台报》、区政府、区政协网站、《丰台政协》简报及社情民意反映多种方式宣传政协工作，特别是加大了政协履行职能重要活动，如市政协领导到我区检查指导工作、承办京九沿线市（区）政协工作研讨会等重大情况的宣传报道，进一步扩大了人民政协的影响。

回顾一年的工作，我们的主要体会是：

第一，围绕中心、服务大局，积极主动地履行职能是人民政协肩负的重大责任。我们始终把政协工作置于党和政府工作的全局中加以谋划部署。去年年初，面对金融危机的影响，为帮助我区企业顶住冲击、共克时艰，区政协想在前、抓得早、出招实、主动作为，切实在找准问题上下功夫，在帮助企业渡过难关上求实效,以党和政府的中心工作为己任,积极为区委、区政府分忧解难,为促进我区经济平稳较快发展做出了积极贡献。

第二,发挥政协优势,敢于触及和破解难题是政协有为有位的关键所在。政协人才荟萃、智力密集,要做到有为有位,就必须选择具有全局性、战略性、前瞻性的课题,多建睿智之言,多献务实之策。去年我们选择的调研课题,就是直接关乎我区现代化新城区建设的难题,区政协组织广大委员和专家、学者,深入实际调查研究,集中各方智慧,积极为破解这些难题献计献策,发挥了重要的作用。

第三,加强联系、密切配合是政协工作取得实效的根本保证。做好政协工作必须注重加强与政府职能部门之间的密切联系,取得理解和支持。政协的专题调研,既是履职的有效载体,也是为各党派、团体参政议政搭建平台,对发挥委员主体作用和党派、团体人才优势、智力优势至关重要。去年在我们开展的调研、视察、研讨等各项活动,正是各方密切联系、相互支持、共同研讨、形成解决问题共识的过程,因而不仅形成了一批高质量的意见和建议,同时也促进了成果的转化。

在看到成绩的同时,我们清醒地认识到工作中的差距和不足:一是政协委员的主体作用有待进一步发挥;二是社情民意信息反映工作有明显差距;三是政协机关的服务水平和效率有待进一步提高,在反映政协工作和委员活动方面力度不够,实效性不强。对于这些差距和不足,常委会将在新的一年中认真研究并着力改进。

2010 年工作任务

2010 年,是北京市"城南行动计划"的启动之年,也是区"十二五"规划编制之年。按照北京市构建"一轴一带多园区"的城市南部地区产业发展格局,丰台区是北京市"城南行动计划"中唯一的城市功能拓展区。丰台将构建"两带四区",即:城南三、四环都市型产业发展带,永定河水岸经济带;丽泽金融商务区、丰台科技园区、大红门服装商务区、河西生态休闲旅游区。因此,丰台将获得北京市诸多优惠政策和大量资金支持。在这个特定的历史时期,丰台要发挥优势,突破常规,加速发展,实现丰台的崛起。区政协要充分发挥人才荟萃、智力密集的优势,把各方面的力量凝聚到一起,为丰台区抢抓机遇、加快发展献良策、出实招。

一、加强学习,确保党的路线方针政策在人民政协得到贯彻落实

要深入学习中共十七届三中、四中全会精神,学习贯彻中央经济工作会议精神,坚持以邓小平理论和"三个代表"重要思想指导政协工作,用科学发展观统领政协工作。采取多种形式,组织广大委员、各民主党派、工商联、人民团体和政协机关干部,深入学习贯彻中央和市、区委的重大决策部署,认真履行政协职能,全面推进政协工作。

当前和今后一个时期,要深入学习贯彻胡锦涛总书记在庆祝中国人民政治协商会议成立 60 周年大会上的重要讲话。讲话科学总结了人民政协事业发展和积累的宝贵经验,深刻阐述了人民政协在党和国家事业发展大局中的重要地位和作用,明确提出了新形势下开展人民政协工作的方针、原则和工作要求,对于进一步做好政协工作具有十分重要的指导意义。要结合学习讲话精神,贯彻落实北京市政协工作会议要求,协助中共丰台区委召开丰台区政协工作会议,把区政协工作提高到一个新的水平。

二、抢抓机遇,为"城南行动计划"的落实提供智力支持

认清形势,主动作为。2010 年对于丰台区经济、社会事业的发展十分关键。我们面

临着难得的发展机遇,即:首都北京要打造世界城市的机遇;促进城南行动计划落实的机遇;打造永定河水岸经济带的机遇;推进城乡一体化的机遇。发展机遇令人振奋,机遇与挑战并存。丰台的发展,要最大限度地动员方方面面的力量,凝聚人心,汇集力量,鼓励和提倡迎难而上、敢打硬仗的精神。区政协要紧紧围绕中心,服务大局,充分发挥人民政协联系面广的优势,深入宣传,广泛动员社会各界人士积极投入到落实"城南行动计划"的工作中来;要充分发挥人民政协人才荟萃、智力密集的优势,邀请专家学者从更高层次、更深领域为落实"城南行动计划"出谋划策;要组织和动员全体委员、各党派、团体和各界人士,积极主动地履行政协职能,为"城南行动计划"的落实提供智力支持和科学决策依据。各界政协委员要以丰台区的发展为己任,认清形势、统一思想、振奋精神、发挥优势、扎实工作,广泛联系人民群众,集中智慧,群策群力,富有成效地履行职能,为实现丰台区跨越式发展多做贡献。

深入调研,提高履职水平。围绕落实"城南行动计划"和广大群众关心的热点问题,就"丰台区新城区建设拆迁中的问题和对策"、"打造永定河水岸经济带"、"人防工程公益化利用"、"教师队伍建设"等问题开展专题调研或系列研讨活动,就丽泽金融商务区建设、文化创意产业发展情况、依法治区维护社会稳定等方面开展视察、考察,积极提出意见和建议,进一步提高政协参政议政水平。

三、广泛参与,为我区编制"十二五"规划建言立论

积极参与"十二五"规划编制工作。切实把促进发展作为人民政协履行职能的第一要务,充分发挥政协优势,团结、调动广大委员和各界人士的积极性,以争创一流的精神状态,紧紧围绕我区实施"两带、四区"建设目标,加强对重点功能区带动区域经济发展的研究,认真履行职能,扎实做好工作。组织广大委员,邀请有关专家、学者,主动参与区"十二五"规划部分课题的调查研究,积极为我区编制"十二五"规划建言立论。

认真搞好"十二五"规划政治协商。在新的一年里,要组织广大委员和各党派负责人、各界代表人士认真学习中央和北京市关于促进经济和社会发展的一系列方针政策,认真学习贯彻中共丰台区委十届十四次全会精神,明确我区 2010 年经济工作、社会发展的指导思想和总体要求;分别请有关专家、学者和委、办、局领导进行专题辅导和情况通报,在充分研讨、精心准备的基础上,认真做好丰台区"十二五"规划政治协商工作。

四、发挥民主监督作用,推进社会主义民主政治建设

人民政协作为我国政治体制的重要组成部分,在我国社会政治生活中有着不可替代的作用。人民政协要围绕中国共产党加强执政能力,进行民主监督。在新的一年里,区政协要深入学习贯彻十七届四中全会精神,进一步做好民主监督工作,推进民主政治建设。

继续请区委、区政府领导和职能部门向区政协常委,民主党派、工商联负责人,各界代表人士通报全区政治、经济、社会和党风廉政建设情况,帮助广大委员在充分了解区情的基础上,积极提出意见和建议,实施民主监督。加强政协建议案办理过程中的民主监督,进行跟踪办理,促其成果转化。继续开展专项监督,做好区政协财政和教育民主监督工作。进一步加强特约监督工作,采取多种有效形式,增强民主监督实效。

要切实加强社情民意信息反映工作,加大社情民意信息反映力度。区政协要修订有关规定,建立健全制度,学习先进经验,为委员反映社情民意拓宽渠道和平台;各专门委员会和广大委员要把反映社情民意作为履行职能的一项重要工作,制订指标,明确任务,提高质量,向党和政府及时准确地反映广大人民群众的诉求、意见和建议,发挥党和政府与人民群众之间的桥梁和纽带作用。

以加强提案在民主监督中的作用为重点,加大民主监督力度,完善知情通报制度,扩大委员知情权,继续选择有社会影响、群众关注的提案,进行督办和追踪,围绕提案办理工作认真做好检查评议,进一步创新和完善运作机制,切实发挥提案在民主监督中的重要作用。

五、突出团结民主主题,着力促进民生改善和和谐社会建设

改善民生、构建和谐社会是一项长期任务。区政协要发挥自身优势,进一步凝聚全区各界人士的思想共识,为促进政党关系、民族关系、宗教关系、阶层关系、海内外同胞关系的和谐贡献力量,要把改善民生作为履行职能的重要内容,围绕广大人民群众普遍关心的热点、难点问题,为区委、区政府提供决策依据和参考意见,协助党和政府做好协调关系、化解矛盾、争取人心、凝聚力量的工作,促进社会的和谐稳定。

加强同各党派、团体和各族各界人士合作共事,认真听取对丰台区发展和政协工作的意见建议,通过多种形式为他们知情议政、履行职能搭建平台,创造条件。加强同民族宗教界代表人士的联系,发挥宗教界人士和信教群众在促进我区经济发展和社会建设中的积极作用。深入学习宣传"和平统一、一国两制"方针,为推进祖国和平统一大业贡献力量。利用中秋、国庆等节日,广泛开展统战联谊活动,进一步增强人民政协的凝聚力,促进大团结、大联合。

六、切实加强政协委员和机关队伍建设,提高政协履行职能水平

以强化委员队伍建设为核心,增强政协组织的凝聚力和战斗力,采取双月学习座谈会、学习报告会、暑期学习班等多种形式,组织委员学习统一战线和人民政协理论,及时了解国际、国内重大政情、经济形势、社会发展情况,为提高履职能力和水平奠定基础。加强履职情况的考查和反馈,努力提高政协活动质量,进一步发挥委员的履职积极性和主动性,发挥政协组织的整体作用。

以强化机关干部队伍建设为切入点,提高服务水平。巩固深入学习实践科学发展观活动成果,全面落实各项整改措施,增强以科学发展观统领政协工作的自觉性,加大机关干部队伍建设力度,加强机关干部的学习培训、轮岗交流和选拔任用工作,提高机关干部的政治素质和业务素质。努力建设"学习型、服务型、创新型、和谐型"的政协机关,增强为委员履行职能服务的意识和能力,进一步加强政协宣传工作,为政协履行职能提供可靠保障和优质服务。

各位委员,新的一年将是充满机遇和挑战的一年。让我们紧密团结在以胡锦涛同志为总书记的中共中央周围,高举中国特色社会主义伟大旗帜,深入贯彻落实科学发展观,在中共丰台区委的领导下,振奋精神、奋发有为、开拓进取、扎实工作,努力开创政协工作新局面,为建设"人文北京、科技北京、绿色北京",为"城南行动计划"的贯彻实施,为加快丰台区的经济社会发展,为丰台的崛起做出新的更大的贡献。

大 事 记

2009 年丰台区大事记

1 月

4 日 丰台区环保局正式成立汽车尾气排放管理站，对辖区内汽车尾气排放情况实行统一监督管理。

5 日至 7 日 召开政协北京市丰台区第八届委员会第三次会议，241 名委员出席会议。提案委员会共收到提案 191 件。

6 日至 8 日 召开丰台区第十四届人民代表大会第四次会议。

9 日 丰台科技园科技成果荣获国家科技进步特等奖。

17 日 国家人口计生委及北京市人口计生委有关领导和专家对丰台区人口计生委的“幸福家庭工程”进行工作调研。

24 日 北京市委书记刘淇，市委副书记、市长郭金龙带队到丰台区赵公口长途汽车站，调研“春运”期间省际长途客车运营情况。

27 日 71 岁的卢沟桥乡老人申凤友领到了自己的户口本。这位 50 年前来京工作、档案因意外火灾烧毁故一直没有身份证和户口本的老人终于如愿以偿。

26 日至 31 日 举办第九届北京莲花池庙会。期间接待游客 26 万余人。

2 月

3 日 区政府正式发布了《北京市丰台区人民政府关于促进北京丽泽金融商务区金融产业发展的意见(试行)》(丰政发〔2009〕5 号)。

14 日 市委书记刘淇带队到丰台区丽泽金融商务区、科技园区总部基地进行调研。

16 日 伊朗 EBRAT 博物馆(伊朗监狱博物馆)参访团一行四人到抗日战争纪念馆参观，伊朗驻华大使馆工作人员陪同。

27 日 市人大常委会主任杜德印到丰台区调研南城发展情况。

▲ 北京世界花卉大观园被批准为国家 4A 级旅游景区。

3 月

3 日 抗日英烈吕旃蒙将军的后代吕玲女士向抗日战争纪念馆捐赠画作《万里长空且为忠魂舞》。

11 日 召开深入学习实践科学发展观活动动员会，丰台区深入学习实践科学发展观活动正式启动。

同日 日中友好协会爱知县联合会会长石川贤作、理事长富田好宏一行 10 人到抗日战争纪念馆参观，并敬献花篮。

14 日 市委书记刘淇，市委副书记、市长郭金龙，市人大常委会主任杜德印，市委副书记王安顺，市领导李士祥、赵凤桐、苟仲文等，以及市发改委、市规划委等有关部门负责人到丰台区丽泽金融商务区进行调研。区委书记李超钢,区委副书记、代区长游广斌等领导陪同调研。

17日 北京市发改委、丰台区政府在总部基地召开《北京丽泽金融商务区开发建设实施工作意见》新闻发布会。

20日 第29届北京青少年科技创新大赛在十二中举办。

21日 举行“中国人民抗日战争纪念馆民族精神大讲堂”系列讲座启动仪式,民族精神大讲堂讲座正式开讲。

28日 建设银行、交通银行、北京银行、深圳发展银行、杭州银行与总部基地(中国)控股集团签订了银企合作协议,给予金融港建设项目1—3年期授信额度达45亿元人民币的信用支持。

▲ 丰台区首个法律服务向导站在东高地街道万源东里社区工作室正式挂牌。法律向导站是公益性机构,将依托热心公益和具有奉献精神的专业法律工作者,定期到社区免费为居民提供法律宣传、法律咨询、法律援助等服务。

4月

2日 以日中协会理事长白西绅一郎为团长的“第24次南京献植访华团”一行21人到抗日战争纪念馆参观访问。南京市对外友好协会副会长孙文学陪同。

10日 中澳合作社区慢性病管理新模式“快乐生活俱乐部”在方庄社区卫生中心启动。

15日 市委书记刘淇,市委副书记、市长郭金龙,市人大常委会主任杜德印,市委副书记王安顺,市领导吉林、李士祥,市人大常委会秘书长唐龙,以及市规划委、市发改委、市金融局、市交通委、市建委、市国土局等有关部门主要负责人到北京规划展览馆,参观北京丽泽金融商务区规划设计方案征集成果展。区委书记李超钢,区委副书记、代区长游广斌等领导陪同参观。

28日 北京市政府与新华社签署了《关于开展金融信息服务全面战略合作协议》,丰台区政府与新华社中国经济信息社签署了《关于共同促进新华社金融信息平台建设的战略合作协议》,标志着国内金融信息服务业旗舰“新华08”正式落户北京丽泽金融商务区。市委书记刘淇,新华社党组书记、社长李从军,市委副书记、市长郭金龙出席签约仪式。

29日 抗日战争纪念馆与人民文学出版社、中国社会科学院文学研究所在抗日战争纪念馆联合举办了《1938:青春与战争同在》出版首发式暨“北平学生移动剧团团体日记”捐赠仪式。

▲ 北京首个大学生创业孵化基地——北京赛欧科园大学生创业孵化基地落户中关村科技园丰台园。

5月

1日 中共中央政治局常委、国务院总理温家宝到地铁9号线科怡路站建设工地慰问工作在一线的工人们,向他们致以诚挚的问候和良好的祝愿。

4月3日至5月3日 举办以“到丰台踏青去”为主题的“首届丰台踏青节”。

8日 市委常委、统战部长牛有成到世纪奥特桥花卉园艺中心调研丰台区推进城乡一体化工作。

14日 市政协主席阳安江到丰台区调研。

20日 邀请影片《南京!南京!》主创人员与抗战史学者在抗日战争纪念馆举行座谈会。电影《南京!南京!》主创方向抗日战争纪念馆捐赠电影拷贝和道具。

23日 市委副书记、市长郭金龙,市委常委、统战部部长牛有成带队调研永定河防汛工作。

▲ 代区长游广斌带队到上海、无锡等地进行调研,了解上海陆家嘴金融贸易区和无锡多个园区的开发建设情况。

▲ 丰台区举办首届自主择业军队转业干部专场招聘会。35家企业到招聘现场，提供工作岗位70余个，共有140余名自主择业军转干部参加招聘会，其中52名与企业达成求职意向。

6月

12日 市委常委、市纪委书记马志鹏到丰台区调研党建工作和党风廉政建设工作。

18日 举办第二届“鱼水情”双拥书画艺术展。

同日 《战火下的奥林匹克记忆——抗战时期的中国与奥运》专题展览在抗日战争纪念馆开幕。国家体育总局、北京奥组委、市委宣传部、市文物局、市体育局等领导出席开幕式。

同日 卢旺达大屠杀纪念馆馆长詹姆斯·史密斯博士一行三人到抗日战争纪念馆参观。

20日 市委书记刘淇围绕“坚持自主创新，振兴北京装备制造业”主题到丰台区调研。

24日 市人大主任杜德印到丰台区走访慰问优秀党务工作者。

25日 占地3万平方米的“老年人康复中心”在卢沟桥街道开工建设。

▲ 丰台区首个公益性就业组织党支部在大红门街道成立。

▲ 丰台区首家兴业银行支行落户方庄紫芳园。

7月

2日 丰台区政府与天坛医院正式签订了合作意向书，这标志着三级甲等综合医院——天坛医院迁址丰台区已确定。副市长丁向阳出席签字仪式并讲话。

同日 “科学发展之旅”游览体验活动在王佐镇“世界地热博览园”启动。

16日至17日 召开丰台区第十四届人民代表大会第五次会议。会议听取了政府关于上半年“保增长、保民生、保稳定”工作情况报告，选举游广斌为北京市丰台区人民政府区长。

26日 北京市首家以马戏为主题的大型文化娱乐休闲中心——“环球城”在丰台区世界公园南侧举行奠基仪式。

28日 市委常委、常务副市长吉林在北京饭店参加了北京丽泽金融商务区“政银战略合作”新闻发布会暨签约仪式。

31日 丰台区劳动保障电话咨询服务热线“63258855”正式开通。市民足不出户，就能了解到涉及劳动者切身利益的诸多问题。

▲ 王佐镇青龙湖5号路、青龙湖8号路、青龙湖23号路、云岗西路西沿四条道路工程设计方案获市规划委员会批复。

8月

1日 “国防科技产业在京发展合作座谈会”在丰台区召开。

3日 区委理论学习中心组举行学习(扩大)会，邀请第十一届全国人大常委会外事委员会主任李肇星作国际形势报告。

6月24日至8月10日 举行第九届莲花池荷花节。

18日 北京市首家民营科技实业家协会丰台园孵化器网络分会成立。

21日 丰台科技园区与国家开发银行等三家银行签订政银合作协议，获得300亿元的贷款授信额度，用于支持丰台科技园为企业建设金融服务平台。

28日 在丰台区举办第三届首都西南区域经济发展论坛，本届论坛的主题是“城乡一体，统筹发展”。

9月

1日 北京小学万年花城分校开学，为周边3万多居民的孩子解决了上名校难的问题。

4日 云岗街道成立就业实训工作站，

帮助该地区就业困难人员创业、就业,促进区域经济和社会平稳发展。

7日 北京市丰台区旅游局挂牌成立。

9日 中央信访督导组副组长徐畅率队到丰台区检查信访工作。

10日至12日 以区长游广斌为团长的丰台区代表团一行,到青海省海北藏族自治州、西宁市等地考察。

28日 北京市首家精神文明创建联盟——“大红门地区新经济组织精神文明创建联盟”成立。

10月

2日至4日 举办第二届北京卢沟晓月中秋文化节。

9日 北京市首个“阳台菜园”呼叫中心在右安门玉林东里二社区成立,居民通过电话呼叫就可选择爱吃的蔬菜种类在家建立菜园。

11日 第23届卢沟桥醒狮越野跑“晓月新城杯”比赛在中国人民抗日战争纪念雕塑园开幕。

13日 第17届北京种子大会在丰台区召开。农业部副部长危朝安,市委常委、统战部长牛有成,副市长夏占义等领导出席会议。

16日 由总部基地(中国)控股集团全资打造的中国第一家博物馆式酒店——玛雅岛酒店正式营业。

17日 丰台区政府为本区首批认定的丰台一幼、方庄一幼等30家“科学育儿示范基地”举行授牌仪式,这一举措标志着丰台区“科学育儿”早期教育工作开始全面启动。

20日 孟加拉国家卫生部长一行在该国大使馆人员和市人口计生委领导的陪同下,对丰台区的人口计划生育和妇幼保健工作进行参观考察。

27日 丰台区与青海省海北藏族自治州政府签署《北京美智医疗科技有限公司与海北州卫生局医疗影像软件合作协议》、《丰台区教委与海北州教育局教育合作交流协议》。区委副书记、区长游广斌等领导出席签订仪式。

28日 举办丰台区第二届人口与发展论坛。

▲ 丰台科技园获中国文化产业特色园区魅力奖。

11月

3日 第十二届京台科技论坛在台北开幕,丰台区组团参加了开幕式及相关活动。

8日 市长郭金龙到丰台区检查冬季供暖保障工作。

9日 中央巡回检查组第一组副组长、全国政协常委、中央宣传部原副部长高俊良一行,到丰台区调研深入学习实践科学发展观活动情况。

18日 为期一个月的“2009丰台金秋旅游月”在北京世界花卉大观园落幕。旅游月期间,共接待观光游客45万人次,实现旅游收入376万元。

22日 中国出版集团公司与丰台区联合举办文化产业总部基地启动仪式,标志该基地正式落户花乡世界名园。

▲ 丰台有线数字频道实现全天播出。

▲ 占地面积达1.2万平方米的宝苑国际皮革皮具交易中心封顶。

12月

4日 “中国教育地产高峰论坛”在丰台区举行。

17日 市委常委、组织部长、市学习实践活动领导小组副组长兼办公室主任吕锡文到丰台区调研。

29日 中央人民广播电台新媒体机构暨央广传媒发展总公司进驻丰台科技园总部基地签约仪式在京举行。根据协议,中央台新媒体机构落户总部基地。

27日至29日 召开共青团北京市丰台区第十一次代表大会。

30日 农业部部长韩长赋到丰台区新

发地批发市场调研。

10月18日至12月31日 举办南宫温泉养生节活动。期间开展了温泉戏水嘉年华、中医师坐堂讲解秋冬温泉养生、品尝秋冬滋补养生菜、圣诞狂欢夜、金秋登山节等系列活动。

政党 团体

中国共产党丰台区委员会

【概 况】 在市委、市政府的正确领导下，常委会认真学习贯彻党的十七大和十七届三中全会精神，全面贯彻落实市委十届五次、六次、七次全会精神，坚持以邓小平理论和“三个代表”重要思想为指导，深入贯彻落实科学发展观，紧紧围绕保增长、保民生、保稳定和国庆60周年庆祝活动等中心任务，扎实开展深入学习实践科学发展观活动和领导干部作风建设年活动，认真履行职责，先后召开了39次常委会、23次专题会和4次务虚会，召开了区委十届十一次、十二次和十三次全会，就推动“两带四区”建设、促进重点产业发展、优化区域发展环境等工作作出了决策，对筹备国庆活动、落实“三保”任务、推进城乡统筹、着力改善民生、加强党的建设等工作进行了部署，团结带领全区广大干部群众，真抓实干、迎难而上，圆满完成了国庆庆祝活动和全年经济社会发展等各项任务，全面提升了各项工作的水平。

学习实践活动深入开展。常委会坚持把学习实践活动作为重要的政治任务，按照党员干部受教育、科学发展上水平、人民群众得实惠的总要求，精心组织、结合实际、突出特色、注重实效。

理清科学发展新思路。在开展学习实践活动的过程中，紧紧围绕“抢抓历史机遇、推进城乡统筹、加快区域发展”的主题，全面分析了丰台的现状和面临的形势，深入剖析了自身的优势和存在的差距，科学谋划了丰台未来发展的目标方向和方法路径，形成了把总部经济作为丰台经济科学发展的鲜明特征，把现代服务业和文化创意产业作为丰台经济科学发展的主打产业，把重点功能区建设作为丰台经济科学发展的重要载体，把区域统筹、基础先行、政策支撑、环境促进作为丰台经济科学发展基本战略的发展思路；明确提出了“两带四区”的发展战略格局，并且提出在未来5－10年的时间内，争取使丽泽金融商务区初步形成规模，科技园区总部基地作用更加突出，大红门服装商务区完成改造升级，河西生态休闲旅游区开发建设全面启动，三四环都市型产业带、永定河绿色生态发展带以及蒲黄榆商圈、南站商圈基本成型，真正将丰台建设成为金融发展新区、总部经济名区、现代服务业和文化创意产业大区，进而迈入首都经济强区行列的发展目标，这一思路在全区上下形成了广泛共识，为推动区域科学发展奠定了思想基础。

赢得加快发展新机遇。在抢抓机遇、加快发展的同时，区委积极呼吁、主动争取，推动了城南行动计划的出台。一是提前谋划、深入调研，梳理了目前存在的薄弱环节和未来发展的突出矛盾，提出了需要市政府和有关部门支持帮助的具体领域和重点项目；二是主动沟通、争取支持，采取邀请市领导参加市人大丰台团座谈、到丰台进行专题调研和承办城南五区领导座谈会等方式，汇报情况、交换意见、反映需求；三是广泛发动、形成合力，区领导挂帅亲征，把促进行动计划的出台作为一项战略性工作紧抓不放，区人大代表和政协委员发挥优势、多方呼吁，为行动计划的出台做了大量工作、发挥了重要作用；四是各部门、各街乡镇各司其职、各负其责，积极与上级主管部门进行联系，保证了行动计划的顺利出台。正是由于大家的共同努力，城南行动计划最大程度地吸收了丰台的意见，满足了丰台的要求，成为丰台乃至整个城南地区千载难逢的战略机遇。

推动城乡一体化新发展。统筹城乡管理体制，研究确定了改革城乡社会管理体制的意见和调整街道行政区划的方案。统筹城乡经济发展，研究提出了集体经济产业结构调整的意见，健全了城乡统筹、部门联动的工作机制。统筹城乡规划布局，推动土地资源向重点功能区、主要道路沿线和轨道交通站点周边聚集。统筹城乡公共服务，积极引导优秀教师、医生支援农村地区，健全了农村医疗卫生服务体系，改善了河西地区办学条件；完善了农村社会保障体系，投入1.4亿元对参保人员进行补贴，惠及城乡居民23万人，农民参保率达到98%，新农合参合率达到95.5%，帮助3.2万名城乡劳动力实现就业，城镇登记失业率控制在3.1%以内。统筹农村地区发展，打破村域限制，全面推进花乡城乡一体化综合配套改革试点；推进农村金融体制改革，成立了丰花等三家农村小额贷款公司；加快绿化隔离地区建设，成立了区绿隔建设办公室；深入开展重点村整治，明确了区领导联系点，加强了对违法建设的管控和流动人口的管理。

“三保”各项目标全面实现。面对国际金融危机影响和宏观经济下行的压力，常委会坚持把保增长、保民生、保稳定作为全年工作的重中之重，统筹谋划，狠抓落实，确保了全年各项任务目标的圆满实现。

多措并举出实招。强化组织领导，建立了“保增长、促发展”的区级领导体制。优化发展环境，建立了区领导联系企业的长效机制，完善了区招商工作联席会议制度，开辟了区级重大建设项目绿色审批通道，研究出台了应对危机、帮扶企业、促进就业等一系列政策措施。狠抓督促落实，常委会研究明确了各项工作任务的年度目标、完成时限和责任单位，定期听取经济形势分析汇报，确保了全年保增长、保民生、保稳定各项任务的圆满完成。

把握关键重实干。全力提速重点功能区建设。丽泽金融商务区的开发建设开局良好，以市政府名义印发了加快丽泽金融商务区开发建设的实施意见，完成了城市设计方案国际征集并形成了规划综合方案，基本完成了示范区B6B7地块的征地拆迁，设立了金融办，组建了丽泽控股公司；获得了总额600亿元的银行授信，与五家电信运营商签订了合作协议，国家金融信息中心和中国环境产业基金等项目落户丽泽。丰台科技园区一马当先，技工贸总收入达到1560亿元，同比增长25%，留区财政收入达到9.3亿元，同比增长25%，全年实现开复工面积120万平方米，园区东区三期征地拆迁正式启动，西区开发规划取得突破。大红门服装商务区完善了领导体制，深入开展商务区发展规划研究，为推动大红门地区的整体提升奠定基础。河西生态休闲旅游区基础设施建设、服务配套设施进一步加强，经过不懈努力、多方争取，初步获得了2013年第九届中国国际园林博览会和2014年第75届世界种子大会的承办权。

全力推进基础设施建设，加大了基础设

施征地拆迁工作的力度,成立了轨道交通和蒲黄榆路等重点工程拆迁指挥部,确保了地铁4号线、六环路按期通车和大兴线、亦庄线、房山线等重点工程的顺利实施。成立了恒盛宏大公司,重点推进道路前期工作,为基础设施建设的提速奠定了基础。

全力提升公共服务水平,积极推进天坛医院、北京小学等优质医疗教育资源的引进工作;推进北京十八中、南苑医院及北京十二中科丰校区改扩建工程;启动了南苑棚户区拆迁,加快对接安置房建设;实现自建保障性住房新开工20万平方米、定向安置房新开工13.3万平方米;改造城镇危房228户,完成了成寿寺二期等12个拆迁安置房的选址;帮扶1.1万名就业困难人员就业,实现了"零就业家庭"动态为零、城乡低收入群众动态管理下的应保尽保。

合力攻坚见实效。在全区上下的共同努力下,2009年发展目标全面完成,实现地区生产总值541亿元,同比增长9%以上;实现财政收入39.8亿元,同比增长10%以上;完成固定资产投资387亿元,同比增长26.3%;实现消费品零售额630亿元,同比增长16%。招商引资势头良好,全区工商注册企业累计达57478家,注册资本总额1768亿元,新引进注册资本超亿元企业15家,注册资本总额390亿元,同比增长14.8倍。重点产业较快发展,高新技术产业持续快速增长,高新技术产业实现技工贸总收入1560亿元,同比增长25%;金融业实现增加值49.2亿元,同比增长14%;旅游业综合收入达到41亿元,同比增长19%;装备制造业总产值达到175亿元以上,同比增长7%;文化创意产业资产总额达到210亿元以上,同比增长10%。

国庆筹办任务圆满完成。国庆60周年庆祝活动是举世瞩目的大事,更是必须完成好的首要政治任务。常委会高度重视,按照中央和市委的要求和部署,组建了区级领导牵头的领导小组和15个专项指挥部,召开了6次专题会议研究解决相关问题,精益求精、狠抓落实,圆满完成了各项筹备和服务保障任务。

庆祝活动喜庆热烈。群众游行、联欢晚会、游园活动以及焰火燃放工作,按照"严格、谨慎、细致、扎实"的工作原则,倒排时序、细化方案、反复演练,达到了"隆重、喜庆、节俭、祥和"的总要求。各项服务保障工作热情、周到、细致,得到了各方的充分肯定,确保了国庆庆典活动的圆满成功。

环境氛围优美祥和。开展了莲花池公园周边、南苑机场外围等重点地区和70条主要大街的环境整治工作,实施了花卉景观摆放和立交桥夜景亮化工程。拆除违法建设和违法出租大院,推进了10个城中村、11个城市边角地和55个老旧小区的整治改造。深入开展了"迎国庆、讲文明、树新风"活动,开展了"爱祖国、爱北京、爱家乡"等爱国主义主题教育活动和"科学发展之旅"等群众性文化活动。大力宣传新中国成立60年来丰台区在经济社会发展等方面取得的成就,进一步激发了广大干部群众喜迎国庆、推动发展的极大热情。

区域社会安全稳定。深入开展"平安国庆行动",按照"下好先手棋,打好主动仗"的要求和"四个坚决防止"的目标,连续开展了"南部战役"、"雷霆行动"等一系列治安整治专项行动。加强群防群控,发动全区6万多名"红袖标"和民兵参与国庆期间的巡逻、值守,形成了多层次、全方位、无缝隙的社会面防控网络。狠抓管理重点,加强城乡结合部地区重点村、重点人的防控,采取派驻国庆平安督导组、增加技防设施、推广出租房屋旅店式管理等措施,确保了安全稳定。建立完善了领导干部接访、包案和信访特派员、信访风险评估等制度,积极开展了"清理执行积案"和"信访积案化解年"活动,化解了13件历史积案和12件区级重点矛盾,化解率分别达到92%和80%。加大安全生产监管力度,完善城市应急运行指挥平台，加强对水电气热等基础设施的维护，确保了城市运行安全有序。

党的建设得到全面加强。常委会坚持以改革创新精神加强党的自身建设，认真贯彻党的十七届四中全会精神，全面加强党的思想、组织、作风、制度和反腐倡廉建设，为加快区域发展提供了坚强的组织保证。

不断强化思想政治建设。坚持用科学发展观武装党员干部头脑，进一步破除制约科学发展的思想观念。全年共组织理论中心组学习24次，采取请有关专家和具有丰富实践经验的有关领导辅导相结合，集中学习和分散自学相结合等办法，突出抓好科学发展观、十七届四中全会精神以及城南行动计划的学习、理解，使广大党员干部增强对科学发展观的准确理解和把握，增强在新形势下加强党的建设的紧迫感和责任感，增强落实城南行动计划的主动性和自觉性。

积极推进基层党的组织建设。加强城乡基层党建工作，深入开展了农村党建“三级联创”和街道社区“双争创”活动，顺利完成了266个社区党组织换届选举工作。加大基层干部培训力度，选调30名优秀中青年村党组织书记进行专题培训，及时做好换届后社区党组织书记的培训工作。进一步加强和规范机关党建，制定了《关于加强和改进机关党的建设的意见》和《关于开展机关党组织与农村社区党组织结对联建活动的实施方案》。不断扩大党组织和党的工作覆盖面，先后在国润商务大厦等25座楼宇建立了党的组织，在新发地农产品批发市场建立了流动党员党支部，进一步提高了基层党建活力，夯实了党的组织基础。

突出抓好党的作风建设。深入开展领导干部作风建设年活动，下大力气解决紧迫感、大局观、责任心、创造性和执行力等5个方面的突出问题，引导全区党员干部讲党性、重品行、作表率，在全区上下形成了振奋精神、抢抓机遇、加快发展的良好氛围和强大合力。引导广大党员干部正确认识和把握丰台发展面临的优势和机遇，进一步坚定了科学发展的共识、增强了抢抓机遇的能力、弘扬了奋发有为的精神、树立了后来居上的雄心。引导广大党员干部深入基层、深入群众，结合学习实践活动和保增长、保民生、保稳定工作，开展了“访百家企业、入百户困难家庭、进百个社区村”主题活动，虚心听取意见，认真破解难题。

深入开展反腐倡廉建设。加大惩防体系建设力度，开展农村党风廉政建设责任制专项检查，进一步规范村级组织基本制度建设。强化监督检查，对重点投资项目和纳入市级绿色通道审批项目主动跟进、靠前监督。加大行政问责力度，出台了《关于扩大内需重大项目行政问责办法》，加大了对领导干部经济责任审计的力度。全面推进廉政风险防范管理工作，出台了工作意见、扩大了防范层面、延伸了工作对象、强化了风险控制。加大案件线索初核和立案力度，重点查处了农村基层干部和区属企事业单位个别工作人员以权谋私、贪污受贿的案件。加大体制创新力度，成立了三个联合纪检监察组，变单一派驻为联合派驻、变平行管理为垂直管理、变分散监督为分类监督。

（陈仲举）

【区领导走访慰问驻区部队】　1月19至20日，区委、区人大、区政府、区政协领导分别带队对装甲兵工程学院、北京军区22团、解放军302医院、武警水电指挥部等驻区部队进行走访慰问，对驻区部队在执行抗震救灾、奥运安保、支援驻地经济建设、参与公益事业活动方面做出的贡献给予高度评价。

（陈仲举）

【召开全区领导干部大会】　1月22日，全区领导干部大会在区委区政府大楼三层报告厅召开，李超钢同志主持。张大力同志传达了中央维护稳定信访工作会议和全市区县委书记会议精神，部署了春节和“两会”期间安全稳定和服务保障工作。区领导杜瑞琴、初建华、闫满成、王苏维、李明圣、孙钫、汪洪、于长辉、于鸷隆、郭兴斌、吕仕杰、李昌安、李丽萍出席大会。

(陈仲举)

【举行百家企业新春团拜会】 1月23日,丰台区举行百家企业新春团拜会,张大力发表新年祝词,强调,新的一年,区委区政府将进一步做好服务企业工作,切实提高各部门服务企业的意识、质量和效率,积极帮助企业解决实际困难和问题。区领导李超钢、杜瑞琴、初建华、闫满成、汪洪、于鸷隆、吕跃进出席了团拜会。

(陈仲举)

【阳安江、牛有成看望慰问基层老党员】 1月23日,市政协主席阳安江,市委常委、统战部长牛有成到丰台区看望慰问基层老党员安培森和地质学家任湘。区领导张大力、李超钢、初建华、于鸷隆陪同慰问。

(陈仲举)

【刘淇、郭金龙到丰台区调研】 1月24日,市委书记刘淇,市委副书记、市长郭金龙带队到丰台区祥龙赵公口长途汽车站,察看"春运"期间省际长途客车安全运营保障、值守应急和安全检查情况。市委副书记、政法委书记王安顺,市委常委、常务副市长吉林,市委常委、市委秘书长李士祥,副市长苟仲文、黄卫、程红,区领导张大力、李超钢等陪同检查。

(陈仲举)

【召开局级领导干部推荐会议】 2月13日,局级领导干部推荐会议在区委区政府大楼三层报告厅举行,张大力同志主持。市委组织部副局级组织员、区县干部处处长王少峰同志通报了市委关于民主推荐丰台区委书记和市610办公室主任的决定,并作了动员讲话。会议对两个局级领导职位进行了民主推荐。

(陈仲举)

【召开全区社会建设大会】 2月17日,全区社会建设大会在区委区政府大楼第一会议室召开,李超钢同志主持,吕仕杰同志作工作报告,大红门街道、丰台街道、团区委、区文委作大会交流发言。市委常委、市总工会主席梁伟同志充分肯定了丰台区社会建设取得的成绩,强调:一要坚持以人为本,着力解决好民生问题;二要善于动员全社会力量,更好地配置资源;三要着力创新体制机制;四是要改进工作方式方法。张大力同志在讲话中强调:一是要在改善民生上下功夫;二是要在维护稳定上下功夫;三是要在夯实基础上下功夫;四是要在体制机制创新上下功夫。市委副秘书长王翔、市委社会工委书记兼市社会建设办公室主任宋贵伦,区领导闫满成、于鸷隆、胡燕出席会议。

(陈仲举)

【张大力慰问妇女代表】 3月2日,张大力同志带队慰问丰台区妇女代表,在座谈中充分肯定了妇女同志在各项工作中做出的突出贡献,并代表区委区政府向全区各界妇女致以节日的祝福;同时指出,当前丰台正面临着大好的发展机遇,广大妇女同志要充分发挥做工作耐心细致的优势,在经济发展、城市建设、改善民生等方面继续发挥重要作用,为丰台区各项事业发展做出新的贡献。区领导杜瑞琴、杨逸铮、于鸷隆、鲍顺新陪同慰问。

(陈仲举)

【召开深入学习实践科学发展观活动动员部署大会】 3月11日,丰台区深入学习实践科学发展观活动动员部署大会在京丰宾馆南大会议室召开,于长辉同志主持。游广斌同志传达了中央、市委关于开展深入学习实践科学发展观活动的有关精神,市委第四指导组组长李晓强作了重要讲话。李超钢同志在讲话中强调:一是要充分认识搞好第二批学习实践活动的重大意义;二是要准确理解、全面把握深入开展学习实践活动的基本要求;三是要突出实践特色,确保学习实践活动取得实效;四是加强领导,精心组织学习实践活动。市委第四指导组副组长侯子波,区领导杜瑞琴、初建华、杨逸铮、王苏维、李明圣、孙钫、汪洪、于鸷隆、郭兴斌、吕跃进、任光明、苗华、郭振江、吕仕杰、李昌安、张建国、李丽萍、鲍新顺、胡燕、周大春出席了会议。

（陈仲举）

【刘淇到丰台区调研】 3月14日，市委书记刘淇带队就“扩内需、保增长、促发展”主题，到丰台区丽泽金融商务区、科技园区总部基地以及北京谊安医疗系统股份有限公司进行调研。在调研过程中，刘淇书记指出：丰台区开发建设潜力很大，建设金融商务区要结合区域实际，制定科学合理的发展规划，加快推进开发建设，为首都经济发展拓展新的空间；要充分发挥科技园区对经济增长的拉动作用，积极帮助企业解决发展中遇到的实际困难，全力推动区域经济平稳较快发展，确保完成今年“扩内需、保增长、促发展”的各项任务。市委副书记、市长郭金龙，市人大常委会主任杜德印，市委副书记王安顺，市委秘书长李士祥，市委政法委副书记赵凤桐，副市长苟仲文一同调研，区领导李超钢、游广斌、于鸷隆陪同调研。

（陈仲举）

【区领导到朝阳调研】 3月26日，区委、区人大、区政府、区政协领导班子到朝阳区调研，先后参观了崔各庄文化园区、何各庄村易阴阳社区、高碑店古家具一条街，观看了反映朝阳区深入开展学习实践科学发展观活动的纪实片《风好正是扬帆时》。李超钢同志在调研时指出：崔各庄地区变低租金为高租金、变个人出租为集体出租、变靠房屋租赁赚钱为文化产业“淘金”的发展模式，使村里的产业发展了、农民的生活质量提高了、村域的环境改善了，带动区域经济发展走上良性循环轨道，这种作法值得我们学习借鉴。

（陈仲举）

【区领导到顺义调研】 3月26日，区委、区人大、区政府、区政协领导班子到顺义区调研，参观了空港经济开发区蓝天大厦、中国国际展览中心、花博会主会场馆、现代汽车二厂、顺鑫绿色度假村。李超钢同志指出要认真思考三个问题：一是怎样充分发挥地区优势，牢牢抓住发展机遇，培育发展既符合自身功能定位又体现区域优势的主导产业，使区域经济进一步实现全面、协调、可持续发展；二是怎样加强区域统筹，上下一心，形成合力，充分整合资源，吸引大项目，形成大聚集，实现大发展；三是怎样建立科学的体制机制，妥善处理人口、资源和环境的矛盾，加快形成城乡一体化新格局。

（陈仲举）

【举办专题学习研讨班】 3月27日，丰台区学习实践科学发展观活动专题学习研讨班在区委区政府大楼三层报告厅举行，游广斌同志主持。李超钢同志作了题为《以科学发展观为统领，抢抓历史机遇、推进城乡统筹、加快区域发展》的专题辅导报告，指出：一是科学地认识丰台是科学地发展丰台的重要前提；二是加快区域发展是丰台实现科学发展的第一要务；三是推进城乡统筹是丰台实现科学发展的必由之路；四是以人为本是丰台科学发展的基本要求。区领导李明圣、于长辉、于鸷隆、吕跃进、苗华、李丽萍出席并听取了报告。

（陈仲举）

【区领导参加义务植树活动】 4月4日，李超钢、游广斌、杜瑞琴、初建华同志带队参加首都第25个全民义务植树日活动，在王佐镇王庄景观林义务植树点进行了植树。区领导杨逸铮、于长辉、郭兴斌、任光明、苗华、郭振江、张建国、李丽萍、胡燕、周大春参加了植树活动。

（陈仲举）

【房山区领导到丰台区考察】 4月10日，房山区区委书记刘伟、区政协主席范文彦、区委副书记苗立峰带队到丰台区考察，参观了世界花卉大观园、总部基地、王佐镇南宫新苑小区和南宫体育公园，观看了北京丽泽金融商务区规划设计方案宣传片,听取了汪洪同志关于丰台区经济和社会发展情况的介绍和于长辉同志关于丰台区学习实践科学发展观活动情况的介绍。在座谈中李超钢同志指出:一方面,房山区和丰台区同处北京西南地区,相似之处较多,都面临着难得的历史机遇,要继续加强与西南五区的合作,抢抓历史机遇,发挥各自优势,统筹各方资源,促进共同发展,开创共赢局面;另一方面,我们要以学习实践科学发展观活动为契机,着力破解制约发展的难题,赢得发展先机,占领发展制高点,实现加速发展,使丰台区早日成为首都经济强区。区领导初建华、杨逸铮、于鹫隆、吕跃进陪同考察。

(陈仲举)

【吉林到丰台区调研】 4月11日,市委常委、常务副市长吉林到丰台区科技园区总部基地调研,在实地考察了科技园区金融港,了解了金融港的规划建设、定位和招商情况,听取了丰台区一季度经济运行情况和"保增长、促发展"工作汇报后,强调:一是要加强对经济运行情况的监测与分析,及时掌握情况;二是要充分利用好北京市重点项目审批绿色通道,加快推进项目落地;三是要切实抓好重点功能区、重大基础项目和重大产业化项目建设等三个增长点,拉动整体经济发展。区领导李超钢、游广斌陪同调研。

(陈仲举)

【刘淇等市领导参观丽泽金融商务区规划设计方案征集成果展】 4月15日,市委书记刘淇,市委副书记、市长郭金龙,市人大常委会主任杜德印,到北京规划展览馆参观北京丽泽金融商务区规划设计方案征集成果展。市委副书记王安顺,市委常委、常务副市长吉林,市委秘书长李士祥,市人大常委会秘书长唐龙一同参观,区领导李超钢、游广斌、汪洪、于鹫隆陪同参观。

(陈仲举)

【李超钢、游广斌到郊野公园调研】 4月25日,李超钢、游广斌同志调研郊野公园开园筹备情况,听取了天元公园、绿堤公园、御康公园建设和"五一"开园筹备情况的汇报。李超钢同志就做好郊野公园下阶段工作强调:一是要不断加强景区软硬件配套设施建设;二是要高度重视安全工作;三是要从城市环境秩序、交通疏导、食品安全等方面,精心做好开园前的各项准备工作;四是要以郊野公园为平台,为周边居民提供优美的休闲、娱乐环境。区领导张建国陪同调研。

(陈仲举)

【卢沟桥再生水厂工程正式启动】 4月28日,卢沟桥再生水厂及再生水利用工程建设正式启动,市政府副秘书长安钢主持启动仪式,市委常委、常务副市长吉林宣布"北京中心城污水处理厂升级改造工程启动"。副市长夏占义,市水利局党组书记聂玉藻、局长程静,区领导李超钢、游广斌参加了启动仪式。

(陈仲举)

【召开中共北京市丰台区委十届十一次全会】 4月30日,中共北京市丰台区委十届十一次全会在区委区政府大楼三层报告厅召开,王苏维同志主持。李超钢同志传达了市委十届六次全会精神;作了工作报告,回顾了今年一季度以来的工作,分析了当前面临的形势,部署了下阶段工作。与会人员分组讨论了全会工作报告和决议(草案),会议表决通过了全会决议。区四套领导班子成员,区第十届委员会委员、候补委员,纪委委员,区法院、检察院主要领导,各街乡镇党政主要领导,区委、区人大、区政府、区政协各委办局室和群团组织、企事业单位负责同志参加了会议。

(陈仲举)

【温家宝总理到丰台区调研】 5月1日,中共中央政治局常委、国务院总理温家宝到地铁9号线科怡路站建设工地慰问了辛勤劳作的工人同志们,并向他们致以诚挚的问候和良好的祝愿。温家宝总理指出:党和政府十分关心农民工,采取一系列政策措施,改善广大农民工的工作和生活条件。同时指出,当前我们遭受了百年罕见的国际金融危机的严重冲击,最近一些国家又发生了甲型流感疫情,也会对我国经济社会发展带来影响,但只要我们坚定信心,迎难而上,就一定能够战胜任何困难。中共中央政治局委员、市委书记刘淇和市委副书记、市长郭金龙,区领导李超钢、游广斌、于鸷隆陪同慰问。

(陈仲举)

【召开十届区委第九十二次常委(扩大)会议】 5月5日,十届区委第九十二次常委(扩大)会议在区委区政府大楼三层第一会议室召开,李超钢同志主持。市委考察组组长李晓强同志作了讲话,传达了市委关于届中考察工作的有关要求。李超钢同志在讲话中强调:要高度重视,认真对待,切实把考察工作作为加强领导班子建设的重要契机;要带头贯彻市委关于届中考察工作的精神和要求,配合考察组做好个别谈话和有关调查工作;要正确对待组织考察和群众意见,虚心接受群众批评;要坚持实事求是的原则,客观公正地评价领导班子和领导干部;要严格遵守组织纪律,努力营造风清气正的考察环境;要通盘考虑,统筹安排好自己所担负的各项日常工作任务。市委考察组成员,区人大、区政府、区政协领导班子成员和法检两长参加了会议。

(陈仲举)

【牛有成到丰台区调研】 5月8日,市委常委、统战部部长牛有成带队到花乡调研,在听取了草桥村城乡一体化建设进展情况汇报,察看了草桥世纪奥桥花卉园艺中心后,强调:草桥村的经验对推进城乡一体化有很好的示范导向作用,要加以总结和完善;在推进城乡一体化进程中,要从规划、土地、基础设施、社保、公共服务、管理体制等六个方面来解决人口、资源和环境的矛盾;要充分发挥优势,加快推进步伐,确保区域经济又好又快发展。区领导李超钢、游广斌、王苏维、于鸷隆、张建国陪同调研。

(陈仲举)

【阳安江到丰台区调研】 5月14日,市政协主席阳安江带队到丰台区进行调研,在察看了丽泽金融商务区和南宫体育公园,听取了丽泽金融商务区远景规划和丰台区经济社会发展情况的汇报后,强调:丰台区要抓住加快南城发展的机遇,将丽泽金融商务区建设成为首都经济发展的第三增长极;要高度关注民生,多做化解矛盾的工作,为维护社会和谐稳定做贡献。同时就进一步做好区政协工作指出:要坚持围绕中心、服务大局,紧密地结合区委、区政府的中心任务开展工作;要充分利用发挥智力密集的优势,不断丰富政协履行职能的内容和形式。市政协副主席沈宝昌、秘书长阎仲秋,区领导李超钢、游广斌、初建华、于鸷隆、胡燕、周大春陪同调研。

(陈仲举)

【隋振江到丰台区调研】 5月14日,市建委主任隋振江到丰台区调研,听取了区建委、发改委关于丰台区重点工程建设、保障性住房建设和南苑棚户区改造工作情况的汇报后强调:一是要了解社情民意,研究制定符合群众利益的拆迁方案,争取群众对拆迁工作的理解和支持;二是要妥善解决工程建设中存在的问题,做到急事急办、特事特办;三是要抓住轨道交通建设的机遇,统筹规划,整合资源,有序推进城乡一体化建设。区领导李超钢、游广斌、王苏维、于鸷隆、李昌安陪同调研。

(陈仲举)

【张工到丰台区调研】 5月18日,市发改委主任张工到丰台区调研,在察看了马草河治理、万寿路南延和科技园区东区三期项目建设情况,听取了区建委关于全区建设情况的汇报后,指出:市委市政府大力发展南城、投资向南城倾斜的政策已经从统一思想阶段转到实际操作阶段,给丰台发展带来了难得的机遇;市发改委将从舆论、政策、项目、资金等方面给予丰台更多的支持,协助推进重点项目建设;丰台区要加强基础设施建设,为自身的发展创造良好的条件和环境。区领导李超钢、游广斌、汪洪、张建国陪同调研。

(陈仲举)

【郭金龙、牛有成视察永定河防汛准备工作】 5月23日,市委副书记、市长郭金龙,市委常委、统战部部长牛有成带队视察永定河防汛准备工作,在听取了永定河流域防洪工程规划建设情况的汇报,察看了永定河卢沟桥防洪闸后,强调:永定河防汛是北京防汛工作的重中之重,水务防汛部门要提高认识,加强领导,精心准备,做好演练;认真研究相关数据,切实做好永定河山峡地区的防汛工作;在保证永定河防汛安全的基础上,要做好永定河山峡地区和平原流域的生态建设,进一步构筑永定河防汛生态体系,营造良好的生态景观。区领导游广斌、张建国陪同视察。

(陈仲举)

【召开区级领导班子解放思想大讨论会议】 5月23日,以“抢抓历史机遇,推进城乡统筹,加快区域发展”为主题的区级领导班子解放思想大讨论在北宫山庄举行。李超钢同志在座谈中强调:解放思想要围绕学习实践活动主题,切实把解放思想的成果落实在“抢”、“统”、“快”上;要联系实际,着力破解影响科学发展的思想观念和突出问题;要贯穿于学习实践活动的始终,贯穿于丰台发展的始终;要振奋精神,团结带领全区人民共同实现丰台发展目标。区领导游广斌、杜瑞琴、初建华、杨逸铮、汪洪、于长辉、于鸷隆、郭兴斌、李昌安、吕跃进、任光明、苗华、郭振江、张建国、李丽萍、胡燕、周大春参加了讨论。

(陈仲举)

【李超钢、游广斌参加贷款签约仪式】 6月26日,李超钢、游广斌同志在首都大饭店参加了区综投公司与中国工商银行北京分行等五家银行,就北京丽泽金融商务区B6B7项目贷款37亿元的签约仪式。区领导汪洪、于鸷隆同志陪同参加了签约仪式。

(陈仲举)

【李超钢、游广斌参加中华卫视神州台(CHTV)开播庆典仪式】 6月26日,李超钢、游广斌同志在永兴花园酒店参加了中华卫视神州台(CHTV)成功开播庆典仪式。游广斌同志在致辞中指出:中华卫视神州台的开播,将为全球华人展示风采、传播文化提供了一个崭新的平台;必将对地区文化创意产业的发展和经济繁荣起到积极的推动作用,产生良好的社会效应;丰台区委区政府将尽最大努力为中华卫视提供支持、提供服务。区领导李明圣、于长辉、吕仕杰、周大春同志出席了庆典仪式。

(陈仲举)

【召开区领导班子评议座谈会】 7月3日,《区委区政府领导班子贯彻落实科学发展观分析检查报告》评议座谈会在区委区政府大楼八层第六会议室召开,李超钢同志主持。在听取各民主党派负责人、无党派人士、党代表、人大代表、政协委员和基层干部、群众代表的意见建议后,李超钢同志围绕这些意见建议与大家进行了交流,提出了工作设想,并对大家关心、支持丰台的发展表示了感谢。同时强调:今后凡是区委区政府重大决策都要召开征求意见座谈会,凝聚各方的智慧和力量,共同建设丰台美好的明天。市委第四指导检查组成员吴永强,区领导王苏维、于长辉、于鸷隆同志出席了会议。

(陈仲举)

【召开第一批深入学习实践科学发展观活动总结测评会议】 8月27日,丰台区第一批深入学习实践科学发展观活动总结测评会议在区委党校礼堂召开,游广斌同志主持。李超钢同志在讲话中总结了丰台区第一批学习实践活动的开展情况、主要成效和经验启示,并对巩固第一批学习实践活动成果和开展好第二批学习实践活动提出了要求。市委第四指导检查组组长李晓强作了讲话,充分肯定了丰台区学习实践活动取得的成绩。与会人员对丰台区第一批深入学习实践科学发展观活动进行了群众满意度测评。区领导杜瑞琴、初建华、王苏维、李明圣、于长辉、于骜隆、郭兴斌、李昌安、吕跃进、苗华、郭振江、吕仕杰、张建国、鲍顺新同志出席了会议。第一批学习实践活动单位负责人,区委学习实践活动指导组成员,区党代表、人大代表、政协委员,民主党派负责人及群众代表近300人参加了会议。

(陈仲举)

【召开迎接国庆60周年动员大会】 9月7日,丰台区迎接新中国成立60周年动员大会在京丰宾馆礼堂召开,游广斌同志主持。群众游行组、联欢晚会组、社会治安组和志愿者、街乡镇代表在大会上发了言。李超钢同志在讲话中强调:要统一思想,提高认识,切实增强做好国庆筹备和服务保障工作的荣誉感、责任感和使命感;要精心谋划,全力以赴,扎实做好庆祝活动的筹备和服务保障工作;要加强领导,狠抓落实,确保圆满完成国庆60周年各项任务。区领导杜瑞琴、王苏维、李明圣、孙钫、汪洪、于长辉、于骜隆、郭兴斌、李昌安、吕仕杰、张建国、李丽萍、鲍顺新同志出席了会议。区国庆筹备工作领导小组成员、区有关部门和各街乡镇负责同志以及参与国庆游行、游园、晚会、安保等工作的代表800余人参加了会议。

(陈仲举)

【召开国庆平安工作紧急会议】 9月18日,全区国庆平安工作紧急会议在区委区政府大楼三层报告厅召开,游广斌同志主持。孙钫同志通报了"9·17"事件情况,王苏维同志传达了市委紧急会议精神并部署了丰台区进一步落实国庆平安行动工作。李超钢同志在讲话中强调:要以最严格的管控措施确保国庆平安;要以最有力的组织保障确保社会稳定;要以最深入细致的工作确保国庆安保工作万无一失。区领导于骜隆、李昌安、苗连成、吕仕杰、张建国同志参加了会议。

(陈仲举)

【召开党员领导干部大会】 9月23日,全区党员领导干部大会在区委区政府大楼三层报告厅召开。王苏维同志主持,游广斌同志传达了市委常委扩大会议精神。李超钢同志在讲话中强调:要充分认识,深刻领会党的十七届四中全会的重要意义;要深入贯彻,全力推进区域经济社会又好又快地发展;要精心组织,切实抓好党的十七届四中全会精神的传达、学习和贯彻;要全力以赴,认真做好国庆筹备和"十一"黄金周期间的各项工作。区领导杜瑞琴、初建华、杨逸铮、李明圣、汪洪、于长辉、于骜隆、李昌安、苗连成、吕跃进、郭振江、吕仕杰、张建国、周大春同志出席了会议。

(陈仲举)

【召开国庆60周年庆祝活动总结表彰大会】 10月16日,丰台区国庆60周年庆祝活动总结表彰大会在京丰宾馆礼堂召开,游广斌同志主持。王苏维同志宣读了《中共丰台区委丰台区人民政府关于表彰新中国成立60周年庆祝活动先进单位的决定》,区领导为获奖单位颁了奖,国庆群众游行、联欢晚会、社会治安、街乡镇代表发了言。李超钢同志在总结讲话中肯定了丰台区在国庆活动筹办和服务保障工作中取得的突出成绩,总结了国庆活动筹办和服务保障工作的经验体会,并就进一步做好下阶段的重点工作强调:一是要认真抓好党的十七届四中全会精神的贯彻落实;二是要精心组织好丰台区第二批学习实践活动;三是要全力完成好年度经济社会发展目标;四是要提前谋划好明年的各项工作。区领导杨逸铮、李明圣、孙钫、汪洪、于长辉、于骜隆、李昌安、苗连成、吕仕杰、张建国、李丽萍出席了会议,区国庆筹备工作领导小组成员、区有关部门和各街乡镇负责人以及参与国庆游行、游园、晚会、安保等工作的代表800余人参加了会议。

(陈仲举)

【举行北京银行与丰台区全面战略合作协议签字仪式】 12月6日,北京银行与丰台区全面战略合作协议签字仪式在总部基地玛雅酒店举行,双方签署了总额为200亿元人民币的战略合作协议,签字仪式由汪洪同志主持。李超钢同志在讲话中强调:近年来全区上下万众一心,锐意进取,实现了区域经济社会又好又快发展;丰台区将通过落实城南行动计划、两带四区建设,向金融发展新区、总部经济名区、现代服务业和文化创意产业大区迈进,从而实现丰台强势崛起;丰台区将继续保持与北京银行等金融机构的友好合作关系,努力实现合作共赢、共享机遇、共谋发展的目标。区领导游广斌同志出席了签字仪式。

(陈仲举)

【吕锡文到丰台区调研】 12月17日,市委常委、市委组织部部长吕锡文到丰台区调研深入学习实践科学发展观活动开展情况。先后参观了卢沟桥乡大井村天弓高尔夫球场、大井村村委会电教室、天信英合商务花园,听取了李超钢同志关于全区第二批学习实践活动开展情况的汇报。吕锡文同志对丰台区学习实践活动给予了充分肯定,并就进一步开展好下阶段学习实践活动强调:一是要抓好十七届四中全会精神的贯彻落实,推进基层党建创新,提高基层干部的执政能力和领导水平;二是要采取多种形式为群众服务,切实解决好群众的实际困难和问题;三是要创新体制机制,保障人民群众的长远利益;四是要突出实践特色,充分利用城南行动计划的机遇,推动区域经济又好又快发展。区领导李超钢、于长辉、刘宇同志陪同调研。

(陈仲举)

【韩长赋到丰台区新发地批发市场调研】 12月30日,农业部部长韩长赋到丰台区新发地批发市场调研。在市场摊位询问了价格行情和交易情况,慰问了市场职工和经销商户,韩长赋同志在讲话中强调:要扎实做好农产品生产和市场供应工作,确保货源充裕;要加大执法检查力度,严把农产品产地准出关和市场准入关,确保农产品质量;要提前制定应急保障预案,确保元旦、春节期间农产品供应充足、价格稳定。农业部副部长陈晓华,副市长夏占义、市委副秘书长李福祥、市政府副秘书长安钢,市农委主任王孝东、市农业局局长赵根武,区领导李超钢、游广斌同志陪同调研。

(陈仲举)

组 织 工 作

【概　况】 丰台区组织工作认真学习贯彻党的十七大和十七届三中、四中全会精神,深入贯彻落实科学发展观,按照"保增长、保民生、保稳定"的要求,以服务保障新中国成立60周年国庆为重点,进一步加强领导班子、干部人才队伍、基层党组织和党员队伍建设。精心组织深入学习实践科学发展观活动,强化理论武装和教育培训,广大党员干部"抢抓历史机遇,推进城乡统筹,加快区域发展"的自觉性和主动性进一步增强;强化领导干部作风建设,优化班子配备,领导班子和干部队伍推动科学发展的能力水平进一步提升;强化用人导向,健全制度机制,干部人事制度改革取得新进展;强化高层次人才队伍建设,营造环境氛围,各类人才对经济社会发展的支撑作用进一步发挥;强化基层基础工作,不断推进基层党建创新,充分发挥基层党组织的战斗保垒作用和党员的先锋模范作用;强化大局意识,深化拓展组织系统"讲党性、重品行、作表率"活动,组织部门自身建设取得新成效。

(赵　军)

【开展深入学习实践科学发展观活动】 按照中央、市委的部署要求,从3月11日开始,全区分两批组织开展了深入学习实践科学发展观活动,共有3462个基层党组织、89551名党员、514名区处级党员领导干部参加。全区各级党组织紧紧围绕"抢抓历史机遇,推进城乡统筹，加快区域发展”的活动主题，广泛开展解放思想大讨论，通过外出考察、务虚研讨，深入开展“十看丰台”研讨和“三个一百”活动，使广大党员干部进一步深化了对马克思主义中国化最新成果的认识，加深了对科学发展观的科学内涵、精神实质和根本要求的理解，进一步强化机遇意识、忧患意识、大局意识、责任意识，增强贯彻落实科学发展观的自觉性和坚定性。

（赵 军）

【大规模培训干部】 全年，举办各类培训班36个，培训各类干部21000余人次。选调8名处级干部参加北京大学第十二期现代管理高级研修班的学习；选调18名处级干部参加了与清华大学合作举办为期一个月的领导力提升高级研修班；选调丽泽开发办公室成员单位20名主管副职参加了与中央财经大学商学院合作举办的“丽泽金融商务区发展战略”高级研修班。在外省市建立干部培训基地，以项目外包方式，举办了山东青岛“城市管理与经济建设专题研修班”和广西北海“新任处级干部培训班”。

（赵 军）

【开展领导干部作风建设年活动】 年内，制定了实施意见，针对领导干部中普遍存在的与科学发展不相适应的问题，引导全区各级领导干部按照“抢抓历史机遇，推进城乡统筹，加快区域发展”和确保“三保”任务落实的要求，围绕区委区政府中心工作，振奋工作精神，落实工作责任，强化执行意识。广大干部自觉把思想统一到区委区政府的战略决策上来，把改进工作作风与创新工作方式紧密结合起来，深入调查研究，积极创新实践，在推动经济发展、构建和谐社会、平安国庆行动中发挥了示范和带着作用，保证了区委区政府各项工作的完成。

（赵 军）

【调整配备干部】 全年共调整干部266人，其中提拔干部67人，交流干部57人，改任非领导职务21人，核定副调研员19人，其他调整102人。

（赵 军）

【进行乡镇领导班子和领导干部届中考察】 按照述职述廉、民主测评、民主推荐、个别谈话、实绩考核、综合评价等环节，对5个乡镇领导班子和领导干部进行了届中考察，全面了解和掌握乡镇领导班子和领导干部的思想、组织、作风、工作实绩和党风廉政建设情况。

（赵 军）

【接收安置团职军转干部】 年内，完成了2008年度行政团职军转干部接收安置工作，计划接收65人，实际接收28人，其中正团职10人，副团职18人。

（赵 军）

【集中考察后备干部】 年内，根据市委组织部的统一部署，组织对后备干部和优秀年轻干部进行了集中推荐考察，确定487名处级后备干部和220名30岁左右及以下的优秀年轻干部，健全了后备干部库。

（赵 军）

【加强后备干部实践锻炼】 年内，抽调40名后备干部到科学发展观办公室和轨道工程建设项目等重大工作中进行实践锻炼，进一步拓宽视野，丰富阅历，提高素质。

（赵 军）

【处级干部健康体检】 5－7月，利用周六、周日时间，组织全区796名处级干部在丰台区体检中心进行体检。

（赵 军）

【完善领导班子和领导干部综合考核评价体系】 年内，积极开展调研，制定了以年度考核为主、兼顾集中考核和日常考核的《丰台区领导班子和领导干部综合考评办法（试行）》，突出考核分类和指标体系权重设置的科学性，体现干部考核评价在贯彻落实科学发展观中的导向作用。

（赵 军）

【接收挂职人员锻炼】 年内，从驻京高校选拔15名博士后到区重点部门挂职，根据市委组织部和市教育工委统一部署，安排了13名首都高校博士、3名高校辅导员和7名新疆和田地区干部到区有关单位挂职。

(赵　军)

【编印《干部监督手册》】 年内，摘录中央、市委、区委干部监督工作中最基本、最常用的政策规定，分类汇编成《干部监督手册》，手册共设议事决策、干部选任、干部管理、财务管理、党风廉政建设及其他六大类39小类。同时将摘录的各条目出处全文及其他干部管理、干部监督政策法规和规定共61项，全文收集分类，刻制成光盘，与手册一并下发，供广大领导干部日常工作中学习、查阅和使用。

(赵　军)

【改进处级领导干部收入申报】 年内，完成局、处级领导干部上半年收入申报工作。与区财政局沟通协调，改进了延续数年的处级领导干部收入申报途径，将实行工资规范管理的处级干部的工资收入申报项目由以往的干部本人查询、申报改为由区委组织部干部监督组向区财政局统一调取的方式进行转变。

(赵　军)

【加大干部监督工作力度】 年内，强化日常教育，增强了干部自律意识。认真落实党员领导干部诫勉谈话、函询、述职述廉、个人有关事项报告等制度，加强了政府部门重要职能部门领导干部经济责任审计，增强了工作实效性。

(赵　军)

【制定科级干部选拔任用暂行办法】 年内制定了《科级干部选拔任用工作“一报告两评议”暂行办法》，规定各党(工)委、党组每年结合处级领导班子、领导干部年度考核，要专题报告本年度科级干部选拔任用工作情况并接受评议；对提拔任用的科级干部履行职责情况进行测评。区委直属党委要结合换届开展科级干部选拔任用工作“一报告两评议”。《办法》规范了“一报告两评议”的具体内容，提出了需公开的事项；明确了参加人员范围，扩大了参与度。同时，规定了评议形式、程序、步骤；强调了结果的运用，要求对提拔的干部民主测评结果不满意率超过20%的，党(工)委、党组要找本人谈话，加强教育，督促整改。区委组织部将“一报告两评议”结果列为处级班子思想政治建设评价和考核的内容。

(赵　军)

【召开人才工作领导小组会议】 年内，制定了全年人才工作要点，将全年人才工作划分为24个具体项目，加大统筹协调和督促检查的力度，推动人才工作各项任务落实到位。

(赵　军)

【优秀青年人才培养资助】 年内，依据市委组织部《关于开展2009年度优秀人才培养资助工作的通知》精神，全区3名优秀青年人才获得市7万元专项资助。

(赵　军)

【加大人才工作宣传】 年内，在丰台有线电视台开设专栏，播放了18名优秀人才的事迹，营造了“丰台欢迎人才、丰台成就人才”的良好氛围。

(赵　军)

【政工职评】 年内，全区共计14人申报政工职称，认定助理政工师2名，评审政工师5名，推荐上报高级政工师5名，4人获高级政工师职称。

(赵　军)

【完善基层党建工作体系】 年内，在区级层面，进一步落实区委党建工作责任制，调整主管部委职责，形成工作新机制。在街道层面，积极推进成立社会工作党委，有力推进了社会领域党建工作。各基层党(工)委强化党建工作责任制，有效增强了基层党员领导干部抓党建的责任感和主动性，形成了“上下联动、左右互动、齐抓共建”的党建工作格局。

(赵　军)

【社区党组织书记换届选举】 全区266个社

区党组织通过“三推一选”的方式全部顺利完成换届选举工作，扩大了基层民主，优化了班子的年龄、学历、专兼职结构，夯实了社区党组织的工作基础。

（赵　军）

【社区党组织书记培训】 年内，在社区党组织换届选举结束后，及时组织268名社区党组织书记进行培训，着眼于提高社区党组织书记统揽社区全局的能力、构建和谐社区的能力、组织领导社区的三种能力，采用脱产封闭的培训方式，以专题讲座、经验交流、体会交流的形式进行，注重理论与实际相结合，进一步强化了社区党组织书记抓区域性党建工作的意识，提高了其综合素质。

（赵　军）

【农村党总支书记骨干培训】 年内，选调各乡镇30名优秀中青年村党组织书记，进行了为期11天的脱产培训，突出“研学攻坚、化短为长”的特点，培养一批村级干部骨干带头人，取得良好的示范作用。

（赵　军）

【农村党组织换届选举】 年内，认真做好农村党组织换届选举各项工作，68个行政村党组织完成换届，新当选的428名村党组织成员，平均年龄比上届有所降低，文化水平比上届有较大提高。

（赵　军）

【试点党组织书记直选工作】 年内，在丰台街道8个社区试点党组织书记直选工作，在五个乡镇11个村试点党组织书记直选工作，均取得成功，积累了宝贵经验。

（赵　军）

【楼宇党建工作】 年内，选取卢沟桥街道国润商务大厦、马家堡街道时代风帆大厦，进行楼宇党建工作试点，探索了商务楼宇社会工作工作机制。在33个商务楼宇中新成立了党组织、社会工作站，扩大了党组织和党的工作覆盖面。

（赵　军）

【总结机关党建工作典型经验】 立足于展示近年来全区机关党建工作创新成果，立足于为广大机关党务工作者提供学习借鉴，在总结全区各机关单位党建工作经验成果的基础上，编辑了《丰台区机关党建工作创新成果实例汇编》一书，重点突出了夯实组织基础、创新党员教育、强化组织功能、加强作风建设、落实党建责任等五方面内容，为全区机关党组织交流经验提供了平台。

（赵　军）

【调整国企党组织设置】 年内，按照产权关系，合理调整设置国有企业党组织，调整9个党组织隶属关系，实现了区综合投资公司自身党组织发展和对控参股企业管组织、管事、管股权的有机统一。

（赵　军）

【开展纪念建党88周年“六个一”活动】 年内，为纪念建党88周年，开展了一次与“祖国同行、为党旗增辉”主题党日活动，召开了一次“抓党建、促三保”专题座谈会，组织了一次“共产党员献爱心”捐献活动，走访慰问了一批共产党员，召开一次专题组织生活会，学习宣传了一批先进典型。

（赵　军）

【党员电教新成绩】 年内，有5部电教片获得市级奖项，其中民政局制作的《我要和孩子们在一起》，科学发展观办公室、卫生局联合制作的《改革创新破难题，紧扣实际促发展》等2部片获北京市第九届党员教育电视片观摩评比一等奖。

（赵　军）

【开展乡镇党代表任期制试点】 年内，在卢沟桥乡开展乡镇党代表任期制试点工作，建立党代表联系党员群众、提案提议、学习调研、通报情况、征求意见等五项制度，探索出建立党代表联络站和二级联系网络两个有效载体。

（赵　军）

【深化拓展组织系统“讲党性、重品行、作表

率”活动】 认真开展以传统教育、宗旨教育为主要内容的党性教育,通过举办培训班、跟班学习、业务交流、外出考察、实践锻炼等方式,提升能力素质,激发创新活力,推进组织工作开展。

(赵 军)

【“组织部长下基层”活动】 年内,制定了《丰台区委组织部贯彻落实中组部推进“万名组织部长下基层”活动的实施方案》,紧紧围绕“保增长、保民生、保稳定”的目标任务和圆满完成新中国成立60周年庆祝活动,结合学习实践科学发展观活动、作风建设年活动和深化拓展“讲重作”活动,统筹安排,协调推进。重点突出深入基层调研、加强干部考察、进行谈心谈话、开展结对帮扶、重视信访接待五个方面。

(赵 军)

【组工干部培训】 2月,7-8月,分别组织全区126名组工干部参加了为期3天的培训,组织全区80名专职组工干部分2批赴大连学习培训一周。培训内容把工作部署、专业知识学习、研讨交流、沟通联系四个方面紧密结合,取得了明显的实效。

(赵 军)

宣传工作

【概 况】 年内,宣传工作以邓小平理论、“三个代表”重要思想和科学发展观为指导,坚持围绕中心、服务大局,坚持面向基层、服务群众,着力统一思想、增强信心,着力推动社会主义核心价值体系建设,着力提高舆论引导能力,着力促进社会主义文化大发展大繁荣,为我区现代化新城区建设提供思想保证、舆论支持、精神动力和文化条件,把握正确的思想、舆论导向,努力为建设现代化新城区提供理论指导、舆论力量、精神支持和文化条件。以学习实践科学发展观活动为重点,抓好中心组学习,创新学习方法,开展深入系统的理论学习,进一步提高领导干部运用理论指导实践的能力。坚持面向基层,创建“社区周末大讲堂”,加强理论宣传的力度和广度。加强新闻制度建设,坚持正面报道为主、负面报道为辅,突出重点栏目报道,推出全新栏目,正确把握舆论导向。深入宣传区委区政府的重大决策部署,重点宣传丰台区全面落实科学发展观、构建社会主义和谐社会、建设社会主义新丰台所取得的重要成果,统一全区干部群众的思想和行动。巩固发展了积极向上、团结和谐的社会主流舆论。

(袁铁军)

【开展“四个丰台研究”】 年内,组织区内部门,邀请专家 对“丰台文化、丰台精神、丰台品牌、丰台形象”四个课题进行了调研工作,并取得了初步成果。

(袁铁军)

【首创“科学发展之旅”】 7月2日上午,在王佐镇“北京世界地热博览园”启动了“科学发展之旅”游览体验活动。游览体验“科学发展之旅”人数达39万人,王佐镇还被国务院机关工委纳入其“见证辉煌”学习实践活动参观线路。科学发展之旅成为“学习科学发展的课堂、实践科学发展的平台、享受科学发展的乐园”。

(袁铁军)

【继续组织实施“幸福生活讲师团”】 年内,采取集中授课、开办“幸福生活咨询台”、建立“幸福生活网站”、“幸福生活图片展示”、评选“幸福生活使者”等方式,由社区居民选题目、选场所、选时间,内容充实,形式活泼,各大媒体及时进行了报道,社会反响强烈。全年共举办109讲,受到群众一致好评。

(袁铁军)

【组织基层理论中心组联片共学】 全年,采取主题联学、专题讲座、交流研讨、参观座谈的方式,邀请专家学者、中央部委等机关的领导面对面指导基层,就区域经济社会发展中的热点、难点问题解析透视，寻求破解之道，为基层党委理论学习注入活力，真正使基层党委理论学习取得实效。基层党委理论中心组以联片学习为平台，开展互动式学习交流，基层理论中心组“联片共学”是由北京市委讲师团和区委宣传部共同组织的基层理论学习的创新形式。

（袁铁军）

【开展满意公务员集体典型推介活动】 8月－10月在全市范围内开展了丰台街道全国人民满意的公务员集体典型推介活动，市委宣传部新闻处领导亲自参会并提要求，收到了良好的宣传效果。北京日报一版在头版头条以配发评论的形式进行了刊发，北京电视台北京新闻进行了长达3分钟的报道，其他媒体以一版导读转其他版面的方式进行了刊发。

（袁铁军）

【组织新闻培训】 全年，按照分主题、一个季度一个主题、每个月培训一次的基本原则，进行了主题分别为新闻摄影、新闻采访、新闻应急、网络新闻的培训。接受培训的基层宣传干部、通讯员达到1000多人次。

（袁铁军）

【建立新闻发布制度】 年内，全区有28个主要职能部门确立了新闻发言人。1月，对劳动保障惠民工作首次启用新闻发言人和新闻月发布制度，《北京日报》、《北京电视台》等15家媒体进行了报道，新华社以《北京丰台区：失业人员跨地区就业可获交通补助》为题刊发了全国通电。

（袁铁军）

【组织“青龙湖龙舟赛”新闻发布】 5月，首次尝试由区委宣传部为主体、策划公司配合的新闻宣传模式，共邀请报纸、电视、网络等媒体百余家。在平面媒体、电视报道、网络报道上，刊发专版，扩大影响，实现了连续式报道，进一步扩大了市民知晓率。

（袁铁军）

【文化创意产业大发展】 年内，按照“发挥优势，打造品牌，重点扶持，集聚发展”的总体要求，以坚持“品牌基地＋品牌企业＋品牌项目”的原则，把“狠抓大项目，促进大发展”作为主要目标，全面推进了全区文化创意产业的发展。年底，丰台区有规模以上文化创意产业单位364家，实现收入108.9亿元，比上年同期增长11.3%，增速城八区居第一位；资产总计达405亿元，上缴税金4.8亿元，利润总额3.7亿元，吸纳从业人员2.7万人。完成了包括120个重点项目的文化创意产业项目库建设工作。项目方面，引进了诸如国际马戏城、中国出版产业基地、央广传媒等大批文化创意产业品牌项目；培育出了包括中华书局的中华基本史籍分析系统及“中华字库”、中国出版研究所的《DPOK跨媒体复合出版示范工程》项目、俏佳人传媒股份有限公司的“对外文化推广公共平台”项目等品牌效应优势项目。基地方面，推进了大红门服装服饰创意产业集聚区、科技园区、莲花48设计创意空间、易通时代广场、丰台科技园区、中国戏曲动漫产学研等基地建设工作。企业方面，建立了包括1200多家企业的丰台区文化创意产业企业库。引进了环球集团、北京圣天龙飞乐网络技术有限公司、央广传媒、泰合百联传媒等一大批国内外知名文化创意企业到丰台投资；协调俏佳人传媒、依文集团、凡客诚品、奥映传媒、泰合百联传媒等公司与金融机构合作进行融资。在政策方面草拟了“丰台区促进文化创意产业发展的若干政策”、“丰台区文化创意产业集聚区认定和管理办法”、“丰台区文化创意产业专向资金管理办法”等专项政策。

（袁铁军）

精神文明建设工作

【概　况】 丰台区精神文明建设工作在区委区政府的正确领导下，在首都文明办的指导下，以邓小平理论和“三个代表”重要思想为指导，深入贯彻落实科学发展观，按照高举旗帜、围绕大局、服务中心、改革创新的总要求，解放思想、实事求是、与时俱进，贴近实际、贴近生活、贴近群众，以建设社会主义核心价值体系为根本，广泛开展“迎国庆、讲文明、树新风”活动，扎实推进群众性精神文明创建和精神文明宣传工作，区域文明程度和市民文明素质得到了大力提升，为应对国际金融危机、战胜经济发展面临的困难，保持经济平稳较快发展提供了强大精神动力，为解放思想、深化改革开放、推动科学发展、促进社会和谐，夺取全面建设小康社会创造了良好社会环境。

(章广伟)

【成立新经济组织精神文明创建联盟】　9月28日上午，在集美家居大世界广场成立了新经济组织精神文明创建联盟。大红门地区新经济组织精神文明创建联盟目前由北京集美家居市场集团公司、北京新世纪服装商贸市场有限公司、北京天雅大厦服装市场有限公司、丹陛华小商品批发市场、红门鞋城、南曦大厦物业管理有限公司，六家新经济组织企业组成。进一步推进地区的精神文明建设，提升了大红门地区商、市场的整体形象，全面提高广大商户的职业道德和文明礼仪素养，营造了一个良好的文明、诚信、和谐的经营环境，为地区的精神文明建设做出更大的贡献。

(章广伟)

【优化群众性创建工作机制】　年内，全区参创申报文明单位达到684家，比上年的612家增加72家。其中，扩展范围内参与创建活动并提出参评申报的区属机关单位35家，科技园区入住企业42家。结合举办国庆活动，化解创建难题、提升各界参与的积极性。坚持以举办国庆60周年活动为契机推动文明创建的工作思路，结合环境整治工作，积极化解城乡环境建设和社会文明氛围这两项文明创建中最基础环节，为文明创建扫除障碍。随着城乡环境的明显改善和社会文明风尚的大幅提升，各单位和各界群众参与创建、奉献才智、享受成果的热情和积极性也得以提高，更多的单位和市民群众更加关注自身工作生活的软硬环境，关注和参与社会公共事务。

(章广伟)

【精神文明创建工作成果显著】　全年创建和申报市、区级文明街道(乡镇)18家，比例达到86%；创建和申报市、区级文明社区(村)的227个，比例达到85%；创建和申报市、区级文明单位的684家，增长幅度达到11%；10个主要旅游景区参加了文明景区的续创和申报；军警民共建工作成果显著，年内有34个军地单位和20名个人获得市级先进称号，受到首都文明委表彰。

(章广伟)

【迎国庆讲文明树新风活动实实在在】　年内，全区按照市委、市政府的统一部署和建设“人文北京、科技北京、绿色北京”的要求，以“迎国庆讲文明树新风——我参与我奉献我快乐”为行动口号，围绕培育文明风尚、维护公共秩序、提高服务水平、改善城乡环境等目标任务，大力开展了文明素质提升、社会志愿服务、窗口文明服务、环境秩序整治、文明乡风建设和社会文化推进活动，为庆祝新中国成立60周年营造了昂扬向上、热烈喜庆、文明和谐的社会环境。按照《首都深入开展“迎国庆讲文明树新风”活动方案》的通知要求，结合区域实际，实实在在、高质量地完成“规定动作”。各委办局、街乡镇结合自身实际，创造性地开展了许多“自选动作”活动。文明办从各单位上报的100余项活动进行搜集、整理，最后形成了具有丰台区特色的科学发展之旅、我的丰台我的家、文明生活提示语征集、花椒树故事会等六大类60项活动。

(章广伟)

【广泛开展文明素质提升活动】　利用中小学学校、文明市民学校、社区教育学院等群众文化活动场所，利用丰台有线、丰台报和互联网等多种媒体，开展了形式多样的迎国庆学礼仪活动，在广大市民中普及了社会礼仪、生活礼仪、涉外礼仪、职业礼仪知识，激发了爱国爱党爱社会主义热情，树立了注重礼仪、热情友善、文明礼貌的良好风尚。广泛发动近60万市民推荐身边的好人、参加道德模范评选活动，通过参加“首都十大道德模范”评选表彰活动和第二届全国道德模范评选表彰活动，广泛开展了先进典型事迹宣传和市民道德宣传实践活动，大力倡导了爱国、敬业、诚信、友善等基本道德规范，在全区形成了学楷模、知荣辱、促和谐的社会风尚。充分发挥文明引导员作用，在车站广场、交通路口、城市道路、商场医院、大中小学、社区农村、公园景区等场所，广泛开展了排队文明引导行动、交通文明引导行动、环境文明引导行动和游园文明引导行动，引导市民遵守社会公德、维护公共秩序、爱护公共设施、保护市容环境。整合区域内各类社会宣传载体，以户外广告、电子屏、宣传栏、文化墙、建筑工地施工围挡墙等多种形式宣传发布活动主题、活动口号，积极开展了“迎国庆讲文明树新风”社会宣传环境布置工作，促进了市民文明素质的提升，形成了良好的社会秩序、环境面貌和道德风尚。

（章广伟）

【广泛开展社会志愿服务活动】　年内，组织志愿者在站台、旅游景区、商场、医院等公共服务区，广泛开展多样化、专业化的志愿服务；在各个应急避险场所，开展社区一日志愿活动，加强社会治安防范工作。依托96156社区公共服务平台信息系统和“温馨家园”，组织志愿者积极开展送温暖献爱心、扶老助残、便民利民志愿服务。广泛发动广大市民骨干和积极分子，积极投身平安北京志愿服务、社区建设志愿服务、特色志愿服务工作，大力宣传志愿精神，以实际行动践行志愿精神，在全区形成了广泛参与、多层次、宽领域、开放式的志愿服务格局。

（章广伟）

【广泛开展窗口文明服务活动】　9月10日至10月10日，组织各窗口行业单位开展了“迎国庆优质服务月”活动，对服务单位及其员工进行了职业道德和诚信教育，为国庆60周年提供了一流服务。大力开展了“首都诚信经营示范街”、“首都诚信经营示范店”创建和评选工作，大力推进商务诚信建设，打击制售假冒伪劣违法行为，改善了消费服务环境。

（章广伟）

【广泛开展环境秩序整治活动】　以抓好街面环境整治、排查风险隐患、解决影响环境秩序突出问题为重点，大力开展了专项和综合治理行动。以国庆活动涉及的地区和路面为重点，加强整治各类违法犯罪行为和交通秩序控制管理的工作，净化了社会治安环境秩序。结合城市拆迁、环境整治、道路改扩建等工作，加大了新建、改建城市公园绿地建设，提升了城乡道路的生态景观效果。做好了城市环境治理、治安秩序整治、城乡绿化美化、乡村清洁、爱国卫生和城市清洁以及生态文明宣传教育工作，一方面巩固整治成果，一方面创新管理方式，着力解决影响环境秩序的突出问题，使环境秩序更加优化，群众更加满意，为国庆60周年打造一个安全有序、整洁和谐城市环境。

（章广伟）

【广泛开展文明乡风建设活动】　年内，广泛开展了创建文明村镇、文明集市、十星级文明户等活动，倡导生产美、生活美、环境美、人文美，组织开展了“最美的乡村”创建活动，引导乡风文明建设，推动农村全面发展。以“新农村新农民新风尚”为主题，积极开展新型农民培养工作，把反对迷信、邪教等融入科普宣传，举办移风易俗主题讲座、展览等活动，引导农民崇尚科学、诚信守法、抵制迷信、革除陋习，养成了健康文明生活方式。举办农民艺术节，开展了“乡村大舞台”群众文化活动，扎实推进文化科技卫生三下乡活动，丰富了农民精神文化生活，推动和引导广大农民树立适应社会主义新农村的思想观念和文明意识,养成科学文明的生活方式,提高农民的整体素质。

(章广伟)

【广泛开展社会文化推进活动】 年内,充分利用城市广场、公园、社区文化中心、农村文化大院等场所,广泛开展了"我的丰台我的家——丰台区首届社区文化文艺汇演"、"千人歌会"、"文化四进工程"、周末百姓大舞台、"百花迎国庆——庆祝建国60周年书画摄影展"、"爱国歌曲大家唱"群众性歌咏活动,唱响了红色经典歌曲,增强了人民群众爱党爱国爱社会主义的情感。以社会文化活动为载体,按照"贴近实际、贴近生活、贴近群众"的原则,积极开展丰富多彩的群众文化活动,努力满足广大群众文化生活需要,为全区市民推出的一套国庆文化大餐。

(章广伟)

【开展文明生活提示语征集活动】 年内,制作并发放10万个印有"穿整洁衣服、吃健康食品、坐公交出行、讲文明用语"文明提示语的环保购物袋,印制了1万张海报,发了20万条短信,7月9日启动了"新丰台、新市民、新风尚"文明生活提示语征集活动,面向全市市民征集,征集到的文明生活提示语2万余条,20多个部门和4千余条提示语作品进入到评奖范围。12月12日,举办了《丰台市民文明生活提示语优秀作品选编》首发式和"新丰台、新市民、新风尚"文明生活提示语征集活动总结表彰仪式,进一步引导广大市民树立现代、科学、时尚的生活理念,养成符合当前经济形势和社会发展要求的良好习惯,推进社会广义文明风尚建设,为应对国际金融危机的挑战、提振克服困难的信心,为经济又好又快发展提供强大的精神动力、智力支持和思想保证。

(章广伟)

【开展"服务半小时,奉献30分"活动】 年内,在全区10个文明引导员分队、569名排队引导员中开展了"每日'服务半小时、奉献30分'迎国庆志愿服务"活动,排队文明引导员将在现规定上岗时间之外,特别是遇有客流高峰时,提前15分钟上岗、推迟15分钟下岗,努力疏导乘客,确保站台秩序,此活动开展旨在以新中国成立60周年服务保障活动为契机,加强文明引导员队伍建设,组织文明引导员立足岗位和职责,开展志愿服务延伸活动,进一步提升文明引导员的服务和奉献意识,强化文明乘车活动宣传、展示公共文明,引领社会文明风尚建设的作用。

(章广伟)

【万名楼门组长志愿服务迎国庆活动】 年内,启动了丰台区"万名楼门组长志愿服务迎国庆"活动。活动7月初至11月中旬,分宣传发动、启动活动,开展活动、形成氛围和总结表彰、建立机制三个阶段进行。"万名楼门组长志愿服务迎国庆"活动以全区8000名楼门组长、18000名市民代表为骨干,以"志愿服务迎国庆"为主题和行动口号,带动社区各类志愿服务队伍,立足本社区、本楼门院,以志愿服务形式,积极投身文明素质提升、社区志愿服务、窗口文明服务、环境秩序整治、文明乡风建设和社会文化推进活动,影响和引导市民弘扬志愿精神,推动文明丰台建设,为庆祝新中国成立60周年营造文明和谐的社会环境。

(章广伟)

【"迎讲树"宣传结硕果】 年内,通过召开新闻发布会、媒体记者恳谈会、记者专访、联合采访等方式,不断加强与新闻媒体的联系,大力度宣传丰台区"迎讲树"活动。《北京日报》头版、北京新闻多次报道了"迎讲树"活动情况。北京电视台多次在重点时段、重点频道播放"迎讲树"活动开展情况,《光明日报》、《中国青年报》、《北京晚报》、《北京青年报》、中央国际广播电台等几十家中央及市级新闻媒体先后进行了大篇幅重点报道,全国许多省市党报、电视台、电台转载、报道了丰台区的特色活动，并且被新浪、搜狐等商业门户网站转载报道。利用电子屏、宣传栏、工地围挡墙开展主题宣传活动。为宣传丰台和推动全区“迎讲树”活动发挥了积极作用。

（章广伟）

统 战 工 作

【概　况】 年内，丰台区统一战线工作以邓小平理论和“三个代表”重要思想为指导，深入学习实践科学发展观，贯彻党的十七大和十七届四中全会精神，按照中共丰台区委十届十次全会工作部署，围绕“保增长、保民生、保稳定”的工作任务和纪念新中国成立60周年、纪念多党合作和政治协商制度确立60周年等重大事件，充分发挥统一战线优势和作用，凝聚人心、汇集力量，为实现区域经济和社会事业科学发展提供广泛的力量支持。

（刘占江）

【区委书记李超钢调研统战工作】 6月5日，区委书记李超钢对丰台区统战工作进行调研时提出三项要求：各级党组织要充分认识到统战工作是全党工作重要组成部分，要充分认识统战工作政治性、敏感性、复杂性。要把握政策，吃透精神，领会到位，服务到位。要坚持区域特色，把握区域性特点，认真研究区情，掌握区情，要结合区域实际，有针对性地进行调研；统战工作要突出工作重点，发挥独特作用。区委要加强同各党派区工委、工商联、宗教团体和各阶层代表人士的联系；统战工作部门和统战干部要加强自身建设，进一步提高统战干部能力和水平。统战干部要有亲和力，多交朋友、广交朋友、深交朋友；要有凝聚力，把广大的统一战线成员紧紧团结在党的周围；要有协调力，具有处理新情况、新问题的协调能力；要有执行力，坚定不移执行党的统战政策，抓好各项工作的落实。四是各级党组织要加强对统战工作的领导，要充分照顾同盟者各方面的利益，政治上关心他们，生活上照顾他们，为他们多办实事和好事，对统战工作要给予财力、物力、人力的支持，为统战成员参政议政创造良好的条件。

（刘占江）

【学习实践科学发展观活动】 积极开展深入学习实践科学发展观活动，进一步加强统战部门自身建设。强化理论学习，统一战线服务科学发展和实现自身科学发展必须牢牢把握发展这个“第一要务”，必须紧紧抓住以人为本这个“核心”，必须认真落实全面协调可持续这个“基本要求”，必须始终坚持统筹兼顾这个“根本方法”；深入调查研究，为进一步推进统战工作科学发展打下了理论和实践基础。解决影响和制约统战工作科学发展的突出问题，围绕“加强基督教聚会点管理”、“金融危机对丰台区非公有制经济影响”、“加强基层统战工作的组织保障”等课题进行调研，进一步探索研究调研成果转化的途径；坚持边学边改，及时解决了一批与科学发展观不相符合、不相适应的问题；创新体制机制，为统一战线服务科学发展和实现自身科学发展创造了良好的制

度环境。以构建大统战工作协调机制为抓手，建立了《新的社会阶层代表人士工作联席会制度》、《关于向各民主党派工商联通报特约检察员工作情况制度》、《信教群众骨干队伍培训制度》等制度，进 步推进统一战线工作规范化、制度化和程序化。

（刘占江）

【开展国庆庆祝系列活动】 年内，举办了“‘风雨同舟共奋斗，肝胆相照话未来’暨丰台区统一战线庆祝共和国60华诞”主题论坛、庆祝新中国成立60周年文艺演出和书画展等活动。各民主党派、无党派、工商联、少数民族、宗教界和侨界的代表做了主题发言；召开了庆祝新中国成立60周年暨人民政协成立60周年座谈会。

（刘占江）

【完成区政协委员调整】 年内，根据《中国人

民政治协商会议章程》有关规定,对第八届区政协委员会进行调整,调整后委员为280人,其中,中共委员110人,占委员总数39%,非中共委员170人,占委员总数61%,女委员100人,占委员总数35.7%,调整后常务委员为37人,中共常委12人,占常委总数32.4%,非中共常委25人,占常委总数67.6%。

(刘占江)

【基层统战干部政策培训】 年内,举办全区各街、乡(镇)主管领导、统战干部,各社区、村党委(总支)书记共400余人参加的培训班,结合"平安国庆行动"的要求,邀请专家讲解了我国当前的民族宗教工作形势和党的民族宗教政策,传授了做好民族宗教工作的方法,进一步提高了基层干部开展民族宗教工作的能力和水平,为全区"平安国庆"行动做出了应有的贡献。

(刘占江)

【党外干部培训】 年内,按照《2009-2013年党外代表人士队伍建设规划》的要求,举办民主党派班子成员、中青年骨干、无党派人士、新的社会阶层代表人士160人参加的培训班。邀请专家学者就如何应对金融危机,如何参政议政、建言献策作了《深入学习实践科学发展观》、《多党合作的理论与实践》和《北京市经济社会发展形势》等辅导报告。

(刘占江)

【制定多党合作工作制度】 年内,制定《中共丰台区委定期举办专题通报会制度》、《关于政府部门与民主党派工商联对口联系工作制度》、《中共丰台区委统战部同各民主党派联席会制度》、《民主党派调研工作制度》、《工商联与政府有关部门工作会议制度》、《丰台区民主党派机关干部学习制度》等制度。

(刘占江)

【党派后备干部队伍建设】 年内,按照各民主党派领导班子与后备干部1:1的比例要求,经各民主党派集体讨论,确定各民主党派领导班子后备干部人选69人。

(刘占江)

【基督教聚会点管理】 根据市民族宗教工作领导小组工作部署,制定丰台区基督教专项治理工作实施方案,对全区96个聚会点中符合管理规定的12个聚会点依法登记注册,达到"将10%的聚会点依法登记注册"的要求。加强外来人口集会点的管理,对温州籍集会点进一步开展工作,把安息日教会纳入"三自"管理。聚会点掌控比例达到了80%以上,治理工作取得了阶段性的成果。

(刘占江)

【天主教 基督教群众欢度圣诞节】 12月24日,近五千名信教群众在东管头天主教堂、长辛店天主教堂、丰台基督教堂和南苑基督教堂欢度圣诞节。区伊斯兰教协会到教堂祝贺节日。

(刘占江)

【穆斯林群众欢度开斋节】 9月21日,近1500名穆斯林群众在丰台清真寺、长辛店清真寺、南苑清真寺欢度开斋节,区天主教爱国会、区基督教三自爱国运动委员会到清真寺祝贺节日。

(刘占江)

【长辛店天主教堂竣工】 12月,长辛店地区天主教堂重建完工并举行竣工仪式。

(刘占江)

对台工作

【概　况】 年内,在区委、区政府的领导和市台办的指导下,全区对台工作以邓小平理论和"三个代表"重要思想为指导,以胡锦涛总书记告《台湾同胞书》重要讲话为纲领,深入学习实践科学发展观,围绕两岸关系和平发展的主题,按照市委对台工作会议精神,坚持服从服务于中央对台工作的方针政策,服务于区域经济和社会事业发展大局,积极发挥台办"组织、指导、管理、协调"八字职能,圆满完成了各项对台工作。

（马伟忠）

【制发对台工作规划纲要】 为更好的贯彻落实《北京市对台工作规划纲要（2009－2012年）》，围绕中心，服务大局，认真调研，结合区情制发了贯彻北京市对台工作规划纲要实施意见，在涉台教育、交流交往、对台经济、投诉协调、对台联络等五个方面明确全区对台工作目标，细化了工作职责。经区委常委会讨论通过，以区委机要文件形式下发全区涉台重点单位，以指导全区对台工作的开展。

（马伟忠）

【组织基层涉台干部培训】 4月，区台办与区委组织部联合在区委党校举办了基层对台干部专题培训班。街乡镇、有关委办局主管领导及对台干部60余人参加了培训。市台办副主任于建明亲自为学员上课。培训过程中，组织学员到兄弟单位参观交流、观看大型电视文献纪录片《海峡春潮》。培训对基层涉台干部了解和掌握中央对台大政方针政策，增强业务素质和工作能力，为今后进一步推动基层对台工作奠定良好基础。

（马伟忠）

【开展“中国心·两岸行”主题涉台教育活动】 年内，注重以活动为载体，促进涉台教育深入开展。在组织参加全市“走进美丽宝岛—台湾知识有奖竞答”和“中国心·两岸行”主题摄影展活动中，分别被市台办、市台联评为优秀组织奖。以“山川秀美两岸情，血脉相连中国心”为题在《丰台报》专版进行宣传，有效扩大了涉台教育工作的影响力。

（马伟忠）

【举办台海形势报告会】 年内，结合两岸关系和平发展的大环境，在区委党校、涉台窗口单位及街乡组织了9场台海形势报告会，受教育干部群众近2000人。对广大干部群众准确把握和领会中央对台政策，推动两岸关系和平发展发挥了积极作用。

（马伟忠）

【为台企纾困解难】 年内，把“帮扶台资企业，保增长促和谐”作为对台经济工作的重中之重。经协调，台企被纳入全区帮扶企业应对金融危机的范畴，服务于全区“保增长、保民生、保稳定”的“三保”工作中。走访调研，全面了解驻区台企情况，并及时将调研情况及时报送市台办、区帮扶企业领导小组；积极宣讲国家、北京市政府出台的有关帮扶台企应对金融危机有关政策，组织台商参加了市长接待日暨帮扶政策大集；举办了台企台商交流座谈会暨区长接待日活动；归纳整理为中小企业纾困解难的政策措施，为台企台商服务，搭建工作平台、信息平台、服务平台和协调平台，营造了更加和谐的涉台发展环境。

（马伟忠）

【组织涉台窗口单位培训】 年内，两次组织涉台窗口单位培训。区司法局、区文委、卫生局、体育局及各街乡镇等40余家涉台窗口单位主管领导及工作人员80余人参加了培训。市台办副主任曹居京进行有关政策法规的讲座。市台办投诉协调处处长周恒召对劳动执法人员进行了专题培训。使涉台工作人员全面了解对台工作的政治性、政策性和敏感性，了解两岸形势及《台湾同胞投资保护法》等涉台政策法规，为依法办理涉台纠纷及投诉案件奠定了基础。

（马伟忠）

【妥善处理台商投诉】 年内，受理台商投诉4起。区领导高度重视台商投诉，主管区领导亲自参与走访企业、处理疑难案件，涉台投诉信件主管领导阅批率达100%。

（马伟忠）

【搭建招商引资平台】 围绕重点功能区建设，搭建交流及招商引资平台。年内，先后邀请台盟中央、北京台资企业协会及驻京台湾金融机构代表到我区参访。为科技园区、总部基地及丽泽金融商务区等重点功能区建设搭建交流及招商引资平台。台盟中央副主席黄志贤、北京台协执行副理事长林艳宏及台湾国泰人寿、中国人寿、富邦人寿,中国信托银行、合作金库银行,元大京华证券、金鼎综合证券等岛内知名金融机构驻京代表应邀到我区参访。市台办副主任王兰栋、区长游广斌、副区长吕仕杰等领导参加了活动。

(马伟忠)

【入岛交流和接待来访有突破】 全年办理赴台手续43件,131人次,独立组团6个。其中,第十二届京台科技论坛和第二届中华文化快车、分别由主管副区长吕仕杰、区政协副主席、教育督导室主任刘占良率队参加,圆满完成交流任务。全年接待6个台湾团组,近200人次。区委书记李超刚亲自参与接待国民党荣誉主席连战一行到卢沟桥参观,受到市台办好评。在市台办组织的两岸青少年交流周活动中丰台区被评为特殊贡献奖。

(马伟忠)

【积极开展科学发展观教育】 年内,以凝聚人心,服务科学发展为主题深入学习实践科学发展观,积极围绕为"三保"开展工作。关注台企受金融危机的影响,积极宣讲有关政策,扎实做好企业纾困工作。围绕科技园区、大红门服装商贸商务区、丽泽金融商务区等重点功能区,协助做好对台招商选资工作。提高服务质量,为企业办创造良好的发展环境。关注并及时报送对台工作关键时间节点舆情,与公安分局、安全分局密切配合,定期分析涉台安全稳定形势,做到守土有责。加强调研,形成《关于对台资企业解困帮扶工作的实践与思考》、《加强青少年学生涉台宣传教育的实践与思考》两篇调研报告。

(马伟忠)

【国庆60周年涉台保稳定】 年内,召开全区涉台信访专项工作会议,传达市台办《关于贯彻落实国台办<进一步加强当前涉台信访工作意见>的通知》,围绕全区涉台信访及涉台投诉有关情况,明确了全区涉台涉诉的重点问题,提出了工作要求;联合区委政法委就全区可能出现的不稳定因素召开联席会议。公安分局、综治办及有关街乡共同参与,形成合力;与公安分局、国安分局共同分析涉台工作的重点事项及人员,加强协调配合,高标准完成国庆期间的涉台维稳工作。

(马伟忠)

调查研究工作

【概　况】 丰台区的调查研究工作在区委区政府的正确领导下,全面贯彻落实党的十七大精神,紧密结合学习实践科学发展观活动,不断加强工作制度和干部队伍建设,坚持围绕中心,服务大局,在调研选题、出刊、基层联络和培训形式上力求创新,调研成果丰富。注重对区委区政府重点调研课题的研究和协调;加强对《丰台研究》等刊物的刊出,不断括大调研信息的宣传力度;强化对基层调研人员的联络,把集中培训与日常调研指导结全起来。注重研究资料的收集和整理,建立了报纸和电子资料文件库。组织好区委区政府专家顾问工作,及时征求专家对丰台区经济社会发展的建议。较好地发挥了领导的参谋助手作用,各项工作取得了突破性进展。

(张　彬)

【重要文稿起草】 年内,丰台区研究室与区委办、政府办通力合作,完成了区委区政府年度重要文稿起草工作。突出在文稿谋篇布局、构思,体例创新上下功夫,使文稿质量有很大提高。主要完成了《区委区政府领导班子分析检查报告》、《区委区政府领导班子整改落实报告》、《学习实践科学发展观活动总结报告》、《第二批第三批学习实践活动总结报告》、《区委半年经济形势分析会讲话》、《区委十届十二次全会工作报告》、《政府工作报告》、《区长在京港洽谈会上的讲话》等;承担了区委区政府日常交办的文件起草,完成了《关于丰台区落实<2010－2012年促进城市南部地区加快发展行动计划>的实施意见》、《丰台区城乡结合部8个市级挂账重点村调查情况》、《丰台区政府2010年工作落实自查自评手册》、《丰台区委贯彻落实<中共中央关于加强和改进新形势下党的建设若干重大问题的决定>的实施意见》(初稿)等。

(张　彬)

【明确全区调研工作重点】 年初,针对丰台区经济发展总体思路,认真分析了调研工作的着力点,在通盘考虑政策环境和现实背景的基础上,结合学习实践活动,选择了11个区域经济社会发展中的重要问题作为区重点调研课题,分别由区级领导主持。

(张　彬)

【抓住重点热点问题开展调研】 年内,区研究室以发挥好职能作用为出发点,以服务区域为已任,注重捕捉敏感问题,抓住并围绕区领导关注的热点和重点问题展开调研。针对丰台区"保增长、保稳定、保民生"和转变经济增长方式的要求,开展了关于"都市产业发展的专题调研",对丰台区楼宇经济、都市型经济进行了首次专题研究,分析发展现状,提出了促进楼宇经济发展的政策建议,得到了区委书记的批示肯定;配合城乡一体化统筹发展大调研,对城乡结合部地区的典型村草桥村进行了解剖分析,形成《草桥城乡一体化发展启示》报告,并被《北京调研》刊发,《北京信息》迅即转发。对草桥村这一城乡一体化发展范例的调研,为城乡结合部地区建设提供了生动的教材,受到了全市普遍关注。

(张　彬)

【配合区领导完成重点调研课题】 年内,结合深入贯彻《中共中央中央关于推进农村改革发展若干重大重大问题的决定》及《北京市关于率先形成城乡经济社会发展一体化新格局意见》有关精神,尽快破解制约丰台区统筹城乡一体化发展的瓶颈问题,加快推动丰台区城乡一体化发展进程,研究室承担了区委书记李超钢同志《推进城乡统筹,加快丰台区城乡一体化发展》和区长游广斌同志《丰台区城乡结合部土地资源整合利用研究》两大全新的重点课题。调研成果实现了转化,《北京调研》以《丰台区城乡一体化发展研究专辑》的形式发表,引起全市关注;《京郊调研》2009年第34期对《推进城乡统筹,加快丰台区城乡一体化发展》也给予转载,为加大全区城乡统筹协调力度、搞好丰台区土地储备等方面工作以及推动区域经济平稳较快发展做出了应有的贡献。

(张　彬)

【基层调研人员业务培训】 年内,区研究室邀请专家,以公文写作业务辅导讲座的方式,对全区基层调研联络员进行了集中培训,提高了调研联络人员的理论水平和写作水平。

(张　彬)

【评选优秀调研先进成果】 年内,区研究室对2008年调研工作先进单位、优秀调研报告和优秀调研联络员及执笔人进行了评审,共评选出调研工作先进单位19个,39篇优秀调研成果,26名优秀调研联络员和3名重点调研课题优秀执笔人。

(张　彬)

【编辑出版《丰台区调研成果选编》】 年内,编辑出版了《丰台区调研成果选编》(2007－2008年度),共收录了2007年、2008年两个年度重点调研课题和全区各单位主要领导近100万字的优秀调研成果,为区域发展及相关课题的后续研究提供了重要参考。

(张　彬)

【加强政府咨询与专家顾问工作】 年内,区研究室充分利用高层次、专业化智力资源,进一步改进和加强区政府咨询和专家顾问工作,先后到政府机关、兄弟区县、咨询公司、高等院校、社会研究机构等进行深入调研,重点走访了中国人民大学城市规划与管理系、北京大学首都发展研究院、戴德梁行、第一太平戴维斯、北京国际城市研究所(朝阳区发展研究中心)、昌平未来科技城人才创新基地等,了解掌握当今咨询业和专家顾问工作开展情况,并与专家顾问座谈,提出了改进和加强丰台区专家顾问工作的六个方面的具体建议,建议区委区政府增聘金融、经济、高新技术产业、城市规划管理、文化创意产业、招商、商贸(服装)等领域专家顾问。为"多层次、多类别"建立专家顾问形式,对进一步做好政府咨询与专家顾问工作提出了新的认识和想法。

(张 彬)

【建立报纸和电子资料文件库】 年内,区研究室不断丰富报纸和电子资料文件库。先后对《人民日报》、《北京日报》、《文汇报》等主要信息进行归纳收集;对重要领导讲话、法律法规、政策以及相关文件和数据初步建立电子资料库,利于工作参考和研究。

(张 彬)

老干部工作

【概 况】 全区老干部工作以邓小平理论和"三个代表"重要思想为指导,以深入学习实践科学发展观为统领,以服务全区中心工作为目标,贯彻落实市、区老干部方针、政策,按照"抓建设、谋发展、忆往昔、促和谐"的工作思路,全面落实老干部政治待遇和生活待遇,积极发挥老干部在创建和谐社会中的作用,为服务保障庆祝新中国成立60周年贡献力量,努力开创老干部工作新局面。

(田 雨)

【召开区老干部工作会议】 2月24日,区委、区政府在政府机关东三楼报告厅召开了2009年老干部工作会议。贯彻北京市第二十二次老干部座谈会暨离退休干部党支部建设和思想政治建设交流会精神,总结2008年老干部工作,安排部署2009年工作。区委书记张大力,北京市老干部局副局长马为平,原人大主任贾长威,区委副书记闫满成,区委常委、组织部部长于长辉出席会议。区委常委、常务副区长汪洪同志主持会议。

(田 雨)

【走访慰问老干部】 春节、国庆节前夕,区委、区人大、区政府、区政协领导以及区委老干部局领导带队,分别看望慰问了区正局级离退休干部和高龄、参加革命工作较早、改制企业离休干部,以及部分易地安置离休干部、生活困难离休干部和去世离休干部遗孀代表。同时还通过举办团拜会、座谈会等方式与老同志一起喜迎新春佳节和新中国成立60周年。

(田 雨)

【为老干部解决实际问题】 年内,区委、区政府投入大量资金为老干部办实事、解难题:按照市委《关于统一本市离休干部养老医疗补贴问题的通知》精神,落实了554名离休干部养老医疗补贴200多万元;落实了离休干部在疾病诊断和治疗中使用贵重医用材料报销工作;将离休干部医疗费统筹金筹资标准由每人每年2.22万元提高到2.4万元,确保了离休干部的看病就医;为抗战时期参加工作的83名离休干部办理了提高到享受局级医疗待遇;严格按照市里精神,着手解决部分离休干部住房特殊困难问题;集中组织872名离休和副处级以上退休干部进行了健康体检。

(田 雨)

【深入开展学习实践科学发展观活动】 年内,召开了全区老干部党支部书记工作会暨全区老干部深入开展学习实践科学发展观活动动员大会;举办了两场深入学习实践科学发展观专题辅导报告;分四批分别举办了离、退休干部学习实践科学发展观理论学习班;组织了六场形势报告会。

(田 雨)

【围绕新中国成立60周年开展系列活动】 年内,为庆祝新中国成立60周年,颂扬党领导的伟大事业,褒扬老同志为建立新中国、建设新中国、发展新中国做出的巨大贡献,全区各单位组织老干部召开座谈会、创作书画作品、举办文艺演出等多种形式,喜迎新中国成立60周年。区委老干部党校、区老干部活动中心和老年大学也充分发挥其阵地作用，在组织好日常活动和教学的基础上，重点筹划召开了党龄在60年以上的老干部座谈会、评选表彰了60名健康老人、重点走访了60名鳏寡孤独老干部、将征集到的60篇“颂祖国促发展倡和谐乐晚年”诗文编辑成册、将老年大学师生积极创作的60幅书画作品装裱成60米长卷为新中国成立60周年献礼、组织了“祝福祖国”等60场文艺演出和体育比赛。同时还为525名区属离休干部发放了新中国成立60周年慰问信和纪念章，为全区652名离休干部发放了新中国成立60周年慰问金，并做好走访慰问等工作。

（田　雨）

【开展主题实践活动】　年内，在全区离退休干部中广泛开展“颂祖国促发展倡和谐乐晚年”主题活动为庆祝新中国成立60周年，全区各单位组织老干部召开座谈会、创作书画作品、举办文艺演出等多种形式，喜迎新中国成立60周年；组织全区离退休干部开展“我与新中国同行”征文活动，并选择其中的优秀文章编辑成书；组织离退休干部开展“我看新北京”一日游活动，感受新中国成立60年来，特别是改革开放30多年来取得的伟大成就。为确保新中国成立60周年庆祝活动的顺利进行，营造欢乐祥和的节日气氛。

（田　雨）

【加强区老干部活动中心建设】　年内，对活动中心地面进行了全面整修，同时还更新了老干部学习活动车辆，对综合楼进行了维修和防水处理，增添活动设施，优化活动环境，确保老干部的活动安全，进一步满足了老干部的活动需求。

（田　雨）

【加强老年大学建设】　区老年大学根据老干部的实际需求，调整专业和课程，开设5个专业26个教学班，学员人数达到近700人次，通过名家讲座、公开课、电教课等方式丰富学习形式和内容。为提高教学质量和加强与老干部学员的交流沟通，充实完善了老年大学教师资源，调整了教师队伍，使教学质量得到进一步提高。

（田　雨）

【发挥老干部作用】　年内，积极引导离退休干部量力报名参加国庆安保志愿者工作，参加社区党建等工作，为老干部们在和谐社会建设中发挥作用和实现老有所为搭建了平台。组织局级离退休干部参观中关村科技园区丰台园和北京丽泽金融商务区，积极为丰台区的经济社会建设建言献策；区委老干部局金秋艺术团积极参与由区委、区政府开展的“星火工程”送文化下乡工作，并与天津河东区老干部夕阳艺术团联袂举办“祝福祖国”专场演出，慰问老干部党支部书记和从事老干部工作的人员，组织引导老干部积极为构建和谐社会做贡献。

（田　雨）

【调查研究工作】　年内，为积极应对新时期老干部工作提出的挑战，真正把握住新形势下老干部工作的脉搏，找准老干部工作的难点和重点，分别以加强新形势下退休干部服务管理、配备专（兼）职从事‘四就近’服务社区工作者、进一步加强新时期离退休干部党支部建设为课题进行了调研。区委老干部局领导班子成员亲自带队，深入街道、社区和基层单位进行调研，从而为进一步做好老干部工作奠定了基础。

（田　雨）

【加强老干部党支部建设】　年内，区委组织部、区委老干部局联合下发了《关于进一步加强和改进离退休干部党支部建设工作的意见》；转发了市委组织部、市老干部局《关于在全市离退休干部党支部中开展“五好支部”创建活动的意见》，指导全区离退休干部党支部开展活动，组织全区老干部认真学习党的十七大、十七届四中全会精神，不断加强老干部思想政治建设。

（田　雨）

【加强老干部工作队伍建设】 年内,先后举办了全区老干部工作主管领导学习班、老干部工作人员培训班、党支部书记理论学习班,邀请市老干部局领导就如何落实老干部的政治待遇和生活待遇进行了详细讲解,同时加强与各单位间工作的交流。

(田 雨)

信访工作

【概 况】 全年区信访办共受理群众来信来访4570件16356人次。其中,群众来信3824件12806人次(联名信132封9114人次);接待群众来访746批3550人次(集体访124批2708人次)。对重点信访问题,全年共立案301件,办结277件,办结率92%。区联席会办公室共受理、督办市联席会议交办的重点案件146批78件涉及332人次,按照市联席会议工作要求,逐件进行了办理或答复。

(韩延春)

【加大培训指导力度】 年内,区信访办努力实现由被动接访到主动预防工作观念的转变,开展了一系列行之有效的工作。。对全区相关委办局、街乡镇、社区村385个单位,486名信访工作者进行了3天的业务培训,范围广,规模大,成效显著。分成4组两次对全区21个街乡镇、63个社区村及17个委办局进行了有针对性的业务指导。

(韩延春)

【加大协调化解力度】 年内,组织召开协调会85次,有效促进了信访矛盾的解决。全年初信初访化解率达92%,重信重访化解率达83%,14件历史积案已化解13件,化解率达93%;15件区级重点矛盾已化解12件,化解率达80%,全年尚未形成新的积案。

(韩延春)

【信访量下降】 年内,区信访办共受理群众来信来访4286件涉及17624人次。其中,到区里来的信件次同比下降1.8%,来访件次同比下降18.2%,集体访件次同比下降34.5%,到市以上机关集体访件次同比下降67%。全区信访形势呈现历史上信量、访量、集体访量及到市以上机关集体访量"四个下降"的良好态势。全年实现了行政"零"投诉,收到群众表扬信15封,锦旗9面。

(韩延春)

【区领导亲自阅办信访件】 年内,切实把信访工作列入党委、政府的重要议事日程,做到了亲自召开部署会、亲自接待来访群众、亲自阅批信访件、亲自协调化解矛盾。全年区委区政府共召开信访工作大会或党政一把手参加的信访工作会3次,传达有关会议精神,部署信访工作;召开区委常委会4次、区长办公会4次,分别听取信访工作形势汇报,提出工作意见,有效指导了全区信访工作开展;全年经区领导阅批、阅办的信访件达560余件次,涉及信访群众达3700余人次,其中经两个一把手阅批的信访件达60余件次;由区领导亲自组织或参加的矛盾化解协调会、重点矛盾调度会达20余次,使大量的矛盾纠纷化解在本地区。

(韩延春)

【开展各级领导干部大接访活动】 9月1日始开展了各级领导干部大接访月活动。区委、区政府领导,每天一人到区信访办接待上访群众。全年共落实区领导接待日72个,接待群众来访297批287件2373人次,其中集体访111批101件2188人次。全区各单位也都按照区委、区政府的统一要求,开展了领导干部大接访活动,使大量的矛盾纠纷吸附在地区各单位。

(韩延春)

【"三率"化解成绩突显】 年内,按照市委、市政府提出的"三率"工作要求,区信访办建立和完善了信访工作台帐,加大了对信访事项的办理、督查督办力度,做到了事事有人管、件件有回音,实现了初信初访化解率达92%、重信重访化解率达83%、历史积案化解率达93%。

（韩延春）

【排查预防解难点】 年内，区信访办坚持从引发矛盾纠纷的苗头开始着手，认真排查预防，积极协调化解，做到了提前排查，提前预防，提前化解，切实把各类社会矛盾苗头隐患消除在萌芽状态。全区范围内共进行了三次矛盾大排查，排查出各类社会矛盾389件，列为区级重点15件，市级重点3件。15件区级重点矛盾已化解12件，重点矛盾化解率达到80%，为确保“平安国庆”行动实现创造了有利条件。

（韩延春）

【突出重点确保“平安国庆”行动计划】 年内，狠抓了“8.13”联席会议精神的落实，确保“平安国庆”行动的实现。及时召开区委常委会、全区各街道乡镇书记会、街道乡镇主管领导及信访办主任会，对全国电视电话会议精神进行传达学习、贯彻落实；研究制定下发了具体工作意见和工作方案；开展了自下而上地矛盾纠纷排查预防和稳控工作；组建了信访督导组，深入到各街乡镇和社区村，加强督促检查，就地开展信访接待及稳控工作；按照国庆期间的特殊要求，设立了分流处置场所，组建了应急处置队伍，确保做好国庆期间到市以上国家机关上访人员的分流处置工作。

（韩延春）

【建章立制完善机构】 年初先后研究制定并下发了《丰台区2009年度信访工作要点》，制定出台了《丰台区关于加强2009年信访工作效能考核的意见》、《丰台区关于建立和完善信访事项三级终结制度实施意见》及《关于进一步完善丰台区处理信访突出问题及群体性事件联席会议制度的意见》等十一项意见及方案，为做好矛盾纠纷排查调处工作提供了制度保障。不断完善矛盾调处“四级网络”建设。区信访办积极推动工作重心下移、关口前移，着眼于提高基层化解矛盾纠纷的能力。建立健全了区社会矛盾调处中心、21个街乡镇矛盾调处中心、348个社区（村）社会矛盾调处站、15051名矛盾调解信息员的四级调处网络，有效的推动了全区信访工作任务的落实。根据市编办的文件精神，结合区基层信访工作机构的现状，研究制定了《关于落实和解决街道、乡（镇）信访工作人员编制及区委区政府在全区选配信访特派员的工作方案》。

（韩延春）

【推行重大决策信访风险评估】 年内，全区各责任单位根据丰台区关于《对涉及群众利益的重大决策进行信访风险评估实施意见》，遵循“谁决策、谁评估、谁负责，依法、按政策，切实维护群众利益，先行评估、全程参与，符合客观实际”五项原则，全面施行信访风险评估工作。对8件开发建设、重点工程、征地拆迁实施了信访风险评估。信访工作提前介入，全年未发生因重点工程建设引发的上访问题，对轨道交通、丰台丽泽商务区建设中出现的信访问题及时得到化解和有效稳控，实现了信访工作服务于区域经济发展。

（韩延春）

【推进基层信访】 年内，在全区推行了“丰台区信访工作民情日记”制度。各社区、村按照要求认真登记和调处，实现了对社区、村矛盾苗头早发现、早预防、早化解的信访工作管理目标；对于基层不能处理的信访事项，社区、村发挥其自治组织的作用，选派工作人员代表信访人到上一级机构反映其诉求，“群众动嘴，干部跑腿”，减少了信访人的诉累，有效的预防了越级访或群体访的发生；实行了律师进社区制度。全区二分之一街乡镇，推行了律师进社区活动，坚持律师每周一次为群众面对面免费服务和宣传教育，深受群众的欢迎；在基层试行了人大代表或党代表与群众见面制度。试行信访调处“四联单”工作模式。即将以往信访办事流程进行梳理归纳，建立完善信访调处“四联单”工作模式，形成受理、移办、督办、销案的无缝连接的工作流程。

(韩延春)

保 密 工 作

【概　况】 丰台区保密局在区委区政府的高度重视和市保密局的业务指导下,认真贯彻党的十七大和十七届四中全会精神,全面落实科学发展观,按照市区委领导的重要批示和区委保密委的工作部署,全面落实“突出重点,便于工作,确保安全”的工作思路,加强组织领导、深化宣传教育、严格保密管理、狠抓督促检查,使全区保密工作领导责任制进一步落实,保密工作管理水平进一步提升,为圆满完成60周年国庆活动做出了积极贡献,也为丰台区经济发展、社会和谐起到了保驾护航的作用。对30个“先进保密工作集体”和38名“先进保密工作者”予以通报表彰,完成2007—2008年《丰台区保密工作百分量化考核标准》考评工作。

(闫　超)

【召开年度区委保密委员会会议】 3月中旬,丰台区委保密委召开第一次全体委员会议。会议总结2008年全区保密工作开展情况,讨论通过《2009年丰台区保密工作要点》和“关于表彰2007－2008年度丰台区保密工作先进集体和先进个人”的决定,同时学习传达市委保密委年度第一次会议精神和市委常委、市委秘书长、市保密委主任李士祥在市委保密委会议上的主要讲话精神。

(闫　超)

【签定保密工作管理责任书】 3月,根据《丰台区2009年保密工作要点》的要求,区委保密委主任、区委常委、区委办公室主任于鸷隆与区属105个单位的分管领导签订2009－2010年《丰台区保密工作管理责任书》。

(闫　超)

【开展国家秘密载体销毁管理清查整顿】 4月,全区各单位坚持“三查一落实”标准落实市局《关于学习贯彻(国家秘密载体销毁管理规定)的通知》精神,在自查中坚持做到查手续、查实物、查制度,责任落实到人,边清理边整改。区保密局对各单位的自查工作进行的抽查。

(闫　超)

【签订保密承诺书】 5月,按照市委组织部、市国家保密局,市人力资源和社会保障局《关于组织开展签订保密承诺书工作的通知》要求,全区共签订保密承诺书6355份。

(闫　超)

【开展保密大检查】 5月,在全区部署了计算机网络信息系统及保密规章制度落实情况的保密大检查工作,并对各单位保密干部进行保密技术专项培训。全区93个单位进行了自查,并及时上缴了自查报告,区保密局联合区公安分局、区信息中心对50个单位的保密自查工作进行专项检查。

(闫　超)

【市局到区检查】 7月22日,市国家保密局副局长王拥率队一行7人,对区保密工作进行检查。在听取了全区开展保密工作检查情况后,对区委组织部、区检察院进行实地检查,检查的总体情况为合格。

(闫　超)

【国庆活动筹备工作安全保密专项检查】 9月,按照市局《关于开展国庆活动筹备工作安全保密检查的紧急通知》,召开由丰台区国庆办筹备工作领导小组下属的7个小组的保密干部和21个重点部委办局、21个街乡的保密干部参加专项保密检查工作部署会,并迅速制定《丰台区开展国庆活动筹备工作安全保密专项检查方案》,对全区42个相关单位的3260台计算机、1261个移动存储介质进行重点排查,对存储国庆筹备工作重要信息的158台计算机、83个移动存储介质进行“一机一盘”的确认,确保重要信息的泄露。

(闫　超)

【深入军营开展保密普法宣传教育】 7月,

建军节前夕，保密局与区司法局联合到承担国庆60周年活动保障任务的南苑乡某空军部队，为广大官兵宣传保密法律法规知识。官兵同志们饶有兴致的观看了区保密局带去的保密教育展板上的保密小常识，宣传展板图文并茂的保密知识，令大家很受教育。此次《普法进军营》活动，在全国发行的《保密工作》2009年第三期上给予刊登。

（闫 超）

【指导检查辖区内军工企业】 11月，区保密局在全区保密专项大检查结束之后，组织技术人员对辖区内军工企业保密资质认证单位和印刷复制保密定点厂家进行全面指导检查，强化认证单位和定点厂家的保密管理。

（闫 超）

【严把政府信息公开安全保密关】 年内，结合《中华人民共和国政府信息公开条例》的实施，做好全区政府信息公开保密审查工作，积极协助区信息公开办共同把关，严格审查拟公开信息属性，确保“涉密信息不公开，公开信息不涉密”。

（闫 超）

【抓好保密宣传教育】 年内，紧紧围绕“保密宣传教育面向社会各层面开展”的总体要求，研究制定并下发《丰台区2009年保密法制宣传教育工作指导意见》，采取“以点带面”的形式，加大保密普法宣传分层教育力度，积极探索提升全民保密意识的方式方法。投入资金购置《党政机关工作人员保密须知》宣传手册300份，《涉密人员“八小时外”保密须知》等宣传挂图120套，发放到重点涉密、涉庆部门和单位。结合国庆60周年筹备工作，广泛开展一系列保密安全宣传教育活动，将针对“特殊人群”开展的“五进五讲”宣传教育推广到重点涉庆单位、部门、驻军以及周边地区的人员中，使公民自觉履行保密义务。

（闫 超）

【国家级考试考务保密检查】 年内，按照《国家教育考试考务安全保密工作规定》中的职责分工，在全区高考、成考、中考、自考考试期间，充分发挥保密指导、监督、检查的职能作用，从保稳定、促和谐的政治高度深刻认识做好保密工作的重要性，全面加强考试考务保密工作的组织领导。对区考试中心及各考点校保密室启用前的物防、技防情况和责任制落实情况进行督促检查，着重做好对区考试中心及各考点校试卷保密室启用前的检查验收工作；对试卷的取运、分装实行全程监控，考试期间对考试中心及各考点校试卷保密室的安全防范、责任落实等方面进行执法检查。

（闫 超）

【确保政府机构改革过程不泄密】 年内，高度重视机构改革中的保密工作，并将保密工作部门监督、指导和服务的作用贯穿整个机构改革时期，研究制定并下发了《关于做好机构改革中保密工作的通知》规范工作要求，督促新组建单位及时成立保密工作领导小组，指定专门人员、明确保密工作职责，建立健全各项保密规章制度。

（闫 超）

【政务网络和互联网络敏感信息检查】 全年，加大对区政府政务网和互联网络的检查力度，专门安排人员坚持每天对丰台区党政机关办公平台和政府外网的83个网站进行检查，共检查信息39000余条。

（闫 超）

区直机关工委工作

【概 况】 区直机关工委在区委的领导下，坚持以邓小平理论和“三个代表”重要思想为指导，深入贯彻学习党的十七大精神，以深入学习实践科学发展观活动为契机，紧紧围绕区委区政府的中心任务，狠抓机关党组织的思想、组织和作风建设，全面提升机关党员干部队伍的整体素质，为做好首都国庆60周年联欢活动提供了坚强的组织和人员保障，为促进机关党建服务区域经济建设、城市发展和社会和谐提供了有力的思想政治保证。

(姜　新)

【学习实践科学发展观教育活动】　年内,严格按照中央和市、区委学习实践科学发展观活动的总体部署,紧扣"抢抓历史机遇,推进城乡统筹,加快区域发展"的学习实践活动主题,组织机关党员干部,紧密结合机关党建工作实际,抓住"一个重点",即以工委领导班子为重点;达成"一个目标",即以提升党员队伍素质为目标,坚持边学边查、边查边改,扎实开展学习实践科学发展观活动,努力使学习实践科学发展观的过程成为推进机关党建和机关工作科学发展的生动实践,不断提高组织工作能力和党建工作水平。

(姜　新)

【党员发展和培训】　年内,把党员队伍与人才队伍建设放在同等重要位置,重视党员的高知识、高技能和高水平建设,以"推优"工作为抓手,及时发现优秀人才,落实培养教育措施。注意抓好入党积极分子的培训,保持数量充足的入党积极分子队伍。注重了从青年人中发展新党员。严格按照"坚持标准、保证质量、改善结构、慎重发展"的十六字方针,积极稳妥地做好发展党员工作。全年共审批发展新党员38名,预备党员转正23名。培训入党积极分子36名。

(姜　新)

【基层组织换届选举】　年内,认真落实党的十七大和十七届三中全会关于加强基层组织建设的要求,严格落实《中国共产党党和国家机关基层组织工作条例》、《发展党员工作细则》,狠抓机关组织建设和党员发展工作。做到有计划、有部署地对基层组织届满的机关党委、总支和支部的换届选举工作进行指导检查,对基层党组织负责人缺额的及时调整充实。主动适应形势,积极配合机构改革,调整机关党组织设置,及时理顺各级党组织的隶属关系,选好配强基层党组织领导班子队伍,确保机关党建工作运转正常。全年共审批新改选党总支、党支部14个。

(姜　新)

【党组织网络化管理】　年内,按照区委组织部要求,充分利用北京组工业务应用平台,对区直机关各基层党组织实行联网管理,由单一系统管理升级为网络化管理,使机关党建工作和党内年统计工作更加科学化、便利化。

(姜　新)

【开展各类知识学习培训】　年内,为适应形势和时事需要,和地震局、红十字会等部门合作,邀请专家学者,在机关干部中先后进行了地震知识、急救知识等讲座,开展自救培训;邀请国内著名经济学专家在机关作金融知识讲座,不断拓宽机关干部职工的知识面,提高政府机关应付突发事件能力。

(姜　新)

【组织标兵参加国庆60周年联欢晚会活动】

国庆期间,区直机关工委系统组织园林局、统计局等10个单位抽调机关干部参加了国庆60周年联欢晚会活动。通过对区直机关350名标兵进行政治审查、场地演练和动员宣誓教育等项活动的开展,确保活动标兵的政治思想、身体体能和现场纪律都符合组委会的要求,保证了"十一"群众联欢晚会活动的成功和安全工作。

(姜　新)

【组织开展机关文明单位创建活动】　年内,组织区直机关工委系统各单位参与文明单位创建,丰富了机关党建活动内容,机关文明单位争创率达到100%。

(姜　新)

【开展党风廉政宣传教育】　年内,通过组织41名新任科级干部参观反腐展览,进行反腐教育,强化和净化机关新任科级干部思想意识;通过组织新发展党员进行理论考试,使新党员理论水平和思想认识进一步提高,强化了思想意识。

(姜　新)

【签订党风廉政建设责任书和保证书】　年

内，机关工委专门下发了签订党风廉政建设责任书的通知，深入基层单位，对各基层单位贯彻落实党风廉政建设责任制的情况进行专项检查。年内，各单位党政一把手与副处级干部签订责任书120份，处级干部与机关科长签定责任书250份，机关科长与科员签订保证书640份，处级干部与基层科队站所长签订责任书60份，基层科队站所长与执法人员签订保证书255份。强化了责任意识，督促领导干部认真履行一岗双责。

（姜　新）

【机关作风建设】 年内，通过组织对机关大院单位作风建设落实情况进行检查、督导，通过优化办公环境、文明办公用语、严格作息时间等工作细节，规范了机关工作制度，强化了形象意识。

（姜　新）

【组织爱心捐助活动】 11月23日上午，组织区委区政府大院30家单位、1024名党员干部职工(其中：党员820人)，开展了"扶贫济困献爱心，温暖过冬促和谐"社会捐助活动，共计捐款56405元，捐衣被662件。

（姜　新）

【组建区直机关舞蹈队】 年内，为落实区委、区政府"我的丰台、我的家"庆祝建国60周年系列文化活动，营造喜庆、祥和、热烈的文化氛围，展示机关干部的良好精神风貌，组建了区直机关舞蹈队(队员由局级、处级领导干部和普通机关干部组成)，代表机关系统参加了"我的丰台、我的家"舞蹈大赛；参加了区总工会、区文委组织的各种文艺演出和比赛活动。

（姜　新）

【丰富机关干部文化生活】 年内，认真落实区委、区政府关于"关心体育事业、关爱职工健康"的工作指示，为机关工会分管各单位干部职工专门购置、配发了体育健身器材；组织机关干部职工积极参加市、区篮球乒乓球、羽毛球等项比赛活动，开展机关小型文体比赛，不断丰富区直机关党员干部职工的业余文体生活。通过各项文体活动，努力达到区委要求的"提高干部身体素质，增强机关团队意识，通过比赛联结友谊，奋发进取建设丰台"活动目的。

（姜　新）

党校工作

【概　况】 年内，区委党校工作以中国特色社会主义理论体系为指导，贯彻执行《中国共产党党校工作条例》，以深入开展科学发展观学习实践活动为契机，围绕"发展2009"的主题，认真落实区委书记李超钢"把握规律、注重结合、突出特色"的办学要求，坚持"新视角布局、高品位施教、多渠道收获"，不断提高干部培训科学化水平。落实人事制度改革，崇尚科学发展，构建和谐校园。全年举办各类干部培(轮)训班21期，培(轮)训干部1571人次，打造了6个精品班；兼办成人学历教育班15个，在校学员2031名，毕业本、专科学员756名，招收本、专科学员430名，学历教育综合考评在北京市委党校成教院67所分院中并列第四名。

（李树贵）

【深入开展学习实践科学发展观活动】 年内，在区委学习实践科学发展观活动指导组的指导下，深入开展学习实践科学发展观活动。首先，确定"以科学发展观为统领，开创干部教育培训工作新局面"的学习实践活动主题，校领导授课辅导；组织党员联系党校职能开展解放思想大讨论，统一思想，明确学习实践活动与干部教育培训工作两促进、双丰收的目标。其次，围绕党校干部教学培训中心任务，梳理出发展的思路，找准制约党校发展的因素，制定解决问题的措施。再次，高起点谋划、高标准定位、高质量推进，创新的实践活动紧贴党校发展实际，坚持用学习实践活动的成果指导干部教育培训和党校建设，突出抓好贯彻党校工作条例，坚持"三个丰台"课题融入干部教育培训课程,尝试党性教育新模式,拓展党校干部教育培训新渠道,实现成人学历教育平稳过度,进一步提升党校科学化建设水平。

(李树贵)

【贯彻党校工作条例提升党校建设水平】 年内,围绕党校基本任务,探索干部成长和党校教育规律。提出"弘扬科学理论的基地,培养后备干部的摇篮,研究区情规律的力量,服务科学决策的智囊,加强党性锻炼的熔炉"的办学理念,打造干部培训精品班。落实行政管理干部定编制、定岗位、定人员制度,发挥职能效应。校委会拟定《丰台区委党校关于科级职位竞争上岗实施方案》,首次组织科级干部竞争上岗工作,建立健全党校干部管理机制。夯实党校发展建设基础,编纂丰台区委党校年度大事记。努力改善办学条件,完成3个多媒体教室的升级改造、礼堂修缮和供电增容等建设项目。

(李树贵)

【"三个丰台"课题融入到干部教育培训】 年内,党校成立了"绿色丰台、科技丰台、人文丰台"课题组。确立"塑造区域品格,建设人文丰台"、"以科技为支撑,引领丰台发展"、"以生态文明为指导,建设绿色丰台"研究课题,围绕"三个丰台"理念,放眼看丰台,放胆绘丰台,放手建丰台,研究丰台文化、丰台形象、丰台品牌和丰台精神。"三个丰台"课题研究成果在公务员各级培训班和第25期中青年干部培训班的教学中,不断深化内容,提升能力,受到学员的欢迎。

(李树贵)

【拓展党校干部教育培训渠道】 年内,党校常务副校长李富国带队参加全国直辖市区委党校协作组织第七届年会。会上围绕如何贯彻落实《中国共产党党校工作条例》的主题,常务副校长李富国以"把握'三个教育'探索干部教育培训规律"为题作研讨发言。同时,与北京市海淀区委党校、天津市南开区委党校、上海市浦东新区区委党校、上海市徐汇区委党校、重庆市沙坪坝区委党校协作组成员单位签订《京、津、沪、渝四直辖市科教文化区党校干部培训协作组协议书》,旨在共建干部培训平台,走出一条"人才共同培育、资源共同享有、科研共同攻关"的干部培训协作之路。年内,党校与延安市委党校就"加强合作,搞好干部培训"确立了长期合作意向。

(李树贵)

【举办副处职领导干部轮训班】 年内,举办5期副处职领导干部"学习实践科学发展观"轮训班。参训人员共计357人。学习李超钢书记在全区开展学习实践科学发展观活动专题研讨班上的报告,以及北京区域经济发展与城乡统筹,科学发展观与中国经济发展,贯彻"三大理念",促进首都经济社会协调发展,探索"三个丰台"建设,党风廉政建设等专题讲座,强化领导干部的建设丰台、发展丰台使命感。开展以"抢抓历史机遇,推进城乡统筹,加快区域发展"为主题的研讨和"三个丰台"建设的思想解放大讨论,搭建"放眼看丰台"的平台。以科学发展观为指导,透过"十看丰台",准确把握丰台发展的阶段性特征,树立加快发展的紧迫感。

(李树贵)

【党性教育首次探索出1+6模式】 党性教育贯穿党校干部培训始终,在总结多年中青年后备干部党性教育实践基础上,首次探索出党性教育新模式。"1"是指一次党性教育谈心,这是党性教育的核心环节,体现亮思想、说真话不避重就轻;找原因、挖根源不敷衍了事;明方向、定措施不就事论事的教育思想。"6"是在党性教育谈心基础上开展的6个配套教育环节:一次纪念"九·一八"主题教育活动,旨在通过缅怀先烈,追思砺志,进一步强化民族信仰,增强中青年干部的使命感、责任感;一次民主生活会,旨在强化宗旨意识,树立正确的权力观;一次以"弘扬延安精神、加强党性修养"为主题的体验式教学,使中青年干部的党性在体验式教学中得到了一次锻炼和升华；一次区纪委书记与中青年干部进行集体反腐倡廉诫勉谈话，告诫中青年干部始终保持党员的清正廉洁；一次党性分析大讨论，自我剖析，净化心灵，强化自省自律意识，增强党性锻炼的自觉性；撰写一份党性分析材料，总结人生成长中党性休养的经验教训。实践新模式促使中青年干部在党校培训期间经历了一次比较系统地党性锤炼。

（李树贵）

【庆祝建党88周年活动】 7月1日，校党总支部委员会召开庆祝建党88周年党员大会。组织新党员入党宣誓，党员重温入党誓词；全体党员观看“共产党员献爱心”捐献活动纪实片——《点燃爱心之火》，开展“共产党员献爱心”捐款活动，捐款人数43人，捐款总额4560元。

（李树贵）

党史资料征集工作

【概　况】 年内，丰台区党史工作完成了2008年丰台区大事记的编写工作，编纂完成《2006年度丰台党建资料汇编》的资料稿。完成并出版《丰台改革开放三十年》一书。出版两期《丰台党史》，配合新中国成立60周年纪念活动，为新华社北京分社提供稿件和资料；为全区各基层单位提供文字、图片等方面的服务；为区委党校中青年后备干部培训班学员讲授《丰台区辉煌60年》。对全区的党史工作联络员进行了重新登记，并组织了部分党史工作联络员外出考察。将编辑出版的《丰台区改革开放30年》、《丰台区建设史》、《中国共产党北京丰台大事记》、《光辉的历程》、《丰台在前进》等30多种党史资料书刊在东城区皇城艺术馆举办的《北京市档案利用成果展》展出。

（张国庆）

【出版党史刊物】 6月15日，《丰台党史》2009年第一期（总第33期）出版。该刊11万字，分《纪念园地》《专题资料》《基层党建》《往事回首》和《绿色奥运》等5个栏目，尤其是“从卖方市场到买方市场看人民生活质量”、“60年的记忆”、“亲历今昔话公交”等文章，从一个个侧面生动反映了共和国由弱到强、人民生活由温饱到小康的历史巨变，是进行爱国主义教育的生动教材。12月15日，《丰台党史》2009年第二期（总第34期）出版。该刊10.8万字，有《历史档案》、《先进事迹》、《往事回首》、《经验交流》、《专题资料》、《纪念建国60周年》6个栏目，刊登文章18篇，从不同角度反映了在党的领导下丰台区各项事业走过的历程。

（张国庆）

【召开《丰台改革开放30年》编纂总结会】 1月14日，丰台区委党史办召开大会，对《丰台区改革开放30年》一书的撰写编辑工作进行总结。全区18个部门的主管领导和作者参加了会议。党史办副班主任总结了《丰台区改革开放30年》一书的出版，历时15个月，配合了纪念党的十一届三中全会召开30周年的活动，是纪念改革开放30周年的一部佳作。该书具有4个特点：内容比较全，涵盖了丰台区改革开放的主要方面；层次高，它以史料和事实说话；具有权威性，编委会主任是书记和区长，文稿内容以档案资料为基本依据，并由各单位党委把关；具有开放性。

（张国庆）

【召开区级老领导座谈会】 4月24日，区委党史办召开区级老领导座谈会，就党史办如何服务科学发展大局、推动党史工作科学发展征求意见。原常务副区长杨艳华、原区委组织部长樊玉山、原区委农委书记杨殿刚、原区人大常委会副主任孙得胜、张英、李贵、陈日先、原区政协副主席王荫乔等十几位老领导出席了会议。副主任冯树海首先向老领导们汇报了党史办近年来的工作，并就正在开展的学习实践科学发展观活动的进展情况进行了说明。老领导们踊跃发言,认为区委党史办出版了《中国共产党丰台区历史大事记(1918 - 2000)》《丰台在前进》、《丰台建设史》、《丰台区改革开放30年》、《丰台党史》等大量的党史刊物,为丰台区的经济和社会发展做出了的贡献。特别是《丰台建设史》总结了建国以来50多年区委区政府领导社会主义建设和执政的经验,它的出版对于如何促进丰台科学发展的大局起到了有益的借鉴作用,希望全区的党员干部利用好这本书,更好的了解历史、了解区情,以利促进经济社会的科学发展。同时希望党史办的同志在征集当前党史资料、编撰党史刊物的过程中提高自身的水平。

(张国庆)

【开展城八区党史办主任联谊活动】 4月27日,北京市城八区党史办主任联席会议在丰台区北宫森林公园举行。丰台区委党史办副主任介绍了丰台党史工作的进展情况及北宫森林公园的建设情况,随后与会同志参观游览了公园。

(张国庆)

【协助采访】 7月15日,新华社北京分社记者到区委党史办要求协助采访几位参加过开国大典的老同志,为纪念新中国成立60周年做节目。党史办联系到张福香、白秀兰等6位老同志。24日,党史办的两位同志陪同新华社记者前去南苑大红门东前街采访张福香老人。将采访情况汇集成文《访参加开国大典的北京农民——张福香》,刊登在《北京党史》2009年第五期。

(张国庆)

【进行革命传统教育】 7月8日—10日,区委党史办组织本支部11名党员干部(包括退休人员)赴辽宁兴城考察,参观塔山阻击战纪念碑、宁远古城等地,悼念民族英烈。9月12日—21日,组织部分党史工作联络员外出考察。参观了红一方面军红二师四渡赤水的丙安渡口、红一军团的军团部、渣滓洞和白公馆等遗址遗迹,进行革命传统教育。

(张国庆)

【党史资料得到有效利用】 7月16日,卢沟桥乡退休干部高步云到党史办查找有关毛泽东主席1958年视察丰台区岳各庄红十月农业生产合作社和小屯农业生产合作社的资料。党史办同志为其提供了有关5篇回忆文章,其利用提供的资料和其他有关史料,举办了《新中国成立60年农村巨变展览》家庭展览,并邀请当年向毛主席汇报农业生产情况的小屯农业社主任田岐和岳各庄红十月农业生产合作社青年队队长田德顺等人,一起畅谈家乡的巨变。《劳动午报》和《丰台报》也刊登文章《退休老人举办"家庭展览"》进行了专题报道。

(张国庆)

纪检监察工作

【概　况】 在市纪委、区委区政府的领导下,区纪委监察局紧紧围绕"抢抓历史机遇、推进城乡统筹、加快区域发展"的主题,深入推进党风廉政建设和反腐败工作,着力加强惩治和预防腐败体系的机制建设,加强对执行住房建设计划、落实住房保障政策和资金使用情况的监管,对迎接国庆60周年社会秩序综合整治工作实施效能监察。在教育、卫生、公安、工商、地税、劳动、民政、城管系统基层站所开展民主评议政风行风工作。拓宽监督渠道,组织区政府特约监察员开展明察暗访与中期质询,加大政务、厂务、村务公开力度。为"保增长、保民生、保稳定"目标的全面实现提供了强有力的纪律保障。

(徐　光)

【"三保"政策措施落实情况的监督检查】 年

内，对区政府投资计划折子工程96个项目中4类、20个重大项目进行重点监督，对纳入市区两级绿色审批通道的133个项目审批情况实施跟踪监督。启动工程建设领域突出问题专项治理工作。开展房地产开发违规变更规划调整容积率专项治理、绿化隔离地区建设行政强拆、节能减排整治违法排污企业等监督检查工作。出台《丰台区关于落实扩大内需重大项目行政问责办法》，针对失察失管、制止不力、违法违纪问题，对10名当事人实施了责任追究。

（徐　光）

【改进领导干部作风】 年内，开展"弘扬北京奥运精神，加强领导干部作风建设年"活动。开展警示教育，组织"身边案"庭审旁听，举办案例巡回展；对初任处级领导干部进行任前廉政考试，规范处级领导干部任前廉政评价，改进处级领导干部任职廉政集体谈话方式；与区检察院、清华大学廉政与治理研究中心联合举办科级干部反腐倡廉理论与实践培训班。创建"廉政文化精品工程"，组织"一五一十说廉政"、"百场廉政电影进农村"、廉政短信、"新农村廉政文化书画展"等活动亮。

（徐　光）

【节约专项治理】 年内，全区开展厉行节约专项治理活动，公务接待费同比下降10%；用油、用电、用水支出减少6%；会议费用下降11%；因公出国（境）批次和人数，在近三年平均数的基础上分别下降53%和33%。共节约开支2700余万元。

（徐　光）

【"小金库"专项检查】 年内，开展"小金库"专项检查活动，对查出的3家问题单位责令整改。加大领导干部任期经济责任审计力度，针对审计中发现的15个问题提出了24条审计建议。严明八项政治纪律，保证了全区机构改革工作顺利进行。

（徐　光）

【加大案件查处力度】 年内，制定了《关于加强党员领导干部违纪违法案件查办组织协调工作的意见》，加强与公、检、法等部门联合办案。加强对基层办案工作的指导，建立主动查案的激励机制和瞒案不报的追究机制，基层办案数量同比上升25%。加强案件管理，实施统一审理，制定《关于规范基层案件审理工作的实施办法》，办案程序逐步规范。加强信访举报线索分析，发挥预警功能，坚持以案示教，提高案件查办的综合效应，全年核实违纪线索37件，新立案28件，结案18件，给予党纪政纪处分19人（其中处级干部2人），移送司法机关处理11人，挽回经济损失3850余万元。重点查处了农村、企业、房管等领域以权谋私、贪污受贿案件。

（徐　光）

【解决涉及民生的突出问题】 年内，畅通民意诉求渠道，全区行政投诉和政风行风热线共办理群众投诉1000余件，为群众办实事369件。进一步优化和改进行政机关效能考核评价指标，政府部门依法行政意识增强，工作效率进一步提高，公共评议中对政府工作部门满意度达81.7%，在对街道民意调查中，公众满意度达81.3%。加大纪内信访调处力度，建立区纪委常委接访、约访、会访制度，对信访矛盾进行专题分析排查，促进矛盾化解，维护了社会和谐稳定。

（徐　光）

【廉政风险防范管理】 年内，以典型示范、创新方法为引领，全面推进廉政风险防范管理工作。制定工作意见和实施方案，加强思想发动和培训指导，采取试点探索、分类推进、重点延伸、全面推开的方式，推动廉政风险防范管理工作有序开展。引入ISO9001质量管理体系，开展质量管理认证试点。完善"三重一大"制度65项；开展科技控权3项；建立修定廉政风险防范管理工作规章制度1000多个；制定防控措施11000多条；完善业务流程988项；编制业务流程图或风险防控图表850份。

（徐　光）

【纪检监察队伍改革】 年内,成立三个联合派驻纪检监察组,建立区纪委监察局机关联组工作机制。对经济发展管理、市政建设管理、公共事业管理等25个政府部门实施分类监督,实现了纪检监察派驻体制、管理模式、监督方式的新突破。

(徐 光)

民主党派

民革丰台区工委

【概 况】 年内,民革丰台区工委以喜迎建国60周年为重点,以纪念人民政协成立60周年、多党合作制度确立60周年和民革北京市委成立60周年系列活动为载体,通过丰富多彩的形式,增强了组织凝聚力与向心力。进一步加强基层组织建设,围绕民革党派特色和"城南行动计划",认真履行党派参政议政职能。全年出版《丰台民革之声》4期,其中一期以纪念建国60周年为主题,将征集的摄影作品进行刊登。

(康冬花)

【参政议政】 区工委在区政协八届三次全会上提交了两份提案:《在新的经济形势下推动我区经济更好发展的建议》提议重点发展高端、高辐射的生产性服务业,以提升区产业档次,同时发展能带动地区经济发展、吸纳就业的现代服务业等;《关于加强与国家开发银行合作力度的建议》主要提出加大丰台区与国家开发银行的合作,积极寻找金融支持的建议。

(康冬花)

【参加提案答复会】 7月,在区委、区政府联合召开的答复会上,区发改委就民革提案进行了答复,区工委班子成员和提案主笔人集体参加了答复会,对办理过程和结果表示满意。区政协主席初建华对提案给予了高度评价,认为提案立意具有前瞻性,分析有深度,建议很有参考价值,体现了民革区工委班子带领全体成员围绕中心、服务大局的高度政治责任感,体现了良好的参政议政素质。区委常委、区委办主任于挚隆转达了区委书记李超钢对党派提案的重视和感谢,指出民革提案给了区委很多启发,对区委、区政府有效利用经济手段,建立融资新平台,服务区企业,促进经济增长有很好的借鉴意义。

(康冬花)

【参与区域经济发展论坛】 年内,区工委组织参政议政骨干人员参加了区政协主办的"丰台区经济发展论坛"系列报告和座谈会,完成论文征稿4篇,杜荣军撰写的《抓住机遇,科学安排,确保实现我区基础设施建设要求》和三支部年青党员储潇伟撰写的《发展科技型中小企业,促进丰台区经济建设的意见》2篇论文被政协选为大会发言。

(康冬花)

【开展调研活动】 年内,区工委在"实施城南行动计划"的大背景下,深入实际调研,形成了《在丰台区规划建设中的三、四环都市型产业发展带上谋划"京西南医疗卫生产业园"》的调研报告;结合丽泽金融商务区的快速发展,经过深入研究,形成了《把搭建能源交易平台、吸引区域商业银行、打造低碳文化作为丽泽汇聚现代金融机构的特色》的调研报告。

(康冬花)

【建立支持支部活动经费拨付制度】 年内,区工委在加强经费使用公开透明的基础上,在北京市民革各级组织中首创建立了"区工委支持支部活动经费拨付制度",按年度计划,区工委每年给每个支部拨付一定数额的活动经费。

(康冬花)

【成立孙中山思想学习研究小组】 年内,在民革北京市区工委中，第一家成立了“孙中山思想学习研究小组”，坚持每月开展活动1次，每次学习1篇孙中山先生的文献资料，为继承和发扬孙中山思想搭建了相互学习、探讨和交流的平台。

（康冬花）

【组织和参加建国60周年庆祝活动】　为了表达丰台民革党员对祖国甲子生日的祝福，区工委举办了“祖国你好”摄影比赛，共收到27位党员交来的摄影作品200余幅，评出一等奖5名，二等奖10名，三等奖12名。区工委主任张兆旗、委员方利军代表区工委在区政协为纪念建国60周年、人民政协成立60周年举办的“与共和国、人民政协同行”纪念大会上作了“肝胆相照六十载，团结民主奏凯歌”、“与祖国同行，为母亲骄傲”的发言。他们分别结合民主党派与政协工作、海峡两岸关系的变化与个人不同的经历，阐述了与共和国和人民政协同行的感人故事，表达了对祖国的热爱之情。

（康冬花）

【参与民革北京市委成立60周年纪念活动】　区工委发动党员参加民革市委“风雨同舟六十年”演讲活动，获得总分第二名的成绩，被评为优胜奖。民革北京市委在成立60周年纪念大会上，授予区工委2个基层支部“先进集体”称号、12名党员“先进个人”称号、1名50年党龄以上的党员“荣誉奖”证书。获奖先进集体占我区基层支部的五分之二、先进个人占党员总数的10%以上，两个获奖比例在全市排名第一。

（康冬花）

【提升辖区社区医疗服务水平】　4月2日，“民革北京市委医疗服务进社区示范基地”落户区新村社区卫生中心。由专家团队定期坐诊新村社区医院，定期到学校、辖区单位等举办讲座和培训，扩大了老百姓对社区医疗的功能作用的认知度，提升了社区卫生医疗队伍水平，为百姓解决了看专家号难的问题，半年时间为500多位患者提供了特需服务。

（康冬花）

【成立妇委会】　年内，为了进一步发挥女党员为创建和谐丰台服务的积极性，成立了民革丰台区工委妇女工作委员会，设主任1人，副主任1人，委员5人。

（康冬花）

【把“母亲的爱”送给残疾人弱势群体】　“三八”节前，区工委组织部分女党员到右安门街道，走访玉东小区的残疾人活动中心“温馨家园”，看望慰问活动中心残疾人员和志愿者。女党员们为残疾人自强不息的精神所感动，对街道和社区为残疾人员所做的工作表示感谢，并与街道的同志探讨以多种形式参与和支持街道残疾人员工作，且形成长效机制。

（康冬花）

民盟丰台区工委

【概　况】　民盟丰台区工委坚持以邓小平理论，“三个代表”重要思想为指导，深入学习实践科学发展观，认真学习中共“十七届三中、四中全会”精神和民盟“十届二中、三中全会”精神，并在年初重点学习了胡锦涛总书记《在纪念党的十一届三中全会召开30周年大会上的讲话》精神，中央经济工作会议精神和《各民主党派深入学习贯彻科学发展观座谈会纪要》。工委及时传达学习民盟市委、中共丰台区委和区委统战部的会议精神，积极参加盟中央宣传工作和思想建设座谈会，盟市委思想建设和组织建设调查；工委委员与支部成员分别参加了区委统战部和民盟北京市委举办的党派青年骨干学习培训班；年底还组织了新盟员学习班。全年发展盟员11名，全区盟员人数为281人。年内届中调整时，工委向区政协推荐了2名区政协委员。

（张桂敏）

【参政议政】　年内，区工委多次参加区委、区政府举行的协商会、座谈会和情况通报会，就构建宜居和谐丰台、区政府工作报告、区领导人选、区域经济形势和教育卫生等区域重大问题提出了意见和建议；区政协八届三次会议上，工委提交的《关于加强丰台区“居家养老”社会化服务的建议》提案，通过与有关部门的多次沟通，已得到办理与答复；区政协八届三次会议上，盟员中的10位委员提交了13份委员提案。

（张桂敏）

【参加开展各项调研活动】 年内，工委选派盟员分别参加了区政协专委会“促进我区以创业带动就业”、“加快新农村建设，推进城乡一体化”和“促进丰台区西部地区文化创意产业发展”的专题调研活动。盟员中的市、区人大代表和政协委员积极提出议案和提案，并多次参加人大和政协的调研与视察活动。区工委开展了区“城乡居民医疗卫生保障制度一体化建设”的调研、区“专门教育实施情况”的调研、区“中学生心理状况”调研和“城南行动计划中文化建设”的调研，并形成了《关于在城南行动计划中，加强丰台区域文化建设的建议》和《关于加快丰台区城乡医疗卫生保障制度一体化建设》的党派提案。

（张桂敏）

【统战理论研究】 年内，统战理论研究会继续发挥优势，为民主党派基层组织理论研究做贡献，有8位同志撰写了关于基层组织建设的建议文章，区工委将文章刻制了光盘，发给盟员骨干和各支部，进行交流。

（张桂敏）

【各支部开展活动】 年内，为进一步增强基层支部工作的活力，工委充分调动支部干部的积极性，发挥支部工作的主动性。医务二支部以“迎国庆，为社区服务”为主题，在新华街社区开展医疗咨询和义诊活动，为社区百姓服务；组织盟员到延庆游览；春节前给离退休老盟员发贺卡。教育一支部组织召开盟员座谈会，回顾新中国成立、多党合作和人民政协的60年光辉历程，与医务一支部联合参加北京电视台科教频道养生节目录制。首都经济贸易大学支部完成“以人为本的研究生培养过程管理研究”、“首都经济贸易大学成立归国留学人员协会的可行性分析报告”两份学校党建与管理课题。首都医科大学支部根据盟员专业背景，相互合作为学校科学研究贡献力量。十二中支部召开专门座谈会为学校发展建言献策，在春节期间慰问老盟员。教育二支部、教育三支部组织盟员参观新中国成立60周年成就展。

（张桂敏）

【开展庆祝60周年纪念活动】 年内，为庆祝新中国成立60周年和人民政协及中国共产党领导的多党合作和政治协商制度确立60周年，区工委专门召开了纪念座谈会，重温历史，共话现实，展望未来，坚定信念；多位盟员撰写了纪念文章，并收入到丰台区《庆祝新中国暨人民政协60周年文集》，部分文章在《北京盟讯》上刊登，区政协《纪念丰台区改革开放30周年文史资料专辑》中收录8篇盟员文章，2篇文章入选民盟中央《纪念改革开放30周年专辑》；组织盟员参加区政协和区委统战部组织的纪念人民政协成立60周年演出活动；选送5名盟员的9幅作品参加区政协举办的纪念人民政协成立60周年书画展。

（张桂敏）

【参加论坛】 年内，组织盟员参与第三届西南五区经济发展论坛，组织盟员参加了市政协“绿色北京、人文北京”论坛，盟中央法制建设论坛。

（张桂敏）

【民主监督工作】 年内，14名特约监督员、教育卫生督导员和人民陪审员积极参与政府部门的效能建设和行风评议，认真履行民主监督。

（张桂敏）

【举办参政议政骨干培训班】 12月，工委举办了参政议政骨干培训班，请盟市委常务副主委朱尔澄做了“如何做好参政议政工作”的辅导报告,请区委统战部副部长蒋旭东介绍了丰台区的经济和社会发展情况。

(张桂敏)

【表彰荣誉促工作】 1月10日,在圣地苑宾馆召开了民盟丰台区工委2008年总结表彰暨迎新春大会,表彰北京十二中支部和丰台医务二支部为2008年度先进支部;对认真履行参政议政民主监督职能、为灾区做出突出贡献、为北京成功举办奥运会做出贡献、积极撰写文章纪念改革开放30周年及统战理论和积极参加盟务工作的盟员进行表彰,2008年度优秀盟员78名。区工委副主委李有毅获得全国"五一劳动奖章"和"全国三八红旗手"荣誉称号。

(张桂敏)

【成立妇委会】 年内,区工委按照区妇联的提议,成立了区工委妇女工作委员会,明确了工作职责。

(张桂敏)

民建丰台区工委

【概　况】 年内,区工委以新中国成立60周年、人民政协成立60周年、民建北京市委成立60周年为契机,进一步增强广大会员坚持中国共产党的领导,坚定走中国特色社会主义道路的信念。在组织发展中坚持"注重质量、注意数量"的方针,稳步做好经济界人士和本届别代表人士的发展工作。截止12月底,共有会员362人,其中新发展会员15人。大专111人,大本165人,研究生以上28人。

(曲德龙)

【思想建设形式多样】 区工委制定了学习科学发展观的实施细则,成立了以工委主任王虹为组长的领导小组,专门召开会议,对科学发展观进行认真学习。区工委主任王虹,副主任解刚、王德文、康建辉和会员分别参观"西藏民主改革50年大型展览";参加市委统战部举办的"2009年北京市民主党派区委、区工委负责人研修班",区委统战部举办的"丰台区各民主党派、无党派和新的社会阶层代表人士培训班",区政协、区委统战部举办的暑期学习班;参加中共丰台区委深入学习实践科学发展观"丰台区第一批深入学习实践科学发展观活动总结测评会"。支部副主任吴玉芳代表经济一支部在市委主办的支部主任学习班做了"突出特色 齐心协力 彰显优势"的发言。

(曲德龙)

【参政议政】 年内,在政协丰台区八届三次会议上,区工委提出《关于丰台区区属国有企业改革现状与深化改革的建议》。王虹、解刚和苏宏分别获得区政协2008年度委员个人优秀提案,为民建争得了荣誉。

(曲德龙)

【举行提案答复会】 区工委举行提案答复会,区委统战部副部长蒋旭东,区政协调研室主任张全开,区委办薛红、杨杰,区国资委主任徐鸣凤、副处调研员郭云英,区工委主任王虹、副主任王德文,区工委委员王燕明、曲德龙、周志茹、顾群和会员张勇、赵二良、梁丽参加。答复会对工委在区政协八届三次全会所提的《关于丰台区区属国有企业改革现状与深化改革的建议》提案给予了答复。

(曲德龙)

【参加调研】 区工委领导王虹、解刚、王德文、康建辉带领骨干会员参加了区政协组织的"金融危机对民营企业的影响"、"创业带动就业"、"加快新农村建设、促进城乡一体化"、"文化产业"等四项调研,并参与其中三个调研报告的撰写:王德文完成《加快新农村建设,促进城乡一体化建设》;黄树森完成《加快建立中小企业服务中心,大力扶持我区民营企业发展》;赵二良完成《关于促进我区创业带动就业工作的调研报告》。工委参加了西南五区经济发展论坛,完成两份报告。结合调研成果,做好意见征集工作,在8月底前基本完成政协全会的党派提案和大会发言征求意见稿。12月,工委先后召开会议,工委领导成员和调研积极分子参加,会议分别总结了工委在参政议政方面的成绩,部署2010年参政议政安排和工委在即将召开的区政协八届四次全会上提案工作和大会发言工作。

(曲德龙)

【宣传工作】 年内,区工委参加了“纪念改革开放30周年”市委元宵节文艺汇演,并获优秀组织奖;为纪念建国60年、人民政协成立60周年和民建北京市委成立60周年,工委在丰台区文化馆举办歌舞演出,区委统战部副部长蒋旭东,工委主任王虹,副主任解刚、王德文、康建辉和会员观看了演出。

(曲德龙)

【信息工作】 年内,在民建北京市委召开的年度工作会议上,区工委荣获民建北京市委2008年信息工作三等奖,曲德龙获优秀组织奖,会员赵二良撰写的《我市55—60岁女性无保障老人亟待纳入新农保》被评为优秀信息,并被评为优秀信息员。张京成、金光辉、李晓波的论文在市委《议政论坛》发表。蔡谦、李晓波、吴玉芳、徐泽伟和刘亚凡等会员共写18条信息,受到市委有关部门的好评。

(曲德龙)

【社会服务】 年内,综合二支部主任、长辛店医院120急救站站长、副主任医师臧红梅在大红门服装商贸城为南苑乡果园村村民和大红门服装商贸城的商户们进行了女性健康讲座。工委副主任康建辉,铁匠营支部主任王春立和支部会员共12人赴大兴馨秋敬老院开展了迎春植树活动。北京市工商联交通运输业商会秘书长王涛和驻会干部曲德龙带领商会秘书处全体工作人员及部分会员企业组成八一拥军团到中国人民解放军济南军区驻豫71892部队举行拥军活动。工委建立主任、工委委员与老会员的联系制度,坚持对80岁以上老年会员进行家访。市委常务副主委任学良、工委主任王虹,驻会干部曲德龙慰问工委原主任王亚男,原副主任刘福荫。副主任康建辉和驻会干部曲德龙慰问了魏宝龙、郑文华。工委委员、红狮支部主任王燕明,驻会干部曲德龙看望工委老会员丁修瑚。

(曲德龙)

【召开总结表彰会工作布置会】 2月27日,工委召开“丰台工委2008年总结表彰暨2009年工作布置会”。市委主委王永庆,常务副主委任学良,区政协常务副主席鲍顺新,区政协副主席、区委统战部常务副部长周大春,副部长蒋旭东,工委主任王虹,副主任解刚、王德文、康建辉和工委委员、会员代表60多人参加。王虹通报了年度工委工作思路,王德文代表工委对2008年工作做了总结,康建辉代表工委宣布了《关于表彰2008年度民建丰台工委优秀会员和先进支部的决定》,与会领导向被评为2008年先进支部的代表、优秀会员代表以及在2008年抗击冰雪、抗震救灾和“迎、讲、树”活动中有突出贡献的会员颁发了荣誉证书。

(曲德龙)

【成立妇委会】 5月27日,工委召开工委会,传达区妇联关于在民主党派建立妇女工作委员会的决定,推荐王虹任妇工委主任,吴玉芳任副主任,梁丽、郑文华、金铮、臧红梅任妇工委委员,分别负责妇工委组织、宣传、维权和生活工作。7月8日,工委妇女工作委员会副主任吴玉芳参加了丰台区民主党派妇委会成立会,区委统战部副部长蒋旭东参加。会议落实了妇委会工作职责、工作任务和年度工作要点。

(曲德龙)

【召开届中总结会】 11月12日,工委召开届中总结会。市委常务副主委任学良,组织处处长杨虹,组织处干部李督值,工委主任王虹,副主任解刚、王德文、康建辉和工委委员参加。王虹在发言中汇报了自2006年8月换届以来,工委在政治交接、思想建设、组织建设、加强集体领导方面,积极履行参政党职能,建言献策,发挥特色优势,在开展服务社会、回报社会等方面所做的工作。

(曲德龙)

【庆祝政协成立60周年】 区工委主任王虹，副主任解刚、王德文、康建辉分别参加区政协、区委统战部召开的庆祝新中国成立60周年暨人民政协成立60周年座谈会，王德文做“风雨同舟 共创辉煌”报告；区政协区委统战部组织的“与共和国同行——庆祝新中国暨人民政协成立60周年文艺演出”活动；参加区委统战部召开的“风雨同舟共奋斗 肝胆相照话未来——丰台区统一战线庆祝共和国60华诞论坛”，王虹做“回顾历史 坚定信念 服务发展”专题发言。

(曲德龙)

【陈昌智主席参加支部活动】 12月3日，综合一支部在民建中央举行支部活动，民建中央主席陈昌智，秘书长张皎，调研部副部长孙敏奇参加了活动并合影留念。

(曲德龙)

【出版《丰台民建》】 《丰台民建》全年共出版三期，推进了工委的思想宣传工作。

(曲德龙)

【庆祝建国60周年书画展】 结合新中国成立60周年、人民政协成立60周年和民建市委成立60周年，民建中央、市委统战部和民建市委组织了“三喜同庆”书画展纪念活动，工委会员踊跃响应，积极参加，共送交22幅国画、书法作品。其中四位书画家作品参加了市委统战部、市社会主义学院主办的“风雨同舟60年书画展”，并入选作品集。五位书画家作品参加了区政协主办的“庆国庆60年书画展”。12月15日，6位被吸收加入民建中央书画院的书画家参加了民建中央画院成立仪式。

(曲德龙)

【参加市委征文活动】 市委组织了“北京民建与新中国风雨同行60年主题征文”活动，李毅的《从我和妈妈的退休生活看祖国六十年》、刘福荫的《从我的亲身经历看民建会的发展》、吴国洋的《我与丰台区两会》、黄树森的《我在民建中成长》、朱克明的《我在改革开放的年代中长大》、李奇的《百年义利 民建情怀》、安钟岩的《事业在奉献中和谐》等14篇稿件参加了征文活动，其中四篇稿件在《北京民建》刊发。

(曲德龙)

【曙光少儿美术馆揭幕】 4月25日，经过著名书画家、民建丰台工委会员焦秉义先生多方筹措和自己多年的积蓄创建的曙光少儿美术馆举行了揭幕仪式。

(曲德龙)

民进丰台区工委

【概　况】 2009年，民进丰台区工委共有会员303人。2月，召开庆祝民进丰台区工委成立20周年大会，85%本区会员参加了此次活动。组织基层支部开展信息提案征集，有7个支部组织了有关活动，共上报信息提案45件。工委荣获民进市委年度信息工作先进集体称号，并有多名会员荣获信息工作先进个人。区工委在民进市委信息工作总结大会上做了经验介绍。

(李朝晖　范寿春)

【参政议政有突破】 组织会员上报社情民意信息提案45件，年初在区政协会议上提交两件党派提案，并做了大会发言。5月8日，在民进市委召开的信息暨提案推荐工作会议上，区工委荣获民进市委2008年信息工作先进集体称号，并有3名会员荣获信息工作先进个人，2件提案获优秀推荐提案。区工委在民进市委信息工作总结大会上做了经验介绍。8月，区工委组织开展了骨干会员参政议政提案征集研讨会、政协委员提案研讨会、参政议政优秀会员慰问活动。年底，工委经过多次调研、协商，圆满完成党派在2010年区政协会议上提交的提案和大会发言：《关于对全区农村干部政策法律培训的建议》、《关于丰台区"十二五"教育事业发展规划编制工作的建议》。

(李朝晖　范寿春)

【深入调研,履行职责】 在区委、区政协办理答复党派政协提案工作中,区工委与办理单位、区人事局共同沟通协商多次,并就有关问题进行了跟踪、调研,对进一步研究加强提案中所涉及的基层干部培训工作予以关注。区工委参与了区政协、宣传部组织的关于打造"丰台文化、丰台精神、丰台形象、丰台品牌"调研课题研讨活动。

(李朝晖　范寿春)

【思想建设不放松】 4 月,区工委组织会员参加区统战部在区党校举办的"民主党派领导班子成员中青年骨干培训班",就丰台区经济发展的概况及前景,全国统战会议精神,民主党派的使命、职能,如何做好民主党派工作,怎样发挥民主党派作用等进行了系统培训;区工委多次组织骨干会员学习落实中央两会精神,学习科学发展观有关理论。8 月 14 日,举办新会员暑期学习班,进行会章会史学习辅导,介绍区工委及基层支部的基本情况,以让会员了解区工委的工作思路和要点,对参政议政、信息提案工作进行了总结和辅导。

(李朝晖　范寿春)

【组织活动有特色】 区工委组织艺术界会员参加北京市委统战部举办的各民主党派庆祝建国 60 周年书画展览,并代表民进市委送交了多幅书画作品;组织有文艺特长的会员参加丰台区政协、统战部为庆祝建国 60 周年举行的大型文艺演出;组织艺术界会员参加了丰台区政协举办的庆祝建国 60 周年书画展览,送交了多件作品;各基层支部开展了参观、考察、郊游、支教扶贫等形式多样的活动。

(李朝晖　范寿春)

【区工委成立 20 周年大会】 2 月 8 日,民进区工委成立 20 周年大会在丰台区文化馆召开,民进市委主委以及丰台区统战部、政协领导出席大会,并予以大力支持。大会对多年来为民进区工委和基层组织建设发展做出不懈努力和贡献的优秀会员、支部进行了表彰奖励。经过会议筹备人员的努力和会内外人员的大力支持,整理出版了反映工委成立 20 年来开展各项活动的画册《光辉的历程 永远的风采》,发行了收集历年所撰调研报告、提案的文集《参政议政 建言献策》。这次大会的圆满召开,得到广大会员的积极响应,增强了会内凝聚力。

(李朝晖　范寿春)

【加强基层支部建设】 上半年,完成基层支部调整换届工作,7 月,市委正式批复基层支部换届人员。为加强基层支部建设,获得所在单位党组织的支持,工委领导分别走访了各基层支部所在单位的中共党组织领导,增进了相互了解,获得了单位领导的支持。这项活动得到了区委统战部领导和丰台教委统战宣传科的支持和参与。

(李朝晖　范寿春)

【调整增加专门工作委员会】 年内,区工委下半年调整并增加了专门工作委员会,目前下设委员会有:参政议政、老龄工作、文化艺术委员会和妇女工作委员会。专委会的成立充分发挥和调动广大会员参与民进工作的积极性,为他们发挥才干和智力优势提供平台,同时也为选拔培养后备干部创造条件。

(李朝晖　范寿春)

【开展支教活动】 年内,继续开展与丰台区黄土岗中学"手拉手"支教活动,3 月,召开座谈会,并组织了针对毕业班学生的心理辅导讲座;在市委的协调下,到房山官道中学开展支教活动,并已组织十中支部会员与之开展了多次教学交流活动;继续在河北省山区开展支教扶贫活动,已募集价值近两万元的学习用品、教具和衣物等送往山区小学,此举得到北京人民广播电台城市服务管理栏目组的大力支持,动员社会志愿者协助运送,同时通过广泛宣传联系,为山区贫困学生就读中学安排了救助资金，解决了该学生的学习、生活问题。

（李朝晖　范寿春）

【会员无私献爱心】 我区会员、律师郑爱丽参加了本年度区委宣传部组织的“幸福生活讲师团”，为长辛店镇各村党政一把手讲解”农村租赁合同的技巧与风险防范”，收到良好效果；会员张锦，为贵州山区学校捐赠教学软件和远程电教设备；会员付国栋连续三年赴新疆支教。

（李朝晖　范寿春）

农工民主党丰台区工委

【概　况】 农工区工委设有9个支部，党员225名。大学本科以上学历179名，占79.6%。党员中有北京市政协常委1名；区政协委员9名，其中：区政协副主席1名、区政协常委1名；区人大常委1名；区青联委员2名；北京市政法系统特邀监督员1名；北京市人民检察院特邀监督员1名；北京市公安局人口处警风监督员1名；国家邮政总局特邀监督员1名；区政府特邀监督员1名。

（高彦彬　朱桂荣）

【参政议政】 年内，区工委向区政协会议提交党派提案2件：《关于构建丰台区老年医疗服务体系的建议》、《关于加强丰台科技园区与地区经济互动发展的建议》。大会发言1件：《关于加强丰台科技园区与地区经济互动发展调研》。市政协委员提交个人建议案5件、区人大代表提交个人建议案3件、区政协委员提交个人建议案5件。

（高彦彬　朱桂荣）

【政治协商】 6月，区工委主要负责人代表区农工工委在丰台区委组织的“贯彻落实科学发展观”政治协商会议上，从加快推进重点功能区建设；加强城乡统筹，推进城乡经济社会发展一体化；加强古都风貌保护，大力发展旅游业；以人为本，关注民生等四个方面，提出了贯彻落实科学发展观、加快丰台区新城区建设的建议。7月，区工委主要负责人代表区农工工委在丰台区委召开的各民主党派、工商联负责人及无党派人士争求意见座谈会上，就区委、区政府领导班子关于“贯彻落实科学发展观情况”的分析检查情况，从加强农村医疗网络建设、加强基层卫生技术人员培训、推动我区养老就业发展等问题提出建议，受到区委、区政府的重视。

（高彦彬　朱桂荣）

【参加调研】 年内，区工委主要负责人参加了丰台区政协组织的《关于促进丰台西部地区文化创意产业发展》、《加快新农村建设推进城乡一体化发展》课题的调研；参加了北京市政协组织的《节能减排、开发新能源》、《推进北京市垃圾分类处理》、《加强北京市食品安全工作》的视察调研；开展了《关于进一步完善丰台区农村基本医疗卫生制度建设》、《关于加快大红门服装批发市场转型升级中作用》课题的调研。

（高彦彬　朱桂荣）

【提案答复会】 7月，区委办召开党派提案答复会。农工民主党丰台科技园区工委、区卫生局分别就农工党提出的《关于加强丰台科技园区与地区经济互动发展的建议》、《关于构建丰台区老年医疗服务体系的建议》提案的办理情况进行了汇报。工委对他们办理的情况比较满意，认为丰台区委及政府各职能部门对党派提案比较重视，办理认真。区委办有关领导对工委的提案很满意，认为工委参政能力强，提的建议准，对工作起到了推动作用。

（高彦彬　朱桂荣）

【加强自身建设】 年内，区工委召开了6次工委会议及工委扩大会议，组织理论学习，研究工委工作；先后有17名党员参加北京市委统战部、农工党市委举办的“学习贯彻实践科学发展观”理论学习班，区委统战部举办的“2009年丰台区民主党派班子成员、中青年骨干、无党派人士、新的社会阶层代表人士培训班”;23名党员参加工委组织的理论学习班并去井冈山参观,接受革命传统教育。

(高彦彬 朱桂荣)

【庆祝建国60周年活动】 年内,区工委组织党员参加了“双百”评选活动;参加了区政协、区委统战部组织的“庆祝新中国成立60周年暨人民政协成立60周年”座谈会、“庆祝新中国成立60周年暨人民政协成立60周年”文艺演出、“庆祝新中国成立60周年暨人民政协成立60周年”书画展;参加了区委统战部举办的“风雨同舟共奋斗 肝胆相照话未来暨丰台区统一战线庆祝共和国60华诞”主题论坛会,隆重纪念新中国成立60周年。

(高彦彬 朱桂荣)

【成立妇委会】 7月,区工委成立了农工丰台区工委妇女工作委员会,由9名同志组成,武晋军任主任,黄建华任副主任,王东建任组织委员,韩秀娟、钱嘉晖任宣传委员,刘均娥任维权委员,王景红任调解委员,陈丽、温建芳任文体委员。

(高彦彬 朱桂荣)

【推荐后备干部】 年内,根据农工市委关于《中国农工民主党北京市委员会后备干部队伍建设工作规划》,向农工市委推荐了11名农工党北京市委中青年后备干部。

(高彦彬 朱桂荣)

【国际科学与和平周】 11月,工委在方庄体育公园举行了第21届“国际科学与和平周”活动,有20余名农工党医学专家参加了本次活动,为500余名社区居民义诊,进行健康咨询,发放健康教育资料600余份,免费为居民测血压300余人次,测血糖300余人次。本次活动结束后,东方医院支部、丰台医院支部还进入社区进行健康讲座6次,300余居民参加了健康讲座。

(高彦彬 朱桂荣)

【医学专家支援定点单位】 4月,工委与农工党市委在丰台区大红门社区卫生服务中心举行了“农工医学专家支援定点单位”启动仪式,医疗专家在现场为200余名居民进行了义诊、健康咨询。根据大红门社区卫生服务中心需求,农工党每月选派专家进行坐诊、会诊、讲座,至今派医学专家开展专家门诊22人次,为600余名患者提供医疗服务;开展专题讲座3次,100余名基层医护人员参加;开展科普讲座3次,约200名患者受益。农工党医学专家进社区活动分别在《光明日报》、《北京晨报》、《新京报》等媒体进行了报道。

(高彦彬 朱桂荣)

【环境与健康宣传周活动】 5月,工委在丰台区惠实欣园小区开展了“第二届中国环境与健康宣传周”活动,活动主题为“大气环境与健康”,有10余名心内科、神经内科、内分泌科、骨科、妇产科、儿科等医学专家义诊、开展环境与健康知识讲座,200余居民参与了本次活动。

(高彦彬 朱桂荣)

【重阳节活动】 重阳节前夕,工委组织30余名老党员游览了门头沟区双龙峡景区,参观了拥有1400年以上历史、曾被日寇烧过7次、留下肖克将军、焦若愚等同志抗日活动遗迹的火村,接受革命传统教育。

(高彦彬 朱桂荣)

九三学社丰台区工委

【概 况】 年内,九三学社丰台区工委始终以深入学习实践科学发展观思想为指导,以学习贯彻中共十七大和十七届四中全会精神为宗旨,以深化坚持走中国特色社会主义道路学习教育实践活动为引领,结合党派工作自身特点,在社市委和中共丰台区委的领导下,在区政协、区委统战部和市委各处室的指导帮助下,围绕市、区中心工作,在参政议政、思想建设、组织建设、社会服务等方面取得有效进展。截至年底,全区共有九三学社社员187人。年内完成了学苑出版社支社、东方医院支社换届工作。配合区妇联,选拔部分能力强、热情高的社员组织成立了民主党派妇女工作委员会。加强了后备干部动态化管理,调整了部分后备干部名单。

(程留恩 朱盈芬)

【加强自身建设】 年内,加强理论学习,创新活动形式,进一步通过开展活动促进政治交接思想教育活动的深入推进。开展十七大知识有奖问答活动;走访老社员;专门召开区工委会议,查找工委工作中的不足,及时研究制定整改措施,认真总结政治交接思想教育活动成果。

(程留恩 朱盈芬)

【履行好参政议政职能】 注重党派平时提案工作,在充分调研的基础上,提出了《关于成立中小企业服务中心的建议》和《关于建立中小企业网站的建议》,并与区发改委进行了沟通和座谈。年初,区工委在政协八届三次全会上提交《关于提升北京南站对丰台经济社会发展辐射力的建议》和《关于加强丰台区社区卫生中医诊疗服务的建议》,其中《关于提升北京南站对丰台经济社会发展辐射力的建议》获区政协2009年度优秀提案奖。5月,在社市委召开的对2007年、2008年在参政议政工作中表现突出的单位和个人予以表彰的会议上,区工委东方医院支社刘鹏获市委突出贡献奖、学苑支社刘丰获纪念奖、东方医院支社韦云获社员建议奖。

(程留恩 朱盈芬)

【参加区政协专题调研】 年内,参加区政协组织的"加快新农村建设,促进城乡一体化"和"进一步促进文化创意产业发展"2个专题调研,专门召开调研报告研讨会,向区政协提交了《关于提升丰台区文化建设水平的建议》、《关于加快我区绿化隔离地区建设推进城乡一体化进程的建议》2篇调研报告。

(程留恩 朱盈芬)

【信息宣传工作】 全年上报各类信息70余篇,居九三学社北京市委各区工委之首,其中区工委副主任刘颖的关于《政府在经济萧条时要注意处理好眼前利益和长远利益之间的关系(紧急)》的建议得到了国务院副总理李克强的批示,为此被社中央授予2009年度信息工作贡献奖;加大了《丰台九三社讯》的宣传力度,按期完成了社讯的扩版工作,提高了印刷质量,印发了4期社讯。

(程留恩 朱盈芬)

【加强档案管理】 年内,以社市委编纂《九三学社北京市委成立60周年出版物》为契机,收集整理社史资料,在社市委开展的全市各级组织档案检查工作中获得好评。

(程留恩 朱盈芬)

【继续关注首都西南五区经济发展论坛】 参与社市委牵头的西南五区经济发展论坛联合调研组活动,并向论坛组委会提交了论文《积极财政政策下首都西南区域经济的科学发展》。

(程留恩 朱盈芬)

【参加国庆60周年活动】 5月5日,区工委与社市委老龄社员在莲花池公园举办了"喜迎新中国60华诞——红色歌曲大家唱"活动,社员用歌声抒发对祖国的热爱,展示九三人与祖国同行、与时代同进的风采;7月9日,参加了社市委举办的庆祝中华人民共和国成立60周年"祖国在我心中"演讲比赛,经过预赛、决赛,综合支社冯莉获二等奖,医卫支社李欣获优秀奖;8月24日,在九三学社中央、北京市委联合举办的"祖国在我心中"——庆祝新中国成立60周年文艺汇演上,区工委的《献给我的祖国》集体诗朗诵获大会组织奖。

(程留恩 朱盈芬)

【参加政协成立60周年活动】 9月15日,工委领导和有关社员参加了区政协、区委统战部举办的"庆祝新中国成立60周年暨人民政协成立60周年座谈会",工委副主任刘颖代表区工委发言;9月18日,在区政协、区委统战部举办的"庆祝新中国成立60周年暨人民政协成立60周年文艺演出"中，首经贸支社吴春霞等创作表演的集体舞《好日子》，受到观众欢迎；9月21日，在丰台区政协、区委统战部举办的"庆祝新中国成立60周年暨人民政协成立60周年书画展"中，区工委提交了7幅书法书画作品。

（程留恩　朱盈芬）

【参加多党合作制度建立60周年活动】　8月27日，工委有关人员参加了中共北京市委统战部、北京社会主义学院以及各民主党派北京市委共同举办的"庆祝新中国成立60周年暨多党合作制度确立60周年书画展览开幕式及画册发行仪式"，文化艺术支社范贻光的书画作品被专家推荐参与展览，并被组委会收藏；9月27日，参加了丰台区统战部举办的"风雨同舟共奋斗 肝胆相照话未来暨丰台区统一战线庆祝共和国60华诞"主题论坛活动。

（程留恩　朱盈芬）

【举办书画摄影作品展】　9月24日，区工委在丰台文化馆举办了"喜迎建国60周年、多党合作和政治协商制度确立60周年、人民政协成立60周年书画摄影作品展"。这次展览共展出九三人的作品60余幅，反映了伟大祖国60年来走过的光辉历程和取得的辉煌成就。

（程留恩　朱盈芬）

【社会服务工作】　5月17日，区工委联合区疾病预防控制中心在区花乡白盆窑村举办健康讲座，邀请了社市委科普志愿者宣讲团成员、北京中医药大学主任医师、教授杨梅香作了高血压预防、治疗及日常调理等方面的健康知识讲座，并为群众义诊，收到了良好的社会效果；东方医院支社参加社中央、社市委举办的全国科普日健康咨询活动；学苑出版社支社为社市委举办的"九三学社社区图书屋"活动提供了大量的图书。

（程留恩　朱盈芬）

【国际科学与和平周】　11月7日，组织参加了在丰台区大红门服装商贸城举办的第二十一届科学与和平周丰台会场活动，社市委秘书长刘永泰代表活动的各主办和协办单位致辞。组织金融、法律专业社员专家与302医院医生等一道现场为居民百姓提供咨询、义诊服务。区政府副区长、九三学社北京市委委员李丽萍出席开幕式，并与社丰台区工委主任程留恩、副主任韦云一起看望了在活动现场提供咨询服务的九三学社社员。区工委获得了大会优秀组织奖。

（程留恩　朱盈芬）

【基层组织活动】　综合支社召开了支社成立10周年座谈会，区政协常务副主席鲍顺新、区政府副区长李丽萍、区统战部副部长蒋旭东和九三学社市委秘书长刘永泰出席了座谈会；医卫支社慰问抗击在"甲型H1N1流感"第一线的组织委员李洁；首医大支社和东方医院支社联合进行了社会主义新农村（王佐镇）体验活动；学苑支社在"六一"儿童节期间，派代表从北京专程赴四川什邡市红白镇的红白中心小学，看望灾区孩子并为他们送去了节日礼物；冶金自动化支社和文化艺术支社以建国60周年为主题分别召开了座谈会。

（程留恩　朱盈芬）

致公党丰台区工委

【概　况】　在致公党北京市委和丰台区统战部的正确领导下，丰台区工委以科学发展观为指导，认真贯彻落实致公党第十三届中常会第七次会议精神，牢固树立科学发展观，以紧紧围绕学习贯彻中共十七大精神为动力，深刻领会科学发展观的科学内涵和精神实质，切实把科学发展观贯穿于区工委的各项工作中。以新中国成立60周年一系列活动为契机，加强工委领导班子建设，加强自身队伍建设和思想政治建设，充分发挥民主党派的优势，为首都和丰台的经济建设和精神文明建设做出了积极努力。

（袁 明 龙晓兰）

【学习科学发展观】 年内，区工委组建了学习科学发展观领导小组：工委主任王松灵为组长，袁明为副组长（常务），刘燕、李东伟、曹莹、聂青、贺峻崎、刘平、朱宏林为成员。

（袁 明 龙晓兰）

【参政议政积极调研】 年初，区工委在丰台区两会上提交提案5件、议案3件。年内，积极参加丰台区关于“创业带动就业”、“文化创意产业发展”等调研活动，调研报告《关于丰台区西部地区文化创意产业的发展的意见》被选为区政治协商会议发言，得到区委区政府的高度评价；通过发放调查问卷3000份，走访上百家企业，最终完成《北京市丰台区非公有制企业应对国际金融危机调查报告》；针对大学生就业问题，发放调查问卷400份，走访了区委区政府及相关部门和机构，形成调研报告《关于高校毕业生就业问题的实践与思考－－－丰台区大学生未就业原因调查分析对策和建议》，该调研报告被选为致公党丰台工委在丰台区第八次政协会议上的发言。

（袁 明 龙晓兰）

【加强组织建设】 年内，工委从多方面着手搞好组织建设：坚持工委会制度，加强领导班子建设；加强支部建设，注重支部领导班子年轻化；不断壮大党员队伍，认真做好组织发展工作，年底我区共有党员60人；成立区妇委会；完成了全区党员思想动态的调查分析报告。

（袁 明 龙晓兰）

【开展送温暖活动】 元旦、春节期间，区工委慰问了高龄和患病党员，给他们送去了组织的关爱；为老党员庆祝生日，使老党员感受到了组织的温暖。

（袁 明 龙晓兰）

【开展征文活动】 年内，开展了“与共和国、人民政协同行”为主题的征文活动，共有稿件3篇，并被选为会议发言。

（袁 明 龙晓兰）

【情景诗朗诵《祖国万岁》获好评】 区工委党员满怀激情，自编自导了情景诗朗诵《祖国万岁》，6月，此剧参加致公党北京市委演出，9月18日，参加丰台区统战系统“庆祝建国60周年、庆祝政协成立60周年”文艺演出活动，获得好评。

（袁 明 龙晓兰）

【参加致公党北京市委活动】 年内，区工委组织党员参加了致公党北京市委庆祝建国60周年的各种文体活动、征文活动和座谈会。获取特等奖一个、三等奖一个、组织奖一个；积极参加致公党北京市委在国庆前开展的“全国‘双百’评选活动”，工委利用这次机会组织党员认真学习英雄人物的先进事迹，重点学习致公党创始人司徒美堂及北京市委有关人员的先进事迹。并将投票过程与学习先进事迹有机结合起来，最终有20人投出了选票。

（袁 明 龙晓兰）

【参加丰台区建国60周年庆祝活动】 年内，参加区委统战部举办的“风雨同舟共奋斗，肝胆相照铸辉煌——丰台区统一战线庆祝共和国60周年华诞”主题论坛；组织广大党员参加丰台区政协、区委统战部开展的征文、知识竞答、“祖国万岁”文艺汇演，书画展等庆祝新中国成立60周年系列活动，书法作品在丰台区统战系统“迎国庆书画展”上获得奖励。

（袁 明 龙晓兰）

群众团体

丰台区总工会

【概 况】 年内，在区委和市总工会的正确领导下，在区政府和社会各界的大力支持下，围绕中心,服务大局,团结动员全区广大职工积极投身改革开放和现代化新城区建设,充分发挥了党联系职工群众的桥梁纽带作用、国家政权的重要社会支柱作用、职工权益的代表者和维护者作用,工会各项工作顺利完成。有基层组织1263个,会员12.81万人,专职工会工作人员154人,兼职工会工作人员3623人。

(熊　英)

【科学发展观学习实践活动】 是年,各级工会组织按照区委深入学习实践科学发展观的统一部署,认真组织学习,积极开展研讨,深入进行调研,广泛征求意见,细致查找问题,严格落实整改,在促进经济增长、推动社会发展、参与社会管理、组织公共服务等方面达成了一致共识。

(熊　英)

【工会第十一次代表大会】 是年,区工会第十一次代表大会在南粤苑宾馆召开,出席大会的正式代表230人。王建斌作了题为《深入贯彻落实科学发展观 团结动员全区广大职工为实现丰台跨越式发展而努力奋斗》的工作报告。大会选举产生了由王建斌等29名同志组成的第十一届工会委员会和丛惠芬等5名同志组成的第十一届经费审查委员会。北京市总工会党组书记、副主席韩子荣,区委书记李超钢到会。

(石　杰)

【经济技术创新工作】 是年,在"迎国庆、学技能、建丰台、我奉献"为主题的群众性经济技术创新活动中,北京白盆窑天兴投资管理公司的于连成荣获"全国五一劳动奖章",王佐镇佃起中心村党总支书记罗水等10名同志荣获"首都劳动奖章",北京花乡世界花卉大观园有限公司被授予"首都劳动奖章",刘建民等130名同志被评为"北京市经济技术创新标兵"。

(石　杰)

【职工利益问题得到有效解决】 通过整合资源,建立职工帮扶热线,为职工搭建了全方位的职工帮扶平台。相继开展了"两节"送温暖等系列帮扶活动,实现了对困难职工帮扶的经常化、制度化和社会化。是年,各级工会累计筹措"送温暖"资金449万元;各级党政领导和工会干部"两节"期间走访慰问困难职工2386人次;金秋助学款资助困难职工子女29人次。

(原　燕)

【工会自身建设成效显著】 共有基层工会组织1263家,会员12万8千余人。发挥丰台区职工服务(帮扶)中心和21个街乡镇工会服务站的辐射作用,搭建工会两级服务体系,召开了区工会工作会议,制定出台了区委关于加强和改进工会工作的意见,并圆满完成了区总工会第十届委员会的换届工作。

(顾　蕊)

共青团北京市丰台区委员会

【概　况】 年内,坚持以邓小平理论和"三个代表"重要思想为指导,深入贯彻落实科学发展观,采取多种教育形式,始终紧抓青少年思想政治工作不放松,以国庆60周年群众游行相关任务为重点,圆满完成各项庆祝活动;开展农村青年人才培养工作;健全青少年权益保护和青少年违法犯罪预防工作体系,做好青联统战工作。共有14周岁至35周岁青年人数132710人,其中团员人数38769人,团员入党人数235人;团员干部人数279人,其中专职团干部74人。团组织1487个,其中,基层团委74个,基层团总支95个,基层团支部1317个。

(赵　培)

【学习实践科学发展观活动】 年内,开展深入学习实践科学发展活动,成立了领导小组办公室,团区委副书记高文娟任组长,先后组织召开了1次深入学习实践科学发展观活动动员大会、15次集中学习。组织书记班子共撰写调研报告3篇，形成制度性成果3项。通过下发征求意见函、设征求意见箱、召开座谈会等方式，全面、充分、广泛地征求了基层团组织和广大团员青年的意见，向丰台区两代表一委员、基层团干部及部分机关事业单位干部群众下发征求意见函3次，共计180余份，收集意见、建议40余条。上报总结性文件、方案10余份，信息30余篇。

（赵　培）

【"学子阳光"、"圣火爱心基金"发放工作】 年内，通过严格按程序确定受助对象，完成学子阳光助学金申报工作，并发放给已被录取的大学生，资助贫困大学生2人，共8000元。筹集圣火爱心基金60000元，其中资助大学生10人，每人4000元，中专生25人，每人800元。

（赵　培）

【"希望图书室"建设工作】 年内，希望工程工作站创建了和义学校、成寿寺小学、长辛店中心小学和南苑第四小学4所学校图书阅览室。图书室由校方提供场地、桌椅，工作站联系捐赠人向每所学校捐赠五万元图书，建立图书阅览室。

（赵　培）

【区青年联合会第四届二次全会】 3月22日，区青年联合会第四届二次全会在京丰宾馆东大会议室召开。市青联秘书长余俊生、团区委书记和班子成员以及区第四届青联全体委员参加会议。

（赵　培）

【"服务青年就业 实现青春梦想"专场招聘会】 4月30日，团区委与区人才中心在人才市场举办"服务青年就业 实现青春梦想"专场招聘会，共组织企业招聘单位40余家，提供职位600余个，应届及往届高校毕业生一千余人参会。

（赵　培）

【创业青年夜校】 4月30日，团区委在区职业培训学校成立共青团创业青年夜校。区委常委、纪检委书记杨逸铮、区政协常务副主席鲍顺新、北京团市委中少部部长钱荣晖、团区委、劳动和社会保障局相关人员以及夜校第一期25名学员参加了揭牌仪式。

（赵　培）

【青年干部培训班组织工作】 5月11日，在区委组织部的指导下，团区委举办了青年干部培训班。在两个星期的时间里，来自各单位的34名优秀青年干部经过了中央团校理论知识学习、赴西柏坡革命老区参观学习、区委党校区情教育等三个环节的培训。

（赵　培）

【"欧派杯"丰台区青联羽毛球赛活动】 5月17日，首届"欧派杯"区青联羽毛球赛在科技园生态主题公园举行。比赛分男子单打、女子单打两种赛制，采取抽签制进行比赛，共有15名女委员，26名男委员参加了比赛。

（赵　培）

【国庆60周年志愿服务活动】 9月4日，全区首都国庆60周年志愿者正式上岗。共有70班次约6300人次上岗服务，提供信息咨询、语言翻译、应急服务等工作8万余次，发放各类宣传资料6万余份。

（赵　培）

【国庆60周年群众游行组织工作】 10月1日，国庆群众游行在天安门地区举行。团区委组织国庆游行"绘就蓝图"方阵3349人、"星星火炬"方阵2475人、彩车人员80人，教练员及工作人员195人。

（赵　培）

【大学生村官风采大赛】 11月至12月上旬举办了"我为村发展献一策—第三届区大学生村官风采大赛"。卢沟桥乡团委等六家单位获得优秀组织奖，李建峰等6名大学生村官分获一、二、三等奖，谢萍等人获优秀奖，另设最佳台风奖、最佳表现奖、最佳人气奖三个单项奖。

（赵　培）

【召开共青团北京市丰台区第十一次代表大会】 共青团北京市丰台区第十一次代表大

会于12月27日至29日在京丰宾馆召开。区委书记李超钢、区长游广斌、区人大主任杜瑞琴、区政协主席初建华、团市委副书记王粤等十余位市区领导,来自各兄弟区县团委、高校团委、历任团区委书记等数十名嘉宾,以及来自全区各条战线的276名团员代表和29名列席代表参加了会议。

(赵 培)

丰台区妇女联合会

【概 况】 年内,在区委、区政府领导下,在市妇联的指导下,围绕市委提出的“人文北京、科技北京、绿色北京”的总目标,落实全国第十次妇代会和北京市第十二次妇代会精神,并结合区提出的“抢抓历史机遇,推进城乡统筹,加快区域发展”战略任务,深入学习实践科学发展观,带领广大妇女积极投身丰台区“保增长、保民生、保稳定”的各项工作,统筹推进城乡妇女事业发展。

(白金荣)

【市委常委梁伟来区检查工作】 1月19日,北京市委常委梁伟同志在北京市妇联党组书记、主席赵津芳等领导的陪同下,分别看望了新村街道现年74岁的简国英和77岁的高翠芳两位生活困难的老妇救会主任。

(白金荣)

【“庆三八 我运动 我健康 我快乐”妇女趣味接力比赛】 年内,“三八”期间举行了“庆三八 我运动 我健康 我快乐”妇女趣味接力比赛。来自区党政机关、企事业单位、街乡(镇)的55支代表队近600名妇女参加了比赛。

(白金荣)

【表彰“巾帼建功”先进个人、集体】 对7个巾帼建功先进集体、50个巾帼文明岗、16个巾帼文明社区、6个巾帼文明村、70名巾帼建功先进个人,30个基层妇女工作先进集体、70名基层妇女工作先进个人进行了表彰。

(白金荣)

【开展“双学双比”评选活动】 区“双学双比”竞赛活动协调小组评选出10个区级“妇”字号基地和6个区级“巧娘工作室”,向市妇联推荐3个市级“妇”字号基地。目前我区已建各类基地32个,巧娘工作室9个,共吸收失业妇女3500多人就业。

(白金荣)

【法律知识培训】 年内,妇联、公安分局联合开展公安干警反家暴知识培训,来自基层派出所、预审科、法制科等部门的100多名公安干警参加了培训。

(白金荣)

【妇联领导干部下基层调研】 年内,区妇联领导干部针对工作中存在的突出问题,有计划地带领科室同志到基层调研。有200人次历时一个月,走访了30个党政机关事业单位妇委会、16个街乡镇妇联、11个社区、10个非公企业单位。

(白金荣)

丰台区工商业联合会

【概 况】 年内,累计注册登记新老会员1305家;工商联第八届执行委员会委员98人(其中:非公经济人士86人),有市政协委员1人,区人大代表8人,区人大常委1人,区政协委员32人,市工商联执委10人(常委4人,执委6人),区联特邀执委9人。有51家会员企业被首都文明办、区文明办和市工商联系统评为“精神文明单位”(其中:4家首都文明单位)。获得区政协提案奖、市工商联系统理论研究与调查研究工作奖、内报内刊组织奖、劳动就业先进民营企业表彰奖、新农村建设单位和“绿色企业”的荣誉称号及原工商业者工作奖。会员单位党委下属会员企业单位党支部发展新党员5名,私企工会发展新会员3家。

(杨士广)

【调查研究参政议政】 年内,重新调整建立了联系会员企业的联系制度，走访会员企业150家，以开展学习实践科学发展观活动为主题，结合“保增长、保民生、保稳定”工作，深入会员企业开展调查研究。撰写了《进一步改善政府服务职能，努力服务于中小企业健康发展》的团体提案。

（杨士广）

【发展新会员壮大骨干队伍】 年内，新发展会员企业36家。累计注册登记新老会员130家，其中股份制、私营独资、有限责任公司等各类非公有制经济企业达505家。

（杨士广）

【学习实践科学发展观活动】 深入学习实践科学发展观活动，开展多种形式的学习实践活动，组织开展了“党员模范岗”、“安全生产月”、“喜迎国庆”等活动，组织党员和代表人士到革命胜地参观学习、座谈，进行革命传统教育。

（杨士广）

【区工商联八届五次执委会】 3月26日，丰台工商联八届五次执委会在区工商联大厦召开。60多名委员参加会议，会议通过了增补程序，表决通过了孙士武、刘志萍、张金卜、杨巨文、姚茂成、郝宝石、詹海玉、穆慧妍（女）等8位同志增补为区联第八届执行委员会委员；刘荣、景大勇等2位同志增补为区联第八届执行委员会常委；王玉良、卢华飞、蔡建华等3位同志增补为区联第八届执行委员会副主席。会议还宣读通过了区工商联《关于向抗震救灾中做出突出贡献的非公有制企业和个人学习的倡议》。市工商联秘书长李红军、区政协副主席、区统战部常务副部长周大春等市、区领导出席会议。

（杨士广）

【为会员做好服务工作】 年内，走访会员企业150多家，接待原工商业者来信来访100多人次，继续为原工商业者及遗孀办理审核手续15人次，为原工商业者及三小人员发放节日慰问金和困补金合计10万余元，80多人次。发挥区联特邀执委和区委、区政府有关部门的协调作用，帮助9家困难的会员企业解决了生产经营中的困难。组织会员企业人员参加法律知识培训3次，接受培训教育人员400余人，增强了企业人员的法律知识和自我保护意识。

（杨士广）

丰台区归国华侨联合会

【概　况】 丰台区归国华侨联合会（简称丰台区侨联）认真贯彻落实国家有关侨务工作的方针政策，联系国际国内形势的深刻变化，深入贯彻党中央和市区重要方针政策，积极开展学习实践科学发展观、迎接全国第八次侨代会召开、庆祝共和国与人民政协60华诞重要专题活动，认真落实侨联常规工作。

（鞠明雪）

【孙金来参加第八次全国侨代会】 第八次全国归侨侨眷代表大会7月14日在北京人民大会堂开幕，丰台区120名归侨侨眷代表参加开幕式，区侨联主席孙金来作为北京团代表出席会议，丰台区首次以北京团代表身份参加全国侨代会。

（鞠明雪）

【侨联召开四届十五次全委会】 7月8日，侨联召开四届十五次委员会，统战部副部长王文泉、民宗侨科科长王晓轶、侨联主席孙金来、副主席谢焕明出席会议。审议了《丰台区侨联领导班子深入开展学习实践发展分析检查报告（征求意见稿）》，并对侨联贯彻落实科学发展观情况进行书面评议。

（鞠明雪）

【街道侨联年经费增加至1万元】 区长办公会研讨决定，每个街道侨联年经费增加至1万元。

（鞠明雪）

【深入学习实践科学发展观活动】 研究制定了《丰台区侨联开展深入学习实践科学发展

观活动实施方案》,确定了具有侨联特色的“坚持科学发展、充分发挥优势,促进海内外同胞关系和谐”的学习实践活动主题,制定了《丰台区侨联党员干部学习实践科学发展观学习调研工作安排》。

(鞠明雪)

【方庄地区启动侨法宣传角】 2月26日,国务院侨办国内司司长程铁生正式授牌,启动方庄地区“侨法宣传角”。北京市侨办副主任李印泽,北京市侨办侨政处处长陶世俊,副区长李丽萍,统战部副部长王文泉,民宗侨办主任李小月,方庄地区办事处主任申跃,方庄地区工委副书记骆增全出席,各社区党组织书记、统战工作联络员及归侨侨眷代表共80余人参加了仪式。

(鞠明雪)

【归侨侨眷为台湾捐款】 归侨侨眷为台湾地区遭受莫拉克台风灾害地区捐款1800元。

(鞠明雪)

【归侨侨眷积极援建北川中学】 区侨联传达中国侨联、北京市侨联通知,向街道侨联下发《中国侨联援建北川中学倡议书》和《关于援建北川中学专项捐款办法》,各街道侨联共收到捐款人民币5790.9元整。

(鞠明雪)

【侨联新春团拜】 1月9日,召开侨界新春团拜会,老归侨、区侨联委员和各街道侨联委员共88人参加。侨联主席孙金来,副主席王亦和、谢焕明及委员代表向侨界人士敬贺新春并送出祝福。

(鞠明雪)

【参加建国60周年书画作品展】 9月21日,区侨联参加区政协、区委统战部庆祝新中国成立60周年暨人民政协成立60周年书画作品展览。收到书画作品25幅,其中15名侨界代表的作品参加展览。我国著名民俗画家、东铁营街道侨眷刑振龄先生为画展专门创作了作品《游子故乡情》。

(鞠明雪)

【拓展海外联谊职能】 5月,区侨联副主席谢焕明及街道主管侨务工作的领导干部前往泰国、新加坡进行考察。

(鞠明雪)

【区侨联赴浙学习考察】 5月,区侨联随同北京市侨联考察团赴浙江学习考察侨联工作。

(鞠明雪)

红十字会

【概　况】 年内,红十字会坚持以党的十七大精神为指导,积极组织开展学习实践科学发展观活动,紧紧围绕区委、区政府的中心工作。以“救灾、救助、救护”工作为重点,围绕“保民生、保稳定、保增长”工作大局,履行红十字会作为政府人道救助领域的助手职责。注重基础建设,逐步提高救助实力和应急能力,共募集善款123(“博爱在京城”捐款67万余元;向台湾“莫拉克”台风受灾地区捐款55万余元;向四川地震灾区捐款6000余万元。积极开展救助活动,是年救助2000余人(户),启动救助资金240万余元。举办各类急救知识培训班90余期,近万人参加了培训,其中有6000余人获初级急救员证书。

(张玉林)

【制度建设】 年内,深入学习实践科学发展观活动,制订并完善了《少儿大病救助细则》、《募捐款使用管理办法》、《备灾救灾工作制度》等12项制度,建立了10个工作流程,3本台账。

(张玉林)

【筹资工作】 年内,区红十字会以“博爱在丰台”为主题,以“构建和谐丰台”为重点,按照区委提出的“保民声、保稳定、保增长”的总体要求,把救灾、救助、救护培训工作,作为各级红十字组织工作的重中之重。积极开展募捐筹资工作。动员社会爱心人士开展“博爱在京城”献爱心募捐活动,募集善款676000元;

组织开展向“莫拉克”台风灾区捐款，筹集善款555554.47元；向四川地震灾区捐款6050元，体现了中华民族团结互助的精神。共募集救助款1237604.47元。

（张玉林）

【救助工作】 年内，在元旦、春节、三八国际妇女节、“六一”儿童节等重大节日，启动救助资金249万元。对2012户贫困家庭、100名贫困母亲13名患大病少儿及大病特困家庭进行慰问救助，开展了对社区矫正人员的“阳光温暖救助活动”。（张玉林）

【救护培训工作】 年内，落实市政府办实事救护培训项目，培训公交系1634人；教育系统1437人；国庆演练人员培训2805人。制作了500套的讲座光盘，在各个社区播放宣传。组织各类急救知识培训班90余期，共培训急救员6035名。10余万社区居民通过媒体初步掌握救护基本知识。

（张玉林）

【志愿服务工作】 是年，是我国建国60年大庆的一年。国庆期间，区红十字会组织社区医务工作者作为红十字志愿者为居民提供健康咨询、义诊活动，同时还开展了“防灾自救知识进课堂活动”。

（张玉林）

【宣传传播工作】 年内，区红十字会以救灾、救助、救护培训工作为重点，结合区“文化三下乡”，“6.14”献血日，“艾滋病”防治日等时机，在人员密集场所开展形式多样的宣传活动，发放宣传品50000余份，宣传红十字知识。（张玉林）

【组织建设工作】 年内，在科技园区成立了红十字工作委员会，6家爱心企业和丰台街道辖区，花乡辖区两家民营医院以团体会员身份加入了红十字会。经统计，区现有团体会员单位1168个，青少年会员18920人，成人会员44774人，会员总数达63694人。

（张玉林）

政权 政协

北京市丰台区人民代表大会常务委员会

【概 况】 年内,区第十四届人大常委会共召开9次常委会会议,听取并审议了14项议题,做出15项决议、决定;召开12次常委会主任会议,听取了区政府4项工作情况的报告。共任免80人次,其中,任免区政府工作人员19人次,检法两院工作人员50人次,常委会工作机构负责人11人次。接待群众来访44批106人次,受理人民群众来信62件次。

(宋锁妮)

【第十四届人大第四次会议】 1月6日至8日,区第十四届人民代表大会第四次会议在京丰宾馆举行。应到代表271人,因病因事请假14人,实到代表257人。会议听取和审议了区人民政府工作报告、区人大常委会工作报告、区法院工作报告、区检察院工作报告,并作出了相关决议。会议审议了区2008年国民经济和社会发展计划执行情况与2009年国民经济和社会发展计划草案的书面报告,审查和批准了区2008年国民经济和社会发展计划执行情况的报告与2009年国民经济和社会发展计划;审议了区2008年预算执行情况和2009年预算草案的书面报告,审查和批准了区2008年预算执行情况的报告和2009年预算。

(宋锁妮)

【第十四届人大第五次会议】 7月16日至17日,区第十四届人民代表大会第五次会议在京丰宾馆举行。应到代表274人,因病因事请假36人,实到代表238人。会议听取了区政府关于落实"保增长、保民生、保稳定"目标情况的报告,经投票表决,补选游广斌为丰台区人民政府区长。

(宋锁妮)

【常委会第十六次会议】 1月6日召开。会议审议通过了区人民代表大会常务委员会代表资格审查委员会关于个别代表的代表资格的报告。

(宋锁妮)

【常委会第十七次会议】 3月10日召开。会议共进行了三项议程:审议通过了《北京市丰台区人民代表大会常务委员会关于接受李超钢辞去北京市丰台区人民政府区长职务请求的决定》,经过审议,投票表决通过任命游广斌为区政府副区长,决定游广斌为丰台区人民政府代表区长,决定了其他人事任免事项;审议通过了《北京市丰台区人民代表大会常务委员会2009年工作要点》;区人民检察院副检察长艾建国讲解了侦查监督工作有关法律法规。

(宋锁妮)

【常委会第十八次会议】 4月20日召开。会

议审议通过了《北京市丰台区人民代表大会常务委员会关于接受王苏维辞职请求的决定》

（宋锁妮）

【常委会第十九次会议】 5月27日召开。会议共进行了四项议程：听取和审议了区政府副区长张建国所作的关于加强垃圾处理工作情况的报告；听取和审议了区检察院检察长蔡柏林所作的关于开展侦查监督工作的报告；研究决定了召开区第十四届人民代表大会第五次会议的有关事项；审议通过了《北京市丰台区第十四届人民代表大会常务委员会关于补选区第十四届人民代表大会代表的决定》；决定了人事任免事项。

（宋锁妮）

【常委会第二十次会议】 7月14日召开。会议共进行了四项议程：听取和审议了区政府关于2008年本级预算执行和其他财政收支的审计工作报告；听取和审议了区政府关于2008年财政决算草案和2009年预算调整方案草案及上半年执行情况的报告；审查和批准了2008年决算和2009年预算调整方案；听取和审议了区政府关于2009年国民经济和社会发展计划上半年执行情况的报告。决定了人事任免事项。

（宋锁妮）

【常委会第二十一次会议】 9月9日召开。会议共进行了两项议程：决定了人事任免事项；区人民法院院长董华讲解了商事审判有关法律法规。

（宋锁妮）

【常委会第二十二次会议】 9月29日召开。会议共进行了两项议程：听取和审议了区政府关于"十一五"规划纲要实施情况的中期评估报告；听取和审议了区法院关于商事审判工作情况的报告。

（宋锁妮）

【常委会第二十三次会议】 11月30日召开。会议共进行了四项议程：听取和审议了区政府关于"进一步改善河西生态环境，着力抓好基础设施建设，整合旅游资源，加快河西生态休闲旅游区的发展"议案办理情况的报告；听取和审议了区政府关于区第十四届人大四次会议代表建议、批评和意见办理情况的报告；听取和审议了区人大常委会代表联络室关于区第十四届人大四次会议代表建议、批评和意见督办情况的报告；决定了人事任免事项。

（宋锁妮）

【常委会第二十四次会议】 12月18日召开。会议共进行了六项议程：听取和审议了区政府关于2009年国民经济、社会发展计划执行情况与2010年国民经济、社会发展计划草案的报告，初步审查了2010年国民经济和社会发展计划草案；听取和审议了区政府关于2009年预算执行情况与2010年预算草案的报告，初步审查了2010年预算草案；选举魏哲同志为北京市第十三届人民代表大会代表；决定了人事任免事项；决定了召开区第十四届人大第六次会议的有关事项；审议通过了区人大常委会关于补选区第十四届人民代表大会代表的决定。

（宋锁妮）

【主任会第二十七次会议】 6月18日召开。会议听取了区政府关于区农村医疗卫生工作情况的报告。

（宋锁妮）

【主任会第二十九次会议】 8月28日召开。会议听取了区政府关于"加快建立城乡统筹就业机制，完善社会保障体系"议案办理审议意见落实情况的报告。

（宋锁妮）

【主任会第三十二次会议】 11月6日召开。会议听取了区政府关于北京丽泽金融商务区建设进展情况的报告；听取了区政府关于落实区人大常委会关于"中关村科技园区丰台园建设发展情况"审议意见情况的报告。

（宋锁妮）

【监督方式强化"四个坚持"】 年内，认真贯彻《提高审议质量,增强监督实效的实施意见》,坚持听取工作汇报,听取区政府组成部门上年度工作任务完成情况和本年度工作安排的汇报,总体把握区政府各部门重点工作、折子工程、为民办实事以及责任制落实情况;坚持深化调研,围绕议题开展调研,注重对调研工作的集体领导,常委会主任、副主任全程参加,不断扩大委员、代表参与范围,广泛、深入地了解情况,对重点议题调研时,既听取有关部门的情况汇报,又听取"一府两院"主管领导的意见;坚持围绕主题组织好审议发言,重视审议发言质量,要求提出的意见和建议具有针对性,有助于解决实际问题;坚持跟踪问效,常委会审议意见书交付"一府两院"后,督促在规定时限内落实。

(宋锁妮)

【开好主任会议】 年内,共召开主任会议12次,为开好常委会和人大工作有效开展奠定了基础。

(宋锁妮)

【开展法律监督】 坚持市、区、乡镇三级代表上下联动,共同参与的做法,采取区政府主管部门自查和常委会执法检查、集中视察与重点检查、明查与暗访相结合等多种形式,重点对水污染防治法、义务教育法、食品安全法、文物保护法、农产品质量安全法、实施水污染防治法办法、公共场所禁止吸烟规定等法律法规实施情况进行检查。对查出的问题,与有关部门沟通,提出整改意见和建议。按照市人大常委会的部署,完成了选举法、武装警察法、国防动员法、村民委员会组织法、侵权责任法(草案)、实施妇女权益保障法办法、实施农民专业合作社法办法(草案)、北京市城乡规划条例和北京市道路运输条例等11部法律法规的征求意见工作,召开座谈会20多次,反馈了修改意见。坚持每季度组织代表旁听法院案件审理制度,共组织旁听活动4次,40位代表参加。

(宋锁妮)

【加强议案督办工作】 区第十四届人大四次会议确立了"进一步改善河西生态环境,着力抓好基础设施建设,整合旅游资源,加快河西生态休闲旅游区发展"议案,常委会将议案督办工作列入年度工作要点,制定督办方案,明确部门责任、完成时限、工作目标,组织议案领衔代表视察相关工作,认真审议区政府议案办理情况报告,围绕河西生态休闲旅游区的发展,提出了"抓紧发展定位研究、加大生态环境建设力度、加快市政基础设施建设、有效整合旅游资源、改善社会公共服务事业、加强宣传推广"等6项建议,力促议案办理工作的落实。

(宋锁妮)

【增强代表建议办理实效】 常委会高度重视代表建议办理工作,注重把握提出、接收、办理三个重要环节,在改变过去重答复轻办理方面采取了措施。坚持常委会领导督办重点建议制度,促进难点问题解决。邀请领衔代表参与督办,提高建议办理的透明度。注重建议督办与常委会视察检查、专题调研等工作相结合,增强建设办理实效。区第十四届人大四次会议共收到代表建议207件,其中,已经解决的48件,占23.2%;基本解决和正在研究解决的154件,占74.4%;受政策、法规等因素限制,暂时不能解决的5件,占2.4%。从代表对办理的意见看,满意、基本满意的占72.9%。闭会期间代表提出建议27件,已全部办复。

(宋锁妮)

【保障代表依法履行职权】 年内,扎实推进代表工作。一是畅通知情知政渠道。围绕审议议题和重点工作,组织代表参加视察检查、列席常委会议、参与各工作委员会活动、旁听法院公开审理案件。为代表订阅相关刊物,及时发送区委、区人大、区政府重要文件、信息。通过人大网站、"人大在线"电视栏目,向代表通报常委会和"一府两院"工作情况。组织代表开展"科学发展观之旅"一日游,拓展代表深入了解区情活动空间。全年，常委会和乡镇人大、人大街工委、代表联组共组织市、区代表活动200多次，参加代表2000多人次。二是加强学习培训。突出针对性和实效性，根据代表履职需求，采取集中和分散培训相结合、以会代训等多种方式，组织代表学习监督法、组织法、代表法等法律法规和中央、市、区有关文件，并就怎样提好议案、建议进行专题培训，增强代表的责任意识和履职能力。三是深入开展专题研讨活动。在上年度开展代表密切联系群众论坛的基础上，又以“加强和改进代表议案、建议工作，增强办理实效”为主题，组织各乡镇人大、人大街工委、代表联组、人大机关委室负责人及承办建议的政府部门主要负责人，就如何提高建议的提出质量、办理质量、督办质量举办论坛，交流经验，研讨问题，提升工作水平。

（宋锁妮）

【市人大丰台团代表履职尽责】　加强市、区代表联系，建立了区代表与市代表的联系机制。在市人代会期间，邀请市委、市政府主要领导，直接反映加快丰台发展的需求和意见。在市第十三届人大二次会议上，丰台团提出的关于“出台加快南城发展意见，继续给予丰台政策倾斜支持”的议案，与其他团提出的议案被合并确立为“加快南城建设，促进首都经济社会协调发展”的大会一号议案。在市人大办理“推进北运河水系综合治理，实现污水防治资源化”议案中，丰台团代表积极反映区水系情况，并实现了将区水系治理纳入议案办理之中，为加快区水系治理、改善环境起到了推动作用。

（宋锁妮）

【依法补选区人大代表】　根据工作需要，严格按照法律规定的程序，完成了补选区人大代表的工作任务。游广斌、于长辉、李昌安、刘宇、夏俭军顺利当选为区第十四届人民代表大会代表。

（宋锁妮）

【结合区情践行科学发展观】　围绕区委确定的“抢抓历史机遇、推进城乡统筹、加快区域发展”的指导思想，结合人大工作特点，确定了“发挥地方国家权力机关作用，促进区域发展”的主题，严格按照活动的安排要求，深入学习实践科学发展观。努力做到“三个结合”：与增强监督实效，促进“一府两院”依法行政、公正司法相结合；与提高代表工作水平，发挥代表主体作用相结合；与加强自身建设，提升人大机关参谋助手和服务保障能力相结合。

（宋锁妮）

【加强调研工作】　常委会领导和各工作委员会负责人，坚持在调研中掌握一手材料，建立和完善了“加强调查研究，提高审议质量，增强监督实效”的相关工作流程，深入重点功能区、街乡镇、社区及企业开展调研，认真落实区委确定的研究河西地区发展定位和规划、加大征地拆迁力度推进基础设施建设两项重点课题的调研工作，常委会领导积极参与“访百家企业、入百户困难家庭、进百个社区”的实践活动，了解情况，积极协调解决问题。注重调研报告的撰写工作，撰写质量明显提高，为常委会审议议题提供了有益参考。

（宋锁妮）

【信息宣传工作】　重视信息宣传工作，积极向市人大报送信息，反映区情；加强新闻宣传工作，及时将常委会审议决定的重要事项以及重要活动情况，通过电视、报刊、网站等新闻媒体广泛宣传；改进人大网站版面，丰富网站内容；坚持办好《人大在线》电视专题栏目，宣传人民代表大会制度、代表依法履职和“一府两院”工作情况。

（宋锁妮）

北京市
丰台区人民政府

【概　况】 扩内需保增长取得明显成效。全年完成政府投资111.8亿元,完成经营性土地上市交易101.5公顷,土地储备投资62.5亿元。落实汽车下乡、家电以旧换新等政策;开展北京汽车文化消费节、金秋旅游月等主题促销活动;引进乐天玛特等大型连锁超市;加快方庄和万丰路餐饮特色街区建设;新发地农副产品批发市场完成交易额300亿元,全区消费市场保持繁荣活跃。制定了4个方面26条措施帮扶企业应对国际金融危机,开展走访百家企业活动,累计解决企业发展难题74个;实施专利奖励和科技成果转化办法,设立产业发展引导基金,增加中小企业担保贷款资金,解决企业融资难题,帮助企业做大做强。制定税源建设奖励政策,推进非税收入收缴制度改革,开展国有资本收益收取工作,圆满完成财政增收目标。

调结构上水平取得新进步。狠抓招商选资,加强与中央部委和企业单位合作,共引进注册资本千万元以上企业221家,其中超亿元企业15家,规模以上企业数量增长39%;新增注册资本426亿元,增长3.9倍,增幅居全市首位。高新技术产业实现技工贸总收入1560亿元,增长25%,留区财政收入达到9.3亿元,增长25%,占全区财政收入的23.4%;科技型企业比重从22.9%增至23.5%。北京鼎汉科技公司在创业板成功上市。旅游业快速发展,接待游客1200万人次,增长33%,实现营业收入41亿元,增长19%。中国出版集团文化产业总部基地落户丰台,全区文化创意产业提速发展,资产总额达210亿元,增长10%。节能降耗工作效果明显,加快推进"三高"工业企业退出和年能耗5000吨标煤以上企业能源审计,太空板业、华京源再生资源利用项目纳入北京市循环经济首批试点,万元地区生产总值能耗逐年下降。

重点功能区建设取得突破性进展。加强区级统筹,成立了丽泽控股公司和大红门服装商务区、河西生态休闲旅游区领导小组。高起点、高标准完成丽泽金融商务区城市设计方案国际征集和控制性详细规划方案的深化设计,规划面积扩大至8.09平方公里,示范区B6B7地块和C9回迁安置房拆迁基本完成;与中国联通等五大运营商签订信息化战略合作协议,与国家开发银行等12家金融机构签订600亿元银团授信;国家金融信息中心(新华08)、中国首家环境产业基金等项目落户丽泽。科技园区完成中关村国家自主创新示范区规划调整,面积扩大到16.32平方公里,西区规划方案调整初步完成,东区三期征地拆迁全面启动;总部基地金融港、总部国际二期、托普科技园项目如期推进,央广传媒入驻园区;推动成立了生物医药产学研联盟,促进了高新技术产业集群发展;不断丰富完善园区的配套设施和服务功能,提升了园区的品质。大力推进大红门服装商务区基础设施改造和环境建设,CBC大厦等重点项目如期推进。河西旅游发展规划编制初步完成;申办2014年世界种子大会的申请已获得农业部的批准,正在等待国务院的最后批复;成功获得2013年第九届中国国际园林博览会举办权。

基础设施建设速度加快。实行征地拆迁主体下移,全年共拆迁1793户69万平方米,确保了京石第二高速、南水北调等国家重点工程如期推进,地铁4号线、西六环路按时通车,地铁大兴线等7条轨道交通如期开工建设。北宫路完成提级,北宫南路和梅市口路西延设计方案已经确定,万寿路南延、六圈路等主干路前期手续进展顺利,柳村路及柳村铁路道口平改立工程启动拆迁,马家堡东路、成寿寺路拆迁基本完成，蒲黄榆路开工建设，北京南站外部路网竣工通车，区域内道路联络线更加畅通。启动了马草河上段治理工程拆迁，加快推进河西再生水厂前期工作，完成五里店、七里庄变电工程，市政基础设施进一步完善，城市承载能力进一步提升。

环境建设成效显著。加强生态建设和小流域治理，对永定河西岸建筑垃圾填埋场和大灰厂非法开采进行了集中整治，恢复裸露山体植被67公顷，林木绿化率达到38.8%；加强城市绿化美化，建成郊野公园5个，新增改造绿化面积270公顷，城市绿化覆盖率达到47.2%。北天堂、永合庄垃圾填埋厂建设取得重大进展，从源头上减少了空气异味。全面完成市政府下达的第十五阶段控制大气污染工作任务，改造燃煤锅炉130蒸吨，淘汰黄标车3266辆，完成二氧化硫和化学需氧量减排任务，丰台花园子站和云岗子站空气质量完成市定指标。

城市管理水平进一步提高。加大城乡结合部地区整治和建设力度，加快推进21个“城中村”和“城市边角地”治理，完成55个老旧小区改造，大修改造便民路43条；制定了违法建设监管责任追究办法，拆除违法建设31.6万平方米，拆除出租大院49.5万平方米。加强联合执法，对“六小七黑”场所和小广告、游商、黑车等进行了集中整治。进一步健全城市应急管理体制，修订了36项应急预案，开展了100余次应急演练，加强了极端天气下城市运行保障工作，提高了处置突发公共事件的能力。

城乡就业规模继续扩大。出台了促进就业工作的意见，投入1.3亿元对1.6万名城乡劳动者和161家稳定就业企业进行补贴；成立创业指导中心，实现创业700余人，带动就业4000余人；开发就业岗位安置失业人员2.1万人；帮扶1.1万名就业困难人员就业，实现了“零就业家庭”动态为零。对辖区1000余家企业实施了动态监控，稳定就业5万人。搭建了农村人力资源管理信息系统，帮助6600余名农村劳动力转移就业。实现了金融危机下就业形势稳定，荣获“全国民营企业招聘组织工作优秀城市”称号。

群众居住条件不断改善。危改工作取得突破性进展，南苑棚户区改造正式启动拆迁，15万平方米的安置房已经封顶；长辛店老镇改造初步方案已经制订；城镇危房改造完成228户440间。完成15个小区3.9万户老旧供热管网改造和4万余户居民老楼通气工程。启动了涉及3.9万人的老旧小区自来水管网改造，居民安全饮用水问题得到进一步解决。南苑西和长辛店经济适用住房项目实现开工43万平方米，选定成寿寺二期等12个地块建设定向安置房，规划约140万平方米；及时为3071户困难家庭办理保障性住房配售、配租和廉租房补贴，低收入家庭住房得到保障。

社会保障水平显著提高。积极贯彻落实城乡居民养老、老年保障、“一老一小”及无业人员医保等惠民政策，新增养老床位1100张。投入1.4亿元对参保人员进行补贴，惠及城乡居民23万余人。改革社保经办模式，实现了五险合一，统一征缴；降低了失业、工伤、农民工大病医疗等社会保险企业和个人缴费比例，减轻了企业和职工社会保险费负担。提高就医救助比例，降低医疗报销起付线，将贫困群体临时救助额度提高到每年3万元。投入6424万元将全区1.68万名城乡低收入居民全部纳入低保范围，实现了动态管理下的应保尽保。

医疗教育水平稳步提升。引进了天坛医院、北京小学、芳草地国际学校等优质医疗教育资源。完成65所学校综合维修和113校次安全改造，加快推进北京十八中新建校舍和丰台镇教育资源整合工程，教育设施进一步改善；安排2.17亿元规范127所义务教育学校的教师绩效工资；完成东高地、马家堡、长辛店等地区的教育布局调整；深入推进小学规范化建设工程;两所幼儿园被评为市级示范园,促进了素质教育全面发展。健全社区(村)医疗卫生服务网络,丰台社区卫生服务机构成功创建为北京市中医药特色示范区;丰台医院妇幼保健楼竣工,南苑医院翻扩建主体工程完工,医疗基础设施水平进一步提高。深入开展创建药品放心街乡镇达标工作,药品销售零差率惠及129.5万人次。实施幸福家庭工程,落实全民健康行动计划,不断提高人口素质,优化人口结构。

农村经济快速发展。圆满完成69项新农村建设折子工程,实现农村经济总收入236.5亿元,增长9.5%。安排4400多万元扶持农村特色产业发展,李家峪生态农业示范村项目按计划实施,庄户籽种展示基地等设施农业新建20万平方米。新发地农副产品批发市场升级改造和上市前期准备工作加紧推进。花乡与科技园区签订了产业发展合作协议,卢沟桥乡围绕丽泽金融商务区大力发展配套产业,南苑乡大力推进大红门服装商贸市场的改造升级,城乡经济一体化进程加速推进。

农村环境不断改善。开展了京郊农村“迎国庆百日环境整治”专项行动。投入1.1亿元推进新农村“五项基础设施”和“三起来”建设,实施河西地区无害化户厕改造2800户,安装太阳能灯1500盏,完成农村街坊路硬化65.7万平方米。长辛店人畜饮水管网改造工程已竣工,王佐镇集中供水管道改造项目已立项。西庄店等3个村被评为北京市“生态村”。

农村改革不断深化。制订了花乡城乡一体化试点方案。创新农村金融体制,成立了丰花、鑫福海、农投丰融3家小额贷款公司;政策性农业保险投保额扩大到1000万元。制定了农村征地补偿费管理使用办法,建立了农村土地承包经营权流转信息平台,完成了老庄子村撤村工作。

群众生产生活环境更加有序。组织了安全生产执法监察、隐患治理、宣传教育“三项行动”,开展了有限空间整治等执法检查,加强对建筑施工、交通运输、危险化学品行业监管力度,有效遏制了重大安全生产事故的发生。开展了清理执行积案、社会治安秩序综合整治、南部战役等专项行动,确保了国庆60周年庆祝活动祥和有序。强化了人防、物防、技防手段,加强巡逻检查、监控,完成了“四个零指标”的任务。突出学校、社区、医院三个重点,严格落实单位、个人、属地、行业四方责任,全力抓好甲型H1N1流感防控工作,确保群众正常的生产生活秩序。

关系群众切身利益的问题得到进一步解决。在全市率先推进了劳动监察“两网化”管理试点,劳动者合法权益得到进一步保障。制定了31个小区临电带永久改造方案,计划用三年时间解决居民小区临电问题。在10个街道25个社区推广建设便民菜站,解决辖区群众买菜难问题。继续开展主要领导大接访,化解了13件历史积案和12件区级重点矛盾,有效化解了一批历史遗留问题;建立信访特派员制度,组建信访督导组深入一线,妥善解决了一批涉及群众切身利益的难点问题。

和谐社区建设不断加强。出台了社会建设系列文件,开展了65个社区规范化试点建设和楼宇党建试点工作,公开招录258名社区专职工作者充实到社区服务站,投入3000余万元改善社区办公和服务用房。举办了首届社区文艺汇演和社区体育运动会,覆盖21个街乡镇,50万名群众积极参与。推行出租房屋网格化管理新模式,加强对来京务工人员的服务与管理。圆满完成第七届社区居委会选举。育仁里社区和晓月苑社区被评为北京市第四届“十大魅力社区”。

群众精神文化需求不断满足。大力开展精神文明创建,在学校、家庭、机关、社区开展了社会主义核心价值体系宣传教育,加强社会公德、职业道德、家庭美德和个人品德建设,积极倡导现代文明风尚。积极开展科普阵地建设,创建了3个市级和7个区级科普型社区,建成2个科技应用示范社区。大力实施文化惠民工程,新建万米文化休闲广场5个,社区文化活动站建成率达98%;着力抓好“科学发展之旅”、文化“四进”工程等特色活动,高水平策划举办第二届北京卢沟晓月中秋文化节和莲花池庙会,持续举办“百姓周末大舞台”文化活动2000余场次,群众精神文化生活更加丰富。

民主法制建设进一步加强。自觉接受区人民代表大会及其常委会的法律监督、政协的民主监督和社会的舆论监督,认真听取各民主党派、工商联、无党派人士和人民团体的意见,集中民智,汇集各方力量,形成共谋发展的合力。一年来,共办复市、区人大代表议案、建议225件,办理政协委员建议案、提案172件,办结区长信箱信件871件,接听和处理便民电话6000余次。深入开展“五五”普法,进一步做好法律服务和法律援助工作。强化农村党风廉政建设,认真贯彻落实党务、政务、财务公开制度。严格落实政府信息公开条例,政府决策的公开透明度进一步增强;完善政府法律顾问制度,提高了依法行政水平。

政府自身建设富有成效。完成政府机构改革,成立了区经济和信息化委员会、金融服务办公室等新机构,组建绿化隔离地区建设指挥部办公室统筹绿隔地区开发建设,构建了园林绿化局、人力资源和社会保障局等大部门工作格局。建立三会联动和保增长调度机制,设立“明确责任抓落实”专项议题,出台了扩大内需重大项目问责办法,对各项工作制定倒排时间计划表,明确主责部门和配合部门的职责和完成时限,加大督查力度,及时落实各项决策部署。完善专家顾问制度,不断提高政府科学决策水平。以深入开展学习实践科学发展观活动和领导干部作风建设年活动为契机,政府工作人员的服务意识和办事效率得到较大提高,丰台街道荣获全国“人民满意的公务员集体”称号。

全面落实征兵新政策,实施拥军优属工程,军政军民关系进一步巩固;深入开展民族团结进步创建活动,切实维护宗教领域稳定;妇女、儿童事业健康发展;残疾人社会保障水平进一步提高;工会、共青团等人民团体在公共管理公共服务中发挥了积极作用;侨务、外事、对台、档案、保密等工作取得新成绩。

(张　萌)

重要活动

【人力资源和社会保障部副部长调研医疗保险问题】 1月14日,人力资源和社会保障部副部长胡晓义就医疗保险问题到区调研。胡晓义指出,人力资源和社会保障工作要围绕大局,服务中心,保企业、保民生、保稳定;要坚持以人为本,从群众的根本利益出发,努力改善民生;要严格基金管理,积极探索更好的保护基金安全的途径,把基金安全工作放在一切工作的首位,要加强社会监督机制建设。副区长张建国陪同调研。

(张　萌)

【市水务局局长程静调研】 2月26日,市水务局局长程静到区调研。程静指出:马草河等河道直接影响南城城乡结合部的发展,是统筹城乡一体化的重要部分,加快道路排水、截污等问题至关重要。市水务局将本着有利于区域发展、有利于环境改善的宗旨,在污水调水、改善环境、治理河道等方面积极支持丰台区重点功能区的发展。区领导李超钢、任光明、张建国陪同调研。

(张　萌)

【杜德印同志调研南城发展问题】 2月27日,市人大常委会主任杜德印调研南城发展问题。杜德印强调:对于丰台区的建设,要围绕功能区开发建设积极推进基础设施建设,使功能区重大项目和基础设施建设率先实现突破;要加强丽泽金融商务区整体研究,与其他金融区实现功能差异化发展,认真研究入驻企业定位、属地农民城市化等问题,加快推进丽泽金融商务区的开发建设和招商引资等各项工作;要进一步推进物流产业发展,促进首都物流业现代化。市人大常委会副主任吴世雄、秘书长唐龙等一同调研,区领导李超钢、杜瑞琴、汪洪、于鸷隆、任光明陪同调研。

(张　萌)

【市委常委、常务副市长吉林调研】 4月11日,市委常委、常务副市长吉林到区调研。实地考察了科技园区总部基地金融港,听取了全区一季度经济运行情况、保增长促发展工作措施以及存在问题的汇报,详细了解了金融港规划建设、定位和招商情况。吉林强调:要加强对经济运行情况的监测与分析,及时掌握情况,了解问题;要充分利用好北京市重点项目审批绿色通道,做好通道内项目和通道外项目服务工作;要抓好科技园区在内的重点产业功能区建设、重大基础项目的建设和重大产业项目建设,拉动整体经济发展;要制定加强南城建设的意见,资金、政策要向南城倾斜。吉林指出,金融港已形成较为完善的空间条件,把金融后台和外地金融机构的引入作为工作重点,利用其他金融后台区尚未建成的机会,通过良好的规划、引导,可以有效弥补北京市金融业布局没有外地金融机构的空白并会有较大的发展前途。区委书记李超钢、代区长游广斌陪同调研。

(张　萌)

【市市政市容委领导到区调研】 7月27日,市市政市容委主任陈永带队调研。查看了新发地绿色垃圾处理厂、北天堂垃圾转运处理中心和区城市管理监督指挥中心。陈永希望城指中心进一步研究工作职责,推进管理模式创新;进一步研究城市管理中重点难点问题的解决机制。希望加强设施建设,做好垃圾处理的高标准统筹规划;做好垃圾分类,将分类资金用好;加紧研究制定相关政策、制度,为各项工作顺利开展提供保障。游广斌表示下一步将认真落实责任,有效整合各种资源,全力做好城市管理和生活垃圾综合处理工作。市市政市容委副主任陈玲,副区长张建国陪同调研。

(张　萌)

【陈刚副市长检查地铁拆迁和工程建设情况】

7月31日,陈刚副市长到造甲村慰问了被拆迁户代表并赠送了慰问品。在亦庄线01标段中铁四局项目部,听取了10号线二期和亦庄线拆迁和工程建设情况。陈刚强调丰台区担负的地铁建设拆迁任务很重,同时地铁建设对加快南城发展非常有利,要总结和利用好自己的拆迁工作经验,借鉴其他区县经验,进一步加大拆迁力度,保证地铁建设进度,抓住有利时机,改善区域环境。市住房和城乡建设委主任隋振江、市轨道交通建设指挥部办公室主任许健、市规划委副主任周楠森、区领导李超钢、游广斌、李昌安陪同检查。

(张　萌)

【国防科技产业在京发展合作座谈会召开】

8月1日,国防科技产业在京发展合作座谈会在丰台区召开。市委常委赵凤桐主持会议,区委书记李超钢、区长游广斌参加会议,来自中国核工业集团公司、中国航天科技集团公司、中国航天科工集团公司、航空工业集团公司、中国船舶工业集团公司、中国船舶重工集团公司、中国兵器工业集团公司、中国兵器装备集团公司、中国电子科技集团公司等国防科技工业集团公司代表参加座谈。李超钢、游广斌表示将积极与丰台区签订战略合作协议的企业磋商、洽谈,共同推进各国防科技企业在我区更好地发展。同时也表示,丰台区面临着良好的发展机遇,又有着独特的发展优势,欢迎各国防科技工业集团来丰台发展。赵凤桐要求各职能部门积极配合国防科技工业集团公司,协调解决实际问题,促进企业在京发展。

(张　萌)

【郭金龙市长检查冬季供暖保障工作】 11月8日，郭金龙市长一行首先来到京桥热电厂，查看了调度室和生产车间的生产情况。在翠林小区锅炉房，郭金龙向管理人员详细询问了各项供暖指标。郭金龙在检查中指出，冬季供暖是事关民生的重要工作，送热到家是温暖人心的具体体现，北京既有清洁高效的集中供暖，也有不同形式的小区供暖，还有尚待改造的燃煤自采暖。要求有关部门认真研究，根据本市综合供暖实际情况，加快升级改造步伐，逐步推行分户计量精确供暖，提高环保标准和服务保障水平，确保全体市民过一个温暖的冬天。副市长黄卫、市政府秘书长黎晓宏、区委书记李超钢、区长游广斌陪同检查。

（张　萌）

法制工作

【概　况】 区政府法制工作按照《全面推进依法行政实施纲要》、《北京市人民政府关于全面推进依法行政的实施意见》、《〈北京市人民政府关于全面推进依法行政的实施意见〉任务分解方案》和《北京市二〇〇九年全面推进依法行政工作要点》的要求，紧紧围绕“建设法治政府、服务型政府和廉洁高效政府”的目标，围绕区委、区政府中心工作，为全区经济和社会发展做出了贡献。年内，共办理法律、法规、规章征求意见15件，提出修改意见60余条。

（何海妍）

【开展有效的法律纠纷调解】 年内，结合区政府保增长、保民生、保稳定工作，着力做好历史遗留项目的处置工作。西客站南广场ABC项目以11.7亿元成功拍卖，促进西客站地区规划功能的实现，使区政府和区属企业的利益得到实现；海军、装工院与万泉寺村住宅项目纠纷成功调解，签订了大市政建设补充协议，使军队老干部和村民尽早回迁成为可能，消除了区域不稳定因素；古德斯马特行政诉讼案件的一揽子解决方案得到区政府及相关各方同意，相关补偿协议书和承诺书已报区政府批准，使历时数年的古德斯马特行政诉讼案件得到初步解决，促进了汽车博览中心建设的推进；协调解决万恒永泰公司代征地纠纷，办理了万恒公司名下3处商业的抵押手续，签订了《委托付款协议》，业主的产权证进入办理程序，有效地维护了群众利益、公共利益和区域稳定；签订并履行《北京市丰台区垃圾转运处理中心项目委托经营协议解除及资产收购协议书》，特许经营实施方案和特许经营协议起草完毕，为特许经营的实施创造了有利条件。

（何海妍）

【清理行政规范性文件】 年内，按照市政府统一部署，组织全区51个单位对2009年5月1日前制发的现行有效的规范性文件进行了全面认真的清理。经清理，各单位保留行政规范性文件共计149件，决定废止和宣布失效9件，决定修改10件；区政府保留行政规范性文件49件，废止和宣布失效25件，修改4件。清理工作有效地维护了法制统一，规范了政府行政行为，推进了政府法制建设，提高了依法行政水平。

（何海妍）

【起草审核合同、协议】 年内，起草《北京市丰台区垃圾转运处理中心项目转让协议书》等协议10余份，审核《丰台区南苑棚户区改造项目政府委托代建协议书》、《丽泽金融商务区政银合作》等协议近20件次，保证了重点工程、重点工作的推进，维护了区政府和相关委办局的合法权益，避免了经济损失，促进了经济的发展。其间共审核行政规范性文件13件，办理行政规范性文件备案6件。

（何海妍）

【行政规范性文件备案检查】 年内，对全区53个单位的行政规范性文件备案检查。通过对各单位报送的5800余件文件目录的审查,认定了16个单位的28件行政规范性文件存在应备案而未备案的情形,确认后要求相关单位履行备案手续,并在行政执法评议考核中予以处理。

(何海妍)

【执法案卷指导和评查】 年内,组织开展了年度行政处罚案卷评查以及参加全市行政处罚案卷评查工作。同时,加大了对重点单位指导、培训的力度。对环保局、水务局、国税局、文化委、民防局、区建委等执法单位开展行政执法工作的辅导培训,近千人参加培训。

(何海妍)

【行政复议】 年内,以区政府名义接收行政复议案件申请41件,已全部审结,其中8件以调解或和解方式结案。代理区政府参加市政府行政复议案件15件,市政府作出维持决定的3件;经协调工作,以申请人撤回复议申请结案的5件;其余7件在中止状态。代理区政府出庭应诉6件,法院裁定驳回起诉的3件;经协调工作,原告撤诉的3件。

(何海妍)

【创新行政复议审理方式】 7月,区政府法制办就一起不服区劳动和社会保障局非工伤认定结论而提起行政复议的案件举行公开听证会。是《行政复议法实施条例》施行以来,首次采取公开听证的方式进行审理的行政复议案件。通过听证审理,缓解了双方的冲突,使双方对工伤认定的事实及适用法律法规有了更加全面和清晰的认识,对该案行政复议决定的形成起到了直接和关键的指导作用。

(何海妍)

【依法行政培训】 年内,制定丰台区《2009年依法行政培训工作计划安排》,精心组织依法行政专题培训。11月初,聘请市政府法制办和规划部门的领导就《北京城乡规划条例》、《信息公开条例》进行了重点培训,全区各委办局、街乡镇63个单位的主管领导和法制科长、法制联络员共145人参加了专题培训,进一步提高了执法人员素质,推动了全区依法行政工作深入开展。

(何海妍)

【矛盾排查化解】 年内,接待并处理了丽泽苑宾馆、国际花园、桥南危改拆迁、马家堡三期等拆迁地区滞留户来访共计12次,有效地防止了大规模群体事件的发生、保障了拆迁工作的顺利实施。协调落实了市政府法制办批转的南苑乡一起关于医疗、养老保险的信访事项,达到了良好的息访效果。

(何海妍)

国有资产监督管理工作

【概　况】 国资委是根据区政府授权代表区政府履行国有资产出资人职责的特设机构,在区委区政府的正确领导下,围绕实现国有资产保值增值和优化国有资产布局调整两大目标,深入开展学习实践科学发展观活动,不断优化国资监管体制机制,加强机关自身建设,加快推进国有(集体)企业改革调整,强化基础管理工作,发挥党建保障监督作用,积极应对国际金融危机造成的不利影响,全年国有资产运营整体呈现企稳向好的态势。区属国有企业资产总额312.71亿元,增幅74.69%;所有者权益总额67.86亿元,增幅92.44%;实现营业收入15.9亿元,增幅44.57%;实现利润总额3.62亿元,增幅14.42倍;上缴各项税金1.54亿元,增幅7.69%。

(曹怀亮)

【市国资委领导调研】 2月12日,市国资委尹义省副主任带队到丰台区进行调研,重点了解丰台国资委监管企业经济运行、金融危机对企业的冲击以及国有企业在区域经济发展的功能定位和作用发挥等情况。

(曹怀亮)

【召开2009年度工作会】 3月6日,国资系统2009年度工作会在区政府东三楼报告厅召开,国资委机关全体干部、直接(指导)监管企业班子成员、间接监管企业主要领导及其上级主管部门领导约150人参加了会议。国资委党委书记、主任徐鸣凤作了题为“抓机遇练内功 促发展 助力区域经济平稳较快增长”的工作报告，区委常委、常务副区长汪洪莅临会议并作了讲话。会议由国资委穆志军副书记主持。

（曹怀亮）

【国资工作重点转移】 3月6日国资系统年度工作会上，区委常委、常务副区长汪洪明确指出：“经过多年的改革调整，区属国有经济‘退而有序’的问题得到了基本解决（国资委授权履职的一级企业由39减少至20家），下一步，国资系统要把工作重点转移到‘进而有为’上，要牢牢抓住北京市支持南城发展的战略机遇，结合深入学习实践科学发展观活动，坚定信心、抢抓机遇、求真务实、加快发展，努力将区属国有经济做大做强，为‘保增长、保民生、保稳定’做出新的贡献！”

（曹怀亮）

【国有资本收益收取】 6月16日，《丰台区国资委直接监管企业国有资本收益收取管理暂行办法》以区政府的名义正式印发。依据此暂行办法，国资委对8家监管企业组织收取2008年度国有资本收益，使国有资产出资人收益权落到实处。

（曹怀亮）

【丽泽控股公司成立】 12月28日，北京丽泽金融商务区控股有限公司成立暨揭牌仪式在北京西国贸大酒店举行。区委书记李超钢，区长游广斌，区人大主任杜瑞琴，区政协主席初建华，市国资委副主任尹义省，市金融工作局副局长张幼林，市发改委财政金融处处长黄林芝共同为丽泽控股公司揭牌，区委常委、常务副区长汪洪主持了成立仪式，区委常委、区委办主任刘宇、区长助理、区政府办主任高峰参加了成立仪式。区各相关委办局、街乡镇村、区属国有企业的主要负责人，与丽泽金融商务区有合作关系的12家银行、5家电信运营商等嘉宾出席了揭牌仪式。成立仪式由国资委、丽泽办、金融办共同承办。

（曹怀亮）

【完善国资监管体制机制】 制定出台了《丰台区国资委直接监管企业国有资本收益收取管理暂行办法》、《关于加强企业法律风险防范机制建设的意见》和《关于加强和改进区属企业人才工作的意见》。按照《企业国有资产法》的要求优化科室设置和职责配置，新设审计监察科，推动理顺间接监管企业的管理关系。

（曹怀亮）

【强化国有资产基础管理】 年内，加强对土地等重点资源的监管，督促企业加大办理土地权证的力度。印发了监管企业经济运行分析报告，建立经济运行季度分析报告制度。完成19家企业负责人2008年度经营业绩考核和薪酬核定工作，并对3个企业领导班子和9名企业负责人进行了特别奖励。对2家企业进行了经济责任审计，开展了年度财务决算审计工作。

（曹怀亮）

【劣势企业退出工作新进展】 年内，完成了珍宝针织、首饰厂两家企业破产终结；又推进北京益丰建筑集团公司、北京制刷厂两家企业进入法院破产程序；有色厂破产准备工作基本完成，已具备了向法院申报破产的条件；完成了丰台工商联合公司公司化改造工作；推动六家退出企业1727名退休人员实行社会化管理，30名老干部移交老干部局管理，节约退出成本约3000万元。首钢康宏带钢厂完成主辅分离改制，并授权裕丰投资公司持有20%国有股权，建立了法人治理结构，成为全市最后一家享受主辅分离改制政策的企业。

（曹怀亮）

【国有企业助力区域发展作用显现】 三家政府融资平台为区重点项目建设实现融资32.5亿元，累计融资达118.5亿元，有效缓解全区基础设施建设资金不足的瓶颈。城建开发公司积极推进保障性住房建设,望园东里经济适用房项目按计划竣工,长辛店经济适用房项目按计划推进;所属拆迁服务中心承接地铁10号线等重点工程的拆迁任务,确保了工程进度。宛平开发公司顺利推进晓月苑六组团定向安置房建设。房管中心承担了南苑棚户区改造工程,拆迁工作正有序开展。综合投资公司基本完成了丽泽金融商务区B6B7地块的征地拆迁工作,所属诚信佳担保公司为中小企业提供担保17笔,担保金额4880万元。

(曹怀亮)

【加强企业领导班子建设】 以公开、平等、择优为导向加大对企业负责人选拔、交流、调整的力度,全年共交流、选拔任用企业负责人15名,领导班子成员年龄、知识结构得到改善;按照分层分类考核的原则,对企业领导班子和负责人实行了量化百分制的测评方法,并根据企业承担助力任务的情况函请政府相关职能部门对企业进行总体评价。

(曹怀亮)

【深入开展学习实践科学发展观活动】 3月始,区国资系统围绕"落实调整思路,推动资源整合,强化科学监管,助力区域发展"主题,分两个批次深入开展学习实践科学发展观活动,通过近一年来的活动开展,国资系统贯彻落实科学发展观见成效,形成了国资国企要在助力区域发展中实现新发展的科学共识;发挥了国有企业助力区域发展的特殊功能;突出了"向管理要效益"的科学经营理念。

(曹怀亮)

【基层党组织建设】 年内,对17家重点企业的基本情况进行了调查并建立了基本数据库;优化企业党组织设置,全年调整企业党组织5个;严把党员发展关,全年发展党员13人,转正13人;关注困难党员和老干部工作,开展走访慰问活动,共慰问77人次,下发慰问金4.5万元,企业文化建设和精神文明创建活动深入开展,企业党组织的凝聚力、战斗力得到加强。

(曹怀亮)

【组织开展廉政风险防范管理】 年内,研究制定了区国资委《廉政风险防范管理工作方案》,明确了每个步骤的完成时限、领导分工、责任科室和督办科室。将廉政风险防范管理工作与推进国资国企改革发展相结合,与构建惩治和预防腐败体系相结合,为实现国有资产保值增值,防止企业国有资产流失提供有力保障。对15名科以上干部10个岗位职责进行了梳理,共查找出风险点38个,提出风险防范措施46条。城建开发公司和房管中心两家试点单位共查找风险点分别为558个和1235个,涉及各层负责人256名。

(曹怀亮)

【安全生产与维稳】 年内,建立领导班子成员分工联系企业制度,与监管企业双签了《维护企业安全稳定 实现平安北京目标责任书》。围绕"平安国庆"总体目标,认真落实区综治、流管、安监、消防、信访等部门的部署安排,制定综合整治、火灾防控、安全生产、矛盾隐患排查等工作方案,建立健全一把手牵头,副职领导分工负责、所属劳动、宣传、工会等参加的企业矛盾纠纷调解处置工作体系,重点加强出租房屋管理、施工场地管理,加强对重点人的监控,特事特办解决实际问题。全年实现了未发生重大安全事故、重大越级访和群体访事件的双零指标。

(曹怀亮)

北京丽泽金融商务区

【概　况】 年内,制定丽泽商务区产业发展意见,提出21条优惠政策;形成了丽泽开发办、金融办、丽泽控股公司协同工作的新的组织结构;确定丽泽规划优胜方案,完成丽泽金融商务区规划方案综合深化研究,并上报市政府审批;完成B6B7征地工作和农村集体房屋国有非住宅的拆迁；加快推进C9回迁安置房项目建设；采取多种形式宣传丽泽，举办丽泽规划设计成果展，召开新闻发布会，扩大了丽泽的知名度；加快推进招商工作，新华社金融交易信息服务平台已确定落户丽泽。

（罗 鑫）

【理顺管理机制】 年内，丽泽被纳入北京市六大高端功能区领导小组协调机制，土地一级开发纳入了市政府重大项目绿色审批通道，丽泽金融商务区被列入北京城南行动计划“一轴一带多园区”中的园区之首。11月30日，向区编办提出《关于对北京丽泽金融商务区开发建设指挥部办公室主要职责内设机构和人员编制进行调整的请示》（丰丽泽办字［2009］67号），形成了丽泽开发办、金融办、丽泽控股公司协同工作的新的组织结构。

（罗 鑫）

【推进规划调整工作】 4月，确定“北京金融产业第三极”和“天赋丽泽”两个优胜方案。确定丽泽金融商务区规划综合方案并上报市政府审批。新版规划扩大了商务区范围，占地面积8.09平方公里。

（罗 鑫）

【土地一级开发取得成果】 年内，成立拆迁工作组，加快推进B6B7地块拆迁工作。年底，完成征地工作和农村集体房屋国有非住宅的拆迁。推进C9回迁安置房项目建设，编制完成了C9地块回迁安置房项目的“三定三限”方案、开发建设实施方案以及住宅和公建的设计方案。

（罗 鑫）

【坚持多点宣传】 年内，采取多媒体、多渠道、多角度的形式宣传丽泽。举办丽泽规划设计成果展，召开新闻发布会，新华社、人民日报、中央电视台、北京日报、彭博社、路透社等中央、市属以及国外主流媒体宣传报道。市委书记刘淇、市长郭金龙、新华社社长李从军等领导参加“新华08”入驻丽泽签约仪式。《北京信息》、《北京日报》、《参考消息—北京参考》多次报道了丽泽消息。参加了全国第十二届科学博览会、第十三届中国国际投资洽谈会。

（罗 鑫）

【吸引企业入驻】 年内，国内金融信息服务业的旗舰—新华社金融交易信息服务平台落户丽泽。联合绿能股权基金管理公司、玺萌融投资控股有限公司办理了入驻手续。

（罗 鑫）

机构编制管理工作

【概 况】 丰台区机构编制委员会办公室（区编办）是区机构编制委员会（区编委）的常设办事机构，在区编委的领导下负责本区行政管理体制和机构改革以及机构编制日常管理工作，既是区委工作机构，同时也是区政府工作机构，列入区委机构序列。8月，区编办由与原区人事局合署办公调整为独立设置。年内，完成了区政府机构改革工作，开展了行政、事业单位职能与编制调整、机构编制管理和事业单位登记管理等工作。

（于庆利）

【机构改革方案确定】 年内，区编办按照《中共中央国务院关于地方政府机构改革的意见》（中发［2008］12号）和《中共北京市委北京市人民政府关于北京市区县政府机构改革的意见》（京发［2009］3号）的要求，重点围绕转变政府职能和理顺部门职责关系，积极探索实行职能有机统一的大部门体制，调整完善服务三农、产业服务、住房保障、人力资源和社会保障、园林绿化等方面的管理体制，强化市政市容管理、社会建设、金融、旅游等方面的管理职能，制定了《北京市丰台区人民政府机构改革方案》，经市委、市政府批准后实施落实。

（于庆利）

【机构改革运行体制与协调机制】 建立以区委书记李超钢总体领导，区委副书记王苏维、组织部部长于长辉具体负责,区编办主要承办的政府机构改革领导运行体制。区编办协调区委办公室、区纪委、区委组织部、区政府办公室、监察局、人事局、财政局、政府法制办、保密局和档案局参照市有关机构改革配套文件精神,结合本部门职责研究制定了《中共丰台区委办公室丰台区人民政府办公室关于印发<丰台区人民政府机构改革实施意见>的通知》、《中共丰台区委办公室丰台区人民政府办公室关于进一步加强和完善机构编制管理严格控制机构编制的通知》、《北京市丰台区人民政府办公室关于抓紧拟订主要职责内设机构和人员编制规定草案的通知》等11份配套文件,并汇集成册印发。明确各调整部门和新组建部门正式对外挂牌、启用新印章并以新机构的名义对外开展工作时间;行政执法职权交接时间;撤销、合并和调整部门的机构、编制和人员划转,限定移交工作时间。

(于庆利)

【机构改革动员大会】 8月20日,召开区政府机构改革动员大会,区委常委、常务副区长汪洪宣读了《丰台区人民政府机构改革实施意见》,部署机构改革实施工作,区委副书记、区长游广斌到会并提出工作要求。

(于庆利)

【机构改革业务培训】 8月25日,区编办对区政府工作部门"三定"工作开展培训,同时制定了"三定"规定的审核程序并严格按照程序审核各部门"三定"规定。

(于庆利)

【机构改革协调会议】 9月4日,协助组织部召开机构调整变动部门及新组建部门工作会议,进行机构、职责调整和人员编制及所属事业单位的划转,同时对做好领导干部及工作人员调整安置和妥善处置办公设备、经费资产、档案印章移交等工作提出完成时限等要求。

(于庆利)

【政府机构调整】 机构改革涉及政府部门共12个,其中:新组建部门5个,调整部门7个。将农业委员会更名为农村工作委员会,挂动物卫生监督管理局牌子,负责"三农"工作和新农村建设的统筹协调以及兽医行政管理等工作。将林业局承担的农业、农机、水产和动物卫生监管职能划入农村工作委员会;组建经济和信息化委员会,为区政府工作部门。将发展和改革委员会的工业行业管理有关职责、原农业委员会的乡镇企业管理有关职责、信息化工作办公室的职责,整合划入经济和信息化委员会。不再保留信息化工作办公室;将建设委员会更名为住房和城乡建设委员会。将房屋管理局改由住房和城乡建设委员会管理,挂政府住房保障和改革办公室牌子;组建人力资源和社会保障局,为区政府工作部门,对外可使用公务员局名称开展工作。将人事局的职责、劳动和社会保障局的职责,整合划入人力资源和社会保障局。不再保留人事局、劳动和社会保障局。将机构编制委员会办公室调整为独立设置,列入区委序列;组建园林绿化局,挂绿化委员会办公室牌子,为区政府工作部门。将园林局的职责、林业局承担的林业管理职责整合划入园林绿化局。不再保留园林局、林业局;将社会建设工作办公室调整为与区委社会工作委员会一个机构两块牌子,为区政府工作部门;将市政管理委员会更名为市政市容管理委员会;将旅游局由在商务局挂牌子调整为区政府工作部门,将商务局承担的旅游管理职能划入旅游局;将商务局更名为商务委员会;组建金融服务办公室,为区政府工作部门,将发展和改革委员会承担的金融工作有关职责划入金融服务办公室;将民防局由议事协调机构的常设办事机构调整为区政府工作部门;将与信访办公室合署办公的社会矛盾调处中心调整为在信访办公室挂社会矛盾调处中心牌子。调整变动后,区政府工作部门31个,部门管理机构1个。

(于庆利)

【机构编制管理】　年内，政府机构改革对32个部门的“三定”规定进行了重新修改和完善，从全面正确履行政府职能和适应城市功能拓展区定位出发，以“以责定权、权责对等”为原则，明确和强化部门应当承担的责任，把职权和责任具体细化到部门的内设机构，从而形成完整的责任链条。32个部门取消职责5项，增加职责25项，下放职责2项，交给事业单位职责3项，理顺部门之间职责关系事项4项，明确和强化职责共计420项，体现了转变职能这个核心。按照优化结构、整合存量、精干设置、统一高效的要求，合理设置部门内设机构，10个部门的内设机构增加，3个部门的内设机构减少，19个部门的内设机构保持不变，部门内设机构总数增加14个。按照人随事走、编随人转的原则，部门间划转和调整行政编制127名，4个部门减少行政编制19名收回至区政府行政编制总计划，3个部门增加行政编制31名重点用于新组建部门。合理确定部门处级和科级领导职数，为27个部门增加处级领导42名，有12个部门减少处级领导职数18名；为10个部门增加科级领导职数23名，有8个部门减少科级领导职数26名，部门科级领导职数总数减少3名；为加强丽泽金融商务区建设，将丽泽开发办更名为北京丽泽金融商务区开发建设指挥部办公室。为完善住房保障管理体制，将危改开发管理办公室承担的住房保障管理相关职能交由区房管局承担，成立了丰台区住房保障服务中心。为加快城乡一体化建设步伐，加快产业发展，筹备成立了丰台区绿化隔离地区建设指挥部办公室。为加强北京南站地区的管理，设立北京南站地区管理委员会，成立环卫服务中心北京南站环卫所和城管监察大队北京南站分队。

（于庆利）

【事业单位登记管理】　年内，在事业单位法人登记成立、变更、注销工作中，区编办加强与业务联系单位沟通交流，进一步明确事业单位登记管理工作流程，缩短了办事时限，严格执行一次性告知，将成立、变更办结时限由法定的30个工作日调整为一周办结，注销登记做到了即来即办结。通过在区教委、部分街乡进行试点，区编办联合代码办对事业单位法人证书和组织机构代码证书实行联检，不断拓展联检范围，提高了年检效率。

（于庆利）

民族宗教侨务工作

【概　况】　年内，全区民族宗教侨务工作坚持“共同团结奋斗、共同繁荣发展”的民族工作主题和党的宗教工作基本方针，牢固树立“大侨务”的观念，深入开展学习实践科学发展观活动，紧密围绕“保增长、保稳定、保民生”目标，切实履行职责，深化民族宗教侨务工作。全年共办理变更恢复民族成份97份，办理清真经营许可证8件，办结民族宗教界人大代表和政协委员提出的涉及民族、宗教问题的建议和提案共5件，依法取缔2起非法宗教聚会，办理归侨侨眷身份确认15个，办理归国华侨证3个，华侨、港澳和外籍华人子女来京接受中小学义务教育审批4人，办理三侨子女升学身份审查9人。走访慰问了70位民族宗教界代表人士、少数民族贫困户及30位归侨侨眷、侨资企业家和归侨特困户。被中华人民共和国国务院授予全国民族团结进步模范集体荣誉称号，荣获北京市侨务工作先进单位。

（马艳辉）

【开展社区民族工作】　年内，划拨资金34万元，指导街道乡镇采取多种形式开展民族团结进步创建活动。开展少数民族群众健身运动，组队参加北京市健身操舞大赛，荣获三等奖；以“快乐节日颂华夏”为主题组织社区居民开展民族服饰秀活动。

（马艳辉）

【发展少数民族传统体育事业】　年内，承办了北京市少数民族传统体育项目邀请赛;在街道社区及学校推广民族传统体育项目,成立社区陀螺队。

(马艳辉)

【支持清真网点建设】 年内,向永明轩餐厅发放清真餐饮企业扶持经费共30万元,并进行财务监督管理。

(马艳辉)

【组织宗教教职人员学习培训】 年内,组织宗教教职人员学习《宗教事务条例》、《中华人民共和国境内外国人宗教活动管理规定》等法规文件,指导各宗教团体加强自身建设,建立健全各项规章制度,教职人员的素质显著提高。

(马艳辉)

【加大宗教场所的管理力度】 年内,投资20万元对全区7个宗教活动场所安装信息平台,实现了宗教管理的电子化、网络化、信息化,更加及时、高效、准确的掌握全区各宗教团体、宗教活动场所的有关情况,全面提升了宗教管理的工作效率和质量。

(马艳辉)

【规范管理基督教聚会点】 年内,开展基督教聚会点摸底调查工作,对分布、构成及人数做到底数清情况明,指导各街道乡镇、区基督教"三自"爱国会制定责任制,对分散聚会点进行规范管理,对12个基督教聚会点依法进行登记发证。

(马艳辉)

【拓展侨务工作服务功能】 年内,深入基层开展《侨法》及侨务政策的学习宣传工作,在方庄街道成立侨法宣传角,全年走访30家侨资企业,帮扶属地困难归侨侨眷5人,与北京市玩具协会联手在新村街道开展了为街道下岗职工及归侨侨眷技能培训活动,促进和谐丰台建设。

(马艳辉)

【组织开展公益慈善活动】 年内,协调侨资企业向丰台区捐赠中心捐赠洗涤用品100箱。支持海外华文学校的发展,向英国伦敦简体字中文学校捐赠价值5000余元的书籍和教学设备。60年国庆之际,先后接待了英国、澳大利亚等国的侨领及华文学校教师2人次。

(马艳辉)

对外事务

【概　况】 丰台区外事工作全面落实党的十七大精神,以科学发展观为统领,按照北京市委、市政府和区委、区政府的要求,围绕全区落实科学发展观的主题,结合外事管理与服务工作,确定了"提升外事管理和服务水平,促进区域经济社会协调发展。"的主题,进一步加深了对科学发展观科学内涵、精神实质、根本要求的理解,增强了贯彻落实科学发展观的自觉性和坚定性。年区外办共办理了60批169人次的因公出国(境)手续,在近三年平均数的基础上出访批数下降了34%、出访人数下降了25%。其中自组团20批121人次,占出访总人数的72%,随团出访40批48人次,占出访总人数的28%,共涉及30个国家和地区。出访任务涉及友好访问和城市建设、文化、教育、医疗、卫生、环境保护等方面的考察,均取得了良好的效果。

(高　瑞)

【外事接待活动】 年内,配合中央、市、区有关部门接待党宾、国宾、友好团组28批546人次。其中包括瑞士汝拉州州长、玻利维亚国会议员、瑞典社民党前议长、上海合作组织外交官培训班等。全年共受理外国记者采访7批20人次。

(高　瑞)

【友城交往】 2月,丰台二中青少年篮球队赴日本东京都葛饰区进行体育交流活动;4月,韩国江东区政府新任区长李海植一行5人访问丰台区政府。

(高　瑞)

【开展民宿交流活动】　8月，丰台区实验学校14名中学生代表丰台区青少年赴韩国江东区开展为期6天的民宿交流活动。

（高　瑞）

档 案 工 作

【概　况】　全年档案工作坚持以邓小平理论、“三个代表”重要思想为指导，以科学发展观为统领，以做好国庆六十周年档案工作为重点，以民生档案资源体系的建立为基础，紧紧围绕全区中心工作，开拓创新，扎实工作，加大档案工作指导检查力度，加强档案工作科学管理，圆满完成了各项任务。全区档案部门共接待查档利用者3.86万人次，提供调阅档案6.8万卷（件）。全区97个立档单位基本实现了档案规范化管理。其中，28%的单位达到了档案目标管理市一级标准，43%的单位达到了档案目标管理市二级标准。民生档案工作稳步推进，农村档案工作全面开展，70%的行政村建立了档案室。花乡黄土岗村创新的“六个加强，一户一档”的工作模式和经验在全市农村档案工作中得到推广，为建设和谐、文明新丰台做出了新贡献。

（王国欣）

【区领导调研】　3月10日，副区长吕仕杰到区档案局（馆）调研。听取了档案馆安全技术防范系统自查汇报，实地检查了档案库房、爱国主义教育基地等重点部位的用电、消防等设施，对档案安全保管工作提出了要求。

（王国欣）

【学习实践科学发展观活动】　3月10日－9月3日，组织实施学习实践科学发展观活动，在职33名党员，离退休14名党员全部参加。成立学习实践科学发展观活动领导小组，制定全局学习实践活动实施方案，确定了“保存丰台记忆，服务科学发展”的活动主题，深刻领会党中央、市、区委精神，全面把握学习实践活动的指导思想、目标要求、主要原则和方法步骤，突出实践特色，将科学发展观的要求全面贯彻到全区档案事业发展中，坚持档案日常工作与学习实践活动“两手抓”、“两不误”，既高度重视、精心组织学习实践活动，又优质高效完成档案工作各项任务，实现了档案日常工作与学习实践活动“双促进”、“双丰收”。

（王国欣）

【档案法制建设】　年内，举办12.4档案法制宣传日活动，以“感受档案文化，坚持依法治档，服务科学发展”为主题，设计制作档案法律知识系列宣传展板、发放《档案法》宣传品百余份，举办档案法律知识讲座两场。修订完善《丰台区档案行政执法职权分解方案》、《丰台区档案行政执法办理流程》、《丰台区档案馆查档须知》、《丰台区档案馆利用档案收费标准》等规章制度，制定《关于做好机构改革档案管理工作的意见》、《关于做好学习实践科学发展观活动文件材料收集归档工作的通知》。

（王国欣）

【档案执法检查】　8月10日—27日，与区法制办联合开展2009年度档案行政执法检查。检查分为两个组，采取“听、看、查、议”的方式，对全区97个立档单位的档案管理情况进行检查，对档案案卷质量进行逐项考评。并开展执法检查“回头看”活动，狠抓整改措施落实。

（王国欣）

【召开档案工作会议】　4月28日，召开丰台区档案工作会议。会议总结了2008年全区档案工作，部署了2009年档案工作任务，并对2008年度档案工作先进集体和先进个人进行了表彰。区档案局局长董化斌做了《保存丰台记忆，服务科学发展，努力开创丰台区档案工作新局面》的工作报告，市档案局副局长姜之茂作了讲话，副区长吕仕杰对全区档案工作提出了要求。区人大副主任苗华，区政协副主席胡燕，区委办、区政府办、区人事局、区法制办等部门领导出席了会议。区属各单位主管档案工作的领导及办公室主任、档案员共计120余人参加了会议。

（王国欣）

【召开新农村建设档案工作现场会】 3月4日,丰台区新农村建设村级档案工作现场会在花乡白盆窑村召开。区人大副主任苗华,区档案局、民政局领导出席会议。花乡15个村、专业公司和直属单位以及全区五个乡镇主管领导和档案工作有关人员70余人参加了会议。

（王国欣）

【民生档案建设】 年内,组织开展社会救助档案管理,与区民政局联合制发《关于贯彻落实<北京市社会救助档案管理试行办法>的实施意见》,并召开街道办事处和乡(镇)的相关人员工作会议。推进家庭档案建设,启动家庭档案工作宣传月活动,将条件较为成熟的卢沟桥乡,作为全区示范地区,在36个家庭建档户中优选6户有特色的家庭,作为全区典型示范户。建立居民健康保健档案管理体制,将城市低保、经济适用房、限价房、廉租房等相关材料收集归档,方便群众利用。

（王国欣）

【档案信息化建设】 年内,启动馆藏1987－1988年婚姻档案数字化建设。全年完成各街乡婚姻档案数字化600卷,扫描原文影像104924页幅,更新婚姻人名索引目录18638条,刻录原文数据光盘22张(两套),检索数据光盘17张(两套),数据提交光盘25张(一套)。

（王国欣）

【组织各类档案业务培训会】 年内,举办档案专业知识培训班,188名档案工作者参加培训,全部通过考试;召开档案行政执法联络员培训会。组织部分街道、乡镇主管领导和档案员赴天津市和平区学习家庭档案工作经验。全年共对700余人次进行了档案法规、档案专业知识培训。

（王国欣）

【档案达标升级】 年内,经考评,长辛店医院达到丰台区卫生系统档案工作优秀单位标准。卢沟桥乡直属企业北京中都盛业投资管理有限公司、北京中都宏业投资管理有限公司、北京中都伟业投资管理有限公司、北京中都鼎业投资管理有限公司、北京市东阳建筑工程公司、北京市卢沟桥电气工程处晋升为丰台区农村档案工作优秀企业。

（王国欣）

【档案征集接收与整理】 年内,共征集温家宝总理、刘淇书记等国家、市领导视察丰台的照片档案75张,各类图书、画册119册,实物档案215件,数码光盘1件。接收37家立档单位上一年度归档电子目录数据28355条。接收奥运文书档案333件、照片52张、实物27件(包括北京奥组委捐赠给丰台区政府的29届北京奥运会开幕式使用过的奥运缶2件、缶槌4个、竹简2卷、船桨2支)。为记录新农村建设的进程,拍摄了28个行政村村容村貌照片610张。收集进馆的区委、区政府、区08办、区体育局等单位的奥运档案整理完毕。共有文书档案2870件、24卷,照片418张、光盘36张、实物61件、基建档案110盒。完成了原丰台区区长杨艳华捐赠资料的整理、归档及数字化工作,共8类43件。

（王国欣）

【档案普查与鉴定】 年内,按照“十一五”时期丰台区档案事业发展规划要求,对馆藏1964－1968年的2178卷档案进行逐卷逐件逐页的认真检查,并编制出普查馆藏待修复档案情况统计表,提前完成了“十一五”档案普查规划任务。对1958、1959年长期保存的16个全宗共535卷的到期馆藏档案进行价值鉴定,决定再延期保存30年。对馆藏保管期限满30年的1979年档案,57个全宗共1644卷进行开放审卷工作,确定开放档案527卷,不开放档案1117卷。

（王国欣）

【展示档案利用成果】 9月8日－17日,参加在皇城艺术馆举办的《北京市档案利用成果展》，精心设计的7块展板，六大类190件展品，从"资治襄政"、"编史修志"、"服务民生"、"精神传承"、"以史育人"五个方面，展示了丰台区档案工作在围绕全区中心工作，服务社会、服务民生中起到的重要作用。

（王国欣）

【举办首届"档案馆日"活动】 10月16日－17日，举办丰台区首届"档案馆日"活动。分为档案学习角、展览参观室、查档体验站、数字加工场、库房探究处、档案制作坊六大模块，接待社会各界参观者583人。? 区人大副主任苗华、副区长李丽萍、区政协副主席胡燕参加了首届"档案馆日"活动。12月16日与丰台区时光小学开展以档案知识进课堂为主题的档案社教活动。

（王国欣）

【开展学术研讨与档案学会活动】 3月19日，召开《国家档案馆社会教育功能的开发研究》课题报告论证会，国家档案局王雁宾司长、北京市档案局副局长马素萍等领导和专家与会，对课题的研究水平给予了充分肯定。向市档案局报送的丰台区2010年科研项目《农村档案信息资源共享问题研究》成功立项。北京市档案学会丰台分会开展学术研讨活动，七篇论文入选参加研讨。

（王国欣）

地方志工作

【概　况】 丰台区地方志办公室是区政府直属事业单位。主要职能是制定本区地方志编纂方案、工作规划，并组织实施；对本区机关、团体、企事业单位编志工作进行指导；编辑出版年鉴工作。年内，围绕学习实践科学发展观活动，做好启动第二轮修志工作的各项准备工作，完成《丰台区情》编写上报工作，《北京丰台年鉴2009》编纂出版和其他各项工作任务。

（左曙毓）

【编写《丰台区情》】 按照编写规范要求，撰稿人与全区相关单位联系准备资料，经过筛选、整理、加工，反复核实修改，完成初稿。4月初，报区政府领导和相关单位审阅，根据审阅意见和建议，再次做了调整和修改后形成定稿，按时报送北京市地方志办公室，并全文采用。《丰台区情》全文6000余字，图片4幅，客观真实地反映了丰台区情。

（左曙毓）

【《丰台年鉴》出版】 11月，《北京丰台年鉴2009》出版发行。全书近70万字，精装16开本，主要内容设有特载、大事记、政治、经济、文化、科技、教育、体育、卫生、社会生活、人物、统计资料、附录等，全面反映了上年内各单位重要情况信息。

（左曙毓）

【第二轮修志启动工作】 年内，围绕启动第二轮地方志书编纂任务，开展了三项工作：一是资料文件的准备；二是对第二轮修志工作进行整体设计，制订完成了《丰台区第二轮修志工作实施方案》；三是制定完成了第二轮丰台区志《篇目》，为正式启动第二轮修志工作奠定了基础。

（左曙毓）

【志书编纂实施方案通过】 5月27日，区政府召开区长办公会，讨论研究启动丰台区第二轮修志工作。会议决定：一是同意成立区地方志编纂委员会，由区委办、区政府办下发第二轮修志工作文件；二是同意选配主编和聘请编纂人员的意见；三是同意解决修志经费、办公地点和办公设备等问题。标志着丰台区第二轮修志工作正式启动。

（左曙毓）

机关事务管理工作

【概　况】 机关事务管理处以深入开展学习实践科学发展观活动为主线，逐步推进管理模式制度化，管理责任明确化，服务态度亲情化，服务方式规范化、服务标准个性化的机关后勤运行体系，按照“夯实工作基础，狠抓管理细节，提升服务水平”的实践活动主题和年初制定的目标管理责任制，把握工作重点，完善制度建设，健全监督机制，转变工作作风，工作效率明显提高，服务保障能力显著增强。

（陈　丽）

【工程改造顺利完成】 年内，完成五个办公区大小20项的装修改造任务及房屋土地使用证的办理。对1号楼进行噪音减震、电梯大修、年检和直燃机组清洗保养；对2、3号楼屋面更新人造草皮1700平方米；为区委党校统计局楼和信访办接待用房装修3133平方米；为部分办公区电梯增加迫降功能，地下车库内所有水管做了保温工程，办公室进行格局改造和装修粉刷；对电话通讯设备进行整体改造，确保了通讯联络的畅通。投资400万元完成了幼儿园阳光厅、外墙的装修改造，增设幼儿体能活动室，增加幼儿户外活动面积，由原来的850平方米增加到1044平方米，达到了市级示范园验收要求。

（陈　丽）

【科学发展观活动成效明显】 年内，按照区委组织部统一部署，完成三个阶段六个环节的各项工作，制定活动主题，班子成员集中学习，深入动员、查找整改问题，认真撰写调研报告，到分管部门、联系点和群众中谈心，交换意见，上报信息7篇，汇编简报2篇，到4个单位实地考察，邀请宣武区和市科委的领导进行座谈，共同探讨、认真查找制约机关后勤事务工作发展的原因，推动机关事务工作科学发展的理性思考，提出不断拓展后勤事业发展的对策与思路。学习实践活动，使处领导的思想得到了进一步解放，转变了党员干部的工作作风，增强了工作实效，推动了机关后勤工作的发展。

（陈　丽）

【调整办公用房】 年内，对机构改革中涉及的4个办公区、13个单位的办公用房进行调整。结合房源实际情况，拿出了相对公平、公正、可行的调整分配方案，为区领导决策提供了依据。

（陈　丽）

【固定资产配置合理】 年内，按照申报、采购、验收、入库、领用、出库、报损、处置等环节，合理配置固定资产，提高了使用效率。截止10月底，购置办公设备217件，购置资金100万元，购置办公家具341件，购置资金24.65万元。

（陈　丽）

【制度汇编进展顺利】 12月，结合现有的规章制度和实际服务保障需求，从岗位职责、规章制度和应急预案三大部分进行汇集、修订、补充和完善，编印完成《制度汇编》并下发，共编录149条、215页、12万字。制度的完善进一步推进机关服务管理保障工作有章可循、有据可依。

（陈　丽）

【“大食堂”统一管理稳步推进】 年内，对区委区政府、丽泽、南院三个办公区的食堂职能进行调整，实行统一管理，完善各项工作制度，精简人员编制，统一用餐标准，规范采买渠道。各食堂员工实行统一招聘、统一管理、统一培训；通过资质审核、实地考察、谈判招标，确定新的调料、副食及蔬菜供应商；实行厂家统一采购、统一配送，确保了原材料供应质量。“大食堂”管理步入正轨，设备故障率明显减少，消耗成本得到了有效控制，整合了资源，提高了服务水平。

（陈　丽）

【交通运输安全运营】 年内，对司机队伍加强交通安全法律、法规和制度的教育力度，完善各岗位职责和管理制度。全年组织司机集中学习12次，车辆机械性能安全检查620台次，维护增置车载灭火器27个；按照区环保局、财政局的鉴定意见和车辆配备使用标准，处置6台黄标车，购置1台小客车、2台大客车。全年累计出车20万台次，安全行使180

万公里,没有发生重大责任事故。

(陈 丽)

【节能降耗低碳办公】 年内,认真做好节能宣传工作,提高机关人员的节能意识,杜绝了用水、用电环节中的跑、冒、滴、漏现象。全年区委区政府办公区用水用电用气量均比上年度有所下降。南院联合办公区1、2号楼统一更换66个照明灯,文化中心办公区更换了2000个节能灯管,丽泽办公区对西侧房间进行遮阳改造,解决了办公直晒问题,节约了能源。

(陈 丽)

【抓安全防隐患】 年内,集中对各办公区灭火器等消防设施进行了检查维修。为区委区政府办公区更换摄像头,为财务室安装红外报警器,为南院联合办公区食堂安装了可燃气体报警器3部,为所辖办公区更换损坏的应急灯、安全出口灯,对聘用合同制人员进行政审备案。

(陈 丽)

政协北京市丰台区委员会

【概 况】 本年度是新中国和人民政协成立60周年,是推进区"十一五"规划实施的重要一年,也是应对金融危机、促进经济发展的关键之年。区政协在中共丰台区委领导下,坚持以邓小平理论和"三个代表"重要思想为指导,深入学习贯彻落实科学发展观,围绕区委、区政府关于"抢抓历史机遇、推进城乡统筹、加快区域发展"的中心工作,以保增长、保民生、保稳定为主线,以庆祝新中国和人民政协成立60周年为契机,牢牢把握团结、民主两大主题,坚持"与时俱进、开拓创新、求真务实、争创一流"的工作指导思想,团结带领各界委员,认真履行政治协商、民主监督、参政议政职能,圆满完成了各项工作任务,在丰台区改革开放和现代化建设事业中作出了重要贡献,发挥了不可替代的作用。区政协设置提案委员会、学习委员会、教文卫体委员会、文史资料委员会、经济科技委员会、城乡建设和管理委员会、社会法制委员会、民族宗教和港澳台侨委员会等八个专门委员会,设办公室、研究室、专门委员会工作一室、专门委员会工作二室、专门委员会工作三室、专门委员会工作四室。1月至12月28日共有委员260人,12月29日第18次常务委员会会议决定调整、增补区政协委员,截至12月31日,共有委员280人。1月至12月28日共有常务委员41人,12月29日第18次常务委员会会议决定赵秀兰不再担任委员从而不再担任常委。截至12月31日,共有常务委员40人。

(陈 阳 王格平)

【八届三次会议】 1月5日至7日在京丰宾馆举行,胡燕、刘占良分别作常务委员会工作报告和关于八届二次会议以来提案工作情况的报告。列席了北京市丰台区第十四届人民代表大会第四次会议,听取并讨论了李超钢区长所作的政府工作报告及其他报告,通过了会议决议。市政协副主席熊大新到会,中共丰台区委书记张大力讲话。区长李超钢及区人大、区政府、纪律检查委员会、区法院、区检察院的主要领导出席了开幕式和闭幕式。

(陈 阳 王格平)

【第13次常务委员会会议】 1月7日召开,初建华主持。听取大会秘书长关于区政协常委会两个工作报告和区政府工作报告讨论情况的汇报;审议通过提案委员会关于区政协八届三次会议提案审查情况的报告;审议通过区政协八届三次会议决议(草案);听取大会秘书长关于全会进行情况的汇报;协商决定会议如期闭幕。

(陈 阳 王格平)

【第14次常务委员会会议】 2月19日召开,初建华主持。审议通过了《政协北京市丰台区第八届委员会常务委员会2009年工作要点》。初建华在会议结束时讲话,就努力作好本年度的工作提出了要求。

(陈　阳　王格平)

【第15次常务委员会会议】 4月14日召开,初建华主持。听取区建委关于我区拆迁工作的情况通报;通报"民族团结林"养护活动安排;根据中共丰台区委常委会提名,做出一系列干部任免协商决定。

(陈　阳　王格平)

【第16次常务委员会会议】 6月25日召开,鲍顺新主持。协商审议了《关于应对金融危机影响、推动丰台经济平稳较快发展的专题报告》和《关于加快丰台区创业带动就业工作的调研报告》,决定调研报告在按照会议的意见修改后,形成常委会建议案,报送区委、区政府研究参考。

(陈　阳　王格平)

【第17次常务委员会会议】 8月5日召开,鲍顺新主持。协商审议了《关于促进丰台西部地区文化创意产业发展的建议》和《加快新农村建设、推进城乡一体化的建议》,决定调研报告在按照会议的意见修改后,形成常委会建议案,报送区委、区政府研究参考。

(陈　阳　王格平)

【第18次常务委员会会议】 12月29日召开,鲍顺新主持。听取了区委办公室、区政府办公室关于年度区政协提案办理情况的通报;协商决定区政协八届四次会议于2010年1月16日至19日召开;协商通过区政协常委会工作报告和区政协常委会关于提案工作情况的报告,确定了报告人;协商通过区政协财政工作民主监督小组《对丰台区2009年财政预算执行情况和2010年财政预算草案的建议》;协商决定了调整增补区政协委员事宜;协商通过了补选区政协副主席、秘书长、常务委员候选人建议名单;协商通过区政协八届四次会议选举办法(草案);协商通过区政协八届四次会议议程(草案)、日程、执行主席分工、列席人员名单、委员讨论组及召集人;协商决定了区政协八届四次会议秘书处机构设置和人员分工。

(陈　阳　王格平)

【政治协商】 年内,按照区委确定的政治协商议题,区政协在开好"促进经济发展专题研讨会"的基础上,认真组织了"关于贯彻落实科学发展观"政治协商会议,区委、区政府主要领导出席会议。参加协商会议的区政协常委、各民主党派、工商联负责人和有关专家、学者12人先后发言,大家紧密围绕区委、区政府中心工作,就应对金融危机、促进中小企业发展、以创业带动就业、科学规划河西地区发展等方面提出了具有前瞻性、建设性、可操作性的意见和建议。区委书记李超钢对协商会议和区政协工作给予了充分肯定,表示要认真研究和吸纳协商会意见,将其转化为具体行动。他还介绍了丰台区面临的形势和任务,希望区政协继续献计出力,从而使区政协的研讨会、协商会成果得到了很好的运用。

(陈　阳　王格平)

【学习委员会工作】 年内,举办"台海形势报告会",正确认识新的形势下两岸关系的新形势、新特点,为促进两岸关系和平发展,实现中华民族的伟大复兴,推进祖国统一大业贡献力量。分别召开了担任特约监督员的委员和特约工作人员聘请单位领导两个座谈会,研究、探讨特约监督工作经验,多方听取意见和建议。18位委员和8个单位的领导分别在座谈会上发言,交流了履行政协职能,倾听、反映群众呼声,充分发挥监督员作用的经验、做法,指出了工作中存在的问题,提出了改进意见和建议。座谈会还就制定和完善特约工作制度、搭建特约人员知情平台、促进本单位党风廉政建设和转变工作作风所取得的成效进行了总结交流,就进一步完善加强特约监督工作提出了设想和建议。区政协领导充分肯定了多年来特约监督工作所取得的成绩,并就进一步提高对人民政协特约监督工作的认识、用制度保障和规范特约监督工作等重要方面提出了要求。8月2日～4日举行2009年暑期学习班，初建华、鲍顺新、胡燕、周大春、刘占良、乔世红，区政协常委，区各民主党派、工商联负责人，无党派人士，各族各界代表，区政协机关干部参加。学习班听取了全国人大外事委员会主任李肇星所作的国际形势报告；听取区委常委、常务副区长汪洪关于丰台区上半年经济工作情况的通报，区纪检委副书记、监察局局长胡春溪关于丰台区党风廉政建设和反腐败工作情况的通报并进行了座谈，与会人员围绕通报，针对丰台区的各项工作提出了意见和建议。

（陈　阳　王格平）

【提案委员会工作】 年内，区政协八届三次会议以来，共审查立案201件提案。在积极做好办理工作的同时，区政协加大了对平时提案的征集力度，共收到平时提案21件，经审查立案20件，比前一年提高了两倍以上。为了进一步提高提案质量，由区政协主管领导对全体委员进行了专题培训。继续坚持主席、副主席、秘书长和专门委员会督办重点提案的做法，主席会议确定的14件重点提案分别由各位主席、秘书长和有关专门委员会认真督办，强化协调，加大指导力度，有力推动了提案办理工作。

（陈　阳　王格平）

【教文卫体委员会工作】 年内，以常委会确定的“促进丰台西部文化创意产业发展”为课题，联合7个民主党派组成调研组，集中组织14次调研，听取了7个单位负责人的情况通报，邀请专家进行专题座谈，共有169人次参加调研活动，12名成员提出书面建议，在此基础上，经反复修改，形成了《关于促进丰台区西部地区文化创意产业发展的建议》，提交常委会审议。教育工作民主监督小组针对规范化建设中的健康促进校情况，考察了洋桥职业高中和丰台五小，委员们在充分肯定成绩的同时，就工作中存在的认识不到位、发展不平衡的问题，提出了具体的意见和建议。协助组织解放军302医院的专家深入13个街、乡、镇，开展“健康社区行、服务为人民”大型义诊活动，医护人员共447人次参与义诊，接治病人20195名。与解放军302医院、九三学社市委、南苑乡、区爱卫会共同承办了第21届“国际科学与和平周”丰台会场的活动。组织委员考察药品放心区建设、社区卫生工作。

（陈　阳　王格平）

【文史资料委员会工作】 年内，编辑纪念丰台区改革开放30年来文稿86篇，近32万字、86幅照片，集中反映了丰台区总体发展进程和民营经济发展轨迹，展示了农村经济体制改革和新农村建设取得的丰硕成果，讲述了各项事业的发展变化，反映了改革开放给人们带来的发展机遇。该书被首都图书馆收藏，较好地起到了存史、资政、团结、育人的作用。

（陈　阳　王格平）

【经济科技委员会工作】 年内，选择“面对金融危机影响，如何促进丰台区经济平稳较快发展”为课题，深入开展调查研究。举办了相关职能部门、区政协委员、党派团体、驻区企业、各界代表人士参加的报告会、座谈会、研讨会等，先后有600多人次参加。组织委员认真学习中央经济工作会议精神；邀请市、区有关专家举办了《国际金融危机与北京经济发展情况、问题及对策》和《关于丰台区经济发展情况、问题及对策》报告会。举办了“促进丰台区经济发展研讨会”，以“应对金融危机，推动丰台区经济平稳较快发展”为主题，在委员中广泛开展“扩内需、促增长”献计献策活动。政协委员和各界人士围绕丰台区的区域经济、中小企业、发展环境、重点功能区建设、重点产业、城乡一体化等方面，共撰写了36篇文章。区政协形成了《关于应对金融危机影响，推动丰台区经济平稳较快发展》的常委会建议案。积极参加由门头沟区政协承办的第三届论坛，将论坛征稿信息分别刊登在《丰台报》和区政府、区政协网站上，为论坛征集到了23篇建言立论文章；协助完成了《首都西南区域旅游休闲产业发展研究》课题组在我区的调研工作；制作完成了反映我区经济建设成就的宣传展板；录制完成了宣传短片，为第三届论坛的成功举办做出了贡献。深入了解我区中小企业面临融资难的问题后，积极协调区财政局、发改委、综合投资公司等部门，与区工商联共同举办了"搭建银企合作平台，促进中小企业发展"为主题的第十届区政协企业家联谊会，引入区七家银行参与合作，有两家企业与北京银行现场签订了800万元贷款协议。区政协财政工作民主监督小组听取了区财政局《关于丰台区2008年决算和2009年预算调整方案及上半年执行情况》和《关于丰台区2009年预算执行情况和2010年预算草案的报告》，委员们围绕我区财政预算和执行中的热点、难点问题进行了认真讨论，提出了具体意见和建议。为了延伸对财政工作的民主监督，财政工作民主监督小组还听取了区教委对财政预算执行情况的通报。组织委员视察丽泽金融商务区。

（陈　阳　王格平）

【城乡建设和管理委员会工作】　按照常委会要求，以"加快新农村建设，推进城乡一体化"为课题，与有关党派组成联合调研组，召开专题报告会、情况通报会9次，深入五个乡镇、三个街道、七个村开展调研活动，赴顺义区学习考察了新农村建设经验，在深入调研的基础上，形成了调研报告，充分肯定了丰台区在实施"河东城市化、河西城镇化"中的成绩，指出城乡二元体制是制约丰台区现代化新城区建设的"瓶颈"问题，并从思想认识、管理体制改革、城乡统一规划、基础设施建设、促进河西经济发展、加快绿化隔离地区建设等六个方面提出了意见和建议。组织委员考察农村户厕改造、地铁四号线开通、环境保护工作。

（陈　阳　王格平）

【社会法制委员会工作】　区政协主要领导亲自挂帅，社会法制委员会与有关党派、人民团体组成联合调研组，在相关职能部门的支持下，先后开展调研活动13次。调研组认真学习有关方针政策，听取情况通报，与辖区失业人员、复转军人、大学生等七个创业群体共200余人进行了专题座谈，赴通州区学习考察，召开专题研讨会，在充分调查研究的基础上写出调研报告，提出了解决问题的具体对策。组织委员视察区民政基础设施情况；组织委员考察社会救助管理、社区矫正工作、看守所建设。

（陈　阳　王格平）

【民族宗教和港澳台侨委员会工作】　针对金融危机对区台资企业和清真餐饮业的影响，与区台办联合召开驻区台企、台商见面交流会，得到了与会企业家、台企、台商的积极回应；及时听取和向区政府汇报了区清真餐饮企业面临的困难和问题，努力帮助企业走出困境。通过开展多种形式的对外联络工作，促成了中国前外交官联谊会及8个国家的大使夫人向南苑一小捐助阳光助学金活动；促成了博茨瓦纳驻华大使等到访儿童福利院，开展捐助活动。

（陈　阳　王格平）

重要活动

【深入学习实践科学发展观活动】　3月至8月，区政协党组和政协机关开展了深入学习实践科学发展观活动。这次活动把"发挥政协优势、服务全区大局、提高履职水平、促进科学发展"确定为特色主题，主要特点是：注重思想发动、加强组织领导；注重正面教育、强化理论武装；注重广开言路、广泛征求意见；注重边查边改、解决突出问题；注重统筹兼顾、切实推动工作。通过半年的学习实践活动，取得的主要成效是：深化了对科学发展观的认识；找出了工作中存在的主要问题；明确了发展方向、思路和措施；进一步激发了开拓进取的良好精神状态。

（陈　阳　王格平）

【市政协领导调研】 4月2日,市政协党组副书记、副主席沈宝昌,副秘书长、人事联络室主任王荔茹,人事联络室副主任陈昕,人事联络室联络处处长雷时正等一行6人来丰台区调研。调研组前往卢沟桥、北宫国家森林公园分别考察了永定河河道管理和非煤矿山改造项目的建设情况,听取了区政协工作情况的汇报。区委书记李超钢,区委副书记、代区长游广斌,区政协主席初建华,常务副主席鲍顺新,副主席胡燕,区政协副主席、区委统战部常务副部长周大春,秘书长乔世红,办公室室主任陈阳,研究室主任张全开等陪同调研。考察之后,召开了政协工作汇报会。会议由初建华主持,鲍顺新汇报了政协工作情况。沈宝昌对区政协的工作给予充分肯定,指出:区政协开展工作有眼光、有创意、有题目、有载体、有效果。调研题目抓的点比较准确,符合区情,特别是所开展的文化创意产业发展、土地资源状况、节能减排、发挥律师作用四个调研,很有眼光,很有创意,抓得比较实。他强调:当前发展的浪头已经到了丰台,在新一轮发展中,政协大有可为;城乡一体化发展是一个大题目,区域经济发展是一个大趋势,市政协将全力支持丰台区政协开展服务区域经济发展的工作;政协自身建设的课题将更加迫切,要积极探索,拓展领域,挖掘潜力,营造氛围,切实把政协工作的特色和优势发挥出来。

(陈 阳 王格平)

【京九沿线市(区)政协工作研讨会第十三次会议】 5月19日,由北京市丰台区、河北省廊坊市共同承办的京九沿线市(区)政协工作研讨会第十三次会议,在丰台区开幕。北京市丰台区、河北省廊坊市、沧州市、衡水市、邢台市,山东省聊城市、菏泽市,河南省濮阳市、商丘市、信阳市,安徽省亳州市、阜阳市,湖北省黄冈市,江西省南昌市、吉安市、宜春市、赣州市,广东省河源市、惠州市政协的领导及有关人员参加了会议。区委书记李超钢,区委副书记、代区长游广斌,区人大常委会主任杜瑞琴,市政协人事联络室副主任陈昕等领导到会祝贺。初建华、鲍顺新、胡燕、周大春、赵仑、刘占良出席会议。会议由胡燕主持。会议主题是:加强政协委员队伍建设,提高履行职能的能力和水平。初建华致开幕词。李超钢在会上讲话。19个兄弟市(区)政协围绕主题,广泛研讨了新形势下人民政协工作的新思路、新举措,以及加强区域协作、共同促进京九沿线可持续发展等问题。河北省廊坊市政协、河南省商丘市政协、江西省南昌市政协在会上作了发言。会议于21日在河北省廊坊市闭幕,通过会议纪要,并商定:京九沿线市(区)政协工作研讨会第十四次会议于2010年在广东省河源市、惠州市举行。

(陈 阳 王格平)

【庆祝新中国暨人民政协成立60周年系列活动】 为庆祝新中国暨人民政协成立60周年,区政协、区委统战部联合召开座谈会,各党派、团体和政协委员代表先后发言,热情歌颂了在中国共产党领导下新中国和人民政协60年的辉煌历程、改革开放和社会主义现代化建设所取得的辉煌成就,交流了在人民政协舞台上尽职尽责的经验体会。区委主要领导充分肯定了区政协工作成绩,就进一步做好新形势下人民政协工作提出了具体要求。举办民族宗教、台侨界茶话会,以“与共和国同行、与人民政协同行”为主题,10位代表先后发言。区政协将座谈会和茶话会的25篇稿件收入到《庆祝新中国暨人民政协成立60周年文集》。举行大型文艺演出,各民主党派、工商联、人民团体和政协委员150余人参与演出,各界群众400多人观看了演出,演出获得圆满成功。举办书画展,共征集书画作品80多幅,参展60幅,区委、区政协领导参加开幕式并向作者代表颁发了证书。

(陈 阳 王格平)

政法 军事

政 法

【概 况】 年内,区委政法委认真贯彻落实中央、北京市有关做好政法维稳工作和国庆安保工作的一系列决策部署,紧紧围绕"保增长、保民生、保稳定"、促进区域经济平稳较快发展,做好矛盾纠纷排查调处,维护区域社会和谐稳定。促进区域经济平稳较快发展,提供了司法保障和公平高效的法治环境。开展了"城南行动计划"谋篇布局阶段的各项工作,根据做好迎接建国60周年庆典活动维稳和安保工作的有关要求,以"建立一套指挥体系,制定两个工作方案,突出三个工作重点,启动四项工作机制,实现五个工作目标"为主线,提前部署,全面发动,突出重点,强化措施,深入开展"平安国庆行动",确保了国庆期间社会安全稳定。

(马劲忠)

【平安国庆行动扎实有效】 年内,成立区国庆安全稳定工作指挥部,统筹全区各级安保力量,召开国庆维稳信访工作动员部署大会,以"国庆平安行动"战前整治和战时严控阶段专项工作为重点,围绕涉及国庆阅兵和游行有关路段、国庆游园活动场所、焰火燃放点等庆祝活动地区及部位开展隐患排查防控。围绕市容环境秩序、市场经营秩序等,加强对非法运营、制假贩假等突出问题进行清理整治。投入社会辅警力量近70万人次参与社会面防控工作,抽调330名机关干部担任安全特派员,织密了安全防护网络,确保了国庆期间社会的安全稳定。

(马劲忠)

【矛盾排查化解纠纷】 年内,先后3次组织全区性拉网式矛盾纠纷大排查,化解了一批重点矛盾纠纷。1件中政委挂帐和20件市委政法委挂帐督办的案件已化解19件,15件区重点矛盾已化解9件,19名上访重点人息诉罢访。由于整合了各种力量,加强了协调配合,坚持多部门联动,成功处置了任艳霞等15名商户到天安门地区闹访、赵世宗涉嫌扰乱社会秩序案、马家堡三期强迁遇阻案等30余起群体性事件。健全了诉前人民调解与法院诉前调解、立案调解、庭前调解、庭审中调解"五点一线"的大调解格局,截止10月底,各级调解组织共调解矛盾纠纷8214件,成功率达95%。

(马劲忠)

【开展与法轮功邪教组织的斗争】 年内,,组织协调各街乡镇加强与驻地派出所、流管办配合,对区域内法轮功人员特别是流动人口中的法轮功人员逐一摸排,发现并查获涉嫌法轮功违法活动人员。有针对性地对54名刑释解教人员进行回访帮教。

(马劲忠)

【提高对流动人口的服务与管理】　年内，全区共有流动人口88.9万人，出租房屋11.3万户。在对流动人口的服务与管理中，协调区民防局在人防工程内，推广IC卡智能化生活管理系统，建立租住人员休闲区。会同劳动局等部门对72起违法用工单位作出处罚，取缔非法职业介绍所10余家，为农民工讨回工资1600余万元，维护了流动人口的合法权益。

（马劲忠）

【标本兼治打击预防两类犯罪】　年内，集中查办以城镇建设领域为重点的商业贿赂等案件，立案17件18人，大案9件，要案2件，移送审查起诉11件；拓展行业预防外延，建立与驻区各高校之间的预防工作机制，启动《丰台区检教、检校预防职务犯罪联席会议制度》，依法严惩各种职务犯罪。加强预防网络建设，重点开展警示教育，与区房屋管理经营中心建立预防职务犯罪工作机制，与驻区电力单位研讨开展深化红线制度教育活动。

（马劲忠）

【提升法律服务档次】　年内，立足重点地区，面向重点人群，以重要节假日为契机，推动了“法律六进”活动的深入开展。充分发挥法律向导站、农民工普法学校、流动人口法制宣传教育基地等阵地作用，推广“普法茶亭”、“普法班车”、“法律向导站”等普法品牌，开展无缝衔接、排查摸底、关爱化解、教育转化、监督防控等五个专项行动。充分发挥假日法庭、残疾人优先立案窗口、法官手语服务等各项便民服务措施功能，司法救助和法律援助工作得到进一步的提升。

（马劲忠）

【进一步改善基层基础设施建设】　年内，区财政不断加大对政法单位基础设施建设的投入，投入100万元用于莲花池公园监控系统建设，划拨700万元资金用于国庆专项安保工作，着重为一线配齐单警装备1374套。同时，各级街乡政府也先后投入资金475万余元，用于人防、物防、技防建设。

（马劲忠）

【加强政法干警能力素质建设】　年内，按照分级分类管理的原则，针对各单位的职能特点和工作需要，制定和落实年度教育培训计划，通过集中学习、系列讲座、专题研讨、交流体会等形式，切实加强了政法干警的业务培训和岗位练兵。公安分局在集中训练的基础上，采取让受训人员与业务骨干进行跟班作业、实战操作的方式进行执法业务培训；检察院与首都医科大学建立“卫生法学教学实习基地”，构建了法学理论与司法实践的交流平台，增强了法学理论与司法实践的良性互动；法院积极探索以“导师制”为重点的青年法官培训新途径，为新录用的大学生聘任了45名带教法官，起到了传帮带的作用。

（马劲忠）

【召开2009年政法工作会议】　2月10日上午，召开2009年政法工作会议，传达贯彻全国和北京市政法工作会议精神，总结回顾2008年全区政法维稳工作，并对2009年工作进行了安排部署。张大力、李超钢、闫满成与街乡（镇）、部门代表现场签订了《加强社会治安综合治理，推进“平安北京”建设责任书》。

（马劲忠）

【李伟来丰台调研维稳和综治工作】　10月29日上午，市委副秘书长、政法委常务副书记李伟来丰台区调研政法维稳和综治工作，市流管办常务副主任苗林、市维稳办专职副主任李宁、市委政法委副巡视员彭波及办公室主任李中水等随行调研。区委副书记，政法委书记王苏维和区委政法委杨永华、姚建国、李海秋及区公安分局负责同志陪同调研。

（马劲忠）

公　　安

【概　况】　年内，紧紧围绕国庆60周年安保工作，以“维稳年”为中心，以强化社会面打击整治为手段,以有效管控不稳定因素为重点,以严密专项安保措施为核心,以提升队伍能力和状态为保障,做到了组织指挥准确高效、专项工作规范有序、风险评估严谨细致、社会面防控周密到位,确保了辖区10条路线、20281名人员、422台车辆(设备)的绝对安全,完成了国庆安保、群众游行、游园活动等6类39项专项安保任务。共接报"110"报警254853件,刑事类警情同比下降6.1%。黄、赌类举报警情同比下降20.8%,盗窃非机动车警情同比下降6%。警情平稳天数达354天,占全年总数的97%。破获各类刑事案件8483起,同比上升13.5%。抓获违法犯罪嫌疑人11898人,同比上升9.9%。其中,"命案"破案率达92.86%,同比提高11.83%。八类案件破案率同比提高1.5%;侵财案件破案率同比提高27.6%。破获"法轮功"案件29起,打掉法轮功团伙7个、捣毁地下窝点14个,抓获违法犯罪嫌疑人40人。持续开展清理整治,全年共查扣"黑车"、"黑摩的"10085辆,同比增加49.7%。进一步完善和规范社区警务工作,有效提升社区安全防范能力。年内,社区新增专职巡防力量850余人,安装监控探头、红外线报警器等技防设施8900余个,加装防护栏、防盗门等物防设施1400余处,落实准封闭小区出入口管理120余处。继续加强巡逻网建设,不断优化街面警力布局。全年,街头刑事类警情同比下降28.5%,"两抢"、扒窃等街头突出警情同比平均下降26.1%。通过巡逻抓获治安拘留以上违法犯罪嫌疑人6380人,盘查抓获率同比上升3.6%。成功处置群体访300批次6256人次,群体性事件330批次10800余人次。累计集中劝返进京上访人员1685人,接待群众来信来访来邮1118件次,结办1073件次,结办率96%。年内,累计组织警力4600余人次,发动辅警力量12000余人次,检查列管单位7276个次,填写安全检查记录2670份,发现整改各类安全隐患264个,完成行政处罚60余起,罚款38500余元。深入开展对公众聚集场所、挂帐火灾隐患排查及校园安全检查等9项专项整治行动,消除了安全隐患。全年共检查各类单位8973家,地下空间294处,发现整改安全隐患13645个,行政处罚1052起,罚款551万余元。深入开展调研工作,完成各类文字材料2200余篇,80万余字。向市局办公室网站报送信息42篇,采用率达100%。坚持对干部锻炼、培养、考察的思路,先后提拔任用领导干部93人,交流59人,免职42人,进一步激发干部队伍的活力。以"抓典型、树标兵"活动为载体,发挥典型的示范引导作用,对15个集体及7名个人进行了通报表彰。分局政治处荣获"北京市思想政治工作优秀单位"称号,获得"拓荒牛奖牌"。在纪律教育中开展了学习贯彻以"五个严禁"为依据,争创"零投诉无违纪所队"、警示日教育、典型案例等教育活动。玉泉营派出所新址选建和刑侦技术大楼改造等工程的建设,以及新建西局派出所、新发地派出所、四合庄派出所筹备工作为加强执法奠定了基础。

(郭凤华)

【公安新闻宣传成绩显著】 年内,组织召开各种新闻吹风会17次,在《新华通讯社》、《中央电视台》、《法制日报》、《人民公安报》等中央及《北京日报》等市属的报刊、电视台、广播、网络等新闻媒体刊发稿件1500余篇(幅)。与丰台广电中心合作完成《丰台警方》电视专题栏目24期,总时长360分钟。制作各类汇报片6部。拍摄影视资料1800分钟。留存图片资料2500余幅。接待社会新闻媒体针对区内发生突发案(事)件要求采访核实情况140余次,其中涉及敏感案(事)件60余件。

(郭凤华)

【开展领导干部竞争上岗】 3月29日至4月22日期间,组织开展了领导干部竞争上岗工作。共设副处职职位2个,正科职职位16个,副科职职位10个。523人报名参加,经过严格筛选，共有32人入围正科职位、21人入围副科职位、4人入围副处职职位。

（郭凤华　郝晓莉）

【深化国庆安保教育活动】 年内，开展了“三颂”、“三爱”主题教育，“平凡颂”主题征文演讲，“身边好人”推荐评选，国庆“安保之星”宣传等系列活动。共出条幅100余条、板报30余块、橱窗20余个、宣传画1000余张。在政工网上开辟“国庆安保思想政治工作专刊”、“国庆安保战时系列报道”、“民警日记”、“国庆安保青年突击队”等栏目，撰写刊发简报、专刊116期、政工信息160余篇、各类图片200余幅、“一线风采”900余篇。

（郝晓莉）

【圆满完成国庆安保现场督察】 年内，在国庆60周年安保现场督察工作中，先后对12个专项行动进行专项督察，发现督促整改各类问题42件，下发《公安督察队通知书》2份，《公安督察建议书》3件，行政告诫4人次，诫勉谈话8人次。期间出台五项责任追究规定，全力保障分局各项国庆安保措施落到实处。

（郭永超）

【对五条禁令开展真督实查】 年内，针对重大节假日、民俗节气期间易发生违反禁令的情况，加大对遵纪守令的宣传教育和监督检查力度，督察队先后出动警力132人次，采取设卡、蹲点等形式，开展专项督察检查，暗访餐饮娱乐场所54家（次），路检路查、上门抽查警用车辆420辆次，有效杜绝和减少了违令行为的发生。

（郭凤华　郭永超）

【“猎鹰”专项行动成效显著】 年内，全员参与的“百车千人”高压态势，开展超常规、地毯式的“猎鹰”专项清整震慑行动，共抓获各类违法犯罪嫌疑人2889人，同比上升19.4%。共立刑事案件2094件，同比下降5.7%，破获刑事案件1612起，同比上升11.7%。接报刑事类警情，同比下降25.7%，入室盗窃、街头“两抢”等夜间高发警情同比下降18%。

（郭凤华　朱　静）

【国庆安保后勤保障落实到位】 在做好国庆期间各项勤务后勤保障工作中，共出车78辆/次，累计运送民警4400人。提供送餐、送水19780余份。配发各种国庆安保装备850件。建立就诊“绿色通道”，为执勤警力先后送药四次，药品品类达到40余种，价值5000余元，并购买小药箱及20余种药品配发全局。

（郭凤华　袭　薇）

【加强公安装备建设】 年内，举办枪械基础理论培训班2次。建成了应急装备库、枪弹防暴库、通用设备库，安全转移17896件警用装备和30000枪支弹药。共采购装备9899件，领取装备4536件，配发装备16067件，报废装备6716件。编制预算5大类102项10285件，资金4229.3898万元。

（郭凤华　袭　薇）

【维稳情报信息工作得到强化】 年内，搜集上报情报信息1983件，编报《日维稳专刊》80期、月刊12期、每日评估和国庆综合情况280篇。并对国庆前夕掌握的危害或可能危害国庆安全的27件情报信息，全部进行跟进核查。妥善处置各类突发事件38起，依法处理嫌疑人500余人，先后抓获并刑拘5名扬言爆炸闹事人员，成功处置一起涉及全国各地480余人的非法聚集活动。

（郭凤华　钟　波）

【不断提升行业场所掌控能力】 年内，共检查歌厅、旅店、洗浴、旧货、回收、机修等场所1308家次，处罚问题场所120家，罚款39万余元，取缔黑开场所120家，行业警情下降19%。

（郭凤华）

【公共治安秩序得到有效治理】 年内，治安支队积极协调城管、工商、交通等部门，对全区“4园3场10站17线”等34个重点地区开展整治，出动警力2600余人次，实行挂帐清理。查扣黑车4500余辆，治安拘留非法运营人员1187人。规范化整治557家露天餐饮场所,清理大排档363家次。打掉举牌验车团伙12个,治安拘留拦车扰序人员90人。

(郭凤华)

【整治校园周边治安秩序显成效】 年内,加强对学校周边治安秩序的整治力度,确保校园内外安全,共破获校园及周边诈骗、抢劫、赌博、盗窃、打架斗殴案件47起,抓获犯罪嫌疑人56人。会同城管、工商、文化等部门及属地派出所出动警力1213人次,保安、治保积极分子等其他力量558人次,开展区域和专项整治10次,清理整顿校园周边集贸摊群市场12处,取缔违法经营场所13家,出租房屋9242间,拆除违章建筑665平方米,取缔非法网吧9家、收缴非法书刊5313册,非法光盘561张,清理取缔无照摊贩167个,查扣黑出租车343辆,黑摩的85辆,监督整改治安隐患27处。

(郭凤华 杜崇庆)

【以科技手段服务公安实战】 年内,积极开展对涉及网络违法犯罪案件的查处,严密监控网络阵地,协助开展“9.13”专案,打击电话诈骗、网络淫秽、网上涉毒、网上涉枪(仿真枪)等专案7个。协查涉网案件线索25件,勘察涉案计算机18台,移动存储设备20余块,制作电子勘察笔录11次。参与破获刑事案件208起,抓获各类违法犯罪嫌疑人233名(其中网逃132名),其中协查命案13起,破获11起。在市局网络安全系统考核中排名第一。

(郭凤华 王 彬)

【严厉打击“黑网吧”】 年内,协调工商、文化等部门不断加大对“黑网吧”的查处取缔工作,组织开展“打击取缔黑网吧专项行动”和5次代号为“清网”的集中战役行动,关停取缔“黑网吧”112家,治安拘留处理“黑网吧”经营者36人,查扣电脑主机等上网设备1739台。

(郭凤华 杨会玲)

【出入境大厅通过年审评定检查】 年内,分局出入境接待大厅在上年被公安部评为“省级文明窗口”的基础上,提升管理服务水平,共受理申请材料3.3万余件,接待咨询群众7.2万余人次,日均接待190余人次,高峰期达到300余人次,境外人员临时住宿登记率、准确率达98%以上,证件受理准确率和及时率始终保持100%,顺利通过了市局出入境管理处评定小组有关“文明窗口回头看”年审评定检查。

(郭凤华 林海莺)

【拘留所被评为二级拘留所】 拘留所成立以来,连续四年没有发生民警违法违纪行为。实现了安全管理、队伍建设无问题的“双零”指标,被评为二级拘留所。

(郭凤华)

【两会安保任务】 “两会”期间,共出动警力1855人次,先后完成“两会”铁路线警卫19次、公路路线警卫19次、北京南站外围现场3次、南站公路路线1次以及全国政协主席贾庆林、香港特首曾荫权、高法院长王胜俊等要人警卫。

(郭凤华)

【街头便衣打击队正式成立】 4月26日,巡警支队街头便衣打击队正式组建,并设4个分队8个车组,先后参与分局“南部战役”、“惊雷行动”、国庆安保执勤、备勤、“打击两抢”、“打击涉车盗”、“猎鹰”等专项行动,共抓获犯罪嫌疑人128人,刑拘63人,治拘32人,打掉2人以上犯罪团伙35个,破案81起。

(郭凤华 刘贵平)

案例举要

【打掉一个入室盗窃犯罪团伙】 2009年年初,丰台刑侦支队经工作,成功破获“11.02”专案,一举打掉2个重庆市巫山籍入室盗窃犯罪团伙,抓获团伙成员赵某某(男,1973年7月9

日出生)、卢某(男,1974年3月17日出生)等4人,同时抓获1名涉嫌在原籍伤害致死案件的巫山籍网上在逃人员陈某某(男,1979年4月26日出生)。经审查,赵等人供述自2008年9月以来,在本市10余个区及天津市、唐山市等地区先后作案100余起的犯罪事实,已核实40余起,总涉案金额百余万元。

(赵　雄)

【侦破一起特大入室杀人案】 1月10日,分局刑侦支队经过为期20天的缜密侦查,成功侦破发生在南苑镇新宫村某出租平房内的一起特大杀人案件,犯罪嫌疑人余某某(男,32岁湖北省公安县人)被抓获。经审讯,余某某供认:其于2008年8月在鑫利飞跃搬运公司打工,后被老板杜某某辞退,在其向杜某某夫妇索要工资时,杜某某夫妇非但没给,还将其被褥扔至屋外,故其产生报复杜一家的念头,2008年12月21日凌晨,其持刀窜至杜的住处,将杜等3人扎死、将尹某某扎伤后逃离现场的犯罪实事。

(赵　雄)

【破获系列抢劫收废品人员案】 3月26日,分局刑侦支队经过缜密侦查,深入细致的回访,历时近两年,终于成功抓获魏某某(男,1976年3月25日出生,黑龙江省双城市人)、张某(男,1975年6月1日出生,黑龙江省双城市人)两名犯罪嫌疑人。经审讯,魏某某等人供述自2007年5月份以来,伙同肖某(另案收押)、谭某(在逃),在本市丰台、朝阳、崇文、宣武、通州、海淀等地,采用由一名嫌疑人将事先准备好的铜线出售给收废品人员,待交易完成后,另两名嫌疑人以份量不准为由,对事主进行威胁或殴打,并将铜线抢回的犯罪手段,先后抢劫收废品人员200余起的犯罪事实。4月28日魏某某、张某被批准逮捕。

(赵　雄)

【打掉一制贩冰毒犯罪团伙】 8月27日,分局刑侦支队经侦查,在市局有关部门和昌平分局的大力支持和配合下,打掉一个特大制造冰毒犯罪团伙,抓获犯罪嫌疑人朱某某(男,1986年4月26日出生,北京市昌平区人)等5人,当场缴获冰毒59.42克、液态冰毒8毫升、自制手枪一支、及大量易制毒化学品和制毒设备。

(赵　雄)

【侦破"10.23"系列盗窃案】 12月12日,分局刑侦支队经侦查一举打掉由4个相对固定、平时作案时有交叉、以地缘亲缘为主要纽带的特大盗窃犯罪集团,抓获犯罪嫌疑人14名,起获涉案车辆8部及服装、食品、酒等多种涉案赃物。该集团集盗运销一条龙、有固定踩点运赃车辆,有固定销赃渠道,作案流程相对固定,采取事前踩点等多种方式实施犯罪。经审讯,犯罪嫌疑人朱某某(男,1988年5月20日出生,河南省淮阳县人)等人供述,自2009年以来,在丰台、大兴等地实施盗窃作案近百起,涉案总金额达100余万元的犯罪实事。

(赵　雄)

【打掉一个传销团伙】 12月28日,丰台分局刑侦支队在市局经侦处等部门的大力支持下,打掉一个非法传销犯罪团伙,抓获犯罪嫌疑人程某某(男,1957年8月4日出生,山东省平度市人)等8人。经审讯,程某某等人供述,该团伙以"幸福199工程"《和谐中华互助养老共富康馨俱乐部》的名义招收会员并鼓励会员大力发展新会员,在本市西城、东城、宣武、海淀、朝阳、怀柔、通州等地,使用传销的手段针对退休的老年人实施犯罪。并利用互联网注册了一个名为xf199.com.cn的网站,在全国各地发展会员1.2万余人。7名犯罪嫌疑人被刑事拘留,1名犯罪嫌疑人取保候审。

(赵　雄)

检　　察

【概　况】 年内,共受理审查逮捕案件1987

件2787人,批准(或决定)逮捕1716件2392人。受理审查起诉案件2339件2990人,向法院提起公诉2222件2824人。依法追捕追诉犯罪嫌疑人85名,追加犯罪事实66起。提前介入引导公安机关侦查100余次,其中重大案件41件。对于轻微刑事犯罪适用快速审理程序办理247人,对于证据不符合法定要求,或者社会危害性不大、无刑事处罚必要的案件,依法不批准逮捕235件351人,不起诉26件30人。对职务犯罪线索初查终结70件,立案侦查21件,其中要案2件,大案10件,挽回经济损失489万余元。协助其他省市检察机关查办职务犯罪案件51件。受理立案监督线索4件,要求公安机关说明不立案理由12件,公安机关主动立案1件1人,共受理各类民事行政申诉案件132件。

(金　朝)

【开展了学习实践科学发展观活动】　3月17日,召开深入学习实践科学发展观活动动员部署会,正式启动深入学习实践科学发展观活动,区委学习实践活动指导检查组的同志参加了会议。5月4日,党组书记、检察长蔡柏林为全院干警做了题为"深入学习实践科学发展观为推动全区经济社会科学发展提供更加有力的司法保障"的专题讲座,推动了学习活动深入发展。

(金　朝)

【慕平检察长到丰台调研】　3月24日,市检察院党组书记、检察长慕平到区检察院就队伍建设、侦监及公诉工作进行调研。

(金　朝)

【开展打击牢头狱霸教育活动】　3月19、20日,会同丰台区看守所、拘留所,在监管场所开展了打击牢头狱霸集体教育活动。

(金　朝)

【承办刑事司法疑难问题巡回讲学】　3月25日,承办了北京市检察机关第一期刑事司法疑难问题巡回讲学。专家针对广大干警提出的问题进行了解答,并对涉及《刑法修正案(七)》的相关问题进行了讲解。

(金　朝)

【朱小芹来院调研指导】　4月29日,市检察院反贪局局长朱小芹到区检察院就反贪工作进行调研指导。朱小芹听取了检察院反贪局工作情况汇报后,给予了充分肯定,同时提出了具体要求及建议。

(金　朝)

【出版学术文集】　10月,丰台检察院在汇总近年来调研成果的基础上,出版了《检察求真与探索》一书。

(金　朝)

【建立检校预防职务犯罪联席会议制度】　10月30日,检察院与区教育工委、教委、首都医科大学、首都经济贸易大学、中国戏曲学院签署《丰台区检教、检校预防职务犯罪联席会议制度意见》,建立了相关制度,正式启动对区教育系统的职务犯罪预防。

(金　朝)

【会签化解民事行政纠纷的意见】　11月23日,检察院与司法局会签了《关于加强工作协作化解民事行政纠纷的意见(试行)》。

(金　朝)

【签订未成年人法律援助工作办法】　11月25日,检察院与司法局签订了《办理未成年人法律援助工作办法》,进一步完善了涉案未成年人法律援助办理机制。

(金　朝)

审　　判

【概　况】　年内,共受理各类案件40344件,同比增加4136件,上升11.4%;审结39106件,同比增加3242件,上升9%,结案率94.4%;未结2341件。审判人员人均结案数和全院人均结案数在全市法院系统名列前茅。其中,受理刑事案件2172件2770人,同比减少165件259人,分别下降7.1%和8.6%;审结2164件2722人,同比减少176件

313人,分别下降7.5%和10.3%;未结10件50人。受理民商事案件26273件,同比增加1174件,上升4.7%;审结25099件,同比增加2869件,上升12.9%;未结2040件。受理行政诉讼案件141件,同比减少8件,下降5.4%;审结142件,同比减少3件,下降2.1%;未结8件。受理行政非诉审查与执行案件90件,同比减少57件,下降63.3%;审结90件,同比减少57件,下降63.3 %。受理执行案件11604件,同比增加682件,上升6.2%;执结11577件,同比增加652件,上升6%;未结252件。执行标的额16.28亿元,执结率97.9%。办结不予受理裁定案件19件、诉前财产保全案件46件、支付令案件21件。共接待处理群众立案来信848封,来访56000余人,办理上级法院及领导机关督办批转函348件,受理申诉案件16件,决定再审35件,审结5件。受理再审案件16件,审结16件。

(乔 然)

【依法惩处刑事犯罪】 年内,共受理刑事案件2172件2770人,审结2164件2722人,在判决生效的2475名案犯中,适用非监禁刑的362人,占14.6%。

(乔 然)

【出台《促进经济较快发展若干意见》】 制定出台了《关于贯彻落实科学发展观促进区域经济平稳较快发展的若干意见》共36条。主要包括以下五方面内容:一是指导思想和基本原则;二是依法制裁违法违规及恶意违约行为,积极营造良好的区域经济运行环境;三是做好涉农案件审判和执行工作,全面推进农村改革发展;四是充分保护市场主体合法权益,大力促进区域经济全面协调可持续发展;五是认真落实司法为民措施,不断延伸审判职能,全力服务区域经济发展。

(乔 然)

【开展百日结案竞赛活动】 6月20日,召开"实践科学发展观,审判工作创一流"百日结案竞赛动员大会,决定从6月20日到9月30日在全院开展百日结案竞赛活动。活动期间,该院共审结案件23398件,同比增加5604件,上升31.5%。

(乔 然)

【执结影响"北京动车组走行线"案】 8月21日,依法执结北京铁路局申请先予执行的一起影响"北京动车组走行线"重点工程建设案件。

(乔 然)

【首次进行庭审网络视频直播】 9月8日,与法治中国传媒合作进行了首次庭审网络视频直播,提升了司法公信力。

(乔 然)

【新一届领导班子任职宣布会】 12月17日,召开主要领导任职宣布会,调整领导班子。区委书记李超钢,市高级法院党组成员、副院长翟晶敏,区委副书记、政法委书记王苏维,区委常委、组织部部长于长辉以及该院党组成员及全体中层领导干部参加了会议。会上,于长辉代表区委宣布了市、区委关于夏俭军同志任丰台区法院党组书记;董华同志已到退休年龄,不再担任丰台区法院党组书记的任免决定。

(乔 然)

案例举要

【顺利执结一起侵犯知识产权案】 2月17日,丰台区法院顺利执结首起侵犯知识产权案件。该起案件的申请执行人王辉因被执行人北京图胜网络技术有限公司侵犯其著作权,将被执行人诉至丰台区法院。该院审理后,判决北京图胜网络技术有限公司,于判决生效之日起,30日内,在http://www.fx120.net网站首页,连续30日刊登致歉声明(致歉声明内容须经该院审核,逾期不履行,该院将在相关媒体刊登判决书有关内容,费用由北京图胜网络技术有限公司承担)。同时北京图胜网络技术有限公司于判决生效之日起,10日内赔偿王辉经济损失及因诉讼支出的合理费用共计3308元。判决生效后，北京图胜网络技术有限公司逾期未履行义务，王辉遂向该院申请执行。该院执行法官在执行过程中查明，本案的被执行人曾经变更过法定代表人，而侵权行为系在前一个法定代表人经营过程中造成的。同时，申请人提出在诉讼过程中又发现被执行人有侵权行为，并经公证处公证保存了侵权证据，准备再起诉被执行人要求停止侵权、赔礼道歉、赔偿损失。针对案件的特殊情况，执行法官一方面向被执行人释明其所应承担的法律义务，另一方面建议申请人在本次执行中一并解决二次侵权的问题，减少申请人的诉累。经过与当事人双方进行多次沟通，双方最终同意协商解决，申请人不再起诉，而被执行人也当庭给付了全部案款，并经法院审核确定了道歉信的内容及登载日期。至此，该院受理的首起涉知识产权案件在短时间内顺利执结。

(乔　然)

【妥善执结撤销委托管理权案】 在执行北京市石油经销公司等申请执行北京丰管路加油站过程中，因被执行人无力履行给付义务，于2000年5月委托河北三兴化工有限公司对被执行人加油站进行管理，托管期限以该院认定托管事项结束为止，河北三兴化工有限公司负责偿还加油站欠款总计430万元。在委托管理期间，该院发现，河北三兴化工有限公司在未通知法院的情况下，擅自对加油站及加油站的部分房屋进行了改造与拆除，且盈利早已超过其偿还的案款430万元。该院向河北三兴化工有限公司发出通知，告知自2008年7月1日起撤销其对加油站的管理权，并将加油站交由北京中都伟业投资管理有限公司管理。市第二中级法院于2008年9月10日裁定撤销河北三兴化工有限公司对加油站的管理权，继续追偿加油站所欠债务。河北三兴化工有限公司未按丰台区法院通知履行，并以种种理由抗拒法院执行。由于该加油站地处西三环繁华地区，储存了大量汽油、柴油等易燃易爆危险品，在强制执行过程中稍有不慎，极易发生重大安全事故，具有高度危险性。区委政法委对案件的执行非常重视，常务副书记杨永华多次组织相关部门召开执行准备会，研究确定执行方案。5月8日上午8时，院党组成员、副院长张悦率30余名执行人员和法警在公安、消防、医疗、当地政府等多家单位的配合下，正式启动执行工作。参加执行的全体执行人员和法警一直坚持在预案确定的各个岗位上。执行过程中，曾有部分人企图扰乱执行现场工作秩序。由于前期准备周密，分工明确，执行人员及时进行解释说明，突发情况顺利化解，执行现场始终秩序井然，河北三兴化工有限公司自行将其财产运走，并于当日下午15时许，妥善执结了该起具有高度危险性的案件。

(乔　然)

【冒充公安部退休副部长诈骗案】 2007年12月，被告人吕金需(男，62岁，农民)在北京市丰台区小屯路枫林小区8号楼1－101暂住地，冒充公安部退休副部长，以给被害人尹玉林找工作为名，诈骗被害人尹玉林人民币70000元。后被抓获。该院经审理认为，被告人吕金需以非法占有为目的，采用虚构事实、隐瞒真相的手段，骗取他人钱财，数额巨大，其行为已构成诈骗罪，应予处罚，且被告人吕金需在缓刑考验期内被发现漏罪，依法应撤销缓刑，对其所犯非法买卖警用装备罪、非法买卖军用标志罪与诈骗罪实行数罪并罚。鉴于被告人吕金需认罪态度较好，故对其酌予从轻处罚。2009年3月26日，该院以犯诈骗罪，判处有期徒刑三年，并处罚金人民币三千元；与其所犯非法买卖警用装备罪、非法买卖军用标志罪，判处有期徒刑十个月的刑罚并罚；决定执行有期徒刑三年六个月，并处罚金人民币三千元。一审宣判后，吕金需未提出上诉。

(乔　然)

【以帮上军校为名的诈骗案】 2008年7月至8月间，被告人王皓珉（男，43岁，山东省枣庄市建设培训中心职工）对被害人迟春庆谎称自己能帮助其朋友的孩子上军校及朋友的妻子调动工作，先后多次骗取被害人迟春庆、魏奉明等人民币共计115万元。后被抓获。该院经审理认为，被告人王皓珉无视国家法律，以非法占有为目的，骗取对方当事人财物，数额特别巨大，其行为已构成诈骗罪，应予处罚。检察机关指控被告人王皓珉构成诈骗罪的事实清楚、证据充分，罪名成立。被告人王皓珉关于自己有能力为他人办理上军校，自己没有想诈骗，自己的行为不构成诈骗罪的辩解，无事实及法律依据。2009年4月2日，法院以诈骗罪依法判处王皓珉有期徒刑十四年，并处罚金人民币一万四千元。一审宣判后，王皓珉不服，提出上诉。市第二中级人民法院经审理后，于2009年6月12日依法驳回上诉，维持原判。

（乔　然）

司法行政

【概　况】 年内，荣获司法部基层工作指导司授予的人民调解宣传工作先进单位荣誉称号、上年度信访矛盾排查调处工作先进集体、区文明单位、绿化美化工作先进单位、国庆筹备和服务保障工作的“最佳安全保障奖”，法宣科获得北京市团市委系统未成年人保护工作先进集体荣誉称号，右安门司法所被评为巾帼文明岗，政工科荣获上年度政工研究先进集体，法律援助中心荣获区上年未成年人保护工作先进集体荣誉称号。共收到锦旗46面，表扬信30封。积极开展“法律六进”活动，全面落实“五五”规划。以“三类四地”为基础。举办了“流动人口宣传周”、“农民工模拟法庭”等活动。以创建民主法治示范村（社区）为载体，推进基层民主法制建设，开辟法治文化胡同、法律驿站等新型普法阵地，满足不同群体的法律需求。举办“法律明星”PK赛，以“百姓说法”的形式增强法制宣传教育实效。联合相关部门举办第五届法制文艺大赛。开展农村百场法制讲座、幸福生活讲师团等活动。聘请法学专家担任普法志愿者，在莲花池公园“普法茶亭”，面向基层社区、农村群众以及中小企业，开展为期一个月的“分诊式”法制宣传和法律服务活动。与区法制办联合举办了“以人为本 复议为民”主题宣传活动，建立了官民问答面对面机制。以国庆六十周年为契机，开展“迎国庆、保增长、促和谐”系列活动110余场、解答咨询3000余人次。年内，在城八区中率先完成北京市第八届律师代表的选举工作。依据修订后的《律师法》，完善律师管理工作机制，推动律师队伍发展，进一步加强对公证工作的日常监管力度，规范基层法律服务管理，共办理行政许可及一般事项177件，其中，办理行政许可类事项93件，办理一般事项84件。律师参与区领导信访接待共计220批次，其中集体访99批次；接待总人数共计2127人次，其中集体访人数1945人次。针对花乡地区轨道交通建设、南苑街道棚户区改造等全区重点工程建设项目，成立专项律师服务团提供法律服务。全区律师共为社区（村）讲法制课607次，参加群众30332人次；提供免费法律咨询9622人次；免费代书3651份；参与调解446件；参加法制宣传564次。共办理法律援助案件642件，免费提供法律咨询9758人次，受援群众满意率100%。为当事人挽回经济损失1047万，其中维护农民工权益设计金额201万元。与区检察院联合制定并下发《关于加强工作协作化解民事行政纠纷的意见（试行）》，各级人民调解组织共调解民间纠纷9481件，成功9038件，履行8851件，防止矛盾纠纷激化89件，涉及5831人。以社区矫正工作开展五周年为契机，召开“回顾五周年成果 奉献六十年国庆”大会、编印《奋进之路》矫正画册、出版《司法行政论丛——社区矫正专刊》。与区红十字会联合开展了“阳光温暖行动”,依托区职工大学建立了具有集中教育和技能培训功能的教育培训基地,为向新接收人员开展集中法制教育、在敏感时期组织重点人集中学习。接收社区服刑人员1902人,目前在册488人,有刑释解教人员1635名。

(赵二良)

【法律援助中心举办法制灯会】 2月9日,法援中心在大红门街道举办《北京市法律援助条例》灯谜会,发送便民联系卡2000张、法律援助条例宣传册500份。

(赵二良)

【社区普法维权工作室成立】 2月24日,在东高地街道万源东里社区举办了“丰台区法律向导站社区普法维权工作室”揭牌仪式。

(赵二良)

【开展学习实践科学发展观活动】 年内,深入开展学习实践科学发展观活动,学习实践活动简报20余篇稿件被采用,被推荐向区委上报了学习调研阶段的经验材料。召开座谈会17次,发放征求意见表200多份,征求意见和建议67条。局领导班子带头整改重点查找了工作中存在的4个方面突出问题,研究制定了20条整改措施并,及时通报整改进展情况,修订完善了20余项干部职工管理制度并汇编成册。

(赵二良)

【开展“阳光温暖行动”】 5月13日,区阳光矫正服务中心与区红十字会联合开展“阳光温暖行动”,在全市率先招募社区服刑人员和刑释解教人员担任“红十字会志愿者”,通过组织其参加红十字会志愿活动,向社会及两类人员发起“博爱在丰台”募捐倡议,首次提出两类人员互助帮扶概念。筹得资金全部用于对符合救助条件的社区服刑人员和刑释解教人员的帮扶救助,缓解其生活和就医压力。

(赵二良)

【文化教育矫正活动正式启动】 5月20日,大红门街道社区矫正和帮教安置工作领导小组办公室面向社区服刑人员开展的“文化教育矫正”活动正式启动,局里向大红门街道矫正办赠送了励志书籍。

(赵二良)

【“假日普法芳草地”法律服务站启动】 7月7日,区法制宣传教育领导小组办公室、方庄地区办事处联合中华环保基金会,在方庄体育公园举行“假日普法芳草地”法律服务工作站启动仪式。假日普法芳草地通过设立普法站点的形式,面向老年人、儿童、流动人口等弱势群体,提供普法宣讲、法律咨询及法律援助。

(赵二良)

【矫正帮教工作协调委员会成立】 7月28日,在区政府东三楼第一会议室,召开区综治委矫正帮教工作协调委员会第一次全体(扩大)会议,标志着区综治委矫正帮教工作协调委员会的正式成立。

(赵二良)

【法律驿站成立】 9月18日,区法制宣传教育领导小组办公室与西罗园街道在万芳亭公园创办“法律驿站”,设立了“四个一”服务体系,即“一个民间纠纷调解室”、“一个法律图书角”、“一个阳光法律箱”、“一个法律援助工作站”,有效满足群众多元化的法律需求。

(赵二良)

【国庆安保工作先进集体】 10月,荣获北京市“国庆平安行动”指挥协调小组、国庆社会治安与安全警卫指挥部授予的“国庆安保工作先进集体”荣誉称号。

(赵二良)

案例举要

【化解一起百余民工讨要工资的纠纷】 2009年7月13日,东高地西里5号楼工地的130余名农民工集体停工,聚集在一起要求建筑公司支付工资,否则就集体到市里上访。此次事件涉及人员众多,工资数额巨大而且形势紧迫，东高地街道人民调解委员会立即启动了国庆安保纠纷调解紧急预案。联合派出所、劳动监察等部门及时有效的控制住施工现场以防止事态的扩大。在平息安抚农民工激动情绪的同时，积极的向建筑公司负责人讲解我国保障农民工权益的相关法律和政策规定。最后商定由农民工选出5名代表参加调解，其余大部分农民工离开了现场。经过街道调委会组织召开的3次协调会以及调解员们大量细致的说服教育工作，农民工们不再围攻施工现场，建筑公司也于7月17日下午3点至次日凌晨3点期间内，在东高地派出所、街道调委会的监督下，将124万元工资分别发放到了每名农民工手中，妥善解决了一场可能演化成130余名农民工“群体性上访”的重大事件。

（赵二良）

【联合调解化解家庭矛盾】 方庄地区居民小高因就业形势严峻大学毕业后一直没有工作，因此与相恋三年的女友分手，再加上父母的不理解和不信任，使其心理十分急躁焦虑，整天沉迷于网络游戏，对父母的劝说充耳不闻，没钱上网就以打骂方式向父母索要。方庄地区人民调解委员会调解员协同心理咨询专家、法律服务工作站律师采取主动调解方式，制定了分别交流、适时沟通、逐渐引导的方案。建议小高的父母能够放下长辈的身份，平等交流循序渐进不要操之过急。对小高则体现出充分的理解，并通过对社会问题深入浅出的分析激发其自信心。与此同时，调解员对其进行法律普及和情感教育，讲清成年子女是完全民事行为人和完全劳动能力人，以打骂的方式向父母索要钱财，不仅是失德的行为，严重的还会触犯法律的道理。通过心理辅导和解释教育，小高认识到了自己的错误，不再沉迷于网络虚幻，重新开始积极寻找工作，人也变得开朗起来，与父母之间的关系也缓和了。

（赵二良）

社会治安综合治理

【概　况】 年内，坚决落实科学发展观，从“保增长、保民生、保稳定”的大局意识和推进城乡一体化建设的现实需要出发，紧紧围绕国庆安保和压缩流动人口总量两条主线，扎实开展了基础调查、出租房屋清理整治、市区级挂帐重点地区整治和重点人员防控等系列工作，圆满完成了国庆安保任务，调控了流动人口规模，稳步推进了流管基层基础工作。

（冯海涛）

【开展基础调查】 年内，集中开展了流动人口和出租房屋基础调查专项行动，更新人口住房信息70万条，采集各系统内的流动人口信息近7万人，共新登流动人口292973人、核销523422人；新登出租房屋28018户，核销43045户；人口住房信息更新变化总量达到130万余条。

（冯海涛）

【专项调查统计】 登记维族流动人口164名，藏族流动人口54人；绿化隔离带地区内违法建设出租房3724户30658间，居住流动人口72052人；非绿化隔离带地区内违法建设出租房768户9064间，居住流动人口18269人。

（冯海涛）

【出租大院、地下空间和“群租房”调查】 经各街乡镇调查统计，全区用于人员居住的地下空间1024个，房屋36459间，内住流动人口43414人。共有出租大院525个，居住流动人口35786人。共有“群租房”935户，4224间。

（冯海涛）

【整治国庆活动场所周边出租房屋】 为确保国庆活动的安全，针对阅兵村南苑机场周边地区、莲花池公园周边地区的状况，南苑街道、南苑乡和太平桥街道分别牵头制定了流动人口和出租房屋专项整治方案和应急预案,全面摸排流动人口和出租房屋,充实了管理员力量,逐一落实了重点人员的稳控措施,做到了万无一失。

(冯海涛)

【整治八个市级挂帐督办村】 针对挂帐重点村(点),全区开展了392次集中整治。南苑乡久敬庄地区共拆除违建出租大院36个,出租房屋2935间,面积114877平米;槐房村拆除违章出租房屋2万平米;石榴庄村轨道建设拆除出租房屋48户,出租大院3个,面积约1万平米;花乡为每个重点村支付20万元整治经费;夏家胡同地区安装了16个摄像头,遍布各条胡同马路。白盆窑村内"六小七黑"基本清除;西局村拆除15个出租大院,面积2万余平米,投资安装监控探头58个,与派出所联合成立了村警务队;小瓦窑村拆除违章出租房屋3.8万余平。

(冯海涛)

【排查管控流动人口重点人】 各街乡镇会同公安部门两次集中核查,确认需要管控的流动人口重点人1052人,在流动人口中发展了1400余名信息员,对1万余名疑似重点人信息进行了筛选核实,劝返流动人口重点人1300余人,依据流管和公安的数据比对结果,成功抓捕9名网上在逃流动人口。流管系统配合公安部门同21家市级驻京办,建立了联动防控机制,对治安重点地区开展了23次集中清理,对26个流动人口聚居区开展了220次"猎鹰行动",破获各类案件38件,拘留95人,抓获网上在逃犯5名。

(冯海涛)

【开展规范化建设提高管理水平】 一是启动了《管理员工作日志》、《流管工作情况问题报告单》和《丰台区多人居住出租房屋登记簿》制度。二是精心开展培训。7月中旬,全区对各街乡镇流管办主任、专干和社区(村)服务站站长共1151人进行了统一培训。三是积极创造规范化管理工作条件。统一发放了12万份印有《北京市房屋租赁管理若干规定》法内容的环保购物袋,方便基层入户宣传。召开了相关职能部门参加的《北京市房屋租赁管理若干规定》执法工作研讨会。四是强化宣传教育和执法,督促出租房主履责。全区发放了21000份《加强出租房屋安全管理的通告》和12万份《致丰台区出租房主的一封信》。流管办会同公安部门召开处罚房主宣传大会41个,处罚出租房主575名,并将结果在社区(村)公示。

(冯海涛)

【启动流动人口总量调控考核】 5月初,区委、区政府提出了全年流动人口总量减少10%的工作目标。据此,区委办、区委组织部、区效能办、区流管办联合研究,制定实施了《丰台区2009年流动人口总量调控工作考核办法》、《流动人口总量调控工作考核评分细则》,并将总量调控作为流管工作行政效能建设考核的重点内容。据市流管平台数据显示,5月4日至12月20日,登记流动人口总量减少147597人,压缩比例为15.6%。

(冯海涛)

【调整产业模式压缩流动人口】 部分农村地区通过产业调整,初步呈现出传统的"瓦片经济"和"租赁经济"向现代服务业的转变。卢沟桥乡通过万丰路餐饮街改造,小井村和西局村共拆除出租大院16个,面积11.16万平米,西局村结合市级挂帐督办点的集中整治,开展了流动人口削减工作,据统计,两个村共减少流动人口2万余人。

(冯海涛)

【拆除违建和整治出租房屋】 年内,拆除207处出租大院面积60.4万平米,减少流动人口约5万人。其中,南苑乡拆除了106处违法建设,面积近24万平米。卢沟桥乡拆除出租大院90个,面积约23万平米,劝离流动人口1.9万人。

(冯海涛)

【借势重点工程建设减少出租房屋】 抓住加大南城基础设施建设的有利契机,结合地铁

7、9、10号线等轨道工程建设、蒲黄榆路和南站外部路网等基础设施建设，深入推动拆迁工作，促使用于人员居住的出租房屋和商业出租门脸大量减少，削减流动人口约3万人。蒲黄榆路拆除200多户住宅，地铁9号线涉及的花乡葆台村和郭公庄村通过拆迁减少出租房屋700多户，流动人口8400多人。

（冯海涛）

【关停地下空间控制流动人口】 年内，各街乡镇配合区建委、区民防局等部门，关停了70处用于人员居住的普通地下室，关停了149处擅自使用、用于人员居住的人防工程，劝离流动人口近2万人。

（冯海涛）

【整治“六小七黑”见成效】 通过公安、工商、卫生、城管、药监、文委等职能部门和各街乡镇的大力配合，在出租房屋内打掉涉黄、涉赌团伙63个，拘留违法犯罪嫌疑人552人。依法查处取缔无照经营2645户，清理路边无照摊贩6万多起。查处黑车547辆、成人保健店116家、黑药点和黑诊所118家、取缔黑歌厅63家、黑网吧87家。

（冯海涛）

交通管理

【概　况】 年内，实现了交通事故死亡在上年基础上再减少5%；拥堵报警数字下降30%，点段拥堵持续时间进一步缩短，并达到了“十个零”的标准和要求：效能管理零积压；服务方式零距离；党风廉政零风险；思想发动零死角；警务保障零滞后；秩序管控零盲区；交通特勤零失误；安全监管零超标；事故处理零错案；执勤执法零投诉。是年，各级领导上路指挥10160人次，发布指挥调度指令4.2万余次，上报路况1.48万余次，共接警130245起，回访62109起，群众满意率为99.8%；利用电视监控系统直接发现问题8643起，其中，事故2031起，故障车辆2356起，拥堵1108起，禁限货车846起，其他情况2302起，调整、增加路面执勤岗位76处，完成交通保卫任务783次，其中，一级勤务13次，二级勤务135次，三级勤务604次，照顾勤务31次，出动警力12602人次。组织开展集中、区域交通秩序夜查整顿45次，组织高速公路整顿、涉牌涉证违法行为整顿、酒后违法行为专项整顿、残三摩的专项整顿等各类专项整顿55次。年内现场处罚474805笔；处罚四类违法行为53760笔，其中处罚酒后14587笔、非司机1027笔、涉牌31923笔、闯红灯6223笔；处罚货车289460笔；扣留大货车16871辆；暂扣摩的、残三轮摩托车12618辆。现场执法、酒后、货车、摩的等人均执法量在十一个支队均排名第一。是年，共计申报设施完善方案144个，增设各类警告标志451面、禁令标志280面、指路标志1773面、辅助标志87面、路名牌2273面、旅游标志53面，黄闪灯33处、信号灯30处，复划标线40公里、新增标线20公里，完善三、四、五环路出口指路性文字280组，粘贴各类非机动车标识400套，调整单行线3条，优化信号灯配时38处。核准施工项目313次，上路检查400余次，发现违法施工45起，转城管18起，处罚金额3万余元。共接待群众来电、来访投诉复议2935人次，立案478件，其中执法纠错案件447件，行政复议案件31件；信访案件21件；共办理行政拘留案件1183件。对外办公窗口办理驾驶证年审、换证各类手续1502942件次。召开各类交通安全工作大会30场次，重大交通事故、违法超标单位公开处理大会10场次，组织开展全区性大型交通安全宣传活动23场次，印制、下发各类交通安全宣传品20多种200多万份。联合区安监、运管组织开展交通安全联合大检查6次，检查单位6358家，消除各类安全隐患512件，动员社会单位在“两会”、“国庆”期间消减停驶机动车27578辆次。全年，执勤民警使用简易程序快速处理各类交通事故28632

起,使用简易程序快速处理的事故28208起,占事故总数的98.5%;使用一般程序处理的交通事故424起,占事故总数的1.5%;预防重特大道路交通事故工作也取得显著成效,区管界道路发生重特大交通事故61起,亡65人,比年度71人的控制指标减少6人,与2008年同比(61起71人),少死6人,下降8.5%;辖区单位人员安全监管事故死亡13人,比年度25人的控制指标减少12人,与上年同比(26)少死13人,下降了50%。由于成绩突出,评为"北京市春运交通安全工作先进单位",荣获全国"平安畅通县区"先进单位称号。全年,有1个集体荣立二等功,3个集体荣立三等功,2人荣立个人二等功,77人荣立个人三等功,234人受到嘉奖。

(唐嵬 韩忠)

【召开春运交通安全动员大会】 1月7日,支队联合区安监、运管、交通执法三家部门,在总后科研所礼堂,召开全区春运交通安全工作动员部署大会。区安监局副局长崔林、运管处副处长陈泽生、交通执法第七大队办公室主任陈茂秋、支队所属5个交通大队主管副大队长,各街道、乡镇、系统及驻区长途客运站及外埠进站客运公司、驻区专业运输单位领导200多人参加了大会。会上,对春运交通安全工作进行了动员部署,明确了区安监局、运管处、交通执法及各委、办、局、系统,各街乡镇职责。

(唐嵬 韩忠)

【掀起春运交通安全宣传高潮】 1月11日春运第一天,支队按照上级部署,在驻区长途客运站、火车站、大型农贸市场等人员集中场所设立宣传站点11处,在六里桥长途客运主枢纽设立了全市中心宣传主站点,搭建宣传台,设置了"拒绝超速超员、祝福春运平安"主题背景板。市安办常务副主任、交通管理局副局长王明黎,丰台区委常委、副区长、区交通安全委员会主任王苏维,交管局安监处处长苏峰,支队长雷军、车辆管理所副所长程华,区属各街乡镇领导及驻区长途客运站、公交系统400多名春运驾驶员参加了启动仪式,王明黎做动员讲话,长途客运驾驶员代表宣读了春运交通安全倡议书。启动仪式后,有关领导及参加春运启动仪式的驾驶员,在交通安全承诺条幅上进行了签字。启动日当天,共出动警力52名,发动交通安全积极分子1200多人,悬挂宣传横幅150条,摆放展板260块,设立宣传播放点11处,发放各类宣传品3万份,受教育5万多人次。

(唐嵬 韩忠)

【全区"两会"交通保卫动员会召开】 2月19日上午,组织召开全区"两会"交通保卫动员暨交通安全大检查再部署会。区委常委、副区长、区交通安全委员会主任王苏维出席会议,区政府办、区安监局、运管处、支队主管领导,以及区属各街道、乡镇主管主任、安办主任,各交通大队、驻区六家长途客运站及驻区所属各专业运输单位主管领导300多人参加了大会。

(唐嵬 韩忠)

【举办文明执法微笑交警演讲大赛】 5月22日上午,支队举办"坚持规范文明执法争做微笑交警先锋"主题演讲大赛,副支队长王世义、黄培新等部分科室领导、各执勤大队政委和民警骨干50余人参加大赛。来自支队业务科室和执勤大队等各个岗位上的典型标兵10名参赛选手立足本职岗位,结合自身工作实际进行演讲,充分展现全体干警能打硬仗、有耐力、敢拼搏的良好精神风貌。

(唐嵬 韩忠)

【召开组建执法小分队誓师大会】 5月26日下午,支队召开组建执法小分队誓师大会,共成立9支执法小分队,由27名骨干民警组成。支队长雷军向9支执法小分队进行授旗。当晚,执法小分队进行集中行动,共查处酒后驾车违法行为60起。

(唐嵬 韩忠)

【圆满完成平安畅通县区迎检工作】 6月2

日、3日两天，由公安部等六部委组成检查组对全市5个部级先进区县创建工作进行了综合检查考评，驻区祥龙出租汽车公司接受了公安部等六部委组成的联合检查组考核，检查组对我区2008年创建“平安畅通县区”工作给予充分肯定。

（唐嵬　韩忠）

【交通管理服务进社区】　6月23日开始，流动服务站正式与群众面对面提供车管服务。年内，共出动警力160人次，协勤210人次，两个服务站点直接为群众办理驾驶证年审2100个，提供咨询服务3000多人次，发放年审表体检表2400张。

（唐嵬　韩忠）

【召开交通违法公开处理大会】　8月6日上午，支队联合区安监、运管在万泉寺出租汽车公司礼堂，召开了交通违法连续超标、严重违法公开处理大会。区安办常务副主任、交通支队副支队长娄旭东，区安监局副局长战军，市运管局丰台管理处副处长陈泽生，5个执勤队主管安监工作副大队长，21个街道、乡镇安办主任，驻区所有专业运输单位及连续违法超标社会单位领导共300多人参加了大会。会上对驻区连续违法超标、发生严重违法行为的单位逐一进行了通报；对连续6个月违法超标的北京市第六建筑公司混凝土搅拌站等2家严重违法超标的专业运输单位和郑州三全食品股份公司等2家一二季度连续超标社会单位给予禁止机动车上路行驶处罚决定。

（唐嵬　韩忠）

【圆满完成国庆交通安全保卫任务】　10月，实有警力433人全体实名制上岗，勤务期间共发布指挥调度令178次，利用电视监控等科技系统发现路面问题14起，动态调整调度警力31人次；国庆庆祝大会共加勤务37次，出动警力628人次；联欢大会共加勤务22次，出动警力312人次。全体干部民警“十一”当日共加班加点累计4608个小时，克服自身困难60余件，为群众提供交通服务78余次。

（唐嵬　韩忠）

【利用科技手段侦破逃逸事故】　在快速侦破逃逸案件工作中，依托通讯技术甄别、视频监控等现代科技手段，及时发现发案车辆的行驶轨迹，定位交通肇事嫌疑人，对全区道路交通监控设备以及市局“113工程”的监控设备进行精确统计，充分发挥科技手段成功破获“6.17”赵公口逃逸案、“10.09”宝马逃逸案等多起重大逃逸案件，有力维护了管界内秩序稳定。

（唐嵬　韩忠）

【荣获行政复议先进单位称号】　年内，在行政复议工作中，共立案受理行政复议案件31件，其中当事人申请撤回复议申请5件；维持原处罚决定26件，未引发行政诉讼及信访案件，被评为“北京市公安局法制系统行政复议先进单位”。

（唐嵬　韩忠）

军　事

人民武装

【概　况】　年内，人武部紧紧抓住开展深入学习实践科学发展观活动这条主线，突出国庆庆典任务这个中心，扭住安全稳定这个重点，围绕卫戍区党委明确的“完成任务、不出问题”要求和年初提出的“五个一流”，即：坚持一流标准，创建一流班子，锻造一流队伍，建设一流设施，争创一流成绩的目标，狠抓党委班子建设和各项工作落实，取得了明显的成绩和进步。被卫戍区评为“管理教育先进单位”，被北京市评为“先进人民武装部”和

"征兵工作先进单位"。民兵武器装备管理连续29年安全无事故。

(杨红卫)

【开展学习实践科学发展观活动】 3月至8月,扎实开展了深入学习实践科学发展观活动。组织学习总政规定的4本书,收看卫戍区首长的录像辅导,到科技园区、王佐镇南宫村等地参观见学,进行理论学习笔记检查和"我谈科学发展观"大讨论;在走廊安装了"学习实践科学发展观活动"宣传栏,在车库顶部制作了"当代军人核心价值观五句话"宣传展板,卫戍区乔副司令员带领机关同志参加民主生活会后给予"准备工作充分,自我检查深刻,相互批评诚恳"评价,并对党委班子建设和完成工作情况给予充分肯定。

(杨红卫)

【开展双拥共建活动】 年内,在驻区部队中深入开展了"热爱第二故乡,共建和谐丰台"主题活动,发动官兵继续实施"绿网扶贫"和"进京第一印象工程"。4月,组织驻区部队参加了永定河森林公园义务植树活动,共出动兵力2300人,车辆260台次,植树一万余棵,平整荒地30余亩,清理杂土20余吨;5月,协调解放军307医院与花乡医院结成了共建对子,送去了医疗器械和药品,定期进行义诊;6月,组织3000名官兵成立了永定河防汛分指挥部,加强了防汛抢险中的突击力量。

(杨红卫)

【开展全民国防教育】 年初,在全区继续开展了国防教育"五个一"系列活动。3月,制定下发了《丰台区国防教育实施意见》;8月,组织区四套班子和处级以上领导到武警二师开展"军事一日"活动,增强了各级领导的国防意识;9月,结合纪念建军82周年,认真组织了以"赞颂新成就,建设强大国防"为主题的第九个全民国防教育月宣传活动,与区双拥办和精神文明办一起,自下而上开展了"迎国庆、颂祖国、做贡献"演讲比赛活动,直接受教育达4万余人;与区教委一起制定下发了《丰台区学生军训工作要点》,充分利用课堂主阵地和第二课堂活动对学生进行了国防教育,全年共协调保障6920名学生军训。

(杨红卫)

【军区领导来人武部视察】 6月,北京军区政委符廷贵上将带领机关干部在北京卫戍区政委刘福连中将陪同下,亲临人武部看望干部职工、检查指导工作。

(杨红卫)

【严格组织民兵分队训练】 9月,围绕卫戍区赋予的防空编群试点任务,组织一个民兵高炮连共80人在民兵训练基地进行了为期15天集中训练。10月11日至16日,组织民兵高炮分队赴乐亭参加了卫戍区组织的三级防空编群试点训练,接受了卫戍区的实弹考核,取得了2发炮弹直接命中靶子的成绩,完成了驻训试点任务。

(杨红卫)

【精心组织征兵工作】 5月,按照规定完成了在普通高校毕业生中直接招收3名士官任务。10月,大力开展了"三进入"(进单位、进学校、进社区)的征兵宣传活动,利用丰台电视台、《丰台报》宣传征兵政策,购买下发了200幅征兵宣传挂图;研究制定了《丰台区廉洁征兵规定》;11月,代表北京市接受总部、军区廉洁征兵检查组的检查;北京下达的征兵任务是235人(其中女兵10名),最后共征集245名,超额完成任务。

(杨红卫)

【高标准抓好国庆庆典各项工作】 国庆安保执勤中精心选拔了384名民兵维护辖区内安全稳定,在基干民兵中选拔了80名人员完成了游行推车任务,被北京市群众游行指挥部评为先进组织单位,被丰台区群众游行指挥部评为最佳保障奖,选拔了18名民兵参加了预备役阅兵方队。

(杨红卫)

消防工作

【概　况】 年内,消防支队在总队党委的坚强领导下,以科学发展观为统领,以国庆60周年消防保卫为重点,坚持"实行整体防控,打造平安北京,确保国庆安全"的总体思路,完成了年内各项消防保卫任务,提升了部队建设水平和社会整体防控火灾能力,保持了社会面火灾形势和部队的双稳定。

(张　卫)

【火灾下降损失减少】 年内,共发生火灾249起,直接财产损失268965元,与去年同期相比,减少144起,下降23.3%;财产损失减少82513元,下降30.3%。

(张　卫)

【加大执法力度】 年内,共监督检查社会单位10134个次,下发《责令改正通知书》452份,行政处罚867起,累计金额519万余元,依法实施"三停"78起,4件市级、15件区级挂账火灾隐患全部销帐。

(张　卫)

【多种渠道进行消防宣传】 年内,在国家级媒体报刊发表文章22篇,市级媒体320篇,互联网刊发稿件250篇;消防队站累计接待群众5万余人,电视播出消防公益广告4419条次,设立户外电子屏130块,悬挂消防宣传条幅标语5482条次,设置展板橱窗灯箱614块;举办大型消防宣传活动43次,参与群众17万余人。举办社会消防培训班285期,参训人员达到3.6万人;向居民发放《丰台区公安消防支以就国庆六十年期间致全区居民的公开信》5万份,发放《60周年国庆消防安全责任告知书》5万份;直接受教育群众累计达百万人。

(张　卫)

【大力开展调研演练】 年内,组织调研高层建筑1574座,地下空间3810处,公共聚集场所378处。进行实兵实战演练62次,出动车辆183车次,人员1210人次。

(张　卫)

【加强一级区域防控工作】 针对南苑机场阅兵村机场周边200米范围内进行了监督检查,并对南苑机场内部各项消防安全工作进行了业务指导,对莲花池公园内部及周边单位进行了5次详细调研,对莲花池及周边200米范围内11家重点单位、16家一般单位,完成了3遍以上的排查。

(张　卫)

【狠抓弱势群体消防安全工作】 排查出消防弱势群体80714人,所有弱势群体均已登记上账,并落实社区级责任人,各街乡已为2675户有需求的老年人、残障人员家庭安装了紧急呼救器;为部分鳏寡孤独老人、残疾低保人员配备了家用灭火器2000余具;全区297个居民社区、村建立了弱势群体关爱组织;各街乡投入资金70余万元,近10万群众得到了消防安全宣传教育和培训。

(张　卫)

【完成莲花池庙会消防保卫任务】 在第九届莲花池庙会期间,先后出动28名官兵和6部消防车在演出现场执勤,纠正违章吸烟18人次,排除私拉乱接电气线路隐患22处,疏通消防车道和疏散通道2处,确保现场的安全。

(张　卫)

【开展"雷霆行动"】 2月至3月,开展火灾隐患排查整治"雷霆行动",累计监督检查单位2261个,发现各类火灾隐患761处,下发限期改正128次,处罚单位130家、罚款850500元;处罚个人16次,罚款16800元。停业12家,下达法律文书338份。

(张　卫)

【开展专项整治】 围绕建国60周年庆祝活动消防保卫工作,支队结合"合围攻坚"行动,深入开展9项专项整治(安全生产"三项行动"、高层和地下建筑消防安全专项整治、公众聚集场所易燃可燃材料装修专项整治、挂账火灾隐患排查整治、校园安全百日检查、社区消防车通道、中小学校舍专项整治、彩钢板结构建筑专项整治、轨道交通专项整治)。整治行动中,共监督检查社会单位9340个次,责令限改448起,依法实施“三停”56起,行政处罚646起,累计金额371万元。

(张　卫)

【处置新发地批发市场仓库火灾】 5月7日21时01分,新发地北京农产品中央批发市场有限公司仓库发生火灾,支队迅速出动五个中队25辆消防车,180余名官兵赶赴现场扑救火灾。6月5日组织召开了火灾原因公开认定会,涉及商户逐个签领了《火灾原因认定书》。

(张　卫)

【处置一起大厦火灾】 5月10日10时30分(接警时间),丽泽桥西南角的北京金杯贸易有限责任公司大厦发生火灾。支队出动3个中队及支队全勤指挥部的17辆消防车,120余名消防官兵到场进行扑救,过火面积10平方米,无人员伤亡。

(张　卫)

【“119”消防宣传周启动仪式举行】 11月9日下午,由消防支队和总部基地联合主办的以“人人参与消防、共享平安生活”为主题的第十九届“119”消防宣传周启动仪式暨警民共建签约仪式大型宣传活动在丰台区总部基地南广场隆重举行。消防总队武志强副总队长、张建国副区长、安监局沈瑞平局长、消防支队古炳文政委、总部基地相关领导出席宣传活动并观摩了灭火演练。

(张　卫)

【王伟获“全国十大杰出消防卫士”称号】 消防支队西客站中队指导员王伟,被公安部消防局授予第二届“全国公安消防部队十大杰出消防卫士”称号。

(张　卫)

民 防 工 作

【概　况】 年内,按照北京市民防局和区委、区政府年度工作部署和要求,坚持以深入学习实践科学发展观活动为契机,以“国庆平安行动”为主线,以民防“五大体系”和民防指挥宣传教育培训中心、应急物资储备库及民防志愿者队伍建设为重点,狠抓工作落实,各项工作顺利开展,被北京市民防局评为“准军事化”建设达标先进单位。

(杨秋生)

【指挥通信系统建设】 完成了“531工程”施工图纸审查、战争时期深水井的前期调研和设计方案,以及自备水井的施工。落实民防指挥宣教中心建设规划。确定两处人防工程建设街道级民防应急指挥宣教中心。已装防空警报器60余台,警报器音响覆盖率三环、四环路内达到100%。完成了60余台已装警报器遥控终端加电测试和主板更换工作。应急指挥车为佑安医院防控甲型H1N1流感提供召开电视电话会议的通信保障工作,共出动40余人次,累计130小时。国庆60周年庆祝活动期间应急保障工作7次,参加应急保障人员24人次,累计21小时。

(杨秋生)

【人防工程使用管理】 采取分片包干方式,把人防工程的管理责任分解到民防局五个督导组、处级领导和责任科室,把每一处工程的安全管理责任落实到人。移交2处工程,并对8处西罗园房管中心工程进行了移交。明确了12处单位人防工程的产权,落实了安全管理主体责任。向各街道、乡镇下发了《丰台区人防工程安全管理工作的意见》、《关于开展安全隐患排查的通知》、《落实“雷霆行动”方案的通知》等文件,向人防工程使用单位下发了《关于加强人防工程安全管理工作的告知书》、《国庆平安行动—人防工程安全管理工作告知书》等,明确工作重点和责任。实施“国庆平安行动”以来,共出动检查人员3200余人次,检查工程1600余处。在奥运期间关停503处人防工程的基础上,采取与公安、街道联合执法的方式,又关停、暂停104处人防工程;购置了防汛物资,确定南通华荣公司为专业抢险队,增强了抢险力量。对1000余处人防工程开展拉网式防汛工作检查,出动检查人员1273人次。汛期重点对10余处人防工程进行了应急处理,排除了险情。在人防工程开发利用工作中。续签合同156处,建筑面积15万平方米;新签合同18处,建筑面积3.7万平方米,共收缴人防工程使用费866万余元。

（杨秋生）

【人防工程公益性使用】 注重人防工程的公益性使用,投资150万元,在大红门街道彩虹城四区9号楼、西罗园街道马家堡东路19号楼、方庄地区紫芳园二区6号楼人防工程内建成3个社区服务中心,为居民提供读书、休闲、健身和娱乐的场所。

（杨秋生）

【民防执法工作】 制定了《丰台区民防局2010－2014年依法行政规划》,对某物业侵占人防车库拒不执行行政处罚的情况,申请法院强制执行,追缴罚款和追加罚款23.61万元。是年行政处罚50起,罚款38.53万元。

（杨秋生）

【公共安全知识教育培训】 组织开展了“国际民防日”和“防灾减灾日”系列宣传活动。5月11日,21个街道、乡镇民防办在辖区范围大型社区、人员密集区域设立宣传站点,开展公共安全知识宣传。5月7日至5月13日,开放东铁匠营街道和新村街道民防指挥宣教中心,组织周边社区居民进行了公共安全知识的培训和参观。5月10日,在莲花池公园参加了“将预防付诸行动,让安全融于生活”为主题的防灾减灾日宣传活动,发放宣传资料300余份、宣传品200份,展板20余块。在武警十五支队参与了“防灾减灾”专题宣传活动,发放宣传资料150余份。举办了以“防灾减灾、平安生活”为主题的“国际民防日”宣传活动。发放各种宣传资料近10万份,应急压缩包2000个,手提包4600个,扑克1600付,围裙2000个,宣传展板550块,黑板报350块,悬挂标语口号条幅1000余条。积极拓展民防宣传形式,对“区防空防灾信息网”进行了补充完善。与区宣传部协调,在《丰台报》开辟民防专版3期。在《中国人防防空》、《人防信息》等杂志上刊登稿件50篇、照片24幅。利用区科普画廊宣传民防工作取得的成就和防空防灾、公共安全知识。开展安全宣传和管理培训,协同安监局在大红门集美家具城开展了安全生产宣传月活动,现场发放宣传资料400余份。分两批组织人防工程法定代表人、负责人、管理人员共300余人参加了人防工程从业人员安全教育培训,并取得了上岗证书。与新村街道民防办在怡海花园富泽园5号楼进行了人防工程防汛应急抢险疏散演练。

（杨秋生）

【建立民防特种救援队伍】 区民防局组建了30人的核化特种救援和生命探测特种救援两个分队。

（杨秋生）

【建立民防应急管理培训基地】 11月13日,在区委党校建立了第一个民防应急管理培训基地,副区长吕仕杰和市民防局领导等参加了基地揭牌仪式。

（杨秋生）

【建立民防志愿者队伍】 与区武装部及区团委协调,组建了783人的民防志愿者队伍。民防志愿者设立总队和22个分队,区民防局和各街道、乡镇各设立1个分队。

（杨秋生）

【建成民防应急物资储备库】 在三环新城丰桥路8号院2号楼人防工程建成首个民防应急物资储备库。

（杨秋生）

农村经济和农业

农村经济

【概　况】　年内,全区耕地利用面积 17355 亩。设施农业面积 3611 亩(其中温室面积 3128 亩,大棚面积 376 亩,中小棚面积 107 亩)。粮食种植面积 7781 亩,其中小麦 1076 亩、玉米 6410 亩、大豆 3 亩、白薯 292 亩。青饲玉米 3960 亩。蔬菜播种面积 11031 亩,累计产量 1585 万公斤。全区现有养殖场(户)300 多家,其中规模猪场 3 个,奶牛场 2 个,规模鸡场 1 个。全区生猪累计出栏 13799 头,生猪存栏 15048 头;奶牛存栏 1157 头,累计牛奶产量 4943 吨;蛋鸡存栏 13.63 万只,累计鸡蛋产量 1317.2 吨,肉鸡出栏 7500 只;羊累计出栏 2094 只,存栏 2533 只。水产养殖面积 225 亩,累计成鱼捕捞量 622 吨。1 家水产养殖基地获无公害农产品认证。全年有成规模的蔬菜、果品种植企业、基地 10 家,面积 8051 亩,占总种植业面积的 25%。其中获得有机食品认证企业 4 家,获得无公害农产品认证企业 5 家,农业标准化基地 1 家。饲料生产企业 6 家,农药生产企业 2 家,农药经营企业及商户 31 家,兽药经营企业 2 家。从事动物产品经营的商店、超市、农贸市场和冷库 305 家,其中经营蔬菜、果品、畜禽产品及水产品的大型批发市场 5 家,使用畜禽产品的宾馆、饭店、餐馆 4083 家。

(唐解霞)

【花卉产业蓬勃发展】　年内,完成 1000 亩土地的流转工作,盛芳园花卉种植中心 3 万平方米高档日光温室及配套设施建设进展顺利。奥运颁奖花卉成果进一步巩固,占地 6000 平方米的北京世纪奥桥花卉园艺中心建成开业。河西地区新开辟了 6 条 1000 亩花卉大道,形成多处宿根花卉观赏区,延伸了花卉产业链。

(唐解霞)

【举办北京第十七届种子大会】　10 月 13 日至 16 日,举办北京第十七届种子大会。参会企业总数 803 家,其中外资企业 15 家、国内大型企业 9 家、省级以上科研院所 13 家,累计参会人数达到 5 万人次,日高峰人数达 1.5 万人次;交易品种 5000 余个,田间展示品种 14 类 2103 个,其中最新育种成果、前沿性品种数量达到 200 余个;交易额达 5.2 亿元。

(唐解霞)

【召开农村工作会】　4 月 13 日上午,召开年度农村工作会议,区领导、区新农村建设领导小组成员单位以及乡镇、宛平城地区办事处、村负责人共 240 余人参加会议。会议由区委副书记、代区长游广斌主持。区委书记李超钢发表了重要讲话。副区长张建国作了题为《扎实推进农村改革发展,努力促进农民就业增收,加快形成城乡经济社会发展一体化新格局》的报告,对上年农村工作进行了总结,对当年农村工作任务进行了部署。会议同时表彰了上年度农村党建"三级联创"活动先进单位和新农村建设先进单位。

(唐解霞)

【落实粮食直补政策】 年内,落实粮食直补惠农政策,兑付粮食直补、农资综合补贴、小麦生态作物补贴资金99.43万元。享受到粮食综合直补的面积为7046.57亩,王佐镇和长辛店镇5517户种粮农户直接受益。

(唐解霞)

【落实农业机械购置补贴政策】 年内,对15台新购置的280拖拉机、5台20型拖拉机和2台小型挖掘机进行了补贴。5月,对全区2006-2008年补贴农机具142台套进行逐台检查,重点检查了机具使用状况以及是否存在私自转卖、转让的现象。

(唐解霞)

【"五项基础设施"和"三起来"工程】 年内,总投资1.1亿元。完成全部行政村的规划编制工作。完成农村街坊路硬化65.7万平方米,街坊路绿化22万平方米。长辛店人畜饮水管网改造工程全部竣工,王佐镇集中供水管道改造项目已通过立项并进行初步设计。完成王佐镇佃起、庄户、魏各庄村37公里老旧供水管网改造和5805户农民一户一表安装以及南宫村日处理400立方米污水处理站建设工程。王佐镇和长辛店镇垃圾减量化试点工作已进入设备招投标和处理站的建设。新改建农村公厕44座,改造农村户厕2800户。安装太阳能灯1500盏。

(唐解霞)

【加强新型农民培养】 年内,完善区、乡(镇)、村新型农民培养管理机制,安排政策配套扶持资金170万元。全年完成新型农民培训17159人次,其中引导性培训13123人次,技能性培训4036人。

(唐解霞)

【化解农村义务教育债务】 年内,经市、区清理核实,农村义务教育形成的债务都是在"普九"以外的其它农村义务债务,共10笔2714.58万元。其中市级财政补助资金1447.3万元,区级财政补助资金1267.28万元。

(唐解霞)

【完善政策性农业保险】 年内,构建区乡村三级政策性农业保险组织体系,成立了政策性农业保险工作协调小组和服务站,制定政策措施,规范了工作流程。全年投保面积7.7万余亩,保费金额999.6万元,投保品种包括玉米、桃、奶牛等14个,新增加大枣和樱桃两个品种。

(唐解霞)

农村经济管理

【概　况】 年内,全区农村经济呈现平稳回升态势,总收入、利润、税金、人均劳动所得分别增长9.5%、9.5%、10.2%、9%。完成总收入236.5亿元,比上年同期增加20.5亿元,同比增长9.5%,其中:主营业务收入完成227.7亿元,同比增长8.9%。其中,集体经济完成117.8亿元,增长8.3%;非公经济完成118.7亿元,同比增长10.7%。全区农村经济第一、二、三产业分别完成收入7亿元、52.9亿元、167.8亿元,分别占主营业务收入的比重为3.1%、23.2%、73.7%,第三产业所占比重比上年增加2.6个百分点。农村营业收入在500万元以上的重点集体企业的营业收入为82.7亿元,比上年同期增加5.1亿元,占全区集体企业营业收入的92.3%,成为农村经济发展的主要力量。非公经济统计进一步加强。农村经济实现非公经济总收入118.7亿元,比上年同期增加11.5亿元,增长

10.7%,占总收入的比重为50.2%,比上年增加0.6个百分点。农村工业经济受国际金融危机影响较大,全年各季度均处于负增长状态。工业经济共实现收入36亿元,比上年同期下降9.3%。实现利润22.2亿元,比上年同期增加1.9亿元,增长了9.5%,与上年0.4%的增幅相比,增加了9.1个百分点。其中集体经济效益明显好转,实现利润13.6亿元,比上年同期增加2.4亿元,增长21.2%,比上年提高了30.6个百分点。河东三乡实现利润仍占主体地位,共实现利润18.4亿元,占全区利润总额的82.7%;河西三乡共实现利润3.8亿元,占全区利润总额的17.3%。第一、二、三产业分别实现利润0.9亿元、3.1亿元、18.2亿元,占利润总额的比重分别为3.9%、14.1%、82%;与上年同期相比,第一、二产业所占比重分别下降了0.6和2.2个百分点,三产所占比重上升了2.8个百分点。农村经济实现税金总额9亿元,同比增加0.8亿元,增长10.2%,其中农村集体完成税金近5.7亿元,比上年同期增加0.2亿元,增长3.5%;非公经济完成税金3.3亿元,比上年同期增加0.6亿元,增长23.7%。第一、二、三产业分别实现税金0.04亿元、1.6亿元、7.4亿元,分别占税金总额的比重为0.5%、17.6%、81.9%;与上年同期相比,一产所占比重与上年持平,二、三产所占比重分别下降和上升了0.3个百分点。人均劳动所得12851元,较上年同期增加1056元,同比增长9%。其中,从集体所得为7938元,增加546元,占人均劳动所得的61.8%。从非公所得为4913元,其中家庭经营所得为4205元,占人均劳动所得的32.7%。最高的是南苑乡成寿寺村人均劳动所得43073元,最低的是王佐镇沙锅村,人均劳动所得5473元。

(夏全书)

【农村劳动力分布情况】 年内,农村劳动力统计数字为93618人,比上年同期增加566人,其中就业人数为86374人,增加750人、待业人数为7244人,减少184人。在就业劳动力中,在集体就业的有65865人,比上年减少273人,集体仍是农村劳动力就业的主要途径,占就业劳动力的76.3%,其中在乡级就业的有4158人、在村级就业的有61707人,占就业劳动力的71.4%;在私营企业、个体工商户及农户家庭经营等非公经济就业的有20509人,占就业劳动力的23.7%。

(夏全书)

【农村集体资产运营状况】 年内,农村集体资产总额为363.7亿元,比上年同期增加63.6亿元,同比增长21.2%。其中:乡(镇)级集体资产总额为43.7亿元,比上年同期减少2.4亿元,同比下降5.2%;村级集体资产总额为320亿元,比上年同期增加66亿元,同比增长26%。农村集体所有者权益为132.8亿元,比上年同期增加13.5亿元,同比增长11.3%。其中:乡(镇)级集体所有者权益为21.6亿元,同比增长36.1%;村级集体所有者权益为111.2亿元,同比增长7.6%。

(夏全书)

【农村集体资产管理】 年内,加大对农村集体资金、资产、资源的管理。起草制定了《丰台区农村征地补偿费管理使用办法》(丰政发〔2009〕46号)、《丰台区农村土地承包经营权流转管理办法(征求意见稿)》、《丰台区农村集体经济合同管理办法(征求意见稿)》等制度。在南苑村开展ISO9000质量管理体系认证试点工作,将ISO9000质量管理体系引入到农村管理中,促进村级组织管理水平的提升。

(夏全书)

【农村审计工作】 年内,开展村干部经济责任审计,对22个村的集体经济组织负责人进行了经济责任审计。完成南苑乡、长辛店镇的集体资产管理和经营效益情况的审计。对村级专项补助资金拨付及使用情况进行审计,共审核资金855万元,保证专款专用。

(夏全书)

【合同管理规范化】 年内，制定《农村集体经济合同规范化管理检查验收办法》，乡镇从机构、制度、流程、价格、文本、台账6方面完善村级合同管理，与各乡镇一起进行联合检查验收，18个村达到合格标准，获得经管站颁发的“2009年度农村集体经济合同管理达标单位”标牌。

（夏全书）

【农村土地承包经营管理】 年内，推进农村土地承包经营的服务和管理，投资12.4万元，建立“丰台区农村土地流转平台”。落实《农村土地承包经营纠纷调解仲裁法》，起草区《贯彻农村土地承包经营纠纷调解仲裁法的实施意见》，建立仲裁委员会和仲裁员队伍。

（夏全书）

【农村管理信息化工作】 年内，对10个农村管理信息化数据库进行更新、核实和上报。为8个村开展村务公开工作配备电脑触摸屏。配合市有关部门完成地理图层信息采集工作，共采集11万亩农用地的地块边界数据，实现农村土地信息与地理图层的对接。

（夏全书）

【农民信访矛盾调处】 年内，依据《北京市信访条例》，制定了《经管站农村信访接待制度》和《经管站信访事项办理程序》。做好涉及农村土地承包、资产处置、财务管理等信访工作，全年共接待信访人员224人次。

（夏全书）

【农村集体资产产权证管理】 年内，完成全区各村及其企业的农村集体资产产权资产登记证的年检工作，共年检《产权证》279家，其中：换证150家、变更19家、注销15家。

（夏全书）

【农村财务人员培训工作】 年内，开展对农村财务人员的业务培训，共举办培训班19期，培训人员3198人。

（夏全书）

水　务

【概　况】 年内，完成水务投资3亿余元。按计划实施2008年农民安全饮水收尾工程、河东4个老旧小区自来水管网改造工程、新农村基础设施建设整体推进村污水治理及污水处理站工程等9项区政府折子工程。推进马草河上段治理、丰草河治理、河西再生水厂及配套管线3项工程的进度；按计划完成新农村污水治理、五项基础设施建设、马家坟清洁小流域治理工程以及雨水收集利用工程、节水灌溉等工程。确保安全度汛，提升了防灾减灾能力；加强了水资源管理，改善河湖水系环境，加大水务社会管理、公共服务力度，确保了供水安全。

（刘　霞）

【刘淇视察永定河绿色生态走廊规划建设】 11月17日，市委书记刘淇视察了永定河绿色生态走廊规划建设情况，实地察看了晓月湖，听取晓月湖生态修复和周边的规划建设情况汇报和“宛平古城、卢沟文化、皓月当空、碧水蓝天”四位一体的战略规划，指出：要把宛平湖和晓月湖作为打造永定河绿色生态走廊的重点，规划好和建设好。刘淇还就永定河绿色生态走廊整体建设规划做出重要指示。

（刘　霞）

【郭金龙视察永定河卢沟桥分洪枢纽】 5月23日上午，市委副书记、市长郭金龙，市委常委牛有成等市领导视察了永定河防汛工作。在永定河卢沟桥分洪枢纽现场，市长郭金龙、市委常委牛有成一行听取了永定河流域的防洪工程规划建设情况，检查了永定河卢沟桥防洪闸，观看了卢沟桥分洪闸提闸模拟演练。

郭金龙对永定河防汛准备工作给予肯定。他指出,水务防汛部门要提高意识,加强领导,精心准备,做好演练;认真研究相关数据,在泥沙防洪方面请专家论证,做好永定河山峡地区的防汛工作,抓好气象、水文、水利工程三个关键要素,做到有备无患。

(刘 霞)

【供水安全工作】 年内,处理赵公口桥、分钟寺桥等处供水突发应急事件37起,应急供水1000余车次1万多吨。举办第一届农村管水员知识竞赛,建立健全农民用水协会和抓好管水员队伍建设。明确全区32个小型水站的责任主体和各乡的监管职责。办理15件关于供水工作的人大建议和政协提案。

(刘 霞)

【开展节水工作】 年内,完成6个市级节水型单位及12个节水型小区的创建工作。对全区2662户用水单位下达用水计划指标1910万方,对430户用水单位的计划指标作出调整。对25户用水单位提出的申请进行审批。完成316户简易楼及平房区的一户一表改造。推进洗衣房节水改造试点,组织300余名小学生参观节水展览。利用"世界水日"、"全国节水宣传周"活动,组织大型节水宣传活动。

(刘 霞)

【水环境治理、维护】 年内,制定晓月湖水质保持方案,晓月湖全年补水23.8万方。全年清运河道垃圾720余车、5880立方米。新增绿化面积6600平方米,种植草皮1634平方米,种植各种草花17000余棵、苗木20多个种类22900余棵。在河道两侧安装护网、护栏共计4418米。对水衙沟、小龙河、马草河等补充中水,提高河水质量。完成靛厂50亩湿地建设。

(刘 霞)

【水政执法】 年内,组织开展区域服务行业安全供水、规范用水和节约用水、搅拌站规范用水,以及对违法打井、洗车行业4S店执法专项检查,查处水政违法案件298起,完成水资源费征收近90万元。开展河道巡查270人次,发现处理违法违规行为34起。打击永定河丰台段盗采砂石行为,协助公安机关查扣作案车辆12台,拘留13人。办理举报案件18起,办结率100%,

(刘 霞)

【河东河道污水截流工程】 年内,水衙沟截流污水口6处,铺设管道245米,新建检查井10座;旱河截流污水口5处,铺设管道175.5米,新建检查井11座;丰草河截流污水口3处,铺设管道237米,新建检查井7座;小龙河截流污水口2处,铺设管道37米,新建检查井4座。以上工程10月21日开工,年底全部完工。

(刘 霞)

【新农村试点村污水处理工程】 年内,完成新农村试点村污水治理二期工程和新农村基础设施建设整体推进村污水治理及污水处理站工程。建设小型污水处理站11座,总处理能力2050吨/日,出水水质达到地表水Ⅳ类水质标准。

(刘 霞)

【京周路十中段积水点应急治理工程】 年内,京周路十中段积水点应急治理工程从北京市第十中学院内体育场北侧、西侧穿过,向西接入长辛店大街排水方涵,铺设管线325米,新建雨水口6座,雨水检查井9座。工程于7月11日开始施工,7月31日完工。

(刘 霞)

【小郭庄给排水工程】 年内,小郭庄给排水工程涉及给排水两个方面,共铺设供水管网15000米,安装水表460块;排水管网6000米,污水最终接入大市政管网。小郭庄给排水工程解决了该地区400户2000多居民的给排水问题。

(刘 霞)

【水衙支沟综合治理工程】 年内,水衙支沟综合治理工程主要分两段:小屯路向西88米进行暗涵清淤，小屯路向东新修建长达1810米的暗涵，经规划小屯二号路南侧向东，到青塔西路西侧绿化带向北，最后接入已建成的下游方涵，畅通排水渠道。主体工程于7月15日主汛期前完成。

（刘 霞）

【老旧管网改造工程启动】 10月11日，丰台区老旧小区自来水管网改造工程正式启动。本次工程为2009年区政府投资计划折子工程，涉及和义东里、诚苑、大井、五里店南里四个老旧小区，整体工程涉及总户数13490户，共计39581人。工程内容包括4个小区的内部管网、楼前管、户内立管以及户内水表更换等，共需铺设管线26347米，水表更换13490户及楼内管道更新。主体工程于年底完工。

（刘 霞）

【永定河新右堤外大沙坑专项整治】 年内，为改善永定河周边环境，打造永定河水岸经济，争办第十三届世界园艺博览会，对河西渣土场进行集中整治、全面清除渣土场内的私搭乱建，劝离拾荒者，取缔永定河新右堤外渣土场。11月25日，区水务局等部门拆除砂坑内私搭乱建1049.4平方米。

（刘 霞）

【开展生态清洁小流域综合治理】 年内，推进山区生态清洁小流域建设，完成李家峪村循环水务示范村工程、马家坟10平方公里清洁小流域治理工程，改善了治理区农村基础设施条件和居住环境，优化了水土资源配置。

（刘 霞）

【推进雨洪利用工程】 年内，新建庄户村、魏各庄村、下庄村、新宫村等4处农村雨水收集利用工程，建设雨水收集管沟16.7公里，收集膜顶和地面雨水；利用老河湾、旧坑塘建设雨水存储坑塘5.6万立方米。平水年可收集利用雨水16.8万立方米。

（刘 霞）

【防汛工作】 6月8日、7月13日两次暴雨导致京周路十中段、三环路丰益桥段严重积水。汛情发生后，水务局紧急协调相关单位及市水务局资金全额支持，采取应急措施，完成京周路十中段应急排水工程和水衙沟南支沟的治理。京周公路十中段、玉泉路南延小屯段的积水问题基本得到解决。

（刘 霞）

【办理群众关心的热点难点问题】 年内，设立“局领导接待日”。重点实施小郭庄给排水工程、晓月苑临时污水处理站等项目，让老百姓饮上放心水。全年共承办市、区人大、政协建议和提案共计40件，全部办理完毕，办结率为100%。办理完毕水务热线、政风在线300件，涉及河道治理、供水等5个方面。

（刘 霞）

气 象

【概 况】 年内，主要气象业务工作是地面气象探测、气象服务，建立气象灾害信息员队伍，重点是国庆60周年气象服务工作。年度综合业务质量评定为A级。科技服务主要为本区域内防雷装置安全检测。行政许可工作主要为升放无人驾驶自由气球或者系留气球活动审批、防雷装置设计审核、防雷装置竣工验收。气象执法工作包括雷电防护、施放气球、探测环境和设施的执法检查。区气象局连续七年获“首都文明单位”及“首都花园式单位”称号，被评为国庆60周年晚会群众联欢活动“最佳服务保障奖”、丰台区水务工作先进单位和“学习型组织”先进单位。

（李晓琳）

【气候评价】 本年度年平均气温12.8℃，比常年（12.1℃）偏高0.7℃。年极端最高气温39.6℃（6月24日），年极端最低气温－

14.5℃(12 月 26 日)。5 月较常年偏高明显(2.7℃),11 月份较常年偏低明显(2.9℃)。全年日极值最高气温大于等于 35℃的天数出现 17 天(常年为 6.5 天)。全年度降水量 533.7 毫米,比常年(567.1 毫米)偏少 6%,比去年(686.1 毫米)偏少 22%。全年降水特点是主要集中在 6－8 月,降水量为 432.7 毫米,占全年降水的 81%。今年本站共出现雨日 80 天。日最大降水量为 62.1 毫米(6 月 8 日)。11 月 10 日出现雷暴天气,为本站记载的历史同期出现时间最晚的雷暴记录。年度日照为 2283.9 小时,比近十年平均值(2302.6 小时)偏少 18.7 小时。

(王桂枝)

【灾害性天气】　年内,受强降雨云团影响,出现 2 日暴雨天气。其中 6 月 8 日日降水量达 62.1 毫米,7 月 13 日出现局地强降雨天气,据区域自动气象站网监测,该日最大降水量出现在位于丰台南部的玉泉营地区(76.9 毫米)。由于局地降雨强度大,又正逢交通车流晚高峰时段,使公益桥附近交通一度严重受堵。11 月 1 日本站出现建站以来(1959 年)降雪时间最早的一场降雪,因大白菜未收割导致低温冻害,给农民造成很大的经济损失。本年度发生的气象灾害主要有暴雨、大风、雷暴,其中发生暴雨灾害 31 起,损失约 110.1 万元;发生大风灾害 11 起,损失约 120.1 万元;发生雷击灾害 6 起,损失 14.5 万元左右。

(王桂枝)

【气象服务】　年内,共向有关部门发送国庆服务专报 5 期,发送 36 小时天气预报 9 期、滚动周报 49 期、旬月预报 48 期、雨情信息 36 期、气象预警 59 期、气象信息专报 8 期、手机短信 12 万余条等。

(韩丽琴)

【气象灾害信息员队伍建设】　7 月,区应急办下发了《关于建立丰台区气象信息员的的通知》、《丰台区气象信息员暂行管理办法》,建立了包括全区各乡镇、街道办事处、每个区域自动气象站站址所属单位在内的共 40 名人员组成的气象信息员队伍。经过业务培训,气象信息员在区域自动气象站设备维护、气象灾情上报等方面发挥作用。

(韩丽琴)

【岗位设置管理】　2 月,根据北京市气象局统一部署,完成岗位设置管理首次设岗实施工作。核定编制 10 个,实有人数 10 人。首次实际聘岗情况为:设置管理岗位 2 个,其中五级岗位 1 个,七级岗位 1 个;设置专业技术岗位 8 个,其中中级岗位共 3 个(八级、九级、十级岗位各 1 个),初级岗位 5 个(十一级岗位 2 个,十二级岗位 3 个);设置工勤岗位 0 个。

(李晓琳)

【气象法制建设和依法行政】　年内,共办理行政许可事项 222 件,其中审批施放气球活动 204 件,防雷设计审核与竣工验收 18 件。执法检查 27 次,其中与消防支队开展联合防雷安全执法检查 18 次。施放气球 9 次。7 月 9 日,与区安全生产监督管理局联合发文《关于加强防雷安全工作的通知》。

(李晓琳)

【科技服务】　年内,建筑物防雷年检,共检测单位 450 家,检测建筑物 1307 栋;新增检测单位 11 家、建筑物 44 栋;发放整改通知 138 份。有偿气象服务,共向区农委、中国人民财产保险北京分公司丰台支公司、中铁二局北京轨道交通大兴线经理部等有关单位部门发送《滚动周报》30 期、《旬月预报》26 期、《36 小时天气预报》82 期,发送重要天气预报共 5 期,气象短信共 58000 余条;配合中保丰台支公司进行灾害调查、气象灾害证明等工作,共开具气象证明 35 份。

(李晓琳)

【气象科普】　年内,利用各项专题活动开展宣传,以"3.23"世界气象日、"防灾减灾日"、全国科技周、安全生产月咨询日、"全国科普日"等各项专题活动日为契机,采取发放宣传资料、展板展示、专业人员现场咨询、成立宣传小组、开展知识讲座、播放专题片、展板巡展、参与区有线电视台节目录制等方式进行科普宣传。与区科技馆合作建设丰台区气象科普网站，建设科普放映室，添置多媒体白板、投影仪等电子教学设施；自筹资金制作宣传资料、气象展板，购置了触摸屏、户外便携式音响等设备，建设气象科普走廊。

（李晓琳）

工　业

区属工业

经济和信息化委员会

【概　况】 年内,丰台区工业企业共计2869家,其中规模以上企业476家,大中型企业37家,园区高新技术企业347家。丰台区工业企业实现增加值83.5亿元,同比下降12.9%。规模以上企业实现工业总产值368.8亿元,比上年增长4.3%,其中新产品产值111.1亿元,增长5.5%,占丰台区工业总产值比重的30.1%。;实现出口交货值13.4亿元,比上年下降10.8%。工业经济运行呈现以下特点:一是大中型企业支柱作用显著。丰台区产值排名前十位的工业企业共完成工业总产值151.1亿元,同比增长12.6%,占丰台区规模以上工业总产值的41.7%。二是产值排名前三位的行业(交通运输设备制造业、专用设备制造业、工艺品及其他制造业)占丰台区工业总产值的47.6%,支撑丰台区工业生产。三是轨道交通等装备制造业发展较快。受国家加大对铁路投资力度的影响,轨道交通业的发展势头良好,3家轨道交通企业共完成工业总产值24.4亿元,同比增长133.9%。本年度内工业运行呈现"前低后高"的走势,下半年工业生产提速明显,8月份开始,工业增速逐月明显加快,经济回升向好的运行态势得到巩固,实现了生产和效益的平稳增长。

(贾月云)

【利用外资稳步增长】 新引进外商投资企业38家(含迁入企业),比上年同期增长8.57%,共吸引外商投资总额7.06亿美元,同比增长173.45%;合同外资3.09亿美元,同比增长85.97%;实际利用外资1.06亿美元,连续三年突破1亿美元。

(张会利)

【对外贸易和经济合作稳步发展】 对外贸易稳步发展,完成进出口贸易总额70.4亿美元,同比增长25.53%。其中进口总额为58.5亿美元,同比增长33.87%;出口总额为11.9亿美元,同比增长-3.8%。对外经济合作取得进展,批准7家企业在9个国家或地区设立了14家境外公司或办事机构,同比增长275%;投资总额近4200万美元,同比增长15%;注册资本近2000万美元,同比下降20%;主要集中在美国、香港、加拿大及非洲等国,以资源勘探开发、加工销售为主。

(张会利)

【优化中小企业发展环境】 为解决中小企业融资难问题,丰台区召开担保机构、银行、企业三方洽谈会,了解企业融资需求,为企业贷款提供服务。设立初期规模200万元的风险补偿基金,用于弥补担保代偿损失。增加区属诚信佳担保公司资本金到5000万元,加强其担保贷款能力建设,放大单笔放贷规模。截止2009年末,丰台区生产力促进中心和诚信佳担保公司共接洽贷款担保企业咨询128家,正式受理担保项目52个,金额16480万元,批准担保项目41个,金额12020万元。年末在保项目38个,金额11750万元。

(姜新华　毕　博)

【帮扶企业实施"降压减负"】 为帮助企业度过金融危机,落实降低社会保险费率制度,合计金额达2500多万元;对减产不裁员的12家企业进行政府补助,涉及岗位1305人,共补助资金1271万元。落实新企业所得税法及延期缴纳税款政策措施,区国税局对企业实施退税3.4亿元,区地税局对部分企业税款落实缓缴政策。

(姜新华　毕　博)

【建立联系服务企业工作长效机制】 为进一步强化服务型政府建设,优化区域发展环境,丰台区研究制定《关于建立联系服务企业工作长效机制的意见》,明确了七项长效帮扶措施:一、区经济信息化委为联系服务企业工作的牵头责任部门,组织协调联系服务企业的日常工作。明确相关委办局、街乡镇的联系服务企业职责,实现联系服务企业工作常态化。二、依据部门职责对企业帮扶需求进行分类处理,建立企业帮扶需求信息归集和分解落实的畅通机制。三、主动征求企业帮扶需求信息、服务意见建议,跟踪反馈问题解决进展情况,建立帮扶企业工作互动反馈机制。四、区政府督查室将联系服务企业工作列入督查事项,区监察局对联系服务企业工作进行效能监察,建立联系服务企业工作督查、监察机制。五、进一步加强区级领导和重点企业的沟通联系,每年每位区级领导联系2至5家企业,建立区级领导联系服务企业的长效机制。六、建立委办局、街乡镇联系服务企业制度,形成全区上下合力帮扶、服务企业的工作格局和浓厚氛围。七、着重研究企业发展的深层次矛盾,积极探索利用私募基金、创投基金,知识产权交易、碳汇交易,商标权质押、专利权质押等现代融资手段,解决企业在资金、技术、市场等方面的瓶颈问题。

(张志会　毕　博)

【军民融合项目稳步推进】 为落实市委、市政府《关于促进城市南部地区加快发展行动计划》,加快履行与国防科技工业集团所属单位签署的战略合作框架协议,区政府成立了以主管区长为组长的丰台区军民融合产业促进工作小组,成员包括区发展改革委、科委、经济信息化委、住房城乡建设委、商务委、国土分局、规划分局、丰台科技园管委以及两个镇政府。工作小组办公室设在区经济信息化委,负责日常协调工作。7月,区政府与航天三院签署征地合作协议书。11月,军民融合产业促进工作小组与航天二院、三院就产业项目涉及的具体问题进行协商沟通,形成一致意见。12月7日就航天三院产业项目涉及的土地利用规划和城市建设规划调整问题正式行文市政府。

(吴智青　毕　博)

【开展企业减负检查工作】 一是组织召开企业座谈会。会同区纪委纠风室、区发改委、区财政局、区审计局,组织2家大型工业企业、10家中型工业企业、2家成长型工业企业、1家乡镇工业企业主管财务负责人参加减轻企业负担座谈会,与会人员一致反映,企业没有遇到过"乱收费、乱罚款、乱摊派、乱培训、乱评比、乱检查"的情况;在技术改造、节能减排、淘汰落后、兼并重组等方面也没有发生过不合理负担和不合理规定问题。二是组织开展减负检查。区经济信息化委会同区纪委纠风室、区发改委、区财政局、区审计局对丰台国税局和丰台人力资源和社会保障局进行了检查。

(姜新华　毕　博)

【启动产业经济发展战略课题研究】 12月,启动丰台区产业经济发展战略课题研究,成立了由区经济信息化委牵头,研究室、发展改革委、统计局等单位组成的课题工作小组,并通过《北京日报》、“首都之窗”、区政府网站公开征选课题合作机构。明确规定:要站在北京建设世界城市的高度,从丰台作为首都城市功能拓展区的角度,通过对世界城市的经济比较和首都经济圈的发展研究,对丰台区位特点和资源禀赋进行深入分析,提出丰台区未来产业经济的发展战略及其实现路径。

(张志兰　毕　博)

【推进中小企业网站建设】 为完善丰台区中小企业服务体系,搭建政府与中小企业沟通交流平台,提高中小企业服务工作的效率和水平,畅通中小企业交流渠道,充分发挥中小企业信息服务功能,经与市发改委沟通与协调,完成了网站的版面设计和各栏目内容的整理和录入工作。经市发改委审核,于7月底链接至市中小企业网站,正式开通运行。

(姜新华　毕　博)

北京丰印诚科技发展有限公司

【概　况】 年内,在市场经济竞争激烈的情况下,公司创新发展思路,整合资源,深化企业改革,促进了企业的发展,在提高企业效益的同时增加了职工的收入,全体职工收入增加20%,公司年终分红比例比上年增加3%。公司共有员工100名。

(张　艳)

【为灾区捐款】 年内,公司领导和全体员工为灾区捐款2820元。

(张　艳)

中央市属工业

首都航天机械公司

【概　况】 年内,长征二号丙、长征三号丙、长征三号乙分别参与了4次火箭发射,除长征三号乙发射印度尼西亚帕拉帕——D卫星失败外,其余3次发射成功,分别将北斗导航卫星2号、遥感卫星6号和实践11号卫星送入太空。公司获得国家科学技术进步奖特等奖、全国机械工业500强、首都文明单位、中国载人航天工程突出贡献集体等称号。

(孙欣荣)

【首枚火箭发射成功】 4月15日零时16分,公司生产总装的长征三号丙火箭在西昌卫星发射中心将第2颗北斗导航卫星送入预定轨道。这是2009年长征三号甲系列火箭的首次发射,也是长征三号甲系列运载火箭的第29次发射。

(孙欣荣)

【公司通过国防计量认可】 8月21日,根据北京市国防科工办《计量认可评审标准》的要求,北京市国防科工办评审组专家到公司生产现场进行计量评审。评审组经过现场评议,认为公司计量工作基本达到现有主导科研、生产的要求,通过国防计量认可,有效期5年。

(孙欣荣)

【天津航天液压装备有限公司开业】 8月28日,由公司和中国运载火箭技术研究院共同出资注册的天津航天液压装备有限公司开业。该公司具有年产5万吨高精度冷拔——珩磨管的生产能力。该项目是中国航天科技集团公司在天津滨海经济开发区首个投产运营的军民结合项目,也是公司走“以军为本、能军能民、产业化发展道路”,实现军民产业良性互动、协调发展战略目标的又一次重大实践。

(孙欣荣)

【长征二号丙火箭发射遥感卫星】 4月22

日10时55分，长征二号丙火箭在太原卫星发射中心将遥感卫星6号送入预定轨道。此次发射是长征系列火箭的第117次发射，也是1996年10月以来的第75次连续成功发射，而且也是公司生产总装的运载火箭在一周时间内进行的第二次成功发射。

（孙欣荣）

【长征三号乙火箭发射失败】 8月31日17时28分03秒，长征三号乙从西昌卫星发射中心点火升空，火箭一、二级飞行正常，三级二次点火后出现异常情况，未能将印度尼西亚的帕拉帕——D通信卫星送入预定轨道。此次发射是长征系列运载火箭13年来首次出现故障。

（孙欣荣）

【长征二号丙火箭发射】 11月12日10时55分，长征二号丙火箭从酒泉卫星发射中心成功发射，它是继长征三号乙火箭发射失利后的首次火箭发射。

（孙欣荣）

北京北方车辆集团有限公司

【概　况】 年内，北京北方车辆集团有限公司实现销售收入25.3亿元，同比增长47.4%；实现利润8293万元，同比增长149%。第五次跻身北京百强企业。

（王晓鸣）

【国庆阅兵和庆典工作】 公司承担了步兵战车整车方队和自行迫榴炮等6个方队的装备生产、技术保障和履带制造，参与制作了国徽、领导人画像、文化成就、和谐社区等7辆游行彩车；继奥运会后，特型焰火发射装置再次以“和平鸽”、“60”、“笑脸”等璀璨烟花装点了国庆夜空；选拔输送了13名彩车驾驶员，选派300名职工参加了国庆晚会联欢活动，是服务国庆范围最广、项目最多、任务最重、人数最多的企业之一。

（王晓鸣）

【民品外销】 北方牌索道首次走出国门，出口伊拉克；两台北方客车远销俄罗斯，首次进入欧洲市场；百余台北方牌房车远销美国和澳大利亚。产品的海外销售标志着公司民品技术实力和国际竞争力的增强。

（王晓鸣）

【产品开发】 北方客车推出低地板公交车、公务用车、豪华旅游客车等18个新款车型，开发了动车检测线起重设备、马拉草原房车、农用消防车、地铁售货车等多项产品，参与了我国“十五”期间重大科学工程—正负电子对撞机重大改造工程建设项目，荣获了中科院高能物理研究所授予的“突出贡献参建单位”称号。

（王晓鸣）

南车二七车辆有限公司

【概　况】 南车二七车辆有限公司（简称二七车辆）前身是建于1897年清朝邮传部“卢保铁路卢沟桥机厂”，1948年12月改称“铁道部长辛店铁路工厂”，此后六易厂名，1966年9月改称“北京二七机车车辆工厂”，1980年1月1日铁道部将其机车制修与货车制修分离分立，成立了铁道部北京二七机车工厂和铁道部北京二七车辆工厂，1994年2月后者改名为北京二七车辆厂。2003年3月更名为中国南车集团北京二七车辆厂，隶属于中国南方机车车辆工业集团公司。后因中国南方机车车辆工业集团公司重组改制，自2008年1月1日起启用“南车二七车辆有限公司”名称。公司隶属于中国南车股份有限公司，为国内铁路货运平车、平车——集装箱两用车和特种平车的制造基地。具备年新造铁路货车3500辆、修理铁路货车4500辆的综合能力，同时拥有年产MT－2型缓冲器4万套、MT－3型缓冲器2万套、交叉支撑装置6万份、轴承保持器44万件的配件生产能力。2009年末，公司在册人数3938人，其中教授级高级工程师8人,具有高级专业技术职称88人,中级专业技术职称218人;设置行政部室22个,党群部门5个,生产车间9个,控股合资企业2个,全资子公司1个;公司固定资产原值4亿元,生产用地64万平方米,房屋建筑19.6万平方米;有各类机械动力设备2314台,其中主要生产设备1410台。2009年实现销售收入15.58亿元,净利润-1797万元,完成中国南车调整后的指标。本部从业人员劳动生产率为332796元/人,在岗员工年平均工资36291元/人,万元产值综合能耗0.137吨标准煤;公司质量、环境/职业健康安全管理体系、测量管理体系通过复评认证,继续保持"国家一级安全质量标准化企业"称号,成功申报北京市高新技术企业,公司荣获"北京市职业卫生示范企业"、"全国安全生产月活动优秀组织奖"、"首都文明单位"荣誉称号。

(赵朝方　张瑞琪)

【产品销售与服务】　面对货车市场需求急剧萎缩的不利情势,市场营销努力开拓新客户,积极维系老客户、大客户。年内完成各项国铁招标采购项目及路外产品订单签订。配件销售引入区域竞争机制,零散配件销售货款到位率达95%以上,解决了对路局系统销售及回款问题。积极拓展海外业务,完成泰铁项目技术投标及厂修车备忘录编制签署等工作。开展了风电法兰和UST传感器项目调研工作。全年项目办共签订合同58份,合同总金额约2145万元。全面提升售后服务水平,成立售后服务部,完善售后服务机制,积极走访用户,建立良好业务关系,及时妥善处理公司造修车辆运用故障。

(赵朝方　张瑞琪)

【生产发展情况】　新造货车2309辆,同比下降27%;修理货车2765辆,同比下降18%;生产供外配件72046件(套),其中交叉支撑组成产量同比下降41%,组合式制动梁同比下降30%。

(赵朝方　张瑞琪)

【新产品开发】　围绕重载快捷化需求进行新产品开发,新研制的NX70A型共用车成为亮点,当年完成设计试验、当年实现批量生产、成功实现转让。开展了载重70t集装箱专用平车、三联关节式双层集装箱车、30t轴重双层集装箱车、载重80t共用车、焊轨用平车以及30t轴重转向架、3E轴焊接转向架等产品的研制工作。4项整车产品参加铁道部组织的"大轴重货车新产品观摩展",受到各级领导和用户好评。完成了5种车型增载或提速改造;根据用户需求,对SQ6型双层运输汽车专用车进行优化。TJ165型架桥机组用平车取得型号合格证和生产许可证。参与完成9项铁道行业标准编订工作。健全知识产权规范化管理体系,目前公司已拥有92项实用新型专利,完成36项专利项目申报工作。实现PLM系统上线试运行,逐步实现产品设计和工艺设计的并行。成功申报北京市高新技术企业。

(赵朝方　张瑞琪)

【企业管理】　受金融危机影响,公司按照全面预算要求,以业务预算为基础,实现财务滚动预算。合理配置资源,压缩管理费用,严格控制成本支出,全年各项费用同比降低13%。积极利用国家各项优惠政策,获得北京市政府贴息贷款,减少财务费用100多万元。全年板材出材率达85.8%,节约板材价值100余万元。继续发挥审计在加强管理、健全内控等方面的职能作用,全面实施风险管理,确认风险事件90条。完成工程建设项目专项治理工作。安全生产未能尽善,发生一般安全生产责任事故1起,工伤死亡1人;全年未发生重伤事故;轻伤事故发生7件。节能减排工作取得实效,各项环保指标同比下降。精益生产逐步深入。成立精益生产推进办公室。开展精益生产培训12期2080余人次。坚持顺势、联动、结合、效果原则,通过导入宣传精益思想、试点先行稳步推进、应用精益生产工具,生产现场环境明显改善,有效作业面积增加,目视化效果有所体现。精益生产为企业管理搭建了良好平台,使公司生产效率、经济效益得到不同程度提高。信息化建设成效逐步显现,完成 MES 系统收尾工作,实施物流配送及条码交接系统开发工作;在 ERP 上线运行的基础上对部分业务进行优化,提高信息化管理水平。修订完成 349 个制度文件,建立由 10 个系统、328 个业务流程构成的管理流程体系。

(赵朝方　张瑞琪)

【技术改造】 加快推进"三大技术平台"建设。在贯彻中国南车 17 项工艺标准的基础上,加快实现工艺一级设计、二级管理的模式,梳理工艺文件,提升工艺制造水平,确保产品制造质量,不断降低制造成本。设计建造完成平车生产线,其中 H 型钢中梁生产线技术水平在国内处于领先地位。实施检修车车体生产技术改造方案。完成 HM－1 型缓冲器胶泥芯体生产工艺方案设计、试制及试验。脱轨自动制动装置通过中铁铁路产品认证中心(CRCC)生产质量认证。欧洲(EN15085)焊接体系标准认证工作有序进行。

(赵朝方　张瑞琪)

【质量管理】 以质量检查整治为契机,真抓实干,彻底扭转产品质量被动局面。2009 年公司以春季整车质量抽查发现的 28 项产品质量问题为切入点,以铁道部工艺技术检查标准等为依据,从思想认识和行为规范、技术管理和制度执行等方面进行查改。按照铁道部和中国南车安排,公司全年共开展 7 次质量检查整改活动。公司领导分片包保,选择重点工序作为剖析重点,围绕技术标准、工艺文件及作业指导书、装备和检具状态、人员素质、过程控制、实物质量、以往故障分析七个方面进行剖析检查。与江岸车辆段联合开展新造、检修货车整车质量对规检查活动。强化整车落成管理,实施完整交车,落成工序基本取消电焊、气割作业,新造车、检修车总返回率呈逐月下降趋势。通过综合管理体系、测量管理体系复评认证工作。加强信息收集和分析工作,建立典型质量故障库。

(赵朝方　张瑞琪)

【体制改革】 完成 2008 年底开始的管服人员竞聘工作。解除劳动合同享受经济补偿 93 人。制定《员工绩效考核管理办法》,实施岗位绩效工资制、营销工资制、项目工资制。举办各类培训班 110 期,共培训 4075 人次。尝试参、控股公司独立采购,降低采购成本。实施油漆涂装业务外包、热力系统有限承包。

(赵朝方　张瑞琪)

【和谐企业建设】 根据北京市人力资源和社会保障局《关于支持企业稳定就业岗位有关问题的通知》精神,及时做好申请困难企业岗位补贴和社会保险补贴工作。在企业遭受经营困难、部分车间停产息工的情况下,把保证员工收入作为第一要务,在销售收入同比降低 21% 的情况下,全员年收入同比降低 13%,其中中层领导收入同比降低 20%。举办庆祝新中国成立 60 周年系列活动;继续加大环保投入、噪声治理及绿化养护工作。

(赵朝方　张瑞琪)

北京二七轨道交通装备有限责任公司

【概　况】 北京二七轨道交通装备有限责任公司(以下简称公司)隶属中国北车股份公司,行政下设 13 部 3 室 2 中心、12 个生产分厂(分公司),党群系统设有 7 个职能部室;员工总数 3580 人,其中高级专业技术职称 141 人、中级职称 239 人。许可经营项目:开发、设计、制造、修理、销售铁路及城市轨道交通运输设备、电子设备、机械电器设备等。主要产品:HXD3 型 7200KW 电力机车、DF7 系列内燃机车、GK1E 和 GK31E 型内燃机车、铁路大型养路机械等。现有机械动力设备 3000 余台(套),占地面积 43 万平方米,厂房建筑面积 15.2 万平方米。拥有固定资产原值

7.11亿元。年内,新造电力机车92台、钢轨打磨列车1列、路外内燃机车17台,出口内燃机车53台,厂修机车64台。完成销售收入187789万元,实现利润6995万元。

(姚春立　胡跃平)

【改革改制】 根据多元化产品格局的生产形态,撤销物资供应部,组建了物流中心。按照"859"文件的要求,完成了广厦公司的改制工作,并实现新公司的工商注册、挂牌。启动了公司所属医院的改制工作,并进行了资产评估。

(姚春立　胡跃平)

【高新技术企业证书】 年内,获得了北京市科学技术委员会、北京市财政局、北京市国家税务局、北京市地方税务局联合下发的《高新技术企业证书》。

(姚春立　胡跃平)

【自主开发新产品】 对首列钢轨打磨列车进行了作业性能和线路运行动力学等试验,并通过铁道部组织的出厂评审。

(姚春立　胡跃平)

【技术引进消化吸收和国产化工作】 完成了钢轨打磨列车第二阶段50%国产化率图纸、资料的接收。开展了司机室、电器/气动柜、液压动力包、打磨小车防尘罩等国产化工作。继续与VOLTH公司进行L520传动箱合作项目,在齿轮样件试制方面取得实质性进展。

(姚春立　胡跃平)

【市场营销】 完成了新生效的26台DF7G－C型和25台DF7K－C型出口古巴机车的合同订单,并集港发运。完成了2台出口越南机车的合同订单并交付。签订国内工矿机车销售合同订单25台,其中DF7G型7台、DF7C型5台、GK1E型13台,全部完成生产交付。新签订路内大修机车合同订单49台,为铁道部2009年DF7型大修机车总量的61.25%。完成生产交付64台,其中包括路内2008年订单9台、路外订单6台。内燃机车大修在厂停时下降到平均35.5天。国内机车配件销售首次突破4000万元。完成47根韩国曲轴加工订单。完成美国卡迈隆公司需要的柴油机机体、机座、曲轴等关键部件试制。

(姚春立　胡跃平)

【基本建设与技术改造】 完成了组装调试、钢结构、管线中心、仓储物流、转向架、传动分厂、研发中心等主要建设内容,投资8051万元,完成厂房改造30110平方米,采购主要工艺装备483台(套),完成初步设计内容80%的工作量,具备了组装调试、钢结构自制和有关配套作业能力。

(姚春立　胡跃平)

【募捐活动】 在北京市与四川省什坊县重建新家园社会募捐活动中,公司员工为灾区捐款2.6474万元。在"金秋助学"活动中,为13名困难职工子女每人资助4000元。在对口支援江西、内蒙古贫困地区和甘肃省陇南地震灾区群众募集过冬衣被和资金活动中,募捐棉衣被等1000余件,捐款1.9016万元。

(姚春立　胡跃平)

【存续企业】 年内,中国北车集团北京二七机车厂有限责任公司(原中国北车集团北京二七机车厂,以下简称公司),厂区占地8.62万平方米,固定资产原值22126万元,净值11176万元,拥有从业人员132人。主要管理范围是:组织落实859号文件,推进改制分流,安置富余人员;企业办社会职能移交和水、电、暖转供管理或移交;非上市资产的管理与处置;内退职工管理;土地资产、使用权管理;办理与上市业务关联交易;厂办集体企业管理和集体企业的改制等。完成了广厦公司的改制。

(姚春立　胡跃平)

北京京丰热电有限责任公司

【概　况】 年内,公司以学习实践科学发展观活动为契机,以"稳节奏、调结构、控成本、保效益"为主线,累计完成发电量16.94亿千瓦时,实现利润总额1.4亿元,不但超额完成计划电量,而且实现了机组零非停的目标,创历史最好水平。“上大压小”工程进展顺利。和谐企业创建工作稳步推进。

（胡岩毅）

【开拓检修市场】 随着两台燃煤小机组的关停,公司出现人员富余的情况,为解决员工的生存和出路问题,公司认真分析市场变化情况,积极拓展工作范围,与京阳公司签订燃气机组检修合同,实现了“走出去”战略,为企业做大做强探索出一条新路。

（胡岩毅）

【开展国庆厂庆活动】 2009年是祖国60华诞,也是京丰公司建厂50周年。7至9月份,公司围绕企业的中心工作,组织开展了体育健身、书画摄影展、红歌会、文明礼仪知识普及、“争优学优”等活动;设计制作了企业邮册、宣传片和展室。活动的开展提高了员工的文化修养,促进了精神文明建设,起到了凝聚人心、鼓舞士气的作用。

（胡岩毅）

【献爱心捐款活动】 为弘扬中华民族关爱他人、扶贫济困的传统美德,公司161名党员、群众捐款1.59万元。

（胡岩毅）

【送温暖活动】 开展对困难员工调查摸底工作,建立困难员工档案,完善帮扶工作网络,建立长效帮扶机制。年内,送温暖活动共计费用13万余元。

（胡岩毅）

北京三兴汽车有限公司

【概　况】 年内,北京三兴汽车有限公司在新兴铸管集团公司、新兴重工公司的领导下,面对金融危机和现代企业制度转型的严峻形势,主动应对民品低谷、出口受限、资金紧张、结构调整四大难题,实施民品三年千台罐式车、军品巩固总后拓展总装两大营销战略,实现了销售收入5亿元,利润924万元,在职职工人均收入4万元,完成年度目标。

（陈　静）

【国庆阅兵车彩车制作】 国庆60周年庆典活动中,公司承担了10辆群众游行彩车的制作,占彩车总量的1/6。此外,公司还承制了阅兵车中5台后勤加油泵站车的生产任务,同时组织完成了手术车、主食加工车、净水车、重型路桥车等车型的集结、验收、交付、保障、涂装等任务。

（陈　静）

【领导视察】 7月6日,国庆60周年台湾彩车入场施工动员会在北京三兴汽车有限公司召开,国台办副主任叶克冬出席会议,并视察生产现场。8月18日,北京市委常委、总工会主席梁伟到北京三兴汽车有限公司视察国庆60周年彩车项目进展情况。

（陈　静）

【产品结构调整】 公司把技术研发、产品调整摆到重要位置,实现军品BSX5070和拉臂车订货300台、民品罐式车500台和各类罐式车2000台两大目标,确保外贸、BSX5070订货、消防车研发、石油装备四大突破。

（陈　静）

【外商考察】 4月28日,科威特AL Sayer公司Mohammad Al-Sayer总裁一行到北京三兴汽车有限公司考察。5月22日,参加中国北京国际科技产业博览会的俄罗斯考察团一行十余人,受组委会安排,到北京三兴汽车有限公司考察。

（陈　静）

【产品推荐】 3月11日,北京三兴汽车有限公司组织中国重汽——北京三兴“黄改绿”国Ⅲ产品推荐会。

（陈　静）

【职工书屋】 11月22日,北京三兴汽车有限公司职工书屋被北京市总工会命名为市级职工书屋。

（陈　静）

北京市赛欧工贸有限公司

【概　况】 北京市赛欧工贸有限公司机关设置三部一室,下属六个基层单位。年内,全系统共有在职职工287人,退休退职人员1934人(其中退休1818人、退职116人)。完成营业收入4680.66万元,同比增长8.52%;费用支出3161.25万元,同比减少1.07%;上缴国家税金915.61万元,同比增长3.45%;实现利润1610.75万元,同比增长31.62%,为预算的119.5%;在企业经济效益增长的同时,职工人均收入同比增长14%。全年安全生产无事故。荣获计划生育工作先进单位、北京市档案工作一级单位称号。

(刘志荟)

【两节送温暖活动】 两节期间,公司领导走访慰问退休原领导干部31人、特困人员4人,长期患病及生活困难的职工57人,看望了4位劳动模范,共发放慰问款物5.28万元。为1946名退休人员发放慰问款63.5万元。全系统共计发放慰问品、慰问金折合金额68.8万元。

(刘志荟)

【知识产权举报投诉服务赛欧工作站】 3月11日,举行了北京市保护知识产权举报投诉服务赛欧工作站揭牌仪式。北京市"12312"主任王连洁、丰台区知识产权局局长崔言超和赛欧孵化中心有限公司经理梅春才代表三方在建立知识产权举办投诉服务赛欧工作站协议书上签字。

(刘志荟)

【北京赛欧科园大学生创业孵化基地】 4月9日,北京首个大学生创业孵化基地——北京赛欧科园大学生创业孵化基地落户中关村科技园区丰台园,赛欧科园大学生创业孵化基地首批提供1000万元大学生创业引导资金,为本市应届及往届大学毕业生免费提供3000平方米办公用房,吸引并支持100家大学生创业企业,以带动大学生就业。

(刘志荟)

【为救助贫困母亲捐款】 5月10日,在母亲节到来之际,公司所属各单位的干部职工为贫困母亲献爱心,共计捐款795元。

(刘志荟)

【完成公司注册资本金增资手续】 5月20日,完成赛欧公司注册资本金由3400万元增至5000万元的工商变更手续。北京供销社投资管理中心投入货币资金3840万元,其中1600万元计入实收资本,其余2240万元计入资本公积。截至年底,北京供销社投资管理中心出资额占公司注册资本总额的45.60%。

(刘志荟)

【签订合作协议】 6月10日,北京赛欧科园大学生创业孵化基地与北京建筑工程学院签订了关于支持大学生创业的合作协议。双方希望以赛欧科园创办的大学生创业孵化基地为平台,将企业市场资源与学校资源进行有效整合,优势互补,积极响应和落实"大学生以创业带动就业"的国家政策。

(刘志荟)

【共产党员捐献活动】 在"七一"前夕,组织全系统党员献爱心捐献活动,共有57名党员捐款2500元。

(刘志荟)

【丰台信用工作平台】 10月20日,中关村企业信用促进会丰台信用工作平台在赛欧创业孵化广场挂牌。丰台信用工作平台的具体工作由赛欧孵化器办公室负责,每周四专门接待来访企业,其日常工作有办理企业的入会和年审及受理与审核企业对中介服务支持资金申请等。

(刘志荟)

【成立楼宇支部委员会】 12月22日,中共赛欧科园科技孵化中心楼宇支部委员会成立。由赛欧孵化中心有限公司李爱国书记兼任党支部书记。支部现有党员5名,其中包括一名预备党员，他们全部为入孵企业经理或员工。赛欧楼宇党支部作为入孵企业党员的学习活动阵地，目的是搭建党组织联系党员和群众、服务企业的平台，团结和带领广大党员，发挥基层党组织战斗堡垒作用和党员先锋模范作用，服务企业、保障企业，推动企业的健康顺利发展，形成企业发展与党组织建设的良性循环，实现党组织建设与楼宇经济持续发展的双丰收。

（刘志荟）

【台湾大学创新育成中心访问赛欧】 10月19日，台湾地区大学创新育成中心访问团参观了赛欧孵化中心有限公司，并与赛欧孵化器领导进行了友好的会谈。前来访问的有台湾地区大学创新育成中心(孵化器)访问团包括孵化器领导、育成中心与风险投资公司负责人等。

（刘志荟）

【非洲国家学员参观赛欧科技孵化中心】 5月20日，非洲国家“科技园区及孵化器规划建设与管理国际培训班”的6名学员，到北京赛欧科园科技孵化中心参观考察。

（刘志荟）

商贸 服务业

商业贸易

【概　况】 年内,丰台区商业贸易工作实施多项促进消费增长的措施,稳定了居民的消费心理,活跃了城乡市场,实现了“保增长、保民生、保稳定”的目标。完成社会消费品零售额635亿元,同比增长16.9%,总量占北京市的八分之一。完成商业、服务业、旅游业行业税收15.6亿元,同比增长11.1%。

(邱　瑞　陈华芳)

【大型商业店开业】 马家堡的家乐福、城南大道的乐天玛特、丰体时代的物美大卖场、超市发青塔店等近15万平方米的大中型商业店开业。

(邱　瑞　陈华芳)

【多种措施促进消费增长】 采取多种措施促销费、保增长,促进了消费品市场的繁荣。一是贯彻落实家电下乡政策,举办3次大型家电下乡推广活动,印制家电下乡宣传材料12万份,开通了“家电下乡”放心购物直通车,接送农民到家电销售网点看货、选货,拓展了农村地区消费市场。二是举办北京市第三届“外贸大集”,共有75家外贸企业的百余种特色产品参展,累计销售157万元,日均13万元。三是策划组织“2009北京汽车消费文化节”,文化节自10月16日开始至11月13日结束,共有50多个国际、国内品牌100多个车型参展,汽车类商品实现零售额34.23亿元,同比增长70.4%。

(邱　瑞　陈华芳)

【落实惠民政策】 认真贯彻落实国家出台的家电下乡、家电以旧换新、汽车下乡和汽车以旧换新等4项惠民政策,刺激直接消费共计3.68亿元。一是已备案家电销售企业经营网点57家,完成定点企业补贴审核1239份,共销售家电下乡产品9489台(部),销售金额1780余万元。二是现有家电以旧换新回收企业14家和销售企业170家,共销售家电以旧换新产品52128台(部),销售金额2.01亿元,完成定点企业补贴审核1239份。三是已备案汽车下乡销售企业7家,销售汽车下乡产品3435台,销售金额1.44亿元。四是实现汽车以旧换新30台,销售金额450万元。

(邱　瑞　陈华芳)

【成立大红门服装商务区工作领导小组】 5月,为了促进重点功能区的发展,经区编办批准成立了大红门服装商务区工作领导小组,办公室设在区商务委员会。

(陈华芳)

【推进特色街建设】 促进万丰餐饮街建设,指导商业街明确功能定位。引进中华传统小吃、北京便宜坊集团独一处等老字号企业及权金城、楚老锅等知名企业7家。完成了万丰路餐饮街主体建设工程。

（邱 瑞 陈华芳）

【扶持商业企业发展】 争取市商务委对农批市场改造、“双百市场”改造、标准化菜市场建设、老字号企业扩大再生产、商业设施改造、社区回收建设及举办促销活动等专项扶持资金1700多万元，有力地促进了丰台区商业企业的发展。

（邱 瑞 陈华芳）

【酒类流通管理工作】 采取网站、开会、组织宣传日活动宣传《酒类备案管理办法》，张贴《北京市商务委员会关于实施酒类流通管理的通告》2000余份，提高了百姓和酒类经营者对酒类流通管理的认识，年内累计完成酒类备案登记4267户，其中2009年度新增登记1142户，办理购买酒类流通随附单手续150余起。

（邱 瑞 陈华芳）

【商业设施改造】 推动大型商场、超市和餐饮企业进行无障碍设施和停车引导系统等基础设施改造，完成了欧尚、资和信百货、儒宴等6家商业企业的无障碍设施改造工作；完成了资和信百货和新世纪商城2家企业停车引导系统改造。

（邱 瑞 陈华芳）

【开展典当企业核查】 完成了辖区内9家典当企业经营管理情况的核查工作。对典当企业的基本情况、经营状况、三万元以上绝当物品处置及人力资源情况进行了核查，完成了核查报告，提出了初审中发现的问题及解决建议。

（邱 瑞 陈华芳）

【回收和洗染经营者备案工作】 按照《再生资源回收管理办法》和《洗染业管理办法》的规定，对辖区内回收和洗染业经营者进行备案，通过备案掌握了辖区内的基本情况，从而加强了对行业的协调、指导、监督和管理。年内，丰台区再生资源回收备案94家，洗染业备案为0；建设改造2家分拣中心，设立140家舍弃回收站点。

（邱 瑞 陈华芳）

【开展商业服务业技能比赛活动】 为强化特色服务，展示商业形象，扩大消费需求，组织丰台区商业服务业一线员工3万余人进行了包括点钞、收银、密码箱开锁、摆盘、安全及礼仪知识等比赛活动，并选拔出优秀人员参加了北京市的比赛。

（邱 瑞 陈华芳）

裕丰投资经营公司

【概 况】 北京市裕丰投资经营公司现有职工25人，退休职工12人。公司设有财务部、人力资源部、市场开发部、经营管理部、投资管理部、办公室等六个部室。年内，公司的营业收入2127.3万元，实现利润523.8万元，完成了年度经济计划指标。共签订房屋租赁合同51份。完善了土地税缴纳的补充合同。按照丰台区国土资源局的统一登记要求，完成了对92处土地的上报材料和指定界限认定工作，其中有证土地29处、无证土地63处。

（国 帅）

【安全生产常抓不懈】 年内，公司多次对管辖商业网点进行安全检查，发现问题及时纠正，同时下达限期整改通知书，并不定期进行跟踪检查，把安全隐患消灭在萌芽状态。特别是在国庆节期间，对重点单位、人员相对集中的场所进行了排查，尤其是针对国资委的托管企业“万利特轻工机械厂”的特殊情况，由公司主管领导亲自挂帅成立了安全工作领导小组，明确分工、责任到人，签订安全生产责任书，加强安全生产的巡视和不定期寻访，确保了公司的安全生产运营，实现了国庆60周年庆典活动的一方平安。

（国 帅）

【学习实践科学发展观活动】 根据区国资委党委的总体部署和要求，公司参加了丰台区第二批深入学习实践科学发展观活动。公司党总支高度重视、精心组织、周密部署,将学习实践科学发展观活动贯穿公司发展的全过程。结合丰台区打造城南“两带四区”整体发展格局,就如何助力区域发展这一课题,开展了专题调研,剖析存在问题的原因,明确努力方向,制定具体措施,并认真整改。通过学习实践活动,公司党员干部增强了对科学发展观的认识,提高了解决问题的能力。

(国　帅)

北京博兰特食品工贸集团

【概　况】 北京博兰特食品工贸集团是区属国有企业,现有资产 261 处,面积 20.1505 万平方米,经营性资产 14.5321 万平方米,在职职工 303 人,离退休职工 2643 人。集团党委是企业的政治领导核心,在企业中起监督保证作用。集团实行总经理负责制,总经理承担着企业经营和资产运营的双重职责。集团设 1 个总部(四部一室)和 9 个基层单位,4 个监管企业,2 个参股企业,是相对独立的经营单位,具有法人资格,享有法人权利。企业职工采用合同用工制度,中层以上领导干部实行一年一聘任制。

(董秀兰)

【经营情况】 年内,集团资产收益 3160 万元,比上年的 3095 万元增加 65 万元,同比增收 2.09%。实现利润 296 万元,完成计划的 101.97%。租金收缴率均达到 95%以上。上交国家各种税金 510 万元。上缴国有资本收益 124.8 万元。因地铁轨道交通九号线建设工程集团东大街 33 号、35 号院 3 处网点拆迁,减少租赁面积 893 平米,减少租金收入 15 万元。在租赁网点不断减少的情况下,完善、规范了企业合同文本,出台了《关于资产租赁经营管理的暂行办法(讨论稿)》,所属单位压缩可控费用开支,有效地降低了费用。集团仓储改扩建开发工程 7 处,总建筑面积 7612.65 平米,资产收益实现了逐年递增。全年计划使用拆迁款维修 47 处,资金 211.46 万元,申请售房款 162 万元,用于对职工住宅楼上下水、暖气管道的维修改造投入。先后对北大地四里 6 号楼院内地面进行铺砖、楼顶进行加固;对东大街 35 号院 1、2 号楼、杜家坎 16 号楼暖气管、上下水管进行了更换;对五爱屯西街 21 号楼院内地面进行了铺设,改善了院内长期积水、坑洼不平问题。截止年底,需要改造的所属老旧楼房供暖管线、上下水管线全部进行了更换。日常上门维修疏通职工宿舍楼上下水管道、自来水管 70 余次,暖气 50 余次,方便了居民的生活。

(董秀兰)

【安全生产】 贯彻落实区委、区政府及区国资委《关于深入开展“国庆平安行动”全面加强社会面控制工作的方案》及安全生产“三项行动”方案,抽查 73 处网点、282 份合同,安全生产检查 108 次,解决一般性安全隐患 12 起;对危房进行了统计;对外来人口登记造册,并督促租赁户员工办理暂住证,实现了年度安全生产零的指标。

(董秀兰)

【财务审计】 实现资金收益 51 万元,比上年的 49 万元增加 2 万元。增加了一年一度对会计委派考核的新内容,得到了区财政局、国资委的认可。把企业内部审计工作的重点放在所属各单位收入增长及费用的控制上,对合同、凭证、账簿、报表进行了认真的核对、分析。

(董秀兰)

【办实事】 为 323 名在职职工核定了五项社会保险、住房公积金基数。为 388 名符合报销条件的患病职工,由企业补充医疗保险金报销药费 30.18 万元。为 29 名符合特殊工种条件的进行了认定。春节、“七一”开展了“送温暖”活动,走访慰问职工、困难党员 155 人,慰问老干部及遗属 52 人次,送慰问金 7.6835 万元。困难补助 47 人,2.04 万元。

(董秀兰)

【党风廉政建设】 认真落实企业“三重一大”、领导干部述职述廉、收入申报和个人有关重大事项报告制度、企业法律风险防范管理机制，落实党风廉政建设责任制，强化一岗双责制。坚持任用干部聘前廉政谈话制度。开展立足本职岗位查找风险点管理工作，请中孚律师事务所卢立君律师就《国有资产管理法》进行讲座，依法指导企业的经营活动。受理接待处理群众来信来访、来电 28 件 107 人次，对群众提出的问题、遇到的困难妥善地给予了办理。

（董秀兰）

【调研】 编辑印发了《学习实践科学发展观活动调研报告选》、《企业三年发展规划》，结合实践活动上报各类信息 49 份，调研论文 26 篇。

（董秀兰）

【完成国资委交办工作】 继续承担了区国资委改革办、双菱工作组的相关任务。监管丰台工商联的整体改制、右安门工商联的改制工作，长辛店工商联的独立核算。对重组后的北京第二电缆厂的人、财、物进行审计。

（董秀兰）

兴源粮油贸易总公司

【概 况】 兴源粮油贸易总公司是丰台区国资委系统的国有骨干企业，其前身为丰台区粮食局。公司总部位于丰台六里桥南里，紧邻北京西南交通枢纽。200 多个经营网点遍布丰台区内，总资产 1.08 亿元。公司主要从事房屋租赁、联营承包、粮油销售、食品加工销售、物业管理等经营管理。现有职工 423 人，离退休职工 3009 人。管理六个经营部及聚兴高科技孵化公司、天旭饮食服务公司、纺织器材厂，托管 2 家企业退休人员（医用离心机厂，益丰建筑公司）。年内，实现利润 125 万元，职工平均收入增加了 10 %，达到 3.9431 万元。

（唐亦文 潘爱爱）

【公司重组】 9 月份，区国资委党委宣布“天旭饮食服务公司”重组给本公司，为此公司重新组建了天旭公司的领导班子，组建了天旭公司支部。实现了重组过程的安全稳定。

（唐亦文 潘爱爱）

【资产盘点】 为了理顺和消化纺织器材厂的不良资产，公司帮助该厂消化银行借款、催收应收账款、调整待处理流动资产和债权债务，清理了该厂的长期挂帐及债权债务等问题。

（唐亦文 潘爱爱）

【加强物业管理】 对南里职工宿舍、刘村锅炉进行了维护，并改造了上下水。对纺织器材厂用水进行了重新报装。为应对六里桥办公楼的拆迁，投资 128 万元对堡台补偿房进行装修。对北大街、北大地宿舍上下水管线进行改造。投资 58 万元对吴家村、东街、五圈、西铁营、万泉寺存在隐患的房屋进行了修缮。

（唐亦文 潘爱爱）

【关心职工生活】 春节期间，慰问走访困难职工和退休人员 89 人，送去慰问金 4.45 万元。投入资金 5.9463 万元，组织职工健康体检 153 人。为 13 名老干部发放了慰问金，合计金额 6500 元。为 11 名退休处级干部发放了慰问金，合计金额 5500 元。国庆、中秋两节给离休干部送去价值 4000 元慰问品。慰问劳模 8 户，困难职工 13 人，特殊疾病病人 5 人，慰问金总额 2.04 万元。

（唐亦文 潘爱爱）

北京市丰台区烟草专卖局(公司)

【概 况】 北京市丰台区烟草专卖局(公司)实行“统一领导、垂直管理、专卖专营”的经营管理体制，主要负责辖区内的卷烟经营和市场管理，严厉打击违反烟草专卖法律法规行为，依法办理烟草专卖零售许可，深入开展内部专卖管理监督，维护国家和消费者利益。年内，实现销售收入 12.34 亿元，同比增长

13.74%;实现利税2.73亿元,同比增长11.55%,丰台烟草的企业效益稳中有升。

(张云琴　任晓明)

【批零互动营销见成效】 面对全球金融危机对卷烟经营造成的冲击,坚持“控制总量、稍紧平衡”的行业方针,秉承以零售客户利益为中心的经营理念,通过召开零售客户座谈会及实地走访等形式加强批零互动,建立信息沟通长效机制,解决了长期困扰本局(公司)的西客站地产烟草不足问题,卷烟销量稳步增长。

(张云琴　任晓明)

【市场调研】 9月5日至10月10日,采取由客户经理与零售客户一对一共同填写调查表的形式,对丰台区卷烟零售客户需求进行了调查。是年共开展8次日常性及专项性的调研。

(张云琴　任晓明)

【烟草专卖打网络工作】 截至12月底,丰台烟草共立案109起,其中网络案5起、5万元以上案件67起。在109起案件中,共查获违法卷烟3988.9万支,其中真烟531.98万支、假烟3444.67万支、走私烟12.24万支;案值约2955.6万元;刑事拘留44人,判刑21人;查扣车辆21台。案件移送率达到100%,抄备率达到100%。

(张云琴　任晓明)

【创新治理辖区无证经营】 借助政府力量打击无证经营。丰台烟草与丰台镇街道办事处联合进行取缔无证经营试点工作,使该地区无证经营行为得到有效遏制,达到了治标又治本的目的。在此基础上,又与太平桥街道办事处商定,在该地区以同一模式开展试点工作,以巩固和完善这一成果,力争在治理无证经营这一顽疾上探索出一条新路。

(张云琴　任晓明)

【联合办案机制成效显著】 加强与辖区公检法的沟通协调,与丰台区各执法机关的专业部门共同出台了一系列联合执法的制度性文件,进一步明确了各单位职责分工和工作流程,具体规定了联合执法的措施和制度。10月16日,丰台烟草查获当事人许某案值达6万元的假冒卷烟,各部门依照研讨会所达成的共识开展侦察和批捕工作,丰台区首起案值金额5万元以上15万元以下的假烟案件成功追究了刑事责任。

(张云琴　任晓明)

【新版烟草专卖许可证的换发】 2月至5月,采取主动上门收取材料并以逐片区进行换发的方式,完成了辖区内所有零售客户新版烟草专卖许可证的换发工作。

(张云琴　任晓明)

【成立法制科】 8月,为贯彻落实北京市烟草专卖局(公司)“关于职能配置、机构设置、人员编制工作的实施意见”(京烟局人[2009]31号)以及北京市烟草专卖局“关于印发朝阳、海淀、丰台区烟草专卖局(公司)职能配置、机构设置、人员编制方案的通知”(京烟局人[2009]54号)精神,丰台烟草专卖局成立了法制科,机构设置由原来的五科一室调整为六科一室,即办公室(安保科)、财务科、法制科、人事劳资科、营销网建科、专卖监督管理科。

(张云琴　任晓明)

外经外贸

【概　况】 年内,丰台区新引进外商投资企业38家,共吸引外商投资总额累计7.06亿美元,同比增长173.45%,对外贸易从年初的低谷逐渐趋于好转。据海关数据初步统计,全年进出口总额达58.07亿美元,同比增长7.86%。

(张会利　陈华芳)

【利用外资】 新引进外商投资企业38家(含

迁入企业），比上年同期增长 8.57%。合同外资累计 3.09 亿美元，同比增长 85.97%。实际利用外资累计 1.06 亿美元，同比减少 8.93%。增资企业 14 家。

（张会利　陈华芳）

【外商投资行业分布】 引进的外商投资企业在行业分布上以批发零售业为主，占引进企业数量的 31.4%；其次为信息传输计算机服务和软件业，所占比例为 25.7%；第三位是租赁和商务服务业，所占比例为 22.86%。行业分布逐渐向服务业领域倾斜。

（张会利　陈华芳）

【重点企业快速发展】 新引进外商投资企业中投资总额在 2000 万美元以上的 6 家，占外资企业总数的 15.79%；投资总额 6.43 亿美元，占丰台区吸引外资总数的 91.08%；注册资本 5.99 亿美元，占总数的 93.01%；合同外资 2.9 亿美元，占总数的 93.85%。

（张会利　陈华芳）

【对外贸易趋于好转】 据海关数据初步统计，2009 年丰台区进出口总额达 58.07 亿美元，同比增长 7.86%，其中进口总额为 47.38 亿美元，同比增长 11.42%；出口总额为 10.69 亿美元，同比减少 5.5%。

（张会利　陈华芳）

【扶助服务外包企业发展】 协助“昊威天成”申请到北京市服务外包企业培训资金 53.1 万元，为企业发展解决了资金短缺问题。截止 2009 年底，丰台区服务外包企业共 4 家，均是以信息技术为主的中小企业，离岸服务外包协议金额为 507.98 万美元，占北京市服务外包金额的 0.25%。

（张会利　陈华芳）

【企业境外投资稳步增长】 共有 7 家企业在 9 个国家或地区设立了 14 家境外分公司或办事机构，同比增长 275%；投资总额近 4200 万美元，同比增长 15%；注册资本近 2000 万美元，同比降低 20%。其中中矿资源勘探股份有限公司在境外设立了 6 家分公司，主要从事矿产资源勘探、开发、加工和销售。

（张会利　陈华芳）

投资促进

【概　况】 年内，丰台区商委坚持主动收集各类信息，逐步完善招商信息平台，借助各级经贸活动平台广泛开展投资促进活动，大力推广“首都发展新空间”和“两带四区”发展格局，积极吸引优质企业和项目落户丰台区。

（陈　涛　陈华芳）

【逐步完善招商信息平台】 从扩大链接、项目发布、信息更新、平台改版等四个方面研究完善了招商平台方案，实现了与北京市投资促进局网站的链接，通过平台对外发布区域重大招商信息 27 条。

（陈　涛　陈华芳）

【参加经贸活动】 3 月，组织区内高科技企业参加了北京市投资促进局与香港贸易发展局举办的“北京高科技企业与香港专业服务交流对接会”。5 月，组织丽泽金融商务区、丰台科技园区参加了“第十二届中国北京国际科技产业博览会”。9 月，组织丽泽金融商务区参加了在厦门举办的“第十三届中国国际投资贸易洽谈会”，进一步扩大了总部经济区和丽泽金融商务区的影响力。11 月，参与协办“第五届中国总部经济论坛”，进一步提高丰台总部经济区的影响力。11 月，参加了“第十三届北京·香港经济合作洽谈会”，借势城南行动计划，大力推广“首都发展新空间”和“两带四区”发展格局。

（陈　涛　陈华芳）

【大企业大项目入驻】 年内，新引进新华 08、京石客专、中广电等注册资本超亿元企业 15 家，注册资本总额 390 亿元，是上年亿元以上企业的14.8倍。环球马戏城、中国(北京)优特产业国际交易中心、中国动漫城、“龙门阵”水上游乐园等一批重大项目相继落户丰台区。

(陈 涛 陈华芳)

服 务 业

丰台区修理公司

【概 况】 年内,公司克服因金融危机带来的不利影响,创新思维方式,顺应市场要求,合理调整产业结构,寻求效益增长点,实现了企业经济新发展。公司完成营业收入354.5万元,同比增长1%;实现利润6.5万元,同比增长16.92%。在不影响企业正常运转的前提下,继续清理偿还历史债务88.1万元。

(吴淑红)

【劳动人事管理】 公司认真贯彻执行《劳动合同法》,进一步规范劳动关系,重新核定了职工“五险”和住房公积金的缴费基数,保障了职工的合法权益。

(吴淑红)

【财务管理】 严格遵守会计制度,加强了财务监督管理和内部审计,对基层企业资产的各项指标进行了重新核定,加强成本管理,保证了资金的合理利用。

(吴淑红)

【深入学习实践科学发展观活动】 公司党委按照“党员干部受教育、科学发展上水平、人民群众得实惠”的总体要求,结合企业实际确定了以“着力解决历史遗留问题,促进企业科学发展”为主题的学习实践活动。

(吴淑红)

【党风廉政建设】 抓惩治防御体系建设和廉洁从业教育,层层签订党风廉政建设责任书,落实责任制,并组织党员干部观看反腐倡廉警示教育片;中层以上领导干部及关键岗位人员进行了廉政风险点查找并制定出防控措施,使廉政工作落到实处。

(吴淑红)

【安全稳定工作】 公司逐级签订“双保”责任书和“平安北京”目标责任书,确保了国庆60周年期间企业的安全稳定。

(吴淑红)

北京市京都公司

【概 况】 年内,公司围绕建国60周年和克服金融危机两条主线,充分调动职工的积极性和创造性,开拓进取,确保了公司业绩的稳步发展,经营性收入235万元,实现利润22万元,向国家缴纳税款4.3万元。

(李 芳)

【国庆安全稳定工作】 国庆节期间,为确保一方平安,公司领导坚持每周开一次办公会,适时召开职工大会,及时通报情况,讲明问题。开展安全教育,及时进行安全检查,查找安全隐患。是年共进行安全教育、检查20次,清除安全隐患3处,确保了公司及所属单位的安全。

(李 芳)

【克服经济危机的影响】 受金融危机的影响,一些商户退出了经营,直接影响了市场效益。针对这种情况,一方面努力为商户提供便利的经营条件,搞好服务,用以稳定原有商户。同时尽力招商,保障了市场摊位的出租率;另一方面,投入资金20万元,改善市场和商户的经营条件,改造后商铺很快被抢租一空,且提高了租金,为稳定资金的增长奠定了基础。是年共进行垃圾楼改建工程69处,改造公共卫生间3处及其它工程共13处,为公司增加了一定的经营收入。

(李 芳)

【财务管理】 及时回收应收款,确保收入到账;加强财务核算,控制成本,保障了年度经济指标的完成。

（李　芳）

丰台区饮食服务旅店行业协会

【概　况】 年内,区饮食服务旅店行业协会在区商务委的领导下,在上级各有关部门的关怀和支持下,围绕丰台区政府提出的“保增长、保民生、保稳定”的目标,开展拉动餐饮消费的促销活动,行业自律和行业整体水平有了新的提高,协会的桥梁和纽带作用得到了进一步的加强。

（贺培云）

【举办健康美食推展月活动】 5月12日,携手会员企业“福祥居酒楼”在右安门玉林社区举办了以“养生与食疗——如何健康营养合理膳食”为主题的“健康营养知识进社区”讲座。5月13日,举办了“公共安全危机与餐饮安全消费专题讲座暨安全责任现场签字活动”,中国首席谈判理论专家、公共安全危机干预专家高锋教授担任了讲座的主讲嘉宾,讲座结束后,到场的150家餐饮企业现场签订了《安全责任书》,以督促企业更好地把公共安全事务落实到日常工作中。4月22日至5月22日,由区商务局主办,区饮食服务旅店行业协会承办的“丰台区健康美食推展月”在区内大型餐饮企业中展开。多次举办品牌消费专场活动。

（贺培云）

【开展餐饮服务岗位技能竞赛】 根据北京市商务委、北京市劳动和社会保障局、北京市总工会、北京市妇女联合会关于《北京市商业服务业开展提升员工岗位服务技能系列活动实施方案》的精神,6月至8月,先后组织区内11家餐饮企业的102名服务员参加了中餐服务技能的初赛、复赛以及全市的决赛,区内共有51名选手分别荣获初级、中级、高级技术等级证书,其中“京新发酒店”的杨海燕以全市比赛第四名的成绩获得了技师等级证书。与此同时,还组织区内20多家重点餐饮企业参加了北京市“服务明星”、“技术小能手”的选拔推荐工作,最终区内“豫府神厨餐饮店”、“儒宴酒楼”等10位一线服务员被评为北京市“服务明星”和“技术小能手”。

（贺培云）

【举办方庄特色餐饮街消夏节】 根据北京市商务委关于《开展特色商业街消夏节活动》的通知要求,7月3日,由区商务局和方庄地区办事处联合举办、区饮食服务旅店行业协会承办的“2009丰台区方庄特色餐饮街消夏节暨‘青岛杯’方庄体育公园啤酒节”在方庄体育公园内启动。这次活动的主题是“畅享夏日清凉,体验活力方庄”,通过这一活动进一步提升方庄特色餐饮街的影响力,促进消费。

（贺培云）

【2009北京市发型化妆大赛】 6月9日,在北京市美发美容行业协会举办的2009北京市“四美国际”杯第23届发型、化妆大赛”上,区内10多家美发美容企业的37名选手组成的代表队,参加了八个规定项目的比赛,共有22名选手分别在不同项目的比赛中获得名次,其中冠军奖3名、亚军奖3名、季军奖5名、优秀奖11名。在赛场的发型、化妆两大类别全场总冠军的争夺中,来自区内“皇家沙宣美容美发学校”的张瑞杰荣获了化妆项目的全场总冠军,当场获得了5000元现金奖励。在大赛中,丰台区参赛选手总数和获奖项目总数在北京市18个区县中均排位第一,区协会又一次荣获了“最佳组织奖”。

（贺培云）

【应对金融危机专题研讨】 为了应对国际金融危的机影响,提振餐饮服务旅店业老板、经理的信心,引导行业走出困境,举办了以“齐心协力应对金融危机,坚定信心促进行业发展”为主题的研讨会。围绕主题,天天渔港、太熟悉、冠京饭店、东方名剪、银地之秀等企业的经理,将应对金融危机的方法措施同大家一起交流,使与会的同仁受到了不同程度的启发和鼓舞。区商务委领导也来到研讨会现场并讲话。

(贺培云)

【考察交流】 3月13日和8月19日,分两批组织会员企业老板和经理130余人赴天津集贤佰悦海鲜酒楼、华特美酒楼等三家知名餐饮企业参观,学习他们先进的经营管理经验,体验他们的特色美食和优质服务。3月17日,组织了25人考察团赴海南三亚参观、学习、交流。7月27日至29日,组织区域内餐饮、旅店、洗浴、美容美发四个行业的会员企业27人,赴青岛海景花园大酒店进行为期三天的体验式考察活动。

(贺培云)

【参加献爱心活动】 5月30日,由美发美容专业委员会牵头,带领丰台区美发美容业30人组成的爱心团,参加了在朝阳剧场由石清华关爱学校举办的“让爱洒满人间—爱让我回家”的大型慈善义演活动,先后共捐善款5000多元。

(贺培云)

【庆祝协会成立20周年】 10月27日,在洋桥大厦举办了以“20载心路 20载成长”为主题的协会成立20周年庆典,共计260余人到场参加活动。中国饭店协会、中国烹饪协会、全国酒家酒店等级评定委员会、市商业联合会、市饮食行业协会、市烹饪协会、市沐浴行业协会、市美发美容行业协会、区商务委、区社团管理办公室、区消费者协会及各区县行业协会的领导出席了庆典活动。在庆典活动中,表彰了20年来为协会发展做出突出贡献的企业和优秀个人,吸纳了8家餐饮企业和2家洗浴企业成为新的团体会员。

(贺培云)

丰台区维修服务行业协会

【概　况】 丰台区维修服务行业协会成立于1990年,其业务主管部门是丰台区商务委员会,会员单位主要由从事家用电器、电子产品、计算机及办公设备、空调制冷设备、通讯终端设备等商品的安装、维修和售后服务工作的企业和个体经营者组成。年内,共有会员单位60家,其中有限责任公司44家,占总数的73%;个体经营者16家,占总数的27%。

(梁生荣)

【行业规范】 为迎接国庆60周年,提高本区维修行业的服务水平,按照《丰台区维修服务行业规范性文件汇编》的要求,开展了以“保安全、保稳定、保维修服务质量”为主题的宣传、检查活动,促进了丰台区维修行业的健康发展。是年,全体会员未发生一例消费者投诉。

(梁生荣)

【技术培训交流】 为会员单位培训了制冷设备、电子电器产品、计算机维修等三个专业工种的中、高级维修工53名;组织新型电子产品—平板液晶电视机原理与故障维修技术讲座两次,提高了会员单位技术人员对高新电子产品的维修水平,促进了技术交流。

(梁生荣)

【行业自律】 为落实国家及市发改委有关维修服务议价收费规定,组织会员协商,修订了15类457项维修服务收费指导价,并上报价格主管部门备案。同时,向会员单位发放价格表,实行明码标价,还在区商务委网站上向社会公示,以加强社会监督,促进了行业收费自律。全年未发生价格争议的投诉。

(梁生荣)

【信息服务】 为会员提供工商管理、税收政策、法律法规等政策咨询服务,提供业务、技术咨询以及会员之间的经营管理、技术交流的服务。比如,向从事制冷空调安装维修的会员单位及时通报了关于中央空调清洗的有关规定和信息,以便让会员把握商机、扩大业务、提高效益,受到会员好评。

(梁生荣)

【社区维修服务】 为建设和谐社会,方便人民生活,继续开展社区维修服务工作。全年上门维修服务36952次,修理物品36943件,且实现了零投诉,受到社区居民的好评。

(梁生荣)

旅 游

【概 况】 根据中共北京市委、北京市人民政府批准的《北京市丰台区人民政府机构改革方案》和《北京市丰台区人民政府关于机构设置的通知》(丰政发[2009]45号),北京市丰台区旅游局于2009年9月7日挂牌成立。根据《北京市丰台区人民政府办公室关于印发北京市丰台区旅游局主要职责内设机构和人员编制规定的通知》(丰政办发[2010]26号),区旅游局作为负责本区旅游行业管理的区政府工作部门,机关行政编制为12名,其中局长1名、副局长2名、科级领导职数3正,机关工勤编制1名;共有3个内设机构,分别为办公室、规划发展科、行业管理科;区旅游局下设一个全额拨款事业单位——旅游培训咨询服务中心,编制为8名。

(高 川)

【旅游综合数据】 年内,接待游客1267.9万人次,排北京市第8位,与上年同比增长40.7%,增速居北京市第4位。旅游业实现营业收入40.4亿元,排北京市第7位,与上年同比增长17.5%,增速排在北京市第三位。其中住宿业接待392万人次,综合收入9.47亿元,同比分别增长47.9%和25.8%;旅游区点接待772万人次,综合收入1.24亿元,同比分别增长39.6%和15.9%;旅行社接待37万人次,综合收入1.93亿元,同比分别增长7.7%和0.8%;民俗旅游接待66万人次,综合收入0.2亿元,同比分别增长29.7%和下降16%;旅游商业收入25.07亿元,同比增长16.7%;旅游餐饮2.3亿元,同比增长16.7%;旅游交通收入0.15亿元,同比增长5.8%。

(高 川)

【旅游规划工作】 推进丰台区乡村旅游示范带建设。一是结合市区工作安排,对长辛店镇李家峪村进行"一村一品"创意策划,以"京城尚枣第一村——枣园中的李家峪"为一品,以"生态枣乡——甜蜜枣园"为形象定位,策划一心一轴一区六谷,完成《李家峪一村一品创意策划》。二是对丰台区乡村旅游资源进行调研,全面总结和整理本区乡村旅游发展情况,形成《丰台区乡村旅游调研报告》,参与北京市乡村旅游调研工作汇编,宣传和介绍丰台区乡村旅游发展模式和特点。

(高 川)

【参加北京市国际旅游文化节】 10月23日至25日,组织区域旅游企事业单位参加了由国家旅游局和北京市政府在奥林匹克公园主办的"北京第十一届国际旅游文化节"。开幕式上,丰台区推出了由俄罗斯、乌干达等外国演员和国内哈族、佤族、蒙古族等多民族演员共同参与的行进表演,受到游客欢迎。文化节期间,区旅游局组织辖区旅游企事业单位参加了旅游咨询和宣传推介,共发放各类旅游宣传资料近5万份,接待咨询近千人,收到了良好的宣传效果。

(高 川)

【旅游景区推介活动】 为了进一步挖掘旅游潜力,加强旅游业的整体宣传推介力度,4月3日至5月3日,举办了以"到丰台踏青去"为主题的"首届丰台踏青节",区内14家旅游景点共接待游客101万人,同比增长33%;实现旅游收入1023万元,同比增长6.2%。10月16日至11月15日,推出“丰台区金秋旅游月”宣传推介活动。结合北京市“回味奥运圆梦北京”国民休闲旅游推广计划,组织景区先后参加了“北京请您来过年”、“北京请你来春游”、“全国百城旅游宣传周”、“第十三届东西部旅游博览会”、“北京及环渤海十六港口城市旅游博览会”、“北京西部旅游文化广场活动”、“北方十省旅游交易会”等系列旅游推广、宣传活动,制作旅游宣传展示架10余个,发放各类旅游宣传资料2万余份,编辑整理了2009版《北京京郊旅游手册》、《北京自驾游手册》,有效地宣传了区域旅游资源。

(高　川)

【推动A级景区创建工作】 按照国家旅游局等级工作标准,区旅游局加强对旅游企业在景区建设、管理服务等方面的跟踪服务和工作指导,推动辖区国家A级旅游景区创建工作。2月,世界花卉大观园被评为国家4A级旅游景区;12月,中国人民抗日战争纪念馆被评为国家3A级旅游景区,由此丰台区4A级旅游景区数量增至4家,名列北京市18区县第5位,对提高区域旅游的知名度、影响力、竞争力具有重要意义。

(高　川)

【旅游培训咨询工作】 年内,旅游咨询中心共接待游客11608人次,其中直接来访者8442人次、电话咨询3166人次。组织参加房山新站咨询员培训工作会,参加大兴西瓜节宣传日、昌平区苹果推销节等宣传活动。发放旅游宣传材料3.2万余册,苏州景区景点优惠券800张。代售景区景点门票500张。向社区发放旅游优惠卷1000张,环保购物袋5000个。

(高　川)

世界公园

【概　况】 年内,世界公园以“炫彩世界－环球民俗花车巡游歌舞表演”为主题,组织各项活动。剧场演出420场,民俗花车巡游132次,创编歌舞节目25个。参加了第十一届北京旅游文化节在鸟巢的盛装游行。接待游客66.2807万人次,销售总额3535万元。

(陈　惠)

【大项活动】 举办第一届“婚纱摄影场景设置”比赛活动。5月,举办“炫彩集结号－燃情乌干达”主题活动。端午节,举办“和谐世界－欢乐‘粽’”动员活动。5月底,台湾少儿节目主持人来园游园演出。6月,举办“尽情遛世界”活动。7月15日－8月31日,举办“第三届泰国大象泼水节”活动。9月底至10月初,举办“国庆中秋－传统汉服饰文化家庭体验”活动。10月中旬,举办“世界公园世界风情节”活动。

(陈　惠)

【安全保卫工作】 开展安全检查48人次,查出隐患38起,当场纠正33起,批评教育35人次,发出限期整改单8张。是年未发生重大刑事案件和安全生产事故。

(陈　惠)

【配合房山地铁建设】 为配合房山地铁建设,拆迁了办公楼、食堂及水房。

(陈　惠)

【环球马戏城】 年内,国际环球马戏城在世界公园内举行了奠基仪式。公园为国际环球马戏城提供档案及协助办理相关手续。

(陈　惠)

【捐款】 开展“共产党员献爱心”捐款活动,共捐款4020元。

(陈　惠)

高新技术产业

中关村科技园区丰台园

【概　况】 年内,实现技工贸总收入1560亿元,同比增长25%,上缴税费39亿元,同比增长25%,留区税收9.3亿元,同比增长25%,占全区财政收入的23%,同比增长三个百分点。招商引资量质齐升,引进企业607家,同比增长80%,新增注册资金56.63亿元,同比增长10%。注册资金亿元以上企业10家,千万元至亿元企业56家,同比增长16家。高新企业认定的辅导工作得到加强,国家级高新级企业通过认定126家,认定通过率92%。中关村科技园区高新技术企业认定2077家。

(叶福果　李　磊)

【招商工作体系建立】 年内,实施园区管委－地域责任主体－项目开发单位的三级招商体系,形成集中领导、整合资源、通力合作的格局。完善招商政策体系,出台《关于鼓励总部型企业投资的暂行办法》、《关于鼓励园区开发项目单位招商协作的暂行办法》等4项政策。

(叶福果　李　磊)

【帮扶入园企业发展】 年内,走访企业500多家,落实帮扶制度。结合企业提出的问题,制定工作方案,解决重点企业融资贷款、信贷担保的困难,保证企业不停工、不裁员、不减薪。发放1000多万元中关村扶持资金和兑现突出贡献企业及个人3900万元奖励资金。

(叶福果　李　磊)

【技术创新环境改善】 年内,创造有利于创新的环境和条件,完善扶持企业发展的自主创新、专利标准、品牌建设等专项政策。构建企业为主体的液体制剂实验室,形成完整的生物实验体系。有19家企业列入北京市专利试点单位,有3家企业的7项国家标准立项,完成企业标准备案197项。

(叶福果　李　磊)

【培育优势企业群】 年内,成立生物医药产学研联盟,筹备建立轨道交通产业技术联盟。促成北京世纪东方国铁公司在深交所挂牌,组织推荐北京鼎汉技术股份有限公司在创业板上市,首日融资4.8亿元。帮助企业申报产业发展与扶持基金等项目225项,有53个项目获得4020万元资金支持。

(叶福果　李　磊)

【园区人才引进】 年内,引进专业技术和管理人员813人,接收应届高校毕业生247人,为企业申报引进中高端人才30人。

(叶福果　李　磊)

【开复工面积超额完成】 年内,实现开复工面积120.32万平方米,超额完成计划20%,连续3年开复工面积达100万平方米以上。总部基地金融港32号和34号地块分别达到主体结构基本完成和竣工验收条件。金融广场施工进入主体结构封顶。总部国际二期景枫立嘉项目已通过竣工验收,恒泰隆兴项目24栋楼已全部实现结构封顶。国美广场装修工程进入验收阶段。

(叶福果　李　磊)

【征地拆迁全面启动】　年内,制定东区三期拆迁方案,完成入户调查,与黄土岗、四合庄等5个村和花乡农工商总公司签订《征地补偿安置协议》,与四合庄、六圈签订《集体土地上非住宅房屋拆迁协议》,完成约4万平方米企业拆迁。定向安置房控规调整方案获得市规划委原则同意,已正式签订地质勘察、图纸审查等七项合同,已完成户型面积指标调整。

(叶福果　李　磊)

【迎国庆60周年文艺演出】　年内,组织33个节目,开展迎国庆文艺汇演,选送园区企业中铁电气化局的"加速向前"舞蹈剧,在莲花池举办的丰台区国庆六十周年系列文化活动颁奖大会上表演,获得首届社区文艺汇演一等奖和区国庆60周年系列文化活动优秀组织奖。

(叶福果　李　磊)

综合经济管理

发展改革综合管理

【概　况】 年内,认真贯彻落实党的十七大精神,围绕政策研究、投资管理、经济运行和机制创新的工作重点,立足科学发展,充分发挥综合经济部门的职能作用,在服务区域发展、加快城市建设、增强发展活力上取得了新成效,为加快推进现代化新城区建设做出了贡献。围绕市委市政府加快南城发展的机遇,着眼区域经济社会发展的全局,抓住影响和带动全区发展的战略问题,加强对重大政策措施的深入研究,为区委区政府决策提供参考和依据。充分发挥投资对区域发展的重要推动作用和调控作用,加强投资的宏观管理,统筹安排各类建设项目,加大项目推进和资金筹措力度,推进区域建设进程的加快。保证电力供应,狠抓节能降耗,依法履行价格监管,实现区域平稳运行。以优化区域发展软环境为目标,以深化体制改革和推动机制创新为抓手,建立健全税源建设机制、全程办事代理制、企业服务机制,激发区域经济发展活力。

(梁雪晗)

【开展"十一五"规划评估工作】 按照区政府和区人大常委会的工作部署,开展规划实施情况摸底调查,完成了丰台区"十一五"规划纲要和各专项规划的评估工作。通过评估,全面梳理了规划纲要和各专项规划确定的重要指标和重点任务的完成情况,归纳了在规划实施过程中需要重点关注的问题,明确了推进规划实施的措施,使中期评估成为协调规划实施、促进规划落实的手段。

(梁雪晗)

【提前启动"十二五"时期区域发展若干重大问题的研究工作】 拟定了《关于"十二五"时期区域发展的初步思路》。重点对"十二五"时期区域发展的阶段特征和发展格局进行了深入研究和剖析,对规划研究编制工作提出了初步意见,为开展"十二五"前期课题研究和规划体系的确立提供了指导。

(梁雪晗)

【提前谋划未来三年区域发展总体思路】 根据市发改委关于制订加快南城发展实施方案和年度计划的要求,会同区住建委、区市政市容委、区水务局、园区管委、丽泽开发办等24个部门和各乡镇,在深入研究的基础上,形成了《丰台区2010-2012年经济社会发展主要任务及重点建设项目实施计划》。明确了今后三年区域发展的总体思路和主要原则,对经济发展基本格局进行了大胆构想,提前谋划了一批重大项目,指出了推进任务落实的保障措施及配套政策,在加快南城发展的总体战略中,为丰台区谋得了更多的关注、机遇与支持。

(梁雪晗)

【做好各项保增长工作】 研究出台了《关于2009年“保增长、促发展”的意见》、《丰台区保增长折子工程》和《丰台区保增长领导机构和工作机制的意见》,进一步将任务进行分解落实,明确责任部门、目标任务、完成时限和工作要求;成立由区政府主要领导任组长的保增长工作领导小组,每周召开一次调度会,分析研究重大项目、财政收入等方面的进展情况,统筹领导、协调推进、监督落实区保增长、绿色审批通道、企业帮扶等各项任务,确保2009年全区经济发展目标的实现。全年共计召开保增长工作领导小组调度会25次,研究解决了绿色审批通道项目进展情况、政府投资计划折子工程落实等近100余项重大问题。

(梁雪晗)

【深化经济结构调整】 在全面分析农村集体经济现状、特点、问题的基础上,研究起草了《加快农村集体经济结构调整的实施办法》。从解决农村集体经济发展慢、层次低、布局散、实力弱等问题入手,提出结构调整的方向、重点、措施和保障机制,为加快形成城乡经济社会发展一体化新格局,全面推进现代化新城区建设提供了有利的抓手。

(梁雪晗)

【开展农村金融服务工作】 为有效配置金融资源,引导资金支持农村、郊区和中小企业发展,引导资金要素向农村地区倾斜,重点开展了小额贷款公司试点工作。北京丰花小额贷款有限公司、北京农投丰融小额贷款股份有限公司和北京鑫福海小额贷款有限公司相继开业。

(梁雪晗)

【加强调研筹谋政策建议】 围绕丰台区经济社会发展中的重大问题和关键环节,积极深入基层开展调研活动,形成了《丰台区产业布局研究》、《丰台区低端产业淘汰研究》、《丰台区特色产业升级研究》和《丰台区总部经济研究》四个阶段性研究成果。按照市发改委的要求,编制完成了《丰台区发展太阳能产业和利用规划》。针对产业结构与人口就业结构存在的问题进行研究,形成了《加快产业结构调整,优化人口就业结构》的调研报告,并获得第二届丰台区人口与发展论坛调研报告二等奖。同时,尝试性的开展了对都市型工业和政府融资方式的研究,形成了《振兴北京都市型工业的落实意见》和《丰台区政府融资研究》成果。

(梁雪晗)

【固定资产投资项目审批、核准、备案工作】 年内,批复行政许可项目立项220件,涉及总建筑面积725.4万平方米,总投资474.9亿元。与上年相比,立项增加36件,建筑面积增加57.8万平方米,投资增加140亿元。其中,政府投资项目67件,建筑面积12.5万平方米,投资149.9亿元;非政府投资项目153件,建筑面积712.9万平方米,投资325亿元。

(王　巍)

【积极争取市政府政策资金支持】 年内,共争取市发改委资金支持144015万元,同比增长1倍。共涉及五类47个项目。其中,城市交通类项目6个,市发改委到位资金106329万元;能源节约、生态建设和环境保护类项目25个,市发改委到位资金14060万元;城市社会发展和公共服务设施类项目7个,市发改委到位资金12950万元;产业发展类项目5个,市发改委到位资金2526万元;其他类项目4个,市发改委到位资金8150万元。

(王　巍)

【抓投资保增长】 围绕扩内需、保增长,制定了《丰台区扩大内需重大建设项目绿色审批通道实施办法》,成立了重点项目绿色审批通道推进工作小组,协调解决重大项目在前期手续办理和建设过程中的难点问题。全年纳入市区两级绿色审批通道项目共133个,其中,纳入市级绿色审批通道项目95个,项目总投资1717亿元,项目数量约占全市的十分之一,投资规模占全市的15%;纳入区级绿色审批通道项目38个,项目总投资121.3亿元。绿色审批通道等投资促进机制的实施,为加快投资落地创造了有利条件,也为今后投资可持续增长奠定了良好基础。

(王 巍)

【加强政银合作拓宽政府融资渠道】 根据区政府审议通过的《丰台区2009年政府年度投资计划》,从区政府财力出发,加强政银合作,认真做好本年度政府投资项目建设的融资任务。积极与国家开发银行北京分行、北京银行丰台支行等金融机构开展了政府投资项目贷款的洽谈工作。圆满完成了年初确定的目标任务。

(王 巍)

【抢抓机遇谋划城南行动计划】 牵头组织了区住建委、区市政市容委等24个相关部门,先后召开9次专题会议,广泛征集和深入论证对丰台区发展具有重大带动作用的项目,通过邀请市发改委领导来区调研、安排人员直接参与城南行动计划制定等多种方式,争取将更多项目列入行动计划,力争使丰台在加快城南地区发展中受益最大化。城南行动计划中共涉及丰台区项目78个,占全市项目总数的37%;总投资1293亿元,占全部投资的43%。

(王 巍)

【编制投资计划推动投资项目落地】 制订并下达了《2009年区政府投资计划》,并首次制定了政府投资计划折子工程,将投资项目分解到部门、街乡镇,明确责任主体和完成目标。全年实现政府投资111.8亿元,完成年度计划的106.7%,同比提高58个百分点。

(王 巍)

【资源综合利用取得成效】 年内,通过认证企业8家。全年消纳粉煤灰10.1万吨,尾矿石34.7万吨,煤矸石3.4万吨,冶炼废渣22.5万吨。资源综合利用企业实现产值2.45亿元,减免税0.17亿元。

(陈 葳)

【强化节能降耗工作监管力度】 一是在39家年耗能5000吨标煤以上的企业分批次开展能源审计工作,主要是对企业的节能潜力和空间进行挖掘,并提了切实可行的节能降耗意见和建议;二是对39家重点用能企业中的12家进行了抽查,主要是监测部分重点用能设备,包括工业锅炉、电力变压器、水泵、热力管网及室内空调设置温度等;三是制定了《丰台区节能降耗工作计划》。明确了目标任务、完成时限和具体措施;四是完成了2家"高耗能、高耗水、高污染"企业退出处理工作。在调研的基础上,确定了北京世纪中建京南防水材料有限公司和北京王佐阀门厂为退出企业,同时组织区环保、统计、劳动等七个部门对2家企业上报材料进行了评审,企业根据评审结果完善上报了相关的材料;五是在全区开展节能照明灯推广工作。组织各街乡(镇)召开了《丰台区绿色照明工程对接工作会议》,研究落实推广工作方案,积极协调解决推广工作中遇到的困难和问题,通过报刊、网络等载体向全区进行广泛宣传,在辖区40多万户人口,21个街乡(镇)、300多个社区有序展开绿色照明节能灯销售的试点推广工作。共发放、安装高效照明产品200余万只,覆盖率达98%以上。同时,还对区属41家机关团体更换节能灯具共计25万支。

(梁艳玲)

【逐步解决用电历史遗留问题】 一是制定了《关于解决临时代永久住宅小区的实施方案》。在反复调查研究的基础上,征求了区建委、市政管委、区法制办、丰台供电公司等部门和临电小区所在地街乡镇政府的意见后,制定了《关于解决临时代永久住宅小区的实施方案》,并经第201次区长办公会议审定后向全区发文执行。此《方案》的制定,一方面缓解了全区的安全稳定工作带来的压力,另一方面将在丰台区杜绝新的临电小区产生起到十分重要的作用;二是积极争取改造资金。经过多次协调沟通,争取了市政府资金支持,主要涉及辖区内的4个小区(育芳园、南苑东路166号、164号楼、东瑞丽景及新月家园),涉及居民3469户的用电改造。目前,该工程已开工改造,争取到市政府支持1379.85万元,其余部分由北京电力公司和丰台区政府解决,并签订了三方协议。

(梁艳玲　李　洋)

【整治电力安全隐患】 年内,电力安全隐患共计20处。其中,在市政府挂帐的高压线下隐患19处,新增用户安全隐患1处。配合安全生产执法行动、安全生产治理行动、安全生产宣传教育行动,经过自主排查后,新增隐患25处,通过采取早排查、早治理、早检查,发挥隐患所在地街乡镇的工作优势、加强与北京输电公司及有关部门的沟通联系等措施,提前完成了全区45处电力安全隐患整治任务。共砍伐树木1303棵,拆除建筑物8476平米,清除堆积物30807立方,清除其它隐患3处,投入资金723万元。

(李　洋)

【加强市场商品价格监测】 年内,共出动监测人员700余人次,上报日报表2400余份、旬报月报报表270余份。同时,建立监测数据档案,逐步实现价格监测工作的制度化、规范化和科学化,为市场商品价格分析提供详实的依据。

(武莎莉)

【开展年度收费许可证年审工作】 3月16日至5月31日,共审核行政事业性收费许可证总数719个,注销收费许可证42个,其中正本数21个,副本数21个。新核发收费许可证总数677个,其中正本数222个,副本数455个。领证收费单位总数455个,其中国家机关75个,事业单位191个,社会团体1个,其他单位188个。应年审的收费单位476个,实际年审收费单位476个,年审率100%。

(武莎莉)

【价格监督检查】 年内,共开展了8项价格专项检查,出动检查2502人次,对辖区内1575个单位的价格行为进行了检查,重点对教育、医疗、涉农涉企单位的收费进行了规范,立案查处价格违法案件65件,经济制裁总金额12.45万元。甲型H1N1型流感期间,对涉及与疫情有关的商品价格进行不间断的检查监控,出动检查892人次,检查764个单位,确保疫情期间市场稳定。

(周国军)

【价格举报】 年内,共接待价格咨询投诉1110件,其中价格咨询864件,受理价格举报246件,立案查处50件,举报查处案件首次呈下降趋势,结案率100%,群众满意度100%。

(陈　健)

【价格认证工作】 涉案物品价格鉴定2481件,鉴定金额1524.91万元,没有一例复议案件,合格率100%。

(徐杏莉)

安全生产监督管理

【概　况】 年内,区安全生产监督管理局在区委区政府的正确领导下,紧紧围绕平安国庆行动,认真制定年度安全生产工作计划,紧紧围绕"安全生产年"这条主线,以学习实践科学发展观活动为动力,明晰2009年安全生产工作思路,坚持"安全第一、预防为主、综合治理"的方针,合力攻坚、严格整治,深化监督、改进管理,圆满完成了以国庆期间安全生产保障任务为重点的各项工作任务,继续保持了全区安全生产状况总体稳定的发展态势。

(张　强)

【年度安全生产控制指标】 年内共发生道路交通、火灾、生产安全死亡事故76起(去年69起),死亡85人(去年81人),与去年同期相比,死亡事故起数增加7起,死亡人数增加4人,分别上升了10.1%和4.9%。2009年铁路死亡事故纳入安全生产控制指标(2008年铁路交通未纳入控制指标),2009年铁路交通死亡事故6起,死亡6人,全区2009年共发生道路交通、火灾、生产安全和铁路交通死亡事故82起,死亡91人,死亡人数约占全年控制指标96人的94.8%。

(张 强)

【完成"平安国庆"安全生产保障任务】 年初,制定了"平安国庆"安全生产保障方案,加大危险化工企业的监管力度,与辖区240家危险化工企业逐个签订责任书,对40家重大危险源单位逐个进行风险评估。对重点场所周边144家生产经营单位和高危企业执法检查率达到100%。有重点的对夏家胡同、西局村等隐患较多地区派驻专人严盯死守,确保了重点地区的安全稳定。并会同街乡镇开展了安全生产查百家活动和执法护航行动,确保平安国庆目标实现。

(张 强)

【开展安全生产执法检查行动】 年内,共处理各类安全生产事故(事件)70多起,执法检查生产经营单位2182家,下达执法文书914份,罚款302万元。21个街乡镇组织检查单位49761家次,督促整改隐患26735条。

(张 强)

【强化对危险化学品的监管】 重点强化危险化工企业的安全监管,对625家使用单位进行了普查登记,监督四环内49家加油站全部加装了HAN阻隔防爆装置。对126个重大危险源单位雇请专家协助严格进行检查。严厉打击非法生产、经营危险化工品行为,处罚非法经营、储存汽车漆行为两起,共罚款20万元。

(张 强)

【组织开展地下空间经营场所安全大检查】 年底,区安全生产委员会办公室协调相关委办局、各街乡镇共检查地下空间经营场所5529个,下发行政执法文书213份,停业整顿30家,取缔7家,行政处罚31起,罚款9.5万元。区住建委全年累计检查工地3380项次,出动检查人员6230人次,查出安全隐患4921条,整改率达100%,发出限期改正通知书17份,停工整改通知书6份,行政处罚16起,处罚金额58.1万元。文委全年检查文化娱乐、文物、印刷等单位1800余家,发现安全隐患63处。商务委、市政管委、体育局等单位也加大力度,进行了执法检查活动。

(张 强)

【开展安全生产隐患治理行动】 全年,区安全监管局组织了危险化学品、人员密集场所、有限空间作业、综合楼宇、悬吊作业等9项排查治理专项行动,消除了3403条隐患。其中上账的2项市级、24项区级隐患,全部按期消除整改完毕;群众举报的75个隐患,都及时消除。消防部门组织了11项专项治理,消除火灾隐患994个。交通部门组织了隐患大检查、大排查活动。市政部门组织了液化石油气爆燃事故隐患排查治理活动。建设、民防部门开展了施工工地、地下空间安全隐患专项治理。质监部门开展了电梯、锅炉、游乐设施等特种设备专项治理。全区隐患排查治理工作扎实推进。

(张 强)

【开展安全生产宣传教育行动】 6月,开展了以"关爱生命、安全发展"为主题的第八个安全生产月、咨询日、大型公开课、安全生产巡回演讲、知识竞赛等一系列活动。培训街乡镇检查员、乡村企业负责人、危险化工企业负责人、特种作业人员1.18万人。与区工会联合开展了"安康杯"竞赛、"安康企业"、"安康企业家"的评比活动。组建了我区第一支安全生产宣传教育志愿者队伍,先期正式注册登记志愿者768人。

(张 强)

【推动企业开展“安全生产三化建设”】 在大型企业开展标准化建设,首先在机械、冶金、建材等行业工业企业开展安全生产标准化活动。目前全区有4家重点企业达到国家“安全生产标准化一级企业”标准;中小企业开展规范化建设,首先在19家工业气体企业开展了规范化管理试点,召开了规范化管理现场会,推广“五统一”规范化建设经验,统一了安全标识、操作规程、规章制度牌、岗位责任制、教育培训设施;人员密集场所开展达标化建设,在商业零售、餐饮、星级饭店、文化娱乐、体育运动等641家企业中开展达标化活动,年终对20个街乡镇的60家企业进行了抽查验收,其中,达标43家,达标率为71.67%。

(张　强)

【开展烟花爆竹销售网点从业人员培训】 1月,对全区178个烟花爆竹销售网点从业人员培训工作圆满完成。全区分五批总共培训人数908人,其中法人178人、安全督导员170人、销售人员560人。培训主要突出两个特点:一是坚决贯彻上级指示精神,严格落实全员培训。根据市安全监管局和区烟花办有关文件精神,区安全监管局认真落实烟花爆竹从业人员全员培训的要求,对各销售网点法人、相关从业人员及街乡镇派出的网点安全督导员进行了培训。为了便于实际操作,让销售网点法人及其他相关人员“知安全、懂安全、守安全”,更好的体现出培训效果。二是确保培训取得实效。此次培训的教育内容,主要侧重于往年烟花爆竹销售过程中存在问题的总结整改、销售网点的统一规范化设置、相关安全知识和消防实操演习等。对《销售网点安全设施规范化设置》、《烟花爆竹安全知识》、《防火、防爆及电气的安全知识》、《烟花爆竹事故案例分析》、《消防注意事项及安排》等进行了深入讲解,经考试合格后,统一佩戴销售网点安全督导员袖标,销售人员统一颁发烟花爆竹从业人员上岗证。

(张　强)

【对丽泽长途客运站进行安全检查】 1月13日,区安全监管局局长沈瑞平带队对丽泽长途客运站进行安全检查,重点对客运站中控室,配电室和安全教育培训等情况进行了检查。针对检查中发现的问题,沈局长要求该单位对发现的问题立即整改,确保春运期间安全。

(张　强)

【开展烟花爆竹零售网点安全检查工作】 1月,区安全监管局成立烟花爆竹经营网点专项检查工作领导小组,相关科室组成三个检查组对我区烟花爆竹零售网点进行专项检查。重点检查烟花爆竹经营网点从业人员的安全职责、操作技能及强制性标准,从业人员防险、避灾、自救方法,事故情况下的紧急疏散和应急处置等;经营网点的安全状况,是否存在超能力、超品种、超数量储存,有无私售烟花爆竹和转让、买卖、出租、出借、伪造《烟花爆竹许可证》的违法行为等。经查,各烟花爆竹经营网点安全状况良好,从业人员职责明晰,熟悉操作技能及相关应急处置方法,无超能力、超品种、超数量储存等问题。

(张　强)

【建立健全安全教育培训网络】 区安全监管局高度重视安全教育培训工作,努力形成综合监管部门、行业监管部门、属地监管部门、企业“四位一体”的培训网络,积极探索并推行“基地式”教育培训,提高教育培训质量,通过多种形式,努力实现安全生产教育培训全员化。针对全区安全生产监管监察工作的需要,有重点、分步骤地进行区、街乡镇、村(社区)三级监管干部培训,督促街乡镇,分期分批对辖区安全生产管理人员及重点企业负责人进行培训,对在区委党校培训的干部和后备人才进行安全知识培训,全面提高全区安全生产管理人员的监管水平。1月12日,市安全监管局丁镇宽副局长带队对我区部分烟花爆竹零售网点安全管理情况进行检查。在检查过程中,丁镇宽副局长对销售大棚的安全设置、警示标识、防护措施以及烟花爆竹储存等情况进行了检查。检查中各烟花爆竹零售网点的负责人能够在岗值守，烟花爆竹销售场所配备了消防器材，警示标识及相关规章制度齐全。丁镇宽副局长要求各烟花爆竹零售网点要严密防范措施，加大看守力量，严格遵守有关规定，认真落实安全生产主体责任，做好本网点的安全工作，保证烟花爆竹销售工作顺利进行。

（张　强）

【修定行业监管部门职责】 上半年，组织修定丰台区行业监管部门安全生产监管职责，解决目前存在的一些行业（领域）监管职责不清、监管责任空缺等问题，力争做到消除盲点，全面覆盖。行业部门要根据相关的法律法规和政府规定，制定本行业的安全生产规章制度、规范和标准，指导、规范、监督所属行业落实安全生产主体责任。认真研究街乡镇安全生产职责、工作标准和机构、人员配备问题，提出加强基层安全生产工作指导意见，切实为街道、乡镇落实属地监管责任创造必要条件。由安全生产监督管理部门牵头，会同相关政府部门，对街乡镇安全生产工作定期进行全面督查，促进安全生产属地监管责任的落实。

（张　强）

【建立打击安全生产非法违法长效机制】 区安全监管局会同相关部门，把打击安全生产非法违法专项行动具体化、常态化。针对突出问题，及时召开联席会，开展统一行动、联合执法，对不符合安全生产条件的经营单位，要按照“查出一个、规范一个”的原则进行严格治理，对整改符合条件的单位各职能部门要采取相关措施，纳入规范管理。

（张　强）

【强化对危险化学品企业的安全监管】 区安全监管局严把市场准入关，聘请专家对企业进行安全评价，严格标准，严格程序，加强监管，实行安全生产标准化管理。对危险化工企业逐步进行分级分类管理，制定和完善加强对危险化学品使用单位的安全监管办法，有效控制和防范危险化学品泄漏事故。及时做好危险化学品新建、改建、扩建工程项目安全设施“三同时”的监管备案工作。完善和修订作业场所职业病危害申报资料，对已申报职业病危害企业实施分级分类管理，切实提高企业职业卫生管理水平。

（张　强）

【部署隐患大排查工作】 2月初，区安全监管局制定并下发了隐患大排查工作方案，主要围绕生产安全、公共安全、公共卫生安全和公共食品安全四大领域，重点排查人员密集场所、危险化学品、道路交通、市政基础设施（水电气热）、建筑施工等重点行业和领域以及劳动密集型、基础薄弱和近年发生过事故的单位，进行全面排查安全生产隐患。对企业基本条件、基础设施、技术装备、作业环境以及思想认识、工作作风、现场管理等方面存在的问题，深入治理可能引发事故的各种隐患，积极有效防范事故的发生。同时继续实施重大隐患分级挂牌督办制度。采取“条块结合，以块为主”的原则。一般隐患主要由各属地动员、部署进行排查和督促企业进行自查，并实行市、区、属地三级消账制度，确保各类重大事故隐患整改到位。

（张　强）

【部署安全生产大检查工作】 2月中旬，区安全监管局在全区高危行业和重点领域开展安全生产大检查。主要围绕三个方面来开展，一是突出保障全国“两会”核心区。确保检查覆盖率达到100%，及时排除问题和隐患；二是危险化学品企业。对危险化学品重点企业、重点部位全面开展检查，重点检查安全生产责任制、安全规章制度、安全操作规程的建立、完善和执行情况等情况。三是做好建筑、地铁建设、交通运输和人员密集场所等重点行业领域安全检查工作。加大对建筑起重机械的安全隐患排查力度，及时消除事故隐患,确保建筑起重机械的安全运行。查处安全生产违法违规行为,消除事故隐患,预防事故的发生。

(张　强)

【检查东方锐波化工厂】　3月中旬,区安全监管局局长沈瑞平带队对东方锐波化工厂进行了安全检查,首先检查了该单位的安全生产责任制、安全管理制度、安全操作规程、从业人员安全培训教育制度的建立情况。重点对生产岗位人员设置、事故预防措施以及应急救援开展和隐患排查情况,进行了认真细致的检查。鉴于该厂属于剧毒化学品(液氯)使用企业,现已备货(液氯)9吨,处于备产状态,要求企业一定要高度重视安全生产工作,加大隐患排查整改力度,进一步提高安全隐患防范意识。特别指出,该企业地处山区,要切实做好自身防火工作和周边火灾对企业影响的应急救援工作,确保液氯存储绝对安全,并认真做好开工生产前的各项准备工作。

(张　强)

【廉政风险防范工作】　一是加强自律,提高认识。召开廉政风险防范管理工作动员部署会,签订廉政责任书,进一步强化党员干部的廉洁从政、依法行政的意识。二是加强领导,积极协调。成立由主要领导任组长、各部门负责人参与配合的廉政风险防范管理工作领导小组。制定工作方案,认真组织,积极协调,推动廉政风险防范工作顺利开展。三是加强防范,查找风险。依据个人工作岗位,梳理职责,重点从行政审批、行政处罚、事故处理、组织人事及人事管理查找廉政风险点,进行风险评估。抓住重点,修订完善各项制度。四是加强监督,及时检查。采取领导组织、明查暗访、群众测评的方式进行检查。加强重要岗位、重点人员监督。

(张　强)

【召开工业气体经营单位规范化建设现场会】　5月6日,区安全监管局召开了工业气体经营单位规范化建设现场会。全区19家工业气体经营单位负责人、21个街乡镇安全生产部门负责人参加了现场会。区安监局局长沈瑞平同志强调:各单位要提高对规范化建设工作重要性、必要性的认识,按照规范化管理提出的要求,指定专人具体负责,扎扎实实的开展这项工作,同时要以工业气体标志、标识、标语等安全生产环境的规范化建设为契机,根据“先易后难,分步实施,逐步实现”的原则,加强企业规范化建设,营造企业的安全生产氛围,严防各类事故发生。

(张　强)

【查处非法工业气体经营点】　6月17日,区安全监管局接到群众举报:在北京南苑机场内西侧雷达营附近出租大院内,有人非法进行经营工业气体活动。局领导高度重视,立即前往核查,经查:租户王某无证,无个人安全资质利用露天场地,非法经营工业气体,种类有氧气、乙炔、氮气、二氧化碳、氩气等,现场共发现各类气瓶191瓶,其中有实瓶气体87瓶,且其运输车辆也非危险化学品专业运输车辆。我局迅速联系专业的工业气体公司,及时将各类工业气体瓶转移至安全地点,消除了安全隐患。

(张　强)

【开展安全生产月咨询日活动】　6月14日上午,在大红门集美家居广场举办了以“弘扬安全文化、服务科学发展,喜迎新中国成立六十周年”为主题的安全生产咨询日活动。区人大副主任苗华、副区长张建国、区政协副主席胡燕参加了本次咨询日活动。区应急办、公安、消防、建委、发改委、工商分局、卫生局、总工会、体育局等20多个相关职能部门、200余家重点单位负责人参加。此次活动共设立咨询台70个、宣传展板1000余块、发放宣传材料20余万份、教育光盘1000套其它宣传品10万件,在中心会场参加此次活动群众达1000余人次。21个街乡镇、二七厂、航天部三院等中央、市属单位以及驻区其它单位也积极在本辖区、本单位内通过各种形式广泛开展宣传活动，参与群众23万人次。

（张 强）

【组织开展安全月系列活动】 6月15日至19日开展安全生产应急救援演练周活动；针对我区今年轨道交通建设、老旧小区改造等重点工程，对建筑施工和拆除单位通过召开专题会、编印和发放事故案例书籍、宣传画等形式，进行防事故专题宣传教育；针对我区火灾形势，以社区和弱势群体、建筑施工、学校、人员密集场所、农村和城乡结合部等为重点开展了“祝你平安——百场消防宣传进万家”活动。活动期间开展宣传200余次，发放各类宣传材料30余万份，投资70余万元，在全区297个居民社区、村基本建立了弱势群体关爱组织，近10万群众得到了消防安全宣传教育和培训；安监局从5月底至6月初组织街乡镇主管领导、安全生产检查员、危险化工企业、职业场所等单位负责人和管理人员等600多人进行系列培训，通过培训提高安全生产管理人员的安全意识；利用召开座谈会、现场会、《新丰台》刊物和丰台有线《安全视点》等栏目，宣传推广辖区企业的安全生产先进经验和典型人物事迹。

（张 强）

【开展安全生产隐患大排查】 1月至5月，组织开展了建筑施工、人员密集场所、危险化学品生产和经营单位等重点领域及高危行业专项执法检查行动。对27343家进行了执法检查，查出隐患数量3328条，已整改隐患数量3249条，整改率97%，落实治理资金61万元；行政处罚804起，罚款金额327.7859万元，关停176家，处理了143个责任人，防止了久拖不改和养患成灾的问题发生，确保了全区安全生产形势平稳。

（张 强）

【强化非药品类易制毒危险化学品安全监管】 7月初，成立了专项检查组，开展非药品类易制毒化学品经营情况的专项检查。对我区16家易制毒化学品经营单位，重点对购销记录和产品流向登记情况进行了实地检查。进一步规范了我区非药品类易制毒化学品的采购、储存、销售、使用等各个环节的安全管理工作。同时建立了定期报告制度，要求企业每月上报本单位易制毒化学品经营情况，推行电子信息化，建立了非药品类易制毒化学品经营企业许可、备案情况的基本数据库，做到企业状况清、数量清、产品流向清。

（张 强）

【组织长途客运站应急演练】 7月10日，在木樨园才华长途客运站进行现场疏散演练。

（张 强）

【开展重点工作督查】 7月13日至17日，区安全生产委员会办公室联合区防火安全委员会办公室、交通安全委员会办公室、食品安全委员会办公室，分两组对各街乡镇开展业务指导和上半年重点工作督查。从督查情况看，各单位安全管理责任体系完善，档案留存完好，隐患排查整治、安全教育培训深入，“安全生产月活动”开展扎实，安全状况良好。

（张 强）

【开展非经营性加油站安全环保治理行动】 8月至9月，区安全生产监督管理局、区环境保护局在全区范围内开展非经营性加油站安全环保治理行动。通过治理，使不具备安全生产条件和不符合环保要求的加油站，安全条件得到改善，安全管理水平得到提高，达到国家标准相关标准；对一些整改无望和达不到整改要求的加油站，责令停止其使用，并拆除油罐及加油设备。

（张 强）

【对楼宇内生产经营单位安全督察】 8月中旬，区安全监管局联合区建委、消防、商务、文委、体育等部门组成督察组对8个街乡进行检查。督察组分成3个小组分别就产权单位或物业单位贯彻落实《规范》情况、消防设备设施及楼宇公共区域消防安全情况、使用单位贯彻落实《规范》情况等进行重点督察。此次督察共检查楼宇10座，涉及产权单位11

家、物业单位4家、使用单位87家,共发现并消除各类隐患113项,对8家单位下达了整改指令书。

(张　强)

【确保“护航”行动开展】 区安全监管局加强领导、积极应对;完善方案,确保“护航”行动顺利进行:一是高度重视,加强领导。成立安全生产执法“护航”行动领导小组,明确安全生产执法“护航”行动的工作目标,制定了工作方案,对安全生产执法“护航”行动进行了具体部署和要求。二是注重沟通,强化服务。召开企业负责人座谈会,及时了解企业在安全生产方面面临的问题及需求,帮助企业协调解决困难。要求全区各企业单位加强领导,制定完善的工作预案,确保组织到位、宣传到位、落实到位。三是建立台账,细化分类,对国庆重点区域沿线,重点管控单位建立台帐,建立和完善液氯、液化气、液氨、易制毒,剧毒化学品相关企业和各重大危险源单位的台帐,做到底数清,情况明。四是部门联动,加强监管。充分发挥安委会办公室职能,积极协调安委会相关部门和各街乡镇进行联合检查,加大打击安全生产中的违法行为的力度。同时组成督查组检查安全生产“护航”行动工作效果。五是广泛宣传,营造氛围,借助有线电视、报刊、网络等媒体,紧紧围绕“迎国庆、保安全”,开展各种形式的宣传活动,营造良好稳定的安全生产氛围。

(张　强)

【对家具制造、印刷企业业进行职业卫生培训】 9日18日,区安全监管局与区卫生局联合召开了丰台区家具制造业、印刷业职业卫生培训会议。全区112家家具企业、52家印刷企业参加了此次培训。

(张　强)

【迅速查处安全隐患】 9月15日,接群众举报:一企业在其租用的部队办公楼内违规存放危险化学品,经查该企业违规存放大量汽车漆、稀释剂、固化剂等29种1416箱危险化学品,严重存在安全隐患。为保证安全,我局依法先行采取了登记保存措施,下达了《强制措施决定书》暂停该企业经营、存储危险物品并处8万元罚款,同时监督该企业将货物运至安全地点存放。

(张　强)

【市安全监管局领导检查我区危险化工企业】 9月18日,市安全监管理局丁镇宽副局长和危险化工处吕文杰处长来到我区东方锐波化工厂检查指导工作。

(张　强)

【组织农村干部安全生产工作培训】 10月28日,对我区200余名农村干部及相关企业安全生产负责人进行了培训。此次培训主要涉及安全生产法律、法规,用电、防火、烟花爆竹、道路交通、危险化学品、农业机械、自然灾害、安全自救等知识进行讲解授课。

(张　强)

【组织“蜘蛛人”上岗考试】 10月19日,丰台区93名“蜘蛛人”在首次参加上岗资格考试。今后,企业雇用未经过培训考核人员高空作业,将受到处罚,发生事故情节严重的将承担刑事责任。

(张　强)

【组织有限空间应急演练】 7月11日,区政府组织相关行业与部分生产经营单位安全生产主管领导、安全办主任共计115人,在环卫中心五里店大院观摩有限空间应急救援演练。通过以上形式,综合分析有限空间安全监管各类信息,对可能出现的安全问题发出预警信号,及时提醒有关作业单位,防止或者避免事故发生或扩大,进一步增强了有限空间突发事件的应急能力。

(张　强)

【组织有限空间专项检查】 7月,丰台区安委会办公室组织开展了为期一个月的有限空间安全生产大检查,共普查出有限空间作业场所38521个,消除安全隐患517处,共下达执法文书167份,组织有限空间重点生产经营单位观摩了卢南污水运营有限公司在有限空间安全作业流程、制度建设等，通过检查，各有限空间生产经营单位在制度建设、安全投入、教育培训、应急救援演练有了较大改进。有限空间安全管理得到了明显提高。

（张 强）

统计工作

【概 况】 年内，统计局、调查队紧紧围绕全区“保增长”中心工作和市局、总队“工作质量年”的要求，深入贯彻落实科学发展观，在创新中发展，在服务中提升，努力建设“和谐丰统”。通过对本区国民经济各行业运行情况的监测，全年实现地区生产总值600.7亿元，比上年增长9.7%；完成全社会固定资产投资389.3亿元，增长27.1%；实现社会消费品零售额635亿元，增长16.7%；城镇居民人均可支配收入24835元，增长8%；农村居民人均纯收入13179元，增长13.8%。全区经济健康协调发展，人民生活水平稳步提高。在完成国家和市、区各项日常工作的基础上，完成了丰台区第二次全国经济普查工作、第二次全国科技资源清查摸底工作、劳动力调查、城镇居民出行及医疗教育调查、低收入居民生活状况调查、环境卫生和环境秩序群众满意度调查、群众安全感调查等专题调查任务。荣获第二次全国经济普查国家级先进集体、北京市政府统计系统先进集体等项荣誉，全年有30多项综合或专项工作进入全国、市、区先进行列。

（赵国红）

【“保增长”工作】 为配合全区“保增长”中心工作，局队充分发挥统计职能，不断创新工作方法，及时反映全区经济社会发展的最新动态。建立“快速反应、数据周报、重点走访、部门联动、信息共享”等五项工作机制，坚持周例会、月分析制度，创办了《统计专报》，不定期向区领导报告主要指标完成及相关情况；不定期向区领导报告主要指标完成及相关情况；每半月向区政府报告主要指标完成进度；加强对社会消费品零售额、固定资产投资、城乡居民收入等重点指标的监测评价工作，全年跟踪走访企业266家，对政府的绿色通道项目和政府投资计划的111个项目实施了重点监测；与发改委等部门建立定期信息交换制度，实现了信息资源共享，为各部门提供信息咨询150余次。全年参加区“保增长”工作会议31次，其中专题发言7次，点题发言24次，报送《统计专报》40期，为政府决策提供了重要的参考和依据，受到区委、区政府领导好评。

（赵国红）

【第二次全国经济普查】 在区委、区政府和北京市经普办的领导下，经过各级普查机构和全区4800余名普查人员的辛勤工作，圆满完成了丰台区第二次全国经济普查数据填报、审核、录入、汇总上报工作，全面掌握了全区第二、第三产业的规模、结构和发展现状，普查数据质量达到国家控制标准，丰台区第二次全国经济普查办公室荣获国家级先进集体。此次普查填报表种有126种，统计指标1392个，共收审清查表11.6万张，正式登记表近10万张。普查结果显示，2008年末，全区共有从事第二、第三产业的法人单位33209个，个体工商户78464个，资产总计9533.6亿元，从业人员79.3万人。

（赵国红）

【依法行政工作】 认真贯彻《中华人民共和国政府信息公开条例》，全年公开政府信息749条。严格行政许可事项审批备案制度，依照《统计从业资格认定管理办法》，组织全区1236人参加全国统一持证上岗从业资格考试。继续推进行政执法责任制，全年共检查单位454家,立案查处97家,未发生行政复议和行政诉讼事件。

(赵国红)

【国庆六十周年保稳定工作】 认真落实区委区政府和市局总队安保工作要求,把安全稳定工作作为头等大事来抓,制定安保工作紧急预案,启动了应急机制。在做好本部门国庆平安工作的同时,抽调50人作为标兵参加天安门广场庆祝国庆60周年大型群众联欢活动,荣获国庆60周年联欢活动丰台指挥部"最佳组织奖"。选派6名安全稳定特派员参加社区和行政村维稳工作,为全区维稳工作做出了贡献。

(赵国红)

【拓宽统计服务领域】 围绕全区经济社会发展建设中心,结合五个产业和四个功能区,对《丰台区情手册》内容、结构进行了补充完善,突出了高新技术产业、房地产业、商贸物流业和文化旅游业等重点产业发展情况。并结合全区重点工作和经济运行开展调研与分析工作,全年完成调研报告32篇,统计分析102篇,其中《丰台区人口老龄化带来的挑战及对策》获得北京市优秀统计分析专题报告二等奖。

(赵国红)

【统计宣传与网站建设】 年初制定全年统计宣传工作目标和信息发布计划,完善以网站为载体的定期统计数据发布机制,通过《丰台报》"每周看点"栏目发布统计信息48期,动态反映经济普查情况简报69期及统计业务工作42期,丰台有线电视台"丰台新闻"播报统计信息42次。年内通过丰台统计信息网共发布各类信息497篇。获得2009年度北京市统计系统网站工作综合考评二等奖,并获得北京市统计系统网站运维奖。

(赵国红)

【开展专项调查】 为准确反映就业形势,开展了月度劳动力调查,对48家重点企业进行了就业监测。完成了网络游戏、影视动漫调查、汽车摩托车下乡农户需求意愿快速调查、城镇居民出行及医疗教育调查、低收入居民生活状况调查等专项调查任务。配合区相关部门,开展了街道、乡镇环境卫生和环境秩序群众满意度调查、群众安全感调查、农村"三级联创"考评调查、民主评议政风行风等42项专项调查工作。

(赵国红)

【信息化建设】 本年区政府首次将局队统计信息化专项经费列入财政预算,为加快统计信息化建设提供了有力保障。局队网络机房兼有网络、电话、有线电视等功能,网络核心交换速度达到千兆各楼层均配备了网络打印机;与统计所之间建立了依托光纤技术的统计专网。目前,局队与市局总队、统计所之间网络连接通畅,设备配置齐全,统计信息化水平进一步提高。

(赵国红)

【统计监测评价工作】 启动了大红门服装商贸区统计监测工作。大红门服装商贸区是"城南计划"的重点区域,局队从6月初开始每月对大红门服装商贸区经济发展开展专项统计监测,对区域基本情况、主导行业经营情况、企业发展状况、存在问题进行了专题分析,撰写了《大红门服装商贸区现状分析及未来发展思考》和《金融危机影响下的大红门服装市场调查报告》等2篇调研报告,上报信息12篇。作为成员单位,完成了妇女儿童规划监测、农村低保情况监测、环境监测等监测评价工作。

(赵国红)

【全程办事代理工作】 继续推行全程办事代理—统计登记工作,区政府企业服务大厅统计窗口全年共接待10991人次,其中咨询5304次;受理事项5687件,审批5687件,即办率为100%,未发生行政投诉事件。

(赵国红)

【国情国力调查前期准备和试点工作】 组织开展第二次全国科技资源清查工作,对2178

家单位进行了清查摸底。全力做好第六次全国人口普查人户分离试点调查工作，确定右安门街道开阳里第四社区作为试点单位，1838个调查户参加了人户分离试点专项调查，9月底全面上报北京市第六次全国人口普查办公室，顺利完成试点工作。

（赵国红）

【部门统计工作】 根据《北京市丰台区人民政府关于加强部门统计工作。整合全区经济社会统计信息资源的意见》（丰政发〔2009〕8号）文件精神，局队以建设全区经济社会发展数据中心和区域发展及产业发展监测评价中心为目标，加大对部门统计工作的协调和监管力度，建立健全部门统计工作管理制度，制定了涉及全区48个部门的《丰台区部门统计报表制度》，并印发了《丰台区部门统计数据报送工作要求》，为切实保证统计数据的真实性、准确性、完整性和一致性奠定了基础。

（赵国红）

【干部队伍建设】 严格“凡进必考”制度，本年公开招聘录用公务员12名，2名同志通过竞争上岗走上副科级领导岗位，16名试用期满的科级干部按期转正。从抓基本技能入手，加大对在职人员培训力度，于7、8月间在全局队范围内开展了岗位大练兵活动，培训内容包括机关公文写作、财务知识、数据库操作、统计数据集中采集平台操作及计算机应用软件等方面内容，经过考试评选出25名技术能手、9个统计技能竞赛先进集体，局队干部业务素质有了明显提高。

（赵国红）

【办公地点迁址】 4月27日，丰台局队正式迁入区委党校办公区，结束了近二十年来一直分散办公的局面。新办公楼设85间办公室，4个会议室，1个接待室，2个机房，1个计算机教室，1个活动室和1个内部食堂。

（赵国红）

人力资源和社会保障工作

【概　况】 2009年新组建的丰台区人力资源和社会保障局，深入学习实践科学发展观，围绕“保增长、保民生、保稳定”目标，坚持机构改革和业务工作两手抓，全面推进就业、社会保障、人事人才、劳动关系调整工作，保障了国庆平安，圆满完成了各项工作任务，为构建和谐丰台、促进区域经济社会事业又好又快发展做出了积极贡献。全局内设机构32个，其中，行政科室19个（含行政监察科），下属事业单位13个；共有干部职工286人，其中，行政编制64人（不含4名工勤），事业编制218人。

（孙千惠）

【全区就业形势基本稳定】 全年城镇新增就业3.2万人，失业人员再就业2.1万人，城镇登记失业率控制在3.1%指标以内，帮扶1.1万名就业困难人员实现就业，6644名农村劳动力实现转移就业，实现了“无零就业家庭”工作目标。

（孙千惠）

【实施积极的就业政策】 制定《丰台区关于进一步做好促进就业工作的意见》，将城镇失业人员享受的就业岗位补贴等4类优惠政策延伸到农村，实现了城乡就业政策的统一。落实市区各项促进就业优惠政策补贴1.3亿元，稳定就业1.6万人。

（孙千惠）

【帮助企业稳定就业】 建立领导联系企业工作机制、企业用工动态监控机制、就业政策联合审批机制，为163家企业享受市、区帮扶优惠政策补贴资金3050万元，稳定岗位1.4万人。

（孙千惠）

【努力扩大就业】 坚持在发展中解决就业、以创业带动就业、鼓励和规范灵活就业。征集创业项目85个,实现创业777人,带动就业4216人,安置失业人员1.4万人。

(孙千惠)

【加大就业服务力度】 全年通过公益性就业组织托底安置特困失业人员2000余人,举办专场招聘会16场,挖掘岗位3.2万个,帮助2660名高校毕业生成功就业,选聘258名社区工作者在社区实现就业,开展免费培训近5000人,将1800多个岗位送到全区困难村。实施农村人力资源信息管理系统工程,组织本区农村人力资源信息调查、采集,建立劳动力电子档案库,共采集、录入信息8.3万条,为开展有效的就业指导、管理与服务搭建了基础平台。

(孙千惠)

【完善社会保障体系】 年内,全区基本养老、医疗、失业、工伤、生育保险参保人数同比平均增长9%,基金累计收、支分别达30亿元和48亿元,同比增长13%和32%。城乡居民养老、老年保障、"一老一小"及无业人员医保等保障政策惠及城乡居民23万人,同比增长19%。

(孙千惠)

【确立城乡一体的社会保险制度】 建立城乡居民养老保险制度,制定了参保补贴政策,参保人数达到8.7万人;农村劳动力参加城镇职工养老保险,可以享受与城镇职工同等的养老待遇;推进医疗保险制度改革,落实了城镇无医疗保障老年人和灵活就业人员门诊医疗费报销办法,实现了退休人员医疗费报销与单位缴费脱钩。

(孙千惠)

【提升社保经办能力】 实施"五险合一":养老保险、医疗保险、失业保险、工伤保险、生育保险、住房公积金,简化工作流程,方便企业和个人参保;实施社保卡工程,破解"参保人员就医垫付医疗费负担重、报销周期长"的问题;推行"持卡就医,实时结算",完成了参保人员信息比对和定点医疗机构完成了信息系统改造升级等基础工作。

(孙千惠)

【提高基金安全管理水平】 完善基金内控制度,组织力量对社保基金支付的项目、依据和拨付去向进行全面摸底,并开展了跟踪审计,全年共清理社保沉淀结存基金426万元,有效确保了基金的安全运行。

(孙千惠)

【推进公务员队伍建设】 严格招录工作程序,分两批新招录用公务员219名;完成2个事业单位、23名人员的参照公务员法管理工作;组织全区科级以下公务员开展年度考核工作;推荐丰台街道办事处获得全国"人民满意的公务员集体"称号。组织136名新任科级干部任职培训、76名初任公务员培训;开展《人文北京、科技北京、绿色北京》等专项培训5400余人次;全面启动全区公务员新一轮电子政务培训;成功申报"北京丽泽商务功能区域发展专题研修班"。指导54个单位完成141名科级领导职位的竞争上岗工作;组织全区661人参加了科级公务员竞争上岗笔试;组织机关第三批19名年轻公务员赴街道、乡镇参加为期半年的实践锻炼。

(孙千惠)

【加大人才引进力度】 全年共引进区域紧缺高级人才16人,办理配偶随调11人;为5名高新技术企业专业技术人才解决夫妻分居困难;新办《北京市工作居住证》132件;加大对135名大学生村官管理服务力度,为46名村官办理进京落户手续。完善人事代理制度,办理应届毕业生集体落户、协议书签订、灵活就业及转正定级工作;办理存档人员"五险一金"及退休业务。年内,共接收安置2008年度计划分配军转干部114名、自主择业军转干部48名;举办北京市首场自主择业军转干部专场招聘会,为全区788名自主择业军转干部做好管理服务工作。

(孙千惠)

【强化专业技术人才队伍建设】 制定《丰台区事业单位岗位设置管理实施办法》，完成事业单位岗位设置方案的审核备案工作。组织全区2万余名科级以下事业单位人员参加考核；为区属事业单位公开招聘各类急需人才277人。以博士后工作站申报和博士后创新实践基地试点为抓手，加大经营管理人才引进培养力度；开展专业技术人员继续教育培训4万人次，继续教育毕业率、升学率均在95%以上；圆满完成近3万人次的人事考试服务。

（孙千惠）

【规范工资福利退休工作】 为全区127所义务教育学校9287名教师年人均增津贴补贴奖金1.1万元，为义务教育学校5048名退休教职工年人均增退休补贴4200元。做好全区机关事业单位2万多名干部职工的工资晋升、绩效工资一次性核增工作；完成全区公务员年终督查考核奖、行政奖励、年终一次性奖金等审核发放及加班工资、值班补助发放和事业单位工资总额管理工作。组织340名区属机关、事业单位科级以下退休人员赴北京白龙潭进行休养；组织100名科级及以下退休人员开展"庆重阳，登千灵山"活动；做好部分生活困难退休职工走访慰问工作。

（孙千惠）

【加大劳动保障监察力度】 率先在全市推进劳动保障监察两网化建设，配备了180名劳动保障监察协管员，实行劳动监察"责任网格化"和"运行网络化"，强化了对单位用工情况的监控和管理，被人力社保部列为全国试点单位。指导21个街乡与辖区内建筑施工企业签订规范劳动用工责任书，建立企业工资支付管理制度，推动工资保证金专用账户的建立和实名制管理，为8141名劳动者追回拖欠工资1600余万元，其中涉及农民工5700余人，900余万元。

（孙千惠）

【维护劳动者合法权益】 辖区内监控企业劳动合同签订率达到99.8%；受理劳动争议案件2532件；查处群众举报案件2274件，案件查处率100%；集体访和突发事件呈"双下降"，实现了"无拖欠工资问题"目标，确保了国庆平安。

（孙千惠）

【加强劳动合同制度建设】 推进城乡一体化建设步伐，深入开展城乡一体化进程中失地农民就业和社会保障问题调研；加强《劳动合同法》的宣传和落实；加大对重点企业履行劳动合同的监控力度，企业用工行为得到了进一步规范；开展和谐劳动关系单位和工业园区创建活动；健全劳动关系三方协调机制，将协调劳动关系工作向各部门和基层延伸。

（孙千惠）

【加大劳动人事争议调处力度】 不断强化24个劳动争议调解中心的功能，有效调处人事争议案件，排查解决人事争议上访86起；强化对人才市场中介机构资质的初审和检查，有效规范了区域人才中介机构秩序。

（孙千惠）

【完成机构改革任务】 按照上级统一部署，2009年8月完成了丰台区人力资源和社会保障局组建工作。在机构改革过程中，坚持"以改革促工作、以工作促融合"，全体干部职工讲政治、顾大局、坚决服从改革需要，自觉听从组织安排，毫不松懈的做好本职工作，展现了较高的政治觉悟和良好的精神风貌，实现了职能整合、人员融合，形成了工作合力，提高了行政效能。

（孙千惠）

【深入开展党风廉政建设和惩防体系建设】 以科级以上党员领导干部和社保基金经办部门及工作人员作为党风廉政教育的重点对象，分层次、有重点地开展教育活动。把加强社保基金安全和专项经费管理作为廉政风险防范的重点，强化"上下协同"、"内外结合"的监督机制，坚持做到结合重点工作开展监督，结合行风评议开展监督，结合专项治理开展监督,年内完成了“小金库”的清理任务,进一步完善了财务管理制度。坚持开门纳谏,强化考核评价,有效促进了以廉政促勤政目标的实现。

(孙千惠)

【加强干部队伍建设】 以深入学习实践科学发展观活动为契机,坚持从严治局、从严律己、从严抓班子、从严带队伍,不断加强全系统干部职工的政治思想建设、能力建设、基础建设和党风廉政建设。班子建设突出讲党性、讲团结、讲廉洁、讲实效,坚持民主集中制;干部队伍建设突出讲学习、讲培训、讲素质、讲纪律,坚持依法行政,树立了人力资源社会保障部门的良好形象。年内共发展党员4名。

(孙千惠)

工商行政管理工作

【概　况】 年内,丰台分局在市局党组和区委区政府的领导下,深入学习实践科学发展观,夯实基础工作,努力提高公共服务与科学监管水平,积极建立保增长促发展的各项工作机制,为区域经济可持续发展营造了良好的市场环境,实现了国庆60周年庆典期间市场秩序和食品安全保障的目标。全年共核准各类企业登记事项7.3万户,同比增加28.1%;接待各类业务咨询19.1万人次,同比增加11.7%;为4.2万户企业办理了年检;共接到消费者投诉2474件,举报3473件,办结率均达到99.5%,为消费者挽回经济损失200万元。

(刘　莉)

【学习实践科学发展观】 根据《中共中央关于在全党开展深入学习实践科学发展观活动的意见》,按照区委统一安排和市局要求,从2009年3月至8月,全面启动了深入学习实践科学发展观活动。努力实现“党员干部受教育、科学发展上水平、人民群众得实惠”的总体要求和“提高思想认识、解决突出问题、创新体制机制、促进科学发展”的目标,通过围绕科学发展观,进行解放思想讨论等工作开展学习调研;通过分析检查,统筹抓好召开领导班子专题民主生活会和党员专题组织生会,形成领导班子贯彻落实科学发展观情况的分析检查报告;通过整改落实,统筹抓好制定整改落实方案,集中解决突出问题、完善体制机制等工作。全局党团员围绕主题开展了调查研究和解放思想大讨论,并通过广泛征求意见、深入自我剖析,找到差距和不足,制定了整改措施并认真加以落实,在全局范围内掀起了学习实践科学理论、强化科学监管与服务的新高潮。

(刘　莉)

【完成国庆保障任务】 为了保证国庆60年食品安全保证任务,分局借鉴奥运风险控制的经验开展专题调研,制订了实施风险防控的系列文件,评估确定了30个风险点,建立了风险管理责任制和风险控制保障机制,分局实施风险管理,加强市场秩序保障。9月20日开始,分局集中力量对30个风险点实施了全天候监控,抽调人员进行驻点监控;国庆期间,丰台区9家涉庆企业供应阅兵村各类食品47万公斤,国庆游行餐包共84.3万份,国庆晚会快餐1.6万份,安塞腰鼓中餐4.8万份,并圆满完成了四次临时性紧急供应任务;全局干部职工加强市场监控,在国庆综合整治行动中,分局共出动执法人员8645人次,检查各类经营主体1.4万户次,确保了国庆食品安全保障任务的圆满完成。

(刘　莉)

【贯彻落实法律法规】 《食品安全法》、《食品安全法实施条例》和《食品流通安全监管办法》等法律法规出台后,为了落实法律法规的要求，建立科学的网络分级分类监管机制，积极探索建立食品安全日常监管数据的收集、分析制度，对流通环节食品安全风险实施有效监控，分局建立了食品质量监管平台。该平台建立了重点品种、重点地区、重点行业的台帐，提高了食品监管工作的针对性，节约了执法成本，提高了工作效率，实现食品安全风险自动预警，有效地防止了食品安全事故发生；同时对食品经营企业实施信用监管，积极构建食品安全工作长效监管机制，建立食品安全信用档案管理机制。对如何建立信用档案提出了具体要求，对信用监管档案进行定期分析，预测食品安全风险，发现企业存在的普遍性问题，通过分析，形成对全区食品安全状况的评价，进而避免了食品安全风险；建立了丰台区食品流通监管系统，系统以准确、丰富的基础信息为支撑，以分级分类管理为手段，为食品监管工作提供科学的数据分析和风险预测，提高流通领域食品质量监管工作的整体水平；认真做好食品流通许可工作。在区政府对外办公大厅设置了专门的受理窗口，逐步完善了《受理工作流程》、《现场审核标准》以及《食品安全制度示范文本》等多项业务标准，做到了工作标准的统一化。分局共受理食品流通许可申请1934份，咨询5000余人次。

（刘　莉）

【重大活动时期食品安全专项保障】 2009年，丰台区面临国庆食品供应量占全市的80%的任务，分局总结2008奥运保障经验，以国庆保障工作实践为基础，初步形成了重大活动时期的食品安全专项保障机制，建立健全对供应企业的长效监管机制。在具体工作中实行“五项制度”：工作例会制度、行政约见制度、三级联系人制度、信息日报制度、督查督导制度；对于重点企业采取“六项措施”：把好进货验收关、实行进货批量检测、严格监督食品分装过程、对食品储运设施严密检查、部门联合出货签封、监督企业回收流转单回联，做好配送的后期统计。健全食品安全数据归集和风险分析机制，以大型食品经营企业、物流企业为重点，以新开发的“食品质量监管平台”为依托，归集、分析食品安全日常监管数据，对风险点进行评估和确定，实行分级分类管理，对流通领域食品经营主体实施了有效监控。实现对食品供应各项流程的全过程监管。确保辖区经济秩序稳定，完成各级政府交付的重大政治任务。

（刘　莉）

【建立突发事件快速应急相关机制】 分局根据国庆保障任务的需要，研究制定了国庆期间《应急执法工作手册》及相关机制，从突发事件响应、突发事件决策、突发事件处置三个方面建立了应急执法的工作规范，实现了应急执法的制式化和标准化运作，使应急执法工作由经验型模式向标准型模式转变。

（刘　莉）

【建立各项工作机制】 为了建立保增长促发展的各项工作机制，分局建立了组织领导、会商协作、重点课题攻关、重点工作督办和工作通报与专报五项机制，为各项服务举措的落实提供了制度上的保障；制订了分局《关于促进区域经济发展保障经济增长若干意见》，提出了六个方面22项措施，经区政府转发全区执行，为各类市场主体提供了最直接、最高效的公共服务产品；制订了《协办大型及招商引资企业登记注册管理办法》，出台了《关于促进商标发展工作的意见》，加快推进了丰台区商标发展体系建设。深化工商业务数据分析与应用，新开企业同比增长11.3%，位居全市第三。

（刘　莉）

【推出登记注册自助服务模式】 年内，分局推出了“全时通”自助工商登记注册服务系统，该系统是全市首家工商自助服务大厅，借助软件支持，集经济信息发布、工商信息查询、范例模板演示、登记表格发放、提交申请文件、视频导航等多项服务于一体的全天候自助服务电子注册登记服务平台。实现了企业注册咨询、表格下载、材料申报、信息发布等24小时自助服务,降低了企业准入成本,拓展了准入服务的时间和空间。

（刘　莉）

【丽泽商务区经济发展综合服务平台】　丽泽商务区为首都新兴及金融功能区,为了提早介入与服务,既为商务区发展提供职能服务,又不断积累监管经验,分局建立丽泽商务区经济发展综合服务平台和丽泽金融商务区专项服务机制。为入驻企业提供“绿色通道”优质服务,为大企业提供“需求导向型”工商服务,建立走访机制、扶植自主品牌,加强政策引导,设立太平桥集中办公区,作为预驻商务区中小企业的孵化基地。

（刘　莉）

【创新商品交易市场监管举措】　为了加强商品交易市场管理,分局实施了商品交易市场三级风险评估防控措施,加强了重点监控,出台了《丰台区商品交易市场节令性食品经营管理办法》,转变以往的临时专项整治模式,将其纳入日常规范化管理;开展了以“落实科学发展、服务区域经济、规范经营行为、引导理性消费”为主题的系列宣传培训活动,推行了“商品交易市场工作日志”活动;建立了商品交易市场信用监管系统。根据“统一规划,分布实施、因地制宜、逐步推广”的有形市场监管的要求,在推行日志式管理的基础上,通过前期大量调研,开发了丰台分局商品交易市场管理系统。由“一套系统、两个网络、三级平台、118个子模快”构成。突破传统管理模式,使现代化监管系统在商品交易市场中得到广泛的应用。

（刘　莉）

【实施商标发展战略】　实施商品交易市场商标授权经营制度电子化管理,通过信息化管理平台的建立,使商标授权经营实现了商户、市场管理者和工商部门三位一体的管理模式,完成商标授权经营档案从纸制向电子化的过渡,使商标授权经营制度实现了跨越式的发展;完善商标分类分级信用监管,加速形成对重点商品、重点区域知识产权的保护;建立商标数据系统和重点企业商标专项服务档案,全面掌握重点企业的商标使用和发展状况,并根据区域特点确定商标战略发展目标,为全区著名商标建立了一户一档专项服务档案,促进了辖区经济发展。

（刘　莉）

【强化消费者维权网络建设】　分局加大了对100家消费维权绿色通道企业的培训,完善评价机制和激励机制,提升了绿色通道处理消费纠纷的能力;开展了“贴近群众、服务百姓”流动工商工作站品牌创建工作,组织实施了特点突出、效果显著的服务活动;设立了新发地市场工商工作站,强化了对重点地区的监管和服务。

（刘　莉）

【建立廉政风险防范预警机制】　分局针对日常工作中易出现问题和问题的级别实施不同程度的预警,实施廉政风险防范“三色预警”机制。具体做法是根据廉政风险的级别,按照蓝、橙、红三色实施不同程度的预警,结合教育学、广告学、心理学的原理,制作广大干部喜闻乐见的FLASH动画,实施了全方位、全时段的预警。2009年10月19日,在北京市推进廉政风险防范管理工作经验交流会上,“三色预警”机制得到了中央政治局委员、市委书记刘淇和中央纪委副书记、监察部部长马馼的好评。

（刘　莉）

【推进行政指导工作】　分局不断深化行政指导工作,创新行政指导的手段和方式,依托行政指导系统功能,推出了助成性行政指导项目,提升了行政指导效能。对轻微违法行,通过减轻处罚、实施行政指导,规范了经营行为,减轻了相对人负担。全年共开展各类行政指导2857次。

（刘　莉）

【建立数字网校】　分局通过信息网络技术，建立了数字网络学校。以网络为平台，拓展分局现有培训资源，充分利用现有信息化手段，通过对干部学习记录的分析，了解和掌握干部个人专长，强化对人力资源的素质分析，实现人力资源的科学配置。在培训中注意寓教于乐，实现干部培训现代化、信息化，通过“数字学校”学习，整体提升全局干部的业务素质，为建设“学习型”、“创新型”分局奠定了基础。

（刘　莉）

质量技术监督工作

【概　况】　年内，在区委、区政府和市质监局的领导下，各项工作坚持以“三个代表”重要思想为指导，以开展深入学习实践科学发展观活动和构建和谐社会为统领，以认真贯彻党的十七届四中全会精神为主旋律，紧紧抓住食品和特种设备安全两个重点，全面履行质监职能，对国庆庆祝活动食品定点供应企业进行驻厂监管，各类食品抽查检测 1389 个，对各类特种设备实施现场监督检查 366 家次，检验特种设备 11111 台，检查大中型超市、集贸市场、餐饮业、加油站、定量包装生产企业及计量器具生产企业等 265 家次，检定计量器具 87079 台件，为 258 家企业备案标准 658 项，为各界办理组织机构代码 10662 份，在全国质监系统“质量和信用安全年”活动评比中被评为先进单位。

（徐学全）

【质量和食品安全】　对 312 家企业进行了市级食品质量监督检查，对其中 235 家企业进行了抽样，抽取样品 330 个，合格 308 个，合格率 93.3%，其中安全指标合格 314 个，合格率 95.2%。对 18 家企业进行了区级食品质量监督抽查，抽取样品 42 个，合格率 97.6%。对密胺餐具、食品添加剂、食糖、发用化妆品、肉制品、防流感产品、乳制品质量及生产用水、月饼等进行了专项检查和抽样，检查企业 34 家，对 13 家企业使用的原料及生产的产品进行了抽查，抽取样品 17 个。

（徐学全）

【食品质量安全市场准入】　年内，派出观查员 36 人次，参加食品生产许可证发(换)证现场核查 33 家次，21 家企业获得了食品生产许可证 26 份。对辖区 244 家获证企业提交的年度自查报告进行了审查，向 10 家未按规定提交自查报告的企业发出了责令改正通知书，对 29 家企业的年度自查报告进行了现场核查，对未按规定提交自查报告、且原注册地已不具备生产条件的 5 家企业，申请将其生产许可证予以注销。

（徐学全）

【农资打假服务下乡】　联合区林业局、农委等单位在王佐镇开展农资打假服务下乡活动，对 7 家农资生产企业进行了执法检查，情况良好。

（徐学全）

【质检总局督查】　4 月 20 日，国家质检总局计量司副司长刘新民率督查组对本局“质量和安全年”活动开展情况进行督查。刘新民说，开展“质量和安全年”活动是中央和国务院的要求，通过“质量和安全年”活动，抓好“质量提升年、质量服务年、质量整治年、质量建设年、质量宣传年”的各项工作，要结合科学发展观活动和实际工作进行，务求活动效果，服务经济建设，为建国 60 周年献礼。

（徐学全）

【生产企业分类建档】　开展了强制性认证、家电下乡、医疗器械生产企业分类建档和大红门服装商贸区内服装生产企业摸底建档工作，为 14 类产品生产企业建立档案 47 家。

（徐学全）

【机动车检测场监管】 年内,对7家机动车检测场的资质、计量器具检定情况、安检线、工况线、检验记录档案等实施全方位监管。

(徐学全)

【质量信用安全年】 开展了“质量和安全年”活动,狠抓生产企业质量管理,促进食品生产企业信用体系建设,建立健全食品生产企业长效监管机制和食品安全预警应急处理机制,对企业提出了11项具体要求,实现了预期目标。在2009年全国质检系统“质量和安全年”活动评比中,被评为全国先进单位,这是北京市质监系统唯一获得此荣誉的单位。

(徐学全

【质量检验】 年内,检测样品6003个,其中委托检验4413个,各类食品监督抽查1389个,煤炭检验201个。

(徐学全)

【特种设备监管】 年内,实施各类现场监督检查366家次,其中重点监督检查152家次,检查设备2330台,日常监督检查192家,定期检查22家。按照国务院安全生产执法行动、安全生产治理行动、安全生产宣传教育行动的要求,会同有关街乡政府,开展小锅炉专项治理,对9家企业使用的12台小锅炉进行了执法检查,督促使用单位拆除非法使用的承压小锅炉。开展压力管道专项整治,对超期未检、检验不合格的44家单位的120余台特种设备进行了查处,下发特种设备安全监察指令书11份,督促企业及时整改消除隐患。对全区544家在册锅炉使用单位开展了锅炉能效状况普查,其中停用单位84家,在用单位460家。

(徐学全)

【特种设备检验】 年内,检验特种设备11111台,其中电梯9128台,起重机械886台,锅炉689台,压力容器408台。

(徐学全)

【赵长山调研】 8月12日,市质量技术监督局局长赵长山来本局调研。首先到政府企业服务大厅对质量技术监督窗口工作流程进行了详细了解,就如何提高服务质量、提高工作效率与窗口工作人员交换了意见;随后在文体路6号听取了电梯安全分级分项评价分类管理办法及质量信用安全年等工作汇报;与常务副区长汪洪就质量技术监督局在服务地区经济发展方面的作用进行了座谈。

(徐学全)

【电梯预警评价】 开展电梯预警评价,成立了评估小组,制定了评价工作方案,对区政府折子工程规定的101台电梯开展了预警评价,针对存在的安全隐患,对使用单位提出了整改措施及处理意见。

(徐学全)

【建立电梯分级评价分类监管办法】 为保证电梯安全运行,探索电梯分级评价、分类监管办法,转变监管模式,从频于应对转向建立预防与处置并重的长效机制,根据电梯使用年限、检验情况、举报情况以及电梯制造单位、维护保养单位等相关因素,对电梯的安全状况进行分级评价,分类监管。

(徐学全)

【国庆60周年服务保障】 为做好国庆期间服务保障,结合整改落实方案,重点抓食品和特设两个安全,制定了国庆60周年食品和特种设备安全保障工作方案,对国庆庆祝活动食品定点供应企业进行驻厂监管,制订了《丰台区对参与国庆60周年庆祝活动的食品生产企业的要求》和《丰台质监局国庆食品安全专项保障驻厂监管员工作手册》;对20家食品及危险化学品生产企业的生产情况进行监督检查,对检查中发现存在问题的企业全部责令其进行整改;对532辆国庆专用车辆的检验情况进行现场监督检查;对国庆用燃放烟花产品的进货、燃放工作进行现场监督;对液化石油气5家充装气瓶单位进行现场监督检查,签订了责任书,对其充装气瓶的产权、检验、报废情况进行认真核查,要求相关单位做好充装气瓶记录,按照相关规范对气瓶进行检验,保证气瓶使用安全。

(徐学全)

【能源计量】 年内,以能源计量、诚信计量、民生计量为重点,将传统的以管理计量器具为重点的工作模式转化为以管理计量器具拥有者为重点的工作模式上来,引导计量器具的拥有者自觉遵守法律、法规,增强社会责任感;为9家重点用能单位开展了能源计量检测服务,帮助企业分析存在问题,提出改进要求;对2008年开展能源计量检测的16家单位开展了跟踪回访。

(徐学全)

【诚信计量】 开展诚信计量建设,加强证后监管,对12家社区菜市场计价秤施行统配统管,统配计价秤988台件,各市场建立了计量器具台帐及各项计量管理制度。

(徐学全)

【"关注民生、计量惠民"行动】 开展计量"4进活动",即:健康计量进医院246家,光明计量进镜店61家,诚信计量进市场38家,服务计量进社区17个;以"5·20世界计量日"等为契机举办现场宣传活动,提供血压计、民用计量器具等现场免费检测,发放宣传材料2700余份。

(徐学全)

【计量监督管理】 年内,检查大中型超市、集贸市场、餐饮业、加油站、定量包装生产企业及计量器具生产企业等265家次,抽查计量器具6641台件,检定有效期内的器具4766台件,抽查定量包装商品177批次,合格145批次,开展定量包装商品净含量的专项整治和电子计价秤专项检查。

(徐学全)

【计量检定】 年内,计量器具检定87079台件,其中周期检定计量器具19826台件,水表首检67253台件;新增了材料试验机、水泥软链、公斤组砝码、二等水银温度的计量标准项目,年内8月份通过了市质监局的计量标准考核验收,对拟开展的医疗检定项目进行了调研,对有关人员进行了培训。

(徐学全)

【标准化补助政策】 按照市、区技术标准制修订补助政策,严格受理项目申报,年内,有20家企业获得市区两级资金支持181万元,其中10家企业的10项标准符合北京市重点发展方向,经专家审核获得市财政资助资金补助76万元,另有10家企业16项新创标准包括资源节约与环境保护标准、城市建设与规划标准等得到区政府奖励,奖励金额105万元。

(徐学全)

【标准备案和采标】 年内,为258家企业备案标准658项,其中食品标准382项,其他产品标准276项,为77家企业登记标准129项;全区采标企业累计达到139家,涉及标准417项,其中64家企业的143项产品标准取得采标证书;年内21家企业的174项标准采标,其中5家企业的11项产品标准取得采标证书。

(徐学全)

【农残监测】 开展农业标准化生产基地的农残监测,对11家果蔬标准化生产基地农产品进行了抽样检查,抽样覆盖率达到100%,农药和有害重金属检测合格率达到100%。

(徐学全)

【商品条码专项检查】 检查了预包装食品、小家电、其他日用小商品等10大类商品的商品条形码,检查商品10000余件,对违法行为进行了立案查处。

(徐学全)

【组织机构代码】 年内,办理组织机构代码10662份,同比增加7%,变更代码10587份,增加27%,年审571份,增加2%,废置代码691份,减少7%,发证19753份,增加10%,制卡4962份。年内,北京市代码中心已将制卡及底档扫描业务全部下放到区县代码办完成。

(徐学全)

【行政执法】 制定了行政执法目标分解方案,对行政执法责任制进行了分解,量化了案件指标并落实到业务科室,签订了责任书;开展行政执法活动1660起,办理行政处罚案件67起,其中立案案件60起,现场处罚案件7起,罚没款36万余元;受理投诉举报217起,解决210起。年内实现了网上办理行政案件。

(徐学全)

【科学发展观活动】 根据区委深入开展学习实践科学发展观活动的部署,按照“党员干部受教育,科学发展上水平,人民群众得实惠”的总体要求,围绕“提升质监水平,服务丰台经济”这一主题,从3月初至8月底,经过3个阶段6个环节卓有成效的工作,实现了“提高思想认识,凝聚共识;解决突出问题,增强发展活力;创新体制机制,再创特色优势;推进科学发展,努力走在前列”的目标要求。活动开设了学习园地和宣传专栏,举办了征文活动,编印活动简报29期,开展了解放思想大讨论,召开各个层面的座谈会,查摆问题、分析原因、理清思路,形成了领导班子贯彻落实科学发展观分析检查报告和整改落实方案,达到了预期目的。

(徐学全)

【廉政风险防范】 年内,贯彻落实市委、市政府《关于在全市推进廉政风险防范管理工作的意见》,按照市质量技术监督局、区委、区政府的要求,围绕思想道德风险、岗位职责风险、制度机制风险、业务流程风险和外部环境风险等5个方面查找风险防范点354个,制定了防控措施。

(徐学全)

财政　税务　审计

财　政

【概　况】 年内,区财政局以邓小平理论和"三个代表"思想为指导,深入贯彻落实科学发展观,全面贯彻党的十七大、十七届四中全会和中央经济工作会议精神,努力实践"人文北京、科技北京、绿色北京"发展理念,紧紧围绕"保增长、保民生、保稳定"的工作目标,面对国际金融危机和国内经济增长趋缓的严峻形势,全面加强组收力度,合理优化支出结构,稳步推进财政改革,各项工作均取得进展,为城南行动计划和"两带四区"建设打下良好的基础。按照区委、区政府和市财政局的工作要求和工作重点,将"全力以赴保增长、科学理财促发展"的实践主题全面贯彻于财政工作的各个方面,进一步增强了财政统筹发展能力。2009年我区财政收入完成39.8亿元,同比增长10%,完成年度预算的101.8%,成功完成"保增长"的工作任务,并提前一年实现"十一五"规划的任务目标。2009年我区预算内总财力达到92.1亿元,财政支出达到90亿元,同比增长23.3%。

(赵颖男)

【完成财政收入任务】 受全球金融危机影响,全年财政收入低开高走,在一系列"保增长"的机制建立和措施的推动下,成功实现全年任务目标。财政收支主要呈现四个特点:一是南城支持力度加大,受惠于功能区转移支付等市级资金增加,总财力实现快速增长;二是税收结构有所变化,第二产业增长迅速,第三产业有升有降;三是一次性入库因素较多,增长可持续性有待加强;四是财政支出结构继续优化,公共服务保障能力得到提升。同时,北京市加大对我区支持力度,我区财政实力在2008年突破70亿元的基础上,年内总财力和支出规模均突破90亿元,为我区经济建设和"两带四区"建设提供了财力保障。

(赵颖男)

【加大保障民生投入力度】 优化财政支出结构,保障民生、社会稳定、新农村建设和基础设施建设方面的支出,落实市体制下划资金、政府折子工程和40件实事资金。安排教育支出14.1亿元,用于优化教育支出结构,重点支持教育资源的合理配置,促进教育均衡化发展。安排医疗卫生支出5.8亿元,用于完善医疗卫生制度,推进公共卫生体系建设。及时启动突发公共卫生事件财政资金应急保障预案,拨付0.1亿元资金,确保甲型H1N1流感防控工作顺利开展。安排就业补助0.4亿元,多渠道开发城镇就业岗位,解决城镇困难群众就业问题。继续落实城乡无社会保障老年居民的养老补贴政策,实现养老保障制度全覆盖。拨付保障性住房建设资金0.1亿元,进一步加大保障性住房建设的投入力度。严格按照规定安排对口支援地震灾区重建资金0.3亿元,全力支持地震灾区人民重建家园。

(赵颖男)

【增强统筹发展能力】 根据《关于进一步完善市与区县分税制财政管理体制的通知》要求,合理安排新增税费分成。按照事权与财权相匹配的原则,全面保障市级下划的各项事权支出安排,优先保障市区折子工程和实事资金需求,重点用于改善民生项目。将划转我区专项转移支付重点安排用于社会保障和就业、农林水事务、城市管理、新农村基础设施建设、科技、文化、计划生育等社会公共事业和教育、卫生基础设施建设。将功能区转移支付主要用于道路建设、环境整治、黄标车更新、保障性住房建设、公共安全等。年内,共落实市区体制下划资金9.9亿元,其中专项转移支付资金落实4.5亿元,功能区转移支付资金落实5.3亿元。

(赵颖男)

【推进预算管理体制改革】 深化财政预算管理改革,注重改进方法提高预算编制的准确性,注重改善工作流程提高预算管理的精细化。继续深化和完善国库集中支付制度改革,扩大集中支付改革单位的范围;健全政府采购制度,规范工程类采购行为,扩大服务类采购范围,提高公开招标比重;扩大财政投资评审范围,进一步规范财政投资评审工作。深入研究规范财政投资评审工作的制度机制;加强国有资产管理,开展预算支出绩效评价试点,提高资金使用效率。单独设立绩效评价和资产管理科,积极研究相关工作思路并加以落实。

(赵颖男)

【推进新农村建设】 坚持以发展农村经济为中心,进一步加大财政对新农村建设的投入力度,将新增财力着重用于支持农村发展。全年投入新农村建设资金11.33亿元,同比增长了11%。及时兑付粮食直补、农资综合补贴、小麦生态作物补贴资金,确保农户直接受益。继续落实乡镇贴息补助政策,支持农村地区基础设施建设。稳步推进自来水并网工程,解决农村地区饮水安全问题。继续加强农村劳动力转移培训,支持农村地区教育事业发展。提高新型农村合作医疗筹资标准,提高农村地区医疗保障水平。

(赵颖男)

【加强财政监督】 认真执行《预算法》和《监督法》,自觉接受区人大及其常委会对财政预算、执行、决算各个环节的监督。将财政监督检查的重点转向资金使用效益,加强预算编制和项目管理的前期检查工作,切实做好2010年部门预算的编制工作。按照国家和北京市相关要求,努力做好增收节支工作。加强财政监督信息化建设,提高监督检查管理水平。继续做好会计人员管理和培训工作,提高会计管理和服务的针对性和有效性。

(赵颖男)

【财政基础工作】 按照ISO9001质量管理体系的要求,进一步加强财政部门自身建设,提高行政管理水平,争创和谐机关。重点推进调查研究工作,增强工作的前瞻性,把调查研究贯穿于财政工作的全过程;加快信息化建设,完成业务软件一体化建设,整合网络资源,规范网络应用,完成统一门户搭建,努力提高业务办理效率和流程化,扩大信息公开面;完善制度、机制建设,建立起政令畅通、措施有效、令行禁止的机关高效运转平台,确保各项工作落实。

(赵颖男)

【构建学习型组织】 按照推进学习型组织的建设要求,完善和坚持中心组学习制度,健全和落实领导干部调研制度,提高领导班子科学决策、民主决策、依法决策水平;加强机关干部队伍管理,制定干部培养配备的年度计划和中长期规划,着重开展业务知识、管理知识培训及工作研讨,充分发挥科学理论的引领作用、中层干部的骨干作用、党员的先锋模范作用、中青年人才的支撑作用、党组织的战斗堡垒作用,构建和谐机关。

(赵颖男)

综合投资公司

【概 况】 北京市丰台区综合投资公司是1999年1月15日经区政府批准成立的国有独资企业。注册资本金123301.9万元。公司主要职能:(一)丰台区土地一级开发。(二)在区国资委的监管下,依法对授权经营的国有资产行使占有、使用、分配和处置的权利。(三)是区政府融、投资的重要平台。(四)是区政府调整经济结构和农业结构的重要工具。(五)以参控股、长短期控股的形式,对授权经营的国有资产通过资产运营和资本合作,确保国有资产的保值、增值。公司设有征地拆迁部、前期规划部、市政建设部、投资经营管理部、财务资金管理部、办公室,共有员工33名。年内,公司总资产为128.27亿元,所有者权益为13.98亿元,负债总额114.28亿元,完成经营收入998.2万元,实现利润259.32万元。公司于2009年9月经国资委批准成立中共北京市丰台区综合投资公司委员会。2009年10月经区委常委会第109次会议决定任命马福江为中共北京市丰台区综合投资委员会书记。党委党员71名,经公司第一次党委会决定,成立党委办公室与行政办公室合署办公,负责日常工作。并设立6个党支部,分别为丰台区综合投资公司机关第一党支部、丰台区综合投资公司机关第二党支部、恒盛宏大道路投资有限公司党支部、方庄购物中心党总支(含2个支部)及益恒房地产开发有限责任公司党支部。

(杨 朔)

【B6-B7地块土地一级开发】 作为丽泽金融商务区B6-B7地块土地一级开发主体。年内,公司分别取得北京市交通委员会《交通影响评价报告评议意见的函》、北京市国土资源局丰台分局《项目用地预审意见》、北京市规划委员会《建设项目规划意见书》、北京市发展和改革委员会《项目核准的批复》等各项B6-B7地块土地一级开发审批手续。5月公司分别与北京市丰台区卢沟桥农工商联合总公司、东管头村村民委员会、三路居村村民委员会签订了《征地补偿安置协议》。与区建委拆迁管理科及拆迁公司共同探讨并征求多方意见,最终编制完成《丰台区丽泽金融商务区B6-B7地块土地一级开发项目(建设用地)农民住宅房屋拆迁补偿安置办法》、《丰台区丽泽金融商务区B6-B7地块土地一级开发项目(代征绿地)农民住宅房屋拆迁补偿安置办法》。年内,完成了B6-B7地块内的所有国有非住宅及购房未征地企业及集体企业的拆除工作,农民、居民的拆迁工作也已完成90%。

(杨 朔)

【C9回迁安置用房】 C9回迁房项目为C9地块本身及丽泽金融商务区部分地块农(居)民定向安置使用,规划总用地面积12300平方米,规划建设用地104670平方米,代征道路用地17630平方米。3月20日,公司与卢沟桥乡签订C9安置房项目建设合作框架协议书。4月22日,公司分别与郭庄子村、西局村、六里桥村、周庄子村、大瓦窑村、卢沟桥农工商联合总公司签订了征地拆迁补偿意向书。制定C9回迁安置房"三定三限三结合"方案,市政府已原则同意。

(杨 朔)

【轨道交通站点轨道一级开发】 按照6月2日市国土局主持召开的郭公庄车辆段上地级开发项目协调会会议精神,6月23日,公司与郭公庄投资经营管理公司共同出资1000万元成立了北京正华恒信投资有限公司,我公司出资600万元,占60%。全面负责地铁9号线郭公庄站点土地一级开发各项工作。

(杨 朔)

【道路建设】 综投公司全资子公司恒盛宏达道路投资有限公司根据《丰台区基础设施发展计划(2008-2010年)》,以区政府"实事项目"和"折子工程"为重点,承担的折子工程18项。根据第171期区长专题会审批通过的《2009年道路建设计划》确定道路公司2009年承担24项33条路的建设任务。截至年底,西客站南广场3条路、辛庄南路、汽博城北侧雨水方沟、四合庄西路、郭公庄路中段共7个项目已开工建设。

(杨 朔)

【新融资平台】 年内,北京政融国有资产经营中心注册资本金达到5.5242亿元,通过此平台为区属基础设施的建设项目融资累计达20.7亿元,陆续投入到蒲黄榆路征地拆迁工程、十二中科丰校区工程等项目中。

(杨 朔)

【融资贷款】 年内,作为贷款主体,共为区重点工程融资8.3亿元。偿还贷款9笔,共计2.83亿元,偿还银行贷款利息3.21亿元。同时,为保证B6-B7地块土地一级开发以及C9回迁安置房的资金需求,公司按照融资方案的要求先期向政府提出申请,并通过协调财政局、发改委等部门为B6-B7地块解决自有资金10亿元以及解决C9回迁安置房项目自有资金2.5亿元。同时,突破银行信贷控制等多方面对融资工作造成的不利因素,与工商银行牵头的4家银行签订银团贷款协议,为B6-B7土地一级开发项目争取到了37亿元的银团贷款额度。与北京银行达成协议,为C9回迁安置房项目争取到过桥贷款13.5亿元。

(杨 朔)

【拓展经营渠道】 年内,与北京环卫集团共同成立北京环丰世纪绿色能源科技有限责任公司,合作经营垃圾转运处理项目。环丰公司注册资本金6000万元。综合投资公司占总股比30%,投资1800万元。

(杨 朔)

【股权管理】 年内,强化股权收益的收缴,确保了授权经营的国有资产的保值增值,按期收取收益,共收取股权收益525.72万元。

(杨朔)

【诚信佳担保公司项目】 年内,担保公司取得政府增资3000万元,使公司注册资本金达到5000万元,担保能力大大增强。累计走访企业50家,为企业提供担保17笔,在保企业达到20户,新增担保额达到4880万元,超额完成年初下达的4000万元任务的122%,担保金额达到6230万元。

(杨 朔)

国家税务

【概 况】 年内,国税局共有29个内部单位,其中13个内设机构,2个直属单位(稽查局、车辆购置税征收管理分局),3个事业单位(信息中心、票证中心、机关服务中心),9个派出机构(征收所2个、管理所5个、个体集贸所2个)。是年有干部职工430人,其中,干部399人,工人31人。开业登记户57060户,其中,企业41398户,个体15662户。各类集贸市场122个,其中,大型2个,中型24个,小型96个,以家具建材市场、服装鞋帽市场、农贸市场、综合市场为主。分税种看,增值税一般纳税人5625户,小规模纳税人47982户;企业所得税核定征收企业13174户,查帐征收企业17040户。

(谢江燕)

【税收收入】 年内,累计完成税收收入

828517万元，完成市局税收计划761720万元的108.77%，比上年同期的732067万元，增加96450万元，增长13.18%。留区税收累计完成91297万元，比上年同期的87092万元，增加4205万元，增长4.83%。

（谢江燕）

【组织税收工作】　一是加强领导，坚定信心。成立组织税收工作领导小组，确保责任明确，任务落实，努力寻找出新的税收增长点。二是加强协调、形成合力。全局各单位步调一致，部门联动，一切以"组织税收"为中心，加强部门沟通，构建综合治税协调机制，营造全社会抓税收的局面。三是做好税收运行情况分析。开展税源分析、税收预测预警分析、税收管理风险分析和政策效应分析，及时发现组织税收工作中存在的问题和税收征管的薄弱环节，实施重点监控。四是强化纳税评估工作。组建纳税评估小组，根据区域运行分析，筛选重点评估名单及预警名单，做到评估一家企业，规范一个行业。年内共评估涉税企业1200余户，补税近6000万元。

（谢江燕）

【基础工作】　一是加强征期申报和欠税管理，定期召开征期工作协调会和征管质量通报会，通报工作、查找问题、分析原因。征期内，征收所、管理所密切配合，通过短信提示、语音催报、实地查找等多种形式进行催报催缴，对未申报的网上申报企业、新办企业、注销企业分别采取不同的措施。采取多种措施清缴欠税，严格落实欠税公示制度，对欠税企业及欠税额、滞纳金进行公开曝光，促使企业及时、足额缴纳税款并起到警示作用。二是夯实税源管理基础，克服税率下降、税前扣除条件放宽、区域税收转移等减收因素，努力挖掘税收增长点。重点加强企业所得税新税法实施前后企业利润的比对，严防企业利用税率差进行避税；对事业单位纳税情况进行清理检查；对2007年和2008年新增二级分支机构、重点户的境外所得和高新技术企业优惠政策到期恢复征税情况进行摸底，做到应收尽收。三是加强纳税服务厅管理，优化办税环境。在办税服务厅设立了工作人员公示牌，便于纳税人对办税服务厅工作人员进行监督。同时在办税服务厅咨询台设立了查询岗，方便纳税人查询有关信息。为全局5个管理所的64名管理员，设计、制作了"北京市丰台区国家税务局纳税服务联系卡"，方便纳税人能够随时咨询相关涉税问题，目前先期制作的6400张联系卡已全部发放到纳税人手中。

（谢江燕）

【税收管理】　一是认真贯彻落实两税收入差异分析、核实工作，进一步探索和实践利用所得税申报数据，强化增值税管理的思路和方法。以典型调查为主，对发现的问题，抓住疑点信息，加强监督指导。选定增值税申报收入与所得税申报收入差异较大的企业共10户，补缴增值税0.96万元，所得税306.33万元，进项税额转出71.29万元。二是全面落实所得税"两法"合并各项工作，积极采取措施圆满完成所得税新税法实施后的第一个所得税汇算清缴工作。汇算申报率98.45%，盈利面62.04%，有税率60.67%，零申报率4.07%，亏损面21.98%，各项指标显示较上年均有不同程度进步。汇算清缴组织入库所得税85664万元，占全年计划的31.95%。同时，严格审核享受过渡性税收优惠的高新技术企业，将2008年没有新高新证书的504户企业全部进行了清理，增收13102万元。对事业单位的不征税收入进行了清理，增加所得税收入1645万元，取得了显著成效。三是加强售付汇合同的审核、完善了售付汇凭证的开具，切实将严格审批、优质服务有效结合起来。全年共开具各种售付汇证明277份，征收税款4074万元。继续深入开展专项情报交换请求提出工作，主动与征管、稽查等部门沟通合作，提高专项情报交换请求的数量和质量，充分发挥税收情报交换在加强税收征管中的作用。四是加强车辆购置税监管，努力克服经济危机、车购税税率下调和市局调整车购税征收业务范围给组织税收工作带来的不利影响，本着应收尽收的组织税收原则，深入挖掘内外部潜力，积极与经销商沟通，努力拓展新税源，不断提高服务水平、工作质量和工作效率。全年共征收车辆201545辆，征收税款239626万元。

(谢江燕)

【税收优惠】 贯彻落实新修订的增值税、消费税、营业税暂行条例及其实施细则，完善征退税衔接，防范和打击骗取出口退税的违法行为，确保国家出口退税政策落实到位。全年共办出口退税64432万元，福利企业退税2076万元，资源综合利用企业退税149万元，软件企业退税8508万元，车辆购置税退税298万元，其他退税732万元。清理废旧物资回收经营单位6户，重新认定资源综合利用企业22户，农业生产资料企业9户，国有粮油供销企业2户，福利企业增值税即征即退资格认定45户，软件产品增值税即征即退资格认定51户次。

(谢江燕)

【税收宣传】 以开展第18个税收宣传月活动为契机，紧密围绕“税收·发展·民生”的主题，以“税收促进发展，发展改善民生”为主要内容，一是开展了“北京市国税局标识及卡通形象”中标作品展示、召开“保增长 话发展税收专题座谈会”、举行纳税信用A级企业授牌活动、税法宣传进市场、重点税源企业走访、新办企业培训等多项税收宣传活动。二是开展了以“依法使用发票 维护合法权益”为主题的发票宣传月活动，制作了8幅知识类展板和5幅漫画类展板在办税服务厅展出。展板上“增值税专用发票死刑档案”震撼人心的画面、我市今年以来查获的制作假发票的作案工具、灵活多样的发票图表知识、活泼可爱的卡通形象，吸引了广大纳税人驻足观看、记录、学习。三是加强对新办企业的宣传辅导，重新编定新版企业培训材料。全年办理培训班24期，836户，1000余人次参加培训。四是深入学习、严格落实《政府信息公开条例》及其相关文件精神。在我局内、外网主动公开了各类涉税信息900余条。

(谢江燕)

【税收信息化建设】 建立网上申报纳税人电子档案数据库，逐步取消纸质申报资料的日常报送。推行财税库银横向联网、税控收款机、机动车销售统一发票税控系统、个体工商户计算机定额核定系统等网络办税系统，解决纳税人办税“多头找、多次跑”的问题。推行网上办税、自助申报等多元化的办税方式，不断加强短信提醒、信息公开等服务平台建设，使纳税人能够在最短的时间内办完各种涉税事项，缩短纳税人的办税时间。年内，共办理网上办税273900户次，短信提醒46000余次。21853户企业签订了《实时缴税协议》，实时扣款总体运行平稳。

(谢江燕)

【整顿和规范税收秩序】 以查大案要案为突破口，主动出击积极采取措施严厉有效打击偷骗税行为。年内累计查处大案、要案13件，已审结9户，查补税款共计7586万元。稽查系列共检查、组织企业自查513户，其中有问题201户，有问题率39.18%。查补入库各类税款、滞纳金、罚款合计12211万元。先后完成了对餐饮业、医药企业、大型连锁超市、建筑安装业及房地产企业专项或专案检查工作。

(谢江燕)

【队伍建设】 一是集中开展了深入学习实践科学发展观活动。年内，共集中学习5次，举办专题培训班16个，各类专题辅导报告会4次，发放各种学习教材619份，党员撰写心得体会材料247篇。累计召开征求意见座谈会43次，参加座谈人员663人次；发放征求意见函1491份，共梳理归纳意见建议206条。处级以上领导干部共开展调研活动23次，形成专题调研报告7篇。基层各单位组织科级干部开展调研活动，形成专题调研报告27篇。二是重新修定了《丰台区国家税务局干部教育培训管理办法(试行)》，在全局干部中完成税收基础、会计基础知识、税收信息化基础知识、法律基础知识、应用文写作基础知识的培训和考试工作。全年参加培训干部近700人次。先后组织了税务稽查人员培训、办税服务厅人员培训、大学生基础财务会计培训、所得税专题培训等专题培训。三是推进税务文化建设进程。通过搭建税收文化墙、组织税收经济问题专题报告会、国税精神主题教育活动、群众性文体活动等多种形式多个渠道培育广大国税干部"忠诚、勤奋、廉洁、和谐"的核心价值观，激励大家"爱我国税"的愿望和追求，共同推动丰台国税文化建设事业的发展和进步。

(谢江燕)

【勤政廉政】 在注重执法风险防范的同时，加大执法监察工作力度，共查找出2128个廉政风险点，并重点加强对这些风险点的监控。同时充分利用税收执法监察系统的功能，全年税收监察子系统反映疑点56个，涉及相关单位8个。

(谢江燕)

【精神文明建设】 年内，丰台区国家税务局被评为丰台区政府机关效能建设表彰单位，在北京市国家税务局2009年度税收工作目标管理考核评比中被评为表彰单位。1个基层单位荣获"首都文明单位"称号，15个单位荣获丰台区精神文明单位称号，局机关荣获"首都文明标兵"称号。四个基层单位荣获2007年度农村党建"三级联创""五个好"涉农单位的称号。

(谢江燕)

地方税务

【概　况】 地税局共有干部职工408人，平均年龄41岁。其中：干部378人，占全局总人数的92.6%；中层干部65人，占全局总人数的16.0%；工勤人员30人，占全局总人数的7.4%；大专以上学历382人，占全局总人数的93.6%；党员272人，占全局总人数的66.7%；团员38人，占全局总人数的9.3%。共29个内设机构，其中有12个职能科室，11个税务所(其中3个服务所，1个专业所，7个地区所)，1个稽查局(内设5个科室)，机关后勤服务中心。另设税务学会和工会。年内，辖区内共有税源户63894户(含非独立核算分支机构1049户)。按经济类型划分：国有企业860户，占全区总户数的1.35%；集体企业1483户，占全区总户数的2.32%；有限责任公司7667户，占全区总户数的12%；私营企业31091户，占全区总户数的48.66%；外资企业682户，占全区总户数的1.07%；个体工商户16224户，占全区总户数的25.39%；国家机关、事业单位和社会团体等其他类型企业5887户，占全区总户数的9.21%。按产业类型划分：第一产业(农业，包括林业、牧业、渔业等)351户，占总户数的0.55%。第二产业(工业和建筑业)5207户，占总户数的8.15%；其中房地产开发经营企业298户，占总户数的0.7%。第三产业(流通部门和服务部门)58336户，占总户数的91.30%；其中社会服务业18661户，占总户数的29.21%。

(王　雨)

【税收收入稳步增长】 年内，面对国际金融危机的严重冲击，国内经济下行的明显态势，加强组织领导,健全组织税收制度,推行税收任务目标责任制,完善协税护税机制,深化税收分析预测,提前15天完成市级收入任务,提前12天完成市局追加的一般预算收入任务,提前6天完成区级收入任务,全年累计入库各项税费收入72.23亿元,同比增收7.91亿元,增长12.29%,完成市局年初下达的70亿元税收计划的103.19%。其中,完成地方一般预算收入60.12亿元,同比增收7.74亿元,增长14.79%。完成区级收入28.23亿元,同比增收4.29亿元,增长17.90%,确保全年税收收入稳步增长。

(王　雨)

【开展主题教育活动】 作为全区第一批参加学习实践科学发展观活动的单位之一,完成了学习调研、分析检查和整改落实三个阶段6个环节的各项工作。各级领导带头参加学习、调查研究、解放思想讨论,推进活动持续深入开展。针对活动中查找的问题,共确定整改措施24条。年内,按照市地税局要求,将"加强领导干部作风建设,推进优化地税发展环境,确保税收增长年"活动作为贯穿全年的工作主线,齐心协力抓收入,坚定信念保增长。成立活动领导小组,明确8个专项组的责任分工,形成任务项目分解落实表,各单位认真查找在改进领导干部作风、优化地税发展环境和确保税收增长工作中存在的突出问题,共制定和完善了13项制度、67项措施。按照市地税局要求深入开展"做国家利益的忠诚卫士"主题教育周活动。局领导深入基层听取干部职工的意见和建议,引导大家广泛开展座谈讨论。针对征管制度和业务流程进行了全面梳理,研究解决了两大类12个方面的问题。

(王　雨)

【加强重点税源监控】 针对丰台区域经济特点,对房地产业、建筑业、铁路等重点行业进行摸底调查,推行重点税源市、区、所三级管理制度。抓住清欠突破口,重点加强对欠税大户的清缴;及时贯彻落实清理陈旧欠税最新政策,深入欠税企业进行宣传告知,确定清欠重点。共清理欠税5932万元。完善委托代征管理,与136户企业重新签订了税收委托代征协议。强化与国税局的联合管理,完成4000余户增值税个体户的地税定额调整工作;巩固国、地税登记联合办公工作机制,加强未登记户催办工作。做好市局重点工作的落实,全面启用限额版税控机打发票,遏制套购发票行为;推进档案扫描系统顺利上线,提高档案管理信息化水平。

(王　雨)

【强化税种监管】 推广应用地方税税源监控平台,通过对地方税源登记信息与入库信息比对、税种间关联关系等监控模型的运用,提高税源监控水平。全面加强税种管理,抽调业务骨干成立土地增值税清算专项小组,强化清算管理;加强企业所得税预缴、汇算清缴以及重点企业印花税的核查;做好个人所得税完税证明发放和年所得12万元以上个人自行纳税申报工作。规范减、免、退税审批制度,增设初审和复审环节,完善内部审批流程;加强对企业报亏、报损等政策执行的后续复审工作,严把政策执行关。

(王　雨)

【落实走访制度】 对重点税源户、纳税信誉A级企业、新办企业和确有办税困难的企业,分别由局领导、科所长带队实行定期走访,全年共走访企业260户,其中局领导带队走访重点企业59户。与部分街道、乡镇、区妇联女企业家协会代表以及区人大代表联合开展座谈会和交流论坛等交流活动6次,对455户企业进行了重点帮扶,全年共帮助企业协调解决帮扶问题及建议39个。

(王　雨)

【推进税收法制化建设】 一方面强化纳税评估,全年共组织817户企业自查补税5332万元;突出做好企业所得税单税种纳税评估、A级企业年度专项评估以及重点户专项评估;

切实做好纳税信用C级企业评定工作，促进税源监控，全年共评估6296户，有问题率29%，评估补税、滞纳金共计4736万元，评估补税率千分之六点六。另一方面强化稽查组织揽收职能，深查大案要案，增强稽查检查威慑力；以提高办案质量为核心，开展重点行业专项检查，首次采取企业自查与稽查检查相结合的工作方法，提高稽查效率；与区公安局、工商局等部门组成打击发票违法犯罪活动协调小组，抓获17名发票违法犯罪人员，全年稽查局通过检查和辅导企业自查，共查补税、滞、罚入库1.06亿元。法制工作有效开展。同时抓好日常执法检查，防范和化解执法风险，全年共对4720份案卷进行检查，有问题率0.9%，较上年明显下降；组织开展国际税收业务培训，提升干部业务素质和执法水平；加大国际税源监控力度，积极与国税局联系沟通，做好对外支付税务证明开具管理工作，定期交换信息并进行分析比对。

（王　雨）

【提高服务水平】 一是积极改善办税环境。完成了房产交易全程办税服务大厅迁址工作，解决了契税征收服务场所拥挤的问题；为各办税服务厅统一配置便民物品及药箱；更新全局办税大厅纳税人计算机，方便纳税人办税。二是创新服务形式。在全市率先设立残疾人保障金审核代征流动窗口，为安置残疾人较多的企业增设上门审核服务；充分利用语音电话系统做好征期结束前未申报纳税人的提醒服务；推行个人房地产交易电话预约和上门预约缴税制度。三是丰富服务载体。以纳税人最常用、最关心的税收政策和办税程序为主要内容，编印《纳税人手册》和税收宣传系列手册23万份。四是广泛开展税收宣传。依托网络、电视、报纸等媒体，挖掘与百姓相关的新闻点，开展了四月税法宣传月主题活动、“万人百场”税法宣讲咨询活动、网上在线答疑等多项宣传活动。

（王　雨）

【加强领导班子建设】 一是加强集体学习，领导班子坚持集体学习制度，注重学习方式、制度和内容的有机结合，对市区两级重要会议精神、领导重要讲话等内容进行及时传达贯彻，全年开展集体学习12次。二是注重深入调研，结合各阶段重点工作的开展，通过走访、座谈等方式，深入基层了解情况、帮助协调解决问题并提出具体指导意见，全年开展各种形式的调研走访42次。三是深化队伍建设，做好处、科级后备干部管理工作，严格程序标准，认真落实好推荐各环节工作，共确定副处级后备推荐人选7名，确定正科级后备干部30名，确定副科级后备干部50名。

（王　雨）

【开展教育培训工作】 一是开展全员培训。以会计理论基础知识为主，坚持业务培训与考取会计证相结合，全年共组织391名干部职工开展了7期全员脱产轮训。二是组织专题培训。对稽查局全体人员进行业务培训，并组织参加全国税务稽查人员业务考试，合格率100%，36名参考同志分数均高于系统平均成绩；组织371名公务员参加《突发事件应对法》考试，合格率100%。三是做好日常培训。围绕提高岗位技能，针对税收政策、计算机知识等内容组织24次专题培训；坚持开展“每月读一本书”活动，全年发放图书4884册。

（王　雨）

【推进党风廉政建设】 一是加强廉政思想教育，以“慎用手中权利，依法履行职责”教育活动为主线，邀请丰台区检察院预防处领导以“关爱健康，远离腐败”为主题开展全局警示教育，组织中层以上干部参观北京市反腐倡廉教育基地，举办主题征文演讲活动，筑牢思想防线。二是按照惩治和预防腐败体系工作规划要求，对全局7个方面、53项具体工作进行细化分解，将党风廉政建设责任制落到实处。三是推进廉政风险防范管理，按照发生几率和危害损失程度，确定风险的三个等级,有针对性地研究制定具体防控措施和工作程序。四是加强政风行风建设。充分发挥特邀监督员作用,积极听取意见建议,不断优化政风行风;在局办税大厅窗口设置政务公示栏和意见箱,主动接受纳税人监督,及时受理群众投诉,促进机关作风的切实转变。

(王　雨)

【党建工作】 一是加强十七届四中全会精神的学习,邀请中央党校教授作专题辅导,组织干部参观“丰台科学发展”展览,将专题学习与组织参观活动良好结合。二是强化机关党委自身建设。坚持机关党委会议和理论中心组学习制度,全年组织中心组学习10次,进一步提升机关党委理论指导实践的能力。三是深化基层党支部建设。认真落实《基层党支部七项工作制度》,对支部书记和入党积极分子开展培训,组织开展“与祖国同行、为党旗增辉”主题党日活动、专题组织生活会、“共产党员献爱心”捐款等形式多样的纪念建党88周年系列活动,进一步提高基层党组织的凝聚力,发挥基层党支部战斗堡垒作用。四是加强党员队伍管理。发挥党员先锋模范作用,引导党员在税收工作中积极出主意、想办法、做表率,坚持典型引路,评选并通报表彰了3个先进党支部、6名优秀党务工作者和10名优秀党员。

(王　雨)

【提高行政效能】 年内,获得由中央文明委授予的“全国精神文明建设工作先进单位”荣誉称号,全年共获得国家级荣誉3个,市级、系统级荣誉23个。财务管理工作取得新进展,自行研发的综合管理服务中心平台财务管理模块在系统财务信息化建设推广会上得到肯定。机关环境进一步优化,建立了健身娱乐室、书法绘画室,改善就餐环境、乒乓球室、乐器室,局机关图书室被中华全国总工会授予“全国职工书屋”称号。改善安保环境,以国庆60周年安保工作为主线,开展“安全月”活动;突出重点,细化措施,确保甲型H1N1流感有效防控;加强用户名和口令管理,优化全局网络配置,对局机关UPS间整体改造,加强信息系统安全防范。

(王　雨)

审　计

【概　况】 审计局共有干部职工55人。年内,完成审计项目51个,查出违规金额337万元,核减工程款3336万元,查出管理不规范问题35196万元。提出审计建议99条。提交审计报告65篇,信息113篇,信息被采用73篇。

(尹荷花)

【本级财政审计】 重点对财政部门预算执行,专项资金使用管理和税收计划完成、征收管理情况进行审计。组织对59个一级预算单位部门预算执行情况进行了自查,10个重点单位进行审计调查,规范财政资金管理和资金分配行为,提高财政资金使用效益。在区人大常委会上通过了《丰台区2008年本级预算执行及其他财政收支审计工作报告》。

(尹荷花)

【经济责任审计】 年内,与区纪委共同组织召开了7个部门经济责任审计联席会议及2009年领导干部经济责任审计工作部署会,代拟了《丰台区领导干部经济责任审计联席会议制度》,并发布执行。完成对司法局局长李秀英等15个单位的领导干部经济责任审计,促进了各被审计单位财务核算的规范和相关制度的建立与完善。

(尹荷花)

【固定资产投资审计】 年内,完成地铁大兴线丰台段征地拆迁、地铁亦庄线丰台段征地拆迁、地铁9号线征地拆迁、地铁10号线二期征地拆迁、社区卫生服务体系建设、长辛店镇辛庄村(一期)土地储备开发、中小学校舍工程安全情况及丰台区永和庄临时垃圾卫生填埋场除臭及雨污水分流系统、无城镇危房房屋修缮解危、丰台法院大法庭翻扩建及地下车库、丰葆路过街天桥工程等9项固定资产投资项目的审计,由事后查处转化为事中监督和事前预防,使审计监督贯穿于建设项目的整个过程。撰写了丰台区劳动和社会保障局社会保障服务中心工程结算审计报告、永合庄垃圾卫生填埋场除臭及雨污水分流系统项目建设工程结算审计报告,得到了区相关领导批示。

(尹荷花)

【专项资金审计与审计调查】 年内,完成丰台区汶川地震捐赠资金和物资、国庆60周年活动资金、卫生服务体系及运行、农村产权制度改革政策执行等项目的审计调查或跟踪审计,完成丰台区丽泽商务区开发建设指挥部的财务收支情况审计,促进资金规范管理,提高效益。撰写了丰台区2008年5月至2009年9月接受抗震救灾捐赠款物情况的审计调查报告,得到了区相关领导批示。

(尹荷花)

【内审监督与指导】 年内,共组织召开18个内审单位网络组长会,听取各单位内审工作开展情况;深入10个街、乡及企业进行调研和指导;开展后续教育培训398人;组织18个内审单位22名内审计人员参加的外出学习交流考察活动。编辑《丰台内审》刊物6期。

(尹荷花)

金　　融

中国工商银行股份有限公司北京丰台支行

【概　况】 中国工商银行股份有限公司北京丰台支行(原中国工商银行北京市丰台支行)拥有职工635人,共设机构36个:10个部室、1个分部(融工后勤有限公司分部)、23个综合网点、3个储蓄所。年内,本行深入学习积极践行科学发展观,认真贯彻国家宏观调控政策及总分行战略部署,面对复杂严峻的经济形式,通过提升核心竞争力扩大市场份额,通过经营转型和结构调整增强可持续发展能力,通过加强全面风险管理保持质量稳定,通过改革创新和机制调整增强发展动力,确保年内各项工作在复杂多变的经营环境中保持平稳健康发展。

(陈　立)

【优化区域人力资源配置】 依据本行区域经营定位、发展模式和业务特点,创新人力资源管理体制,优化人力资源结构,加强高层次管理型人才、核心营销人才队伍建设,建立高效的人力资源配置和有效的激励约束机制。通过核定编制,优化结构,精简机关工作人员,充实销售队伍;通过科学筹划,推动交流,提升人岗匹配程度;通过稳步推进、以人为本,引导员工转变观念,正确理解优化配置的指导思想和基本原则,紧紧抓住培养、引进、配置人力资源三个重要环节,提升区域人力资源配置效率。

(陈　立)

【强化风险内控管理】 加强以信用风险和操作风险为核心的全面风险管理,通过提升风险管理技术和内部控制水平,构筑全面风险管理体系,贯彻制度先行、内控优先的管理要求,形成了信用风险和市场风险靠技术,操作风险靠制度的管理,实现了内部控制机制对各类业务和各项经营活动的全方位覆盖和全过程控制。加强员工行为动态分析,严格执行各种调查、审查、管理规章制度,层层抓落实,扎实做好内控外防工作,筑牢可持续发展的基础。

(陈　立)

【提升整体服务品质】 以“服务品质提升年”为主线,实施服务工作长效管理机制,成立服务质量推进领导小组,以庆祝建国60周年为契机,适时出台《关于建立服务工作长效管理机制的指导意见》,在全行开展“强化服务管理 提升服务品质”竞赛活动,全面提升营业网点的服务执行能力。出台《关于“加强机关作风建设 树立良好服务形象 提升二线为一线服务水平”的工作意见》,建立内部服务承诺制,“机关为网点服务”的意识明显增强,服务水平明显提高。在全行开展“努力压降客户投诉意见 不断提高客户满意度”的活动,强化服务投诉管理，客户满意度稳步提升，总体服务质量日趋稳定，进一步巩固了奥运金融服务取得的成果。

（陈　立）

【推进个贷业务前置转型】 年内，立足支行网点多、分布广的优势，强化个人信贷业务营销网点渠道建设，提高市场营销渠道的纵深度，充分利用网点营销人力资源，开展全面的个人信贷业务营销工作。发挥网点营销宣传优势，提高房屋抵押贷款的认知度，提高市场竞争力；发挥综合网点作用，加强与存量对公客户沟通，寻找潜在按揭资源；充分利用网点服务优势，在理财服务中推介融资方式多元化，有效满足客户对个人抵押贷款的需求。年末，26家营业网点全部实现个人信贷业务放款额零的突破，有力积蓄个贷业务发展潜力。

（陈　立）

中国工商银行股份有限公司北京方庄支行

【概　况】 中国工商银行股份有限公司北京方庄支行现有职工555人，内设部室11个，下设网点18个。2009年，方庄支行积极应对国际金融危机带来的严峻挑战，立足地区经济发展，以提升支行核心竞争能力为目标，抢抓发展机遇，全力拓展优质客户市场，努力提高市场占有率，各项工作取得了较好的成绩，为可持续发展夯实了基础。

（蒋　宁）

【加快资源储备】 支行围绕“公路贷款、政府融资平台、房地产开发和小企业贷款”四大业务板块，全力拓展优质信贷资源，调整客户结构，首次尝试银团贷款，加强对区内基础设施建设和道路交通建设的支持力度；贯彻客户分层管理机制，搭建各专业部室相互配合的一体化维护模式，稳定并加强合作关系，切实做好存款的稳存增存，并带动电子银行、法人理财、代发工资、个人金融等相关业务发展；开展产品线的横向绑定销售，发挥公私联动优势，加强对集团企业中个人客户的渗透力度，提升优质客户占比，实现公私业务起头并进。

（蒋　宁）

【加强服务管理】 加强组织推动，坚持服务检查和考核约束，开展客户满意度测评，持续提升服务意识；加强服务队伍建设，举办员工技术比赛，搭建服务经验交流平台，创建优秀内部服务氛围，提升服务技能；完善投诉管理，开展客户投诉案例分析，贯彻落实“首问负责制”，提高投诉的解决效率，提升客户满意度；全年完成2家网点的升格和1家网点的装修改造工作，成立电子银行中心和信用卡中心，加强物理网点和虚拟渠道的相互支持，增强客户服务能力。

（蒋　宁）

【提升全面风险管理水平】 规范制度管理，召开内控案防专题会议，组织开展“学规定、促合规”主题教育和“案件风险百日大排查”等活动，落实党风廉政建设责任制和案件防范工作责任制要求，提高管理人员履职效果，提高干部员工的廉洁勤政和依法合规经营意识；定期召开风险管理委员会，分析运营体制改革要点，及时发现风险隐患；继续加大不良贷款清收处置力度，实现不良贷款和不良率的双下降，进一步夯实资产质量。

（蒋　宁）

【构建和谐企业文化】 加强党员干部党风廉政教育和支部建设，开展党的基础知识培训和“最佳党日”评选，提高党员干部党性修养；实施人才发展战略，积极开展后备干部选拔和专业人才培养，优化支行干部年龄结构和知识结构，稳步提升金融理财师、综合柜员占比；做好特困员工慰问，员工生育慰问和节假日走访，组织各类喜闻乐见的文体活动，缓解员工工作压力,丰富业余生活,将关心员工的行动落到实处,构建和谐企业文化。

(蒋 宁)

中国银行股份有限公司北京丰台支行

【概 况】 中国银行股份有限公司北京丰台支行现有职工404人,内设部室6个,下设网点17个。是年,支行认真贯彻落实科学发展观,秉承“严格、高效、和谐”的治行理念,各项工作取得新进展。全年未发生各类违纪、违规案件和重大业务差错。年内,支行被评选为中国银行北京市分行先进单位、北京市分行管理创新奖、北京市分行内控管理先进单位。

(薛 颖)

【优化客户结构和业务规模】 公司业务方面,以扩规模、调结构为重点,继续深入挖掘优质客户,以客户为中心开展全方位业务营销,发挥团队联动作用,全力以赴争客户、争市场、争份额。个人金融业务方面,以产品为核心、以竞赛为依托、以营销人员队伍为主力军,公私联动共享客户资源,扩大有效高端客户群。截至年末,支行业务规模和客户结构都创近年来历史最好水平,支行存贷款规模分别较三年前实现翻番。

(薛 颖)

【实现内控达标】 以支行质量分析会制度为平台,以分行内控达标和百分考核工作为主线,创新内控举措,深化、细化流程梳理和业务规范,强化全员合规意识,形成有支行特色的内控文化,完成了上级分行的内控达标验收工作。

(薛 颖)

【加强服务体系建设】 整治营业环境,提高服务流程的标准化和规范化程度,树立服务规范标杆单位,开展“比学赶帮超”活动。加强检查监督力度,将服务工作纳入员工考核体系,进一步加大星级柜员考核和技能考核力度。以狠抓服务带动全行员工提升执行力和精神面貌,全辖网点通过服务达标,实现全年服务无投诉。

(薛 颖)

【深化条线管理体系】 将业务经理、理财经理、大堂经理、储蓄组长、对公组长五支队伍的建设作为条线管理的纽带,陆续制定出台了各支队伍的考核方案,完善队伍管理激励机制,搭建多元交流平台,使各支人才队伍成为业务拓展和内部管理的生力军。

(薛 颖)

【创新企业文化】 定期召开员工座谈会和思想动态调研,实时关注各层级员工的需求,真实了解对支行的意见建议,为员工谏言构建渠道。组建企业文化活动小组,组织员工喜闻乐见的业余活动,为来自不同部门的员工提供横向切磋交流的机会,有效缓解工作压力,为全行上下注入了活力,营造严明和谐的企业文化氛围。

(薛 颖)

中国农业银行股份有限公司北京丰台支行

【概 况】 中国农业银行股份有限公司北京丰台支行在岗职工434人,支行本部共设有七个职能部门,对外营业机构17家,包括支行营业部1家,二级支行8家,分理处8家,储蓄所1家。是年,丰台支行深入学习实践科学发展观,坚持“一个中心、两个提高”的发展思路不动摇,重点加快推进网点转型,大力拓展优质客户群体,坚持五个并举,全力提高综合竞争能力;强化内控管理,提升全面风险管理能力;加强党建和队伍建设。经过全行上下一年的努力工作,支行各项工作取得了较好的发展。

(张 薇)

【业务经营全面发展】 全面实施“保、抢、挖”战略,一方面做好大客户的维护和拓展,多方面开展营销工作;另一方面营造全员营销的氛围,开展了“存款会战”、“全员营销大讨论”活动,调动员工营销的主动意识和积极性;年内,实现本外币存款余额1677358万元,存款增长额比上年翻了一番,人民币各项贷款较年初增加151943万元,实现中间业务收入5708万元,实现经营利润31741万元。

(张 薇)

【进一步推进网点转型】 一是加快网点建设步伐,筹建新网点多处并对下属16家网点进行了不同程度的装修改造。精品网点万年花城支行于9月份正式开业运营。区域内网点布局进一步合理化,网点外部形象、硬件设施得到提升。二是提高网点服务水平,先后有6家网点分别接受了专业公司的服务转型和营销转型导入,其余网点由支行进行了服务转型指导,整体服务意识得到大幅提高。三是增加业务办理渠道。提高客户分流率,下属网点共增设自助机具97台,缓解窗口压力,提高服务效率。

(张 薇)

【强化内控管理】 以会计“三化三铁”和信贷“三化三无”两个创建活动为主线开展内控管理,提高风险防控能力。开展了案件风险集中“百日大排查”活动,组织全员参与了“全行齐动员、强化基础管理、提升执行力、加快有效发展”的主题活动,使干部员工合规经营、规范操作、精细管理意识得到加强,对提高综合管理能力,促进各项业务的有效发展起到了强力推动作用。

(张 薇)

【加强队伍建设和人才培养】 完成支行本部组织架构调整和定岗定编工作,通过双向选择落实岗位77个,实现了支行岗位人员的优化组合、合理配置;加强人才选拔和人才培养,组织公开竞聘,提拔聘任副科级干部12名,经理助理2名,充实了支行中层管理干部队伍;组织开展各项业务培训项目99个,做好对新入行大学生职业生涯规划,在全行范围内开展“技术练兵”活动,促进支行员工业务素质、操作技能和服务质量得到全面提升。

(张 薇)

中国建设银行股份有限公司北京丰台支行

【概 况】 建行丰台支行一贯坚持“立足丰台,面向全市”的经营战略,以服务区域经济发展为己任,以强化营销、提高市场竞争力为经营中心,以公私联动、全员营销为经营手段,调整优化客户结构,实现支行全面均衡健康发展。年内,全口径时点存款达到360亿元,比年初新增51.7亿元。其中企业存款149.4亿元,比年初新增21.7亿元,储蓄存款130.6亿元,比年初新增30.6亿元。全口径日均存款达到366亿元,比年初新增69.2亿元,完成年度计划的163%。全口径贷款余额达到155.1亿元,比年初新增63.1亿元。不良个贷余额1.6亿元,比年初下降2.4亿元,不良率为1.04%,比年初下降4.11%,实现不良余额与不良率双降。实现中间业务净收入6672万元,其中对公中间业务收入1925万元,个人中间业务收入4747万元。实现拨备前利润5.5亿元。

(韩京瑾)

【大力支持区域经济】 全面参与丰台区基础设施、重点项目建设,与驻区重点企业合作,为区域经济的发展贡献力量。服务全区各政府机构及其下属单位的干部员工提供代发工资、理财、结算、代理、融资等各项个人业务。与区政府各委办局的合作日益紧密,全力支持财政局、建委、拆迁办、综投公司等各单位的业务需求,形成了较为完善的服务网络。是年,承办了丰台区卢沟桥街道企业家协会成立大会,与其他银行共同承办了北京丽泽金融商务区政银合作协议暨新闻发布会,获得社会各界的广泛好评。为丰台区纳税做出了突出贡献,连续六年被丰台区政府授予“丰台区突出贡献企业”荣誉称号。

(韩京瑾)

【存款工作稳步发展】 存款是立行之本,积极开拓负债业务。把大幅提升市场份额作为全年重点工作来抓,通过营销竞赛活动的深入推进,加大企业存款激励力度,在营销费用安排方面给予支持和倾斜,千方百计推动存款增长。努力做好原有客户的维护和服务,确保了存量客户的稳定和挖潜。同时大力开拓新客户资源,实现了年内对存款目标客户的营销。

(韩京瑾)

【贷款规模大幅提升】 做实贷款营销,积极储备优质项目。2009 年末对公贷款余额 137.16 亿元,创历史新高,较年初增长 66.2 亿元,逾期及非应计贷款余额为 0,较年初下降 7600 万元。某重点客户授信及支用再创新高,年内达到 75.64 亿元。努力提高集团客户授信使用效率,减少授信额度闲置期,力争做到授信额度的充分使用。确保重点客户评级和授信业务的准确、及时办理。维护现有客户的同时,营销了 12 亿元土地储备贷款及优质房地产开发贷款储备项目,储备了客户资源。

(韩京瑾)

【中间业务全面发展】 努力调整中间业务收入结构,2009 年共实现公司类中间业务收入 1612 万元,单位外币结算业务收入 132.89 万元,单位结售汇业务收入 171.46 万元。完成国际结算量 36374 万美元,超额完成分行下达的指标。成功营销我行贷款资金用途监控领域“百易安”产品。充分发挥我行造价咨询品牌优势,加大对政府客户、房地产开发企业、大型集团公司等重点客户的营销力度,提高我行造价咨询业务市场营销能力,实现中间业务收入 110 万元。

(韩京瑾)

【个人业务再上台阶】 个人业务配合改革,业务发展再上新台阶。进一步发挥公私联动优势,积极拓展代发工资新客户。充分调动网点转型的主动性,人员配备到位,激励措施到位,业务买单制充分调动了个人业务条线营销的积极性,本外币储蓄存款余额和新增额均在分行系统排名第一。储蓄人员彻底摒弃坐等客户上门的服务模式,积极走进社区、走进学校、走进部队,并通过 VIP 客户联谊、理财讲座等大力营销个人金融产品,较好完成各项指标。

(韩京瑾)

【内控管理效果显著】 2009 年是丰台支行二十年行庆,20 年来从开拓到崛起的拼搏历程激发了全行员工的工作热情,全行员工将爱行之情转化为业务发展的强大动力,显示出团结、奋进、不甘人后的团队精神。内部管理质量不断提高,执行力显著提升。信息宣传、印章管理、保密等日常性基础工作继续保持先进单位的荣誉。ISO9000 质量体系有效运行,案件防控、员工行为排查、合规经营教育及反洗钱等工作贯穿全年,提升了风险管理和内部控制能力。继续发挥违规积分管理工作的作用,提高员工合规操作水平。继续落实“以客户为中心”的服务理念,全年无一起客户投诉及责任疑难。在分行 2009 年客户满意度调查中,客户满意度名列分行综合管理支行榜首。在分行运动会上,全行员工奋勇拼搏,显示了强大的凝聚力,取得了团体总分第三名的历史最好成绩,创造了又一个辉煌。

(韩京瑾)

北京农村商业银行丰台支行

【概　况】 丰台支行紧紧围绕总行、支行确立的工作目标和工作重点，严格遵照总行“控制风险，按规矩办事”的总体要求，深入学习实践科学发展观，全行上下不畏艰辛、迎难而上、敢打敢拼、奋勇争先，在大家的共同努力下，2009年取得了超常规发展，“二次创业”收获阶段性战果。截至年末，丰台支行全口径存款余额125.80亿元，比年初增长43.23亿元，增长率达52.35%，其中对公存款余额达到68.34亿元，比年初新增27.46亿元，增长率达67.16%；储蓄存款余额57.46亿元，全年新增15.77亿元，增长率达37.82%，名列总行第一；日均存款达到102.70亿元，全年新增22.44亿元，增长率达27.96%；贷款余额（不含贴现）36.73亿元，比年初增长5.84亿元，全年累计新放18.74亿元；考核利润10,645万元。在年度综合考评中取得了第一名的佳绩。

（王亦晅）

【推动银政合作】 年内，不断加大对地方政府的营销力度。分别与北京丽泽金融商务区、北京经济技术开发区等成功签订银政战略合作协议。成功营销北京政融国有资产经营中心项目贷款，这是与丰台区政府融资平台开展的第一个大额融资合作项目。同时，积极拼抢“中”字头企业，先后成功营销中国华闻投资控股有限公司、中材集团等优质大客户。并与国家开发银行北京市分行成功合作，以间接银团贷款形式支持北京天街置业发展有限公司发展。自此基础上，我支行充分发挥支农特色，积极推动与乡、村二级政府的合作，支持地方社会主义新农村建设。认真研究新农村建设的新特点和新需求，主动上门到各乡、村进行宣讲，鼓励支持各村自主推动土地开发，挂牌上市。2009年11月，为葆台村发放新农村建设贷款，支持其拆迁安置和村民一步上楼，在丰台区各乡村起到积极的示范效应。同时与花乡政府签订“银政战略合作协议”，授信100亿元在未来三年支持花乡地区新农村建设；与丰花小额贷款公司签订“全面业务合作协议”，为农村经济的新发展分忧解难。

（王亦晅）

【开展特色营销活动】 紧紧抓住丰台区折子工程及全年工作重点，参加花乡工作会，把握花乡发展重点及时跟进，密切合作关系，保证拆迁补偿款资金不外流；非管辖行按管辖行要求，年初就分片拜访各村，了解各村经济发展重点，主动研究金融服务需求，制定金融服务方案，在沟通中密切合作。同时，结合不同时期的营销重点，组织开展了“开门红 迎新春”、迎春积分 好礼相送”、“牛年首日 红包送福”、“微笑在柜台”、“迎三八 送温馨”、“迎国庆 贺中秋”等不同主题、不同形式系列营销活动，明确了存款、贷款奖励政策，专设了一系列奖项，在全行营造“比贡献、争先进”的营销氛围。同时，为提高对客户的服务能力，支行加大服务检查力度，对服务工作进行全面考核和评价，按季度评选文明服务流动红旗并进行物质奖励，先后评出大红门商贸城分理处、糖人街分理处等5个服务工作表现突出的单位。为提升服务水平，支行分5批组织39名分理处正、副经理等到招商银行、中信银行、中国银行、交通银行等同行业进行参观学习，通过亲自办理业务切身体验其他商业银行在客户服务、柜台营销、大堂引导等方面的先进做法。借鉴学习后，支行统一编制并下发了《对公业务凭证填单样本》和《对私业务凭证填单样本》。

（王亦晅）

【规范业务流程】 通过开展“钥匙工程”、“印章工程”、“权卡工程”,对各类印章、钥匙(密码)、柜员卡、授权卡实行自下而上地自查和整改,分级统计建档,重新登记造册。同时,借鉴其他商业银行管理经验,制定相关考核办法,自上而下贯彻落实。“三个工程”中制定各类管理办法和细则8项,形成统一的钥匙、权卡、印章管理档案。为加强会计运营风险管理,利用2个月时间,编写完成《柜台业务操作手册》。手册共编写81项业务操作流程图,每个流程图上都以不同颜色标注了风险的等级。现该手册在总行推广,成为总行规范会计运营的蓝本。

(王亦晅)

【加大自我检查力度】　2009年,支行加大了现场稽核检查力度,按月确定检查重点,设计检查方案,对各网点进行检查,保证每次检查内容不重复,确保季度检查面达到100%。并对发现的各类问题进行了及时整改,确保各岗位按照职责要求正确处理同一业务。全年组织检查200余次,检查整改问题90余种。

(王亦晅)

【提高信贷风险把控能力】　对存量贷款实行动态管理,对发生逾期、欠息以及其他重大事项变更导致的潜在风险,由资产风险管理部统一发布“风险提示”,进行“红色预警”,以便各支行及时采取相应措施,防范风险。2009年,共发布企业贷款风险提示7次,对16户、17笔、共计25012.38万元进行了预警提示;发布个人贷款风险提示3次,对95户计30.78万元进行了预警提示。

(王亦晅)

【学习实践科学发展观】　在深入学习实践科学发展观活动中,结合实际,积极开展各项学习调研活动,特别针对“提高支行风险控制能力”,“建立科学合理的激励约束机制”等问题展开专题调研,为有效加快支行发展,加强经营管理、规范员工行为、提升支行竞争力奠定了基础。在学习实践科学发展观活动中,以“谏言献策,共促丰台支行又好又快发展”为主题,分别召开“一线员工座谈会”、“分理处经理座谈会”、“中层管理人员座谈会”,广泛征集广大干部员工对总行和支行发展的意见建议共计29条,并制定了解决时间表。另外,开展为期近一个月的“找问题、寻出路”谏言活动,支行领导班子分别利用晚上下班时间深入各非管辖行召开座谈会,广泛听取员工意见。针对员工反映强烈的取暖问题和地毯问题,通过行长现场办公拟定解决方案,解决了冬季取暖问题,并对各支行办公区进行了地板更换,优化了各支行办公环境。

(王亦晅)

城乡建设和管理

规划管理

【概　况】 年内,审批建设工程规划许可证149件,建筑面积2983561.27平方米,审批市政工程规划许可证165件,长度为153834.3米。建设工程规划验收149件,建筑面积4369888.67平方米。全年核发规划意见书38件,建筑面积2921859.94平方米;核发用地规划许可证47件,用地面积6379617.508平方米;核发建设工程规划许可证149件,建筑面积2983561.27平方米。其中保障性住房16件,建筑面积242540.68平方米。全年核发市政工程规划许可证165件,长度为153834.3米;其中,道路20件,长度为13235.9米。核发市政用地证8件,规模为241311.62米。

(王以革)

【规划编制】 年内,编制完成《北京丽泽金融商务区规划综合方案》、《长辛店生态城城市设计导则》、《草桥教育用地调整》、《丰印诚项目调整》、《蒲黄榆路两侧及石榴庄周边地区规划调整》、《长辛店张郭庄地区控规》、《王佐中心镇控规调整》;正在编制《三四环产业带规划研究》、《长辛店市政专项规划》、《丰台区科技园丰台园东区三区城市设计导则》。编制完成卢沟桥、花乡、南苑等51个村的村庄整治规划。

(王以革)

【丽泽金融商务区规划研究工作】 年内,完成全球征集方案,形成初步研究成果。9月2日,经市政府专题会研究,原则同意规划范围、用地布局、市政交通基础设施规划等。内容包括:1、区域规划范围的重新确定。区域规划范围由5.25平方公里增至7.34平方公里,将万泉寺村纳入商务区内,商务核心区的范围为2.79平方公里。2、区域道路框架的确定。区域外规划了两条南北向放射性联络线,区域内除丽泽路外形成"三横、三竖"主干道网络,新建四处立体交通节点,改造8处现有交通节点。3、轨道交通规划。区域内轨道交通线仍为两条,站点设置三处,M14线原丽泽路站不变;三路居站向西移300米,西移后车站居丽泽路站约900米;M14线在丽泽路与菜户营西路交叉口增设一座车站。4、用地功能布局。区域建设用地布局可分为3个组团,中心地区为核心商务区西起金中都遗址,东至莲花河,北起三路居路,南至金中都遗址,内部路网密度较高,道路交叉口距离约100米,除南北穿越的道路为次干路外,其余均为城市支路。西侧与东侧地区均为混合功能区。

(王以革)

【实施生态环境建设】 年内,建设郊野公园5处,完成城市绿化美化21公顷,第二道绿化隔离地区绿化216公顷,创建首都绿化美化花园式单位20个,创建首都绿色村庄1个。推进20吨以上燃煤锅炉改清洁能源工作,二级和好于二级天数65%以上。

（王以革）

【推进基础设施建设】 年内,配合市政府重点工程建设,组织协调征地拆迁工作,确保西六环全线通车、地铁4号线开通试运营和9号线、10号线二期、14号线及亦庄线、大兴线、房山线按计划建设。启动蒲黄榆路建设,加快万寿路南延等道路建设,完成梅市口路西延、北宫路等道路规划方案研究和北宫南路道路方案审定工作。协调市有关部门支持,编制河西地区轨道网规划方案,解决河西发展交通瓶颈问题。完成北京南站外部路网拆迁和成寿寺路、马家堡东路、石榴庄路拆迁,改善北京南站和大红门地区的交通环境。实施马草河上段治理工程,开工建设河西再生水厂,全面提升区域河湖水系的环境水平。

（王以革）

【绿隔地区规划建设】 年内,对执行绿隔政策的39个村庄,按照先易后难、分类研究、重点推进的原则,针对每个单位的建设实施情况、存在问题等进行梳理,制定"一村一策"。

（王以革）

【"城中村"和"边角地"用地审批】 年内,开辟绿色通道,为草桥300路总站东侧、开阳里三区南侧、右安南桥东北侧、右外153院西侧等4处,总面积约51100平方米"城市边角地"的综合整治项目办理规划用地手续。

（王以革）

【拆除违法建设】 年内,完成认定1180项,总建筑面积52.3万平方米。立案查处8项违法建设,建筑规模43524平方米,依法履行行政处罚,罚款1504.71万元。利用卫星查处违法建设21项,建筑面积约为7.4万平方米。日常巡查处理违法建设情况,核发停工通知书41项,建筑面积约13万平方米。

（王以革）

【建设工程规划监督】 年内,办理建设工程规划验线118项,建筑面积351.6万平方米;规划验收214项,建筑面积541.5万平方米。纠正了29项不履行规划许可证规定的建设行为。

（王以革）

【无障碍设施建设和改造】 年内,向区政府申请得到无障碍设施建设和改造经费98万元,完成9个居住小区24处坡道改造。全年完成《2009年我区无障碍设施建设和改造工作方案》的拟定、《丰台区无障碍设施现状调研报告》、《丰台区创建无障碍设施建设城市中长期工作计划》和《丰台区无障碍建设城市中期检查自查报告》。

（王以革）

【新命名地名】 年内,新命名地名、建筑物名称37个。地名名称:金桥西街、横道沟西街、赵村店路、魏家村南路、大瓦窑北路、新丰路大瓦窑中路、美域中路、汽车博物馆东路、汽车博物馆西路、汽车博物馆南路、五圈路、春蔚路、芳秀路、富锦路、周庄子路、小井中路、富丰园东路、富丰园西路、郭庄子北路、万泉寺东路、泥洼北路、莲华路、华宝东路、西局北街、西局西路。建筑物名称:马官营家园、京投银泰园、郭庄子家园、宝泽大厦、永翌苑、国美商都中心、万锦园、南宫景苑、时代财富大厦、创界大厦、岳城经典大厦。

（王以革）

城乡建设

【概　况】 年内,全区累计开复工工程375项,建筑面积1228.5万平方米;在施工地200项,建筑面积687.8万平方米;竣工工程103项,建筑面积242.2万平方米。全年在丰台区的地铁建设工程6项建设里程共43.91公里，占全市6条线路总里程的30%，共涉及拆迁面积62.8万平方米，累计完成57.9万平方米，完成率92%。年内，地铁4号线实现建成通车，大兴线、房山线、9号线全部完成轨道范围内拆迁工作，10号线二期完成拆迁量81%，亦庄线完成75.5%。承担3项国铁建设工程，其中完成动车段走行线、京沪高速铁路征地拆迁工作，京石客运专线施工单位进场施工。区属次干路以下道路建设任务由丰台区住房和城乡建设委承担，主干路以上道路仍由市相关部门负责投资建设，丰台区配合实施征地拆迁。主干路建设中北京南站外部路网、西六环路竣工通车，通车里程16.6公里；成寿寺路、石榴庄路、马家堡东路住宅拆迁已全部完成，蒲黄榆路、康辛路二期已分别与南苑、花乡签订拆迁委托协议，部分路段施工单位已经进场施工。次干路建设由恒盛宏大道路投资公司作为项目主体落实建设计划。该公司共承担30项道路建设任务，其中已开工、实施拆迁、推进前期工作项目各10项。辛庄南路、汽博城北侧雨水方沟等已完成计划开工任务的60%；西站南广场周边道路、四合庄西路完成拆迁；推进前期工作项目方案设计委托率达到80%，方案设计完成率70%。年内全区重点工程共80项，比上年增加9.6%。其中重点建设51项，比上年增加27.5%，总投近546.3亿元，比上年增加104%。

（魏　楠　王逊夫　于丽萍）

【工程安全质量监管】 年内，42个工地被评为北京市绿色施工文明安全工地，19项工程通过结构长城杯验收。累计出动检查人员6230人次，检查工地3380项次，查出安全隐患4921条，整改率100%。

（宋国英　苏　颖）

【棚户区改造】 年内，加快实施南苑棚户区改造，相继完成项目一期立项、规划、用地等前期手续，落实项目贷款授信额度22亿元。12月15日，正式启动项目一期拆迁工作。确定长辛店老镇规划的编制方向，初步形成改造实施方案。

（史卫红　苏　颖）

【保障性住房建设】 年内，自建经济适用房开工20万平方米，南苑西经济适用房实现新开工27万平方米，长辛店经济适用房已开工的5万平方米结构封顶。大红门西路16号配建廉租房实现开工1.55万平方米。选定9个地块进行拆迁安置房建设，缓解重点工程拆迁安置房源不足问题。

（史卫红　苏　颖）

【建筑工程审批】 年内，全区新开工规模184.1万平方米，其中住宅项目建筑规模113.4万平方米，公建项目建筑规模70.7万平方米。受理各类建筑工程审批项目45项，完成区内施工许可审批31项，平均审批用时2.5天。

（李　钰　苏　颖）

【建筑市场管理】 年内，受理213家建筑企业新办、升级、增项、变更业务。完成《安全生产考核合格证》续期569人，办理初始注册建造师402人。完成节能设计审查备案64项，节能专项验收备案96项，建材产品供应备案74项产品。进行公建节能改造10万平方米、住宅节能改造约7万平方米。

（齐根彦）

【招投标管理】 年内，完成81项招投标工作。其中：施工招标51项，建筑面积71.1万平方米，工程中标价为13.6亿元；监理招标30项，中标价为2274万元。施工招标中公开招标工程20项，建筑面积26万平方米；邀请及直接发包工程31项，建筑面积45.1万平方米。监理招标中公开招标11项，邀请及直接发包19项。

（齐根彦　苏　颖）

【综合开发建设管理】 年内，审核备案64家开发企业设立、升级、资质变更工作。对14个住宅小区项目进行建设方案审核，建筑面积153.29万平方米，接收配套设施3.31万平方米，提前完成2.1万平方米的年度接收计划。

（张永挺　苏　颖）

【依法行政】 年内，制定《丰台区建委依法行政工作考核办法》及《丰台区建委依法行政目标绩效考核标准》。确定现有执法依据68个，处罚权219项；行政许可全3项；行政强制1项；其他行政执法职权21项。

（薛晓薇　苏　颖）

【工程质量检测】 年内，完成建筑材料检测20934组，其中结构和节能保温材料检测2335组。完成室内环境检测工程52个、382个检测点。土壤中氡浓度检测工程82个、1868个检测点。

（王　栋）

环境整治和市政基础设施建设

【概　况】 年内，做好国庆六十周年环境建设和相关保障工作。在12个区县中最先完成垃圾填埋场除臭系统工程建设、完成垃圾转运处理中心回购工作，并已开始试运行、启动77座密闭式清洁站改造，推进全区生活垃圾循环经济产业园项目建设，启动陈腐垃圾处理。共承办建议、提案106件，其中：市建议、提案9件，区建议69件、提案28件。

（刘　洋）

市政工程

【道路改扩建】 年内，完成43条便民路、31万平方米大修改造和8万平方米街坊路硬化；完成河西新农村街坊路硬化38.7万平方米，推进河东51个行政村27万平方米街坊路整修工程；完成规划道路大红门路的建设工作，推进看丹路等5条规划道路的建设工作。

（刘　洋）

【重点大街整治】 年内，完成70条主要大街整治。其中新建围墙11177平方米，粉刷围墙89112平方米，绿化27027平方米，清运垃圾渣土24179立方米，简易硬化59639平方米，拆除破旧房屋158平方米，临街商铺整治5098平方米。

（刘　洋）

【便民设施安装】 年内，在道路沿线和重点地区安装便民设施。其中，安装信息栏100个，便民座椅300个，自行车架3000米。

（刘　洋）

环境整治

【拆迁整治】 年内，完成“城中村”、“边角地”拆迁整治项目7个，道路拆迁2条。

（刘　洋）

【老旧小区整治】 年内，完成55个老旧小区环境综合整治。共修复、新建甬路276618平方米，绿化补建85113平方米，楼体粉饰1389524平方米，修复公共楼道破旧门窗7512套，铺设雨污水管线2752米，拆除违法建设1810平方米。

（刘　洋）

【市容环境整治】 年内，完成河西王佐镇、长辛店镇农村生活垃圾“户分类”；推进城镇生活垃圾分类，完成20个居住小区，覆盖12.63万人的垃圾分类投放、收集、运输和处理的达标工作；完成45所学校、9个党政机关的垃圾分类达标工作；完成丰台科技园区33个社会单位的垃圾分类示范园创建工作。

（刘　洋）

【广告牌匾治理】 年内，对全区重点大街进行户外广告规划设计，拆除违规户外广告1036块、违规牌匾标识2233块，规范整改单位标识169块。

（刘　洋）

【违法建设拆除】　年内，全区统计台帐违法建设671处、面积651588.3平方米，已拆除334处、面积316058.7平方米。未拆除337处，面积335529.6平方米。在全区范围内继续开展出租大院的集中整治，共拆除出租大院197处、拆除面积526897平方米。

（刘　洋）

环卫基础设施

【公厕建设】　年内，完成新改建公厕60座，其中新农村地区40座、城镇地区20座。

（刘　洋）

【农村户厕改造】　年内，加大农村地区户厕改造工作力度，改造农村户厕2800户。

（刘　洋）

【市政设施养护】　年内，加强区属道路的巡查养护，坚持计划养护和即时养护相结合，提高道路养护水平，累计完成道路养护4.3万平方米，清理雨水井箅6660个、管线122.5公里，清运淤泥397吨。共批准占掘路42件，修复路面1.12万平方米。及时处置城市管理井盖类案件，累计补装井盖、雨箅等1678套。

（刘　洋）

公益事业

【路灯安装工作】　年内，共完成23条市政道路路灯安装工作，启动51个行政村的路灯安装工作。

（刘　洋）

【农村改水工作】　年内，为农村地区进行水质检测2次，制作安全饮水宣传品4种近50万份向群众发放，普及农村地区安全饮水知识。

（刘　洋）

【供暖工作】　年内，完成2008－2009年供暖季供暖工作。供暖季共进行供热应急抢修抢险18次，协调各种供热矛盾134起；对15个老旧小区供热管网设施进行改造，供热面积381.66万平方米，涉及39303采暖用户；

（刘　洋）

【老楼通气工作】　年内，以政府折子工程“好事办好”为主旨，采取“统筹安排，分工协作，逐步推进，全面通气”策略，全面开展老楼通气工作。年度工程任务为4万户，涉及16个街乡，项目总投资18623万元，老楼通气实际完工42393户。

（刘　洋）

供　　电

【概　况】　年内，公司共管辖110kV变电站22座；35kV变电站1座；10kV开闭站98座；10kV小区配电室547座，箱变385座；10kV架空线路（含入地电缆线路）160条，总长度1162km；10kV电缆线路4597条，总长度1848km；总容量275.3万kVA，最大负荷135.8万kW。地区所辖用电营业户64.8万户，其中居民客户61.65万户。全年公司完成培训项目153个，培训213个班次，5981人次，全员培训率100%。教育培训经费投入率为8.3%，人才当量密度91.2%。公司连续三年荣获“北京市电力公司先进单位”，首次荣获“北京市电力公司文明单位标兵”和“国家电网公司文明单位”称号。

（黄　佳）

【电网规划与建设】　年内，完成丰台地区220kV主网电源点梳理和丽泽金融商务区、长辛店北区、动漫产业城、轨道交通等专项规划工作。与丰台区签订“随路建设合作协议”。开展蒲黄榆路、石榴庄路、跨越轨道交通大兴线等电力隧道工程的前期工作，启动蒲黄榆路电力隧道的建设工作。完成220kV玉泉营和110kV七里庄、五里店、东管头、成寿寺、李窑、六圈等7座变电站新建及改扩建工程。

(黄　佳)

【安全生产】 年内,重新制定、修订《安全生产工作奖惩办法》等7个安全生产管理办法和实施细则。在最大负荷同比增长17.6%的情况下,故障次数降低39.6%。组建应急抢修队伍20支,抢修人员282人,运行保障人员570人,完成国庆60周年供电保障任务。

(黄　佳)

【营销与服务】 年内,修订完善《丰台供电公司电费回收预警细则》等12项管理制度。对城乡居民合表、电采暖、峰谷分时等电价执行情况进行自查、抽查、复查和整改工作,电价执行正确率99.99%。实施计量改造工程,更换表计4.6万具。开展采集实用化工作,实现100kVA及以上客户采集实用化率100%。实施"阳光报装、诚信服务",推广一站式报装业务,用户平均接电时间由原来的12天缩短到0.56天,高压客户报装接电时间同比降低9.93天,全年客户报装回访满意率100%。全年现场排查高压客户705户,协助客户消除隐患157件。为5个小区4000余户居民接入正式电源。

(黄　佳)

建　筑　业

丰台区城市建设综合开发公司

【概　况】 年内,完成投资总额1.5亿元,完成开复工面积9.3万平方米,实现竣工面积3.9万平方米,商品房销售面积3.3万平方米,实现销售收入4.2亿元,其他经营投入1263万元,实现上缴各类税金3906万元,实现利润3300万元。

(李志成)

【主要开发建设项目】 年内,富锦嘉园三期工程项目按计划已全部竣工,商品房住宅销售完毕,仅余综合楼现房销售手续待办。该项目自2006年开工至2009年底全部建设完成。

(李志成)

【经济适用房建设项目】 年内,望园东里经济适用房(含廉租房)项目,按计划竣工已具备交付使用条件。截至年底,房价审核工作已完成,现房销售手续正在办理中。长馨园经济适用房及商业金融用地土地一级开发项目,基本完成集体财产补偿、转工转居人员的数据核对工作,正进行用地范围的调整,多层建筑调为高层建筑手续已办理完成。复工建设的三楼住宅楼5.4万平方米主体结构封顶,正进行二次结构施工,各类大市政的分项规划方案已经完成。

(李志成)

【商品房销售】 年内,完成销售商品房、拆迁安置房332套3.5万平方米,新签合同销售额4.27亿元,收取整编产权过户资料及办理结算入住312件。

(李志成)

【经济适用房建设质量】 年内,根据《北京市廉租房、经济适用房及两限房建设技术导则》要求,严格按创建"长城杯"目标实施建设,施工期间发现工程质量问题,及时采取措施处理,保证工程质量。望园东里经济适用房结构被评为结构"长城杯"工程。望园东里经济适用房建设工地,被评为年度十个"绿色施工样板工地"之一。

(李志成)

【拆迁服务中心】 年内,完成地铁10号线花乡段的全部及南苑乡段部分的动迁工作,完成石榴庄路和木樨园金泰商务大厦滞留项目全部拆迁工作,全年实现收入263.47万元。

(李志成)

【物业公司】 年内,投资22.5万元安装嘉园小区电梯监控系统,完成角门小区2号楼、4号楼4台电梯的设备更新和高层区域便道重新铺设工作。依靠财政支持与自筹资金910万元,实施角门小区及周边供暖范围内老旧热力管线的更新;投资30万元完成望园小区换热站改造;实施望园供热厂大吨位锅炉煤改气工程,工程总造价1500万元,被市、区环保部门评为"大吨位锅炉煤改气示范项目";角门、望园两个供热厂连续14年被评为"北京市先进供暖单位",物业公司连续第5年被评为丰台区精神文明单位。本年度物业公司应收入6327万元,应收历年欠款2143万元,全年实际实现总收入5335万元,其中含历年欠款1015万元,其它设备改造资金回笼827万元。

(李志成)

【丰开望园科技孵化中心】 年内,实现招商93家,签订租赁合同85份,出租率90%,租赁合同总金额475万元,实际收入480万元。

(李志成)

北京兴丰房地产经营开发公司

【概　况】 年内,围绕南广场开发的中心任务,结合本企业资金紧张、项目短缺、债务沉重的现状,提出:团结奋进,自强不息,以"保民生、保稳定"为宗旨,以减少国有资产流失为目标的指导思想。公司领导带领广大干部职工迎难而上,狠抓工作作风的转变,进一步挖掘企业内部潜力,努力寻求新的增长点,以谋求企业的生存与发展。

(任雪松)

【南广场ABC及写字楼项目进展】 9月16日,区法院委托东方拍卖公司将南广场ABC项目成功拍卖,拍卖成交金额11.7亿元。1月15日将南广场写字楼协议转让给珠江华夏房地产公司,转让价款8000万元,先期付定金400万元。

(任雪松)

【莲怡园小区市政设施建设】 年内,投入资金约280万元,为莲怡园小区引进天燃气,于5月全部完工通气。投入资金约1190万元,完成一户一表制,居民用电于7月正式发电。

(任雪松)

北京金泰地产开发有限公司

【概　况】 北京金泰房地产开发有限公司(以下简称金泰地产)是国有大型能源企业京煤集团下属控股企业,具有房地产一级开发资质、通过ISO9001体系认证、注册资金6亿元、总资产50亿元、年完成各类项目开发量数十万平米的中型房地产开发企业。在战略布局上,立足北京面向全国,已先后进入北京、天津、营口、海南、呼和浩特市等城市,两点一线全国布局已基本形成。运作了北京新天第公寓、金泰大厦、新新天第、金泰苑、金泰城·丽湾、金泰·先锋、金泰国际大厦、三亚滨河城市花园、三亚金泰山屿湖等一批高端住宅和写字楼项目,累计开发面积近百万平方米。目前,公司更是加快全国拓展步伐,先后展开了呼和浩特金泰丽湾项目、天津东丽金泰丽湾、营口金泰城二三期、营口大剧院等项目的开发运作,在建项目面积170万平米,项目储备近300万平米。

(谢苏明)

【海南三亚金泰·山屿湖】 金泰·山屿湖项目是北京金泰房地产开发有限责任公司和三亚兰海集团联袂打造的高端产品。整个项目三面环山、四面环河,是唯一的一个河景私属中央岛屿,仅有一条路可到达岛上。项目四周河面最小宽度为30米,最大宽度为160米,是三亚的理想居住度假圣地。山屿湖项目总占地面积为173亩,总建筑面积10万平米,容居率仅为0.8,绿化率高达70%以上。

(谢苏明)

【辽宁营口鲅鱼圈 金泰城】 金泰城濒临渤海湾,位于辽宁营口鲅鱼圈开发区南部新城的核心区域,总占地面积157万平方米,由金泰地产凝聚十二年开发经验,斥资50亿元所建。金泰城一期低密度住宅,西班牙风景建筑群,建筑密度仅有25%,别墅级的居住享受。600米是家和海之间的距离,90—200平米的主力户型区间,充分满足业主一家人度假休闲的生活需要。

(谢苏明)

【金泰城·丽湾】 位于西二环菜户营桥西北侧,占踞西二环核心、金融街延长线,交通便利,是集住宅、写字楼、SOHO商务楼、临街商铺于一体的22万平米的建筑综合体。容积率仅2.52,是西二环边低密度的地标级生态大盘。

(谢苏明)

北京嘉源置业投资有限公司

【概　况】 北京嘉源置业投资有限公司是以房地产投资及开发为主业的专业房地产公司,具有房地产开发一级资质,先后投资开发了西华经典、天赐良园、蓝色澳林、样本、沸城、中堂等项目。其中,西华经典是京城欧式蝶形建筑,天赐良园是简约的德国现代居住样式,蓝色澳林是欧式坡屋顶建筑,样本是花园式情境洋房,沸城成为北美现代主流城市公寓的缩影,中堂则是京西稀有的公园大宅。十多年来,公司在北京开发的项目总建筑面积已超过一百五十万平米,多次获得先进企业、诚信企业等荣誉称号。北京嘉源置业投资有限公司旗下的北京德高房地产经纪有限责任公司,是北京最早进行物业推广企划和全程销售代理的专业房地产营销机构之一,该机构被评为京城首批"资质一级"的营销代理公司,代理销售了华龙小区、华诚花园、恩济里小区、芍药御景、雅宝公寓、清华同方大厦、旺角新居等项目。

(王柯柯)

国土资源管理

【概　况】 年内,结合区域特点,加强了国土资源管理工作,为区域社会经济协调可持续发展提供资源保障。正确处理经济建设与耕地保护之间的关系,在新一轮土地利用总体规划修编过程中统筹规划、合理配置资源;加强耕地保护,严格征用管理,保障重点工程建设项目用地;丰台区第二次全国土地调查工作取得阶段性成果;做好土地权属登记工作,保障权利人合法权益;专业档案管理工作迈入数字化管理新阶段;积极落实年度土地供应计划及储备开发计划,开展工程建设领域突出问题专项治理工作,扎实推进土地市场建设;合理开发利用矿产资源,扎实推进地质矿山环境治理;加强政策法规培训,加大执法工作力度,严厉查处国土资源违法行为。

(林　晶)

【丰台区国土资源概况】 丰台区位于北京市的西南部,属城乡过渡地带,列入北京市城市功能拓展区。地处东经116°4′—28′,北纬39°46′—54′之间,呈东西方向狭长展布。东邻朝阳区,东南、西南与大兴区、房山区接壤,北与崇文、宣武、海淀、石景山、门头沟区相邻。年内土地调查数据显示土地总面积30580.1公顷。其中建设用地20326.1公顷,农用地7874.5公顷,未利用地2379.5公顷。

(林　晶)

【土地征用与耕地保护】 年内,共办理长辛店新区(生活区)二期土地一级开发、丽泽金融商务区B6-B7地块土地一级开发、王佐镇佃起村土地一级开发、京沪高速铁路(北京段)等住宅及市政配套工程的征地前、后期协助、项目审核和报批工作。全年共完成征地

12宗265.3007公顷，其中耕地79.0814公顷，全部实现占补平衡。

（林　晶）

【地籍调查】 4月，丰台区第二次全国土地调查工作第二阶段城镇部分的“更新调查”与“总登记”工作正式启动。年底完成全区17个街道办事处、镇的154个街坊、6057个宗地的更新调查和地籍调查工作，完成数据库的提交。

（林　晶）

【土地登记】 年内，核发国有土地证928件，涉及土地面积503.28公顷；核发他项权利证323件，抵押价款2669664.45万元，抵押贷款1429863.23万元；注销他项权利证222件。

（林　晶）

【档案数字化】 年内，录入专业档案计2类588卷。10月，档案数字化工作成果通过市国土局组织的阶段验收。

（林　晶）

【土地供应与建设用地预审】 年内，实际供应土地87.5322公顷，其中计划内项目17.2735公顷，占年度计划供应量(256.85公顷)的6.73%。完成建设项目用地预审52件，用地规模593.2392公顷；办理土地利用总体规划和地类的审查意见29件。

（林　晶）

【土地整理储备与土地一级开发】 年内，共完成土地储备开发投资62.51亿元，在土地市场上公开交易土地8宗，土地面积约134公顷，规划建筑面积约123万平方米，成交价款约123.43亿元，其中溢价款约78.38亿元。

（林　晶）

【矿山环境治理】 年内，开展王佐镇西庄店废弃矿山环境治理，项目于9月30日竣工，10月通过市局地质环境治理项目验收组的竣工验收。完成中央财政补助投资350万元。

（林　晶）

【地热资源管理】 年内，对全区地热开采情况进行了调查和年检，共有地热井29眼。其中有19眼正在使用，7眼待用，2眼停用，1眼报废。已使用的19眼地热井，有地热采矿许可证的18眼，无证的1眼。

（林　晶）

【国土资源执法】 年内，共查处违法违规用地112宗，涉及土地面积4439.4亩(其中耕地564.4亩)。以立案方式处罚82宗，涉及土地面积2768.6亩(其中耕地214.2亩)，下达行政处罚45宗；以非立案方式处理13宗，涉及土地面积1440.6亩(其中耕地292.4亩)，已补办手续2宗，整改3宗；属国家、市重点工程暂缓处理17宗，用地面积230.2亩(其中耕地57.8亩)，已补办手续6宗。其中，第九次卫片违法用地23宗，涉及土地面积3023.2亩(其中耕地289.3亩)。以立案方式处罚20宗，用地面积1824.9亩(其中耕地77.6亩)；以非立案方式处理3宗，用地面积1198.3亩(其中耕地211.7亩)。遥感二号卫片(2008年10月至2009年9月)违法用地56宗，涉及土地面积906.5亩(其中耕地254.3亩)。以立案方式处罚29宗，用地面积434亩(其中耕地115.8亩)；以非立案方式处理10宗，用地面积242.3亩(其中耕地80.7亩)。属国家、市重点工程暂缓处理17宗，用地面积230.2亩(其中耕地57.8亩)；动态巡查发现违法用地3宗，用地面积9.8亩，均以立案方式处罚。信访举报违法用地30宗，涉及土地面积499.9亩(其中耕地20.8亩)，均以立案方式处罚。全年开展矿产巡查13次，出动车辆13次，出动人员27人次。

（林　晶）

【信访工作】 年内，共接待群众来访98批219人，接收信访件94件；12336转办45件，结案率100%。

（林　晶）

【政府信息公开】 年内，公开各类政府信息320条，受理依申请公开政府信息查询74件，均为窗口申请方式。内容涉及征地拆迁、国有土地使用及土地权属等方面，全部在规定的时限内做出了答复。

(林　晶)

【宣传培训】　年内，组织全区6个乡镇、69个行政村的领导干部进行依法合理利用土地集中学习培训。开展主题日宣传活动，围绕“认识地球保障发展——了解我们的家园深部”地球日宣传主题和“依法依规用地，保障科学发展”土地日宣传主题，在乡镇和村设立宣传点，在“4.22”世界地球日和“6.25”全国土地日期间，开展形式多样、内容丰富的宣传活动。

(林　晶)

房屋管理

【概　况】　10月，成立北京市丰台区房屋管理局(副处级，简称区房管局)，挂北京市丰台区人民政府住房保障和改革办公室(简称区住房保障改革办)牌子。设办公室、财务审计科、法制科、物业管理科、住房保障科(房改科)、房屋交易市场管理科、房屋租赁市场管理科、拆迁管理科、房屋安全和设备管理科(丰台区城镇房屋防汛办公室)、房屋登记管理科10个内设机构，是负责本区房屋行政管理和住房制度改革工作的区政府部门管理机构。年内，完成轨道亦庄线、十号线二期花乡段等重点工程项目的拆迁工作。推进区重点项目丽泽金融商务区工程进度。全年完成区委区政府下达的房地产项目财政增收10%的指标任务。

(王秋君)

【重点工程拆迁有序推进】　年内，核发拆迁许可证22项。完成轨道亦庄线、十号线二期花乡段等重点工程项目的拆迁工作。加大蒲黄榆路、十号线二期南苑段等市政设施，青塔二期等大型开发项目的拆迁裁决力度。坚持进度日报制度，推进丽泽金融商务区B6－B7项目工程进度。截至年底，建设用地被拆迁户完成378户，完成率90.9%；代征绿地被拆迁户完成168户，完成率91.8%。

(王秋君)

【房地产市场销售明显增幅】　年内，全区新建商品房销售金额254.45亿元，同比增长68.62%；销售面积201.77万平方米，同比增长16.68%；成交均价12611元/平方米，同比增长44.52%。完成二手房交易22850件、204.3万平方米，发放房屋所有权证62206件、961.69万平方米，二手房成交金额132.22亿元，交易量同比增长226.8%。

(王秋君)

【保障性住房建设】　年内，全区保障性住房审核窗口共受理申请家庭经济适用住房2995户、限价商品住房3240户、廉租住房845户，共有2810户经济适用住房申请家庭、2707户限价商品房申请家庭和842廉租房户申请家庭通过“三级审核，两级公示”，取得经济适用住房和限价商品住房购买资格。解决1049户申请家庭住房困难。12月底举行鸿业兴园廉租房实物配租摇号活动，房源252套。

(王秋君)

【房屋管理工作】　年内，对国庆重点保障区域莲花池周边200米范围内普通地下室进行排查，全年共检查普通地下室2587处、罚款7.4万元、关停82处。开展针对物业公司有限空间作业的安全生产检查，共对全区121个物业管理项目进行有限空间安全检查。做好房屋防汛工作，对全区5263户城镇私房房主和近800家管房单位送达城镇房屋防汛计划。对37家经纪机构进行联合执法检查，全年共对经纪机构处罚2起、罚金1.13万元。

(王秋君)

【加强房屋有形市场监管】　年内，完成行政复议19件,行政诉讼46件。发放第三批住房补贴,受理房改售房3663套,办理落实私房政策67户。挖掘房屋鉴定有形市场,全年完成鉴定收入97.45万元。全年接收登记档案90595卷,加快档案归档工作,累计归档、排架135313卷。

（王秋君）

【强化依法行政工作】　年内,受理拆迁听证81件,行政诉讼68件,行政复议12件。组织完成房管局执法人员换证工作,筹备搭建行政执法工作平台。

（王秋君）

房屋经营管理

【概　况】　年内,完成总产值3.97亿元,同比增长6%;上缴税金999.54万元,同比增长23%。中心现管理公房216万平方米(其中含84.48万平方米已售公房),全年共查房216.77万平方米,其中楼房195万平方米、平房21.77万平方米。根据房屋普查的状况,全年共投入修缮资金1333万元。其中投入255万元进行屋面大修18栋,1.45万平方米;中修投入745万元进行楼房补漏205栋,近两万平方米;厨房、厕所渗漏维修90处,平房维修6827间;小修投入247万元,设备维修投入86万元。修缮资金的有效投入保证了百姓的住用安全。全年共接报修两万多次,维修及时率100%。收到住户的表扬信43封,锦旗12面。

（贾亚妹）

【加大管理确保设备安全运行】　年内,设备大修总投资102.85万元,其中电梯大修、改造与门系统检修专项工程15项55万元,二次供水10项42万元(含消防器材补贴20万元),电梯监控5.85万元,完成全部项目。对管理的直管性质和物业性质的设备电梯138部、二次供水系统23个泵站107台水泵、避雷设施242处进行设备安全检查。

（贾亚妹）

【防汛工作】　年内,与区建委共同组织针对“地下空间雨水倒灌,造成严重积水”的防汛模拟实战演习。准备了充足的防汛物资,其中:抢险车辆10辆,抢险人员87人,水泵21台,毡布材料21立方米。汛期共出动查房人员426人次,查平房1757间、楼房81栋。查出漏雨平房87间,漏雨楼房35栋,所发现问题均得到及时解决。

（贾亚妹）

【设施改造】　年内,供暖面积近515万平方米,总供暖户数61800户。投资7800万元进行夏季设备检修1326项,完成专项工程128项,更新管线9万多米。其中有五里店老旧小区管网改造工程、明春苑节能减排技改工程等,已投入正常使用。年内接管约30万平方米的供暖工作。建立家家暖供热客户服务中心,开通96118客户服务热线。

（贾亚妹）

【危房解危工作】　年内,承担直管公房175间,私房227间,共4491平方米的危房解危工作,完成直管公房解危173间,私房解危227间,完成解危任务的99.5%。

（贾亚妹）

【完成市区两级政府重点工程建设】　年内,参与丽泽商务区的开发建设,确保拆迁工程按进程要求完成。在规定的期限内完成地铁十号线二期的评估工作。承担了建筑面积为5353.5平方米专为残疾人康复服务使用的丰台区残疾人综合服务中心的工程,已进入精装收尾阶段。完成富丰园平改坡、右安门街道老旧小区环境整治以及鹤童老年公寓改造等区属工程。完成43栋22万平方米楼房的节能改造。

（贾亚妹）

园林绿化

【概 况】 8月14日,根据《丰台区人民政府机构改革实施意见》,不再保留园林局、林业局,组建园林绿化局为区政府工作部门,并挂绿化委员会办公室牌子。将园林局的职责、林业局承担的林业管理职责整合划入园林绿化局。年内,围绕"保增长、保民生、保稳定"和庆祝"建国六十周年"等中心工作推动绿色园林、人文园林、科技园林事业不断发展,4项为民办实事工程、5项区政府折子工程和2项新农村建设折子工程全部完成,国庆花卉布置、游园服务保障工作受到表彰,获得"第七届中国花卉博览会(北京展区)优秀组织奖"、"首都绿化美化先进单位"、"09年度无森林火灾先进区县"、"城市花卉布置突出贡献奖"、"国庆游园活动优秀组织奖"等国家、市级荣誉称号7项。北京电视台、《北京日报》、中华网等20多家新闻媒体对绿色丰台的成就进行了广泛报道。

(李 娟)

【城市绿化】 年内,完成西客站南路、北京南站周边城市绿化21公顷,栽植乔木11000余株。实施城市绿地专业养护640多公顷,增设座椅204套,铺装6397平方米,拆除、更换栏杆1247延米,安装太阳能灯88座。

(李 娟)

【农村绿化】 年内,新增一道绿化10公顷,完成二道绿化216公顷,彩叶工程33公顷,通道绿化11公里,街坊路绿化22万平方米,栽植各类苗木30万余株。北宫森林公园周边67公顷裸露山体植被恢复工程竣工,千灵山景区周边67公顷废弃矿山植被恢复工程基本完成,273公顷六环路绿化工程全部启动,67公顷花卉大道彰显特色。

(李 娟)

【群植绿化】 年内,组织大型义务植树活动9次,栽植各类树木12.9万株,养护树木21.6万株,新建纪念林3处。完成20个首都绿化美化花园式单位、2个花园式社区和1个首都绿色村庄创建工作。社会单位和个人出资12.1万元认建认养绿地2.04万平方米,认养树木236株。

(李 娟)

【绿色产业】 年内,占地6000平方米的北京首家花卉园艺中心落户草桥。第七届中国花卉博览会参展项目获奖38个。实施果树新品种引进、有机果品栽培、低效果园改造工程67公顷,276栋设施果树日光温室先后建成,全年果品产值同比增长近20%。

(李 娟)

【北宫森林公园】 年内,北宫国家森林公园建成两座可容纳1500个车位的大型绿色停车场,加宽主路17000平方米,新建和完善步行道9200平方米,增加仿木护栏3600延米,完成公园入口标志、东门门区和行龙谷景观改造,新增彩叶面积34公顷,扩大景观花卉14公顷。

(李 娟)

【行管公园】 年内,"第九届北京莲花池庙会"、青龙湖龙舟赛、荷花节、"万芳亭健身杯"五人制足球比赛、"周末百姓大舞台"、普法茶亭等各项活动开展活跃,30多万人次感受到节日的气氛。改善活动环境,投资300万元完成铺装改造1715平方米,实施绿化改造3464平方米。

(李 娟)

【森林防火】 年内,新建水泥防火公路6.5公里,清理林地可燃物5600多公顷,开设防火道13万延长米,更新指挥中心气象站1座,新建瞭望塔2座,开展森林防火宣传和模拟实战演习活动8次。

(李 娟)

【林木有害生物防控】 年内,健全416人的监测队伍，完善164个国家、市、区级测报点建设，飞防面积3200公顷，防治作业面积23万亩次，释放美国白蛾天敌周氏啮小蜂近1.4亿头，施用各种药剂23.5吨，检疫各类苗木465万株、木材0.2万立方米，林木有害生物防治实现“四率”指标。

（李　娟）

【林政资源管理】 年内，完成绿色通道项目审批35件。全年完成审批173件，审核征、占用林地13.2公顷，审批伐移树木30941株。园林绿化资源普查工作基本结束，古树名木保护复壮进一步推进。收缴代征绿地5.7公顷，新建居住区绿地7.2公顷，查处绿地违章62件。受理接报警37起，查处各类案件5起。

（李　娟）

【花卉布置】 年内，规划实施“一池浓墨、五园重彩、十景淡妆”花卉布局。采用地栽花卉、搭建立体花坛、摆放花钵等多种方式，分平面、立体和桥区三部分，在二三环路、丰台路口、菜户营桥、丽泽桥、玉泉营桥等主要道路、重要节点共栽摆花卉340万株（盆）。为新中国成立60周年营造靓丽优美的环境，安排百家社区栽摆花卉76万株（盆）。

（李　娟）

【国庆游园活动】 年内，按照市区统一部署，对莲花池等各大公园进行较大规模的环境布置，摆放立体花坛7座，栽植地栽花卉482028株，种植面积16500平方米。组织各类活动100多场次，近60万游客参与庆典活动。

（李　娟）

环境保护

【概　况】 年内，完成新中国成立60周年空气质量保障工作任务，协调完成第十五阶段控制大气污染工作任务；完成市政府下达区的2009年二级和好于二级天数任务，丰台花园子站、云岗子站实现“双达标”；完成年度二氧化硫和化学需氧量两项主要污染物指标的减排任务和20吨以上燃煤锅炉改造清洁能源工作；完成城乡结合部地区原煤散烧替代试点任务；污染源普查工作率先通过市污普办验收；加大环境监管力度，全年未发生一起责任污染事故；无违法违规审批，当年申请建设项目竣工验收率100%，新建建设项目排污申报率100%；人大代表、政协委员建议和提案及群众的来信来访处理率100%。

（王　健）

【扬尘污染控制工作】 年内，成立空气质量联合监管领导小组，制定《丰台区2009年空气质量联合监管工作方案》，组织召开空气质量监管专项工作会，按照十五阶段控制大气污染措施要求责任落实到人；继续实行由区城管大队、区建委、区市政管委、区环保局、区环卫中心、区园林局组成的每周两次联合执法，特殊情况时随机联动，共联合检查百余次，工地扬尘污染得到了较好的控制；认真落实子站周边重点扬尘污染源治理实施方案，及时启动空气质量应急预案，在空气污染指数二级与三级临界状态或重污染情况下分级启动应急联动机制，启动预案57次；在市环保局监察队支持帮助下，协调北清环卫公司对四环主路洒水43次，共洒水5056吨，争得21个二级天。

（王　健）

【燃煤锅炉达标排放工作】 年内，继续推进燃煤锅炉改用清洁能源工作，北京亚新科天纬油泵油嘴有限公司和丰台城建物业管理公司（共计7台130蒸吨）已完成改造；开展城乡结合部地区原煤散烧替代工作，完成39户44台型煤炉具的置换工作；对常年使用燃煤锅炉单位的执法检查和监管，每月至少检查1次；采暖期，每晚对燃煤锅炉房二氧化硫排放情况进行重点检查,以防设施不能正常运转而发生偷排和超标排放的现象;加大对经营性小煤炉、露天烧烤、夏秋两季秸秆烧荒等检查力度,发现一起,查处一起。

(王 健)

【国庆节期间空气质量风险防范】 年内,制定《国庆期间大气污染专项整治行动工作方案》,召开街乡(镇)主管领导会议,部署国庆期间扬尘污染控制工作;向混凝土搅拌企业下发《致丰台区混凝土搅拌企业的一封信》,要求各混凝土搅拌站完善管理制度和岗位目标责任制;建立、健全大气污染控制预案和应急预案;对街、乡(镇)工地管理情况进行抽查,抽查工地140个次,对16个存在扬尘污染的单位提出明确整改要求并逐一复查直至达标;国庆期间,对子站周边施工工地、重点工业企业等进行巡查,共检查工地33个次,对2个扬尘控制措施不到位的单位限期改正,实现60年大庆期间的环境安全和蓝天目标。

(王 健)

【完成污染减排工作任务】 年内,通过清洁能源改造及京丰热电有限责任公司2台机组停运等措施,超额完成年度二氧化硫减排任务(2399吨);推进河西地区化学需氧量减排工作,多次协调区水务部门加快建设河西污水处理厂的建设,与丰台区房屋管理中心长辛店分中心建设了卢西嘉园污水处理及中水回用项目。

(王 健)

【水环境执法检查和监管】 年内,对全区饮用水水源地49家单位进行彻底细致排查,对4家污水处理设施运行不正常的单位及时进行整改;每月对污水处理厂、用水大户进行例行检查;建立严密的巡查制度,每周对河湖水质监察不少于1次,并填写现场检查登记表,对河湖两侧的排污企业实时监察,严防将污水直接排入河道。

(王 健)

【履行辐射监管职能】 年内,全区有涉源单位14家,现有源共计72枚,射线装置288台。针对全区14家涉源单位、46家射线装置单位、92家辐射单位进行严格检查,确保辐射环境安全。抓好辐射管理从业人员的培训,制订各单位的辐射事故应急预案,提高涉源单位辐射事故应急处置能力。

(王 健)

【严控甲型流感】 年内,及时报送防控工作信息做好甲型H1N1流感疫情防控工作。对56家一级以上医院进行普查,累计出动118人次、42车次。对23家医院存在的问题,现场提出整改要求,认真复查,对总余氯仍不达标的佑安医院下达限期,对存在问题较多的安太嘉园医院进行处罚。

(王 健)

【机动车尾气达标排放工作】 年内,完成黄标车淘汰3437台,办理补助资金1947.39万元,发放宣传材料35800份,接待业务咨询18026人次;动员淘汰黄标车2968辆,入户1039家企业单位,填写淘汰意向表5441份;专项检查搅拌站22家,黄标车91辆,淘汰47辆,检查环卫车辆681辆,长途客运6家共2336辆,邮政公司6家共181辆,旅游客车27辆,出租公司26家共12325辆;夜查13057辆,其中黄标车342辆,占2.62%;遥感267653辆,其中黄标车2093辆,占0.78%;路检16869辆,其中黄标车636辆,占3.77%;检查加油站105家,共793次,抽测油气回收52家,抽测合格率79%。

(王 健)

【完成辖区污染源普查工作】 年内,完成污染源普查文件材料、实物等5728件档案群的整理、归档工作;完成污染源普查工作总结和5个技术报告编写工作。5月25日,在全市19个区县中第一个接受市污普办验收组的验收,各项指标均符合验收要求。

(王 健)

【做好污染源专项检查】 年内,开展"百日环境安全隐患整治"活动，共出动检查人数(包括街乡镇)354人次，检查企业168家，未发现环境安全防范措施落实不到位、设施不正常运行、违法使用和收购储存废弃危险化学品的场所、废弃和遗留危险化学品生产装置等情况。

(王　健)

【信访工作】　年内，共受理各类信访2297件。其中"12369"环保投诉举报咨询中心2120件、人大建议、提案6件、网格化城市管理5件、直接或区转办166件；信访件中大气污染1318件、噪声污染907件、水污染23件、其他47件。信访处理、按时结案率均为100%。

(王　健)

【严格控制新污染源】　年内，政府企业服务大厅和局一楼服务大厅合二为一，成立全程办事代理受理室，真正做到审批受理、验收受理、委托检测受理、业务咨询一站式办公；严格执行环境影响评价制度，共办理行政许可1478件，其中建设项目审批930件(环境影响报告书4件、环境影响报告表280件、环境影响登记表646件)，验收及评价达标838项，"三同时"执行率100%，从源头上控制了污染增量；全程办事代理受理室共接待人员4255人次。

(王　健)

【环境宣传教育工作】　年内，围绕"减少污染—行动起来"世界环境日活动主题，开展宣传活动，张挂宣传横幅36条，展板150块，彩旗30面，板报140余块，发放宣传材料万余份，《北京新闻》、《特别关注》、北京广播电台等都在第一时间对宣传活动进行报道；邀请"北京绿色行动"环保知识宣讲团的专家为3个社区进行家庭节能减排讲座；对已创建的91个区级绿色社区开展复查工作；加大生态村创建工作力度，完成南苑乡南苑村、长辛店镇辛庄村、王佐镇西庄店村3个市级生态村的创建工作，完成蒲黄榆一小、樊家村小学、看丹中学、卢沟桥中学4所学校区级绿色学校的创建工作；与区教委联合举办小学生"我爱地球妈妈"演讲比赛，在全区中小学中开展以"保护环境，祖国明天更美丽"为主题的环保手抄报比赛。

(王　健)

【提升环境监管能力】　年内，共出具大气、水、噪声、固体废物有效监测数据两万个；完成每月13个断面地表水、12点位降尘的例行监测工作以及138个网格区域环境噪声和46条路段交通噪声的普查工作；完成全年4个季度交通环境NO2和CO的检测；完成12个月降尘的监测以及全年12次地表水的监测任务；完成每月市控8个废水重点源、4个污水处理厂和22个废气重点源的监测；完成每季度对永和庄垃圾填埋场渗滤液、3个观测井水质和厂界大气的监测；完成对120个区属重点废水污染源、140台锅炉废气和53个医院医疗废水的监测；针对甲型H1N1流感疫情防控工作的要求，对辖区内53家医疗机构医疗废水余氯进行连续性现场监测；完成了《2008年丰台区环境质量报告书》的编制及修订工作。

(王　健)

环境卫生

【概　况】　年内，作业质量合格率93%以上，在城八区环境卫生专业作业质量考核评价中排第3名。完成日常环卫作业1190条、2552.4万平方米的道路清扫保洁，396.2万平方米绿地保洁工作；机械化清扫道路467条、面积1110万平方米；冲刷喷雾降尘道路253条、面积617万平方米；完成925万平方米道路的小广告清除工作。负责248座(含代管)密闭式清洁站的管理,其中垃圾楼67座、垃圾房151座、垃圾中转站30座;负责490座公厕的保洁,其中二类以上公厕169座、达标公厕272座、三类公厕21座。全年收集清运生活垃圾88.48万吨,清淘清运粪便27.1万吨,垃圾、粪便密闭化收集、清运,无害化消纳处理率100%。

(张　峥)

【环卫设施设备建设】 年内,按照北京市分3年实施密闭式清洁站升级改造的工作部署,完成区内50座密闭式清洁站升级改造和新建3座小型垃圾中转站工作;完成"为民办实事"60座公厕的新建、翻建任务,并尝试在环卫设施内安装水气冲、无动力风机和太阳能照明等节能环保设备。按照市、区黄标车治理改造要求,淘汰更新生产车100辆,用好市区专项补助资金,增置洗地车10辆、便道保洁小型机扫车3辆。

(张　峥)

【城乡一体环境卫生专业化工作】 年内,中心与15个行政村签署委托清扫保洁协议,共涉及道路152条、17.4万平方米;与街乡镇签订了长期的委托管理公厕协议,涉及公厕119座。

(张　峥)

【国庆六十周年保障服务】 国庆60周年保障期间,共出动道路清扫保洁人员17267人次,大、中型机扫车2021台次,冲刷、喷雾降尘车169台次,垃圾、粪便清运车4578台次,三轮车、自行车等人工道路作业车辆16252车次。清除白色污染100020处和非法张贴小广告17万余张,清运生活垃圾18452.22吨,清淘清运粪便6746.48吨,2137人次实施自查。

(张　峥)

【环境综合整治】 年内,接受各级领导检查视察及重大活动保障任务65次,开展环境整治、处理突发环境卫生事件395次,出动人员3767人次,车辆1156车次,清理垃圾渣土1240.8吨,抽运积水2155吨。加大对丰台、云岗两个子站周边道路冲刷、喷雾降尘,出动机扫降尘车辆352车次、使用中水1936吨。

(张　峥)

城市防震

【概　况】 年内,围绕中华人民共和国成立60周年庆典及"两会"的召开、全国首个"防灾减灾日"等活动,坚持"常备不懈、平战结合、恪尽职守、团结和谐"的工作方针,以地震监测预报、灾害预防和紧急救援三大体系建设为重点,履行使命职责,抓好各项工作的落实。全年共提出预报64次,组织地震科普讲座及定点宣传活动5次,培训人数7000人次,发放各种宣传品近万份。完成国家级科普教育基地升级改造项目和价值70多万元的地震应急装备的购置工作。开展建设"防震减灾安全社区"和防震减灾应急与救援志愿者队伍试点工作。

(吕　明)

【震情监测会商】 年内,共召开震情会商会64次,以网上周会商和加密会商的形式向北京市地震局提出地震预报意见64次。

(吕　明)

【地震趋势会商会】 6月9日至10日、11月11日至13日,市地震局分别在密云和海淀召开年中地震趋势会商会及2010年年度地震趋势会商会。区地震局在分析对比本区及周边区县各类监测手段数据的基础上提出2009年下半年及2010年度地震预报意见,向会议做了详细的地震趋势会商报告。丰台地震局压磁应力测项荣获2008年度北京市地震观测资料质量评比第二名。

(吕　明)

【震害防御科普宣传】 5月7日，在武警十五支队联合举办“丰台区5·12防灾减灾日宣传周启动仪式”。在宣传周期间分别与区广电中心、区文委、区红十字会、区国资委、区科委等多家单位合作，深入学校、社区、企业、军营，以多种形式开展地震科普知识及防震减灾法宣传。活动中共组织地震科普讲座及定点宣传活动5次，培训人数7000人次，发放各种宣传品近万份，发放《地震常识调查问卷》400份。与区直机关工委联合举办7.28“普及地震知识，科学应对灾害”主题报告会，请中国地震局原副局长、研究员、中国老科学技术工作者协会副会长、地震分会常务副会长何永年先生，为丰台区直机关58个单位的党员做地震科普知识讲座。

（吴玉琴）

【国家级科普教育基地升级改造项目竣工】 年内，丰台区国家防震减灾科普教育基地升级改造工程由区财政投资90多万元，经前期调研、筹划和近3个月的紧张施工，11月底工程完工。12月15日通过由地震科普专家、北京市地震局领导以及区采购中心、区地震局及区科技馆3个部门的领导及代表的验收。展厅总面积为480多平方米，由互动展厅及知识展厅两部分构成。互动展厅面积280平方米，由认识地震、感受地震、科学防震3大展区组成。知识展厅面积200平方米，以西游记地震取经记为题材，采用科普漫画的形式全面系统地宣传地震科普知识。

（吴玉琴）

【防震减灾助理员队伍建设与培训】 为加强区防震减灾“三网一员”建设，提高街道及社区防震减灾助理员业务知识，于7月7日在国家地震紧急救援训练基地举办2009年防震减灾助理员培训。丰台镇街道、方庄地区、太平桥街道及其下属49个社区的防震减灾助理员共53人参加了培训活动。

（吴玉琴）

【地震应急装备的购置工作】 年内，与丰台区采购中心进行公开招投标、论证，严格按照程序，完成70多万元的装备购置任务。

（吕　明）

城市管理监察

【概　况】 丰台区城市管理监察大队（以下简称城管大队）在区委、区政府的坚强领导下，以“迎国庆，保丰台辖区环境秩序”为中心，以科学发展观为牵引，以加强队伍建设为根本，以国庆平安行动为重点，不断创新工作思路，改进执法方式，持续加大环境整治力度，提升城市管理水平，较好地完成了全年环境秩序保障的各项任务，荣获市国庆安保工作先进集体称号、区国庆平安行动最佳环境保障奖。执法力度，全面开展国庆60年庆典环境秩序整治。全年共取缔无照经营6.6万起，检查“门前三包”约20.3万家次，检查工地2500余家次，没收盗版光盘2.9万张，没收各类非法出版物2.5万本，解体三轮车、摩的2971辆，解体灯箱、烤箱、炉灶2.09万件（折合废铁17.25吨），收缴小广告80万余张，暂停违法小广告号码7475个，罚没款共计1051万元，与去年同期基本持平，占全市罚没款的四分之一。全年受理各类热线举报17万件，其中，市局96310热线举报3.8万件（占全市的16.2%），城指中心网格件12.4万件（占全区的70%），3955举报件8335件。

（田　洁）

【落实大气污染治理折子工程】 年内，按照“第十五阶段大气污染治理折子”的工作要求，严格落实大气污染各阶段防控措施，坚持将日常监管与突击检查相结合，先后开展了“绿色工地管理”、“整顿露天排挡、街头烧烤”、“严查道路遗撒”、“严查夜施扰民”等专项整治行动,施工扬尘得到有效控制,子站周边大气污染源显著减少,确保蓝天目标的顺利实现。

(田　洁)

【取缔无照经营】　年内,持续开展以打击无照经营为重点的街面净化活动,启动区域分片联动模式,变“单兵作战”为“多兵作战”,对六里桥、刘家窑、木樨园等重点地区、执法乱点进行联合整治,对一些不服管理、屡教不改、态度蛮横违法相关人予以严厉打击。开展羌藏民无照经营专项整治,迎难而上,加大宣传教育,加强说服劝导,联合公安、工商重点取缔“钉子户”,持续开展综合治理,保证政治敏感区域、重点大街、交通枢纽等地区的环境秩序。

(田　洁)

【处理信访举报】　年内,坚持推行热线举报首问负责制、举报处理实名制、跟踪抽查制,落实举报责任,避免有案不查、虚假回复等情况的发生。与街乡密切配合,实现属地管理与职能管理的有机结合,增设监控设备,增加执法力量,加大热线举报高发区的监控力度;多渠道受理举报投诉,增加网上投诉平台,加大分队举报电话的宣传力度,有效提高了举报办理的直接性和有效性,保证了热线举报的办理时效和办理质量,促进了热线举报的快速回落。全年共处理区政府督办件110件,各级各类信访件1100件,一批群众关注的热点问题得到有效解决。

(田　洁)

【深化执法联动模式】　年内,出台《关于城管综合行政执法机关与公安交通管理机关建立联合执法机制的工作意见(试行)》,建立城管、交通联合执法体系,联手打击扰乱交通、环境秩序的各类违法行为,实现了执法力量、执法成果的共享。率先在全市范围内建立与公交派出所联合打击非法运营的工作模式,通过共同设立“打黑组”,实现执法资源的有效互补,宋家庄周边非法运营突出的“老大难”问题得到有效缓解,全年共处罚非法运营547辆,罚没款243.6万元,占全市非法运营罚没款的四分之一。

(田　洁)

【国庆平安行动】　年内,根据“国庆平安行动”工作部署,围绕影响市容环境秩序、易引发安全事故等8大类风险点、20种违法行为,对全区环境秩序重点、乱点地区和影响市容环境秩序的突出问题,迅速展开了拉网式风险隐患排查,共排查出市容环境风险点78处,并对风险点进行全面分析、评估,及时登记挂账,明确整改期限和完成目标,进一步明确了环境保障工作中的关键环节和薄弱点,对不同等级的风险隐患进行了有效控制,将问题解决在基层,将矛盾化解在一线。行动中,及时启动等级防控,全员停休,将执法力量向一线倾斜,对重点大街、重点区域实施全天候、全覆盖、无缝隙环境保障;启动应急保障机制,针对莲花池公园等重点点位,开展应急实战演练,充分运用远程监控、GPS定位系统和车载取证设备等高科技手段,提高队伍的快速布控能力和应急保障能力;启动领导带班检查机制,强化大队领导每日轮流带班巡查,加大非正常时间段检查和督察的力度,发现问题,迅速处理,保证了政治敏感区域、重点大街、交通枢纽等地区的环境秩序。

(田　洁)

【拆除违法建设】　年内,将“拆除违法建设、服务区域经济发展”列为工作的重中之重,顶住压力,积极履职,以拆除违法建设、优化区域发展环境为工作目标,引导工作重点向拆除违法建设倾斜。抽调业务骨干,成立拆违工作组;建立联席会议机制,加强意见沟通、协商;牵头召开强拆推进会,积极做好拆前工作部署;与区规划分局建立快速认定机制,第一时间对违法建设予以认定;与区法制办建立案件快速审查机制,第一时间查看现场;与区监察局共同研究《责任追究办法》;以协查函的形式与供水、供电部门加大配合力度,采取断水、断电等措施，共同推进拆违力度；加大与街乡镇的协调、配合，建立街乡镇新生违法建设周报制度，促进属地管理职责的落实；建立函告制度，对于已具备强拆条件的违法建设，首次采用向属地街乡镇发送《拆除工作建议函》的形式推动拆违工作的落实。全年，全区累计发现违法建设1615处，共计924245.6平方米。累计拆除534处，面积310700.2平方米，占全区违法建设的33.6%；立案938处，面积344388.3平方米；发限拆792处，面积289348.9平方米；区政府批准强拆的473处，面积189681.1平方米。南苑拖拉机修理厂、右安门东庄、东铁营斜街等一批群众反映多年、影响区域环境的违法建设顺利拆除。

（田　洁）

【深入学习实践科学发展观】 年内，按照区委统一部署，紧紧围绕“抢抓历史机遇、推进城乡统筹、加快区域发展”的活动主题，深入开展学习实践活动。一是将学习实践活动与城管职能定位紧密结合。以“学习实践科学发展观，提升依法行政水平”的活动主题为载体，开展专题调研，促进科学发展观活动的纵深推进；二是将学习实践活动与领导干部作风建设年相结合，进一步改进和加强干部队伍作风建设。三是将学习实践活动与国庆平安行动相结合。全体党员坚持发扬奥运精神，成立24个党员突击队，24个党员示范岗；400余名同志在工作之余报名参加了社区国庆安保志愿者活动，积极投身社会面防控工作；先后三次参加国庆60周年庆典彩排、预演活动远端游行群众集合点、安检点外围进行环境保障，共出动人员300余人次，车辆60余台次，做到了组织严密、布控合理、查处严格，全体队员以实际行动践行科学发展观的精神实质。

（田　洁）

【加强队伍建设】 年内，研究出台了《非领导职务晋升工作实施办法》，依照工作年限、重要岗位任职年限、立功受奖、民主推荐等情况进行量化打分，明确奖勤罚懒的晋升导向，2009年共有46名队员晋升为科级非领导职务，调动了队员的工作积极性。研究出台了《关于 < 执法责任制综合考核评比办法 > 处罚条款中的补充规定》，将特岗奖励、绩效奖金与履职情况相挂钩，在队伍中树立起了“有功必受奖，有过必受罚”的思想导向，激发了全体队员主动作为、积极履职的工作意识。

（田　洁）

【任用优秀干部】 年内，继续打造“能者上、平者让、庸者下”的用人格局，对27名科级干部和39名普通干部进行了调整和岗位交流，向外单位推荐提拔了1名正处级干部、推荐交流了1名副处级干部，向其他部门输送了15名中层干部和普通干部，并从内部提拔任用了2名副处级干部，鼓舞了队伍士气。

（田　洁）

【改善办公条件及更新防护装备】 年内，在街乡镇领导的大力支持下，通过多方沟通和协调，右安门、新村、卢沟桥乡、长辛店、西罗园等5个分队从仓库、彩钢板房、老旧平房等临时办公场所搬进了新的办公用房，改善了办公条件；针对今年暴力抗法事件频发的现实情况，大队及时为全体队员配发了防刺背心、防割手套和头盔等防护用品，保证了一线队员的人身安全。

（田　洁）

【强化法制建设】 年内，从提高队员执法能力和素质入手，建立执法基础知识考核机制，组织开展全员参加的法律基础知识闭卷考试，全面检测、摸清队伍的执法基础知识水平。建立健全法制培训分级制，以《执法责任制综合考核评比办法》为载体，突出抓好法规知识和执法技能的培训，针对执法实务操作中出现的问题，采取执法“情境化”模式对队员进行素质再造。不断强化队员的证据意识、程序意识，提高依法行政过程的和谐程度。

（田　洁）

【严抓廉政建设】 年内,在坚持"一岗双责"的基础上,将廉政风险防范的范围扩大至科级干部,延伸至基层一线。采取多种手段,广泛动员、认真走访,开展风险点查找活动。坚持自上而下,自下而上,围绕思想道德、岗位职责、执法(业务)流程、外部环境四个个方面找准、找全风险点,共找出275余个风险防范点。认真制定防范措施,提高廉政风险防范的针对性、可行性,坚持把廉政风险防范做实做细。开展警示教育,组织科级以上干部参观北京市反腐倡廉警示教育基地;认真查找执法风纪、执法规范、廉洁勤政等方面存在的突出问题,对涉及城管执法"五条高压线"和行为规范的违纪问题实行"零容忍"。

(田 洁)

信息化城市管理

【概 况】 全年以"完善信息化城市管理基础工作,创新城市管理机制,提高城市管理效率"为目标,积极推进丰台区信息化城市管理各项工作,建立起有自身特色的信息化城市管理运行机制,为丰台区城市环境改善和国庆60周年环境保障做出了积极贡献。城市管理监督员共上报城市管理问题304207件,立案208440件,每天平均立案833件,同比增长40%,结案153761件,同比增长11%。部件类问题22199件,占总数的11%;事件类问题186241件,占问题总数的89%。

(张 凝)

【国庆期间信息化城市管理】 年内,充分发挥信息化城市管理监控全面、处置高效的特点,以全区各类庆祝场所、火车站、长途客运站等人员密集场所为点,以二、三、四环等重点道路为线,以70个重点地区为面,形成点线面结合的重点巡查区域,对重大活动区域的案件优先立案、优先处理,做到重点地区重点保障。加强对重点疑难问题的协调力度,对路面塌陷、雨水口堵塞等城市问题进行重点监控,对各类井盖、线缆等公共设施进行重点排查,对脏乱死角、小广告、无照经营等城市顽疾进行重点整治,确定专人负责对重点问题跟踪督办。加强对监督员上报问题质量的管理,制定了严格的奖惩制度,对表现突出的监督员予以嘉奖,对违纪行为严肃处理。制定国庆期间系统运行保障应急预案,加强设备管理,确保国庆期间系统安全稳定运行。

(张 凝)

【完善管理长效机制】 年内,充分发挥综合协调作用,完善信息化城市管理长效机制。针对日常出现的疑难问题,健全疑难问题协调解决机制,与市级平台和区18个委办局、19个街乡进行协调,搭建沟通平台,查清责任主体,理顺工作关系,彻底解决城市问题。全年,共协调解决疑难问题一千余件。围绕区委区政府整治新生违法建设工作要求,起草整治新生违法建设工作的实施意见,利用信息化城市管理模式对新生违法建设实施长效管理。

(张 凝)

【数据普查和权属确认】 年内,在原有数据的基础上,对全区网格进行重新划分,对全区部件进行重新普查,共划分网格3768个,比二期增加了51%;普查城市部件429877个,比二期增加了36%。完成全区1006条市政道路的普查工作,每条道路采集相关数据128项,为丰台区道路建设和道路养护提供了基础资料;完成100个加油(气)站定位和周边500米危险源的普查工作;完成全区1600余座公厕的普查工作。完成全区新增管理部件的权属确认工作、河东三乡52个行政村村界以及街道边界的测量和确认工作。

(张 凝)

【系统升级和改造】 年内,按照北京市对城八区的统一要求，对平台系统进行升级改造，规范了部、事件分类标准，制订了《责任部门管理标准》、《上报和核查标准》、《立案和结案标准》，明确了各部门问题处理的责任，实现了与市级平台案卷跟踪、数据统计、监督评价等功能的对接。

（张　凝）

【城市运行监测】 年内，建设城市运行监测网络平台，各项城市运行数据通过网络平台手段实现实时更新和共享，达到“信息更快、数据更新、数据更准、共享更及时”的目的，为领导决策和应急保障提供支持。及时报送《丰台区城市运行监测平台综合信息》，全年共编写《综合信息》54期。

（张　凝）

【建立政务信息资源共享系统】 年内，完成全区政务信息资源共享系统建设，实现了区级与市级部门之间、区级部门之间的信息交换与共享。各个部门可通过平台，按照权限，获取其他部门业务数据，为跨部门协同和各类应用提供支撑，为领导决策提供帮助。建立了丰台区政务信息资源中心，建成了政务资源门户、应急指挥、城市运行监测、劳动保障监察、市政道路和街乡台账六个子系统。

（张　凝）

交通　邮电

交　通

丰台西站

【机构及人员】 丰台西站行政机构设办公室、劳动人事科、计划财务科、安全技术科、职工教育科、运输和统计科、信息技术科7个科室,党群组织设党群办公室;下设上行、下行、调度、货检、货装、西道口、葆台7个车间和北京京铁泰和兴经贸中心。年末职工总数1437人,其中干部155人,女职工96人,党员427人,团员191人,初级、中级、高级技工分别为1人、166人、349人,技师23人,高级技师1人。丰台西站2009年度荣获"四好班子"称号、北京市交通安全先进单位、路局级合理化建议和技术改进成果1等奖、优质货场、标准化货运检查站、标准化货运安全室、安康杯先进单位等称号。

(王佳宁)

【设备管辖及担当任务】 丰台西站位于北京市丰台区西南部,为路网性特等编组站,站场为三级八场、双向纵列式,双推单溜,自动化驼峰及微机联锁。连接京广、丰沙、京原、京哈、京沪、京九、京通、京承八条铁路干线,担负华北、华东、中原、东北、西北等方向的货车中转和货物集散任务,是全路重要的咽喉枢纽、主要的车辆集散地和晋煤外运的重要通道。有一个货场,货场设3条货物线。配属调车机10台;有货检设备铁道货车超偏载检测装置5台、铁路货车超限检测及装载状态监视系统5套;机械动力设备80台。固定资产原值8821.43万元。

(王佳宁)

【生产与经营指标完成情况】 2009年,丰台西站日均办理出入车20309.6车;其中有调12775车、无调7370.6车。中转时间6.87小时。停站时间29.2小时。日均装车9.8车。日均卸车12.9车。运输业劳动生产率47.54车/人日。全年运输收入1923.2万元,货物发送量18.4万吨。截至12月31日,车站实现连续安全生产1552天,实现了第四个安全年。

(王佳宁)

【货运安全集中监控系统的建立】 遵照路局加快推进"货检作业新模式"实施工作要求,车站新建成了货运安全集中监控系统,实现了信息的自动传输、统计、分析、处理、打印,改变了以往作业的口头传输和纸、笔、图表原始处理方式,取消了现有作业图表填记,降低了作业强度,从而达到优化现场作业流程、提高作业效率的目的。

(王佳宁)

邮 电

南区邮电局

【概 况】 北京市南区邮电局(以下简称南区邮局)是北京市邮政公司下属的二级通信企业,承担着崇文、宣武、丰台三个行政区以及西站、北京经济技术开发区和朝阳、大兴部分地区的邮政通信服务,服务面积480平方公里,服务人口约400万人。下设23个支局、78个邮电所、4个专业公司(邮票、函件、邮购、发行)、计算机中心及1个后勤保障单位,员工1631人。经办主要业务:国内国际邮政、速递,邮政储蓄,集邮,电子汇兑,报刊订销,图书音像,邮购,鲜花礼仪,电子商务、代理基金、保险及代收燃气费、水电费、代售机票等多项代收代缴代办代销类业务。全区各邮政网点开办“爱心包裹”业务。年内,完成“两会”及国庆服务任务,上门为退伍官兵收寄军包,全年全局服务满意度90分以上。在木樨园商圈、北京南站、丰台总部基地分别开设新世纪、北京南站、总部基地三处邮政网点,为各界用户提供邮政服务。完成多媒体咨询台系统升级工作,全局各支局启用中国邮政综合办公信息处理平台和移动协同办公系统,实现无纸化办公。

(步安娜)

【开放型邮政客户商务中心】 2月,在丰台区总部基地园区开设总部基地邮电所,营业面积200余平方米,设备先进,定位于邮政商务洽谈中心及邮政产品体验中心。邮政客户商务中心以展示柜、展示架的形式进行各种产品的实物推介,在办理各类邮件交寄等常规业务的基础上,可根据客户需求现场设计个性化邮票,为企业提供数据库查询服务,以投影等方式为客户进行业务演示和项目介绍,是一个集邮政收寄、方案设计、数据库查询、产品展示及业务洽谈功能为一体的开放型邮政客户商务中心。

(步安娜)

【爱心包裹业务】 年内,开展各类爱心包裹劝募主题活动300余次,共受理学生型爱心包裹17145件,学校型爱心包裹131件,累计筹集善款185万元,让近2万名四川地震灾区的孩子,度过了一个幸福、友爱、健康的六一儿童节。(爱心包裹项目是中国扶贫基金会发起的一项全民公益行动,依托中国邮政网点在全国开通3.6万个捐赠站,每100元即可捐赠一个学生型爱心包裹,每1000元即可捐赠一个学校型爱心包裹,包裹内的善品是根据受益对象的不同、季节的不同配备的学习和生活用品。)

(步安娜)

【家庭急救手册投送到户】 年内,承担全市600万册《急救手册》的封装处理任务,采取了增加工作人员,添置封装台席,设立处理专区等措施,历时1个月完成任务。丰台区共有83万户居民收到《急救手册》。

(步安娜)

【为两会代表提供个性化用邮服务】 年内,南区太平桥邮局承担全国政协十一届二次会议和全国人大十一届二次会议召开期间建银大厦驻点通信服务任务。以北京市劳模李梅为代表的亲情服务团队为代表、委员们提供首日封、纪念封寄售、包裹邮寄等用邮服务,并在服务点配备了电脑、打印机、数码相机等专用设备,为代表、委员现场制作个性化明信片。

(步安娜)

【服务退伍官兵 实现军民共建】 11月至12月,在各驻京部队官兵退伍离京之际,各支局走进军营,为广大官兵提供上门收寄军包的服务。开阳里、科学城、丰台、长辛店、云岗、东高地、石榴庄等支局的干部职工组成服务小分队，带上包裹专用袋和便携式手动缝纫机，前往右安门消防中队、武警十一支队、十五支队、66284部队、66058部队、装甲兵学院等部队，指导官兵填写包裹单，帮助官兵缝制包裹，为退伍官兵们提供封装、打包、收寄等一站式服务，共收寄军包3641件。

（步安娜）

【无纸化办公】 2月，正式启用南区邮电局移动协同办公系统，各类工作安排、经营情况通报、工作信息、规章制度等在系统中集中发布，并可长时间保存，供使用单位查询、下载。7月，正式启用中国邮政综合办公信息处理平台，公文管理、信息发布全部从网上进行。年内，实现全局现代化办公、无纸化办公。

（步安娜）

科技　教育

科技工作

【概　况】 年内，区科技工作紧抓首都城南行动计划战略，结合“科技北京行动计划”要求，围绕“两带四区”建设，认真履行科学技术发展、科学技术普及、知识产权保护三项职能。区政府通过了全国科技进步考核，区科委荣获“国家级知识产权系统培训先进集体”称号，荣获“丰台区国庆六十周年庆祝活动最佳组织奖”；建成全市首个区县级科普宣传网络平台；全区技术合同成交总金额185亿元，列全市第二。全区科技三项经费1040.16万元，创新基金支出691.2万元，科普经费208万元。制订了《丰台区专利奖励及转化资助办法》、《丰台区大学生创业孵化基地认定及管理办法》、《丰台区科技新星计划管理办法》，修定了《丰台区科技型中小企业创新基金管理办法》等政策。超额完成列入2009年区政府为群众办理的40件实事任务，创建3个市级和7个区级科普型社区，建成2个科技应用示范社区；开办“科普讲堂”栏目10期。组织2008年区级科学技术奖评审，30个项目分获一等奖2项，二等奖4项，三等奖24项。

（崔　颖）

【重大科技项目有新发展】 年内，组织申报市级绿色通道项目5项，申报数量位居全市前列。其中，“北京新发地农产品安全科技示范工程”项目获得市级科技资金1000万元；区县主题计划“丰台区奥运科技成果应用示范社区建设”项目获得市级科技资金180万元；“长辛店枣产业提升工程”项目获得市级科技资金100万元。京卫医药科技集团有限公司与科研院所合作，组织研发的《抗原肽临床研究》项目获得市科委科技成果转化落地、对接国家重大科技专项扶持资金500万元。

（崔　颖）

【科技措施支撑“三保”】 年内，在“保增长、保民生、保稳定”作为年度工作重点的基础上，推出促进经济增长若干措施：建立区域项目储备库；改造以新发地农副产品为代表的物流业态；推动永定河以西地区的生态改造；拓展孵化器发展内涵，扩大孵化器规模；重点支持太阳能及环保节能技术；加快籽种产业发展，延长农业产业链；面向城镇下岗失业人员等群体开展小额贷款担保工作。全年在保项目51个，金额316万元。

（崔　颖）

【完成新农村建设折子工程】 年内，组织实施王佐镇怪村农业观光采摘休闲园、李家峪村集雨工程、丰台区商贸物流业竞争力提升研究3个项目。完成花乡盛芳园工作站、长辛店农业服务中心、王佐籽种基地三个特色产业工作站建设。开展协调员培训，农村科技协调员发展到200名。

(崔　颖)

【成立首家大学生创业孵化基地】 年内,在全市成立首家3000平米的大学生创业孵化基地,用于大学生就业。大学生创业孵化基地相继与中科院研究生院等6家院校,签订了共建合作协议,已办理注册、入园的大学生创业企业6家,审理的大学生创业项目18个。

(崔　颖)

【中小企业贷款担保】 年内,全区中小企业贷款担保批准项目20个,金额3490万元。

(崔　颖)

【出台《丰台区专利奖励及转化资助办法》】 年内,出台《丰台区专利奖励及转化资助办法》,设立1000万元专项资金,对年度获得国家专利授权的单位或个人给予一次性奖励。对已获得国家专利授权,并可预见有较好的经济效益和社会效益的专利转化项目给予重点资助。

(崔　颖)

【科技成果惠及百姓】 年内,启动科技应用示范社区建设,实施方案已论证完毕。东高地街道角二社区怡馨花园建立绿色能源科技体验园,将太阳能、风能和人体动能等绿色能源所转化成的电能,应用于居民出行照明、趣味健身体验。云岗街道云西路社区建立应急避险安全防范展示社区,建立火灾逃生体验室,模拟火灾烟雾;设立地震逃生体验室,可模拟6-8级的地震,将可能造成的损失降到最低。

(崔　颖)

【国庆游园展示成就】 年内,区国庆60周年游园活动在莲花池公园、丰台科技园区公园、丰台花园、万芳亭公园、青龙湖公园、北宫国家森林公园,分别设计主题不同的展示展板510块,设置流动LED大屏转播车两辆。游园展示共接待游客约10万人次。

(崔　颖)

【编辑出版《科学丰台人》】 年内,与北京科技报社合作,编辑出版《科学丰台人》,反映全区社会、经济、科技等全方位的发展情况,反映丰台人的精神风貌,展现、传播科学精神和科学知识。全年共编辑出版四期。

(崔　颖)

【承办第29届安捷伦北京科技创新大赛】 年内,在北京市第十二中学举办,主题为"体验、创新、成长"的活动。30余万青少年参加本次活动,1220项优秀作品参加初评,162个项目参加终评答辩。大赛闭幕式上颁发了优秀科技实践活动奖、优秀科技教师奖、国际选手优秀项目奖、优秀项目一、二等奖、西澳大学设立的"生命科学领域研究项目奖"、"安捷伦青少年科技英才奖"、特别贡献奖。区科协、区教委、区科委、北京市第十二中学作为活动承办单位,获得大赛特别贡献奖。

(崔　颖)

【预防甲型H1N1流感宣传活动】 年内,区科委、区科协、区卫生局共同开展了"防控甲型H1N1流感科普在行动"活动。在丽泽长途汽车站、振华民生学校、大红门商贸区、新发地批发市场、卢沟桥街道、方庄街道等处设置咨询台,聘请医学专家现场讲解甲流感的主要症状、预防措施,发放预防流感宣传材料6000余份,展出38块专题展板,在科普画廊刊出《甲型流感宣传》的内容,受益群众上万人。

(崔　颖)

【知识产权宣传进社区】 年内,"保护知识产权,构建和谐社会"为主题的宣传普及活动在丰台街道永善里社区举行,北京市知识产权局副局长王淑贤、丰台区副区长李丽萍等领导参加了活动。宣传活动中,利用海报、横幅、设立咨询台等形式,进行知识产权知识宣传,向社区居民发放知识产权相关书籍和宣传资料10000余份。

(崔　颖)

【成立知识产权举报投诉服务站】 年内,与北京市保护知识产权举报投诉服务中心协作，在赛欧科园孵化中心建立了“丰台区保护知识产权举报投诉服务赛欧工作站”，开通丰台区举报投诉和咨询服务热线，解决企业在知识产权维权中遇到的各种问题。

（崔　颖）

【知识产权托管试点工作】　年内，赛欧科园科技孵化中心正式被北京市知识产权局授予知识产权托管工程试点基地称号，引入优秀的知识产权中介机构，为入孵企业提供专利、商标申请、维护、转让等知识产权多方位的服务。

（崔　颖）

【推动企业开展专利试点、示范工作】　年内，北京科威华食品工程有限责任公司、航天发射研究所等53家企业，被市知识产权局认定为专利试点企业。北京世纪博康医药科技有限公司被市知识产权局列为海外专利预警服务对象。中国铁路工程总公司、北京谊安医疗科技有限责任公司被市知识产权局认定为专利示范企业

（崔　颖）

科协工作

【概　况】　年内，区科协及所属团体以邓小平理论和三个代表的重要思想为指导，在区委、区政府和市科协的领导下，全面落实市、区工作精神和《区科协2009年工作要点》，团结一致，扎实工作，为区域科普事业发展、提高全民科学素质、建设现代化新丰台作出贡献。

（童　浩）

【承办北京第29届青少年科技创新大赛】　年内，协同18个委办局，承办北京第29届青少年科技创新大赛。完成18个区县近300名选手、嘉宾和来自15个国家的近百名选手及国际友人的接待服务工作。完成大赛的专项奖颁奖晚会、外宾与十二中学生的联谊活动以及中外宾朋参观世界花卉大观园的活动。近千名学生分别参加了全国青少年科技创新大赛、全国机器人竞赛、北京市小机床现场制作比赛、自然科学知识竞赛、“我有一双灵巧手”青少年动手做比赛、明天小小科学家评选等国家和市级比赛活动。

（童　浩　许景河）

【科普剧宣传活动】　年内，全区有9个街道35个社区参与了自编自导自演科普剧活动，以小品、相声、快板、歌舞剧、短剧、三句半等形式为载体，宣传节能减排、绿色环保、健康生活。

（童　浩　许景河）

【科普画创作】　年内，联合区美术家协会举办丰台区2009年科普漫画创作活动。组织专家评委对14个街道社区和中小学的151幅群众创作的作品进行评选，29幅（或组）作品获得奖项，将获奖作品编印成书6万册。

（童　浩　许景河）

【科技周活动】　年内，以“坚持科学发展，建设科技北京”为主题，部署年度北京科技周活动，由和义、东高地、南苑街道承办“携手建设创新型国家2009丰台科技周暨科普直通车——全民科学素质行动号”启动仪式，组织家庭节能减排技术和设施展示、专家义诊、科普场馆基地推介、科普互动、社区居民小发明展示、科学辨真伪展示等活动。累计组织开展科普活动50余项，受益群众10万余人次。

（童　浩　许景河）

【全国科普日活动】　年内，在“全国科普日”期间，以“科普直通车”进公园、进社区、进学校、进工地、进集市、进军营的形式，开展科普游园、科普剧演出、科普互动展览、参观科技场馆等32项活动，受益群众8万余人次。

（童　浩　许景河）

【科技下乡】 年内,在科技下乡活动中,为5个乡(镇)村送去家禽养殖、花卉种植、节能环保、农民科学素质等图书1万册,发放《全民科学素质专刊》1万份,《科普惠农兴村专刊》2000份,科普扑克500副,受众1万余人。

(童 浩 许景河)

【青少年科技活动】 年内,有74个青少年科技项目113人次在国家、市级比赛中获奖。其中,获得北京市青少年科技创新大赛一等奖7项;全国青少年科技创新大赛二等奖1项、三等奖3项;第九届中国青少年机器人竞赛VEX机器人工程挑战赛冠军1项。"耳的结构与功能教具"等3项科技创新教具分别获得全国科技创新大赛一等奖、二等奖。科技教师有12人次在国家、市级竞赛或评比活动中获得表彰奖励。

(童 浩 许景河)

【第三届"百姓科普旅游月"】 年内,举办了第三届"百姓科普旅游月"活动。以"旅游休闲学科学,健康快乐享和谐"为主题,组织了世界花卉大观园、中华航天博物馆、世界地热博览园等10余家科普教育基地、场馆给21个街乡社区群众赠送了价值近10万元的参观门票6500张。

(童 浩 许景河)

【预防甲型H1N1流感防控科普巡展】 年内,积极应对甲型H1N1流感疫情。与科委、卫生局联合,在丽泽桥长途客运站、新发地农贸市场、振华民生学校、大红门商贸区、花乡工地等10余个街道、学校、工地开展了防控科普巡展、专家咨询、讲座等活动。宛平街道科协编印了《预防甲型H1N1流感知识手册》,太平桥街道、东高地街道举办了防控甲型H1N1流感培训会。

(童 浩 许景河)

【争取资金弥补科普经费】 年内,向市科协和市财政争取资金共计346.26万元,其中科普益民资金119.5万元,科普惠农资金15万元,"一站一栏一员"工程补贴3万元,千灵山石灰生成科普基地专项资金39.01万元,云岗街道清洁能源科普体验基地专项资金44.75万元,市青少年科技创新大赛60万元,户外大型科普互动设施40万元,科普活动补助经费25万元。全年向街乡镇科协、区属学会和社区科普协会下拨科普工作经费259.15万元。

(童 浩 许景河)

【社区科普】 年内,开展"科普直通车"、"百姓科普旅游月"、科普教育基地场馆综合开发利用等区科普品牌活动,培育街乡(镇)、社区的科普品牌。资助丰台区东高地街道角二社区风能太阳能电站,西罗园街道第三社区天文科普,东铁匠营街道蒲三社区航模、小机床制作,丰台街道头条社区科普共建等4个社区科普品牌之后,资助长辛店街道东山坡社区农艺科普大棚和右安门街道玉东二社区生态种植科普园的建设。

(童 浩 许景河)

【科普教育基地建设】 年内,协调市区,指导街乡(镇),筹建王佐镇千灵山石灰生成过程科普教育基地、云岗街道社区清洁能源科普体验基地,争取市科协资金建设云岗街道办事处大型户外科普乐园,投资恢复王佐镇"北京市青少年科普世纪林"碑。

(童 浩 许景河)

【街乡(镇)科技活动】 年内,各街乡(镇)科协开展科普活动。有东高地街道的"五百"科普传万家活动、新村街道的科普直通车——延庆乡村行活动、丰台街道的预防疾病关爱健康活动、云岗街道的科普直通车——全民科学素质行动号活动、方庄地区的社会工作者心理学培训班、西罗园街道的青少年天文科普活动、右安门街道的社区家庭数字技能大赛活动、南苑街道的科普剧、科普漫画创作评选活动、太平桥街道的"爱牙日"宣传活动、和义街道的"科普环保实验室"活动、马家堡街道的预防手足口病活动、宛平地区的"科普之星"优秀科普家庭表彰活动以及王佐镇承担的印度专家考察科普基地活动、卢沟桥乡的保健科普知识讲座、南苑乡的职业技能培训和节能知识宣传活动、花乡的健身科普大讲堂活动、长辛店镇的大枣实用技术培训班。区属单位、各街乡(镇)积极邀请中科院科普团、解放军302医院的专家开展不同主题的科普讲座15场次。

(童　浩　许景河)

【基层科协组织建设】 年内,加强基层科协组织建设,推动建立社区科普协会。制定了《丰台区社区科普协会组织通则》(试行),用以指导与规范社区科普协会的建设。11个街道的39个社区成立了社区科普协会。

(童　浩　许景河)

冶金自动化研究设计院

【概　况】 年内,营业总收入9.90亿元,同比增长38.85%;利润总额5892.72万元,同比增长11.10%;归属母公司净利润2159.01万元,同比增长15.01%。资产总额22.05亿元,同比增长3.45%。新签合同额15.31亿元,同比增长7.61%。年末从业人员1158人,其中从事科技活动人员706人,占61%。高级职称198人,中级职称140人。博士生导师3人,硕士生导师25人,享受政府特殊津贴16人。荣获北京市纳税信用A级企业,丰台区经济发展贡献奖、标准创制贡献奖、中国人民解放军总装备部"装备承制单位"资格、丰台区安全生产工作先进单位、丰台区交通安全先进单位、北京市内保局集体嘉奖。控股公司北京金自天正智能控制股份有限公司荣获丰台区财政突出贡献奖、中关村20周年突出贡献企业、中关村科技园区丰台园优秀企业。院长张剑武被评为中关村科技园区丰台园优秀企业家。

(姜积岳)

【科研工作】 年内,获得5项国家项目及国家拨款2233万元。总投资5352万元的国家发改委重大产业技术开发专项项目"钢铁企业能源优化系统及其测控装备技术开发项目"、863项目"大型联合企业先进能源管理系统开发与应用"、三个科研院所开发资金项目获得批准。国家863项目"冶金电炉智能控制系统"通过专家组现场检查,"钢铁制造流程优化国家工程实验室"和国家发改委专项"冶金高性能电机节能调速装置产业化项目"按计划完成土建工程,"高性能控制器和大功率交直交变频调速技术"和"大型宽厚板轧制两级自动化系统成套技术"通过专家组中期检查,支撑计划项目"高性能交直交变频调速技术与装置的研究开发"通过专家组现场检查。申请发明专利9项、实用新型专利7项;获得发明专利授权12项,获得实用新型专利授权5项。获软件著作权11项;3个项目获得科技奖。

(姜积岳)

【重点工程项目实施顺利】 年内,实施的重点工程项目有宁波1780热连轧项目;重钢4100毫米宽厚板项目、西南铝业4300毫米宽厚板热轧主传动项目(大飞机项目);国投新疆罗布泊120万吨钾盐基地湖区生产调度系统项目;青海盐湖三元10万吨精制氯化钾电气控制项目;北京市现代服务业促进主题项目。

(姜积岳)

【推进承接重大工程项目】 年内,承揽了河北敬业集团120万吨棒材工程等3项重大工程项目,合同金额达6亿余元。承揽了敬业高炉大包和港陆高炉大包项目。

(姜积岳)

【军工保密体系、质量体系运行良好】 年内,顺利完成军工产品质量体系文件修订、实施运行、内审、军工管评和军工监督审核。获得国防武器装备科研生产单位保密资格审查认证委员会颁发的“三级保密资格单位证书”及奖牌；通过了北京新时代认证中心对GJB9001A－2001军工产品质量体系的第二次监督审核。

(姜积岳)

教　育

【概　况】 年内，丰台区有托幼园112所，其中教育部门办21所(含市立园18所)，集体办35所，民办30所，其他部门办26所；有在园人数27388人，入园人数9833人，离园人数6832人；有教职工4241人，其中专任教师2312人；学前3年教育普及率100%。小学93所，有教学班1904个，招生11040人，毕业9600人，在校生64372人(其中：北京市户口学生23766人，外省市借读生40606人)；教职工4602人，其中专任教师3889人；小学入学率100%，巩固率100%，毕业及格率100%。中学45所，其中初中校18所，高级中学4所，完全中学12所，一贯制学校11所；教学班965个(初中654个、高中311个)，招生10842人(初中7562人、高中3280人)，毕业9406人(初中5974人、高中3432人)，初中在校生21613人(其中：北京市户口学生12937人、外省市户口借读生8676人)，高中在校生10224人(其中：北京市户口学生9623人，外省市户口借读生601人)；初中入学率100%、巩固率100%、毕业合格率98.81%，高中入学率也叫初中毕业生升学率92.75%(既升学人数/北京户籍毕业生数＋八种人)。毕业及格率84.45%，应届高考录取率88.97%；教职工4601人，专任教师3101人(其中：初中2134人，高中967人)。中小学教师学历合格率99.11%，其中小学教师学历合格率99.97%(高中以上)，初中教师学历合格率98.92%(专科以上)，高中教师学历合格率98.45%(专科以上)。中小学市级特级教师20人，(其中小学3人，中学17人)；中小学专任教师具有高级专业技术职务758人。特殊教育残疾儿童入学率100%，巩固率100%，毕业率100%。特殊学校2所，13个班，招生3人，毕业10人，在校生122人，教职工46人，其中专任教师31人。校外教育单位4个，教职工264人，其中专任教师162人。全年教育投入175410万元(职业教育5378万元，成人教育1521万元)，其中国拨139308万元，自筹20589万元。中学学校占地面积1169820平方米，校舍建筑面积622356平方米，图书1289205册，电子图书6657GB；小学学校占地面积884587平方米，校舍建筑面积430046平方米，图书1793133册，电子图书19783.32GB。小学固定资产总值50683.39万元，中学固定资产总值73997.55万元。有职业中学6所，其中独立设校6所，职普联合设校0所。开设专业33个，教学班159个；招生1379人，完成招生计划100%，毕业1868人，在校生4449人。教职工740人，其中专任教师447人。专任教师学历合格率87.70%，高级专业技术职务137人。学校占地面积136959平方米，学校建筑面积74820平方米，图书118159册，电子图书163GB。职业高中固定资产总值10234.71万元。有各级各类成人学校507所。其中，成人高校(社区学院)1所，开设30个专业，招生1022人，毕业427人，在校生2028人，全年短期培训0人次。教职工101人，(专任教师67人)。成人学校教师学历合格率100%，有高级专业技术职务15人。社会力量办学单位241所，全年培训122990人，教职工3185人，(专任教师2131人)。市民学校260所，全年培训449472人次。乡办成人校5所，全年培训10399人次，教职工30人，村办成人学校66所。直属成人教育单位的占地面积20496平方米，建筑面积15957平方米，图书60000册，固定资产总值846.5万元。农村成人教育占地面积6933平方米，建筑面积3993平方米，图书7300册，固定资产总值228万元。

（宋海燕）

【召开小学规范化建设总结会暨校长国际论坛】 1月5日至6日，在北京通州运河苑宾馆召开丰台区小学规范化建设阶段总结会暨校长国际论坛。北师大专家指导团、丰台分院分别对专家指导、联片教研、学校发展规划论证工作做了总结。17位校长从不同角度阐述了立足实际、抓住契机、促进学生与教师发展、形成学校特色等方面的理论认识或实践经验。来自美国明尼苏达州的4位校长也进行了交流。丰台区小学及一贯制学校的校长、书记，共计150余人参加会议。

（闫莉娜）

【“庆三八 促和谐”国学经典诵读比赛】 3月7日，区教育工会组织全系统女教职工在区少年宫开展“庆三八 促和谐”女教职工国文经典诵读比赛活动。此次活动旨在以传承中华文化为核心，以诵读国学经典名篇为载体，全面提升女教职工文化素养，展示教育系统女教职工风采。参赛单位以舞蹈、演奏、歌唱、舞台剧等多种形式，诠释经典文化的博大精深和源远流长。共有63个代表队参加本次比赛，经过评选共评出丰台五小、丰台实验小学等11个一等奖；丰台第四幼儿园、丰台二中等22个二等奖；靛厂小学、和义学校等24个三等奖。

（张　伟）

【丰台职大丰台幼师举办联合办学揭牌仪式】 3月11日，丰台职大、丰台幼师联合办学暨学前教育（专、本层次）培训部揭牌仪式在丰台区职业教育中心学校丰台幼师校区举行。北京市教委副主任罗洁等领导参加揭牌仪式。

（史奎宏）

【召开“教育信息化技能与应用评优活动颁奖大会”】 3月24日，在区教委三层礼堂召开“2008年度丰台区教育信息化技能与应用评优活动颁奖大会”。颁奖大会对丰台一中白丽红老师、北京十二中叶轻舟同学和丰师附小邹玉芳同学等创作的81件电脑作品，丰台二中周圣烘老师等创作的57件教学设计作品，丰台五小冯纲老师等创作的20件视频摄制作品，丰台二幼等10个单位的校园网站，云岗中学杨琳玲老师等23名优秀网络管理教师予以表彰奖励。云岗中学石海燕同学及杨琳玲老师、丰台一中白丽红老师、北京十二中陈世荣老师做了“电脑作品创作活动”的交流发言及展示。

（韩　冰　李俊连）

【“师慧杯”及“创新杯”教学评优活动】 4月10日，在河北涿州举行丰台区小学第五届“师慧杯”及第一届“创新杯”教学评优活动颁奖典礼。近400名小学教师青年教师和骨干教师获奖。“师慧杯”是丰台区的一项传统赛事，这项赛事已经成为丰台区涌现教坛新秀，促进教师专业发展的一个重要平台。“创新杯”是为促进骨干教师可持续发展搭建的又一个新平台，旨在提升骨干教师的专业水平，发挥他们的示范引领作用。

（闫莉娜）

【召开北京十二中办学实践研讨会】 4月21日，区教工委、教委在十二中报告厅召开北京十二中办学实践研讨会。教育部部长助理、党组成员杨周复、人事司司长吴德刚、基础教育二司司长郑富芝、基础教育司副巡视员郑增仪、课程处处长刘月霞等教育部领导，北京市委常委、市教育工委书记赵凤桐、市教工委副书记、市政府教育督导室主任线联平等市教工委、市教委领导，国家总督学顾问、中国教育学会副会长、北京市社会科学届联合会主席陶西平、北京教育学院副院长钟祖荣、中国教育学会高中教育专业委员会理事长王本中等专家和中国人民大学附属中学校长刘彭芝、成都市第七中学校长王志坚等中学代表和北京市各区县教委领导、教育分院院长及丰台区委书记李超钢等领导出席了研讨会。北京十二中校长李有毅作《塑造大写的人——北京十二中的教育价值追求》的主题报告。北京十二中进行了民族文化展示和学生社团巡展并向与会专家和来宾展示了数学、语文、英语、历史、物理、化学、地理、政治、体育等9个学科12节课。

(袁富文)

【参加VEX机器人世界锦标赛】 4月29日至5月10日,2009VEX机器人世界锦标赛在美国举行,丰台少年宫有8名学员代表中国参赛。VEX机器人世锦赛由美国太空总署、加利福尼亚州立大学等十几所知名大学和公司组织,在美国及全球是一项极具影响的机器人赛事。在六轮比赛中,丰台少年宫的"中国龙"代表队四胜一平一负,最终以总排名第24、小分排名第4的成绩获得"优胜团队奖"(银奖)。

(张会芝 李 红)

【国学课堂研究】 6月5日,区教委组织召开丰台区小学"走进国学课堂"的教学工作交流研讨会。通过课例研讨的形式对国学课堂教学目标的制定、教学方法的运用,以及国学课堂与语文课堂的区别等内容进行了充分的交流与研讨。下半年,全区小学开展了"国学诵读优秀教学课例征集评选活动"。在征集上来的260份国学教学设计中选出了一等奖24篇、二等奖40篇,三等奖83篇。

(崔德跃)

【参加全国职业院校技能大赛】 2009年全国职业院校技能大赛中职组烹饪技能比赛于6月28日至30日在天津青年职业学院举行。来自全国35个代表队的210名参赛选手角逐中餐热菜、面点、冷拼、果蔬雕竞赛项目的上百个单项奖。北京代表队共获得两个一等奖,一个二等奖,四个三等奖,一个优秀奖,其中区职教中心校学生王鑫的必选菜品"滑炒鸡丝"和自选菜品"吉祥鱼面"获得热菜"一等奖"、作品"虾趣"获得冷菜三等奖,选手孔德鹏的作品"花开富贵"获得冷菜"一等奖"、必选菜品"滑炒鸡丝"和自选菜品"福禄一生"获得热菜三等奖。

(林 宇)

【幼儿教师基本功大赛获奖】 7月,北京市教委举办幼儿教师基本功大赛展评活动,经过笔试、口试、专业技能技巧、信息技术能力等科目的综合评比,21名教师全部获奖。丰台区蒲黄榆一幼刘玉红、航天幼儿园董彩伟两位教师荣获特等奖。

(孙桂荣)

【获得全国青少年机器人竞赛冠军】 8月3日至8日,在第九届中国青少年机器人竞赛上,区少年宫机器人小组学员北京市第十二中学高一学生唐宗恺、郑艺、许文强、李星諹4位同学代表北京队参加了这次比赛,获得高中组全国冠军。该比赛在青海省西宁市举行,共有33个省、自治区、直辖市、中国儿童中心及香港、澳门特别行政区的451支代表队,1300多名选手参加比赛。

(张会芝)

【召开青年教师先进个人表彰大会】 9月8日,区教育系统第四届青年教师先进个人表彰大会在北京十二中礼堂召开。丰台区委常委、宣传部部长李明圣,丰台区教工委、教委领导,教委机关中层干部,教育系统各基层单位党政领导、团队干部、青年教师代表,以及获奖青年教师先进个人共计500余人参加了表彰大会。全系统有106个基层单位的181名青年教师踊跃申报。评选出76名"青年教师先进个人"。

(袁富文)

【地方教材《我爱丰台》在区中小学正式使用】 9月,由北京教育学院丰台分院组织编辑完成的适应丰台区小学生学习使用的地方教材《我爱丰台》,经北京市教材编审委员会审核批准。开始在区中小学正式使用。

(崔德跃)

【召开中高考分析暨表彰会】　10月16日，区教委在河北涿州召开了中高考分析暨表彰会。各中学校长、教学干部等150余人参会。会上，北京十二中等10所学校分别获理科高考优质校、理科高考优类校称号；丰台二中等10所学校分别获得文科高考优质校、文科高考优类校称号；北京十中等20所学校分别获中考优质校、中考优类校称号；丽泽中学等10所学校获教学管理绩效优秀奖。

（吉战胜）

【丰台少年宫东区正式启动】　10月25日，丰台区少年宫（东区）正式启动。教育部基础教育一司校外处张东燕处长、团中央少年部校外处高彦明处长为丰台区少年宫（东区）启动揭牌，丰台区少年宫小星星艺术团表演了文艺节目，角门地区2000多名中小学家长和学生参加了活动。自此，丰台区少年宫一宫三址，建筑面积达28000平方米，是北京市最大的一所区级多功能、综合性校外教育活动场所。

（张　巍）

【增加4所区示范幼儿园、2所市示范园】　11月，区验收组对5所幼儿园从管理工作、教育教学工作、卫生保健工作进行全面的考察评价，嘉园一幼、航天幼儿园、丰台五幼、育英幼儿园4所幼儿园达到丰台区示范幼儿园标准，成为丰台区示范幼儿园。至此丰台区示范园达到13所。11月4日，市教委举行北京市示范园颁牌仪式。丰台区方庄第二幼儿园、丰台区方群第二幼儿园成为北京市示范幼儿园。至此区内北京市示范园达7所。

（孙桂荣）

【5所幼儿园成为北京市早教基地】　11月4日，北京市举行早期教育基地园颁牌仪式，长辛店一幼、八一厂幼儿园、空直蓝天华凯分园、樊家村教工幼儿园成为北京市早期教育基地。至此，全区已有27所北京市早期教育基地园。

（孙桂荣）

【北京教育学院丰台分院附属学校装修改造二期工程竣工】　年底，北京教育学院丰台分院附属学校装修改造二期工程竣工。5月，为配合郭公庄地铁站的顺利开工，郭公庄中学整体迁出。区教委领导决定将三环新城配套中小学作为郭公庄中学新校址，并更名为北京教育学院丰台分院附属学校。由教委基建科对原建筑进行装修改造。工程于2009年底竣工验收，并交与校方使用。

（潘　洁）

【北京小学丰台万年花城分校开学】　北京小学丰台万年花城分校是区在万年花城小区的配套小学，在原建筑面积6300平方米基础上，投入2100万元，增建6300平方米，建成后的学校有标准200米跑道、风雨操场、图书馆、学生宿舍、艺术专业教室等硬件设备。分校第一期共招收4个班、125人。

（张　伟）

普通高等教育

【概　况】　年内，驻丰台区普通高等院校有首都经贸大学、首都医科大学、北京电子科技学院、中国戏曲学院等4所。共有在校生41827人，其中本科生17754人、专科生2547人、研究生4758人（含博士生791人），成人教育在校生16704（含本科生6544人），外国留学生265人；毕业12119人，其中本科生3954人、专科生773人、研究生1474人（含博士生191人）、成人教育毕业生5647人（含本科生2038人）；招生11721人，其中本科生4267人、专科生947人、研究生1666人（含博士生260人）、成人教育招生4580人（含本科生1920人）；有教职工3971人，专任教师1698人。博士生导师337人、硕士生导师1037人。

（杨晓靖）

首都经济贸易大学

【概　况】 年内,学校占地面积35.31万平方米,建筑面积41.45万平方米。全年教育经费投入65856万元,其中,国拨51254万元、自筹14602万元。设14个院(系、部),35个本科专业、6个专科专业,30个硕士学位授予点,9个博士授予点,1个博士后流动站,其中,博士后研究人员出站0、进站0、在站0。1个国家重点学科,2个北京市重点学科,7个北京市重点建设学科、部级重点学科0。国家级研究0、实验机构及其构成0,国家重点实验室0。教职工1648人,其中,专任教师735人。专任教师中,教授124人、副教授283人、讲师252人、助教29人;博士生导师33人,硕士生导师254人,博士、硕士生导师33人;中科院院士和工程院院士0。"长江学者奖励计划"特聘教授0、国家有突出贡献专家0、享受政府特殊专家等国家级专家及其构成0。另聘请外籍教师8人,其中教授0人、副教授0人。外聘高级专家43人。毕业生5289人,其中,研究生607人(博士生27人、硕士生580人),普通本专科生2341人(本科生2297人、专科生44人),成人教育本专科生2341人(本科生840人、专科生1501人),网络教育本专科生0人(本科生0人、专科生0人);非计划招生高等教育学生中在职人员攻读博士硕士学位143人(博士生0人、硕士生143人)研究生课程进修班0人。招生5587人,其中,研究生769人(博士生55人、硕士生714人),普通本专科生2542人(本科生2382人、专科生160人),成人教育本专科生2276人(本科生1042人、专科1234人),网络教育本专科生0人(本科生0人、专科生0人);非计划招生高等教育学生中在职人员攻读博士硕士学位0人(博士生0人、硕士生0人)研究生课程进修班0人。在校生20610人,其中,研究生2014人(博士生180人、硕士生1834人),普通本专科生10435人(本科生10013人、专科生422人),成人教育本专科生8161人(本科3452人、专科4709人),网络教育本专科生0人(本科0人、专科生0人);非计划招生高等教育学生中在职人员攻读博士硕士学位0人(博士生0人、硕士生0人)研究生课程进修班0人。本科毕业生就业率98.68%。本年高考北京地区提档线本科第一批文科545分、理科535分。留学生毕业93人、招生354人、在校生448人。校办产业年营销总收3172万元。图书馆建筑面积3.57万平方米,藏书134.60万册。固定资产总值81413万元,其中教学科研仪器设备资产值10652万元。学校网址:www.cueb.edu.cn

(钟志红)

【获美国国际大学生数学建模比赛大奖】 4月中旬,经济学院、金融学院等多名同学组成的参赛队在美国国际大学生数学建模比赛(ICM/MCM)中收获4个二等奖、2个成功参赛奖。美国国际大学生数学建模竞赛由美国数学及其应用联合会发起,面向全球所有大学生考验其学习能力和创造力、想象力、联想力和洞察力的一项赛事,大学生数学建模比赛旨在提高学生运用理论知识分析解决实际问题的能力,促进学生综合素质的全面提高。

(钟志红)

【获"首都大学生保护知识产权志愿者知识竞赛"亚军】 4月19日,由冯思然等5名选手组成的代表队在总决赛中以210分的成绩与北大代表队共同获得"首都大学生保护知识产权志愿者知识竞赛"亚军。比赛是由共青团北京市委员会、北京市知识产权局、北京市学生联合会主办,北京12330知识产权保护热线、美国电影协会等单位协办的一项赛事,旨在加强北京市各高校学生的知识产权保护意识,培育知识产权文化,营造各高校尊重和保护知识产权的浓厚氛围。

(钟志红)

【获首都高校田径运动会短跑冠军】 5月5日，工商管理学院2008级学生肖霄力在首都高校第47届田径运动会上，摘得男子100米、200米两项冠军。

（钟志红）

【青年教师教学基本功比赛获奖】 5月，学校青年教师在北京高校第六届青年教师教学基本功比赛中获奖。此次比赛由北京市教育工会举办，内容包括教学设计方案、教学演示和总体印象3方面14部分内容。人文学院许敏玉老师文史组的比赛中获二等奖。法学院张世君的教案获得最佳教案奖。

（钟志红）

【学生团队获商业精英国际挑战赛全国季军】 6月3日，学生团队获商业精英国际挑战赛全国季军。年度全球最大的管理会计师组织－CIMA英国特许管理会计师公会在上海科技馆举办2008－2009CIMA商业精英国际挑战赛中国区总决赛。由校劳动经济学院王静、金融学院吴丹、会计学院薛青及张悦组成的代表队以华北区冠军的身份晋级全国总决赛获季军。

（钟志红）

【受聘会计学院学生大使】 6月3日，会计学院5名学生被澳洲会计师公会聘任为会计学院学生大使、颁发考试资格全额奖学金。会计学院2006级财务管理专业学生周畅、2007级国际会计班学生王紫超、2008级会计学专业学生马楠成为澳公会在首都经济贸易大学的学生大使，会计学院2005级注会专业学生魏星、2005级国际会计班学生张子华分别获得总价值22000余元的澳洲注册会计师专业资格考试全额奖学金和聘任证书。

（钟志红）

【新增2个硕士专业学位】 6月9日，新增2个硕士专业学位。国务院学位办公室印发通知，批准校新增法律硕士专业学位研究生培养单位，成为全国首批社会工作硕士专业学位（Master of Social Work，缩写为MSW）教育试点单位。

（钟志红）

【"挑战杯"竞赛获最佳成绩】 6月22日，十二项作品在第五届"挑战杯"首都大学生课外学术科技作品竞赛中，有十一项作品获奖。其中《中国的产出缺口与通货膨胀研究（1978－2008）》等三项作品获一等奖，《县域金融体系发展模式研究——以北京郊区为例》获二等奖，《北京市通州区政策性农业保险现状及思考》等七项作品获三等奖。"挑战杯"是由共青团北京市委员会、北京市教育委员会、北京市科学技术委员会、北京市科学技术协会、北京市学生联合会联合举办的。

（钟志红）

【获全国村务公开民主管理理论创新成果二等奖】 8月，财政税务学院获得1项全国村务公开民主管理理论创新成果二等奖（部级）。该校财税学院教授、财政政策研究所所长蔡秀云的论文《对"村务公开民主管理"创新实践的经济学思考》在理论创新成果中获得"全国村务公开和民主管理理论创新成果"二等奖。

（钟志红）

【多部作品获奖】 9月，校多部作品在"我与祖国共奋进"主题征文活动中获奖。由首都国庆60周年群众游行第二分指挥部组织的"我与祖国共奋进"主题征文活动中，校3000多名师生和宣武区各界代表联合组成的"继往开来"第13方阵积极响应，共上报征文88篇。其中2篇荣获一等奖，12篇获得二等奖，19篇荣获三等奖。

（钟志红）

【完成国庆游行表演任务】 10月1日，校3000余名师生和宣武区各界群众代表共同组成的"继往开来"方阵，身着五彩缤纷的节日盛装，手持象征繁荣昌盛、幸福和平的牡丹花束，伴随着背景音乐《江山》高昂的旋律，簇拥着胡锦涛同志巨幅画像彩车，以整齐的步伐和饱满的精神通过天安门广场，接受党和人民的检阅,完成国庆游行表演任务。10月1日 晚7点半,校40名师生在天安门广场参加了新中国成立六 十周年群众联欢晚会。参与联欢晚会的师生们伴随着音乐表演了《爱我中华》、《好日子》、《自豪的建设者》等5支集体舞蹈,以及穿插的13支民族舞蹈。

(钟志红)

【劳动经济学院举行55周年院庆】 10月24日,劳动经济学院举行55周年院庆。中国劳动学会会长、原国家劳动与社会保障部副部长华福周,原国家人事部常务副部长程连昌,原国家教委副主任刘斌,原国务院振兴东北办副主任宋晓梧(校友),国家人保部就业促进司司长于法鸣,劳动关系司司长邱小平到会祝贺。30余所高校代表及中国人力资源开发研究会、中国就业促进会、中国劳动社会保障出版社等单位代表参加庆典。

(钟志红)

【与美国克利夫兰州立大学合作建立孔子学院】 10月26日,学校与美国克利夫兰州立大学合作建立孔子学院。校长一行应邀赴美国俄亥俄州克利夫兰市出席了克利夫兰州立大学孔子学院揭牌仪式。克利夫兰州立大学校长、副校长和各学院院长及教师代表、克利夫兰市当地学区、商界和华人华侨代表等200多人参加了孔子学院揭牌仪式。

(钟志红)

【一项目获创新奖】 11月8日,校MBA项目获第三届中国MBA领袖年会颁发的中国MBA十大创新奖。中国MBA领袖年会是由中国MBA联盟发起,是国内较有影响的关注中国MBA发展的年会之一。

(钟志红)

【举办城市国际化论坛】 11月14日,学校举办城市国际化论坛。此次论坛将城市国际化进程中的安全问题提到首要地位,研究了城市国际化进程中的郊区发展与社会安全间的关系,并从战略的角度,就城市安全预警机制的建立与完善进行多方面的探讨;提出了北京市突发事件应对地方立法的思路。共有10位专家发表主题演讲。论坛同时带来了西方国家先进的城市安全理念与具体措施。加拿大学者重点介绍了北方寒冷城市的安全预警机制。加拿大学者提出了"公众参与—安全保障计划"的新概念。

(钟志红)

【一人获"中国人才学研究三十年"贡献奖】 12月22日,校劳动经济学院张骏生教授荣获"中国人才学研究三十年"贡献奖并作为获奖代表出席了大会且参加了创业型人才开发高层论坛,其撰写的论文《我国创业型人才职业生涯规划研究》获论坛论文评审二等奖。本年度是中国人才学创立30周年,中国人才研究会启动了人才学30年表彰评选活动,通过全国评选,共有30人获得"中国人才学研究三十年"贡献奖。

(钟志红)

首都医科大学

【概　况】 年内,首都医科大学和附属医院总占地面积1044787平方米,总建筑面积1706938平方米。其中,学校占地面积246602平方米,建筑面积235056平方米。学校和附属医院固定资产总值976499.27万元,其中,学校固定资产总值94779.8万元。学校和附属医院教科仪器设备资产值93072.82万元,其中,学校教科仪器设备资产值52012.37万元。全年教育经费投入78817.40万元,其中,国拨62894.36万元、自筹15923.04万元。设有10个学院,14所临床医学院(其中13所为附属医院)以及1个预防教学基地,设有3个专科学院和30个专科学系;开设本科专业15个,七年制专业2个,一级学科博士点3个,博士学位授权点41个,硕士学位授权点78个;有博士后流动站5个,其中,出站21人、进站23人、在站70人。有国家重点学科8个,国家重点(培育)学科2个,北京市一级重点学科 2 个,北京市二级重点学科 8 个,北京市一级重点建设学科 2 个,北京市二级重点建设学科 12 个,教育部省部重点实验室 1 个,教育部省部共建重点实验室 2 个,北京市重点实验室 4 个。设有国家生命科学与技术人才培养基地,卫生部全科医学培训中心,北京市全科医学培训中心,新医药北京市技术转移中心、首都卫生管理与政策研究基地、临床医学研究所、基础医学研究所、北京神经科学研究所、眼科研究所、老年病医疗研究中心、泌尿外科研究所、心肺血管医疗研究中心、疼痛生物医学研究所、卫生毒理检测中心、生物工程技术研究中心、中医肝病临床研究中心、生殖医学研究所和心脑血管疾病临床实验与社区干预中心等。学校和附属医院共有教职员工和医务人员 22820 人,其中,有院士 6 人,特聘院士 7 人;正高职称 1196 人,副高职称 2351 人。校本部教职工 1552 人,其中,专任教师 576 人,专任教师中教授 76 人、副教授 140 人。有博士、硕士导师 302 人,硕士导师 723 人;国家有突出贡献专家 1 人,享受政府特殊津贴专家 64 人。外籍教师 2 人。毕业生 5075 人,其中,学历教育学生中全日制研究生 867 人(博士生 164 人、硕士生 703 人),普通本专科生 1551 人(本科生 822 人、专科生 729 人),成人教育 2424 人(本科生 693 人、专科生 1731 人);以同等学力申请博士硕士学位 233 人(博士生 43 人、硕士生 190 人)。招生 4019 人,其中,学历教育学生中全日制研究生 805 人(博士生 205 人、硕士生 600 人),普通本专科生 1674 人(本科生 887 人、专科生 787 人),成人教育本专科生 1309 人(本科生 592 人、专科生 717 人);以同等学力申请博士硕士学位 231 人(博士生 87 人、硕士生 144 人)。在校生 14567 人,其中,学历教育学生中全日制研究生 2573 人(博士生 611 人、硕士生 1962 人),普通本专科生 6130 人(本科生 4005 人、专科生 2125 人),成人教育本专科生 5864 人(本科生 1998 人、专科生 3866 人)。留学生招生 57 人,在校生 260 人。本科毕业生就业率 94.40%,高考提档线理科 531 分。图书馆建筑面积 17901 平方米,藏书 69.29 万册。网址:www.ccmu.edu.cn。

(梁 贲 王于英)

【王忠诚院士荣获国家最高科学技术奖】 1 月 9 日,国家科学技术奖励大会在北京举行,中国工程院院士、首都医科大学神经外科学院院长王忠诚荣获 2008 年度国家最高科学技术奖。1 月 16 日,首医大召开 2008 年首都医科大学学科建设与科技工作总结表彰大会,授予王忠诚院士“首都医科大学科学成就终身荣誉奖”,市教委主任刘利民、该校校长吕兆丰、党委书记李明为王忠诚院士颁奖。

(梁 贲 王于英)

【北京市自然科学基金资助项目】 年内,北京市自然科学基金委员会公布了 2009 年度北京市自然科学基金资助项目名单,学校 48 个项目获得资助。校基础医学院徐志卿教授主持申报的项目“抑郁症发病和诊治的新机制探讨——甘丙肽作用的研究”获得北京市自然科学基金重点项目资助;40 个项目获得北京市自然科学基金面上项目资助,7 个项目获得北京市自然科学基金预探索项目资助,总经费 582 万元。

(梁 贲 王于英)

【入选“世界医学院校名录”】 年内,世界卫生组织(WHO)公布的“第七版世界医学院校名录”(The seventh edition of the World directory of medical schools)中,首医大被收录其中。该名录中共收录了 157 个国家和地区的 1642 家医学教育机构。被收录在医学院校名录中的医学教育机构代表不仅在本国占有一定的学术地位,其颁发的毕业文凭,也被世界上许多国家认可,给学生在国外就业、考取医师执照提供许多便利。

(梁 贲 王于英)

【被授予“北京高等学校市级校外人才培养基地”称号】 3 月 3 日,在 2008 年度北京高等学校市级校外人才培养基地授牌仪式上，学校被授予“北京高等学校市级校外人才培养基地”称号，副校长线福华以及相关负责同志出席了本次授牌仪式。

（梁 贲 王于英）

【房山区良乡医院成为首医大燕京医学院附属医院】 3月16日，首医大、首医大附属北京友谊医院与房山区人民政府举行建设房山区良乡医院成为首医大燕京医学院附属医院的合作协议签订仪式。校长吕兆丰、附属北京友谊医院院长刘建、房山区区长祁红在协议书上签字，房山区良乡医院成为首医大燕京医学院附属医院。这是校建设北京市“农村卫生人才培养基地”过程中的第6家郊区县医院。

（梁 贲 王于英）

【8所附属医院入选北京市十佳“人民满意医院”】 3月30日，召开北京市卫生工作会议，公布了北京市双十佳“人民满意医院”。首医大宣武医院、附属北京天坛医院、附属北京友谊医院、附属北京同仁医院获综合医院十佳“人民满意医院”称号；附属北京佑安医院、附属北京儿童医院、附属北京中医医院、附属北京口腔医院获专科医院十佳“人民满意医院”称号。

（梁 贲 王于英）

【举办首届社团文化节】 4月，启动首届社团文化节活动。主题为“和谐首医、活力社团、红色激情、爱我中华”。4月1日，社团文化节以“首都医科大学首届社团文化节开幕式暨‘百团大战’社团趣味运动会”拉开序幕。文化节活动分为展示类活动和参与类活动两大块。展示类活动包括相声协会主办的“相声专场表演”、爱乐协会的“室内乐交流汇报音乐会”演出、博思学社的“时政论坛”、“镜中人”话剧社的“话剧专场”演出等活动。参与类活动包括英语协会开展的“英语卡拉OK大赛”、“灵动”羽毛球协会举办的“第三届‘灵动杯’羽毛球团体赛”、“依缘心理学社”举办的“心理讲座”、“针灸、耳针、推拿”三大协会举办的“三大协会社区献爱心”等20项活动。4月中下旬，社团联合会以“首届社团文化节闭幕式晚会暨颁奖典礼”活动作为整个社团文化节的闭幕式。

（梁 贲 王于英）

【造血干细胞捐献宣传活动启动】 4月8日，由校红十字会主办的“融化心中的白雪，点亮生命的希望”——首都医科大学造血干细胞捐献宣传活动启动仪式在校召开。市红十字会秘书长刘燕君、中华骨髓库北京分库副主任金辉、团委书记马小龙以及校红会理事出席启动仪式。首医大同首都11所高校携手，传承红十字会“人道·博爱·奉献”精神，积极组织、共同参与本次造血干细胞捐献宣传系列活动，此次活动包括造血干细胞知识讲座、知识竞赛、定向越野等内容，旨在通过活动让更多的人了解造血干细胞及其相关的知识，留下6至8毫升的血样，成为一名造血干细胞捐献志愿者。

（梁 贲 王于英）

【中医临床学系揭牌】 4月18日，举行中医临床学系揭牌仪式。学系办公室设在附属北京中医医院，学系将通过平台建设、学术交流、多中心临床科研合作等形式促进经验的推广和共享，为学系各成员单位在教学相长中搭建共赢的平台。

（梁 贲 王于英）

【与宣武区残联签署“志愿者帮扶百名残疾青少年家庭计划”】 4月23日，学校与宣武区残联签署了“志愿者帮扶百名残疾青少年家庭计划”协议书。启动“志愿者帮扶百名残疾青少年家庭计划”，以分期开展的方式，组织专业志愿者为宣武区百名残疾青少年家庭提供志愿服务。计划由该校志愿者协会扶残助残项目管理部负责，同时组建首都医科大学扶残助残志愿服务队并在全校招募志愿者，由宣武区残联做扶残助残培训后开展系列活动。首期帮扶计划包括20户残疾青少年家庭。

（梁　贲　王于英）

【抗击甲型 H1N1 流感志愿服务队完成任务】 5月18日，学校接到北京市教委紧急调派学生小组支援出入境检验检疫局工作任务，选派公共卫生与家庭医学学院06级五年制预防医学专业38名大三学生，1名辅导员和1名研究生，组成志愿服务队，协助首都机场出入境检验检疫局开展检疫筛查等工作。经过10天的工作，6月5日，首批抗击甲型H1N1流感志愿服务队完成任务返校。

（梁　贲　王于英）

【成立卫生与医学信息管理学系】 5月23日，举行卫生与医学信息管理学系成立暨科研教学基地签约仪式。卫生与医学信息管理学系由该校卫生管理与教育学院同北京市公共卫生信息中心合作建立，隶属卫生管理与教育学院。

（梁　贲　王于英）

【首都卫生管理与政策研究基地通过验收】 5月27日，北京市教育委员会、北京市哲学社会科学规划办公室在"北京市哲学社会科学研究基地工作会议"上公布了第二批北京市哲学社会科学研究基地验收结果，学校卫生管理与教育学院建设的首都卫生管理与政策研究基地以优秀成绩通过验收。

（梁　贲　王于英）

【学校成果获奖】 年内，学校15项成果荣获2008年度北京市教育教学成果奖（高等教育），其中特等奖1项、一等奖4项、二等奖10项。吕兆丰、线福华、王玉慧、刘扬、庞文云等申报的《首都农村医学人才培养体系建设与农村医学人才培养的研究与实践》获北京市教育教学成果奖（高等教育）特等奖。

（梁　贲　王于英）

【护理学院临床护理学部成立】 6月30日，举行护理学院临床护理学部授牌仪式，护理学院三个临床护理学部成立。标志护理学院历时4年的"一院三部"（一个护理学院，下设三个临床护理学部）办院模式改革取得成果。学校相关职能部门领导、护理学院全体教师、三个临床护理学部的教师代表和学生代表100多人参加了授牌仪式。

（梁　贲　王于英）

【获国家级教学成果最高奖】 9月，校长吕兆丰主持的《首都农村医学人才培养体系建设与农村医学人才培养的研究与实践》教学成果荣获2009年度第六届高等教育国家级教学成果最高奖特等奖。成果涉及两个重点范畴，即面向农村医学人才培养体系的建设和面向农村医学人才的实际培养，前者体现成果的统筹建设和可持续发展，后者体现了成果的社会实际效益。

（梁　贲　王于英）

【举行卫生法学教学实习基地签约仪式】 9月8日，举行卫生法学教学实习基地签约仪式。丰台区人民检察院检察长蔡柏林与校党委书记李明，副校长王玉慧、线福华等出席签约仪式。根据《合作协议书》规定，由丰台区人民检察院检察长蔡柏林、首都医科大学卫生管理与教育学院院长王晓燕分别成立教育教学小组，承担起相关的教学与实践任务，开展相关的教育教学工作。

（梁　贲　王于英）

【获"北京市优秀教师"等荣誉称号】 在北京市庆祝教师节暨优秀教师表彰大会上，首医大教师王晓燕、车念聪、张旭以及宣武医院凌锋、王香平获得"北京市优秀教师"称号，继续教育学院禹学海获得"北京市优秀教育工作者"称号，基础医学院安威、附属北京朝阳医院王辰获得"北京市高等学校教学名师奖"。卫生管理与教育学院王晓燕被评为"全国优秀教师"。

（梁　贲　王于英）

【温家宝到北京儿童医院视察甲流防控工作】 10月31日，国务院总理温家宝、卫生部党组书记张茅、北京市副市长丁向阳、市卫生局局长方来英等到首医大附属北京儿童医院视察甲型H1N1流感防控工作,慰问医务人员、看望就诊患儿。

(梁　贲　王于英)

【刘淑媛荣获南丁格尔奖】　10月27日,中国红十字会召开第九次全国会员代表大会,中共中央总书记、国家主席、中央军委主席、中国红十字会名誉会长胡锦涛向第四十二届南丁格尔奖获得者之一、首医大附属北京安贞医院刘淑媛颁发奖章。刘淑媛是学校附属北京安贞医院心脏外科重症监护室护士长,从事心血管外科临床护理工作48年,已监护病人3万余人。本届南丁格尔奖章颁发给了15个国家的28名护理工作者,国内共有6名优秀护理工作者获得了此项殊荣。

(梁　贲　王于英)

【第五届"挑战杯"获特等奖】　11月2日,学校在由共青团北京市委员会、北京市教育委员会、北京市科学技术委员会、北京市科学技术协会、北京市学生联合会共同举办的第五届"挑战杯"首都大学生课外学术科技作品竞赛中获奖。此次比赛学校共有6件作品获得奖项,其中,卫生管理与教育学院孙冬悦、梁海伦、雷迪、陆沈凤、张洁的作品《慢性病社区管理和防治的新模式研究——基于北京市四种慢性病社区防治的现状调查及分析》获得特等奖,被团市委大学部推荐参加即将举办的第十一届"挑战杯"全国大学生课外学术科技作品竞赛活动。

(梁　贲　王于英)

【与台湾阳明大学签订战略合作协议】　11月3日至7日,校长吕兆丰、副校长王晓民一行赴台湾阳明大学进行学术交流和访问,签署了两校战略合作协议。访问期间,吕兆丰校长与台湾阳明大学校长吴妍华共同签署两校合作协议,双方就建立和深化校际合作关系,开展学术文化交流和科学研究等方面进行深入探讨。校领导还顺访了台湾交通大学、台湾清华大学和台北荣民总医院。

(梁　贲　王于英)

【首届首都医科大学——卡罗琳斯卡学院神经科学研讨会】　11月4日到6日,诺贝尔医学和生理学奖金评委会主席、皇家科学院士、诺贝尔神经生理学研究所所长、瑞典卡罗琳斯卡学院著名神经科学家Sten Grillner一行来学校进行学术交流。瑞典卡罗琳斯卡学院派出7名世界上著名的神经科学家参加研讨会,北京市有关领导、北京神经科学会的领导和兄弟院校学者也应邀请参加了交流活动。

(梁　贲　王于英)

【获"全国首届先进名家研究室"称号】　11月10日,在广州召开的"第五届著名中医药学家学术传承高层论坛暨全国首届先进名医工作室颁奖大会"上,由校中医药学院承办的王鸿士名家研究室荣获"全国首届先进名家研究室"称号。

(梁　贲　王于英)

【开展"同伴教育"培训】　11月28日,来自北京大学医学部、首都经济贸易大学、首都师范大学科德学院、北京交通大学、中国人民大学、北京工商大学、外交学院、北京联合大学应用文理学院及首医大等九所高校的25名红十字会青年志愿者接受首医大红十字志愿者4位青年主持人主讲的"预防艾滋病青年同伴教育"培训。本次"同伴教育"培训课程包括红十字运动基本知识、青春期教育、艾滋病知识、社会认知与艾滋病、关心帮助艾滋病病毒感染者和艾滋病病人等7个部分,由23项内容组成。

(梁　贲　王于英)

【获"全国普通高等学校毕业生就业工作先进集体"称号】　年内,教育部办公厅下发了《关于通报表扬全国普通高等学校毕业生就业工作先进集体和先进个人的通知》(教学厅[2009]11号),学校获全国普通高等学校毕业生就业工作先进集体称号。

(梁　贲　王于英)

北京电子科技学院

【概　况】 年内，北京电子科技学院占地面积79310平方米，建筑面积73926平方米，其中，教学行政用房建筑面积35848平方米、学生公寓建筑面积15355平方米。固定资产总值35606万元，教学科研仪器设备总值3745万元。年教育经费投入8497万元，其中，国家财政拨款6524万元。《北京电子科技学院学报》设有自然科学、社会科学两个版、季刊、年发行4000册。图书馆建筑面积4700平方米，藏书24.33万册，中文报刊585种，外文期刊48种，网上全文数据库8个，教师阅览室1个，电子阅览室1个。下设5个系（信息安全系、电子信息工程系、计算机科学与技术系、通信工程系、行政管理系），2个教学部（人文社会科学教学部、基础学科教学部），开设7个本科专业（信息安全、信息与计算科学、电子信息工程、计算机科学与技术、通信工程、行政管理、信息管理与信息系统）和1个联合培养研究生专业（密码学）。在岗教职工349人，其中，专任教师141人，教授16人、副教授58人；博士学位44人、硕士学位108人；博士生导师2人、硕士生导师19人。15名教师享受国务院政府特殊津贴，3名教师获得"北京市教学名师"，8名教师获得"北京市优秀教师"。教师年度承担2项国家863高科技项目，1项获得国家自然科学基金资助，3项获得北京市自然科学基金资助。1项获得中办科学技术三等奖，1项获得专项科技进步（省部级）三等奖。毕业生1088人，其中，学历教育学生中全日制研究生0人（博士生0人、硕士生0人、研究生班0人），普通本专科生357人（本科生357人、专科生0人），成人教育本专科生731人（本科生427人、专科生304人），网络教育本专科生0人（本科生0人、专科生0人）；非计划招生高等教育学生中在职人员攻读博士硕士学位0人（博士生0人、硕士生0人），研究生课程进修班0人。招生1475人，其中，学历教育学生中全日制研究生0人（博士生0人、硕士生0人、研究生班0人），普通本专科生480人（本科生480人、专科生0人）、成人教育本专科生995人（本科生286人、专科生709人）。高考北京地区提档线理科501分、文科534分。网络教育本专科生0人（本科生0人、专科生0人）；非计划招生高等教育学生中在职人员攻读博士硕士学位0（博士生0人、硕士生0人），研究生课程进修班0人。在校生4153人，其中，学历教育学生中全日制研究生0人（博士生0人、硕士生0人、研究生班0人），普通本专科生1684人（本科生1684人、专科生0人），成人教育本专科生2469人（本科生967人、专科生1502人），网络教育本专科生0人（本科生0人、专科生0人）；非计划招生高等教育学生中在职人员攻读博士硕士学位0人（博士生0人、硕士生0人），研究生课程进修班0人。留学生毕业0人，招生0人，在校生0人。与西安电子科技大学联合培养硕士研究生毕业28人，招生29人，在校79人。举办北京广播电视大学开放教育工作站，毕业48人（本科18人，专科30人），招收10人（本科5人，专科5人）。学院网址：www.besti.edu.cn。

（杨立芳）

【毕业生公务员笔试总通过率92.06%】 1月18日，公布了2009年中央、国家机关公务员录用公共科目笔试成绩。校应届毕业生共378人（研究生25人、本科生353人）参加中央、国家机关录用公务员公共科目笔试。达到中央机关综合管理类职位合格分数线的141人，占37.3%；达到省级直属机构综合管理类职位合格分数线的83人，占21.96%；达到市（地）级直属机构综合管理类职位合格分数线的49人，占12.96%；达到县（区）级直属机构综合管理类职位和行政执法类职位合格分数线的75人，占19.84%；总通过率为

92.06%。

(杨立芳)

【获得2项北京市教育教学成果奖】 2月18日,电子科技学院获得2项北京市教育教学成果奖。曹俊德负责的《探索和推进大学生思想政治教育素质化,培养合格机要密码人才》、毛明负责的《密码与信息安全特色人才实践能力培养体系改革与实践》两个项目获得"2008年北京市教育教学成果奖(高等教育)"。

(鲁仲生)

【信息安全重点实验室建成】 3月3日,中央办公厅信息安全重点实验室建设通过了以中国工程院院士、北京邮电大学校长方滨兴为组长的专家组验收。专家组通过审查资料、质询答辩,对实验室建设和管理情况进行综合评议,同意通过验收。6月17日,学院举行中央办公厅信息安全重点实验室揭牌仪式。中办人事局副局长王爱华宣读了中办人事局《关于批准学院信息安全重点实验室为中央办公厅重点实验室的通知》、《关于同意聘任重点实验室主任、学术委员会主任的通知》,并为重点实验室学术委员会成员和重点实验室正副主任颁发了聘书。

(杨立芳)

【获北京第六届高校青年教师教学基本功比赛一等奖】 5月26日,学院基础学科教学部教师徐津代表学院参加北京第六届高校青年教师教学基本功比赛,获得基本功比赛理工B组一等奖。

(鲁仲生)

【获得全国首批电子工程师(EDP)认证点】 7月13日,在"全国电子工程师(EDP)认证工作研讨会"上,学院获准成为全国电子工程师(EDP)认证点,是全国首批获得电子工程师认证的院校之一。

(鲁仲生)

【获得6项北京市"质量工程"建设项目和奖励】 7月,信息安全专业和电子信息工程专业被评为2009年北京市高等学校特色专业建设点。9月,电子科技学院"通信与网络安全团队"被评为2009年北京市优秀教学团队。9月,毛明教授荣获第五届北京市高等学校教学名师奖,杜耀刚教授被评为北京市高等学校优秀教师。11月,密码与信息安全人才培养模式创新试验区获准北京市高等学校人才培养模式创新试验区立项建设。

(鲁仲生)

【路而红教授被评为全国三八红旗手】 9月25日,路而红教授被中华全国妇女联合会评为全国三八红旗手。路而红教授1955年出生,1980年毕业于清华大学,现任学院电子信息工程系主任。相继获得国务院政府特殊津贴、北京市高等学校教学名师称号、中共中央办公厅优秀教师称号,主研科研项目多次获得中央办公厅科技进步二、三等奖,主讲的课程《EDA技术》获北京市精品课程,主编的教材《电子设计自动化》获北京市精品教材,负责的教学团队荣获北京市优秀教学团队,负责的电子信息工程专业列为教育部特色专业建设点,负责的实验教学中心被评为北京市实验教学示范中心,主编"十一五"国家级规划教材《电子设计自动化》,负责的教改项目获得北京市教学成果二等奖。

(张　斌)

【参加国庆广场联欢表演】 10月1日,组织46名志愿者参加了庆祝建国60周年联欢活动大学生联欢板块表演。根据首都国庆60周年联欢晚会指挥部的部署和安排,演出训练从8月10日开始至9月30日演出结束。在首都国庆60周年北京市筹备委员会联欢晚会指挥部群众联欢部进行的总结表彰中,学院被评为首都国庆60周年联欢晚会工作优秀组织奖、先进集体和突出贡献奖。46名参加联欢晚会表演的师生被评为突出贡献奖,4名团委干部被评为先进工作者。11名同学在首都国庆60周年群众游行的服务工作中表现突出,被评为优秀工作者。

(张　斌)

【参加第三届北京“特色行业院校改革与发展论坛”】 11月24日至25日，派人参加第三届北京“特色行业院校改革与发展论坛”。主题是“特色发展与社会服务”，院长陈子真代表学院作了《坚持特色办学，培养高素质专门人才》的主题报告，学院提交的《特色行业院校人才培养模式探讨》等4篇论文入选《专业型院校人才培养模式的改革与创新——特色行业院校改革与发展论坛论文集》，该论坛由北京市教委主办，本次论坛由北京体育大学承办。

（鲁仲生）

【举办教学研讨活动】 3月至12月底，电子科技学院举办了2009年教学研讨活动。研讨活动以讨论实施修订的本科培养方案为切入点，以教师自身所承担的教学工作为主要研究对象，以转变教育思想观念、更新教学内容、改革教学方式与手段、改进教学管理方法为主要研究内容。活动经过个人研究与交流、系部评比和院级比赛三个阶段，共提交教研论文159篇，选拔出25名教师参加院级比赛，经学院评审委员会对参赛论文和现场陈述进行评审，4名教师获一等奖、9名教师获二等奖、11名教师获优胜奖，并评选出了7个获得一、二、三等奖的集体，最后汇编形成了《北京电子科技学院2009年教学研讨活动报告》。

（鲁仲生）

【完成2005版本科培养方案的修订工作】 12月底，完成了2005版本科培养方案的修订工作。学院从3月开始组织开展2005版培养方案修订工作，本次本科培养方案的修订重点放在教学改革上，进一步明确各专业人才培养目标和要求，优化课程体系，加强实践教学，改革人才培养模式。新修订的2009版本科培养方案突出创新精神和实践能力的培养，突出综合素质特别是人文素质的培养，突出密码与信息安全学科专业特色，突出学生自主学习和个性化的培养。

（鲁仲生）

【西苑出版社转企改制】 年内，为贯彻落实中央关于深化文化体制改革的精神，按照《中共中央办公厅、国务院办公厅关于深化中央各部门各单位出版社体制改革的意见》等文件要求，中央办公厅决定金城出版社、西苑出版社转企改制，共同组建金城出版集团公司。年底，学院主管主办的西苑出版社完成转企改制工作。转企改制后，金城出版集团有限公司主管主办单位为国家保密局。

（张 斌）

【多项学生竞赛获奖】 年内，学院学生在多项竞赛中获奖。4月，参加第五届“挑战杯”首都大学生课外学术科技作品竞赛，参赛12件作品有9件获奖，其中特等奖1件（在57所参赛高校中，仅19所高校有作品获得特等奖），一等奖1件，二等奖2件，三等奖5件。特等奖作品《金融危机背景下返乡农民工状况的调查分析与对策建议》被北京市推荐参加第11届“挑战杯”全国大学生课外学术科技作品竞赛，并获得三等奖，是学院历史上获得的最高奖项。11月，参加北京市大学生物理实验竞赛，4件参赛作品中有3件分获一、二、三等奖。学生研制的作品《太阳能手机充电器》，作为第六届“挑战杯”首都大学生课外学术科技作品竞赛唯一大学生作品代表，参加6月举行的2009年中国北京国际节能环保展览会青少年节能环保创意展示。8月，学生组队参加“全国大学生信息安全竞赛”荣获二等奖。

（张 斌）

中国戏曲学院

【概 况】 年内，中国戏曲学院设有京剧系、表演系、音乐系、导演系、戏曲文学系、舞台美术系、新媒体艺术系、基础教育部、体育部、中专部（中国戏曲学院附属中等戏曲学校）等10个教学系部，有戏剧戏曲学、音乐学和艺术学3个二级学科硕士学位点，设有10个本科专业及23个专业方向。截至年底,全院在编教职工422人,其中从事教学的专任教师246人。专任教师中教授33人,副教授72人;硕士生导师41人。学院毕业生667人。其中,学历教育学生中全日制研究生38人(博士生0人,硕士生38人、研究生(青研班)班0人),普通本专科生478人(本科生478人、专科生0人),成人教育本专科生151人(本科生78人、专科生73人),网络教育本专科生0人(本科生0人、专科生0人);非计划招生高等教育学生中在职人员攻读博士硕士学位0人(博士生0人、硕士生0人),研究生课程进修班0人。年内,学院共招生640人,其中,学历教育学生中全日制研究生92人(博士生0人、硕士生92人、研究生班0人),普通本专科生518人(本科生518人、专科生0人)、成人教育本专科生0人(本科生0人、专科生0人),网络教育本专科生0人(本科生0人、专科生0人);非计划招生高等教育学生中在职人员攻读博士硕士学位30人(博士生0人、硕士生30人),研究生课程进修班0人。在校生2497人,其中,学历教育学生中全日制研究生171人(博士生0人、硕士生171人、研究生班0人),中国京剧优秀青年学员研究生班学员0人,普通本专科生2052人(本科生2052人、专科生0人),成人教育本专科生210人(本科生127人、专科生83人),网络教育本专科生0人(本科生0人、专科生0人);非计划招生高等教育学生中在职人员攻读博士硕士学位61人(博士生0人、硕士生61人),研究生课程进修班0人。留学生毕业3人,招生4人,在校5人。本科毕业生就业率87.71%。学校图书馆总建筑面积5723平方米,藏有纸质图书20.45万册,电子图书123.31GB,中文期刊304种,外文期刊80种。学校占地面积86246平方米,总建筑面积112816平方米。在布局上分为教学区、办公区、体育活动区、生活区及后勤服务区,具有大、小剧场、影视制作中心、录音棚、体育馆等在内的教学实践实习场所。固定资产总值59118.20万元。全年教育经费16101.24万元,其中,国家拨款15097.75万元、自筹经费1003.49万元。学院网址:www.nacta.edu.cn。

(王　媛)

【青研班开学典礼暨汇报演出专辑发布会】 5月11日,第五届中国京剧优秀青年演员研究生班开学典礼暨青研班十周年汇报演出专辑发布会在中国戏曲学院小剧场举行。本届"青研班"共招收研究生40名,全部为第六届青年京剧演员电视大赛的获奖演员。京剧表演艺术家王金璐、谭元寿、谢锐青、欧阳中石等与部分院团领导和青研班往届学员参加了开学典礼。青研班十周年汇报演出专辑收录了该班2007年10月至2008年1月间在全国范围内进行的30场汇报演出实况。

(王　媛)

【举行中国少年京剧团建团揭牌仪式】 年内,中国戏曲学院附中中国少年京剧团正式成立。5月16日晚,中国少年京剧团揭牌仪式暨京剧《新三字经》汇报演出在中国戏曲学院大剧场举行。文化部、教育部、北京市委教育工委、北京市教委、北京市文化局的相关领导及中华文化促进会及院领导和华彬集团总裁出席了此次活动。

(王　媛)

【获国家和北京市教育教学成果奖项】 6月22日,院"创新型中国京剧表演人才本科培养方案及课程体系研究与实践"获北京市教育教学成果奖(高等教育)一等奖;"戏曲创作与理论"和"教材建设成果(教材)"分别获得北京市教育教学成果奖(高等教育)二等奖。其中,"创新型中国京剧表演人才本科培养方案及课程体系研究与实践"项目还荣获第六届高等教育国家级教育教学成果二等奖。

(王　媛)

【三专业学费减免申请获批】 年内,经中国戏曲学院申请,根据北京市财政局、市发改委

(京财综[2009]1060号)和市教委(京教函[2009]411号)批复意见,从2008年秋季开学时起,学院京昆表演、多剧种表演和京剧器乐3个专业,执行减免学费新政策。

(王 媛)

【举行汇报演出】 为庆祝建国60周年华诞,10月15至18日中国戏曲学院在北京长安大戏院推出四台汇报剧目,向国庆献礼。陈霖苍、张火丁、周龙、杜鹏等教授和优秀教师与学生同台,为首都观众奉献了《龙凤呈祥》、《红色娘子军》、《锁麟囊》和《京剧经典折子戏专场》等4台演出。首场演出前,北京市教育委员会副主任郑萼和北京市文化局副局长吴然为中国戏曲学院实验剧团揭牌。

(王 媛)

【举行生源基地、教学实践基地签约挂牌仪式】 10月29日至11月1日,在山西戏剧职业学院举行共同建立生源基地、教学实践基地签约挂牌仪式,并召开中国戏曲学院2010级晋剧本科班招生新闻发布会。仪式结束后,学院向山西戏剧职业学院捐赠了30余种(部),近400余册教材。

(王 媛)

【成立全球第一家"戏曲孔子学院"】 年内,学院与美国宾汉顿大学共同建立了全球第一家戏曲孔子学院。11月6日,戏曲孔子学院揭牌仪式在宾汉顿大学举行。中国戏曲学院以巴图副院长为团长的赴美"戏曲精华之旅"代表团一行11人参加了此次活动。纽约州议员、市长、宾汉顿大学高级管理层领导及各系部教授、学者、中国大使馆驻纽约总领馆官员等出席了揭牌仪式。

(王 媛)

【获国庆60周年先进集体称号】 年内,荣获北京市筹备委员会联欢晚会指挥部群众联欢部颁发的"首都国庆60周年联欢晚会群众联欢大学生联欢板块突出贡献单位"、"先进集体"荣誉称号、首都国庆60周年北京市筹备委员会、联欢晚会指挥部群众联欢部颁发的"首都国庆六十周年联欢晚会群众联欢大学生联欢板块优秀组织奖"。

(王 媛)

【京剧系正式成立】 11月26日,在原表演系京剧表演专业、音乐系京剧器乐专业基础上组建京剧系,打造京剧表演专业品牌。

(王 媛)

【与台湾戏曲学院的交流互访】 12月8日至16日,学院与台湾戏曲学院举行系列交流互访与演出活动。12月8日至10日,学院交流演出团在台湾文艺活动中心进行3场交流演出,剧目包括《龙凤呈祥》、《花田错》、《黄一刀》、《二堂舍子》、《雁荡山》和《天女散花》、《三盗九龙杯》和《春闺梦》等经典京剧折子戏。12月13日,台湾戏曲学院由校长郑荣兴先生领队一行53人抵达北京开始交流演出。12月14日晚和12月16日晚,台湾戏曲学院分别在学院大剧场及北京梅兰芳大剧院演出新编昆曲《李香君》。

(王 媛)

文化　体育　卫生

文　化

【概　况】 年内,以国庆60周年为主线,组织“祖国·我的家”国庆60周年系列文化活动、文化“四进”工程、爱北京照北京摄影活动、新农村新生活楹联大赛、第二届北京卢沟晓月中秋文化节、周末百姓大舞台、文艺演出星火工程、周末场演出、戏曲进社区(村)等群众文化活动,全年全区组织文艺演出、电影放映等各类文化活动8000场次,参与人数50万人次。新建西罗园街道等4个文化体育休闲广场、王佐沙锅村等32个农村数字影院和20个计算机联网点、图书配送点。继续开展第三次全国文物普查工作和非物质文化遗产保护工作。以“国庆平安行动”文化市场集中整治为重点,完善文化市场监督管理长效机制。开展“整治非法接收传输境外卫星电视节目专项行动”、“暑期网吧集中整治行动”、“出版物市场专项整治行动”、“文化娱乐场所护航行动”等专项整治行动。全年荣获首都国庆60周年联欢晚会工作先进集体称号、北京市新闻出版先进单位、北京市“扫黄打非”暨文化市场管理工作先进集体、首都“迎国庆讲文明树新风”活动先进单位等荣誉。

(王　蕊)

【三下乡活动】 1月10日至14日,组织开展文化、科技、卫生“三下乡”活动。依托文化馆、文联、图书馆、电影发行放映中心开展了送图书、送文艺演出、送电影、送春联、送“全家福”等活动。

(王　蕊)

【爱北京照北京摄影活动】 1月11日,区文联参与由市委宣传部、市政府新闻办主办,北京日报等多家媒体及北京摄影家协会、北京摄影爱好者协会组织的“爱北京,照北京”——走进社会主义新农村活动。8家媒体与70名摄影家对王佐镇南宫村的南宫地热博览园、科普展览中心、南宫温室大棚、南宫垂钓中心、地热温泉中心、南宫新村居民小区等处进行了拍摄和报道。

(王　蕊)

【新农村新生活楹联大赛】 3月,区文联组织作协会员参加市农民艺术节春联征集活动。楹联大赛以新风报春贺“三农”为主题,以树立新型农民观念、倡导文明新风尚为主要内容。共征集春联500多幅,评选出80幅春联作品参加市春联比赛。获得市级一等奖2名,二等奖1名,三等奖3名,优秀奖4名。

(王　蕊)

【国庆60周年天安门广场群众联欢活动】 6月至10月,丰台区参加首都国庆60周年天安门广场群众联欢活动,涉及区内34个单位,召开会议20余次,参加活动3130人。撰写各类材料983份,采集信息87143条,调集车辆343台次，发放服装9600套，道具33130，矿泉水48381瓶，餐包用餐19376份。发放背包、音响器材等物品12892件、发放证书、徽章12520个，大规模集中5次。

（王　蕊）

【“祖国·我的家”系列活动】　7月22日起，全区21个街乡镇及科技园区选拔1台文艺节目，在区文化馆展演，共演出22场，观众达9000人次。8月至9月，在区文化馆剧场举行丰台区千人合唱比赛决赛，全区21个街乡镇、各委办局等单位共33支合唱团参加了比赛，参赛人数达2000人。9月6日北京晚报头版进行了报道。5月启动舞蹈大赛，参赛选手160对，350人，来自各行各业。广场舞蹈大赛参赛者是经过全区21个街乡镇层层选拔，共选出40支业余舞蹈队2000多名演员参加了前期举行的复赛，20支队伍进入决赛。

（王　蕊）

【庆祝新中国成立60周年集邮展览】　9月13日，区文化委举办庆祝新中国成立60周年集邮展览，集邮展一共展出邮集24部，64个标准展框，主要包括歌颂祖国60年来走过的光辉历程，展现祖国的大好河山、珍贵的文化遗产等内容，展品中既有新中国60年来发行的有代表性的邮票精品，也有运载火箭、飞船搭载的邮品，包括几十年前保存下来的文献资料。展览为期6天，观众人数1000多人次。

（王　蕊）

【庆祝新中国成立60周年书法美术摄影展览】　9月26日，区文化馆举办的“庆祝新中国成立60周年书法、美术、摄影展览”隆重开幕。展览展出了馆内11名离退休业务干部的70余件作品，展览为期13天，观众500余人次。

（王　蕊）

【第二届北京卢沟晓月中秋文化节】　10月2日，第二届北京卢沟晓月中秋文化节赏月晚会在卢沟桥广场隆重举行。文化节以“古桥”、“明月”、“家园”为主题，通过赏月晚会、灯饰装点、中秋文化展三项活动，充分表达中华大家庭欢庆、团圆、和谐的盛世图景。

（王　蕊）

【“戏曲进社区(村)”活动】　年内，以“政府搭台，高校出力，传承国粹”为主题的活动，利用一年时间完成12个试点单位培训，12月25日举办成果展示暨2010年度签约仪式。经过一年的试点，编制了一套《戏曲进社区基础教程》，与中国戏曲学院研发了“戏曲健身操”由高教出版社正式出版发行，参加了第十六届北京国际图博会和法兰克福书展推介会。

（王　蕊）

【周末百姓大舞台】　年内，在西罗园街道、花乡等8个文化广场，组织34支群众业余文艺团队和部分专业艺术院团，演出200场次，受众人数10万余人。拍摄了《为群众搭台，展百姓风采》专题片，北京电视台等多家媒体报道。

（王　蕊）

【周末场演出】　年内，“周末场演出计划”举办低保专场、京剧专场、评剧专场、相声专场等，全年共演出60场，观众人数1.6万余人次。

（王　蕊）

【周末相声乐苑】　年内，“相声乐苑”继续实行低票价服务。立足于服务百姓，每周五晚演出，票价仅20元。年内共演出52场次，观众总数1万余人次。

（王　蕊）

【文艺演出星火工程】　年内，农村文艺演出星火工程共演出204场次，其中专业演出场次68场，业余演出场次136场。

（王　蕊）

【基层文化设施建设】　年内，建成宛平城地区、右安门街道、西罗园街道、南苑乡新宫村、丰台科技园区等5个文化体育休闲广场。花乡樊家村、王佐沙锅村、花乡六圈村等32家农村数字影院。新建20个计算机联网点和图书配送点。

（王　蕊）

【“六个十”示范工程】　年内，在21个街乡镇中新评选出10个示范性街乡镇文化服务中心、优秀文化广场;10个示范性社区文化室、村文化大院;10支优秀群众文艺团队;10个特色文化活动;建立10个基层图书配送点;扶持10个非物质文化遗产项目。年度申报项目118项。

(王 蕊)

【完成35处区级文保单位实地调查】 年内,聘请专业技术人员,组建专业普查队伍,深入街道进行文物普查试点工作,进行田野实地调查和数据采集工作。年初,完成35处区级文物保护单位的野外实地调查、测绘、图片、GPS定位等数据采集工作。

(王蕊

【第二批丰台区级非物质文化遗产】 年内,卢沟中秋节、北京泥人张(泥瓦模技艺)、陈式太极拳、吴式太极拳、查拳、刘家村"同乐义善蜈蚣岭"五虎少林圣会、东管头村五虎少林会、馨春开路会、管氏膏药制作技艺9个项目列入第二批丰台区级非物质文化遗产名录入选项目。卢沟中秋节、西铁匠营花钹挎鼓、万缘双石老会3个项目进行了市级和国家级非物质文化遗产保护项目的申报。西铁匠营花钹挎鼓已被列入北京市级第三批非物质文化遗产保护项目。至年底,全区共有区级保护项目21个,市级保护项目4个,国家级保护项目1个。

(王 蕊)

【成立文化娱乐行业协会】 12月22日,丰台区文化娱乐行业协会正式成立,协会成员包含全区102家文化娱乐单位,通过选举产生了会长、监事长、理事。协会的成立有助于积极倡导行业自律,执行行业规范。

(王 蕊)

【国庆平安行动】 国庆期间,共出动执法人员798人次,检查娱乐场所340余家,检查各类出版物经营单位90余家,开展联合执法行动6次,收缴各类盗版光盘7000余张,收缴各类非法出版物2230余册。

(王 蕊)

广播电视

【概 况】 年内,《丰台新闻》共发稿2000余条,在《新闻联播》、《中国新闻》、《北京您早》、《特别关注》、《北京新闻》、《晚间新闻报道》等新闻类节目发稿82条。全年制作播出各档栏目200余期、公益广告32条。新中国成立60周年之际,筹划建国60周年的宣传报道工作,投资引进纪录片《开国英雄》,制定宣传报道方案并参加了北京市委宣传部和北京市广播电影电视局组织的"迎接新中国成立60周年宣传报道方案"的征集评比活动,获得三等奖。4月,在《丰台新闻》中开设"迎国庆、讲文明、树新风"专栏,全面报道各街道、乡镇、委办局迎接新中国成立六十年的各项活动,播出相关新闻220余条。7月14日,在《丰台新闻》中推出了60集大型系列报道《我和我的祖国》,以人物故事为背景,从不同侧面展示祖国60年的发展变化及伟大成就,每集3-5分钟。参与国庆群众联欢活动报道,制作了专题片《舞动激情祝福祖国》和《国庆群众联欢活动集锦》。

(马藻茹)

【实现803数字频道全天播出】 年内,制定出由90分钟播出改为全天17小时播出的各个环节的调整和改进意见。出资购进7档栏目和5部电视剧,11月8日,在公共频道90分钟节目播出的基础上,以歌华数字网络为平台,全天播出电视节目。年内丰台有线总覆盖达87万用户,全天频道覆盖63万用户。

(马藻茹)

【多角度报道学习实践科学发展观活动】 年内,在《丰台新闻》中开设《深入开展学习实践科学发展观活动》专栏,制作播出相关新闻70余条。配合区科学发展观学习活动领导办公室录制系列讲座5场次,编辑制作《丰台区学习实践活动专题研讨班》系列光盘,为各单位的学习活动提供了有针对性的学习材料。制作反映深入开展学习实践科学发展观活动典型的专题片《改革创新破难题 紧扣实际促发展》。

（马藻茹）

【改版《丰台新闻》】 年内，改版《丰台新闻》，在原有10分钟的时政、经济、资讯服务等内容基础上，增加5分钟解读类《话说丰台》板块，以轻松的方式生动讲述丰台的区情区貌。加大《百姓直通车》播出密度，由周播改为日播，增强民生新闻的报道力度。

（马藻茹）

【宣传“保增长、保民生、保稳定”工作】 年内，《丰台新闻》开辟专栏，报道区领导及各相关部门、街乡镇等在区域经济发展、为企业服务、为百姓办实事、维护社会稳定等方面的最新动态和典型做法。重点部署对丽泽金融商务区、科技园区、大红门服装商贸区、河西生态旅游区等重点功能区建设的宣传。有计划地制作涵盖四个功能区内容的公益广告；全程录制丽泽金融商务区的新闻发布会，为丽泽金融商务区的发展建设保存影象资料；策划河西生态旅游的专题宣传；对科技园区在“三保”等方面取得的成绩进行了连续6天的专题系列报道。

（马藻茹）

【关注阶段性工作重点和社会热点】 “两会”期间，开设《聚焦两会》、《两会花絮》、《两会专访》等专栏形式对“两会”进行宣传报道，期间新闻从15分钟延长到30分钟。在预防甲型H1N1流感的报道中及时采访播出区委、区政府对防控工作的指示要求，及有关部门和社区的防控措施，邀请专家介绍相关知识，宣传普及预防方法。结合时令节气，报道中国传统节日相关民风民俗等新闻，对五一前开园的五大郊野公园进行详实报道。开设《风清水美看丰台》、《明天更美好》宣传区内各项建设成果。在社会文化生活方面，报道《读书日活动》、《宛平摄影大展》、《大学生创意秀》、《节水周宣传》、《助残日扶残助残》、《世界环境日宣传》等。

（马藻茹）

【开办《真情零距离》栏目】 年内，与区残联合作开办的栏目《真情零距离》。以访谈加小片的形式，树立区残联的形象，展现丰台区优秀残疾人的风采，弘扬自立、自强的精神。每期节目为15分钟，口号是“爱是一种力量，《真情零距离》让美丽心灵起航，让真情之花绽放”。

（马藻茹）

【制作娱乐互动节目】 年内，为宣传区内河西生态旅游，与王佐镇西庄店村结成共建对子，拍摄场地设在王佐镇青龙湖公园，共同完成游戏闯关节目水上设施的策划，关卡设计、制作和安装工作。中心集合7个部门的人员和24个单位组队以及现场观众共159位选手经过连续几天的集中录制，完成大型娱乐互动节目《我爱大自然－青龙闯天关》现场录制。节目共制作10期。

（马藻茹）

【文化类栏目《丰台故事》】 《丰台故事》是数字频道开播后推出的一档全面介绍丰台本土文化的电视栏目。栏目全面、深入介绍丰台区历史文化、传承丰台区独具特色的文化内涵。栏目以独特的表现形式探访丰台的人文古迹、巷陌民风；用独特的视角反映丰台的历史、文化、名人、掌故。《丰台故事》每周播出一期，用主持人串联、实景拍摄与动画结合的方式，对丰台的历史、文化、名人、掌故进行深入的挖掘与展现。

（马藻茹）

【栏目获奖】 年内，《丰台警方》在前三季度优秀节目评奖中，均取得一等奖。多期节目被选送北京电视台几档新闻中播出。《人大在线》栏目“大井社区与奥运”获2008年度首都社会治安综合治理优秀新闻作品评选二等奖。

（马藻茹）

【四区联动 满足收视需求】 年内，朝阳、海淀、丰台和石景山4个区开通数字频道电视节目全天播出，4区的广播电视中心确定开始“特色节目”交流互播。以电视节目形式上的互播互通,实现首都4区时事要闻和经济、社会发展进程的交流共享。

(马藻茹)

卢沟桥文化旅游区

【概 况】 年内,景区共接待游客数量共计291200人,收入2243990元。其中接待团队303批次,领导团队88批次,科学发展之旅8批及第四期全国红色经典景区讲解师资培训班。接待的领导名人有水利部副部长陈晓江,前国民党主席连战,意大利著名雕塑家尼古拉等。3月,北京市卢沟桥文化旅游区办事处委托北京创新旅游开发中心编制《卢沟桥(宛平城)旅游区总体规划》,6月30日完成规划的编制工作。旅游规划分析了卢沟桥宛平城的现状,从发展战略、项目布局、交通组织、营销策略、环境治理、运营管理、保障体系等几个方面出发,制定了卢沟桥文化旅游区的近期、中期、远期的发展目标。

(张丽娟)

【完成《卢沟桥宛平城文物保护规划》】 3月30日,完成《卢沟桥(宛平城)保护规划》的编制工作,此规划是卢沟桥文化旅游区办事处于2006年9月委托北京建筑工程学院城市研究所承编,已上报国家文物局待批复。

(张丽娟)

【首届北京宛平影像大展】 5月1日至10日,首届北京宛平影像大展在丰台区宛平城内举办。大展以《纪实摄影与当代中国1949—2009》、《我的丰台我的家》为主题,在宛平古城城墙上、城内街道两侧和8个临街的室内展场一共展出了近2000幅作品。5月1日至3日,来自中国传媒大学的80多名学生在宛平城内街的“老北京印象”场馆以及宛平广场里举办主题为“high5月,创意来吧”的首届大学生文化创意show活动,活动内容包括舞蹈、行为艺术、汉服展示、涂鸦、创意大赛和作品展卖等。5月1日至3日三天累计接待游客近2万人次。

(张丽娟)

【“红色之旅——弘扬抗战精神”主题活动】 5月18日,由卢沟桥历史博物馆发起,首次联合中国人民抗日战争纪念馆集中向社会介绍卢沟桥地区的文化旅游及博物馆,以契合“博物馆与旅游”的主题,联合举办“红色之旅——弘扬抗战精神”、“登宛平古城、赏卢沟美景、忆抗战历史、扬民族精神”国际博物馆日主题活动,为游客提供“桥、城、馆、园”抗战之旅免费一日游,并为团体游客提供免费讲解服务。“桥、城、馆、园”抗战之旅免费一日游、“抗战馆民族精神大讲堂”专题讲座、北京市中小学生社会大课堂等一系列活动。中国博物馆协会副理事长马自树、中国人民抗日战争纪念馆馆长沈强,以及部队官兵、中小学生近400余人出席活动。活动现场还向来宾和观众派发了宣传资料和纪念品。

(张丽娟)

【第二届北京卢沟晓月中秋文化节】 10月2日至10月4日,在卢沟桥和宛平古城举办第二届北京卢沟晓月中秋文化节。10月2日晚,在卢沟桥文化广场举办第二届北京卢沟晓月中秋文化节赏月晚会。北京市委宣传部副部长常卫,首都文明办主任舒晓峰,市文化局巡视员叶重辉,区委书记李超钢,区委副书记、区长游广斌,区人大常委会主任杜瑞琴,区政协主席初建华等领导和各界代表及数千名群众观看了演出。文化节期间,举办第二届北京卢沟晓月中秋文化节赏月晚会、“卢沟晓月”灯饰装点和中秋文化展三项活动。

(张丽娟)

【“晓月新城杯”醒狮杯越野跑】 10月11日上午9时,由政协北京市委员会、北京市体育总会、北京市丰台区人民政府共同主办的北京第二十三届卢沟桥醒狮杯越野跑“晓月新城杯”比赛在中国人民抗日战争纪念雕塑园举行。原全国人大常委会副委员长、原民革中央主席何鲁丽，北京市政协主席阳安江，原北京市政协主席白介夫，王大明，北京市副市长刘敬民，北京市政协副主席、民革中央副主席、民革北京市委主任傅惠民，丰台区区委书记李超钢，丰台区区长游广斌等市区领导出席活动。比赛设男女老年、少年 1.5 公里组；男女成年 8 公里组。来自社会各界的近 2000 多名长跑爱好者参加了比赛。北京市自行车运动协会的 300 名爱好者组成方阵首发。

（张丽娟）

中国人民抗日战争纪念馆

【概　况】 年内，以创新爱国主义教育活动、实施科学管理为抓手，贯彻北京市委、市政府和市委宣传部等上级部门的要求，完成中宣部讲红色故事优秀讲解员导游员评比活动、“双百”人物评选任务和基地教育、学术研究、文物征集、对外交流等各项工作，全年共接待观众 35 万余人次。被授予北京国庆平安行动先进集体、2005—2008 年度北京市爱国主义教育基地先进单位和优秀活动一等奖、第二十一届“国际科学与和平周贡献奖”。黄超荣获中宣部讲红色故事优秀讲解员、导游员评比活动十佳称号；梅振旭荣获中国博物馆学会“庆祝新中国成立六十周年全国文化遗产保护宣传讲解大赛”中文专业组一等奖，朱宁获英文专业组二等奖；馆两名志愿者荣获“知北京 爱北京——博物馆志愿者讲解比赛”一、二等奖。

（赵建军）

【平安北京建设和国庆平安行动】 年内，遵循“平安北京重于泰山，北京平安人人有责”的方针，把平安北京建设和国庆平安行动两项工作做为首要的政治任务，制定应急处置工作预案和 9 项工作机制，完成各项任务，被授予北京国庆平安行动先进集体。5 位同志被授予北京国庆平安行动先进个人。

（赵建军）

【举办专题展览】 年内，以新中国成立 60 周年、北京奥运会成功举办一周年为契机，推出“南洋华侨机工回国抗战史料展”、“历史的巨轮——百姓抗战故事展”、“战火下奥林匹克记忆——抗战时期的中国与奥运展”、石头的证言——虚假的“和平之塔”等 4 个展览；出版《百姓抗战故事》一书及《战火下的奥林匹克记忆》画册。

（赵建军）

【宣传和舆情信息工作】 年内，落实市委宣传部关于庆祝新中国成立 60 周年的各项要求，以主题展览为依托，以各类活动为载体，加大对外宣传力度。全年累计报道 653 次，其中，中央媒体 304 次，市属媒体 349 次。坚持重大活动当天报、动态信息随有随报，及时为上级部门提供最新的工作动态，全年共报送各类信息 49 期，有 17 篇信息被上级机关采用。加强内部工作的交流，编辑印发内部刊物《内情通览》15 期，《日媒动态》43 期。

（赵建军）

【对外民间交流】 年内，与中国抗日战争史学会、中正文教基金会联合举办“第二届海峡两岸抗日战争史学术研讨会”，来自大陆、台湾专家、学者 70 余人参加会议，交流的论文共有 50 余篇。8 月，唐晓辉副馆长率团访问俄罗斯，与俄罗斯卫国战争博物馆等业内同行以及俄罗斯老战士交流与座谈，与俄罗斯卫国战争博物馆达成合作意向，两馆决定 2010 年把俄罗斯卫国战争有关展览引入北京。

（赵建军）

体　育

【概　况】 年内，围绕“抢抓发展机遇，推进城乡统筹，加快区域发展”的总体目标，积极推进政务公开,促进依法行政;抓住发展机遇,做好奥运场馆赛后利用;举办首届社区运动会、全民健身体育节等大型群体赛事,掀起群众体育活动新高潮;加强体育基础设施建设,为群众体育锻炼提供良好的健身器材和场地条件。为庆祝建国60周年,完成国庆群众游行服务保障工作,共接待群众游行队伍整体合练2次、分指合练2次、队伍集结6次,群众联欢队伍训练2次,总接待人数逾6万人次。完成国庆安保部队武警8643备勤部队1000名官兵后勤服务保障工作。完成国庆信鸽放飞收集1万羽信鸽工作。本年度新注册运动员100人,向二级运动队输送18人,招入新生26人。年内为新命名的2所国家级青少年体育俱乐部办理民办非企业登记;为符合条件的北京市赵登禹学校和北京市百兆乒乓球俱乐部向市体育局申报2010年北京市青少年体育俱乐部。年内对全区21个街道乡镇在2004年安装的64套器材进行更新,其中居家工程60套、标准工程4套。为符合条件的社区、村镇及部分单位累计安装室内乒乓球台26张、室外乒乓球台43张,室内健身器械14件、台球桌5张,建设室内羽毛球场地10块,安装室外健身器材2套、篮球架1付,更新篮板4块。按照市体育局要求,在全区建设15个农村篮球场、2个笼式多功能球场、1个乒乓球小屋。

(付爱红)

【群众体育游园活动】 年内,在莲花池公园组织了以全民健身群众体育活动展示为主要内容的群众游园活动。区武术运动协会70人展示了24式太极拳,健身气功及武术套路。卢沟桥街道办事处70人表演了绸扇舞,现场1000多人参与跳绳和踢毽的互动活动,年龄最大至八旬老人,最小至4岁儿童。

(付爱红)

【竞技体育】 年内,组队参加2009年北京市青少年锦标赛,199名运动员参加11个项目的比赛,共夺得金牌22枚,银牌13枚,铜牌20枚。组队参加北京市中学生田径运动会、业余体校棒垒球赛、游泳选拔赛等市级比赛,丰台区棒球队获业余体校比赛第一名和2009年钻石杯青少年棒球比赛第一名,垒球队获业余体校比赛第一名。

(付爱红)

【体育传统校测试】 年内,组织丰台区4所体育传统项目学校的田径、篮球、跆拳道3个项目的32名学生报名参加北京市体育传统项目学校体育特长生测试,其中30人通过测试分别升入北京市第十二中学、北京十中、丰台二中、首师大附属丽泽中学。

(付爱红)

【学校设施对外开放】 年内,为缓解全民健身体育场地设施不足的问题,协调符合开放条件的学校及时向社会群众开放。开放条件达到下列之一即刻,拥有200米以上跑道的田径场;拥有足球场;拥有篮球场或排球场;拥有室外健身器材(含乒乓球台)。全区中小学校总数143所,符合开放条件的学校数85所,已开放学校数13所。

(付爱红)

【组织丰台区首届社区运动会】 3月至6月,以“喜迎建国60周年,全民健身走进社区”为主题,全区举办首届社区运动会暨第三届“和谐杯”乒乓球比赛。整个活动以街乡镇为龙头,社区为重点,参与人数11.4万人,街乡覆盖率100%。南苑乡、东铁匠营街道等9个单位获第三届“和谐杯”乒乓球比赛一等奖,卢沟桥街道民岳家园等43个社区获得优秀组织奖。

(付爱红)

【举办丰台区第七届全民健身体育节】 年内,举办丰台区第七届全民健身体育节,共设置登山、足球、篮球、羽毛球、网球、社区运动会等13项体育赛事,来自全区各行业、各街道、社区、乡镇、学校和企事业单位的90万人次参加不同项目的比赛。健身节期间承办市级活动1次,区级活动9次,基层组织活动

405次，印发宣传册8800册。

（付爱红）

【协办北京第23届卢沟桥醒狮越野跑比赛】　10月11日上午在丰台宛平城雕塑园举行，比赛设男女老年、男女少年1.5公里组和8公里组，社会各界3000余名长跑爱好者参加了比赛。在开幕式中加入了北京市武术协会、职工体育协会、自行车运动协会、风筝协会的表演和健身展示。全国人大常委会原副委员长何鲁丽、区委书记李超钢、区长游广斌等领导出席了开幕式。

（付爱红）

【北京市首届端午文化节龙舟赛】　5月28日，北京市首届端午文化节龙舟赛在延庆妫河妫水公园举行。丰台区4支代表队参加比赛，取得第二、第五、第十名的成绩。

（付爱红）

【承办北京市社区体育健身项目表彰大会】　4月18日，北京市社区体育健身项目表彰大会在丰台体育馆举行。按照市体育局的要求完成开幕式组织、活动现场布置、贵宾接待等项工作；武术协会组织40人参加了健身气功表演。

（付爱红）

【承办北京市青少年五项锦标赛】　年内，由本区承办的举重、田径、摔跤、跆拳道、女子垒球锦标赛分别在丰台体育中心、丰台三中举行，全市18个区县2千多名运动员、教练员参加比赛。

（付爱红）

【举办金秋文化节】　10月10日至15日在丰体中心举办“2009北京丰台宸艺书香金秋文化节”，书画、奇石、根艺、茶艺等项目都有国内知名艺术家光临并进行现场演示。

（付爱红）

【为群众健身提供场地服务】　年内，丰台体育中心除承办北京市中专运动会、丰台区残疾人运动会、中国建设银行丰台分行运动会、中国机械集团运动会、中建一局运动会等大型赛事外，全年累计对外开放3200余场，接待参加健身活动人数逾27万人次。

（付爱红）

【体育社团】　年内，丰台区11个单项体育社团工作秩序良好，帐户资金运转正常，全部通过区民政局年度检查。完成桥牌换届和足球协会的成立工作。利用协会优势，组织、承办市级比赛10项次、区级比赛18次，协助有关单位、协会组织体育比赛11次，群众参与活动人数100万人次。

（付爱红）

卫　生

医疗卫生

【概　况】　年内，全区医疗卫生机构共有467所，其中营利性医疗机构117所，非营利性医疗机构346所，疾病预防控制中心、卫生监督所、社区卫生管理服务中心、卫生培训中心各1所。全区卫技人员总数（含中央、市属医院，不包括部队医院）15717人：其中执业医师4299人（含中医执业医师717人），执业助理医师374人（含中医执业医师69人），注册护士6261人。实有床位总数7830张。全区平均每千人拥有执业医师人数2.36人、注册护士3.43人、实有床位数4.30张。全年出生6709人，出生率6.43‰；死亡6336人，死亡率6.07‰；人口自然增长率0.34‰；人均期望寿命81—78岁。死因顺位前十位依次为：肿瘤，心脏病，脑血管病，呼吸系统疾病，内分泌、营养和代谢的其他疾病，消化系统疾病，损伤和中毒，泌尿生殖系统疾病，神经系统疾病，传染病。

（吕媛媛）

【社区卫生】　年内，区内规划设置并运行的社区卫生服务中心23所,社区卫生服务站130所(其中123所正常运行),共有社区卫生工作人员2600人,其中在全科医生、社区护士和防保医师岗位工作的人数分别为514人、626人和173人,分别占社区卫生服务工作人员总数的19.77%、24.08%和6.65%。年内,区社区卫生服务机构门诊量为320万人次,同比上升23.60%;医疗总收入1.55亿元,同比上升44%。

(吕媛媛)

【甲型H1N1流感防控工作】 6月10日至12月31日,全区社区卫生服务机构共开展门诊预检筛查近110万人次,对13770名归国人员和密切接触者实行了健康监测。开设健康教育大课堂934场次,受教育人员46.5万人次,发放宣传资料38.1万份。

(吕媛媛)

【健康教育】 年内,全区社区卫生服务机构共制作健康教育宣传栏1194期,发放各种宣教材料506847份,发放健康处方232493份;面向居民开展健康教育讲座2276场次,受益人群达67079人次;开展健康促进活动1776次,受益人群55446人次;为社区居民提供健康咨询153999人次。

(吕媛媛)

【农村卫生】 年内,有乡级医疗机构5所,其中区政府办2所、乡政府办2所、社会办1所,村级医疗机构(包括社区卫生服务站和村卫生室)74所,均为村集体办,覆盖率100%。年内注册乡村医生394名,其中372名在岗乡村医生全部参加了岗位培训,223名乡村医生参加了理论考试,227名乡村医生参加技能考核,合格率100%。

(吕媛媛)

【新型农村合作医疗】 年内,新型农村合作医疗参合总人数128738万人,参合率95.5%,人均筹资标准达到420元(个人缴费标准为80元,其余340元由市、区、乡镇和村集体承担)。筹集资金总额为5407万元,全年报销补偿总人次为11.4万人,补偿支出6021万元。住院实际报付率为38.2%(其中一级医院住院报付率55.4%)。

(吕媛媛)

【传染病防治】 年内,全区共报告法定传染病25种21152例,发病率为1255.22/10万(按照中国CDC统一提供的2009年度数据,全区人口是168.5万人计算),比上年上升15.33%,累计报告死亡42例(乙肝23例、甲型H1N1流感11例,肺结核2例、痢疾1例、梅毒1例、狂犬病1例、流行性感冒1例、手足口病1例、丙肝1例),报告死亡率为2.49/10万,比上年上升137.14%。甲乙类传染病共发生19种7838例,发病率为465.13/10万,同比上升13.11%;死亡40例,死亡率2.37/10万,比上年上升157.61%;痢疾3261例,发病率193.52/10万;甲型H1N1流感1786例,发病率105.99/10万;肺结核1112例,发病率65.99/10万。丙类传染病发生6种13314例,发病率为790.09/10万,同比上升16.68%。其它感染性腹泻7477例,发病率443.71/10万;手足口病4580例,发病率271.79/10万;流行性感冒645例,发病率38.28/10万。区17家肠道门诊从4月1日开诊至10月31日共开诊214天,自11月1日起,保留佑安医院和731医院继续开展监测,门诊18331人次,同比提高17.55%;其中初诊17621人次,复诊710人次,本市患者17325人次,占94.51%,外地患者1006人次,占5.49%。

(吕媛媛)

【性病防治】 年内,全区性病报卡1222张,其中艾滋病及HIV阳性225张,淋病225张、梅毒367张、艾滋病流调218次。与公安分局配合共完成784例高危人群的性病检查工作,查出性传播性疾病23例。

(吕媛媛)

【结核病防治】 年内,新登肺结核病329例,其中菌阳病人120例占36.4%;本区户籍122

例(37%),外区18例(5.4%),外地患者189例(57.4%)。对本区新登记329例肺结核病人全部进行免费监化治疗和管理。全区11610名新生儿接种卡介苗。

(吕媛媛)

【地方病防治】 年内,对农村地区的南宫中心小学422名8-10岁学龄儿童进行甲状腺肿大和尿碘水平监测,其中甲状腺肿大3人,肿大率为0.71%;尿碘检查422人,尿碘中位数为188.65μg/L。孕妇与育龄妇女尿碘监测445人份,其中孕妇257份,尿碘中位数为175.0μg/L,处于孕妇尿碘中位数的最佳范围(150~250μg/L)。育龄妇女188份,尿碘中位数为186.1μg/L。居民户碘盐监测288户,非碘盐率9.0%,碘盐覆盖率91.0%,碘盐合格率95.0%,居民合格碘盐食用率86.5%。对丰台区39名养殖行业从业人员进行血清布氏杆菌抗体检测,结果无阳性病例。全年共发生2例布氏菌病病例。

(吕媛媛)

【精神病防治】 年内,全区精神病人3515人,发病率0.0168‰,患病率3.285‰。新发现既往病人214人,登记贫困精神病人312人,免费发放投药22800瓶,配合公安机关强制住院治疗163人次。

(吕媛媛)

【学校卫生】 年内,区CDC对13所监测点校8848名学生进行体检,其中营养不良检出率9.83%,肥胖检出率20.10%,视力不良检出率54.12%,沙眼患病率0.64%,贫血患病率0.72%,龋均0.89。

(吕媛媛)

【计划免疫】 年内,抽查调查连续居住半年以上的儿童(1岁≤年龄<3岁)210名,建卡率100%,建证率100%,卡证符合率100%。全年完成基础免疫接种414693人次,完成加强免疫接种188573人次。全年完成基础免疫接种率:卡介苗100%,脊髓灰质炎98.1%,百白破99.0%,麻疹97.1%,乙肝100%,首针及时率92.9%,风疹98.1%,流腮98.1%,流脑97.5%,乙脑96.1%,甲肝91.3%;加强免疫接种率:百白破100%,麻疹97.1%。常规免疫接种率监测本市户籍:基础免疫各疫苗接种率在99%以上;加强免疫接种率在99%以上。常规免疫接种率监测外省户籍:基础免疫接种率在99%以上;加强免疫接种率在99%以上。为60岁以上老年人接种免费流感疫苗80472支,接种率为40.8%(60岁以上老年人基数为197127人),为中小学生接种减费流感疫苗82998支,接种率为75.4%(中小学生基数110142人)。

(吕媛媛)

【公共卫生监测与评价】 年内,全区接触职业病危害因素的用人单位307家,职工总数49858人,其中接触职业病危害因素人数13495人。对本辖区内航天系统申报的1个建设项目进行了职业病危害预评价、1个建设项目进行了职业病危害控制效果评价;完成29家用人单位的职业病危害因素检测,累计采集151个作业点,1692件样品,超标点数30点,超标率19.87%;对98家用人单位4138人进行了职业健康检查,发现尘肺、噪声聋等职业病患者和职业禁忌证129人,需要复查153人,不能排除与接触职业病危害因素有关健康损害702人,总异常人数984人,总异常率23.78%。

(吕媛媛)

【放射卫生】 年内,全区放射工作单位91家,其中医用X射线应用单位81家(X光机191台),工业探伤10家(探伤设备21台),放射工作人员736人,其中医用657人,工业探伤79人。全年检测医用X射线机60家143台检测,检测工业探伤0家。全年完成放射工作人员个人剂量监测工作4次,完成监测318家次共2230人次,并完成6家单位共7人的大剂量核查工作。组织52家单位287人进行了放射工作人员职业健康检查。

(吕媛媛)

【餐饮业量化分级管理】 年内,共有餐饮单位5834户,其中社会餐饮业4525户,集体食堂1285户,集体用餐配送单位24户。全区应参加餐饮业卫生量化分级管理评定的合计3844户,已完成2813户,占全部单位的73.18%,其中A级单位124户,B级单位1206户,C级单位1483户。

(吕媛媛)

【公共场所卫生】 年内,全区共有公共场所经营单位3228户,其中旅店业690户、文化娱乐场所156户、公共浴室253户、理发店与美容店2052户、游泳场馆41户、体育场(馆)1户、商场(店)、书店30户、候车(机、船)场所2户、其他3户。年内,对辖区1714户公共场所进行了室内环境和公用具卫生检测。共检测97361件项,合格83382件项,合格率85.64%。对辖区内100%的游泳场所、50%的住宿场所实施量化分级管理。全区共有公共场所2950户,其中旅店业645户,已量化415户(67.48%),游泳场(馆)39户,处于营业状态35户,已量化35户(100%)。

(吕媛媛)

【饮用水卫生】 年内,区二次供水设施持有效卫生许可的应为617套,监督率为58.67%。全区用于生活饮用水的自备井34眼,分为16个单位负责管理,其中:王佐镇、长辛店镇、中国航天科工飞航技术研究院动力站、中国北方车辆研究所为自建集中式供水(共拥有自备井22眼),中国运载火箭研究院拥有自备井7眼,其余均为单井供水单位。共计对5个单位29眼井完成监督工作。

(吕媛媛)

【打击非法行医】 年内,出动卫生执法人员1041人次,出动执法车辆240余台次,查处、取缔无《医疗机构执业许可证》“黑诊所”257户次,没收药品160余箱、医疗器械13件(含B超机一台)、开出回收药品证明10份,立案查处1起罚款人民币1000元;联合执法50次,其中乡政府、街道办28次,派出所11次,其它相关部门(含计生委、工商、外埠计生部门等)11次;受理群众举报案件176件,处理176件,处理及时率100%。给各乡(镇)下发打非协办单38份;上报打非信息27篇,刊用8篇。

(吕媛媛)

【血液安全】 年内,对辖区内16所医院的临床用血和3辆采血车进行监督检查,临床用血覆盖率110%,采血车检查覆盖率200%。3月和10月分别与市卫生局对丰台医院和电力医院的临床用血工作进行检查。国庆节前夕,与区献血办、市血液管理质控中心共同对区二级及以下医疗机构的临床用血工作进行检查。共查医院12所。

(吕媛媛)

【妇幼保健】 年内,区户籍活产6709人,孕产妇6661人,孕产妇系统管理率达97.70%,高危妊娠管理率99.88%,住院分娩率100%,本区户籍孕产妇死亡0例,孕产妇死亡率为0/10万。围产儿死亡34例(其中死胎20例,死产0例,早新生14例),围产儿死亡率5.05‰。全区产科产妇总数11735人,剖宫产率49.03%。活产11797人,男女性别比为118.8:100,其中户籍性别比为110.0:100,非户籍性别比122.2:100。孕产妇死亡0例,围产儿死亡49例(其中死胎36例,死产3例,早新生10例),围产儿死亡率4.14‰。

(吕媛媛)

【儿童保健】 年内,新生儿6709人,访视6342人,管理率94.53%,听力筛查率98.65%,母乳喂养率97.06%,高危儿合格管理率99.57%,疾病筛查率为97.65%,婴儿死亡率5.07‰。全区户籍管理0-6岁儿童25302人,系统管理率95.25%。0-6个月母乳喂养率92.66%。全区监测围产儿11836例,出生缺陷儿150例,出生缺陷发生率为12.67‰。出生缺陷顺位前三位的为:肢体短缩、外耳畸形、先天性心脏病。

(吕媛媛)

【计划生育技术管理】　年内，节育手术25667例，并发症2例，并发症发生率为0.78/万。婚孕检3071对，婚孕检率为25.3%；检出疾病人数为998人，检出率为32.5%。

（吕媛媛）

【医疗工作】　年内，门诊人次7400315，急诊人次909348，观察室留观人次342289，危重症抢救人次（门诊、病房）5350，入院人次118215，出院人次117437，病床使用率81.41%，治愈率57.21%，好转率36.97%，死亡率2.67%，出入院诊断符合率99.73%，全年住院手术38308例。

（吕媛媛）

【血液管理】　年内，组建4300人的无偿献血志愿者应急队伍，组织单位应急献全血3364单位，献机采血小板252单位，比上年增长92%。街头公民自愿无偿献血54336单位，比上年增长36%。全年临床用血23598单位，其中成分输血23478单位，成分输血率99%。自体输血2106单位，自体输血率9%。配合北京市卫生局开展“医疗质量万里行”活动，对全区19家临床用血医院进行监督指导。

（吕媛媛）

【医疗设备】　年内，全区各医疗卫生机构万元以上医疗设备总资产130205万元，门诊部以上医疗机构本年度新增万元以上设备621台。

（吕媛媛）

【医学教育】　年内，全区13个继续医学教育基地和13个继续护理学教育基地开展区级认可项目，医疗232项，护理145项。医院自管项目举办370项。继续医学教育达标率95%以上。全区医疗机构继续医学教育管理系统硬件设备升级为非接触式，更换继续医学教育IC卡。首次建立农村卫生人才临床轮训工作机制，共有46名农村卫技人员到区二级医院及社区卫生服务中心参加临床轮训学习。组织参加全科医师等十个社区卫生专业岗位培训及考试工作，共有242人取得证书，其中全科医师39人、社区护士87人、防保医师9人。选送34名新招收的本科及以上医学专业毕业生到普通专科医师培训基地参加培训，9名社区新招收的临床医学专业本科及以上毕业生参加全科医师规范化培训。选送9名学科带头人及专业骨干参加了北京市卫生局组织的统一培训。

（吕媛媛）

【科研工作】　年内，丰台卫生系统共获得科研立项121项，其中国家级课题18项，市级课题12项，区、局级课题91项。荣获丰台区科学技术奖8项，发表科研论文628篇。

（吕媛媛）

【财务管理】　年内，卫生经费32946.29万元。专用基金收入5562.04万元，专用基金支出5023.09万元；业务收入96722.71万元，同比增长17%；业务支出114615.71万元，同期增长16%。

（吕媛媛）

【丰台医院妇幼保健中心楼工程】　年内，位于丰台镇西安街1号（现北京丰台医院院内）；总建筑面积23104平方米，包括地下2层，地上8层；建设总投资13149万元；该工程是丰台区政府为民办实事重大工程之一。截至12月31日，除正式外电源工程以外，整体工程全部完工，验收合格交付使用。

（吕媛媛）

药品监督

【概　况】　年内，分局结合国庆60周年“三品一械”（药品、保健食品、化妆品及医疗器械）安全保障工作，将“创建药品放心区”活动继续引向深入，继马家堡街道、和义街道首批通过创建药品放心区领导小组考核验收，成为药品放心街乡之后，“创建药品放心街乡镇”工作在辖区全面铺开，保障了国庆药品安全。通过打击假劣药品，净化了市场环境；

通过严格市场准入,加强了源头治理;通过坚持务实创新,提高了监管效能;通过抽验三品一械,保障了药品质量;通过开展专项行动,规范了市场秩序。年内,药监丰台分局被评为北京市爱国卫生先进集体。

(左永慧)

【深化药品放心区工作】 年内,召开"2009年丰台区创建药品放心区工作达标街道乡镇授牌仪式暨药品三级社会监督网络工作会",西罗园街道办事处、东铁匠营街道办事处、太平桥街道办事处、南苑街道办事处、长辛店街道办事处、宛平城地区办事处等6个街乡成为达标单位,获得"创建药品放心街乡镇工作达标单位"称号。

(左永慧)

【药品法规宣传工作】 年内,以学雷锋日、"3.15"消费者权益保护日、"打击黑诊所、黑药店"主题宣传活动、"爱国卫生活动日"、"安全生产活动月"、"第二十一届国际科学与和平周"等活动为契机,深入社区宣传,进驻学校普法,出动药品快检车检验药品,维护百姓权益。在多个社区广场、科学城等群众集中的公共场所,开展以"实践科学发展观,创建药品放心区"为主题,以"安全用药进万家,志愿服务在基层"为载体的宣传活动。与区爱国卫生运动委员会、人口计划生育委员会、卫生局、林业局等单位联合开展"丰台区健康知识进社区(村)百场讲座"活动。在辖区开展21场"践行科学发展观,创建药品放心区"宣传贯彻、合理用药等系列活动。活动范围覆盖辖区21个街道乡镇,直接和间接受益人群10万人。

(左永慧)

【依法行政审批严格市场准入】 年内,共受理许可事项1465件。76家企业取得药品经营许可证,188家企业取得医疗器械经营许可证;核发医疗器械生产企业许可证7家;核发保健食品(经营)卫生许可证207家,变更保健食品(经营)卫生许可证56家。受理药品零售企业GSP认证205家,受理药品批发企业GSP认证21家;辖区3家药品生产企业通过药品GMP认证。

(左永慧)

【国庆60周年安全保障工作】 年内,对辖区内的"三品一械"经营企业和医疗机构进行了拉网式专项监督检查,成立庆祝建国60周年"三品一械"安全保障工作小组,制定检查方案,确定具体的检查内容。要求"三品一械"经营企业、医疗机构一定要强化自身管理,提高"三品一械"安全防范意识,把住进货渠道关,严格索证制度,不进、不卖、不使用伪劣"三品一械"、过期"三品一械"和可疑"三品一械",确保国庆期间"三品一械"市场安全。

(左永慧)

【净化药械市场环境】 年内,共受理投诉举报等各类案件378件,其中市局批转131件、投诉举报110件、移送24件、检验机构检验发现16件、其他案件97件。涉及药品302件;医疗器械46件;保健食品26件;化妆品4件。全年查办投诉举报等各类案件353件,办结率93.4%,可回复案件答复率100%。立案查处32起,其中假药案1起,劣药案19起,非法渠道购进药品案2起,无证经营药品案1起,医疗器械案6起,保健食品案2起、化妆品案1起;已结案31起,结案率96.9%,罚没金额15.80万元,没收物品折合人民币4万元。当场行政处罚3件,罚款0.11万元。关闭非法邮售药品信箱61个,开展"整治非药品冒充药品"、"瓜瓜胶植物复合胶囊"等20余项专项检查行动。开展打击黑诊所、黑药店、黑成人保健品商店等无证经营违法行为的打击"三黑"专项行动。出动492人次,联合公安、卫生局、办事处等相关单位人员12次、共计172人次,检查覆盖率100%,发放《告知书》136张、《违法经营使用药品医疗器械保健食品行为告知书》122张,查处成人保健店122家、查扣物品货值4000元,查处黑药店、黑诊所等违法售药124家、没收药品

450余种、违法货值近40万元，打击医院周边卖药2起，公安部门刑事拘留造假、售假或违法经营不法分子15人。

（左永慧）

【药品抽验工作】　药品抽验是市、区政府2009年度为民办实事项目。年内，完成检品469批次，区药品抽验合格率为97.6%。围绕国庆60周年药品安全保障重点，完成医疗器械监督抽验30个批次，保健食品监督抽检27个批次，化妆品抽检35件。

（左永慧）

【防控甲型流感】　年内，对1000余家药品生产、经营企业、医疗机构进行甲型H1N1流感防控工作专项监督检查，向辖区2613家相关单位下发《关于进一步明确责任突出重点加强甲型H1N1流感预防控制工作的通知》、《关于落实社会单位防控甲型H1N1流感管理责任的通知》两个文件，与2235家相关企业签订甲型H1N1流感防控工作责任书；对辖区生产感冒类药品企业进行摸底调查，摸清辖区企业的相关治疗药品的储备和生产情况，对3家企业进行监督检查；开展预防流感中药饮片专项抽验，分别对辖区内1家饮片生产企业和1家医疗机构的4种饮片品种进行现场抽验，共计5批次药品送丰台区药品检验所检验；对防治甲型H1N1流感定点医院北京佑安医院、丰台长辛店医院，生产甲型H1N1型流感防控涉及急救用医疗器械产品的北京谊安医疗系统股份有限公司、北京人卫康医疗器材销售有限公司进行监督检查；核查了北京谊安公司生产的9个规格型号的呼吸机，查看该批次150台呼吸机的产品相关记录，从成品库中随机抽验SOLO呼吸机1台。

（左永慧）

爱国卫生

【概　况】　年内，改造无害化户厕2800户。实施“健康北京灭蟑行动”，完成390万平方米专业消杀。启动“迎国庆灭害防病保庆典”病媒生物防制保障工作，主要对市级重点保障公园——莲花池公园及周边2公里区域的病媒生物密度监测和防制，采取作业前勘查、制定方案、实施监测、效果评估、多轮次拉网作业等方法，进行立体式、全方位的消杀作业，有效防控病媒生物密度。贯彻落实《北京市公共场所禁止吸烟范围若干规定》，开展“戒烟一小时、健康亿人行”为主题的宣传活动，在《新丰台报》制作控烟专版；在区有线电视台的每晚黄金时间段连续播放控烟警语。在中小学校开展“我爱无烟环境”为主题的控烟征文、控烟宣传警语、烟盒控烟宣传画、控烟主题班会、“拒吸第一支烟，做不吸烟的新一代”横幅签名、聘请学生控烟禁烟义务监督员等系列活动；召开公共场所禁烟工作经验交流会；加强对行政执法检查人员的培训；对社会单位进行执法检查；设置宣传站点，制作板报；创建无吸烟餐饮单位24家。在环卫、园林、房管、工地、饮食服务、农贸市场等10大行业和21个街道乡镇开展了“健康北京健康丰台”六专题（即病媒生物防治、禁烟控烟、生殖健康、安全用药、人畜共患病、卫生防病）知识讲座518场，1.7万名社区居民、单位职工、学校师生、机关干部和外来务工人员从中受益。部署“开展爱国卫生运动、预防甲型H1N1流感”城市清洁日行动。举办“丰台区2009“健康风采”大赛活动，参加市级比赛，分别获得二、三等奖。9个单位被评为爱国卫生红旗单位、26个社区被评为健康社区、11个村被评为健康示范村。

（赵子生）

【农村改厕】　改造农村户厕2800户是区政府折子工程及新农村五项基础设施建设内容之一。4月初，完成“项目建议书”、“建设实施方案”的编制和立项审批工作。户厕改造期间，35次深入一线指导并组织验收工作，10月底，2800户户厕改造任务全部完成并通过市级验收。

(赵子生)

【病媒生物防制】 年内,引入专业服务单位消杀作业,集中灭蟑,销售灭蟑套餐5.58万余套,完成390万平方米专业消杀。召开“迎国庆灭害防病保庆典”工作部署会,启动病媒生物防制保障工作。加强市级重点保障公园-莲花池公园及周边2公里区域的病媒生物密度监测和防制作业。对1条河、2处建筑拆迁工地、4个旱厕、6个公厕、7个居民小区、25条市政道路、1200余个垃圾站、桶(果皮箱)和2800多个地下检查井等作业面进行消杀,防控病媒生物密度。全年累计配送各类灭蚊蝇药品8900公斤,灭鼠药品1052.8公斤。

(赵子生)

【禁烟控烟】 年内,对110名行政执法检查人员、7800多名监督人员进行培训;对机关、医院、学校、中等以上宾馆、饭店、文化娱乐场所及体育健身场所进行以控烟禁烟为主的执法检查;组织3轮次对街道、乡镇、社会单位等公共场所进行控烟基线调查,为全市研究修改控烟法规提供基础数据;发动街乡设置控烟法规、吸烟危害健康宣传站点326个,发放宣传材料10万余份,制作宣传板报3280块,补发控烟禁烟标识3500块。检查各类单位1.3万余家,合格率达95%以上。向北京市推荐控烟征文60篇、警语10条、宣传画10幅;征集3500名学生联名签字条幅4条;创建无吸烟餐饮单位24家。

(赵子生)

【健康促进】 年内,组织部署全区健康知识讲座活动,涉及21个街道乡镇的健康促进示范村、健康社区和十大行业,累计518场次,1.7万余人从中受益。部署“开展爱国卫生运动、预防甲型H1N1流感”城市清洁日行动。举办“丰台区2009“健康风采”大赛活动,倡导健康文明的生活习惯,获得一等奖的马家堡嘉园一里社区和右安门街道翠林社区参加市级比赛,分别获得二、三等奖。

(赵子生)

【城市清洁】 年内,累计清理垃圾渣土486.8吨,堆物堆料20086处、卫生死角3254处、消除孳生地4569处,打击取缔无照商贩1000余个,规范各类单位1200多家。据不完全统计,全年有近100万人次参与爱国卫生工作之中。

(赵子生)

社　　会

民政工作

【概　况】 年内，丰台区民政工作在区委、区政府的领导下，在北京市民政局的指导下，坚持以邓小平理论和"三个代表"重要思想为指导，深入贯彻落实科学发展观，树立大民政理念，围绕"保增长、保民生、保稳定"的工作大局，完成了年度工作任务，服务保障民生的重要基础作用得到了发挥，为维护首都社会稳定，保障平安国庆，促进丰台区经济社会全面协调发展做出了贡献。丰台区民政工作的整体水平进一步提高，再次被评为北京市民政工作先进区。

（王克俭）

【大民政建设】 深入学习实践北京市提出的"大民政"理念，组织开展了大民政系列学习研讨和宣传活动，提出了"建设大民政、保障大民生、温暖大民心"的工作思路。先后组织了"大民政"学习研讨班、"大民政"培训班和丰台民政事业科学发展论坛，开展了"大民政"系列宣传活动。在提高认识、统一思想、形成共识的基础上，初步建立了大民政工作机制和工作格局。

（王克俭）

【社会救助】 年内，共有8282户、16975人纳入低保范围，支出低保金6554万元，实现动态管理下的应保尽保。提高临时救助标准，实行城乡临时救助政策并轨，将临时救助比例由25%调整为30%，医疗报销的起付线由1000元降至600元，累计救助3617户、7551人次，支出救助金276万元。落实城乡特困人员医疗救助、贫困孕产妇生育救助政策，将救助报销比例由50%提高到60%，取消了报销起付线，住院救助额度由1万元提高到3万元，缓解了城乡特困群体的医疗困难。全年累计救助低保对象3770人次，共支出医疗救助资金270万元；为352名新考入大学的贫困大学生发放了助学补助140多万元。提高农村五保供养标准，由每人每年8400元提高到9385元。完成了50户农村特困户的危旧房翻建工作，超额完成原定35户任务，缓解了农村优抚和社救对象的住房困难。按照《北京市低收入家庭认定暂行办法》，对区内157户低收入家庭进行了认定，并发放了《北京市低收入家庭救助证》，使他们享受到除了低保金之外的各项救助。围绕"平安国庆"和冬季严寒开展集中救助活动，共救助流浪乞讨人员3838人次，救助人数位列全市第一。

（王克俭）

【社会福利】 落实居家养老服务补贴政策，领取补贴老人数达到1.46万多人，发放补贴金420万元。加快养老服务机构建设，新增养老床位1100张，养老床位总数达4521张，全区养老服务机构达到26家,提前一年并超额完成"十一五"规划确定的目标。全区有近15万名65岁以上老年人享受到了11项优待政策,实现了免费游览公园、乘坐公交、参观博物馆等。1.92万名90岁以上老年人享受到了政府高龄津贴。为535户"空巢"高龄老人家庭安装"紧急医疗救助呼叫器"。全区电脑福利彩票投注站达到304家,全年销售福利彩票3.98亿元,同比增长11.3%,占全市销售量的12.9%,位居全市第三。争取福利彩票公益金2115.8万元,有力支持了福利事业发展。儿童福利院全年接受入院儿童27名,完成手术4例,10名儿童安排家庭寄养。对儿童福利院进行了扩建,由原来700平方米增至2200平方米,孤残儿童养育水平显著提高。福利企业39家,职工1979人,其中残疾人740人。2009年完成销售总额50157.71万元,完成利税总额3922.01万元。

(王克俭)

【基层政权建设】 完成了第七届社区居委会选举工作。266个社区参加选举,选举产生新一届社区居委会成员2216人,其中主任266人、副主任395人、委员1555人,一次选举成功率达到100%。扩大了基层群众民主参与,登记选民达到848064人,居民代表选举和户代表选举分别达到92%和94%,比上届提高0.3%和1%,社区"工作者队伍"的学历层次、年龄结构得到了进一步优化。完善了居(村)民代表会议、代表联系户、"两委"联席会等制度,提高了基层民主自治水平,22个社区(村)被评为北京市先进社区居(村)委会,2个村被评为先进村委会。以农村党的建设"三级联创"活动为载体,深入开展村务公开和民主管理示范单位创建活动,10个村被评为北京市先进单位。

(王克俭)

【双拥优抚】 举办了"军民鱼水情书画展",开展了军地"双援建"图书室活动,组织了军政座谈会、军地领导外出学习考察活动,组织了随军家属就业培训和专场招聘会,为183名随军家属发放自谋职业扶助金620多万元。驻区部队广泛开展为第二故乡作贡献活动,出动兵力2300人次、车辆260台次,为绿化美化首都做出了重要贡献。完善和落实各项抚恤政策,加大了对重点优抚对象的帮扶力度,发放优抚金3200余万元,保障了1600多名优抚对象的生活。创新退伍军人安置渠道和方式,引导转变择业观念,组织就业培训,安置退伍军人237名,占年度应安置人数的95%。接收安置军休干部663人,使丰台区管理的军休干部总数达到6415人,无军籍职工2059人。丰台区军休办被民政部和解放军总政治部评为军休工作先进单位。

(王克俭)

【社会捐赠】 做好经常性捐赠工作,先后开展了"京什手拉手、重建新家园"和"送温暖,献爱心"主题捐赠活动。全年共接收捐款250多万元、衣被12万多件,有力支援了四川、陕西、内蒙古等受灾地区和本区困难群众;为12个"爱心家园"注入资金100多万元,惠及困难群众1万多人次。

(王克俭)

【社区服务】 为辖区居民提供公共、公益、便利的服务累计达9828单,接受各类咨询7万余条,报送社区公共服务平台网站信息15600余条,注册社区志愿者组织574支,注册社区志愿者人数2.84万人,培训社区信息专管员、网络座席员500余人次。签约服务商与自管队伍达63家。组织开展了2010年"共襄盛世共享和谐"丰台区两节服务活动。

(王克俭)

【地退和征地超转】 共接收安置征地超转人员178名,接收安置经费达4300万元,及时纳入了财政专户。认真落实各项政策待遇,确保了征地超转人员思想稳定。

(王克俭)

【婚姻登记】 加强婚姻登记规范化建设,通过了民政部、北京市规范化建设验收。年内办理结婚登记 13649 对,离婚 2884 对,补领 1293 对,收养登记 22 件,出具未婚证明 1054 件,查档 2800 件。完成了“9·9”结婚登记高峰日服务工作,再创丰台区婚姻登记单日接待人数 1455 对的历史新高。

(王克俭)

【社会组织管理】 共办理社会团体行政许可事项筹备登记 2 项,成立登记 2 项,变更登记 2 项,注销登记 3 项,社会团体总数 68 个。办理民办非企业单位行政许可事项成立登记 21 项,变更登记 18 项,注销登记 1 项,民办非企业单位总数达到 311 个。开展社会团体规范化建设和民办非企业单位信息公开和承诺服务活动,完成社会组织年度检查 246 个,行政执法合格率 100%。

(王克俭)

【殡葬管理】 做好清明节群众祭扫服务工作。区内 5 个墓园共接待祭扫群众 40 多万人,创历史新高,实现了“文明祭祀,平安清明”的目标。

(王克俭)

【行政区划】 适应城南行动计划要求,按照减少交叉重叠,方便管理服务的思路,提出了符合加快城乡一体化进程的行政区划调整方案。

(王克俭)

【老龄工作】 把为老年人谋利益、办实事、做好事,维护老年人的合法权益作为老龄工作的出发点和落脚点,围绕“六个老有”工作目标,深入基层调查研究、总结经验、查找问题,努力提高老龄工作水平。打造丰台老龄品牌活动项目,组织开展了“银龄行动”系列活动,并延伸到社区、村,为老年人发挥余热、服务社会搭建平台。举办了首届“银龄之声”合唱大赛和“健康老人之星”、“孝亲敬老之星”评选活动,形成了具有丰台特色的“99”重阳活动品牌。

(王克俭)

【民政宣传】 围绕区委区政府的战略部署和丰台区民政重点工作,充分利用报纸、电视、广播和网络媒体,及时、全面、客观地报道了改善民生的政策规定和工作成效,反映了民政人积极向上的精神风貌和良好业绩,提高了民政工作的公众知晓度和社会影响力。年内在各类媒体刊发稿件 2064 篇(幅、次),数量和质量有了明显提高。丰台区民政局被评为北京市民政系统宣传工作先进单位和“大民政”宣传先进单位。

(王克俭)

人口管理

【概　况】 年内,丰台分局人口管理处根据丰台区人口管理的实际情况及国庆 60 周年的具体安保任务,以政治治安稳定为中心,对社会面的人、地、物、事、组织实施有效掌控,实现了丰台区可防性案件发案平衡下降,社会治安稳定。落实人口管理措施,对各类重点人员做到及时发现、贴心疏导和严密管控。组织社区治安志愿者参加国庆治安巡逻活动,构成严密的社会治安防控网络。共登记常住人口 43.3904 万户 104.8763 万人、流动人口 111.0446 万人,办理暂住证 94.2593 万人,列管重点人员 1.5161 万人,登记出租房屋 7.6904 万户 38.0825 万间。

(杨春槐)

【开展送证进军营活动】 丰台分局通过开展调查摸底、地址核查和数据审核等工作,集中开展为部队申领居民身份证人员送证进军营活动,共为 190 家部队签发军人身份证 1.94 万张。办证总量在北京市 18 个区(县)分局中名列第二。

(郭凤华)

【“五字”工作法见成效】 丰台分局从破解社

区民警摸排辖区内各类不安定因素“方法简单、渠道单一”等难题入手,针对影响安全稳定的重点人和重点事,研究制定了社区民警“访、建、梳、协、网”五字工作法(访,即走访了解;建,即建信息员;梳,即梳理深挖;协,即协调沟通;网,即发挥网络信息化优势),提高了社区民警对社区“人、地、物、事、组织”的掌控能力,实现了国庆节期间“管人、控物、知事无漏洞”的既定目标。

(郭凤华　耿洪洋)

【换发二代身份证】 丰台分局为提高二代身份证办证率,共制作宣传板报1391块,悬挂横幅、标语1260多条,张贴宣传画18400余张,发放宣传材料135万余份。采取“一多”、“两少”、“三快”工作法(让换证的人争取多一些;让群众等候的时间少一些、意见少一些;办结手续块、成品证返回快、群众领取证件快),共办理二代身份证98658人次。被公安部评为全国公安机关集中换发二代身份证工作先进集体。

(郭凤华　杨　建)

【为刑满释放人员恢复户口】 丰台分局人口管理处针对刑满释放未落户口人员与相关派出所逐一核实,研究查找未落户口的原因,制定解决方案,为刑满释放人员解决户口问题。与新疆农场、团河监狱等狱政部门多次联系补领释放证明等证件,同时与其他区县分局协调配合,为刑满释放人员落户完善手续。截至2009年底,为未落户口人员解决落户14名,其中本区12名、外区转入2名。

(马玉萍)

【流动人口协同管控机制】 丰台分局人口管理处研发的“流动人口协同管控机制”在本局户籍派出所进行推广,有效地解决了流动人口高危人员发现、管控难的问题。29个户籍派出所与137个(丰台区内131个、其它区县6个)外省地、县级驻京机构建立了协作机制。年内,各派出所协助各驻京机构发现上访人员292人、法轮功4人、极端行为人员16人,化解群体性事件7起(59人),交换流动人口基础信息9000条。各驻京机构和所属流动党支部协助各派出所提供违法犯罪线索137条,破获案件15起,铲除犯罪窝点6个,打击处理56人,抓获在逃人员8人。

(郭凤华　王二虎)

人口和计划生育

【概　况】 年内,丰台区人口和计划生育工作在市人口计生委和区委区政府的领导下,以科学发展观为指导,认真贯彻落实中央和市委两个《决定》精神,完善制度,推进大人口工作科学发展,低生育水平持续稳定,人口和计划生育公共服务水平不断提升,统筹解决人口工作在探索中前进。全区户籍人口出生8406人,计划生育率98.73%,出生人口性别比保持在100:107,完成了市政府下达的责任指标。2009年区财政投入1442万元,其中流动人口经费350万元,完成市政府责任书下达的投入目标。区人口计生委被评为2009年度北京市人口和计划生育工作模范区县,荣获北京市“三八”红旗集体称号。

(姚　莉)

【组织领导】 区委、区政府重视统筹解决人口问题。人口计生工作列入区委区政府重大督查项目,层层签订责任书,各项考核评比坚持计划生育“一票否决”。建立联席会议制度,定期研究人口计生工作中的重点、难点问题。实施综合治理部门协作机制,强化现居住地管理的三街两镇区域协作机制和推进流动人口服务管理的跨省协作机制。2月份,成立了由区委区政府主管领导担任组长,14个职能部门和14位专家组成的统筹解决人口问题工作小组。工作小组下设“调控人口规模”工作组、“流动人口管理与服务”工作组、“提高出生人口素质”工作组、“应对人口老龄化”工作组。明确了各工作组的职责，并建立了例会制度、联席会议制度、联络员制度和成效评估制度，通过体制机制建设规范各项工作。

（姚　莉）

【依法行政】　开展对违法生育未征收社会抚养费的清理排查工作，进一步摸清了丰台区违法生育和未征收情况的底数。与公安分局人口处建立征收社会抚养费联合工作机制。街乡计生办主任与管片民警共同入户向违法生育当事人送达征收社会抚养费告知书200份，征收社会抚养费130例。审批一胎生育服务证7000例，审批二胎480例，办理《独生子女光荣证》4500例。核实发放奖励费96.15万元。核发独生子女年老时一次性奖励608人，合计60.8万元。审批独生子女一次性经济帮助26人，合计13万元。奖励扶助对象年审核335人，特别扶助对象年审核536人。排查登记人在户不在育龄妇女5.2万人，入机4.8万人。编印下发《计生宣传员工作手册》1.4万册。发现计生管理空白小区45个，已基本落实了计划生育管理。查处药械市场无证经营175户，责令整改60户，受理群众举报129件，查处了一批违法广告，维护了群众合法权益和身体健康。受理群众咨询电话3000余人次、群众来访69人次、群众来信13封，办理政风在线办理件6件，办结率为100%。重新规范审批一胎、二胎、光荣证、随父审批及发奖励费等6种告知单，印制12万份发至街乡计生办。

（姚　莉）

【幸福家庭工程】　幸福家庭工程是丰台区人口计生工作服务民生的品牌工程。该工程自2007年实施，2009年继续推进。依托丰台区科技、文化、卫生“三下乡”活动，走访慰问计生困难家庭。举办“国情亲情友情，爱在丰台”联谊活动，给165名空巢老人送上鲜花和每人1000元的慰问金。将“农村长效节育户籍已婚育龄群众健康体检项目”列入了2009年区政府为民办实事项目，完成体检10342人。免费婚检940对，免费孕前检查1923对。制作药具自取架260个。发放药具2689件，发放叶酸3043人份计18252盒。举办优生优育讲座18次，发放宣传品4955份。发放健康处方4880份。投入婚孕检查资金93.458万元，为16544名流动人口提供免费技术服务（手术和孕检）。发放科学育儿网卡1万余张。

（姚　莉）

【流动人口管理工作】　以学习贯彻《流动人口计划生育工作条例》为契机，进一步探索依法管理和群众自治相结合的契约化管理模式。加强对各地育龄妇女计划生育信息的采集、核实、建卡工作，分析整理上报信息，从中梳理出92条违法生育信息向其户籍地反馈。推广楼门组长工作经验，将流动人口计划生育服务管理工作纳入村（居）民自治章程。编印宣传员、协管员计划生育工作手册，规范和指导基层计生工作。

（姚　莉）

【信息化建设】　探索人口计生专业网络化建设模式，推动基层网络深入发展。连接了公安、卫生、民政、流管等部门和层级间信息共享交换，使全区人口计生信息系统实现了四级联通。投入94万元，为21个街乡（镇）配套PADIS系统，应用率实现100%。

（姚　莉）

【人口问题研究】　围绕“幸福家庭工程与人口计生综合改革、与社会和谐、与基础管理工作的关系”、“幸福家庭工程的民生价值和社会价值”等问题开展了八项重大课题调研。各街乡（镇）围绕推进幸福家庭工程和夯实基础管理工作，密切联系实际，探索本地区人口发展的新思路、新办法。举办以“幸福家庭共建，计生民生同行”为主题的第二届人口与发展论坛，围绕创新人口计生公共服务、推进服务型政府建设等问题,进行了广泛交流和研讨。

(姚 莉)

【协会工作】 发挥计生协会联系群众的优势,开展了第三届“和谐计生、舞动丰台”健身舞活动,吸引群众1万多名。通过幸福花季网站、青少年性健康教育中心和学校教育,开展性与生殖健康咨询服务,得到青少年的积极响应。幸福花季网站注册会员5819人,发帖总数多达4.8万个。举办“让独生子女成功飞翔”讲座及青春期教育进校园活动,参与活动的共有47所学校1万余名学生。成立流动人口计生协会195个,发展会员1.2069万人。开展送政策、送知识、送温暖活动,维护流动人口的合法权益。

(姚 莉)

【宣传工作】 充分利用“计生图书角”、“幸福家庭文化屋”、“幸福家庭快乐园”和人口文化园,宣传人口计划生育法规和优生优惠政策;将人口计生宣传片与数字电影捆绑一起进社区,免费放映900余场;利用电视将孕前保健服务内容送到广大电视观众面前;在《丰台报》创办了“人口计生专栏”;在市级以上报刊发稿176篇,让群众百姓得到了精神实惠。

(姚 莉)

【平安北京建设】 为建国60周年庆典营造和谐氛围,计生系统分层次举办计生干部培训班,提高服务能力。全面检查规范计生宣传环境,加大信访矛盾排查调处力度,强化流动人口的管理与服务,避免了因计划生育管理引发的恶性事件,促进了社会的和谐与稳定。

(姚 莉)

老龄工作

【概 况】 年内,老龄工作贯彻“党政主导,社会参与,全民关怀”的方针,坚持“为民解困、为民服务”的宗旨,开展了“银龄行动进社区”援助活动,与“999”急救中心联合为535户高龄、空巢老年人家庭免费安装了医疗紧急救助呼叫器,解除了老年人因突发疾病而得不到及时救助的后顾之忧。春节、重阳节对高龄特困老人进行了走访慰问。认真贯彻落实《北京市老年人优待办法》,制定了《丰台区关于落实老年人优待办法的意见》,为2.03万名65周岁以上老年人办理了《北京市老年人优待卡》,为5385名老人办理了老年证,为1.9221万名90周岁及以上高龄老人发放了高龄津贴204.73万元;养老服务券累计服务老人9.1354万名,支出服务补贴款525.85万元。组织参加了北京市第十二届中老年人优秀健身项目表演,举办了丰台区首届“银龄之声”老年合唱大赛、“情系银龄”庆重阳暨健康老人之星、孝亲敬老之星颁奖典礼等活动。收集、编写、印发并在网页上登出《丰台老龄信息》24期,报市老龄的信息被采用26篇。研究起草了《丰台区关于贯彻落实〈北京市市民居家养老(助残)服务(“九养”)办法〉实施方案》(草案)。

(刘藏生 郑垚)

【成立“银龄行动”领导小组】 为适应老龄事业的发展,积极应对老龄化,成立了由副区长、老龄委主任任组长,相关成员单位委员和街乡镇主管领导为成员的“银龄行动”领导小组。领导小组下设办公室,主任由区老龄办主任兼任。各成员单位成立“银龄行动”工作组,组长由主管老龄工作的领导担任。各单位以就近、方便、安全、实效为原则,积极动员老年知识分子参加“银龄行动”,组织开展了社区法律知识普及、医疗咨询、健康讲座、心理咨询等活动。

(刘藏生 郑垚)

【“银龄行动进社区”电脑培训班】 为推动“数字社区”的发展,9月18日,区老龄办在丰台区社区学院举办了“银龄行动进社区”电脑培训班。北京市寸草春晖老年心理服务中心助老志愿工作部及北京青年政治学院、北京大学、北京首都师范大学的6名大学生志愿者为50多名老年人进行了电脑基础知识、上网、电子邮件、附件使用、下载图片、老年搜索等知识的培训，丰富了老年人的业余生活，为老年人学习现代科技搭建了平台。

（刘藏生　郑垚）

【建立老年人才库】 6月20日，下发了《丰台区老年人才信息库统计表》，采取单位推荐、本人自愿、统一组织、量力而行的方针，建立了丰台区老年人才库和各街乡镇老年人才分库，为"银龄行动"的开展储备资源。

（刘藏生　郑垚）

【开展"双星"评选活动】 为弘扬中华民族敬老爱老的优良传统，营造全社会敬老爱老助老的浓厚氛围，提高老年人的生活质量，区老龄委下发了《关于评选健康老人之星和孝亲敬老之星的通知》。经过基层选拔推荐、评审组审议，评选出健康老人之星10名。重阳节当天，区老龄委在莲花池公园举办了"情系银龄"丰台区庆重阳暨健康老人之星、孝亲敬老之星颁奖典礼及游园活动，参加活动的人数达1000多人。

（刘藏生　郑垚）

【检查老年人优待办法落实情况】 1月1日，《北京市老年人优待办法》实施，区政府、区老龄办和相关委办局及乡镇街道的领导，共同对丰台体育中心内的气球排球场地和中国人民抗日战争雕塑园等活动场所设置的老年人优待标识情况进行了检查。5月中旬，区老龄办对辖区内的323路公交总站、丰台医院及丰台花园等旅游景区的敬老优待窗口服务情况进行了检查。七月下旬，区老龄办在抗日战争雕塑园召开了《2009年丰台区落实老年人优待政策座谈会》，对进一步作好老年人优待工作进行研讨。

（刘藏生　郑垚）

残疾工作

【概　况】 年内，丰台区残疾人工作在市残联和区委、区政府的领导下，围绕"保增长、保民生、保稳定"的目标，完成了各项工作任务。在学习实践科学发展观活动中，围绕着"了解残疾人需求，解决残疾人急需，保持残疾人稳定"的主题，完成了各阶段工作，人们的思想认识有了新提高，机制创新有了新拓展，学习实践有了新实效，作风建设有了新加强。丰台区被评为北京市残疾人社区康复达标区，被全国残疾人康复工作委员会评为全国白内障无障碍区。

（闫根旺）

【全国助残日活动】 5月17日是第十九次全国助残日，区残联举办了"关爱残疾孩子、做好残疾预防与早期干预、发展特殊教育"为主题的宣传活动。中国残联副主席马廷慧、北京市残联副理事长沙澄深、区级有关领导及区相关部门的领导、专家、志愿者、社会各界人士400余人参加了活动。活动内容：残疾儿童才艺展示、文艺演出、展板宣传、为残疾人发放辅助器和康复读物、专家咨询服务等项目。

（闫根旺）

【康复工作】 1834名残疾人得到医疗康复服务，314名残疾儿童少年享受到康复政策补助，6个辅助器具站星级达标，创建12个街、乡、镇级示范型残疾人温馨家园并通过市级验收。

（闫根旺）

【就业工作】 超比例安排残疾人就业接收单位87家，支付超比例安排残疾人就业奖金72.6万元。新安置残疾人就业283名。审核社会用人单位3.3137万家,征缴残疾人就业保障金8854.7564万元。新创建职业康复劳动项目6个,新参加职业康复劳动的残疾人119人。举办残疾人专场招聘会9场,介绍80名残疾人就业,其中长江高科技助残就业23人。

(闫根旺)

【教育培训工作】 对207名残疾人学生和生活困难的残疾人子女进行助学补助,补助金额57.8665万元。组织残疾人职业技能培训733名,取得职业资格证书的126名。举办职业指导讲座9场,指导残疾人331名。完成残疾人职业能力测试25名。长江高科技助残就业培训49人。盲人按摩技能培训7人。对盲人进行素质教育90人。组织盲人计算机培训21人。农村实用技术培训89人。

(闫根旺)

【扶贫解困工作】 扶持9户农村残疾人开展家庭芽菜种植。完成贫困残疾人申请廉租住房情况摸底调查236户,其中农村84户、城镇152户,落实廉租房146户。办理无业重症残疾生活补助141名,其中特困生活补助40名。办理城市残疾人待业补助15名。办理个体就业残疾人社会保险补贴226名。办理城乡残疾人无业居民养老保险补贴4003名。走访残疾人家庭6164户次,慰问残疾人6980人次,发放钱物折合人民币183.60万元。

(闫根旺)

【文体工作】 举办了丰台区第二届残疾人艺术汇演、丰台区第十一届残疾人运动会,组织20名聋哑运动员参加了8月8日在鸟巢举办的万人太极拳表演。

(闫根旺)

【宣传信息工作】 与区广电中心有线电视台联合创办了反映残疾人自强不息典型谈话类节目《真情零距离》,制作播出9期。完成了丰台区残疾人纪念改革开放30周年征文集《阳光之路》的编纂,收录征文68篇。在全国省市以上报刊杂志网络发表反映丰台区残疾人事业的文章71篇条,其中报刊杂志15篇条、网络66篇条。出简报15期,编发信息533条,其中在丰台残联网站编发信息62篇条。丰台区残疾人联合会被中国残疾人联合会评为2009年度“两刊”宣传工作先进单位。

(闫根旺)

【信访维权工作】 编纂了《丰台区残疾人维权典型案例选编》,收入案例31件。与区司法局联合制定了《丰台区残疾人法律援助工作站考评办法(试行)》。制定了《丰台区残疾人平安国庆应急预案》。处理来信来访335件次,其中来信22封、接待来访313人次。处理提案3件。为残疾人提供法律服务1010人次,代办文书40份,受理残疾人法律援助案件14件。

(闫根旺)

【家庭无障碍改造工作】 完成残疾人家庭无障碍改造816户,并通过了市残联的验收和审计。

(闫根旺)

【综合服务中心建设】 3月14日,丰台区残疾人综合服务中心开工建设,建筑面积5353平方米。

(闫根旺)

【换发第二代残疾人证】 为20156名残疾人办理、换发了第二代残疾人证。

(闫根旺)

私营个体经济

【概　况】 年内,丰台区私营个体经济协会,以帮助会员应对经济危机为工作重点,认真贯彻落实“自我教育、自我管理、自我服务”的职责,促进了丰台区私营个体经济的不断发展。共有私营个体经济主体 14.7651 万家。其中私营企业 4.068 万家，同比增加 19.11%，注册资金 328.8 亿元；个体工商户 11.6976 万家，同比减少 0.19%，个体注册资金总数 12.63 亿元。

（刘秋芝）

【义务年检验照工作】 采取依托会员小组分片集中设立个体验照服务站和对个体户较集中的市场上门服务等方式，帮助 9.8275 万户个体户进行了验照，验照率为 92.01%；帮助 4.7908 万户企业进行了年检，年检率为 89%。

（刘秋芝）

【解决部分行业无址经营困难问题】 为解决从事文化创意、技术开发、技术转让、技术服务行业人员因辖区内写字（办公）楼少、住宅（公寓）楼办照受限及无合法企业住所造成的无照（异地）经营等问题，特别是为特困、下岗失业、大学毕业生等人员自主创业提供合法的注册住所，根据市工商局《北京市工商行政管理局关于促进经济增长支持企业发展若干意见》及丰台区政府《关于促进区域经济发展保障经济增长若干意见的通知》精神，丰台、南苑、六里桥分会设立了企业、个体工商户集中办公区，为企业提供了集中统一的注册住所，降低了市场主体准入成本，对区域经济平稳较快发展起到了推动作用。年内办理入住登记 129 户。

（刘秋芝）

【帮扶私营企业应对金融危机】 为应对金融危机，增强私营企业的信心，组织 10 名私营企业管理人员，参加了市协会与市发改委举办的“金融危机中私营企业发展的挑战与机遇”培训班，提高了他们应对经济危机的能力。为摸清金融危机对丰台区私营企业的影响，组织了两次调查问卷，共调查企业 200 多家，从而掌握了金融危机对丰台区私营个体经济影响的基本状况。在此基础上，编写了《发挥政府服务功能，助中小企业渡过经济危机》的专题调研报告。

（刘秋芝）

【拓宽企业担保贷款融资渠道】 先后与北京诚信佳担保公司、北京中担投资信用担保有限公司、北京农村商业银行、北京银行丰台支行、中国邮政储蓄银行北京南区支行等金融机构建立业务联系，召开贷款座谈会 10 余次，邀请他们到协会讲解贷款事项。年内，有 230 户获得担保到款 10240 万元，其中诚信佳担保公司担保金额为 9270 万元，邮储银行等金融机构、担保机构办理贷款 970 万元，与 2008 年相比增长了 279.3%。

（刘秋芝）

【举办招商项目推介会和招聘周活动】 年初，区协会与承德县政府联合举办了招商项目推介会，并邀请了国资委能源综合利用专业委员会、中电集团、中担投资信用担保有限公司、瑞银证券有限责任公司参会。推介会期间，丰台区和承德县经贸代表团 20 多家企业代表就各自的招商项目进行了推介交流，并就共同感兴趣的项目进行了接触性的商谈，内容涉及农畜牧种植养殖、环保节能开发、旅游观光、矿产开采、建材加工、保健食品生产等。5 月 15 日至 22 日，与区劳动和社会保障局、人事局、总工会、工商联共同举办了“发展民营经济，扩大就业机会，落实就业政策”的“民营企业招聘周”活动。期间，组织开展了“送岗位下乡”、“专场招聘会”、“新政宣传日”、“民营企业吸纳军转自谋人员专场招聘会”和“大学生专场招聘会”等活动，登记民营企业 173 家，挖掘工作岗位 5269 个；组织现场招聘 17 场次，与会人数 5485 人，有 1425 人与企业达成意向。

（刘秋芝）

【加大信息采编发送力度】 采用信息稿件 170 篇。自编信息专刊 12 期。向各级政府机关和部门上报协会信息稿件 389 篇。在网站发布动态信息 190 条、图片 82 张，宣传会员企业 38 户。为“私营个体经济信息管理系统”数据采集个体信息2.2645万户、企业1.0093万户。向“北京市私营个体等非公经济平台”(京商网)推荐优秀私营企业30家,先进个体工商户12户。

(刘秋芝)

消协工作

【概　况】 年内,按照市委市政府“保增长、保民生、保稳定,推动首都经济社会平稳较快发展”的总体要求,结合“消费与发展”年主题,充分发挥消协组织的作用,完成了年度工作。发放各种宣传材料10余种、9.46万余份,出动宣传车410台次,设立宣传咨询点45个,发表工作信息24篇,调研3篇,媒体报道3篇。受理消费者投诉1592件,解决1543件,结案率为97%,为消费者挽回经济损失50.7万元。其中欺诈行为得到加倍赔偿35件,赔偿2.1万元;提供案件后政府罚没款8.4万元;不予受理58件。接到表扬信11封。接待消费者咨询、来访9358人次。

(张景朋)

【“3·15”国际消费者权益日】 开展了以“消费与发展”为主题的“3·15国际消费者权益日”系列活动。在11个社区、20家商场超市设立了3·15宣传咨询服务平台,累计出动人员756人次、车辆341台次,制作宣传展板100余块、横幅70余条,发放宣传资料5万余份,接待群众咨询1000余人次。

(张景朋)

【奶粉患儿事件赔付工作】 按照区委、区政府、市消协、丰台工商分局关于奶粉患儿事件赔付工作的指示精神,召开了专项工作会议,研究布置工作。从1月15日至5月21日,为丰台区350名患儿发放赔偿金70万元,均为足额发放,发放率100%,准确率100%。

(张景朋)

【规范企业经营行为】 为落实中消协2009年“消费与发展”年主题,协会对辖区内70家保护消费者权益联络站及12家认证单位进行了走访,将原来的事后被动接待消费者投诉,变为事前预防主动为消费者服务,下发了“丰台区消协保护消费者合法权益建议函”,对企业中可能出现的侵害消费者权益的行为,提出了规范建议,提高了企业在经营中的自律行为,使消费者权益保护前移,降低了投诉和消费维权成本,从而保护了消费者的合法权益。活动中,发放“规范企业经营行为,确保消费者合法权益建议函”68份。

(张景朋)

【成立社区保护消费者权益联络站】 为进一步深入开展消费维权工作,丰台消费者协会在丰台区卢沟桥街道办事处丰西路社区成立了丰台区保护消费者权益联络站。这是丰台区成立的首家社区消费者权益联络站。

(张景朋)

【开展消费教育】 为正确引导广大市民科学消费、理性消费,区消协组织社区居民参加了市消协组织的“消费与发展”年主题讲座,自行组织了“保健品鉴别、使用、购货渠道及消费者自我保护意识进行专题讲座”、“食品的真假鉴别与选购”活动。与北京市中济律师事务所合作,组织了“消费维权法律知识主题讲座”。编写了《消费者应该知道的法律小常识》,并印制下发8000册。与视贸网合作,设立了消费知识视频网页,为提高消费者自我保护意识和树立理性消费理念提供了良好的外部条件。

(张景朋)

【有病切莫乱投医】 2008年4月16日,张先生在“美廉美嘉园店”购物时被店旁的一家名为“汇天秀美美容中心”的销售人员叫住,向他推销一款名为“黄金油”的口服精油的保健品,称脑血栓患者在早餐后适量服用该精油即可治疗病患。张先生本身患有脑血栓疾病，由于治病心切，听信了销售人员的宣传介绍，于是花了1.3万元购买了该精油，并按照店方手写的服用说明开始服用。经过近一年的服用，张先生的病情非但没有减轻，反而开始头晕眼花，浑身无力。于是张先生立刻去医院做了检查，结果并未发现他的脑血栓病有什么明显改善。于是，张先生找到汇天秀美美容中心，要求店方退还自己购买精油的费用，并赔偿服用该产品导致自己身心受到伤害的损失费。店方以时间过长为由拒绝退款，为此张先生向消协投诉。消协立即与该店取得联系。在与店方沟通解决的同时，工商所执法人员对该店的经营资质进行调查，并批评了该店的这种做法，退还了张先生1.3万元的货款。

（张景朋）

人民生活

【城镇居民收入持续增长】 年内，丰台区经济稳步回升，城镇居民收入持续增长。据对450户城镇居民家庭抽样调查资料显示，人均可支配收入2.4835万元，比上年增加1829元，增长8%。通过对家庭总收入构成分析，工资性收入和转移性收入是收入主体，是拉动可支配收入增长的重要因素。人均工资性收入1.8718万元，增长19.5%，占人均家庭总收入比重为65.3%，其中人均工资及补贴收入1.8084万元，增长20.5%，人均其他劳动收入(从事第二职业、兼职、零星劳动所得报酬)634元，下降2.5%。人均转移性收入9171元，增长4.3%，是家庭收入的第二大来源，其中人均离退休金收入7662元，占人均家庭总收入比重为26.7%，增长7.4%。人均财产性收入349元，增长15.9%。人均经营净收入420元，下降43.9%。

（徐红果）

【生活消费支出增速减缓】 据对450户城镇居民家庭抽样调查资料显示，人均生活消费支出1.6962万元，比上年增加867元，增长5.4%，增速比上年减少7.1个百分点。八大类消费性支出中的衣着、教育文化娱乐服务、交通和通信支出增速分别排在前三位。人均衣着消费支出1806元，比上年增加313元，增长21%；人均教育文化娱乐消费支出2385元，增加403元，增长20.4%；人均交通和通信消费支出2755元，增加454元，增长19.7%。此外人均食品消费支出6023元，增加558元，增长10.2%，其中人均饮食服务消费支出1612元，增加312元，增长24%。

（王秀娟）

【教育文化娱乐消费支出增速居第二】 教育文化娱乐人均消费支出2385元，比上年增加403元，增长20.4%。教育文化娱乐消费包括文化娱乐用品消费、文化娱乐服务消费及教育消费，其中文化娱乐服务消费支出增速最快，人均达846元，增加232元，增长37.8%，参加团体旅游是文化娱乐服务消费的主要拉动力，增长122%。旅游活动正逐渐成为享受型消费的热点。在教育消费中，除义务教育学杂费下降22.8%、学校住宿费下降57.4%外，其他非义务教育学杂费、托幼费、成人教育费、家教费、培训班费、其它教育费用都在不同程度上涨，而家教费增长了2.5倍，人均达到26元。

（王秀娟）

【交通和通讯支出增速位居第三】 人均交通和通讯消费支出人均2755元，比上年增加454元，增长19.7%。交通支出人均1867元，增长27.7%，其中家庭交通工具支出增长38.1%，车辆用燃料及零配件增长42.6%。人均通信支出889元，增长5.9%，其中通信工具支出下降7.9%，通信服务增长9.8%。

通信工具支出的下降主要得益于移动电话单价下降。通信服务费的增长主要是上网费增长的拉动。

(王秀娟)

【医疗保健支出下降】 人均医疗保健消费支出1103元,比上年减少611元,下降35.7%。其中医疗器具、保健器具、药品费、医疗费、其它医疗保健消费支出全线下降,只有滋补保健品消费增加171元,增长25.7%。

(王秀娟)

【低保家庭收入状况改善】 据对50户城镇低保家庭抽样调查资料显示,人均家庭总收入6228元,比上年增长16.8%。其中人均可支配收入5649元,增长16%,增速比上年提高12.9个百分点。从四项收入构成来看,人均工资性收入1044元,占人均家庭总收入比重为16.8%,增长2.8%;人均经营净收入及人均财产性收入均为零;人均转移性收入5184元,增长20.2%,其中人均社会救济收入占人均家庭总收入比重为83.2%,成为家庭收入的主要来源。

(李桂珍)

【低保家庭消费支出增长】 据对50户城镇低保家庭抽样调查资料显示,人均消费性支出5822元,比上年增长10.9%,增速比上年提高2.9个百分点。在八大类消费中,恩格尔系数(食品消费占消费支出的比重)为47.4%,比上年的48.8%减少1.4个百分点。依据联合国粮农组织提出的划分贫困与富裕标准,恩格尔系数在59%以上为贫困,50－59%为温饱,40－50%为小康,30－40%为富裕,低于30%为最富裕。按照这一标准,丰台城镇低保家庭已经解决了温饱,开始跨入小康生活的门槛。

(李桂珍)

【农民收入稳步增长】 据对180户农村居民家庭抽样调查资料显示,人均纯收入1.3179万元,比上年增长13.8%,增速比上年提高1.9个百分点。通过对收入构成分析,人均工资性收入1.0132万元,占人均纯收入的76.9%,是收入的主体,比上年增长9.6%。其中人均在本乡地域内劳动所得8654元,增长10.7%,人均外出从业所得704元,增长26.5%。人均家庭经营收入24元,增长4.9倍。人均财产性收入1256元,增长8.7%,其中人均集体分配的股息和红利收入171元,增长58.1%,主要是近两年来农村集体产权制度改革不断深入,农民人均集体分配的股息和红利收入增幅较快。人均转移性收入1767元,增长50.2%,其中人均离退休金、养老金收入1186元,增长43.7%。

(王玉香)

【农民消费支出增速提高】 据对180户农村居民家庭抽样调查资料显示,人均生活消费支出1.0971万元,比上年增长16.9%,增速提高3.6个百分点。消费的增加,使结构继续改变。人均用于食品消费支出3922元,增长13.8%,恩格尔系数(食品支出占消费支出的比重)为35.8%,比上年的36.9%减少1.1个百分点。其中食用油类消费支出214元,增长8.8%;人均在外饮食消费支出824元,增长30.9%。人均服装类消费支出724元,增长20.8%。人均鞋类消费支出363元,增长29.4%。

(王玉香)

街　乡(镇)

丰台街道

【概　况】　丰台街道位于丰台区中部,是区委、区政府所在地。东起四三环南路和造甲街,西至程庄路和京山铁路线与卢沟桥乡接壤;南有丰台南路和看丹路与新村街道毗邻,北至丰北路和丰体南路与卢沟桥街道相望,属城乡结合部。西四环南路和京沪高速铁路纵横交织,将辖区格划为四大板块。面积8.9平方公里,设23个社区,常住人口47482万户,126942万人。流动人口6037户,30690人,计划生育率98.37%。有回、蒙、藏等16个少数民族,信仰伊斯兰教、佛教、基督教、天主教、道教的信教士1263户,2474人。驻辖区单位3000余家,中学5所,小学7所,少年宫1所,幼儿园15所,医院10家,敬老院1家。清真寺1座于1895年由大井村迁驻。火车站1处建于1896年。花园一座。市级保护二级古树6棵。丰和轩饭庄是百年老字号。年内,街道获得国家级先进5项,市级先进18项,区级先进32项,连续第9次被评为区政府机关行政效能建设考核评估街道系统第一名。

(蔡　宁)

【协税护税】　1－10月实现留区税收1.4亿元,比去年同期增长2.1%,集贸市场征收零散税源433万元,比上年增长7%。保持经济的平稳发展,实现了年初制定的留区税收不低于上年的经济指标。

(蔡　宁)

【城市环境建设】　年内,完成北大地西区一里、三里小区、西幸福街小区、西安街四号院、东大街30号院、东安街16—17号楼等6个老旧小区的改造。完成丰南路、新华街、小煤厂路、丰西路、文体路等5条重点大街广告牌匾拆旧换新工作,对道路、围墙进行修复。老旧小区绿化补植5000多平方米,养护绿地20万平方米。

(蔡　宁)

【文体活动】　年内,开展以“我和我的祖国”为主题的系列活动,组织人员参加国庆60周年庆祝联欢晚会,承办区40场周末大舞台文艺演出。改进社区文化基础设施,在东安街头条19号院社区、丰益花园社区建成丰台区联网电子图书室。在19个社区安装了38组电子显示屏,向百姓提供社会保障、就业、安全、生活常识等方面的信息和知识。

(蔡　宁)

【劳动就业】　年内,开发就业岗位1358个,安置失业人员921人,其中面向社会用工单位推荐就业723人,超额完成年度各项指标。帮扶就业困难对象就业482人次,帮助灵活就业的256名下岗失业人员成功申领养老保险补贴。

(蔡　宁)

【基础设施建设】 年内,完成南开西里和丰管路办公用房的建设工作,完成北大地西区、63号院社区、正北里社区服务站的硬件改造工作;为东大街东里等16个社区进行了安装铁艺大门,粉刷房屋、电路改造等工作。

(蔡　宁)

【社会救助】 年内,为417户808人发放最低生活保障金近300万元,发放各类救助款20万元。为辖区68名困难家庭学生发放1.5万元购书卡。举办低保边缘家庭学生"无偿自取"学习用具活动。对社区服刑人员和刑释解教人员中的困难群体实施层级帮扶模式,协助34人申领最低生活保障金,帮助35人次获得累计1.2万元现金救助。做好经济适用房、限价房、廉租住房的审核工作,通过摇号,169户选到经济适用住房,224户选到限价房,6户享受到实物配租廉租住房,146户享受到廉租住房货币补偿。

(蔡　宁)

【助老服务】 年内,依托社区开展居家养老服务,成立22支队伍为服务提供支撑。全年为1346名老人发放补贴券金额55万元,提供服务1.5万人次。为225位90岁以上老人发放高龄津贴31.6万元,办理老年证243个,办理优待卡1.2万张。

(蔡　宁)

【残疾人帮扶】 年内,对66户残疾人家庭进行无障碍改造,为132名肢体残障人员发放辅助器具,为21名残疾人办理个体就业补助,安置就业12人。为186名优抚对象免费订阅《北京社会报》和《北京日报》,对享受政府特殊扶助政策的35户计生家庭和独生子女遭遇不幸的17位父母进行了走访慰问。

(蔡　宁)

【矛盾化解】 年内,共接访99批233人次,来信来电67件,社区排查矛盾63件。形成信访、维稳事项共46件,办结44件。信访事项办结率95.7%,矛盾化解率99.1%。

(蔡　宁)

【社会治安综合治理】 年内,完成国庆安保和"两会"、第29届安捷伦北京青少年科技创新大赛、第十七届北京种子大会等活动的安保工作。在主要大街和治安复杂地区安装5个治安岗亭和警灯。安排各类协管力量285人、机关社区干部60人、社区干部100人,利用一周的时间,对历次摸排出的重点人、出租房屋和治安安全隐患进行走访和重点摸排,对重点人员采取一加六24小时死盯死守,没有发生重点人漏管和到敏感地区上访事件。

(蔡　宁)

【安全生产】 年内,共出动检查力量3560人次,检查2265家单位,发现隐患345处,现场整改隐患280处,限期整改65处,上报隐患7处。对可燃物进行及时的清理,共清理可燃物173吨。与辖区社会单位、社区签订交通安全协议书449份。对辖区1937辆黄标车进行排查摸底。

(蔡　宁)

卢沟桥街道

【概　况】 卢沟桥街道位于丰台区北部,东与太平桥街道接壤,南与丰台街道、新村街道交界,西与宛平城地区相连,北与石景山区、海淀区毗邻。西三环、西四环、京石路、卢沟桥路、万丰路、永定路南延路、玉泉路南延路和丰北路、吴家村路等交通路线贯穿整个辖区,构成便利的交通网。街道辖区面积27.59平方公里,是城乡建设穿插区,又处于城市建设分散集团式布局的隔离区,属典型城乡结合、农居混住地区。街道共设30个社区居委会,与卢沟桥乡11个行政村相互交错管理,有常住居民100350户251728人,流动人口63580人。辖区内国家机关、文化、教育、商业设施相对集中。有中建一局、中铁电气化集团公司、铁路通信号集团公司、中国电子工业出版社等178家中央、市、区属单位;有中共北京市纪委、区委党校、区财政局、区国税局、区建委、区国土资源局、区教委、区体育局、区城管大队、区气象局等党政机关单位驻在辖区;有中国人民解放军八一电影制片厂、海军装备论证研究院、解放军总参谋部第六十一研究所、解放军第三〇二医院、武警北京总队第三师等19个驻区部队;有公安派出所、工商所等11个区政府职能部门派出机构;有外埠驻京办事机构27家,学校和托幼园所38所,各类企事业单位4430余家。年内,街道荣获第二次全国经济普查国家级先进集体等3项国家级、北京市学习型组织先进单位等17项市级和丰台区国庆60周年庆祝活动综合保障奖等53项区级先进称号。

(孙雅静)

【社区建设】 年内,街道投入资金90余万元,用于社区办公、活动场地和设施建设,采取自建、翻建、租赁等形式,改善部分旧村改造中的社区办公用房和活动场所;7个服务站试点社区全部建成不低于50平方米的办事大厅。服务站整合社区的"五室三站六中心二栏一校一场所"的功能,达到社区"一站式"办公的标准。

(孙雅静)

【环境建设】 年内,共植树2668棵,新增、改造绿地56017平方米,养护树木35000余棵,清扫草坪60000平方米;国庆期间组织辖区单位开展美化行动,共摆放花卉59700盆;对青塔铁路桥下、京石南辅线的10214吨无主垃圾渣土进行清运,保障中央领导植树沿线、中央领导视察科技周启动仪式沿线和市长视察沿线的市容环境面貌;拆除莲怡园、卢沟桥路、张仪村4号院等87处3431.2平方米的违法建设,重新规范环境卫生责任单位3509家,签订率100%。

(孙雅静)

【老旧小区改造】 年内,对丰西路68号院、五里店7、8号楼实施老旧小区改造,共硬化地面8265.28平方米,其中道路675平方米,地面铺装7590.28平方米,粉刷楼梯内、外立面23316.53平方米,新建围墙155平方米,修复门窗玻璃285.91平方米,新建和维修车棚590.12平方米。

(孙雅静)

【重点大街整治】 年内,对程庄子路、张仪村路、莲宝路、卢沟桥路四条重点大街进行整治,新砌围墙220平方米,粉刷29058平方米,地面硬化7580平方米,制作铁艺围栏105平方米,清运渣土677立方米;协调区市政管委对蔚园西路、大井、五里店等地区7条共计4948.8平方米的街坊路进行了重新铺装。

(孙雅静)

【民政工作】 年内,为59名低保对象、低保边缘家庭提供医疗救助7.1万元;为30名贫困大学生办理教育救助,发放助学补助12万元;办理廉租租金补贴140户,廉租实物配租6户。办理优抚、军工、地退、超转等人员医疗费报销3260人次,报销医疗费金额535.4万元;发放优抚、军工、地退、超转人员生活补贴9845人次116.7万元;为符合自采暖补贴条件的149个低保家庭和95个征地超转家庭办理燃煤及清洁能源采暖补贴达21.55万元。办理60岁以上老年证534个、65岁以上老年优待卡1518个,发放90周岁以上老人高龄津贴12.34万元;办理丧葬补贴79人共计39.5万元。接待现场来访8741人次,电话咨询8000人次。审核936户经济适用住房、限价商品住房,消除了社会救助盲点。年内,收到弱势群体表扬信12篇,锦旗5面。

(孙雅静)

【社会保障】 年内,共开发就业岗位1341个,安置失业人员1264人,失业人员推荐成功704人,空岗信息采集数3342个,为677人办理参保手续,参保金额达 200161 元;为 2678 名退休人员变更医疗手册,报销药费 3988 余万元,累计办理福利养老 1295 人;办理老年人和儿童大病医疗保险共计 4998 人;为 718 名退休人员发放养老金 175 万元,为 2698 名失业人员发放失业保险金 320 万元;全年接受档案 1603 份,转出档案 2352 份,办理求职登记 1409 人,办理优惠证 1662 本。

(孙雅静)

【民生保障】 年内,协助区水务局为五里店 300 户居民实施自来水改造;协助区水务局启动大井楼房区自来水改造工程,该工程惠及 38 栋楼 2384 户居民;配合区发改委为户籍在街道的 28563 户符合条件的居民换购节能灯;新建便民公厕 3 座;完成了辖区 9096 户未通天燃气的摸底,并对大井社区、六里桥 10 号院、丰西路社区 2893 户居民的天燃气进行改造;为 15330 户居民家庭免费入户灭蟑,在 100 户家庭开展了密度监测工作。

(孙雅静)

【社会治安综合治理】 年内,出动各种防控力量 420907 人次。其中:治安志愿者 386936 人次、社区干部 4961 人次、各机关在职党员 8951 人次,亲属监控 13265 人次。巡防队员 4480 人次,民兵 720 人次、各类协管员 1594 人次;新登记流动人口 15878 人,核销 32984 人,更新 6890 人,迁移 3706 人,综合变化率 100.66%;新登记出租房屋 1879 户,核销 2045 户,更新 6743 户,综合变化率 124.17%。街道信息平台流动人口总量为 63580 人,出租房屋 8639 户;协调辖区各职能部门联合执法 64 次,取缔无照餐馆 23 家、网吧 42 家,无照经营旅店、棋牌室、美容美发、废品回收、铝合金加工点 70 家,其他无照经营 165 家,查处无照经营游商 898 起,收缴各类物品 38 件。查扣黑三轮 45 辆,摩的 48 辆,小三轮 44 辆,暂扣机动车 36 辆,警告非法运营人员 385 人。

(孙雅静)

【国庆安保】 8 月 28 日开始全面启动《卢沟桥街道国庆平安行动应急保障方案》,国庆期间累计出动治安志愿者 106650 人次,组建 8000 人的红袖标巡逻队;对辖区 8124 户出租房屋、357 处地下空间,96 处中小旅馆进行了地毯式大检查,全部与公安派出所进行网上比对。

(孙雅静)

【信访矛排】 年内,共接待上访人员 160 批(次),其中群众来电、来信 73 件(次),来访人员 1200 余人(次)。深入现场解决问题和深入群众之中下访 68 次,现场解难答疑政策咨询 320 余人(次)。

(孙雅静)

太平桥街道

【概　况】 太平桥街道位于丰台区的中北部,东与宣武区接壤,北与海淀区毗邻,西南分别与卢沟桥、新村、右安门街道和南苑乡搭界,并与卢沟桥乡 6 个村交叉相连,是典型的城乡结合部地区。辖区面积 9.81 平方公里,居住人口 2.8807 万户 6.2921 万人,计划生育率 98.7%。街道办事处内设 25 个科室,13 个社区居委会。辖区有中央和市、区属单位、外埠驻京办事机构 245 个,个体、私营企业 1032 个,全年留区税收 1.46 亿,同比增长 29.3%。年内,被评为全国先进社区服务中心、首都全民义务植树先进单位、城市生活垃圾分类工作先进单位、国庆安保工作先进集体、新中国成立 60 周年庆祝活动安全生产保障工作先进单位。

(陈　晨)

【环境建设】 年内,共拆除违法广告 300 块、规范广告牌匾 116 块,硬化铺装路面 6600 平方米,拆除违章商亭 3 处、面积为 40 平方米;

对露天大排档进行综合执法检查107次，取缔违法露天大排档85起，查抄非法餐饮用具466件。筹措资金1000多万元，对西客站南广场、西客站南路、城市边角地和3个老旧小区进行绿化美化及综合改造，安装环形自行车架430米，便民休息座椅63组。配合区政府职能部门推进莲花池城中村二期拆迁工作，2次组织联合执法行动，拆除抢占平房76间，乱搭乱建66间，面积3326平方米。

（陈　晨）

【安全稳定】 年内，为20个楼门安装技防设施。对新建小区群租房与辖区单位签订全年交通安全协议277份，主要领导带队检查28次，主管领导带队检查42次，安全办出动1560人次，对616家单位进行了跟踪检查，下达文书478份，发现安全隐患205处，整改202处。全年化解各类矛盾纠纷180多件。

（陈　晨）

【文化建设】 年内，开展“和谐太平桥 周末大舞台”文艺活动，社区居民、专业团体同台演出80多场，观众40000人次。开展“和谐杯”乒乓球比赛、首届社区运动会等体育活动，参与运动员和观众10000人次。年内共组织开展群众文体活动94场次，5.2万余人次的群众、24家社会单位参与了不同主题内容的文体活动。

（陈　晨）

【再就业】 年内，为830人办理自谋职业、灵活就业，职介机构推荐失业人员就业390人，完成全年指标100%；组织技能培训2期98人，完成指标100%；创业项目征集4个，完成指标100%；空岗采集指标3006个，完成指标120%；城镇登记失业率控制在2.0%，零就业家庭始终保持动态消零。年内，新签订集体合同3份，集体协商3份；接待咨询139人次，对30家用人单位进行了劳动合同履行情况的监控，日常巡查单位1231家次，补签劳动合同91份，责令改正50件，督促补缴社会保险25个单位114人，补缴社会保险2800元；为187名农民工追讨工资63400元；接受群众投诉举报35件，立案查处12件，结案12件，处理突发案件1起，按期结案率100%。

（陈　晨）

【社会保障】 年内，开展“春雨行动”和“京什手拉手、重建新家园”活动，全年筹集善款25万元，衣被11982件。对37户41人低保家庭医疗救助41853.07元，对2户2人实施临时救助7589元，对5户低保家庭发放清洁能源自采暖补贴7761元，对26户低保家庭发放燃煤自采暖补贴7800元，对476人次民政对象开展爱心救助6.5万元。为159名特殊老年人发放补贴券30853元，为65岁以上老年人办理优待卡622个、为60岁以上老人办理老年证230个。年内办理二代残疾人证701个，对50户残疾人实行了“一助一”亲情关爱服务，为9名残疾人办理了各类补助，走访慰问残疾人家庭90户、发放慰问金2.4万，为7名残疾人学生和残疾人子女发放助学款共计8600元，对50多名残疾人进行机体康复训练。

（陈　晨）

【政务公开】 年内，投入资金280余万元改造办事服务大厅。投入30多万元改善机关信息化硬件设备，为相关科室和社区更新电脑30台，购置电子政务所需相关办公设备，对街道政府网的安全漏洞进行修补。街道政府网站主动公开涉及群众利益和公共政策的信息533条。其中，机构职能类信息54条，法规文件类信息1条，规划计划类信息2条，行政职责类信息2条，业务动态类信息474条。

（陈　晨）

【全程办事代理】 年内，服务大厅和社区服务站共接待居民和单位30179人次，代理各类服务事项26188件，办结率均为100%。

（陈　晨）

新村街道

【概　况】 新村街道位于丰台区中南部，东至草桥、新发地一线，西至丰台西站，南至羊坊、与大兴相接，北至京广铁路、造甲街、丰台南路和看丹路，行政区域总面积50.28平方公里，常住人口6.1万余户17.1万余人，流动人口2.2万人。辖区有25个社区居委会，其中"首都文明社区"5个、"丰台区文明社区"18个。全年地区出生人口1038人，计划生育率98.65%，被评为"2009年市级计生先进集体"。年内，街道被评为市级首都文明街道、北京市平安国庆先进单位、北京市第二次全国经济普查先进集体、首都'迎国庆 讲文明 树新风'活动先进单位、2009年度北京市消防安全工作先进单位、北京市2008年度残疾人就业保障金审核代征管理工作先进集体、北京市妇联系统先进集体。获得区级国庆60周年庆祝活动综合保障奖、2009年度丰台区社会治安综合治理先进单位、2009年度民兵工作先进单位、2009年度残疾人工作优秀单位。

（刘　鑫）

【城市建设】 年内，街坊路整治工作完成12247平方米，其中造甲南里社区大门前622平方米、看丹铁路桥东侧路2500平方米、新村街道东侧路1506平方米、空四所西侧路667平方米、煤气站路632.1平方米、韩庄子路1930平方米、客运公司大门前40平方米、韩一与韩二社区中间路3390平方米、造甲村三角地北侧路960平方米。对丰西社区南里、富锦社区的2个公厕进行了改造和新建。对丰南路(看丹桥向东)、冷冻厂北侧路、丰西路、丰南路银地北路重点道路进行整治。完成韩庄子第二社区、万柳园社区、育芳园小区、育菲园小区第一批老旧小区改造工作，其中韩庄子第二社区修补并拓宽马路4000余平方米，新增车位35个；万柳西社区完成绿地改造15000平方米，铺设透水砖14050平方米，新增车位185个，铺设沥青混凝土路面4465平方米，安装路灯32套，外立面粉刷95000平方米；育芳园小区完成绿地改造15000平方米，铺设透水砖6000平方米，新增车位175个，沥青混凝土路面14336平方米，楼体粉刷170000平方米；育菲园小区完成绿地改造1000平方米，铺设透水砖6500平方米，新增车位95个，沥青混凝土路面3500平方米，楼体粉刷29000平方米。

（刘　鑫）

【城市管理】 年内，处理城市管理指挥系统案卷7343件。配合区市政管委对地区12个社区11700户未通天然气的住户情况进行调查，万柳园、育芳园、韩庄子二里3个社区48栋楼2161户居民接通天然气。分别在造甲南里、育仁里、桥二、富丰园、三环新城社区建立5个便民菜点。为丰西87号院34户居民解决了饮用水问题，解决了造甲村长期无水吃的问题。为韩庄子一里社区铺设雨水管道，解决了夏季雨水流通问题。辖区安装便民信息栏20个、便民座椅15组、便民自行车架95米。完成国庆环境布置工作，对三条重点道路以及社区、单位进行了布置，辖区内摆放鲜花10万盆，摆放花坛200余个，悬挂国旗2000余面，彩旗500余面、灯笼350余个、横幅150余条、宣传橱窗及宣传板报320块。全年，共拆除违法建设25处，面积合计1563.3平方米，其中强拆或帮拆14处，面积380.3平方米。

（刘　鑫）

【社会综合治理】 年内，对地区4398名治安志愿者重新进行实名登记注册。25个社区建立工作台帐，全地区重点人员432人、重点区域19处、重点单位309个、重点部位45

处,全部纳入群防群控组织监控视线。投入392780元的资金,加强了韩庄子一里、韩庄子二里、造甲村、桥二等社区的科技防范硬件建设。“国庆平安行动”中,开展对治安秩序、环境秩序、铁路沿线、废品收购站、机动车的非法营运、路边摊贩、大排档的专项治理。先后共出动联合执法人员710人次,执法车辆131台次,检查门店236家,规范门前三包141家。取缔无照经营小商小贩214人次,疏导乱停乱放机动车290辆,说服教育130余人次。加强对出租房屋的整治,检查地区单位1180余个次,排查各类安全隐患150余处,已整改120余处,出具限期整改通知书20余份。

(刘　鑫)

【矛盾排查化解】　年内,先后三次对辖区存在不稳定因素的19个社区的47类矛盾纠纷进行了汇总列表。全年接待信访61件,初信初访办结率达到100%,重信重访化解率达到90%;历史积案化解率达到100%。无重大重复上访户、无信访群体性事件,敏感时期无非正常上访。

(刘　鑫)

【安全生产】　年内,检查辖区生产经营单位750余家,签定安全、防火、交通安全责任书各127份;与辖区单位、社区、学校等签订各种安全协议书共726份;25个社区居委会与中小单位签订安全责任书916份。开展辖区火灾隐患排查整治“雷霆行动”,对高危行业和重点领域的安全生产大检查。对辖区内17家危化企业重新排查。对辖区236家建筑工地、出租大院、地下空间、人员密集场所、老旧小区等重点区域进行安全检查,发现隐患64处,整改64处,检查整改落实率100%。在辖区范围内建立群防群治队伍,全力构筑“网络化”消防防控体系。在国庆消防安全保障工作中,发挥专门力量和志愿者作用,组织4次大的联合行动,动员街道社区干部370余人,党员、志愿者3400余人,对所有要害部位、地下空间、出租房屋等实施有效监控,全力消除各类消防安全隐患。对工地食堂食品安全情况进行13次检查,为地区32家餐饮单位办理了消夏露天餐饮申报。

(刘　鑫)

【社区建设】　年内,完成第七届社区党委、居委会的选举工作。分两批共7个社区先后开展社区规范化建设试点工作,三环新城、万年花城、富锦嘉园、万柳园、韩二、桥二、怡海花园7个社区服务站全部完成“一分三定”任务。育仁里社区在魅力社区评选活动中全市排名第三,荣获“魅力社区”奖;三环新城和怡海花园社区进入全市前60名,获魅力社区“风采奖”。积极协调解决社区硬件基础设施,为造甲南里社区租借35平方米的临时办公用房,修建了80平米的自行车车棚;解决了韩一社区108号院的管理问题;协调了电力机社区80平米的活动用房。

(刘　鑫)

【社会救助】　年内,辖区低保户救助金额3202979.48元;医疗救助123户135人,救助金额111780.39元;临时救助16户35人,救助金额67085.44元。落实教育救助政策,救助低保、边缘家庭新生大学生15人,救助金额6万元。为14名优抚定补人员发放生活津贴168000元;为42名伤残军人发放抚恤金26万元;为义务兵发放优待金30万元。换发第二代残疾人证1387人次。全年为74人发放特困补助75600元,为17人发放城镇待业补助7120元,为123人发放无固定收入补助543250元,为10名残疾人办理重残鉴定。全年组织捐款三次,“春雨行动”募集捐款45415元,纪念抗震救灾募集捐款7190.32元,共产党员献爱心募集捐款52313.5元,共募集捐款104918.82元。

(刘　鑫)

【住房保障】　年内,受理保障性住房申请708户,经适房302户、两限房346户、廉租房60户。接待咨询居民5000余人次,录入审核材料708份。

(刘 鑫)

【劳动监察】 年内,跟踪监控辖区内73家企业劳动合同的签定情况,地区劳动合同签订率达到98.7%,劳动合同续订率达到99.5%。对辖区现有9家大型餐饮企业的用工情况进行监控,共涉及员工523人次,其中外地工人439人次。

(刘 鑫)

【社保工作】 年内,"一老一小"累计参保人员1038人;退休人员报销17969人,3896万元;共发放失业人员失业保险金、医疗补助1742人次,1005789元;医疗补助金99人次,44590.95元;一次性医疗补助2人次,20296.85元;生育补助金1人次7306.18元。为90－－－100岁高龄老人发放高龄津贴8.6万元;为60岁以上老人办理老年证450个;为65岁以上老年人办理老年优待证9000个。全年,辖区共有居家养老服务对象662人,新增344人,共用金额183659元,每月约服务1134人次。举办各类招聘会15场,搜集空岗信息3862个,推荐就业人员1250人。开展对失业人员职业指导课18次,1360人参加,开发岗位1346个,安置失业人员1106人;完成创业项目7个,创业培训45人,实现创业人员56人,带动就业331人,完成小额贷款21万元。

(刘 鑫)

【文教工作】 年内,辖区有45支文艺队伍、1460名文艺骨干,全年开展文艺活动216场,观众2.8万余人。开展"全民健身我参与我快乐"系列活动,4500余名居民分别参加了健步行、登山、门球、象棋、太极拳剑等活动。组织参加丰台区"首届社区运动会,"参加居民500余人次,186名居民参加了14个比赛项目,并取得了好成绩。

(刘 鑫)

【"甲型H1N1流感"防控】 年内,成立了"甲型H1N1流感"防控工作领导小组,明确工作职责。各社区根据实际情况开展演练,广泛宣传,做好应急物资的储备。举办甲型H1N1流感预防知识讲座,组织居民观看甲型H1N1流感预防知识光盘,重点对近期回国留学生、出差人员进行宣传。期间,共发放甲型H1N1流感预防知识宣传页58000张,受教育居民5万余名。

(刘 鑫)

【经济工作】 年内,结合地区经济发展实际,协调工商、税务、公安和丰台区私营个体经济协会丰台分会及北京三鑫福达物业管理有限公司,建立了丰台区第一家私营个体企业集中办公区,引进企业120家,其中已办理税务登记80家。

(刘 鑫)

【全程办事代理】 年内,办事处投资300余万元,建成640平方米的全程办事大厅,并投入使用。其中,有前台服务席位34个,便民座椅8组,备有饮水机、残疾车等各项便民服务设施。全年,办事大厅共受理事项84614件,办结率100%,群众满意率100%。

(刘 鑫)

右安门街道

【概 况】 右安门街道位于丰台区东部,距区政府9公里。东至北京南站与崇文区相邻,南至京山铁路与西罗园、马家堡街道相连,西至菜户营与太平桥街道接壤,北至护城河与宣武区隔河相望。街道办事处坐落在右安门外翠林小区。街道辖区面积4.32平方公里,共有大街小巷25条。下设16个社区居委会,常住居民32082户,85296人,流动人口25000人,计划生育率98%。年内,投入建设资金1000万元,对东滨河、开阳里第三社区西庄1-4号院、开阳里第一社区12-13号院和东庄等4个社区实施环境改造，粉饰墙体15.6万平方米，绿化补植5750平方米。全年组织开展大规模联合执法240余次，取缔各类违法经营行为210余起。关闭小旅馆21家，协助公安机关组织集中劝返行动6次，开展上访人员聚集地联合执法18次，疏散非正常访人员2000余人次。

（黄艳秋）

【安全生产】 年内，完善食品卫生、生产安全等7个工作方案。有序开展安全执法检查"三项行动"，全年"拉网式"检查驻辖区单位、地下空间等1000余家，下发"隐患整改通知书"300余份，对人员密集场所进行消防安全检查210处，整改上报隐患130处。与社会单位、商户、社区、个人签订各类安全责任书1200余份，组织宣传教育活动8次。

（黄艳秋）

【矛盾排查】 年内，共办理群众来信37件，办结满意率96%，接待来访群众1900余次，受理群众来电800余件，协调化解社会矛盾34件。

（黄艳秋）

【环境整治】 年内，强化"门前三包"责任制管理，重新审核签订市容环境责任告知书770份。完成主要大街的环境整治，投入150万元，规范了开阳里第一、第二、第三社区的外立面牌匾，翻新修补道路1.6万平方米，清运渣土255立方米。整顿开阳桥东南角、西南角、东庄一巷边角地12000余平方米，拆除153号院一、二期、开阳里第一社区北微宿舍等违法建设3600余平方米。为7个社区29栋楼2035户居民接通天然气，协调市政管委改造旱厕，新建二类公厕1个。组织各社区开展集中大扫除活动8次，清理卫生死角9个，清理垃圾607吨。

（黄艳秋）

【社会救助】 年内，发放低保金839万元，其他救助补助款306.6万元，实施低保对象医疗救助54人次，其他生活困难临时救助168人次。推进养老安居工程，争取区级财政支持480余万元，高标准改扩建右安门敬老院，建成4处社区养老日间照料室。办理残疾人特困、失业生活补助100余人，发放补助金8万余元。办理重残无业生活补助85人，发放补助金35万余元。完成对16名残疾儿童少年进住康复机构和社区卫生服务中心的康复训练及补助工作，补助经费共3万余元。为残疾人提供免费辅助器具138件，为35户贫困残疾人家庭安装无障碍设施。

（黄艳秋）

【再就业帮扶】 年内，组织招聘会13场，空岗信息采集数3024个，完成全年指标数的120%，开发社区岗位417个，岗位安置数401个。成功推荐就业500人，完成全年指标数的130%，困难人员就业率达60%。接待办理"一老一小"医疗保险2400人，办理福利养老797人，为213人办理了城乡居民养老保险参保手续，征收社会保险费40.66万元，为1639人发放失业金249万元。

（黄艳秋）

【社区特色文化】 年内，争取市区两级建设资金130万元，建成翠林文化休闲广场和北京市首家乒乓小屋，投资8万元绘制完成右外大街两侧古典文化墙400余米。制发《特色文化社区创建工作方案》，先后建立起"棋牌娱乐型社区"、"书画型社区"、"科普型社区"、"夕阳关怀型社区"、"民俗文化型社区"、"宠物乐园型社区"6个。举办大型歌咏比赛3场，举办"周末百姓大舞台"演出5场，社区消夏文艺晚会3场，获得丰台区首届社区文艺汇演二等奖。成立群众性体育协会9个，举办"社区运动会"和篮球、足球、乒乓球等多项系列比赛，地区单位30余家，社区群众2000余人参与。

（黄艳秋）

马家堡街道

【概 况】 马家堡街道位于丰台区东南中部,东与西罗园街道、大红门街道接壤,西与新村街道相邻,南与南苑街道交界,北与右安门街道隔路相望;辖区内南三环中路、角门北路、角门路、嘉和路、枫竹路、南四环路、马家堡路、马家堡中路、马家堡西路和嘉园路贯穿东西南北,构成便利的交通网。辖区呈长方型,东西宽1.53公里,南北长3.21公里,面积4.95平方公里,居民小区73个,居民52704户,131760人,设15个社区居委会,计划生育率98.7%。年内,做好全程办事代理工作,共办理服务事项3361件,办结率100%。社区公益性组织新签劳动合同15人,续签合同89人;完善96156三级服务平台建设,完成服务单130张,接听咨询电话950次,上传信息达标率100%。开展"幸福家庭工程"和"我与国策共成长"征文演讲活动。辖区经济平稳快速发展,代征个体工商户税款110万元,同比增长42%。代征个人出租房屋税108万元,同比增长54.3%。新引进企业31家,注册资金在500万元以上的有9家。完成第二次全国经济普查工作,共普查法人单位677家,产业活动个体1398家。为枫竹苑北路安装了路灯,对农机、皮革两个老旧小区进行了改造。为1093户居民接通了天燃气。年内,荣获区国庆安保、国庆群众联欢、"迎讲树"、文化工作、民兵工作、民防工作、经济普查、烟花爆竹管理工作先进单位。

(李志平)

【国庆六十周年环境建设】 年内,对马家堡路、马家堡中路、马家堡西路、嘉园路和镇国寺北街5条大街道进行了环境建设,硬化路面6000余平方米,修复围墙2400延米,清运垃圾900多吨,建设文化墙4块、600平方米,新安装地笼30套,安装便民座椅20付认真做好绿化美化工作,补植树木194棵,补种绿地1750平方米,在角门北路、嘉园路两侧摆花3万余盆。

(李志平)

【国庆六十周年环境整治】 年内,开展联合执法36次,清理游商摊点200余处,查扣各类三轮车、人力车20余辆,取缔露天烧烤30余处、机动车售货5辆、机动车收废品5辆。拆除违法建设800余平方米。安装信息发布栏10块、维修15块。清除小广告7300余条,办理小广告停机10个;规范、整改广告牌匾标识30余块,拆除10块。

(李志平)

【社会治安综合治理】 年内,开展"平安国庆"建设,制定《马家堡街道平安北京建设实施方案》。国庆期间,3700名志愿者对辖区高大建筑物、立交桥、过街天桥、重点人实施全方位监控29720人次。安装暴闪警灯24个,红外报警器40个。检查、核实流动人口2.5万余人、出租房近5000间。开展安全检查10次,整改隐患78处,排除重大隐患3处。

(李志平)

【社区规范化建设】 年内,按照北京市"1+4+X"文件精神,嘉园一里、嘉园二里、双晨、星河苑4个社区进行了规范化试点建设,投资80余万元,对4个社区的办公用房进行改造和扩建,投资20余万元为4个社区更新办公设备,实现了标识统一、区域清晰、安全方便、功能完善。

(李志平)

【信访工作】 年内,开展矛盾纠纷大排查16次,排查出信访矛盾纠纷隐患80余件,领导干部开门接访、重点约访、带案下访接待群众28批720余人次。共受理人民群众来信来访 218 件，办结 216 件，办结率 99%。

(李志平)

【社会保障】 年内，组织开展就业培训 44 期，培训 1060 人，开发就业岗位 650 个，组织招聘会 42 次，推荐就业 411 人，新增自谋职业 50 人，灵活就业 500 人，实现创业 40 人，带动就业 240 人，消除了“零就业家庭”。

(李志平)

【劳动监察】 年内，开展了马家堡路西侧“劳动用工规范一条街”工程，对 18 家用人单位、1051 人签订劳动合同和缴纳保险工作进行了规范；开通了劳动保障政策咨询热线，解决劳资纠纷 40 起，为 328 人追回 252 万元拖欠工资，实现了“无拖欠工资”目标。

(李志平)

【社会捐助与救助】 年内，依托“爱心家园”等 5 个救助平台，采取“有一助一”等方式，全年共救助 6300 余户，走访慰问困难家庭 1881 户，救助、慰问、发放低保金等共计 809 万余元。走访、慰问残疾家庭 75 户、3 余万元，安置 19 名残疾人就业，36 户残疾家庭进行无障碍改造，为 76 名残疾人发放小型用具，10 名肢体残疾人接受康复训练，建成残疾人温馨家园。

(李志平)

【文化体育建设】 年内，开展“国粹艺术进社区、进学校”活动，举办“过把瘾”、京剧“脸谱”培训讲座等票友联谊活动。举办了“春天的旋律”新年音乐会、《元宵节花灯展》、“我和我的祖国”合唱节和马家堡、西罗园、右安门 3 个街道《歌唱祖国合唱节》等系列活动，放电影 17 场、讲座培训 17 期，参与活动人数 12 万余人。组织星河苑、角门东里西、晨宇社区乒乓球队，参加丰台区第三届“和谐杯乒乓球大赛”。

(李志平)

【落实优抚政策】 年内，办理老年人优待卡 6972 张，为 187 名低收入老年人提供了居家养老服务，为 2535 名无医疗保障人员和“一老一小”以及 388 名城镇失业无医疗保障人员办理了医疗保险，为 625 名无养老保障的老年人办理了福利养老。

(李志平)

西罗园街道

【概　况】 西罗园街道位于丰台区东北部，距天安门 5 公里。东起木樨园立交桥中心线，西到右安门外大街小草桥路口，北起北京南站南侧，南至角门路。辖区面积 2.86 平方公里。人口总数 109795 人，流动人口 1.4211 万。街道办事处下设 16 个社区，其中有 2 个市级平安社区、14 个区级平安社区。辖区内设有中小学校 7 所、职高 1 所、托幼园所 9 所，以及 4 所医疗卫生机构，社区卫生站 4 所，养老院 1 所，驻辖区部队 1 支。有中国评剧院为戏剧、歌舞、音乐、电影等多功能文化场所。年内，街道荣获北京市国庆安保工作先进集体，北京市计划生育先进集体，北京市“宜城杯”全国社区工作自主创新成果百花奖，首都“迎国庆 讲文明 树新风”活动先进单位，北京市 2009 年度消防工作先进单位，2009 年《北京市第七届全民健身体育节》市级活动“建设银行杯”第二届百家社区健身才艺大赛贡献奖。第二社区还获得了“全国综合减灾示范社区”和“全国基层低保规范化建设典型单位”的荣誉。

(宋玉彬)

【精神文明建设】 年内，街道组织社区互助年启动仪式、便民小巴开通仪式、花椒树故事会经验推广会、互助年成果展示活动。其中花椒树故事会活动被区委宣传部、区文明办指定为丰台区“迎国庆，讲文明，树新风”二大重点特色活动之一。在 16 个社区开展“百姓百科百问”大讲堂活动。以文明市民学校为依托，专职教师负责组织、指导。分为：社会篇、心理篇、养生篇、理财篇、环保篇、避险篇六大主题。受益居民13000余人。举办“印象西罗园”——60年生活变迁大型图片展活动，参观展览人数5100余人次。

(吴高平)

【矛盾排查调处工作】 年内，共办理群众来信、来访157件，召开矛盾排查调处会5次，排查出各类矛盾60余件。通过实行信访代理，社区成功化解20余件矛盾纠纷。加强网上办公操作系统，坚持“四套系统”(即国家信访系统、市信访办公系统、区信访办公系统、市长信箱和电子邮件系统)并用，通过市级综合系统办理群众来信15件，通过市长信箱办理20件，办结率100%。

(郑　丽)

【社区科普教育】 年内，在16个社区内通过各种形式，宣传科普教育。组织“航空知识进万家”活动，组织小学及职高学生参观737座舱，学习航空礼仪，到航天博物馆参观，观看火箭模拟发射，请老师为孩子们讲授天文知识，观测日食奇观。组织近百名中小学生参加“知祖国、爱祖国、颂祖国”征文活动，共收到优秀征文50余篇。西罗园街道“阳光少年”科普乐园基地正式启动，800余人次的学生参加活动。

(马　娟)

【社会治安综合治理】 年内，同地区单位及群体签订各类安全责任书6126份。在16个社区开展“无毒社区”创建工作、“全国安全社区”创建工作、“社区平安互助”工作，构建“五防五治”的社会治安综合治理体系。

(喻中文)

【城市环境建设】 年内，争取资金450万元对南站东侧路、凉水河南、北岸路、万芳亭公园东侧路、马家堡路、邮保路等6条主要大街进行环境整治。至11月10日，凉水河两岸及南站周边共绿化13536.8平方米，铺装1891.5平方米，新建围墙447米，新建铁艺围墙360.55米，修补围墙217.44米，粉饰围墙3355.54平方米，清运渣土2011.65立方米；拆除广告牌匾1860平方米，新做亚克力灯箱450平方米，广告牌匾779.52平方米。

(宋　勇)

【老旧小区整治】 年内，争取资金1642万元对洋桥西里、四路通、洋桥东里、鑫福里、花椒树等5个老旧小区进行整治。至11月10日，共完成绿化补植14327平方米，修复破损道路2848平方米，步道修复4409平方米，铺装6078平方米，修复破损门窗1638平方米，楼体粉刷63栋，内外墙总面积429157平方米。

(宋　勇)

【社区建设】 年内，将洋桥东里社区，西罗园第三社区、洋桥西里社区、海户西里北社区作为街道社区规范化建设试点社区。投资近5万元为社区服务站配备了LED显示屏、电脑、办公桌椅等办公设备。3月5日，在社区广场进行“学雷锋志愿服务活动月暨社区互助年启动仪式”，指导16个社区重点培育22个互助项目。花椒树社区的“花椒树故事会”项目，获得魅力社区风采奖和“宜城杯”全国社区工作自主与创新成果“百花奖”。10月20日在万芳亭公园举办了“西罗园街道社区互助年成果展示会”。

(安旭东)

【募捐活动】 年内，在“春雨行动”的大型募捐活动中，共募集善款39170.9元。在“5.12”一周年之际，开展以“京什手拉手 重建新家园”为主题的社会捐赠活动，共募集善款13218.7元。“共产党员献爱心”捐献活动中，共募集善款42338元。在首都慈善公益组织联合倡议在全市开展“捐赠电视送灾区，共渡春节传真情”的捐赠活动中，共捐赠电视3台。

(孙德友)

【社区养老体系保障有力】 年内，发放高龄补贴110000元;为65岁以上老年人办理老年人优待卡10379个;为60岁以上老年人办理老年证290个;为社区高龄老年人安装"一按灵"64个。全年共办理居家养老审批317人,发放养老服务券15000余张,为居民提供服务2185人次,实际结算金额181850元。街道和社区组织34支志愿者队伍,1000多名志愿者,对空巢、特困、残疾老人开展志愿服务。

(孙德友)

【社区文体活动】 年内,共组织9项大型的文化活动。6月28日,在万方亭公园的戏曲文化广场召开丰台区周末百姓大舞台暨西罗园街道首届社区文化节的开幕式。演出40场各类型的文艺节目,活动持续到10月。为庆祝建国60周年,组织了132人的国庆群众联欢舞蹈队伍。参加丰台区乒乓球比赛,取得小组第一、第二的好成绩。近千人参加区首届社区运动会,在登山比赛中,获得三个一等奖、一个二等奖。与区园林局万芳亭公园共同举办五人制足球比赛,与西罗园卫生服务中心共同举办"健康杯"羽毛球比赛,街道机关和16个社区都组队参加了比赛。

(刘建忠)

东铁匠营街道

【概　况】 东铁匠营街道位于丰台区的最东部。面积13.2平方公里,社区居委会23个,户籍总数38983户,户籍人口93245人。常住人口61250户,160841人,计划生育率99%。少数民族24个,2400多人。辖区北部与崇文区、方庄地区相邻,东部与朝阳区接壤,南部与大红门街道、南苑乡搭界,西部与崇文区、西罗园街道相连。北部毗邻京津城际高速铁路,京广铁路,南二环路,南护城河。南三环路东西贯通辖区,地铁5号线南北纵贯辖区至宋家庄总站,蒲黄榆路南北横跨辖区,永定门外大街与辖区西接,京津塘高速公路的进出关口东靠辖区。辖区内主要大街22条,立交桥8座,其中有三层三路的大型立交桥玉蜓桥,赵公口长途汽车站有80多条线路通往祖国的四面八方。辖区有大学1所(联合大学特殊学院),中小学6所,其他各类学校6所。医院2所(东铁营医院、蒲黄榆医院),体育场馆2座(光彩体育馆．北京网球中心)。年内,动员组织辖区近5000名社区志愿者参与迎国庆保安全工作,守桥护路、治安巡逻17万多人次。街道与社区和辖区单位签订2600余份"国庆平安行动"责任书,投资70余万元用于技防设施建设。街道荣获区"国庆筹备和服务保障工作综合保障奖",荣获市"首都国庆60周年联欢晚会工作做出突出贡献奖"。

(王克东)

【化解社会矛盾】 年内,排查群体性矛盾纠纷110件,结案108件,接收群众来信55件,接待群众来访220多批700人次,处理群体性聚集8批2300余人次,街道党政领导亲自批阅信访件30件,信访办结率100%。

(王克东)

【安全生产工作】 年内,街道与1478家单位签订《安全生产责任书》,签订率达到100%,与23个社区签订《安全生产责任书》、《食品安全责任书》,与450个单位签订《交通安全责任书》。投入经费,利用各种宣传手段进行安全教育和应急演练,组织240余家单位和社区进行了4期培训,组织50余家人员密集场所、企事业单位进行生产、消防、食品、交通安全知识竞赛。各社区利用板报、宣传栏开展各类宣传活动69次,发放安全生产宣传材料7万余份。组织学校、工地、居民区、企业单位等开展大型应急疏散灭火演练8次,参加应急演练单位50余家,参加人数3000余人,拨款5万余元安装居民楼门禁系统,解决8栋居民高层住宅的消防设施防盗问题。对地区1478家单位进行全覆盖检查,消除17处挂账安全隐患。在安全生产中检查商户8600余次,查处各种安全隐患问题1700多处,整改隐患1400多处。

(王克东)

【治理违章违建】 年内,结合重点大街整治、老旧小区改造、道路修建等环境整治工作,组织13次联合执法,对宋庄路、横一条、顺八条等8条重点路段和居民小区内的违法建设进行查处,共拆除各类违法建设198处、5146平方米。对重点项目、重点区域实行重点监管,共制止在建违章50余起、800余平方米,收缴一批建筑材料和施工工具100余件,对影响老旧小区改造的违法建设发出限拆通知书216份,社区群众自拆违章建筑1000余平方米。

(王克东)

【整治市容环境】 年内,对顺四条、五间楼、刘家窑地铁站周边等重点地区的环境脏乱问题进行集中清理整治。共报停关机非法小广告电话31部,处理106起,没收散发小广告近万张。出资为三环路沿线10个车站的监督员配置清刷工具,维持车站秩序的同时清理小广告。成立环境监管员队伍,购置清理小广告专业设备,对地区19条主要大街小广告进行清理,做到小广告清除不过夜,共清除小广告5万处。查处黑车非法运营行为360多起,没收黑摩的155辆,人力三轮车61辆。对辖区内的广告牌匾组织巡查,拆除违规广告牌匾230块。开展消夏露天餐饮集中治理行动,规范露天经营180次、发放限改通知单163份,取缔非法经营餐饮业86家,处罚45家,取缔无照商贩近3500起,取缔夜间大排档36个,暂扣违规经营用品近千件。检查餐饮单位230余家,取缔露天烧烤12处,查获小煤炉180余个。

(王克东)

【小区环境建设】 年内,市区两级投资2900万元,对辖区内蒲黄榆二里、三里等17个老旧小区进行道路改造、楼体内外墙粉饰、绿化、更换公用门窗等。投资90万元对南三环17号院等4个小区进行道路修整、绿化补植,美化了小区的环境。投资350万元,完成安乐林路、蒲黄榆二巷等14条道路硬化、墙体粉饰、围栏修饰的深化设计改造。对同仁东路、横五条路、顺二条路等9条道路进行了改造。组织完成蒲黄榆二巷1号楼、蒲安北里7号楼、红狮涂料厂1、2号楼等4栋楼的节能门窗改造。

(王克东)

【协税护税工作】 年内,新引进房地产企业1家。完成15家施工企业的税源引进,新增税收200万元以上。完成代征个体税150万元,同比增长23%,代征个人出租房房产税102万元,同比增长17%。1至10月份完成留区税收1.3亿元,同比增长18%。

(王克东)

【就业和再就业工作】 年内,为2016人进行职业指导,开展各类宣传活动8次,发放宣传材料1.6万份,提供政策咨询5600人次,为324名失业人员进行技能培训,并取得职业资格证书。全年采集空岗信息3300个,开发就业岗位1606个,安置失业人员1596人。实现自主创业88人,劳动就业486人。提供岗位信息782条、发放宣传材料4000余份、求职登记395人次、政策咨询2176人次。辖区失业率控制在2.9%以内。

(王克东)

【社会保障和救助工作】 年内,对920户1876人进行了复审,对863户1751人进行分类救助和政策调标,新增110户219人,撤消79户164人。全年累计发放低保金额730万元,粮油补贴31.1万元,两节慰问42万元。医疗救助110户119人次,救助金额13.7万元。临时救助645户1342人,救助金额22.5万元。救助30名大学生,发放救助金12万元。慰问优抚对象 93 人,发放慰问金 5.8 万元。为 14 名义务兵家属办理了补贴手续。

(王克东)

【群众文体活动】　年内,投入 15 余万元,用于社区各项文体活动的组织和开展。组织开展"和谐之夏 平安铁营"系列文化活动,完成"文艺演出星火工程"分中寺村、东铁营村、西铁匠营村 3 场演出任务,举办"周末百姓大舞台"5 场巡回演出,观众近万人,参加区千人合唱大赛活动,获得一等奖;参加区广场舞蹈大赛活动,获得二等奖,组织国庆 60 周年系列文化活动,被评为区优秀组织奖。放映数字电影 123 场,超额完成全年放映指标,观众近万人。完成国庆群众集体舞表演任务。为社区安装乒乓球案 16 台,组织第三届"和谐杯"乒乓球比赛,5000 余名群众参加比赛。舞蹈健身操等 41 支健身队伍、近 800 名群众常年坚持参加各项体育健身活动。

(王克东)

【募捐活动】　年内,组织开展党员献爱心捐款活动,募集捐款近 6 万元。开展"春雨行动"活动,募集慈善捐款 11 余元。开展"京什手拉手 重建新家园"社会捐赠活动,接收善款 1 万余元。开展幸福工程"为贫困母亲"捐款活动,募集捐款 2 万余元元。开展博爱活动,募集善款 4 万元。慈善宣传日捐款 15 万元。捐赠月捐款 13.2 万元。幕捐衣被 6578 件。

(王克东

方庄地区

【概　况】　方庄地区位于丰台区东端,北至南二环路与崇文区搭界,东至方庄东路与朝阳区接壤,西至蒲黄榆路、南至南二环路均与东铁匠营街道相连。分芳古园、芳城园、芳群园、芳星园、紫芳园、芳城东里 6 个园区,总面积 5.53 平方公里,年末本市户籍居民 35528 户 93430 人,外来人口 3.03 万人,计划生育率 98.1%。辖区有中央、市、区属单位 103 个,社区居委会 15 个,人民调解委员会 17 个,人民调解员 121 名,治安积极分子 3635 名。绿地面积 92.38 公顷,绿化覆盖率 35.72%。年内,地区工作 136 次被市以上新闻媒体宣传报道,收到表扬信 26 封。被国务院第二次全国经济普查领导小组办公室评为第二次全国经济普查先进集体,获得首都文明街道、首都迎国庆讲文明树新风先进单位等全市性奖励 26 个。在政府机关效能建设考核中受到丰台区委区政府的表彰奖励,方庄餐饮街被评为北京市最受喜爱的十大餐饮街。

(刘建荣)

【经济工作】　年内,新招商引资企业 34 个,其中注册资金亿元以上企业 1 个,1000 万元以上企业 3 个。征缴施工企业临时性税款 138 万元,代征个体工商税 203 万元,出租房屋税 150 万元。完成留区税收 2.6 亿元,列全区街道第一名。

(刘建荣)

【综合治理】　年内,组织重点地区联合执法、城市秩序整治、南部战役、文化娱乐场所整治等行动,清理无照商贩 189 人次、劝离乞讨人员 14 人次、训诫屡教不改人员 105 人次、拘留暴力抗法人员 28 人。破获诈骗团伙两个,抓获犯罪嫌疑人 5 名。破获盗销电动自行车团伙 3 个,抓获犯罪嫌疑人 10 名。没收盗版光盘 14850 张,盗版书籍 3400 余册。查扣三轮车 243 辆、炉灶 239 个、烤箱 127 个。拆除违法建设 697.65 平方米。安装家庭防盗报警器 400 套,新增单位技防设施 9 处,出租大院技防监控设施 2 处,设置监控室 12 个,安装探头 89 处。

(刘建荣)

【安全生产】 年内,在餐饮单位开展劝诫酒后驾车活动,组织人员聚集场所开展处置火情与人员疏散演练,督促65家重点单位消除火灾隐患、两个出租大院完善了消防设施。成立平房区义务消防队,为弱势群体家庭发放灭火器180个。对3家交通违章严重单位实行了机动车停驶处罚。及时排除芳古园一区17号楼地下室积水,清空有隐患的人防工程4处,取缔非法食品加工点3处,规范食品经营单位8家,解决投诉35件。组织130家餐饮单位和单位食堂开展了卫生升级量化管理工作,完成B级认证80家。

(刘建荣)

【社会保障】 年内,推荐就业512人,落实创业项目4个,实现登记失业率1.88%。办理自谋职业和灵活就业社会保险补贴702人、"一老一小"医疗保险1665人、无业人员医疗保险149人、城乡居民养老保险66人。无保障老人福利养老455人,最低生活保障136户261人。居民丧葬补贴22人,居民自采暖补贴34人。为企业退休人员报销医疗费9356人次,3568万元。

(刘建荣)

【住房保障】 年内,受理廉租房申请11户,落实配租津贴7户,解决重残与社区帮教人员住房困难家庭各1户,低收入住房困难家庭5户。共有申请限价房家庭243户,其中年内受理的68户,核实年度第一次限价房摇号有资格家庭158户,确认参加摇号家庭114户。受理经济适用房申请135户,107户通过市级审核。

(刘建荣)

【劳动监察】 年内,完成日常询查187次、书面审查70家、劳动合同监控70家、事业单位劳动用工审查21家。30人以上餐饮企业集体合同签订任务全面完成,辖区企业续签劳动合同率达到97%。处理举报和案件16起,解决工资和加班费等21.75万元。

(刘建荣)

【民政服务】 年内,管理烈属27户、定期优抚对象3户、伤残军人46户、军队无军籍和行政离退休人员63名、超转人员175名,发放伤残抚恤金、定期补助金、慰问金、退休金、退养生活费等370.4万元,报销医疗费125.1万元。

(刘建荣)

【老龄服务】 年内,办理老年证317个,老年优待卡1300个。为127位90岁以上老人发放高龄津贴14万余元,为306位享受特殊补贴老人提供家政服务5600人次。投资7万元、改造90平方米的松龄爱老家园,提供休闲娱乐服务3513人次。在芳古园一区第一社区尝试的老年餐桌,为30位老人提供就餐方便。

(刘建荣)

【助残服务】 年内,组织医疗康复训练71人次,教育康复训练113人次,儿童康复训练20人次,社会康复训练257人次。帮助15人实现就业,19人办理了保险手续。配发辅助器材59件,完成第二代残疾人证的换发和8栋楼、6户家庭的无障碍设施改造。

(刘建荣)

【基础设施改造】 年内,完成芳古园一区第二社区、芳星园三区的小区改造,对芳群园一区四号、五号楼地域进行了绿化改造,新增绿地3200平方米,并修建了休闲凉厅。完成了芳群园四区19号楼和芳星园二区2号楼居民开通管道天然气的室内工程、胡村平房区下水改造和危房清理工程、芳群园一区大花坛和芳城园三区小花园升级改造一期工程。

(刘建荣)

【国庆文化活动】 年内,组成132人的方庄舞蹈表演方队,完成国庆60周年群众联欢晚会舞蹈表演任务,被首都国庆60周年广场联欢活动指挥部授予先进集体。完成数字电影放映任务223场。选调680名群众演员、20个节目参与丰台区周末百姓大舞台活动,先后到5个街乡进行巡回演出。组织120人参加在鸟巢举行的千台万人乒乓球比赛,300人参加了丰台区庆祝新中国建国60周年系列文化活动。举办了乐活方庄．乐享生活－－方庄第二届文化体育节。获得丰台区首届社区文艺汇演一等奖、丰台区国庆60周年系列文化活动优秀组织奖。

(刘建荣)

【爱心捐助】 年内,完成爱心捐款25.76万元,其中:博爱在京城活动捐款10535元、博爱在方庄活动捐款9145元、春雨行动捐款35204元、汶川地震一周年捐款26048元、幸福工程捐款6685元、向台湾受台风地区捐款4万元、为江西、内蒙等受灾地区捐款13万元、捐衣被4500件。

(刘建荣)

南苑街道

【概　况】 南苑街道地处丰台区东南部,老北京城的正南端,南中轴线东侧,距天安门12公里,有"天安门前第一镇"之称。辖区设9个社区居委会,居民18750户,计划生育率99%。辖区有中央、市区属单位23个,驻区部队36支,清真寺和基督教南苑堂各1个,生产经营单位530家。中国联航是南苑地区主要纳税大户之一,全年联航上缴各种税款总额在4000万以上。年内,对槐房路大泡子路进行改造,对180多处坑洼路面进行修补,对13户危房进行翻建和加固。全面推进老楼天然气改造,办事处依法拆除了五爱屯西街11号院的违章建设,疏通了消防通道,依法拆除了诚苑、拖修宿舍、南苑北里、三营门社区等小区内4700多平方米的违法建设,为老楼天然气改造扫清了障碍,确保辖区1984户居民天然气安装的及时完成。全年街道出资50000元购置环卫器材,增加保洁人员和清运次数,安排专人每日巡视,解决3个社区12个垃圾站点的暴露垃圾不能及时清运难题。

(谢长年)

【国庆保障】 年内,成立"南苑机场周边安全工作指挥部"及11个保障小组,每天组织1600多人全天候巡逻,对147名重点人进行全天候、全方位防控。投入70万元作为综治专项资金,安装楼寓对讲、红外报警器、机动车防盗锁和临时路灯。投资6000元进行灭火器检修,出资5万元为派出所民警、治安巡防队员配备了电动自行车和普通自行车,4次对治安巡逻志愿者进行走访慰问。

(谢长年)

【社会救助与捐助】 年内,街道有低保户693户,低保人员1539名。全年发放最低生活保障金共计500多万元,办理医疗救助112人。全年165个家庭收到爱心救助卡和救助物品。

(谢长年)

【住房保障】 年内,10次对社区住保人员进行了培训,做到三级审理两级公示,信息和数据报送及时准确;对574户家庭申请廉租房、经适房等信息进行认真核对,档案全部实现电子化。

(谢长年)

【劳动监察】 年内,开展劳动政策进家庭、进部队、进单位的"三进入"活动,开发就业岗位500个,安置失业人员491人,对727名失业人员进行了免费的职业指导,消除了"零就业"家庭。加大劳动监察执法力度,发放宣传材料和劳动合同示范文本500多份,企业劳动合同签订率90%以上。

(谢长年)

【老龄工作】 年内,有60岁以上老年人4700多户。全年接待老年人来访人数48人,调解成功率87.78%。为65岁以上老年人办理老年人优待卡653人,发放老年人居家养老服务补贴金6.6万多元。加大对“空巢”家庭老人帮扶力度,在9个社区成立96156志愿者服务队,与部分空巢老人签订了亲情互助社“一帮一”帮扶协议书,定期入户走访。

(谢长年)

【文化生活】 年内,投入资金16万余元,积极开展迎国庆系列文化活动、参加区农村“文艺演出星火工程”演出。加强辖区文化室、图书室建设。为净化辖区文化环境,采取联合执法,取缔和关闭非法娱乐场所、督查音响图书店、监控电视接收光结点。

(谢长年)

【社区建设】 年内,完成社区“两委”的换届选举法工作。确定2个社区为规范化建设试点社区。在9个社区实行居民代表坐班制。投入资金13万元,完善2个试点社区的服务设施。公开招录8名大学生为社区工作者。

(谢长年)

大红门街道

【概　况】 大红门街道地处丰台区东部,距离丰台区政府11公里,位于永定门外木樨园南,南中轴路延长线周边,自古就是京城交通的南大门。街道辖区东起北京冶炼厂与朝阳区交界,西至马家堡路与西罗园街道、马家堡街道相连,北至南三环中路与东铁匠营街道和西罗园街道相邻,南至焊条厂铁路线与南苑乡、和义街道、南苑街道相连并与大兴区交界,行政区域总面积13.8平方公里。常住人口7.8万户,21.8万人。计划生育率98.3%。辖区地处三、四环路之间,有永南路、光彩路、大红门西路、南顶路等主要大街5条,因农居混杂,小街小巷多不胜数。辖区中包含规划建设中的大红门特色商务区,商贸市场林立,日客流量万余人,年交易额40亿人民币,是华北、东北地区著名的服装交易集散地,被誉为“京城第五商圈”。地区共有企事业单位1022家,其中中央直属单位17家,国有企业159家,股份企业157家,私营企业661家,事业单位15家,合资企业5家,民营企业25家,外商企业3家,个体373家。辖区有社区居委会27个,社区工作站27个,专职社区工作者189人,各类志愿者4720名。辖区内驻有7支空军部队,涉及到大红门、石榴园、大红门商城三个派出所,大红门、南苑、方庄3个工商所,及大红门交通支队,大红门城管监察分队,大红门环卫所共9个职能部门的管辖地域。年内,街道共获得市、区级表彰23件次,收到其他单位和人民群众送来的锦旗和感谢信43件次。

(张　锐)

【安全生产工作】 年内,集中开展“人员密集场所达标、隐患排查治理专项行动、安全生产督查”3项整治活动,联合执法9次,检查工地安全81次。关闭6处民防工程和15处地下室。

(张　锐)

【城市管理】 年内,对苗圃东里、西马场北里、南顶路、南顶村、苗圃西里等5个老旧小区实施改造,完成老旧小区和重点大街深化设计改造的招投标,已完成楼体粉刷13.5万平方米。对地区1间城镇居民自住危房、9间直管公房进行翻建,面积215平方米。对苗圃东里、南顶村医药公司宿舍、康泽园南平房等3处平房区的便民路进行铺设,共计铺设方砖路9200平方米。铺设石榴庄东街路、建欣苑路2200平方米。对西马场南里、康泽园河套、苗圃东里、时村平房区的雨污水管线进行翻修,共计修缮雨污水管线2616延米。翻修地区公厕20座,新建公厕1座,翻新化粪池8座。

(张　锐)

【民政优抚工作】 年内,街道有社会救助对象924户、1968人,残疾人1739人,分别占全区的七分之一。全年发放保障金745万余元,施实医疗救助94人次,办理临时救助36户,救助金额22万余元。为20户低保和低收入家庭大学生办理新生入学救助,救助金近8万元。建立残疾人各类康复站17个,其中2个残疾人职业康复站通过市级验收,有30名智残人员进行了康复训练,安置残疾人就业15人。

(张　锐)

【募捐工作】　年内,开展救助大病贫困儿童的大型慈善公益善款筹集的"春雨行动",共募集资金157197.47元(超额完成区下达指标10万元);在支援甘肃陇南地震灾区的捐赠工作中,共发动地区单位106个捐款金额171638.44元;分别上交区慈善协会和捐赠办,全年共募集资金328835.91元。

(郑　洁)

【劳动保障】　年内,为社会化退休人员支付养老金27864人次,统筹外支付4.9万元,报销医药费10820人次,报销金额5000余万元,支付取暖费4.4万元;报销退养人员医药费用金额2.7万余元。管理"一老一小"人员3600余人。办理"一老一小"医疗保险登记74人,并全部办理了医疗手册。"一老一小"药费报销,接待44人,报销金额13.6万元,无保障老年人福利养老金资格登记1286人,有1194人领取到福利养老金,养老资格认证率100%。

(张　锐)

东高地街道

【概　况】　东高地街道位于丰台区境域东南部。东南与大兴区接壤;西与南苑街道毗邻;北与和义街道相连。辖区面积4平方公里,居民1.9万余户,常住人口5.3万人,流动人口7186人。计划生育率99.5%。地区主要单位有中国运载火箭技术研究院、303所、508所、704所、772所等。年内投入资金35.6万元,完成东高地斜街绿化美化工作,绿化美化面积1500平方米。街道出资17万元建立东高地玫瑰园、芍药园。出资22万元,在东高地斜街安装了七座雕塑。投入资金5.6万元为社区安装棋牌桌31个、座椅22个。全年开展交通秩序集中整治4次,收缴非法运营车辆22台,集中清理整治无照游商30次。开展防控危险性林木有害生物工作,出动防治人员2500人次,车辆940台次,使用药剂90公斤,预防面积9000亩。开展四次大型环境突击整治活动,2300余人次参加整治活动,清理卫生死角7处、清运积存越冬垃圾、渣土40余吨,清理绿地3万余平方米,清理楼道乱堆乱放杂物2.5吨。全年开展8次市容环境秩序专项整治,处理各类举报案件35起、网格78起、上交灯箱广告牌匾370块、条幅388条,查处摩的及电动三轮车200辆,办理小广告停机152部,规范"门前三包"单位3360个,拆除违法建设743.75平方米,整治大排挡5次。年度街道荣获市、区级先进集体5项。获得首都迎国庆讲文明树新风活动先进单位、北京市爱国卫生先进单位、首都科教文体法律卫生"四进社区"活动优秀组织奖、获区级国庆60周年庆祝活动综合保障奖、区级绿色社区创建活动优秀组织单位。

(徐树林)

【老旧小区改造】　年内,投资257.38万元完成东高地老旧小区改造工程,改造面积2.08万平方米。投资72.37万元完成三角地第二社区老旧小区改造工程,改造面积6463.68平方米。投资54.04万元完成西洼地老旧小区改造工程,改造面积4073.02平方米。

(徐树林)

【城市建设】　年内,投资23.69万完成东高地3栋教师楼1.08万平方米外立面粉刷工程。投资2.6万元完成东营房24、25栋两楼房26根雨水管道改造工程。投资1.66万元完成了东高地乙1栋、丙1栋楼北围墙加高工程。投资50万元完成万源南里游泳池路改造,改造面积2880平方米。

(徐树林)

【市政改造】 年内,出资34.5万元对滨河路2300平方米道路进行修缮。出资11.32万元,对桃源里东路755平方米的破损道路进行修缮。出资1.32万元对东南平房110平方米的8条小巷及破损道路进行修缮。

(徐树林)

【社区建设】 年内,完成社区居委会换届选举工作,选举产生76名委员。平均年龄37.78岁,比上届下降4.3岁,大专以上学历占64.7%。梳理出社区党委63项、居委会62项、服务站142项职责;投入10余万元配备了电脑、打印机等办公设备。参与北京市第四届"魅力社区"评选活动。东营房进入20强,获得"魅力社区共建和谐奖",东里、南里、角二获得"魅力社区风采奖"。

(徐树林)

【残联工作】 年内,安置11名残疾人就业,12名残疾人子女获社会捐资助学。9名无固定收入重度残疾人获生活补助,为19人申请办理了社会保险补贴,54人办理了居民养老保险补贴,走访慰问残疾人108人次,慰问金5.55万元。为77名残疾人配备了辅助用品用具;21名重度残疾人家庭完成无障碍改造测量;7名残疾儿童申办康复训练补助;655名残疾人更换了第二代残疾人证。走访慰问36名重点贫困人,金额1.39万元,其中为2人办理临时救助,申请救助金2000元。

(徐树林)

【信访工作】 年内,开展矛盾纠纷排查30余次,化解矛盾纠纷517件,调解率100%,调解成功508件,成功率为98%。辖区接受矫正率实现100%、帮教率、安置率实现98%,重新犯罪率为"0"。开展法制讲座42场,受教育群众6000余人。提供免费咨询500余人次、代书30余份。接受区信访办转发来的信件4件,地区群众来信来访36人次,市长信箱邮件5件、领导接访、下访12次,妥善处理集体访4批4件68人,个体访6批6件6人,来访答复满意率100%、各种信件回复率100%。

(徐树林)

【社会救助】 年内,有低保家庭333户,734人。发放低保金、特困补助金329.38万元。救助新生入学15人,金额6万元。医疗救助14人,救助金额1.35万元。慈善救助大病儿童1人,救助金额2.3万元。慰问地区特困家庭156户,384人,发放慰问金8800元,慰问品价值3万元。"爱心家园"救助低保家庭58户,134人。低收入家庭144户,307人,救助金额8万元。清洁能源与燃煤采暖救助25户,41人,救助金额3978元。贫困家庭救助1户,救助金额5599.43元。

(徐树林)

【优抚工作】 年内,有地退人员288人,军工退休人员9人,军队离休1人。全年发放地退、军工军休工资、抚恤金、过节费705.68万元;为地退、军工人员报销医疗费、住院费2650人次,金额424.62万元。全年发放伤残军人优抚金37人次,在乡复员军人3人次,死亡救助金2人次,医疗减免4人次,地退遗属补贴2人次,义务兵津贴补助3人次,共计发放金额为7.22万元。解决10名军嫂就业问题。开展军地双方共建活动5000余人次。

(徐树林)

【慈善捐助】 年内,组织"春雨行动"和"共产党员献爱心"活动,4520人参加,捐款8.23万元。在社会捐助月活动中,地区居民与中央单位职工7746人共捐款187.2万元。

(徐树林)

和义街道

【概　况】　和义街道位于丰台区东南部，东与大兴区接壤，西南、东南分别与南苑街道、东高地街道毗邻，北与南苑乡、大红门街道搭界，与南苑村、大红门村相邻，区域为典型的城乡结合部。辖区面积3.42平方公里，常住人口13368户35058人，计划生育率98%。下设8个社区居委会，有楼房住宅小区4个，平房住宅区3个。辖区有派出所一个，有天客隆超市等地区单位68家。街道办事处位于南苑北里一区2号楼，紧邻南中轴路快速公交一线。年内，共完成折子工程108项，为民承诺办实事13件，实现了“环境优美、秩序良好、社会稳定、社区和谐”的总体工作目标。街道先后获得北京市反邪教警示教育好创意奖，国庆60周年联欢晚会群众联欢活动最佳组织奖，首都迎国庆讲文明树新风活动先进单位。

（冯　振）

【国庆环境整治】　年内，启动惠及6540户居民的天燃气通气工程；投入2000万元对和义东里自来水管线工程和南苑北里小区污水管线工程进行改造；投资20万元在大红门南路松林庄平房区翻建冲水式公厕1座；投资30万元对大红门南路部分路段进行硬化和粉刷；投资22万元对大泡子红星供销社平房区道路进行硬化；投资近百万元为和义东里、和义西里小区新建垃圾房2座；为嘉禾庄路（长700米）、国际监狱路（230米）安装了路灯，在天客隆超市门前安装了400米自行车停车架；在8个社区安装小广告发布栏22个。共拆除违法建筑5处，5448.7平方米；立案新增违法建设9处、110.4平方米；发限拆5处，41.5平方米；批强拆3处，63平方米。开展环境清洁行动12次，清除暴露垃圾56吨、无主垃圾10余车、卫生死角50余处；发放节能灯近5万只，为3个社区配备了1000余个分类垃圾桶。

（寇学义）

【国庆维稳工作】　年内，投资120万元，在辖区主要交通道口、商场、学校、社区、流动人口聚居区等重点部位安装监控探头366个、电子对讲202个、出入口控制器260个、警报系统39个，做到了24小时监控，实现了宣教“无遗漏”、管理“无缝隙”、排查“无隐患”、防控“无盲区”。

（贾　宇）

【流动人口和出租房屋管理】　年内，制定《和义街道流动人口和出租房屋基础调查登记工作方案》，累计新登流动人口1902人，新登率为24.1%，累计核销流动人口2459人，核销率为31.2%，累计更新流动人口7542人，更新率为95.6%，累计迁移流动人口518人，迁移率为6.6%；流动人口基础调查综合变化率157.4%，累计新登出租房屋295户，新登率为14.3%；累计核销出租房屋946户，核销率为45.8%，累计更新出租房屋2309户，更新率为111.8%。

（张　蕊）

【环境秩序整治】　年内，连续捆绑执法48次，组织检查170次，150处安全隐患得到整改，签订告知书、责任书400余份，发放宣传材料17000余份。出动人员500余人次、各类执法车辆96台次，查扣非法营运车辆（摩的、人力、机动车）47辆，处罚无照商贩350户，规范门前三包35起，清理小广告1000余处，清理不规范广告牌匾300余块，取缔无证废品收购站点6家，责令停业整顿20余家，与30余家合法收购站点签定治安责任书，治安案件同比下降33%。

（冯　振）

【社会帮困救助】　年内，对辖区378户低保、三无、优抚等困难对象实施救济，发放慰问金

190680元及121200元的春节补贴。为辖区148户空巢特困老年人、低保边缘人群、特困职工进行了慰问。对13人进行了33351元临时救助,为一名贫困孕产妇垫付医疗费3254.58元。共保障城市低保对象402户(881人),发放保障金3662161.9元,粮油帮困193320元。受理低保申请58户109人,变更143户386人,终止20户41人。为21名低保家庭子女发放帮困助学金83850元,对191名城镇困难对象实施大病医疗救助,共发放救助金162775.63元。

(寇学义)

【社会服务保障】 年内,以"银龄行动"为引领,积极开展"空巢"慰问帮扶、上门服务送爱心等系列活动,为辖区8名60岁以上低保老人办理了面值500元的慈善助老卡;为126户贫困家庭发放了面值300元的"爱心救助卡";为辖区65周岁以上老年人办理优待卡2874个;为60周岁以上老年人办理老年证140个;为辖区41位90周岁以上老年人发放高龄津贴50900元。为革命伤残军人发放抚恤金48798元,为两名优抚对象发放定期补助18576元,报销医药费2063.81元。向辖区部队赠送图书1000余册。在"京什手拉手、重建新家园"活动中接收捐款31885.5元,接收棉衣被价值54280元。机关"共产党献爱心"共计13871元,"首都慈善日"捐款13628元。

(寇学义)

【社会就业保障】 年内,超额完成区政府失业率4%的指标。辖区失业率保持在1.22%;成功推荐失业人员就业263人;采集职介机构空岗信息2387个;完成2个创业项目征集指标;新增失业人员就业辅导率达100%;开发社区就业岗位305个,安置失业人员305名;完成创业带动就业人数80人。办理"一老一小"医疗保险179人、为95人报销药费16.97万元;发放失业金113.79万元、报销医药费3.1万元;办理灵活就业266人、报销医药费10.55万元;办理城乡老年人无保障养老待遇318人;办理城乡居民养老保险173人;发放小额担保贷款10万元;为5225名退休人员报销医药费1212万元;完成低保审核58户109人,完成143户低保变更审核工作,全年发放低保金366.22万元,发放丧葬补贴11万元。

(贾　宇)

【和谐文化建设】 年内,以"和义街道文化节"为平台,举办丰台区周末百姓大舞台暨和义第三届文化节系列演出活动。邀请11支文化团队,在社区文化广场举办了12场精彩文艺演出,观众总数1.5万余人次。组建社区群众艺术团,对外演出6场、节目达70余个、出场演职人员达400余人次。社区文艺小舞台开展各类文体活动100余场。

(冯　振)

【信访排查调处】 年内,共接待群众来访42批次47人次;受理各类来信来电共计36件次,办结率100%,满意率98%;社区"社情民意调解站"共接待群众942人,化解各类矛盾纠纷424件;街道各调解委员会共开展专项"摸、排、查"工作17次,防止民间纠纷激化5件127人,95%以上的信访件均得到了合理合法分流,全年律师接待咨询1672人次,代写各类法律文书64份,为来访群众优惠代理诉讼案件40余件,无偿提供法律援助5件,参与领导信访接待110次,指导司法调解197件;开展信访维稳法制宣传活动34场次,发放信访维稳法制宣传材料1700余份,普法宣传覆盖面100%。

(寇学义)

宛平城地区

【概　况】 宛平城地区位于丰台区西南部的

永定河畔，东起西道口大枣园，与卢沟桥街乡接界，西至杜家坎铁路第二水泵厂北墙，与长辛店街、镇毗邻，南至北天堂，与房山区、大兴区接壤，北至鹰山公园漫水桥，与石景山区相望，整个地区沿永定河自西北向东南呈狭长地带。辖区面积33.15平方公里，下设6个社区居委会，3个行政村。常住人口39379人、农民1193人。以宛平城为中心，区内有中央、市属、区属企事业单位156个。卢沟桥、宛平城、中国人民抗日战争教育园地，每年参观游览桥、城、馆、园的中外游客达50多万人。年内，自筹200万元，投资300万元，建成宛平休闲文化广场。全年送出8名新兵，超额完成征兵任务。

（王　珏）

【残联工作】 3月，出资筹建宛平城地区残疾人职业康复站，配备3名工作管理人员，接收16名中重度智力、精神残疾人入站参加职业康复劳动。10月下旬，职业康复站通过北京市残联评估验收。

（王　珏）

【健康社区行】 5月9日，由区政协教文卫体委员会、区卫生局、区双拥办等协办、解放军302医院主办的“健康社区行，服务为人民”启动仪式在卢沟桥社区医院举行。副区长吕仕杰、区政协副主席胡燕、区卫生局局长张杨、302医院副院长王业东等领导参加了启动仪式。

（王　珏）

【民风民俗】 5月9日，北天堂村委会与老庄子社区携手举办“十大孝星”评选活动。近千名群众前来投票，评出心目中的“十大孝星”并为他们颁奖。

（王　珏）

【书画笔会】 9月11日，宛平城地区在卢沟桥第一小学操场举办了“翰墨丹青颂辉煌，见证祖国六十年”书画笔会。40多名与新中国同龄的书画家和书画爱好者即兴泼墨，在大折扇上书写描画家乡巨变，传承奋力建设家乡的凌云壮志。

（王　珏）

【捐助工作】 年内，开展为灾区募捐活动，地区单位和群众共捐款52181.5元，捐赠衣物4000余件。

（王　珏）

【魅力社区】 年内，组织各社区参加北京市第四届“十大魅力社区”的评选活动。晓月苑社区“助老助残志愿服务驿站”项目经过晋级角逐，被评为北京市第四届“十大魅力社区”，并被评为本年度北京市先进社区居委会。

（王　珏）

【百姓大舞台】 年内，组织辖区居民参加“周末百姓大舞台”文艺演出。在指定的文化广场举办5场演出，获组织奖；在“我和我的祖国”社区文艺汇演中荣获一等奖。

（王　珏）

长辛店街道

【概　况】 长辛店街道位于丰台区西南部，辖区面积58.6平方公里，下设23个社区居委会，总户数41087户，居民96063人，计划生育率100%。属城乡结合部。辖区位于卢沟桥西侧，东临永定河，西至镇岗塔，与云岗街道、王佐镇相邻，南接房山区南岗洼，北到鹰山公园，与石景山区、门头沟区接界，南北长、东西窄，地势东低西高。东临永定河、哑吧河、小清河、大宁水库，西靠南北走向的两道丘陵。九子河由留霞峪经长辛店，蟒牛河由太子峪经二老庄、朱家坟，两条河均向东南流入房山区界。辖区中部南北穿行，境内有(北)京广铁路、(北)京周(口店)公路、和(北)京石(家庄)高速公路穿过，有19条公交线路通往云岗、丰台、石景山和市区，由东向西，呈辐射状分布。辖区内有公园1个、名木古树17株、密闭清洁站40座,有较完整的商业、服务业、文教、卫生等配套设施。共有中学、小学10所、医院6所,辖区内有中央企业16家,市属企业19家,区属企业42家,驻军部队12支。所驻单位有铁道部二七车辆厂、二七机车厂、中国北方车辆研究所、北京北方车辆制造厂、装甲兵工程学院及长辛店火车站等近百家企事业单位,以铁路、军工业为主,为丰台区重工业集中地。

(马长起)

【城市管理工作】 11月30日为止,完成区城指中心下达的任务2520件,其中部件类76件,事件类2444件,结办率100%。10月底,公房改造数为128户,总房间数220间,总面积3403.9平方米。其中翻新209间,面积为3207.7平方米;加固11间,面积196.20平方米。解危资金315万元。整治辖区主要一条大街三条路,即长辛店大街;朱云路、张郭庄路、京周路沿线。

(马长起)

【环保、绿化工作】 年内,共植树4128株。国庆期间,协调区环保局、城管分队等部门联合执法,对辖区内餐饮业违法使用小煤炉现象进行集中整治。做好汛前排查,汛期检查,对355间危险房屋下达危房通知。7月开始对辖区的园林绿化资源正式开始全面普查。共划分图斑101个,其中单位型66个、居住区25个、公园1个、道路河岸9个;共普查树木50余万株,绿地面积230余万平方米,绿化覆盖面积370余万平方米。

(马长起)

【文化活动】 年内,参加了国庆联欢晚会集体舞表演。为各社区配备广场音响设备。制定以周周有演出,月月有主题,亮点显主题,活动连成片的工作思路。6月至9月份启动周末百姓大舞台活动,共演出32场次,观看演出的群众2万余人次。

(马长起)

【民政工作】 年内,对602户,1165名低保户发放低保金3682858元。为13人特困家庭申请临时救助,发救助金28023.23元;为96人发医疗救助金277538.75元;发放高龄老人津贴144300元。为1241位65岁以上老年人办理了优待卡;为435位60岁以上老人办理了老年证;为89位高龄空巢老人登记安装一按灵门铃;为34名90—99岁老年人申请了北京市老年人津贴待遇。年内,有124名老人享受北京市高龄老人津贴。其中90—99岁122人、100岁以上2人;为1476名符合居家养老条件的老年人办理了服务补贴待遇,发放老人服务补贴券金额428275元。

(马长起)

【劳动和社会保障】 年内,继续完善社区就业培训教育与推荐安置一体化工作机制,重点做好"4050"人员、残疾人及就业困难人员的就业服务。全年举办招聘洽谈会12场,开发社区就业岗位1428个,安置失业人员1282人,年度城镇登记失业率控制在3.3%以内。

(马长起)

【双拥共建】 "八一"建军节期间,23个社区居委会走访慰问地区部队单位8个,送去各种慰问品。元旦、春节期间,地区8家部队走访慰问辖区弱势群体,送去慰问品、慰问金价值总计3万余元。

(马长起)

【社区建设】 年内,筹集资金30万元为社区搭建信息化平台,为每个社区安装内网系统。对社区部分电脑全部进行维修和系统升级。投入资金435402.17万元,对5个试点服务站和玉皇庄、朱南、光明里、南墙缝、崔村二里5个社区进行装修、改建。

(马长起)

云岗街道

【概　况】 云岗街道地处丰台区西南部，东与长辛店街、镇为邻，西南与王佐镇相连，北与门头沟接壤，辖区面积8.53平方公里，常住人口1.35万户，3.88万人，人口密度4549人/平方公里，少数民族占3.6%，商业、服务业、文化、卫生等设施较为丰富。辖区内主要有航天科工集团第三研究院、航天科技集团十一院、101研究所、京丰热电有限责任公司等中央及市属单位8个，区属单位23个，中学2所、小学2所，社区居委会9个。全年接待来访1460人次。地区的计划生育服务覆盖面100%，计划生育率98%以上。开展“劳动用工规范一条街”，实现了五个100%（支付工资、持证上岗、交纳社会保险、签订劳动合同和加班费）。推行“两网”化管理，完成了辖区419个用人单位的信息采集工作。开展专项执法大检查，为农民工讨要工资184830元。街道被评为全国和谐社区建设自主创新先进街道，南一社区获得全国精神文明建设工作先进单位称号，街道连续6年被评为“首都文明街道”，文明社区创建率为100%，全区唯一获得北京市创建学习型社区先进街道，荣获北京市同法轮功及其他邪教组织斗争先进集体。全年共获得国家、市、区级奖励40余项。

（范宜东 何丹）

【协税护税】 年内，成立街道保增长工作协调小组。辖区单位纳税实现留区收入4523万元，同比增长1303万元，同比增长率为40.5%。

（范宜东 何丹）

【助残帮扶】 年内，共建立7个残疾人协会，9个康复工作小组，9个就业工作小组，3个市级社区温馨家园，6个区级社区温馨家园。办理第二代残疾人证578个。578名残疾人接受康复治疗。享受城市低保54人，全额享受37人、差额享受17人，其中上浮10%的有11人、16周岁以下2人，享受粮油帮困54人。享受重残人生活补助13人，其中70岁以上老人1人。享受残疾人特困补助26人，享受无固定性收入重残补助54人，享受城镇失业残疾人生活困难补助6人。

（范宜东 何丹）

【老年优抚】 年内，街道成立老年人协会，建立了100人的社区党员志愿者服务队，与“空巢”老人、高龄和特困老人签订“一帮一”结对子协议书，为45位老人免费安装了“一按灵”。组织社区老年秧歌队、合唱队和舞蹈队等51支文体团体进行活动。

（范宜东 何丹）

【综合治理】 年内，开展联合执法行动12次，摸排违章建筑40余处；查处无照经营20余家；查处涉嫌非法运营车辆18起；发放宣传资料3000余份，受教育居民万余人。建立9个社区法律服务工作站。

（范宜东　何　丹）

【环境卫生】 年内，补种紫薇800余棵，新增绿地1000余平方米，绿化率43.83%，人均公共绿地13.9平方米。投入资金60万元，改造扩展子站周边绿化面积200平方米。组织扬尘污染执法检查12次，云岗空气质量监测子站提前25天完成全年蓝天指标。日产40吨垃圾当日密闭清运消纳；组织大型环境治理活动17次，清运无主渣土废弃物227吨，清除非法小广告350处，查纠乱扔乱倒垃圾现象15起；完成近15000吨居民生活垃圾的收集和近80万平方米公共场所的保洁工作。

（范宜东　何　丹）

【文化体育】 年内，成立国庆60周年群众联欢领导小组。机关和社区共130人组成演出方阵。被丰台区国庆群众联欢指挥部授予

"最佳组织奖",被首都国庆60周年联欢晚会指挥部评为首都国庆60周年联欢晚会"先进集体"。在丰台区首届社区运动会决赛中,街道获得4个冠军,1个季军的成绩。参加在鸟巢举办的北京市第七届全民健身节暨北京市和谐杯千台万人乒乓球展示活动,荣获"北京市优秀组织奖"。丰台区第三届"和谐杯"乒乓球比赛获得优异成绩。以第六届"恒源杯"群众系列文化活动为载体的晚会共200余场次,吸引近2万群众观看。

(范宜东　何　丹)

【信息宣传】 年内,策划"钻石婚老人与祖国同庆"活动,筛选出20对钻石婚夫妇参加庆典活动。举办"我的祖国我的家"主题摄影作品展。共报送"两办"信息734篇,《云岗街道钻石婚老人与共和国同庆》等5篇影像信息在北京电视台播出,47篇在丰台有线电视台播出。《丰台报》发表89篇,《北京日报》、《北京社会报》等报刊发表36篇。《新华网》、《中国文明网》、《首都之窗》等各种网站采用930余篇。完成《四进社区创和谐,尽展魅力谱新篇》等4部专题片和《丰台报》6个专版。投资30余万元建成社区百米科普长廊和户外科普园地,开通"全民科学素质行动号"科普直通车。

(范宜东　何　丹)

【劳动和社会保障工作】 年内,开发就业岗位364个,安置失业人员就业338人,公益组织托底安置4050就业困难人员147人,登记失业人员就业率62.67%,就业困难人员就业率63.37%,建立就业实训工作站,开展职业指导、一对一就业援助,落实就业社会保险补助政策,超额完成各项指标,实现无零就业家庭。社会化管理的419名退休人员100%进行领取养老金资格认定,对无保障福利养老金人员开展领取资格认证809人。为2073名居民办理"一老一小"大病医疗保险。为856名符合条件的老人办理每人每月领取200元福利养老金。全程办事代理2917件,接待咨询17000余人次,办结率100%。

(范宜东　何　丹)

卢沟桥乡

【概　况】 卢沟桥乡地处丰台区北部,呈东西狭长分布,与海淀、宣武、石景山三区接壤,自东向西有二环、三环、四环、五环路贯穿,以西客站南延路、丽泽路、丰北路、万丰路、小屯路、张仪村路为主架构的城市路网基本形成,衔接京石、京开高速公路及京九、京沪、京广三条铁路大动脉。卢沟桥乡行政面积56.3平方公里,辖区内有丰台、卢沟桥、太平桥、宛平4个街道办事处,7个驻地派出所。全乡下辖20个行政村、6个直属专业公司、5个事业单位、3个改制公司,农业人口4.04万人,辖区城镇人口3.55万人,流动人口15.7万人,是典型的城乡结合部地区。2009年实现国内生产总值17.2亿元,同比增长10.2%;完成总收入65.8亿元,同比增长10.3%;农民人均收入增长7.8%,劳均收入增长10.9%。全年完成了全乡20个行政村绿隔规划调整方案,明确了卢沟桥村产业发展规划,解决了10余年村域产业发展无规划问题。着力推进三、四环路都市型产业带规划需求调整,强化了区域发展功能定位研究,树立了整体发展理念,在"一区、两线、三桥、多特色"产业布局以外,确定了乡域西部地区以中国动漫游戏城、欢乐水魔方项目为核心的休闲体育产业带定位,完成了中国动漫游戏城周边村产业用地规划调整,并初步拟定了以"环境促发展"为战略核心的小屯路综合改造方案。积极结合永定河水岸经济带、园博会选址,探讨乡域西部地区发展思路。强化统筹协调机制,成立了产业发展协调办公室,促进区域产业项目整体规划、协调发展大局。

争取市、区基础设施建设、重点项目建设、环境改善、民生工程政策资金6200万元。扩大内需,乡、村两级共投入资金约7亿元启动内需,万丰餐饮特色街升级改造投入资金2.8亿元。以产业发展协调办公室强化项目分级分类监管,引导各村产业项目投资方向,确保投资项目平稳落地,建设完成了郑常庄乐羽时代羽毛球馆、小屯村民文化健身活动中心等经济项目11个,建筑面积约25.6万平米,部分项目已脱离市场培育期,形成了一定的经济增量。

深入贯彻落实"以环境促发展,以环境促招商"的发展战略,在突出抓好环境综合整治、市政基础设施建设的同时,注重地区绿化景观提升,推进"以绿引资"。强化效率意识、服务意识,从主要领导做起,形成了人人抓招商的工作格局和服务氛围。完成规模项目招商11项,引进资金13.35亿元,其中欢乐水魔方项目引进资金10亿元。全年登记备案各类企业1721家,其中注册资金千万元以上企业16家,500万元以上企业9家,招商引资工作取得新进展。

坚持"抓大不放小",狠抓房地产业的投资和销售,进一步发挥重点行业的龙头支撑作用;不放松房产税等零散税源的征收征缴,确保存量税源不流失。成立了保增长领导小组,建立"五位一体"联动保障体系,着力完善"五项机制",抓税收增量和解决异地纳税齐头并进。始终坚持沟通与激励并重,通过区乡各部门协调联动、行政村属地管理、领导小组督促检查和专职办公室强化服务,深挖基层协税护税潜力,以奖励机制调动基层主体的积极性,实现了租金与税收齐头并进的双赢局面。全年实现留区税收4.5亿元,比上年增长7.2%。

创新过渡转型期经济发展模式,有效破解绿隔发展难题,促进经济增长上层次、有后劲、趋稳定、可持续。注重求质量、出效益的增长,创新产业升级和土地置换模式。通过全面升级改造万丰路,打造餐饮特色街区,探索出以"乡统筹、村合作、共实施、同受益"为机制,以"捆绑环境,注重景观,消除隐患"为关键点的"万丰模式",打好发展经济与提升环境的组合拳。开创C9项目"绿地置换"的发展思路,为地区土地集约利用和产业发展指明方向。完成郭庄子、大瓦窑村100亩置换绿地的腾退,提升了在规划部门的信任指数。注重协调平稳、可持续的增长,创新项目合作和土地开发模式。以"轨道加土地"模式,实施九号线六里桥站点上盖项目,开创全市"实物补偿"第一例,通过4万平方米实物分配,完成从资源到资产的变现,坚持"物业持有",形成可持续发展局面,大力破解绿化隔离地区遗留问题;成立北京绿洲园房地产开发公司,以"乡统筹,集体融资"的模式,参与乡域土地开发过程,切实保证农民和集体经济组织利益的最大化。完成大瓦窑村13万平方米农民回迁房建设,为下一步大瓦窑项目一级土地开发奠定了基础。

对重点功能区、轨道交通等重点工程拆迁时间紧、任务重、难度大的特点,做到按期保量和维护稳定两手抓。强化村级执行力,加强目标管理,形成乡统筹、村实施的促拆迁工作格局,地铁9、10号线以及示范区B6B7拆迁工作顺利完成。C9项目现已拆除完毕,100亩置换绿地拆迁任务已顺利完成。京石客专住户拆迁正在调查阶段,已拆除集体企业7万平方米,各项重点工程建设按期推进。

城乡一体化进程不断推进,年内,全乡开复工总面积176.9万平米,其中在施107.8万平米,竣工69.1万平米。开复工总面积中,回迁及配套设施面积110.5万平米,商品房面积30.2万平米,产业项目建筑面积36.2万平米。城市承载能力不断提高,水衙沟路道路工程已全部完工。以"乡统筹、各方集资"的方式建设岳各庄东路。水衙南支沟玉泉路至永定路段竣工。玉泉路至张仪村路段结合动漫城外部市政配套工程实施方案已确定。大瓦窑一号路,大瓦窑二号路拆迁全面启动。

以“实现三个服务、挖掘一个效益”为中心,坚持为改善城市生态服务、为区域经济发展服务、为提高群众生活品质服务,挖掘和显现绿色效益。丰富和填充绿地的景观效果和休闲功能。完成天元郊野公园建设,启动晓月郊野公园、庄怡公园建设。坚持绿化升级跟着重点项目走。推进万丰餐饮特色街4万平米绿化景观全面升级。加大绿地内环境整治力度,全年拆除侵占绿地的违法建设18处,建筑面积4.7万平米,劝离流动人口2000余人。针对全乡区域内各建筑施工工地,开展大气污染控制措施大检查,全年完成二级和好于二级的天数达65%以上。

扩大救助覆盖面,投入区、乡补助资金97.7万元对低保、困难户、重残无业人员进行救助。积极争取区级补助资金35.3万元,完成危房改造和临时救助工作。延伸救助触角,推进特困人群救助金机制,2009年发放救助款222.6万元,惠及困难群众235人。进一步拓宽救助渠道,出台《卢沟桥乡人民政府关于低收入家庭子女助学管理办法》,有效缓解低收入家庭子女上大学难问题。

出台《卢沟桥乡参加新农保的实施意见》,乡财政投入281.9万元对符合参保条件人员进行补贴,全乡参保人数达22896人,参保率98.7%。超额完成培训农村劳动力、劳动力转移就业和空岗信息采集指标等各项任务。以村为单位组建20支服务志愿队,开展针对特殊老年人的家政和送医送药服务,居家养老服务水平不断提升。投入200万元改善国医院就医环境,真正做到“小病不出乡”。甲型H1N1流感防控工作措施到位。新农合报销流程更加规范,参合人数达35699人,全年共享受报销款1704万元,惠及29011人。计生工作成果卓著,荣获2009年度“北京市计划生育红旗单位”称号。

改造、升级公共文化设施建设。新建岳各庄村文化体育休闲广场并获“2009年度村级文化广场”称号。郭庄子村被评为区级科普示范村。东管头村五虎少林会被列入区级非物质文化遗产名录。11个村享受了“北京市读书益民(农家书屋)工程”,实现图书室覆盖全乡。完成全民健身器材更新13套,获北京市群众体育先进单位称号。全年完成数字电影放映200场。围绕六十周年大庆举办了“绘卢沟”、“忆卢沟”等六项“爱我中华,赞我卢沟”主题活动,大力弘扬卢沟文化,丰富了群众文化生活,并获2009年度首都国庆60周年联欢晚会突出贡献奖和最佳组织奖,获得丰台区五月鲜花活动一等奖和优秀组织奖。

组织了行政执法、隐患治理、宣传教育“三项行动”,开展了合围攻坚、雷霆行动、有限空间整治等执法检查。加大环境整治力度,拆除出租大院90个,拆除建筑面积22.9万平米,规范出租大院135个,规范面积56.7万平米,劝离流动人口近2万人。开展清理执行积案、社会治安秩序综合整治、南部战役等专项行动,强化建筑施工、交通运输、危险化学品行业监管力度,圆满完成看桥护路、阅兵预备役方队训练和国庆60周年群众游行彩车推车等任务,确保国庆60周年活动安全稳定。

坚持贯彻“预防为主、防消结合”的消防工作方针,下达11个文件安排部署全乡安全生产工作,加大安全教育力度。以“模拟与实战相结合”为原则开展消防演练,实现了“三无一少”。排查与宣传并举遏制煤气中毒事故,确保群众安全过冬。开展全乡800余家火灾防控单位及场所的安全生产大检查、隐患大排查,查清隐患103件,当场整改76件,变被动“施救”为主动“防范”。

推进“听民意、访民情、解民难”工作,保障人民群众切身利益。完善“以基层单位一把手为主体、四级网络队伍为支撑、超前防范应对机制为保障”的信访维稳工作体系。出台《信访专项基金管理办法》，列支100万元作为信访专项基金。开展领导大接访活动，全年共接待群众上访377件，1164人次，与去年同期相比呈下降趋势。化解2件区内上帐历史积案，实现“无重大重复上访”目标。“610”工作稳步推进，荣获北京市同法轮功及其他邪教组织斗争先进集体。成立了卢沟桥乡矫正帮教协调委员会，确保“两类”重点人员不发生影响国庆安保事件，实现了“双零”指标。

（李红霞）

花　乡

【概　况】 花乡位于北京市区西南，距北京市中心（天安门）十五华里。东临南苑乡，西临宛平城地区，北与丰台街道、卢沟桥乡相邻，南与大兴区接壤，乡域面积50.3平方公里，农业用地面积1.14万亩；下辖十五个行政村、四个专业公司、十个直属单位，常住农业人口3.13万人。全乡外来人口18万余人。乡境内有三环、四环、五环、京开、丰葆、新樊羊路等城市公路网和京开高速路及京九、京广两条铁路大动脉；有草桥欣园、天伦锦城、富锦家园、万年花城等18个居民小区。

年内全乡实现社会总收入62.7亿元，同比增加7.2%；纯收入13.2亿元，同比增加5.3%；集体经济向国家缴纳税金20067万元，同比增加7.1%；集体积累44760.4万元，同比增加6.2%；分配总额58903.3万元，同比增长9.0%；劳均分配20343.0元，同比增长5.4%。人均分配13970元，同比增长9.1%。

根据北京市城南行动计划、丰台区“两带四区”发展思路，提出花乡城乡一体化发展实施方案，即“三个组团建设、两个试点示范、四项工程带动”的“三二四”发展构想，形成充分依托区位优势，加速资源整合、加快产业结构调整，努力构建以高新技术为主导，以花卉研发、生态旅游、现代物流、文化创意、商务服务等高端服务业为支柱的产业发展体系，提出乡域统筹、基础先行、绿隔支撑、环境促进的基本战略的发展新思路。

围绕“保增长、调结构、上水平、促发展”的各项任务，推进重点项目实施、加快产业功能区规划、推进绿隔地区建设、深化招商引资工作、优化存量企业，不断推进发展方式转变和产业结构调整。开展社会治安秩序专项整治行动，深入开展“国庆平安行动”，扎实做好矛盾纠纷排查化解、社会治安综合治理、安全生产和重点地区、重点问题、重点人管理等项工作，确保重大敏感期安全稳定，为迎接新中国成立60周年营造和谐稳定的社会氛围。

推进重点项目实施，加快瑞逸时尚购物广场项目建设，协调区发改委争取为榆树庄构件厂、华北华铜电气有限公司等规模企业享受贷款贴息补助政策，推进六圈村“城南购物中心”项目建设。年内，投资20亿元的北京国际大马戏城、投资25亿元的天坛医院以及中国文化出版产业基地等大型项目陆续入驻花乡，为保证乡财政的稳定增长提供有力支撑。协调市区部门分享重点项目建设的税收成果，抓住轨道交通等重点工程建设的契机，在做好建筑施工企业属地纳税政策宣传的同时，加强地铁九号线花乡站、怡海花园站、丰台科技园站、郭公庄站及郭公庄车辆段工程税款征缴的相关服务工作。

加速资源整合、统筹规划与招商引资协调统一。整合花卉产业资源，进一步完善花乡千亩花卉基地项目规划，积极推进花卉展示、苗木展销等功能区建设，促进高端花卉研发、生产、展示、销售等产业的快速发展。加强土地、房产等空间资源的统筹规划和集中管理,依托产业集聚发展区,注重对增长型、潜力型企业的引进、培育和扶持,引导和培育现代服务业发展,不断提高金融保险、咨询服务、商务会展、文化娱乐、餐饮住宿、休闲娱乐等方面的综合服务能力。

强化存量优化调整,扶持特色产业和淘汰低端产业并重,在产业升级的同时不断转变发展方式。扶持优势特色产业发展壮大,做大做强花卉产业,提升花乡花卉的品牌知名度。年内,北京世纪奥桥花卉园艺中心开业,盛芳花卉种植中心进行改扩建,千亩高端花卉产业园启动建设。坚决淘汰和退出低端产业,落实国家法律法规,坚决退出"三高"产业;结合城市环境综合整治和出租大院治理,坚决淘汰一批存在严重安全隐患、经营场所脏乱差、经济和社会效益低下的市场、仓储、简单加工等低端低效产业。

加快基础设施和环境建设,不断优化区域发展环境,促进区域经济可持续发展。通过轨道交通、万寿路南延线、郊野公园等基础设施建设,为今后发展提供了持续动力。

全面推进重点工程建设。全年重点工程是"四线七点"建设,北京南站动车段及走行线、京沪高速铁路工程,涉及花乡的轨道交通建设——地铁9号线、10号线二期、大兴线、房山线等重点工程相继启动。地铁房山线完成企业拆除量的99%。葆台村整体拆迁工作基本结束。地铁九号线花乡站已经顺利完成拆迁工作,施工单位已经进场。郭公庄站及站点周边土地一级开发已经列入市区土地联储,住宅拆迁已经启动。地铁十号线在花乡区域内有4个站点,包括草桥站、玉泉营站、首经贸站和孟家村站,部分站点已经进场施工。地铁大兴线施工已经接近尾声。

加强城市路网建设和基础设施建设。全年在建的市政道路建设项目1个,为郭公庄路三期;重点推进的项目有14个,包括康辛路二期、郭公庄路中段、郭公庄路北段、万寿路南延线、芦花路、四合庄西路、看丹路东段、看丹东路、柳村路道口平改立工程、看丹路道口平改立工程、六圈路道口平改立工程。郭公庄路三期项目已经完成拆迁工作,该路建成后将改善周边百姓出行,有力地缓解京良路的交通压力。康辛路二期工程年内启动征地拆迁。万寿路南延线工程先期启动丰台铁路医院至郭公庄中学北侧路区间的征地拆迁工作,道路公司与六圈、造甲村的征地拆迁协议已经签订。四合庄西路的企业拆迁工作已经开始。

巩固和扩大奥运环境建设成果,优化发展环境。积极开展"环境百日综合整治"、"城市清洁月"活动,完成三环路、京开路等乡域主要大街、路段的环境整治任务。深化城市信息网格化管理工作,进一步加强公厕、垃圾房等环卫设施日常保洁管理机制,继续开展出租大院综合整治,领导督办、部门联动,坚决遏制新生违法建设。重点加大对小广告、黑车、游商等重点环境秩序的治理,注重提高城市管理水平。全乡共拆除违法建设3.1万平方米,清理垃圾渣土6万余吨。同时,积极抓好绿化、美化工作,全乡的整体环境面貌得到较大改善,国庆六十周年环境保障工作得到全面落实。

贯彻市区各项就业政策,集中抓好再就业基础工作,充分发挥乡村劳动保障队伍作用,及时提供就业服务,认真组织招工洽谈会,为安置就业提供新的途径。同时,加强劳动保障网格化管理工作,继续开展"劳动用工规范一条街"活动,完成对全乡119家用工单位的日常巡查,处理举报案件16起。贯彻落实城乡居民养老保险政策,推进社会保险工作,提升社会保障水平,全乡17800余人续保,累计参保率达95%。

严格落实社会救助政策,进一步完善社会救助体系。全乡享有低保政策的家庭56户、84人,其中,低保72人,五保户12人。乡民政科与优抚对象、低保对象,签定"一帮一"结对子帮扶协议书87人、261份。完成与村委会和各类民政对象签定“一帮一”协议书299份,其中:优抚对象28人、低保户52户、散居五保户4人。今年花乡政府为民办实事中,为52户低保家庭每户每月100元的生活补助,为95户低保边缘家庭每户每月100元的生活补助,在“新生救助”工作上,为两名低保边缘家庭子女大专生申请每人4000元新生救助款,发放到白盆窑村吴思宇和看丹村姚梦涵两位学生手中。深化殡葬改革,进一步宣传贯彻国务院和北京市《殡葬管理条例》,破除封建迷信的旧习俗,倡导科学、文明、健康的丧葬新风尚,营造良好环境,保持亡人火化率100%。元旦、春节期间,市、区拨款慰问优抚对象31户,发放慰问金、慰问品共计31400元,乡拨款6200元。区拨款慰问社救对象低保户、五保户、精减退职人员慰问金10400元,乡拨款慰问41户、8200元。根据市区捐赠中心和市区慈善协会开展慈善月活动,全乡人民踊跃捐款、捐物,共捐款74000余元,上缴北京市捐赠中心和丰台区慈善协会;捐棉衣棉被5000多件,发往内蒙、江西困难地区。按照国务院和市区精神,为北京市大、中型水库移民给予资金补助,7月份为92名水库移民发放每人每年600元的补助资金,总计55280元。

公共卫生服务水平进一步提高。加强医疗卫生管理工作,注重医务人员的综合素质培养,努力提高医疗水平。强化健全应急体系建设,积极开展群众健康知识普及教育,完善“手足口”、H1N1等疫情的三级监控网络,严厉打击非法行医,继续推进新型合作医疗工作,提升地区公共医疗卫生水平,全乡参加新型合作医疗率达到98%。

进一步加强基层民主政权建设。认真宣传贯彻《村民委员会组织法》,继续健全完善基层民主管理制度,注重增强群众的主人翁责任感,充分调动群众推动区域经济社会发展的积极性,完善村务公开制度、民主理财制度,切实推进民主决策、民主管理和民主监督,村级运行管理机制进一步规范。积极开展“五五”普法宣传教育活动,加强法律服务和法律援助工作,增强群众法制意识。

加大矛盾排查调处工作力度。坚持领导包案、领导干部接访、协调化解矛盾纠纷等制度。广泛开展“依法信访、共筑和谐”宣传教育活动,规范信访秩序。继续发挥“三级网络”作用,加大对信访隐患排查和重点人的稳控工作。辖区内实现了“无重大重复上访户、无信访群体性事件、无敏感时期非正常上访”三无工作目标。

强化社会治安综合治理,做好国庆平安工作。制定下发《“国庆平安行动”安全稳定工作方案》和《“国庆平安行动”督导工作方案》。成立花乡“国庆平安行动”督导检查组和信息报道组,深入各村进行督导检查,建立联动机制,加强督导组与职能部门的协调配合,强化舆论宣传,重视信息传递,保障国庆平安行动万无一失。

注重抓好治安重点地区整治,配合市区严厉打击各种刑事犯罪活动。深化与“法轮功”等邪教组织的斗争,开展无邪教村创建工作。严格落实安全生产属地监管责任和单位主体责任,进一步加大安全知识普及教育力度,全乡广大干部群众安全意识普遍增强。积极开展人防工程、地下空间、流动人口等专项安全隐患治理活动,严格落实各项整改措施。排查治理火灾隐患,取缔废品收购站,全乡未发生重、特大火灾、交通及亡人事故,确保建国60周年及国庆期间安全稳定的社会环境。

认真贯彻国务院《全面推进依法行政实施纲要》第一个五年规划,制定2009年依法行政工作计划,保证全乡依法行政工作的顺利开展。加强基层民主法制建设,坚持依法治村。开展全国和北京市“民主法制示范村”评选工作。明确责任,提高依法决策水平。建立和完善重大事项集体决策、专家咨询、社会公示等制度,签订责任书,提高决策的透明度和公众参与度,进一步推行政村村务公开。乡政府每季度对乡经济项目、经济指标、基础设施、综合整治、民主建设、财务情况等进行公开。同时,将政务公开向村级延伸。建立健全依法行政的各项保障措施。采取多种形式宣传《宪法》、《村民委员会组织法》、《合同法》等法律法规。组织基层单位负责人150余人参加法制讲座。

积极推进精神文明建设。为展示群众性精神文明创建的成果,推动精神文明建设工作深入发展,对2008年度获得首都文明村、首都文明单位、区文明村、区文明单位称号的单位和获得区奉献奥运好市民、区奥运会残奥会优秀志愿者、乡"十星文明户"、乡精神文明建设先进工作者给予表彰。2009年,花乡白盆窑等8个村获得首都文明村、花乡医院等7个单位获得首都文明单位。为纪念改革开放30年、新中国成立60周年,开展了"四个一"工程,即开展了一次新花乡摄影大赛、举办了一次新花乡图片展览、编印了一本《花乡之路》画册、编撰了一本《花乡之路》书籍。配合"文化、科技、卫生"三下乡活动,组织筹办"文艺演出星火工程"、"迎国庆群众联欢"等活动,群众文化生活质量得到提高。

花乡党委被北京市农工委授予"北京基层党组织先进乡镇",被丰台区委评为"三级联创"五个好乡党委。

(张稼树)

南　苑　乡

【概　况】 南苑乡位于北京市区南部、丰台区东部,北与崇文、宣武相接,南与大兴区接壤,东与朝阳区相连,西与花乡、卢沟桥毗邻,距天安门五公里,有天安门前第一乡之称。乡域二环、三环、四环路横贯东西,南中轴路、马家堡东路、马家堡路、马家堡西路、右外南延路、地铁四号线、地铁五号线、蒲黄榆路纵贯南北。乡域内有9个街道办事处,7个税务所,4个工商所,11个驻地派出所,属城乡结合部地区。乡行政面积56.74平方公里(含九个街道办事处),下辖14个行政村,56个自然村,另有中苑盛世公司所属13个企事业单位。常驻人口32699人,辖区总户数16116户,农业人口20859人。

年内全乡完成总收入62.6亿元,同比增长10%;国内生产总值13.3亿元,同比增长10%;人均从集体得到的收入达到14936元,同比增长8%;上缴税金4.83亿元,同比增长10.5%。

加快产业调整转型,积极发展和引进项目,中国联航总部已正式入驻南苑;北京宝苑国际展览展示中心已完成主体建设进入开业筹备阶段;乐天玛特超市成功引进,华联商厦也即将开业,时村商业、大红门经济型酒店投入使用。积极发展特色旅游和绿色产业项目,中国民俗旅游文化街招商工作全面展开;生态农艺园项目基础工作已经完成,现正在进行地热井和三万平方米钢结构智能温室大棚的施工建设;一分地项目以有偿使用的形式面向都市消费群体,效果良好;君子兰产业园、新宫体育公园进入规划实施。

建立健全了《关于税收工作的考核奖励制度》,新引进企业517家,注册资金4.25亿元,比去年增长113%。完成23家企业40笔营业税的代扣代缴工作,纳税200多万元,比去年同期增长100%。实现留区税收2.1亿元,同比增长21.1%,净增量列全区各乡镇之首。

完成了第二次全国农业普查和第二次全国经济普查工作,获得"国家级先进集体"荣誉称号。

按照市、区国庆平安行动工作要求和部署,精心组织庆祝活动。3名预备役战士参加了国庆阅兵式,40名彩车服务人员参加了国庆群众游行,果园村威风锣鼓队、石榴庄村舞狮队参加了天安门广场联欢晚会活动。

营造优美环境。巩固奥运会环境整治成果,落实长效管理,深入开展乡村环境整治。认真贯彻第十五阶段大气污染控制措施,地区环境秩序进一步改善。坚决遏制和查处违法建设,拆除各类违法建设和出租大院93处,拆除面积24万平方米,占全区拆除面积的50%,腾退集体土地500余亩。

确保平安目标。按照全区统一部署,组织开展了"雷霆行动"、"南部战役",进一步健全了乡、片、村、点四级安全生产检查管理机制,全面启动了"平安国庆"社会面控制行动。进一步完善城市综合秩序网格化管理模式,完成了年内流动人口总量减少10%的工作目标。被北京市授予"平安国庆安全生产保障先进单位"和"国庆平安行动先进集体"两项荣誉称号。

大红门服装服饰文化创意产业集聚区基础设施改造和环境整治工程,正在协调办理立项手续。正式启动"批零一站式"活动,大红门纺织品及服装检测中心4月份投入使用,加快了大红门集聚区业态向高端调整升级。大红门会展中心改扩建工程已开始试营业。CBC创意大厦、大红门服装文化园、金融大厦等重点项目正在积极推进。木樨园购物广场和国际轻纺城等着手正式启动。

年内全乡开复工面积87.3万平方米。南苑西经济适用房、宝苑国际展览展示中心、新宫二期回迁房、东铁营三定三限房(100亩)等一批重点工程正在全面推进。

加快主要道路的拆迁与建设,成寿寺路、蒲黄榆路、马家堡东路、石榴庄路已完成企业和住宅拆迁,正抓紧施工建设。蒲黄榆路南苑乡所负责的三标段完成住宅拆迁348户,3.2万平方米;企业拆迁29个,5.2万平方米,签订协议129份,在公告期内顺利完成了拆迁任务和补偿工作,实现了无一户拒拆、无一户信访,受到区领导和相关部门的好评。完成了14座新建达标公厕、18条无路灯道路安装照明设施和30条街坊路总计9公里、5万平方米的施工任务。丰台区同时启动的五条轨道交通建设中,南苑乡共涉及三条线路,即:轨道交通大兴线、亦庄线、10号线二期及亦庄线停车场,涉及8个行政村。年内完成了全部企业拆迁;住宅拆迁已完成312个院和144个租地建房户。

年内完成了为民办理的12件实事。落实农村养老保险制度,参保人数11797人,参保率97.4%;巩固完善新型农村合作医疗统筹报销,确保低保农民免费参合,参合人数20432人,参合率91.7%;年内对农村劳动力技能培训565人,引导性培训2490人,提供空岗信息3429条,845名农村劳动力实现就业;"重阳节"期间,对389名高龄老人进行了走访慰问;落实居家养老政策,为31名符合享受高龄补助、547名符合居家养老补助的老年人发放高龄津贴补助35.1万元;完成对全乡1500名老人的白内障筛查;为104户低保边缘家庭办理了临时救助手续,申请临时救助资金47.7万元;为52户享受低保待遇家庭发放低保金24.4万元;申请建房资金13.5万元,完成了3户低保边缘家庭的危房改造;完成了25户残疾家庭无障碍设施改造、残疾人养老保险补贴和"温馨家园"的创建任务;为全乡3521户独生子女家庭投保了独生子女家庭计划生育意外伤害保险;投入17.8万元,为全乡6727名适龄妇女进行了两癌筛查健康体检;推进流动人口计划免疫接种工作,完成常规接种13324人次;落实汽车、家电下乡优惠政策,补贴资金11.6万元;办理居民绿色照明工程,为12585户发放节能照明灯6万余只。

科学预防、有效控制了甲型H1N1流感及手足口病的发生与传播;解决了东罗园村40户农民、79户居民的自来水并网难题;完成了东罗园、晨光小区2016户老楼天然气入户工作。通过修订《南苑乡突发公共事件总体应急预案》,完善了包括自然灾害、重大安全事故等22个突发事件分预案,增强了政府处置突发事件的应急和服务保障能力。

完成了新宫村文化体育休闲广场建设,参加了全区第七届全民健身体育节、北京市千台万人乒乓球展演活动及第三届“和谐杯”乒乓球赛,举办了“我和我的祖国”纪念中国共产党建党88周年大型群众合唱比赛及南苑乡改革开放30年摄影巡回展,夏日文化广场入村演出56场。

认真办理区代表建议议案4件、乡人大代表建议3件。办理区行政投诉2件、政风在线投诉132件。

(谢　林)

长辛店镇

【概　况】 长辛店镇位于北京西南,永定河以西岸,距卢沟桥仅一公里。辖区西至太行山余脉马鞍山脚下,东与永定河畔的卢沟桥乡为邻,北邻石景山、门头沟区,南和房山区接壤。

长辛店镇总面积58.6平方公里,其中平原面积26.6平方公里,丘陵坡地面积32平方公里。境内至高点是辖内以西的马鞍山,海拔690.33米。地势西高东低,辖区形似一个展开的大扇面。京原、京广、京九铁路和京周公路、京石高速公路以及10余条公交车线都从境内穿过,是北京西南方向的交通枢纽。长辛店镇下辖九个行政村,人口总数1.8万人。

长辛店镇历史文化悠久,有闻名中外的“二七”大罢工革命遗址、辽金时代的九级密檐“镇岗塔”等多处文物古迹。镇域内自然条件优越,规划中的产业园区已正式启动,以“北宫森林公园”、“鹰山森林公园”为主线的绿色生态带,已呈现出林木繁多,花果飘香,四季常青的宜人景观。

全年镇政府紧紧围绕长辛店镇生态休闲旅游区和科技园辐射区的功能定位,坚持统筹发展不动摇,积极应对各种挑战,强力推进,重点突破,加快产业调整步伐,加强基础设施和环境建设,着力改善和保障民生,完成了全年各项工作任务和为民办理的10件实事。

镇域经济发展平稳。长辛店镇经济发展呈稳中有增态势,全镇总收入完成26.9亿元,比上年增长10%;农民人均分配实现9700元,比上年增长6%;农村集体净资产达到2.28亿元,比上年增长5%。招商引资和税收征管力度加大。招商引资有了新进展,共审批办理各类工商企业注册356家,引进注册资金1.11亿元。申报政策性支持项目56个,共得到上级各部门资金支持项目10个,支持资金1143万元。加强了对房地产开发和建筑企业的税收征管力度,全年留区税收完成4745万元,同比增长40.3%。

房地产项目进展顺利,对集体经济贡献较大。协调配合,做好居住用地的开发建设工作。在镇域内有5个公司进行开发建设,万年长兴置业房地产公司和中天恒远房地产公司已取得一级土地授权,万年长兴置业项目,正在进行规划调整和确定规划指标、中天恒远公司的新区(生活区二期)已取得规划意见书,此项目已经过京政地字[2009]65号文件批准;中体奥林匹克花园一期项目的建设任务已基本完成。二期项目,正在编制土地一级开发实施方案,并已取得规划部门意见书,11月该项目涉及的太子峪和长辛店两个村已通过村民代表大会,下步将对该地块进行整理;中筑公司长辛店北部地区(辛庄居住区)项目,土地一级开发工作已全面展开,控规已编制完成,并得到市规划委批准。村民代表正在审议安置补偿协议工作;长辛店经济适用房项目,已完成国有土地上约5万平方米主体结构,2010年进行内部装修。该项目已授权丰台综合开发公司为建设主体,并与长辛店村协商征地拆迁工作,办理前期相关手续,2010年进行集体土地征用和建设。完成了老年公寓建设用地、生活区二期建设用地的调整工作。

都市农业初具规模,积极稳妥推进农村产权制度改革。都市型现代农业逐渐壮大。中华名枣博览园初具规模,园内名枣品种达261种,已建成相应的水利设施和观光长廊;太子峪、张家坟100栋日光温室采摘园已经产生经济效益,无公害蔬菜基地建设进展顺利;李家峪休闲旅游示范村建设已经启动,其中"农业观光体验园"已列为丰台区重点支持项目,目前该项目已进入村庄改造及产业发展的全面推进实施阶段。2009年完成了旧村改造一期工程,目前已有20户村民搬入新居。另外100亩的生态农业体验区、200亩的农业种植认养园也正在建设之中。积极稳妥推进农村产权制度改革。一是,在完成6个村改制工作的基础上不断完善管理制度,制订了《村级新型集体经济组织基础管理工作检查验收细则》;二是,进一步推进未改制村的改制工作,重点完成张郭庄村资产评估工作,同时解决了许多历史遗留问题,大灰厂村成立改制领导小组,并就全村原生产组的资产和财务进行了初步摸底和调查;三是,起草了《镇级集体产权制度改革初步意见》和《镇级集体经济组织产权制度改革方案》,对镇属企业的土地占用情况、职工劳动情况的统计等做了大量前期准备工作。

规划编制和基础设施建设有了新进展,新农村建设得到保障。规划编制工作进展顺利。在完成总体规划编制的基础上,2009年完成了长辛店北部地区居住区的控规和详规的编制工作;完成了张郭庄和长辛店村新农村的规划编制工作,目前,全镇9个行政村的新农村规划编制工作已全部完成;启动了河西地区市政综合规划工作。配合市规院完成了对镇域内基本情况的调查和对镇域内国有企业、军事单位市政设施利用现状及未来发展需求的调查,规划编制工作正在有序进行;北宫路规划方案已完成,北宫南路,梅市口路西沿线规划设计方案正在编制修改中;李家峪村庄改造规划项目方案得到落实,与区供电局、市燃气集团协调做好项目的市政配套等相关工作。

基础设施不断完善。全年建设完成6条便民路并投入使用;建设18座水冲公厕并投入使用,完成了张郭庄村和长辛店村1000座户厕改造任务;完成四条大街路灯安装工作(张漫路、赵辛店东西街连通路、中心小学路、辛庄南路);长辛店镇小流域综合治理工程进入扫尾阶段;完成了崔村11万变电站工程的建设;完成了镇域内六环路周边的2台变压器迁移、改造、安装工程并配合区建委完成六环路的征地拆迁,保证了2009年国庆节前建成通车。

国庆60周年环境、维稳等各项保障措施得到有效落实。扬尘污染得到控制。全年共办理环保"三同时"审批手续50个,加强了对镇域内建筑施工工地扬尘污染监管力度,协助区政府对东河沿垃圾填埋场进行了整治,扬尘污染得到控制。在长兴路、张太路道路两侧种植了花草,形成景观。对京石路两侧绿化带进行了补植工作。村庄环境明显改善。年内对本辖区内的重点地区、重点道路进行清理整治。投入资金130万元完成了赵辛店东街、北宫南路、辛庄南路三条主要道路的整治;拆除违法建设17341平方米、完成清运渣土167625吨、完成大灰厂非正规垃圾场治理。安全生产、治安环境得到保障。以确保新中国成立60周年庆祝活动安全为目标,开展"平安北京"活动,加强社会治安综合治理,镇政府加大对治安巡防工作的投入,配备了治安巡防车,建立了安保工作机制,加强安全检查和安全隐患治理力度,实现了无重大事故的发生。深入开展反邪教警示教育,层层落实责任制,实现了市区提出的“四无”指标。社会矛盾得到有效化解。妥善处理社会矛盾,实行了镇领导包村和接访工作制度,做到小事不出村,大事不出镇。国庆前夕,集中解决了一批历史积案,不稳定因素得到有效化解,确保实现了“双零指标”,顺利完成了国庆信访维稳任务。长辛店镇获得国庆联欢晚会工作突出贡献奖、丰台区国庆60周年活动综合保障奖。

社会事业健康发展,民生民计逐步改善。劳动就业工作取得实效。通过开展“春风行动”、举办招聘洽谈会和“民营企业招聘周”活动,全年实现转移就业720人,跨地区就业1573人;开展各类培训754人次,并有161人取得各类证书。年内共组织10872人参加了新型农村养老保险,占应参保人数的95%;组织8163户,16255人参加了新型农村合作医疗,参合率达95%;共有2740名无保障老人享受无保障养老待遇;解决了全镇共318户616人的低保问题,全年共发放低保金199万元;对34名符合条件的低保户和低保边缘户困难家庭子女解决一次性助学款13.54万元;为29名因病造成家庭生活困难人员解决了一次性救助金25.63万元;为全镇7个村21户困难家庭进行了危房修缮并得到上级的资金支持。公共卫生管理水平进一步提高。加强村级卫生室的管理,甲型H1N1流感防控工作防控扎实有效,公共卫生应急处置工作得到加强。计划生育管理服务工作稳步推进。各项对计划生育家庭的奖励扶助政策得到落实,群众的生育观念逐渐改变,实现计划生育率96.61%。

政府自身建设得到加强,精神文明建设和民主法制建设水平不断提升。电子政务推行进展顺利。在区政府提供的政府专网的基础上,引入VPN技术,在保证安全的情况下,进一步向村级延伸。完成了九个村的农村党员干部现代远程教育平台的建设,计划生育、社保四级联网,并对各村委会专网系统进行了改造,政府自身建设得到进一步加强。精神文明建设扎实推进。以“迎讲树”为主线,积极开展精神文明创建活动,通过开展“我把文明带回家”、“三下乡”、“花会大赛”、“爱祖国爱家乡,喜迎国庆60周年”书法摄影展等活动,丰富群众的精神文化生活,营造新农村建设乡风文明的良好氛围,群众精神文化需求得到满足。民主法制建设深入开展。认真执行人大的各项决议,自觉接受监督。全年共办复区、镇人大代表建议、批评和意见46件。扎实推进依法行政,大力开展效能建设,认真落实《政府信息公开条例》,增强了政府工作的透明度。

(崔骁祥)

王佐镇

【概　况】 王佐镇地处丰台区的西南部,西南与房山区交界,西北山区与门头沟区相连,东北部与长辛店镇接壤。辖区面积61.33平方公里,下辖8个中心村,36个自然村。2009年底,全镇总户数16015户,纯农业人口14970人,非农业人口17959人,流动人口12400余人。现有农业用地4.64万亩,其中耕地2.25万亩,林地1.04万亩。

年内,保增长任务顺利完成。全镇经济总收入完成184311万元,比去年的157563.4万元增长了17%;农民人均纯收入完成9716.6元,比去年的8949元增长了8.6%;完成税收4100万元,比去年增长120%。区域经济和社会各项事业得到平稳较快发展。

旅游业得到快速发展。整合旅游资源,开展了“南宫生态休闲旅游区”和5A景区的创建活动,有效促进了景区标准化建设。深度挖掘镇域内历史文化、民俗文化、道教文化、石灰烧制文化内涵,逐步将“文化”植入旅游。以创新“青龙湖国际城杯龙舟邀请赛”、“南宫温泉养生节”、“千灵山登山健身节”活动形式和内容为手段,继续打造独具特色的旅游产品,不断提升王佐“一山、一湖、一泉、一村”的旅游品牌,荣获了“北京市首批休闲旅游度假区”称号,进一步塑造了“温泉小镇、市外乐园”的新形象。

都市农业加快发展步伐。加快“三地六园”建设,配合上级部门,成功举办了第十七届北京种子优、特、名、新品种展示。佃起生态农业园、南宫花卉展示园完成了门区、围栏、路网建设和地下水管线的铺设;庄户籽种展示基地完成了26000平方米连栋温室、16栋钢架大棚、2栋日光温室及道路硬化,并投入使用;怪村张家湾农业园22栋日光温室、道路、围栏及20000平方米连栋温室建设已经完工;洛平精品园新建和改建40栋日光温室、10000平方米连栋温室主体建设已经完工;初步完成了怪村马文化园、魏各庄丰收印象、王佐传统农业园、沙锅村桃文化展示园的规划设计工作,为下一步全面建设,形成规模奠定了坚实基础。

重点功能区建设取得新进展。完成了小城镇规划试点方案的编制,同时对镇中心区、中心村控规进行了调整。完成了物流园区土地一级开发实施方案的编制和授权工作,完善了园内的设施建设。千灵山景区完成了全长1732米的索道工程和山门主体等工程建设,景区的设施和服务功能得到进一步完善,为民族园项目的实施奠定了基础。启动了庄户产业园建设。

土地开发工作取得突破性进展。青龙湖郊野休闲区二期取得开发授权,开始拆迁和前期工作;西王佐住宅小区完成拆迁等一级开发任务;佃起住宅小区完成一级开发,并入市交易,进入二级开发建设筹备阶段;南宫自然城开工建设,并完成了部分住宅楼的主体工程。标志着王佐城市化建设全面启动,王佐发展进入了一个新的时期。

加大经济运行掌控力度,促进镇域经济稳步增长。以项目促发展,强化对项目的督办和管理,建立了全镇产业项目库,实行动态管理。建立了保增长协税护税工作机制,确保了税源稳步增长,2009年完成税收4100万元,比2008年增长120%。加强了村级经济合同的管理,村级经济合同得到了进一步规范。加大招商引资工作力度,进一步拓宽投资渠道,积极营造投资环境,中央民族大学、都市型现代农业海外人才创业园等项目正式落户王佐。

基础设施建设取得新突破。完成了长青路、中环路、南宫南路及长青路西延道路工程。施划了交通标识标线,安装了信号灯,完成了道路两侧路灯安装、人行步道铺装及两侧绿化。完成了物流园区二号路、四号路、外环路市政配套管线的铺设及底层油摊铺。完成了大富庄路、魏各庄路、张各庄工业园区路、南水北调巡线路等便民道路工程。完成了佃起河、/牛河共计1000余米河道疏挖、清淤、护砌及河床防渗工程。加大协调力度,协助首发公司完成六环路建设工程,青龙湖、千灵山两个出口全面开通,极大地改善了我镇的交通条件和投资环境。

旧村改造项目进展顺利。庄户滨河家园一期(6万平方米)、佃起清水绿洲二期(1.1万平方米)和怪村文惠家园项目已开工建设;魏各庄滨湖家园项目正在办理开工前手续;西王佐鑫悦家园、沙锅村绿洲家园项目已完成立项,正在办理规划和占地手续,为开工建设了创造条件。

环境建设成效显著。高标准完成了3000亩二道片林和970亩花卉大道建设任务。启动了京石高速出口等四处节点景观建设。实施了938亩山体恢复工程。建立健全环境卫生长效机制,加大保洁和检查整改力度,清运垃圾渣土57000吨,清理堆物堆料320处,完成无害化户厕改造1750户,镇域环境卫生状况明显改观。对全镇范围内的散坟、集中墓地进行了摸底调查,制订了切实可行的工作方案,为下一步开展散坟治理工作奠定了基础。认真落实了《王佐镇关于严格控制违法建设的工作意见》,充分发挥村委会自治组织作用,有效控制了新增违法占地和违法建设。西庄店被评为北京市"文明生态村"。

实施积极的就业政策,就业形势基本稳定。面对严峻的就业形势,镇政府把稳定和扩大就业作为今年的重要工作。完善了农村劳动力管理信息系统,充分发挥区、镇、村三级就业服务网络作用,动态掌握农村劳动力的状况、就业岗位、技能培训等信息。加大就业再就业优惠政策宣传力度,建立了企业需求和未就业技能人才台帐,积极采取有效措施开展职业介绍。加大培训力度,提升就业技能,围绕市场需要,形成了"政策培训、订单式培训、岗位培训、技能培训"的就业培训及素质培训格局,积极开展送政策、送项目、送岗位、送服务等活动。4349人参加了新型农民培养培训,其中930人取得职业技能等级证书。

切实做好各项救助工作,社会保障水平显著提高。积极贯彻落实城乡居民养老、老年保障、"一老一小"等惠民政策。14193人参加了城乡居民养老保险,参保率达到98%。按照"应保尽保"的原则,为符合低保条件的19人办理了低保手续,为城乡低保对象提供医疗救助17人次。完成困难家庭危房翻建、维修19户。

医疗卫生和计划生育工作稳步提升。积极宣传新型农村合作医疗政策,加大补贴力度,24187人加入了新型农村合作医疗,参合率达到95%。不断加强村卫生室建设,规范村卫生室管理,满足广大村民公共卫生和基本医疗卫生服务需求,提高广大村民的健康水平。完成了甲型H1N1流感防控工作。扎实做好计划生育的各项基础工作,稳定低生育水平,注重在"奖励扶助"行动上下功夫,64名独生子女父母享受了计生奖励扶助政策。为独生子女父母参加城乡居民养老保险,增加了10%的补贴,圆满完成了计划生育各项控制指标。

围绕"平安王佐"建设,加强社会面防控,积极化解社会矛盾,最大限度增加和谐因素,不断提高社会管理水平,确保社会安全稳定。

社会治安综合治理工作扎实推进。以夯实基层管理工作为重点,以安全创建为载体,研究制定了《王佐镇社会治安综合治理工作意见》,进一步完善社会治安防控体系,全面落实社会治安综合治理领导责任制,扎实做好全镇安保社会面控制工作,有效维护了区域治安秩序和环境秩序,使我镇成为全区发案率最低的地区之一。

安全生产工作有序开展。落实"安全第一、预防为主"的工作方针,以"平安丰台"建设为指导,认真做好生产、交通、消防、食品和建筑施工安全基础工作。召开了全镇安全生产大会,与各中心村等单位签订了2009年安全工作责任书。加强村级安全生产基础管理,对镇域内的重点区域,地下空间、重点隐患单位进行了摸底和建档立帐,对出租大院进行了规范整改。组织安全检查、抽查578家(次),检查出各类安全隐患600余处,并及时进行了整改,消除了安全隐患,杜绝了重大安全事故的发生。

扎实开展精神文明创建。广泛开展文化体育活动,不断丰富群众精神文化生活。加强村民素质教育,积极倡导现代文明风尚。以各村文化大院为依托,继续加强我镇8支特色花会队伍的建设。以群众喜闻乐见的文艺形式营造建国六十周年喜庆、祥和、热烈的文化氛围。组织了第六届"恒源杯"群众文化系列活动,完成了7个数字影厅的硬件安装工作,全镇流动数字电影及固定影厅共播放电影1120余场。完成了16套体育健身器材的更新工作,新建标准篮球场6处。组织参加了北京市第三届和谐社区杯乒乓球比赛和丰台区首届社区运动会。通过各种活动的开展,加强形势、政策和文明教育,取得了鼓干劲、造氛围的良好效果。

民主法制建设得到加强。深入开展"五·五"普法宣传教育,进一步做好法律服务和法律援助工作。扎实推进依法行政,大力开展效能建设和效能监察,政府工作人员的服务意识和办事效率得到较大提高。贯彻政务信息公开条例,加大政务公开、村务公开力度,自觉接受人大和群众监督。

加强政府自身建设。按照为民、务实、清廉的要求,努力建设行为规范、运转协调、廉洁高效政府。为进一步理清政府工作思路,镇政府从科室工作职责、工作目标入手,逐科室全面细统地研究制定了各职能部门岗位目标责任制,进一步明确了各职能科室所对应的上级主管部门,避免了职责交叉和工作之间相互推诿扯皮,有效防止了行政事务处理中的不到位现象。进一步规范了政府学习、会议管理、公文办理、印章使用等多种管理制度,按照计划、管理、组织、控制四步管理过程,创建了各项行政工作管理机制。制定了《王佐镇2009年效能建设工作意见》并按《意见》要求将区政府折子工程,根据部门职能职责,按照任务、责任部门、完成时限及责任人进行了一一分解,加大了效能立项项目的督查督办。规范了全程代理服务大厅建设,强调了为基层、为群众服务的宗旨、提高了行政办事效率。

(马玉良子)

人　　物

组织机构负责人名　　单

中国共产党北京市丰台区第十届委员会

书　记　张大力(2月免)　李超钢(2月任)
副书记　李超钢(2月免)　闫满成(2月免)
　　　　游广斌(2月任)　王苏维(4月任)
常　委　杨逸铮　李明圣　孙　钫　汪　洪
　　　　李昌安(4月任)　于长辉
　　　　于鸷隆(11月免)　刘　宇(11月任)
　　　　郭兴斌(9月免)　苗连成(9月任)

丰台区委工作机构负责人

区委办公室主任　于鸷隆
组织部部长　于长辉
宣传部部长　李明圣
精神文明办公室主任　李跃生
统战部部长　于长辉
常务副部长　周大春
台湾工作办公室主任　丁绍春(女)
区编办主任　赵冬辰(8月任)
区委区政府政策研究室主任　汝玉虎
政法委员会书记　闫满成
常务副书记　杨永华
社会治安综合治理委员会办公室主任
　　　　姚建国
防范和处理邪教问题领导小组办公室主任
　　　　边爱华(女)
流动人口管理工作办公室主任
　　　　李海秋(2月任)
农村工作委员会书记　陈　鹏(9月免)
　　　　肖文燕(女,9月任)
区委区政府信访办公室主任　刘永宗
保密局局长　王京荣(女)
区直机关工委书记　刘金龙
党史资料征集办公室副主任
　　　　冯树海(日常工作)
老干部局局长　刘德义
区委党校校长　王苏维(区委副书记兼任)
常务副校长　李富国

中国共产党北京市丰台区纪律检查委员会

书　记　杨逸铮(女)
副书记　胡春溪　毕永丰　李　军
常　委　王家驹　高钟宁　米佳国
　　　　吴　燕(女)　翟光红

丰台区第十四届人民代表大会常务委员会

主　任　杜瑞琴(女)
副主任　吕跃进(常务)　苗　华(女)
　　　　郭振江　李　杜
　　　　薛　明(不驻会)
委　员　马列清(女,回族)　王家喜
　　　　邓永权　石玉焕(女)　朱玉水
　　　　刘志扬(女)　刘蓉蓉(女)
　　　　刘　颖(女)　李有毅(女)　李跃生
　　　　吴　恒　顾志强　高彦彬

高海松　曹　生
曹继成(满族)　梁小虹
梁金学　董　敏(女)
鲍国森　霍益民

丰台区人大工作机构负责人

办公室主任　梁金学
研究室主任　曹　生
代表联络室主任　石玉焕(女)
财政经济工作委员会主任
霍益民(5月27日免)
孙金来(5月27日,第19次常委会任命)
内务司法工作委员会主任　鲍国森
教科文卫体工作委员会主任　顾志强
城建环保工作委员会主任　高海松
农村工作委员会主任
陈　鹏(2009年9月1日,区编委批复新成立部门,9月9日,第21次常委会任命)

丰台区人民政府

区　长　李超钢(3月免)
游广斌(3月任代区长,7月任区长)
常务副区长　汪　洪
副区长　王苏维(4月免)
吕仕杰(12月免)
李昌安　张建国　李丽萍
高　鹏(12月18日任)
孔令斌(12月18日任)

丰台区政府工作机构负责人

政府办公室主任　高　峰
发展和改革委员会主任　何燕卿
经济和信息化委员会主任　吴神赋
中关村科技园区丰台园主任　孔令斌
国有资产监督管理委员会党委书记兼主任
徐鸣凤
人口和计划生育委员会主任　张林平(女)
建设管理委员会主任　刘文洪
危改开发管理办公室主任　刘文洪
市政管理委员会主任　王建斌
科学技术委员会主任　崔言超
农业委员会主任　陈　鹏(9月免)
肖文燕(女,9月任)
文化委员会主任、书记　王艳秋(女)
教育委员会主任　冯晓光
书记　赵常学
教育督导室主任　李丽萍(女)
社会工作委员会书记、社会办主任
王珮琦
民族宗教侨务办公室主任　李小月
民政局党委书记兼局长　李秀瑛
财政局局长　刘　宇
(原)劳动和社会保障局局长　李　岚(女)
书记　王凤华
人力资源和社会保障局局长、书记
李　岚(女,9月任)
安全生产监督管理局局长　沈瑞平
商务委员会主任　周新春
旅游局局长　黄东有
统计局局长　牛春凤(女)
国家统计局丰台调查队队长　亓学霞
审计局局长　周衔临
质量技术监督局局长　杨希迁
党组书记　张占芳
房屋管理局局长　苏　军
国家税务局局长　王忠新
地方税务局局长　许　飞(8月免)
金志雄(8月任)
工商行政管理局局长　李　异
环境保护局局长　李向林
卫生局党委书记　张　扬
局长　张　扬
爱国卫生运动委员会主任
刘海东(11月免)
张　莉(女,11月任)
地震局局长　吕广生
国土资源分局书记　孙连喜
局长　孙连喜
房屋经营管理服务中心主任　邓永权

农村合作经济经营管理站站长 姜兆祥
广播电视中心主任 李 智
中国人民抗日战争纪念雕塑园主任 孙 涛
中国人民抗日战争纪念馆馆长 沈 强
规划分局局长 金 宇(3月免)
叶大华(11月任)
环境卫生服务中心主任、书记 左兰萍(女)
园林绿化局局长 谢国民(8月任)
党委书记 申燕民(8月任)
绿化办主任 高胜印(8月任)
(原)园林局党委书记 杨江洪
局长 申燕民
(原)林业局党委书记 高胜印
局长 谢国民
气象局局长 李市平
水务局党组书记 庞金生
局长 刘权来
体育局局长 李靖生
药品监督分局局长 韩 越
地方志办公室副主任 李庆荣(日常工作)
法制工作办公室主任 蔡慧永(2月9日任)
外事办公室主任 梁艳梅(女)
机关行政事务管理处处长 王秋利
人事局局长 赵冬辰
监察局局长 宋铁健(1月免)
胡春溪(3月任)
档案局局长 董化斌
书记 车安慎
丽泽开发办主任 邱明(9月免)
史卫民(9月任)
城市管理监察大队队长 刘建伟
卢沟桥文化旅游区办事处主任 孙 涛
中国人民抗日战争纪念馆馆长 沈 强
城市管理监督指挥中心主任 王跃进

中国人民政治协商会议北京市丰台区委员会

政协北京市丰台区第八届委员会常务委员会

主 席 初建华
副主席 鲍顺新(常务)
胡 燕 周大春(女)
赵 仑 刘占良
秘书长 乔世红(女)
常务委员 万艳生 卫金桂(女)
马洪波 王广华
王松灵 王宝军
王 虹(女) 王 强
王德文 巴根那(蒙古)
申 跃(女、满) 冯建保
刘文辉(女) 刘兆年
安 威 孙 力(女)
孙金来 李 一(女)
李小月(回) 李 华
李春明 李春滨
杨元智(回) 张立新(女)
张成军 张兆旗(回)
张桂敏(女) 张燕琴(女)
林海青 赵秀兰(女、12月29日免)
胡国强 董华林
程留恩 解 刚

区政协机构负责人

区政协办公室主任、提案委员会主任 陈 阳
区政协研究室主任、学习委员会主任 张全开
区政协专门委员会工作一室主任、教文卫体委员会主任、文史资料委员会主任 李一(女)
区政协专门委员会工作二室主任、经济科技委员会主任 解锡仲(4月14日前)
许 伟
区政协专门委员会工作三室主任、城乡建设和管理委员会主任杨德山(4月14日前)
綦建国
区政协专门委员会工作四室主任、社会法制委员会主任、民族宗教和港澳台侨委员会主任 洪玫(女、回)

丰台区各民主党派负责人

民革丰台区工委主任 张兆旗
民进丰台区工委主任 刘占良

民盟丰台区工委主任　薛　明
民建丰台区工委主任　王　虹
农工民主党丰台区工委主任　高彦彬
九三学社丰台区工委主任　程留恩
致公党丰台区工委主任　王松灵

丰台区群众团体负责人

丰台区总工会主席　王春兰(女)
共青团北京市丰台区委员会区委书记　申　跃
丰台区妇女联合会主席　刘蓉蓉(女)
丰台区工商联主席　王宝军
党组书记　孙延明
老龄工作委员会办公室主任　刘藏生
区归国华侨联合会主席　孙金来(7月任)
李继英(女,7月免)
残疾人联合会主席　吕仕杰
残疾人联合会执行理事会理事长　冯建宝
区私营个体经济协会会长　杨　光
区消费者协会会长　李云鸿
秘书长　李建中
饮食服务旅店行业协会会长　李京华
丰台区维修服务行业协会会长　王德意
科学技术协会常务副主席　刘志扬(女)
党组书记　刘志扬(女)
区红十字会会长　吕世杰
常务副会长　张秋光(女)

丰台区工商企业负责人

北京丰印诚科技发展有限公司董事长　李淑珍(女)
总经理　崔雪松(2月任)
北京银建实业股份有限公司党委书记　杨　华
董事长　李希英
总经理　翟宝玉
北京市赛欧工贸中心董事长　郭宗喜
党委书记兼总经理　陈思勇
北京博兰特食品工贸集团党委书记、总经理　刘　峰
兴源粮油贸易总公司党委书记兼总经理　李茂林
北京市裕丰投资经营公司总经理兼党总支书记　许庆丰
丰台区烟草专卖局党组书记、经理　武　斌
刘根甫(8月免)
天旭饮食服务公司总经理　李茂森
丰台区修理公司总经理兼党委书记　刘立志
京都公司总经理　刘　视
丰台区财政贸易干部学校支部书记　杨宝森
中关村科技园丰台区管理委员会主任　汪　洪
世界公园总经理兼党总支书记　马福江
丰鑫源物资集团公司党委书记、总经理　米惠鹏
综合投资公司党委书记、经理　马福江
城市建设综合开发公司经理　魏景秀
兴丰房地产公司经理　赵　燕(女)
益丰建筑(集团)公司总经理　付　晓

丰台区政法军事机构负责人

检察院检察长　蔡柏林
法院院长　董　华(12月免)
夏俭军(2010年1月任)
区人民武装部部长　万文艺(4月免)
郭兴斌(4月任)
政委　李义来(10月免)
苗连成(10月任)
民防局局长　崔爱国
司法局局长　李秀瑛(女,免)
李　华(7月任)
公安分局局长　孙　钫
政委　耿　飞
交通支队支队长　雷　军
政　委　孟宪忠
消防支队支队长　刘万生
政　委　占炳文

丰台区街道、乡(镇)负责人

大红门街道办事处主任　姜东升
工委书记　杨玉喜

东高地街道办事处主任 连 宇
工委书记 陈 建
东铁匠营街道办事处主任 李振茹(4月免)
李广民(7月任)
工委书记 赵万军
方庄地区办事处主任 申 跃(女)
工委书记 张小龙
丰台街道办事处主任 李 屹
工委书记 邢方岭
和义街道办事处主任 王俊山
工委书记 马士有
卢沟桥街道办事处主任 李军会
工委书记 宋金忠
马家堡街道办事处主任 常志杰
工委书记 谷 卫
南苑街道办事处主任 李宝英(女,7月免)
李建刚(7月任)
工委书记 王振华
太平桥街道办事处主任 何秋香(女)
工委书记 郗俊生
西罗园街道办事处主任 牟金萍(女,9月免)
董铁铮(9月任)
工委书记 李 刚
新村街道办事处主任 段德珍(女,7月免)
刘 涛(7月任)
工委书记 李 华(7月免)
段德珍(女,7月任)
右安门街道办事处主任 王百玲(女)
工委书记 李春滨
长辛店街道办事处主任 刘 郦(女)
工委书记 刘权利
云岗街道办事处主任 李春生
工委书记 刘友才
宛平城地区办事处主任 杜平勋
工委书记 王 京
卢沟桥乡党委书记 李 杜
人大主席 李 杜
乡 长 吴继东
南苑乡党委书记 陈重才(10月免)
刘 军(10月任)
人大主席 陈福启
乡 长 李大维
花乡党委书记 李新民
人大主席 李新民
乡 长 肖文燕(女)
长辛店镇党委书记 孙金来(4月免)
彭 虹(4月任)
人大主席 孙金来
镇 长 彭 虹(4月免)
李振茹(4月任)
王佐镇党委书记 吴 恒
人大主席 吴建英
镇 长 陈学明

丰台区部分金融单位负责人

中国工商银行北京市丰台支行行长
苗子瑜(12月免)
尹承德(12月任)
中国工商银行北京市方庄支行行长
田 晖(10月免)
李景欣(10月任)
中国农业银行北京市丰台区支行行长
冯建辉(10月免)
李连桐(10月任)
中国建设银行北京市丰台支行行长
秦伶华(女)
中国银行股份有限公司北京丰台支行行长
黄晓娟(女)
北京农村商业银行丰台支行行长
孔贵真

荣 誉 栏

全国先进单位

全国综合减灾示范社区

西罗园街道办事处

全国知识产权培训工作先进集体

丰台区科委(知识产权局)

全国精神文明建设先进单位

长辛店医院

全国巾帼示范岗

北京丰台医院

中国航天科技集团公司型号实验与发射任务后勤保障先进单位

北京航天总医院

2009年度全国企业文化建设先进单位

电力医院

国家十一五科技支撑计划《高血压综合防治研究》先进集体

七三一医院

全国法院新闻宣传工作先进集体

丰台区法院

全国法院网络宣传先进集体

丰台区法院

全国法院系统第三届“十佳网站”

丰台区法院网站

新中国成立60周年庆祝活动安全生产保障工作先进单位

北京三兴汽车有限公司

新中国成立60周年首都阅兵装备保障先进单位

北京三兴汽车有限公司

新中国成立60周年庆祝活动彩车设计制作优胜奖

北京三兴汽车有限公司

新中国成立60周年庆祝活动彩车最佳组织单位奖

北京三兴汽车有限公司

新中国成立60周年庆祝活动支持贡献单位奖

北京三兴汽车有限公司

国家级社区体育健身俱乐部

卢沟桥街道

第六批全国城市体育先进社区

卢沟桥街道

第二次全国经济普查国家级先进集体

卢沟桥街道

方庄地区经济普查领导小组办公室

丰台区第二次全国经济普查领导小组办公室

右安门街道办事处

方庄地区经济普查领导小组办公室

南苑街道办事处

全国精神文明建设工作先进单位

云岗街道南一社区

全国和谐社区建设自主创新先进街道

云岗街道办事处

全国社区共建共享先进街道

云岗街道办事处

全国白内障无障碍区

区残联

2009年全国公安机关打击假币行动先进集体

丰台公安分局刑侦支队经侦大队

全国公安机关集中发二代身分证工作先进集体

丰台公安分局人口管理处

2009年度《中国统计》发行先进单位

丰台区统计局调查队

2005—2008年度全国群众体育先进单位

右安门街道办事处

2009年度全国先进社区服务中心

右安门街道社区服务中心

全国渔业文明执法窗口单位

丰台区渔政监督管理站

“弘扬科学促进和谐”组织奖

南苑街道办事处

2009年度职工互助保障基层先进单位

丰台区总工会财务部

2009年度全国先进社区服务中心

右安门街道社区服务中心

全国基层低保规范化建设先进单位

大红门街道办事处

西罗完街道办事处

全国精神文明建设工作先进单位

地方税务局

全国职工书屋

地方税务局

全国巾帼文明岗

园区涉外税务所

第二次全国经济普查先进集体

丰台区第二次全国经济普查领导小组办公室

2009年度《中国统计》发行先进单位

丰台区统计局调查队

全国"关爱生命、安全发展"百题问答活动"优秀组织奖"

安监局

全国价格监管服务先进单位

发改委

全国先进个人

王春兰事迹材料

王春兰,女,丰台区总工会主席。日常工作中,她时刻牢记党的宗旨,心系职工群众,工作开展得有声有色。2004年一上任,就解决了两大难题,一是与各方面协调,偿还了工人俱乐部拖欠的1700余万元工程款,解决了历史遗留问题,摆脱了工会干部长期以来的压力,恢复了元气;二是她在北京市率先提出对区属行政事业单位工会经费由原来直接收取改为由区财政按比例直接拨付,解决了多年来工会经费收款难的问题。为了扩大经费来源,增加经费收入,区总工会向区政府提交了《关于申请丰台区总工会在职人员工资纳入财政统发的请示》,政府决定从2006年1月份起由区财政每年对区总工会活动经费给予补助,补助标准不低于工会在职人员年工资和奖金总额。这一决定为区总工会开展各项活动和可持续发展提供了有力的资金保障。与团区委和区妇联联合,为全区低收入家庭万名已婚育龄妇女进行了女工生殖健康免费体检。开展"关爱贫困学生,建设和谐丰台"捐资助学活动,为全区500户贫困家庭学生捐资20万元助学金。与区劳动和社会保障局共同策划了"丰台区创建和谐劳动关系单位倡议签名活动首创仪式",全区100多家企业参与签字活动,中央和地方17家新闻媒体分别进行了宣传报道,在北京市创建和谐劳动关系中开了先例。逐步实现"村与村合作共建、社区与社区工作共建、社区与村合作共建"的工作模式,促成新村街道的育仁里社区与花乡的四合庄村、看丹社区与看丹村居农合作共建,实现社区利用村里的活动场所,村里利用社区的人才资源。宣传党的政策,投资10万余元制作了30套计870块宣传展板,在各街、乡、科技园区、机关、企事业等单位展出373场,参观者达32.4万人次,收到了很好的效果。积极发挥工会组织的作用,在会员企业中,使企业与员工的合同签订率、社会保险缴纳率均达到100%。与王佐镇、长辛店镇和科技园区协调沟通,解决北京三兴汽车有限公司因生产经营需要占地300亩的问题;协调区环保局为工厂新上项目提供方便。面对国际金融危机,为减轻职工压力,帮助职工筑起一道风险保障屏障,截止到2009年4月17日,全区职工保险互助会在册有效会员5.8万余人。从2004年到2008年的5年间,丰台区代办处赔付金额累计达442.71万元,共有1737人次的出险职工得到了赔付。丰台区的职工互助保障工作在北京市各区县中名列前茅,2010年初荣获全国职工互助保障工作先进单位。近年来,"两节"期间全区各级工会累计筹措资金1301万元,慰问职工2.7万余人次。维护职工合法权益,积极主动协调处理湖北两民工在京被害一事,妥善安排被害人家属生活,防止了矛盾激化,得到当地工会干部和被害人家属的高度赞扬。多次带领工会干部深入到街、乡、高科技园区和民营企业、工商联、私企协会等，听汇报、参加座谈和开展调研，有针对性地解决基层工会工作中的难点问题。撰写了“关于增强社区、村级工会组织活力的实践与探索”、“丰台区实施《劳动合同法》情况的调研、“以科学发展观为指导，做好职工互助保障工作”等调研报告。几年来，组织举办了各类工会干部培训班 56 期，培训工会干部 11287 人次。落实党务公开制度，建立了公开栏，把自己放在广大群众的监督之下。近年来，围绕党和政府的工作大局，全面履行各项社会职能，全区工会连创六个全国先进集体和三个先进个人。王春兰荣获 2009 年度全国优秀工会工作者。

赵世梅事迹材料

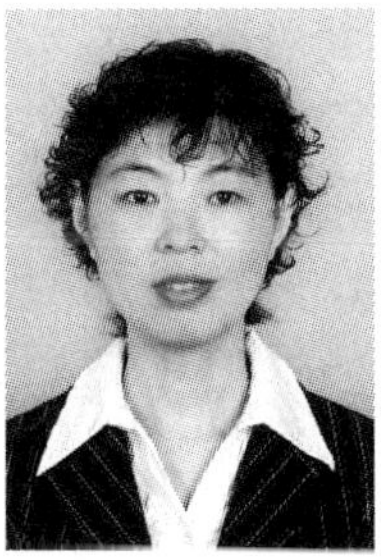

赵世梅，丰台区总工会财务部部长，中国职工保险互助会丰台区代办处负责人，自 2002 年起她一直从事中国职工保险互助会丰台区代办处工作。8 年来，赵世梅始终以高度的责任心和使命感重视职工互助保障工作。她在 2002 年接管这项工作时，就深知职工互助保障是体现“服务型工会”的特点和本质，是落实政策的有效载体，是维护职工合法权益的重要抓手，也是工会组织服务职工的响亮品牌，做好职工互助保障工作能够有效地提升工会组织在社会中的地位和影响力，进而促进工会其他工作的开展。为此她以满腔的热情投入到职工互助保障工作中，在较短的时间内就对职工互助保险中的各项险种有了全面了解。工作中她主动向领导汇报工作，让领导实时掌握职工互助保障工作的发展，为领导科学决策提供及时准确的信息。她每年都会挑选几家具有代表性的出险职工家庭做现场赔付活动，而且都会邀请区总工会主管领导参加，将工会组织的温暖亲自送到出险职工手中，收到了良好的社会效果。同时她也将这一行之有效的做法告诉基层工会主席，让他们积极与单位的党政领导沟通联系，促进了丰台区的职工互助保障事业。在学习实践科学发展观活动中，她积极向基层党政领导和工会主席宣传职工互助保障工作，王佐镇在全面投保女工保障计划的基础上，提出了 2009 年要实现全镇团体意外伤害保障计划全覆盖的工作目标；樊家村提出了女工、重疾保障计划在全体在职村民的全覆盖。经过几个月的努力，两家单位的目标都得到了实现。每当职工互助保障计划发生重大调整或新计划出台，她首先认真学习，深入思考。在此基础上，通过实地走访和询问座谈等方式，了解不同地区、行业、系统职工对职工互助保障计划的需求，并准备针对性强的宣传讲义向基层宣传。2009 年 9 月，北京办事处召开“北京市职工互助保障乡镇工作经验交流会”，推广了丰台区五个乡镇职工互助保障工作的经验。在日常工作中，她结合自己财务专业特长，设计了计算机入会表格和一整套行之有效的计算机入会和投保流程，得到了北京办事处的肯定和推广。她大力推进职工互助保障网上办公向基层推进，先后四次进行基层代办点网上办公实际操作培训，提高了工作效率，减轻了基层人员的工作负担。作为代办处的会计主管，她做到了账证相符、账账相符、账表相符，在北京办事处多次稽核中得到肯定和表彰。赵世梅在职工互助保障工作中尽心尽力，甘于奉献，荣获中国职工保险互助会 2009 年度职工互助保障优秀工作者。

冯建宝事迹材料

冯建宝，男，1953 年出生，现任丰台区残联党组书记、理事长、区政协常委。冯建宝牢

固树立“大维权”的意识，将残疾人信访维权工作融入到构建和谐社会的大局，围绕残疾人关心的热点、难点问题排忧解难。他以残疾人维权工作为抓手，推动残疾人信访、维权工作的深入开展。在区残联开展学习实践科学发展观活动中，他提出了“了解残疾人需求，解决残疾人急需，保持残疾人稳定”的活动主题，在残联上下达成了残疾人信访维权无小事的共识。在他的努力下丰台区成立了残疾人法律维权律师团，21个街乡镇基层残疾人信访维权工作组织网络实现了全覆盖。完善、制定了《丰台区残联机关内部制度手册》，对残疾人信访工作提出了具体的规定和要求，并与区司法局联合制定了《丰台区残疾人法律援助工作站考评办法(试行)》，对残疾人法律援助工作站的基础建设、法律案件承办、服务质量、特色工作等四个方面和考评程序等15项工作内容进行了规范要求，使得丰台区残疾人信访维权工作有标准，努力有方向，考评有依据，奖惩有机制。他策划主编了《丰台区残疾人维权典型案例选编》，发放到各街、乡、镇、社区、村残疾人组织及残疾人的手中，使残疾人从自己身边发生的案例中感受到“知法、守法、懂法”以及怎么用法律手段维护自身的合法权益的必要性，为积极引导广大残疾人步入依法维权渠道进行了有益的尝识。在奥运会、残奥会和新中国建国60周年国庆期间，他定预案，抓信访，通过发挥超前预测应急机制牢牢掌握维稳工作的主动权，及时、定期地对街乡镇残疾人反映出的苗头性、倾向性的问题进行排查，做到早发现、早报告、早介入、早化解，使矛盾化解在萌芽状态。他对信访工作高标准严要求，提出“五心”“五要”“五不要”和“五不准”的工作要求。既对待残疾人来访者要做到有热心、爱心、耐心、诚心和一颗善良之心；对残疾人来访者说话要和气、称呼要亲切、态度要热情、解答要准确、语言要规范；在接待残疾人来访时不要自以为是随便插话或打断抢接残疾人的陈述；对残疾人反映的问题，不要漫不经心，使残疾人感到你不愿意帮助他，甚至有受到轻视或不尊重的感觉；对残疾人反映的问题不要大包大揽，以使其产生错觉，导致出现难于应付的局面；与残疾人不要在一些无关紧要的细枝末节上纠缠不清，使残疾人难以领会你的真实意图；不要在未弄清楚真实情况之前，特别是对其他部门已经处理过的问题不要轻率下断语，以免造成被动局面；不准用残疾人忌讳的字眼和残疾人讲话；不准边说闲话边接待残疾人；不准边看书报边接待残疾人；不准在自己把握不准的问题上草率答复残疾人；不准对残疾人反映的问题推、拖、躲。他注重倾听残疾人的呼声，坚持下基层调查研究，了解残疾人的疾苦，为残疾人说真话、办实事。重残人代冲高位瘫痪，和父亲相依为命，靠享受低保艰难度日。代冲因长期卧床造成背部大面积褥疮，长期感染难于愈合，由于家庭生活极为困难，无力医治，本人非常痛苦。冯建宝得知这一情况后非常重视，先后数次到代冲家中了解情况，为其送去了轮椅和救助金，多次与镇、村领导研究解决方案，并积极协调区卫生局、长辛店医院医务人员入户检查，制定医疗方案。在各方面的关心下，代冲住进了医院，病情得到了控制，康复痊愈有了希望。他始终将“责任”二字铭刻于心，围绕政府和残疾人关注的热点与难点问题，进行深层次的思考。2007年他针对刘庄子盲人居住较集中、盲人出行难的问题，撰写了《关于改善盲人居住区出行条件的建议》的提案，得到区政府的重视，在居住区与公路之间铺建了一条近1公里长的柏油马路，解决了盲人出行难的问题。2008年，他又结合奥运会、残奥会运动员中有参加宗教活动的特殊需求，提出了《关于在我区宗教活动场所修建无障碍设施的建议》的提案，得到了积极响应,为2处涉奥服务的宗教活动场所修建改建了无障碍设施,从而满足了残疾人运动员参加宗教活动的特殊需求。五年来,区残联连续5年被评为丰台区法律援助工作先进集体,被市残联综合考评为优秀。2009年冯建宝荣获全国残疾人信访工作先进个人。

冯民波事迹材料

冯民波,男,1957年10月出生,籍贯北京,党员,经济师,1975年4月参加工作,现任北京三兴汽车有限公司党委书记、董事、工会主席。分管生产管理期间,公司生产能力日益增强,保证了市场份额快速增长的需要,企业年产值快步上升,2003年公司在《中国机械500强排行榜》上位列第351名,2003年被评为"国家优秀企业",2001至2002年度被北京市质协评为名优品牌和行业代表,2002年被北京质量协会授予"名优品牌"。历年来,冯民波现场主持改装车年产量突破千台,公司从7年亏损走向盈利。主持抗击非典,保证了公司2003年生产经营目标的完成。主持百台罐会战,为公司争订单。2008年完成紧急抗震救灾任务。2009年组织完成了国庆60周年阅兵车、彩车生产保障任务。冯民波先后制定了《全过程倒推工作质量法》、《车间基础管理工作管理考核办法》,掀起开展车间创名牌、班组争先进活动。主持完成了《预处理生产线》、《涂装生产线》技术改造,提高了全员劳动生产率。1999年12月后,参加了解放军企业管理干部学院、人事部全国人才流动中心、清华大学继续教育学院等院校、部门的国家工商管理培训、高级职业经理资质、现代企业管理高级研修班的培训学习,企业管理理论进一步得到提高。作为主要起草人,冯民波起草了企业安全生产管理制度、安全生产责任制、安全操作规程、车间管理制度、车间基础管理工作检查考核规定、生产现场管理规定、生产现场定置管理实施细则,并经单位审批颁布实施五年以上,提高了企业管理水平。担任公司党委书记、工会主席以来,公司连续五年在北京市"安康杯"竞赛中获得优胜奖,被授予"北京市和谐劳动关系单位"称号,2008年被北京市总工会授予"首都劳动奖状",2002年冯民波被评为北京市经济技术创新标兵,2009年荣获首都五一劳动奖章。

罗俊事迹材料

罗俊,丰台区东高地四小教师,共产党员。作为学生的引路人,知识、真理和信仰的传播者,她以优秀的人格培养人格,以健康的灵魂塑造灵魂,以科研带教研,成为科研型教师。2001年和2004年被评定为市级骨干教师。2006年被评定为中学高级教师。2007年被评为市级学科带头人,成为丰台区小学一线教师唯一的一位市级学科带头人。2008年被评为丰台区人民教师。2006—2008年度丰台区教育系统优秀共产党员。2009年又被评为全国模范教师、全国中小学优秀德育课教师、全国教育系统巾帼建功标兵。多篇论文获国家、市级、区级一、二等奖。多篇文章在报刊上发表、书籍中刊登。国家级示范课二节,市级研究课评优课多节并获一、二等奖。编写的澳门教材《品德与公民》已出版。编写的地方教材《我爱丰台》出版。指导的多位教师论文获区级市级奖、评优课市级获奖。作为市级《小学社会学科教学方式研究》课题核心组成员,罗俊参与了小学社会课"问题探究式"教学方式的课题研究,获市级一等奖,被选入《中国当代教育思想宝库》。论文《新课程理念在小学社会课教学的实施——教是为了学》获第五届全国教师教育科研成果评选国家级一等奖。据统计,罗俊参与和指导的研究成果达十几项,分别获得国家、市级奖项,多篇论文刊登在杂志、书籍上。她的科研成果"问题探究式"教学已在课堂教学中实施,效果很好。它不同以往的教学,它关注的不是研究的成果,而是注重研究过程,强调学生学会收集、分析、归纳、整理资料,关注学生课上的情感、思维、能力等方面的发展状况;在教学目标上,强调以能力为核心的良好学习素质的培养;在师生关系上,提倡的是一种平等民主,互助合作关系,教师是课堂教学的设计者、组织者、参与者,也是学生学习的指导者。罗俊作为区兼职教研员,她为提高丰台区社会教学整体水平做了大量工作,多次利用周六、周日为社会课教师听课、评课、研讨,将自己多年整理制作的与社会教材(1—6)册配套的各课的课件、影视资料与丰台区社会课教师资源共享,毫无保留。作为北京市骨干教师和学科带头人,她出色地完成导师带教工作,她指导的南苑一小张金霞老师已于2007年被评为区级骨干教师;指导的《红军长征》一课在2007年北京市小学社会学科评优课中获优秀课二等奖;指导的论文、教学设计多篇获市、区级一、二等奖;指导的东高地一小刘净老师,获丰台区师慧杯一等奖;指导的丰台区第一小学武静老师,获丰台区师慧杯三等奖……她为老师们创设展示自己的平台,宗华、马瑞婷、赵雅丽分别上区级公开课,宗华于2007年评为区级骨干教师;指导赵雅丽、马瑞婷、魏爽老师2007年上北京市现场课,都得到了各级领导、老师们的一致好评;指导赵雅丽、马瑞婷、王红老师2008年《装饰长廊》主题活动在北京市深入推进综合实践活动课程现场会展示,获得各级领导、老师们的一致好评。罗俊,身为一名教师,为着教育事业兢兢业业,无怨无悔。

王平章事迹材料

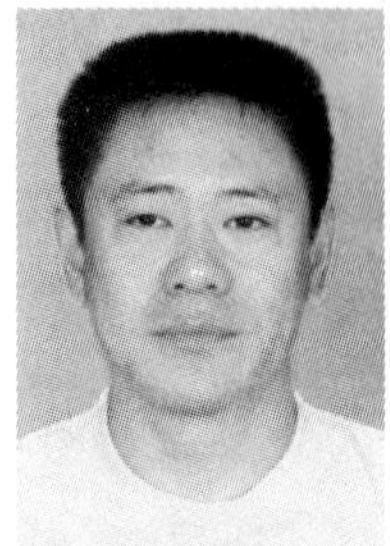

王平章,男,1962年出生,听力残疾人,现为北京市丰台区残疾人联合会副主席、丰台区聋人协会主席,北京市八一电影制片厂置景车间技师。他聋校毕业后,先后到北京市书画研究院和中国美术学院拜师学艺,学习了国画、篆刻以及素描等课程,取得优异成绩。1981年进入八一厂置景车间工作,很快成为业务骨干,参加了多部影视作品的舞台设计、置景、彩绘和道具制作等工作,参与的获奖电影有历史巨片《大决战》、《风雨下钟山》等,电影《晚钟》还获第三十九届西柏林国际电影节银熊奖。1999年创作的国画《阿福》获"世界华人艺术大奖赛"国际荣誉金奖,并被中国残联选用,制成贺年卡在全国发行。身为聋哑人,王平章多次被评为八一电影制片厂先进工作者,赢得社会的肯定。2000年王平章参加北京市残疾人劳动技能大赛并取得第一名,被国家劳动人事部授予木雕艺术大师的称号。2000年5月被北京市残疾人联合会、丰台区残疾人联合会评为"残疾人自强模范"。1998年以来,他在担任北京市丰台区残疾人联合会副主席、北京市丰台区聋人协会主席10余年期间,每天坚持读书看报,坚持学习党的理论和国家的法律,学习残疾人政策,不断提高自己的理论素养。在他的带领下,丰台区聋人协会讲团结、讲大局、讲奉献,形成一个颇具战斗力的集体。2008年汶川特大地震发生后多次组织向灾区献爱心捐款活动。北京奥运会、残奥会期间,组织开展了"干干净净迎奥运"的社会公益活动、"奥林匹克文化节"文艺演出以及迎奥运展览等多次活动,还组织聋人参加了北京市聋人奥运知识竞赛,取得第三名。2009年又组织本协会委员、部分社区专职委员学习科学发展观，引导聋人积极投身和谐社会建设。他在搞好本职工作之外，还把精力全部用在聋人协会的事业上。经常组织协会委员利用双休日和节假日到基层和残疾人家庭，摸清聋人群体思想情况以及工作、生活现状，全面掌握第一手素材，及时向残联反馈情况，协助残联做好各项残疾人工作，帮助解决并反映家庭、住房、工作等实际问题，为聋哑人排忧解难，成为聋人的好朋友，得到他们的充分信任。他努力丰富聋人的文化生活，组织丰台聋人舞蹈队，聘请老师进行专业指导，面向社会积极参与公益宣传活动，展现了聋人自强不息的精神面貌。王平章把温暖送到困难聋人的心中，每年除在助残日、残疾人日、爱耳日、国际残疾人日以及法定节假日到聋人家庭走访外，还注重日常的走访，围绕康复、就医、就学、就业、扶贫、社会保障、文化体育等方面残疾人反映强烈的突出问题，以及残疾人基层组织建设、社会助残和改善残疾人服务等重要问题，与聋人面对面交流，了解残疾人的实际需求，为上级机关制定政策提供了可靠详实的资料。长期以来，王平章克服常人难以想象的困难，顽强拼搏，工作积极进取，得到社会的承认。2009年荣获全国自强模范。

王伟事迹材料

王伟，男，31岁，汉族，本科。1997年12月自河北省保定市应征入伍，2000年9月考入廊坊武警学院，2002年9月加入中国共产党，现任北京市公安消防总队丰台支队西客站特勤中队指导员，正连职，上尉警衔。2004年4月在参加北京怀柔“4·20”氰化氢毒气泄露事故的抢险救援任务中，荣立个人二等功。2005年12月参加全国公安民警大练兵汇报表演，荣立个人三等功。2005年荣获首都精神文明建设先进个人。2006年7月被评为总队“十佳政工干部”，荣立个人三等功。2006年11月被北京市公安局消防局评为“优秀团干部”。2007年7月被北京市公安局评为拥政爱民先进个人。2008年7月被公安部消防局评为全国公安消防部队抗震救灾先进个人。2008年12月荣获北京市创业青年首都贡献奖。2009年9月入选“中国好人榜”。2010年1月被公安部消防局评为全国公安消防部队“十大杰出消防卫士”。多年来，王伟坚持学习，注重改造自己的世界观，严格执行“五条禁令”，在思想、行动上处处起模范带头作用。王伟作为一名特勤中队指挥员，他深知自己所处岗位的重要性，针对特勤队伍的特点认真学习《大型地下室火灾扑救》、《人员密集火灾扑救》、《化学危险品手册》、《特勤装备训练规程》等特勤业务理论书籍，并记录读书笔记和心得体会。他还认真学习各种化学灾害事故的现场处置方案，不断提高自身特勤业务能力，为出色的完成上级交给的灭火和抢险救援任务打下了坚实的理论基础。他充满爱心，多次为灾区捐款，累计达5000多元。2004年3月，王伟与战友们，将一反锁在家中想用煤气自杀者成功解救，同时也免除了邻居们因煤气爆炸可能造成的危险。2004年4月20日，北京市怀柔区金都黄金冶炼厂发生氰化氢毒气泄露事故，当场造成3人死亡、10人中毒的重大事故。王伟身为事故现场处置突击队队长，始终战斗在第一线。在24个小时的时间里，带领处置突击队员们先后18次进入重度污染区寻找泄露点、通风降毒、关闭阀门、筑堤围堰、和对地面巨毒液体中和洗消，最终完成了毒气事故处置的各项工作任务。类似于这样的险情，他经常参战。2008年5月12日，四川省汶川发生8.0级地震，作为一名特勤中队的中队长，王伟义无反顾，奔赴四川灾区，出色地完成了抢险救灾任务。而家中还有一个怀孕6个月的妻子。奥运会期间,他带领中队全体官兵时刻奋战在奥运消防保卫的最前线,完成了奥运会及残奥会的反恐保卫任务,为奥运的平安举办做出了贡献。他积极与驻地社区建立警民关系,与中队签订警民共建协议的社区由建队时的1个发展到现在的11个;与周围的单位,学校也建立了良好的定期培训机制。王伟,用自己的实际行动为首都的消防事业做出了贡献。

张璇事迹材料

张璇,女,1977年出生,党员,本科。毕业就开始担任班主任,一干就是八年。在这八年的时间里,她始终以饱满的热情和耐心细致的工作和学生们在一起。工作仅一年,刚刚"转正"的她就凭借出色的工作,被评为丰台区优秀教育工作者,第二年又被评为丰台区优秀班主任。她所带班级均曾荣获区级先进班集体、品优班、优秀班会等荣誉和奖项。2007年任教高三年级政治课,高考成绩全区第二名(文综),所带班级重点本科上线率为44%。她始终坚持以爱为基、以德服人,以朋友的身份和心态接近学生、影响学生,潜移默化的引导学生树立正确的人生观和价值观;发掘学生的潜力,引导、鼓励学生发现自身的优点和长处,营造民主和谐的教育教学氛围,最终达到使学生自我教育、自我管理的目的。在她担任班主任的班级里,班主任、科任老师、家长和学生之间沟通渠道畅通、信息反馈及时、问题解决迅速、关系融洽。学生出现问题,她严慈相济,进退有度;面对工作中的经验教训,勤于反思,善于总结。她所带班级凝聚力强,团结向上,得到了学校、师生、家长的一致好评。她撰写的班主任心理健康教育案例多次在全国、市区评比中获奖。以自己的道德情操和人格魅力感染学生是她的师德风范;遵循教育规律,结合学生的身心特点和认知规律是她组织教育教学活动的不二法门。2003年"非典"期间,她运用心理干预机制妥善处理了一起突发事件,避免了可能爆发的群体心理恐慌;撰写的心理健康教育案例,获得全国中小学教师论文评选二等奖,并入选丰台区《心理健康教育实验成果集》一书。她注意倾听学生的心声,善于选取学生身边鲜活的事例,从学生感兴趣的话题切入,激发学生兴趣,启迪学生思维,引导学生主动参与课堂教学。她不满足于把教材中的知识传授给学生,而是深入挖掘教材中的育人因素,帮助学生扭转错误的思想观点,树立正确的观点。她积极参与教育科研,多篇研究论文、教学案例在全国、市区评比中获一、二等奖。自2006年至今她作为丰台区思想政治学科中心备课组成员,积极参加丰台区学习指导丛书编写。2007年开始担任备课组长和指导教师,指导青年教师的课堂教学工作并取得显著成绩,2008年她被聘为丰台区初中教学基本功展示指导教师,指导王红老师在北京市说课比赛中获得二等奖。她还多次承担区公开课、研讨课,受到广泛好评,2009年研讨课《高三复习:实践》获得丰台区评比一等奖。张璇始终以校为家,和学生打成一片,在自己平凡的岗位上做出了不平凡的业绩。2009年荣获全国优秀教师。

张毅事迹材料

张毅,男,1981年出生,共青团员,毕业于北京市第一人民警察学校,本科自学考试毕业于中国人民公安大学,2000年7月参加工作。2003、2004、2005连续三年优秀公务员。2008年10月,张毅被领导指定为丰台分局刑侦支队跨区域办案协作平台联络员，并参加完成了警院举办的跨区域办案协作平台培训。面对新的工作岗位，他利用业余时间，刻苦钻研业务，全面熟悉了打击犯罪新机制的内容及网上协作平台的操作方法。在掌握业务知识的基础上，综合其他单位的经验，结合本单位实际，总结形成了自己的工作机制，为实际工作提供了有效的指导。2009年2月28日，刑侦支队打掉一个以张金胜为首的诈骗团伙，该团伙先利用电话回访方式冒充名牌厂商进行推销，后通过快递邮寄假冒伪劣商品、付款取货的方式诈骗外地事主百余人，涉案金额近百万元。此案中被侵害事主人数众多，且散居在全国各地，按照以往工作模式逐一寻找走访，办案成本高昂；如不去核实，受害人的利益得不到保护，张毅通过协作平台向全国涉案的23个省市发布了协查请求，核实案件390起，收到当事人笔录400余份，对办案起到了很大的支持作用。2009年3月17日，岳各庄派出所接匿名“110”报警称：在丰台区程庄南里4号楼506室有一家骗子公司，民警到达现场后，当即抓获涉案人员14名。该犯罪团伙利用电话联系事主方式，以中奖收取个人所得税的形式，骗取事主钱财。经侦查，该团伙作案300余起，被骗事主分散在全国22个省市。当时张毅因病在家休养，其他人不熟悉此项业务和流程，张毅带病回到工作岗位，第一时间向外省市发出协查请求，通过协作平台核实案件100余起，保证了打击的时效性。以上两案均被公安部给予充分肯定。2009年2月以来，张毅通过协作平台多次发布协查请求，协助破案791起，此种方式的运用已经成为分局破案新的增长点。凡是外单位的协查请求，张毅均按照《全国公安机关刑侦部门“跨区域办案协作机制”工作暂行规定》等相关规范性文件的要求，按时保质保量的完成和回复，从未被公安部点名批评或被外省市投诉。为建立健全分局层面的办案流转机制，他制作了《丰台分局多发性侵财案件跨区域办案转递单》经领导批示后下发给刑侦支队各办案队以及局属各派出所，凡有工作要求立即按规定填写转递单，领导审批后进行上网协查，张毅将协查结果第一时间进行反馈；对于外省市的协作请求，也以同样方式下发相关单位开展具体工作。机制的建立，提高了工作的时效性。张毅以精湛的业务技能，勤奋务实的工作态度，在跨区域办案协作这一崭新的工作岗位上，为打击破案做着无名幕后的工作，以实际行动书写了自己无悔的青春。2009年荣获全国“打击犯罪新机制”优秀联络员。

2009年全国优秀教师

张　璇

全国法院网络宣传优秀通讯员

王　悦

全国法院网络宣传先进个人

曹　静　乔学慧　雪　洁

2009年度全国基层低保规范化建设先进个人

李凤芝

2009年全国优秀儿童福利院院长

董文妍

2009年度全国先进军休工作者

何海涛　郭燕丽　王春姿　王进利　张燕湘

全国流动人口计划生育工作先进个人

李小娟

全国自强模范

王平章

全国残疾人信访工作先进个人

冯建宝

全国“打击犯罪新机制”优秀联络员

丰台公安分局刑侦支队情报队　张　毅

第二次全国经济普查先进个人

牛春风　亓学霞　李　扬　高丽英　张　超
王海虹　张伟力　柴菁华　柳晓东　张　斌
宋晔晖　佘　磊　陈　瑶　陈晶莹　李　雪
张　乐　罗秀英　董华锋　陈　涛　冯　灏

段德珍

全国维护妇女儿童权益先进个人

刘蓉蓉

全国安全生产先进个人

李　颖

北京市先进单位

首都文明单位

丰台区气象局

丰台区卫生局

新村街道办事处

方庄地区办事处

方庄医院

第十二中学

芳群园第二幼儿园

方庄购物中心股份有限公司

北京住房公积金管理中心方庄管理部

丰台区广播电视中心

丰台医院

佑安医院

长辛店医院

丰台区疾病预防控制中心

博爱医院

东方医院

电力医院

南苑医院

北京丰台医院

大红门社区卫生服务中心

右安门社区卫生服务中心

方庄社区卫生服务中心

卢沟桥社区卫生服务中心

首都航天机械公司

方庄医院

第十二中学

芳群园第二幼儿园

方庄购物中心股份有限公司

北京住房公积金管理中心方庄管理部

首都文明单位标兵

北京市路灯管理中心

芳星园中学

首都花园式单位

丰台区气象局

北京市爱国卫生先进集体

北京市药品监督管理局丰台分局

丰台法院

长辛店医院

铁营医院

丰台区市政市容委

卢沟桥街道

南苑街道

丰台城市管理监察大队、云岗分队

方庄地区办事处

右安门街道办事处

卢沟桥文化旅游区办事处

方庄地区办事处

南苑街道办事处

北京市三八红旗集体

南苑医院

北京丰台医院

北京市丰台区卫生局卫生监督所

北京市药品监督管理局丰台分局

人口和计划生育委员会

首都“迎国庆 讲文明 树新风”活动先进单位

丰台区妇联

丰台团区委

丰台广播电视中心

云岗街道办事处

卢沟桥街道

南苑街道

新村街道办事处

西罗园街道办事处

方庄地区办事处

方庄地区办事处

南苑街道办事处

丰台区总工会

北京市国庆安保工作先进单位

政法委

综治办
610办
流管办
西罗园街道办事处
信访办
丰台医院
北京航天总医院
右安门街道办事处
新村街道办事处
南苑街道办事处
大红门街道办事处
安全保卫先进单位
北京航天总医院
北京市计划生育先进集体
西罗园街道办事处
新村街道办事处
方庄地区办事处
方庄地区办事处
大红门街道计划生育办公室
北京市绿化美化先进单位
西罗园街道办事处
北京航天总医院
2009年度文明建设达标单位
北京航天总医院
北京市第二次全国经济普查先进集体
新村街道办事处
首都文明街道
方庄地区办事处
北京市"宜城杯"全国社区工作自主创新成果百花奖
西罗园街道办事处
2009年度消防工作先进单位
西罗园街道办事处
2009年《北京市第七届全民健身体育节》市级活动"建设银行杯"第二届百家社区健身才艺大赛贡献奖
西罗园街道办事处
首都国庆60周年庆祝活动医疗卫生保障工作最佳组织保障奖
丰台区卫生局
首都国庆60周年群众游行支持贡献单位
丰台区卫生局
国庆60周年联欢晚会群众联欢活动最佳服务保障奖
丰台区卫生局
国庆60周年联欢晚会突出贡献奖
丰台区卫生局
首都国庆60周年群众游行优秀组织单位
丰台区卫生局
北京市口腔公共卫生服务项目先进集体
丰台区卫生局
北京市残疾人社区康复达标区工作先进单位
丰台区卫生局
北京市2008年度人口和计划生育先进单位
丰台区卫生局
首都卫生系统文明单位
丰台区卫生局
北京市五四红旗团委
丰台区卫生局
首都志愿奥运好团队
南苑医院
北京市厂务公开民主管理先进单位
南苑医院
模范职工之家
南苑医院
首都国庆60周年庆祝活动北京医疗卫生优秀单位
铁营医院
北京市无烟医院
铁营医院
北京市先心病筛查知识技能大赛三等奖
丰台区妇幼保健院
第二十一届"国际科学与和平周"活动中优秀组织奖
丰台区疾病预防控制中心
2009年度创建北京市健康社区
丰台区疾病预防控制中心
健康促进示范村活动中"优秀组织奖"

丰台区疾病预防控制中心

北京市科学技术奖

丰台区疾病预防控制中心

北京市中小学校控烟活动先进集体

丰台区疾病预防控制中心

2008年度北京什邡卫生监督对口支援先进单位

丰台区卫生局卫生监督所

2008年度卫生行政许可与卫生监督工作先进单位

丰台区卫生局卫生监督所

奥运场馆卫生监督保障先进单位

北京市丰台区卫生局卫生监督所

医疗机构积分管理先进单位

丰台区卫生局卫生监督所

2009年度社区卫生文字信息宣传工作三等奖

丰台区社区卫生服务管理中心

2008年度北京地区中医医院医疗质量检测三等奖

兴隆中医医院

2009年度北京青年健康使者火炬行动优秀志愿服务项目

右安门社区卫生服务中心

第七届"拜尔健康促进杯"社区慢病知识大奖赛北京赛区优胜奖

蒲黄榆社区卫生服务中心

北京市卫生局基础党组织服务群众最佳品牌项目

佑安医院

北京市卫生局基础党组织服务群众优秀品牌项目

佑安医院

首都迎国庆讲文明树新风活动先进单位

佑安医院

2008年度北京市共青团"达标创优"竞赛活动"五四红旗团支部"

佑安医院

2009年度北京青年健康使者火炬行动"组织贡献奖"

佑安医院

先进职工之家

佑安医院

医疗机构放射卫生安全先进单位

电力医院

首都平安示范医院

电力医院

2009年度防汛先进单位

北京航天总医院

2009年度大型实验后勤保障先进单位

北京航天总医院

2009年度献血先进单位

北京航天总医院

北京市医院感染管理监测工作先进单位

七三一医院

2008年北京市医疗保险管理工作一等奖

医星医院

2009年度青年健康使者火炬行动优秀志愿服务集体

丰台区疾病预防控制中心

新村社区卫生服务中心

北京市2008年卫生统计工作先进单位

七三一医院

长辛店医院

南苑医院

2008年北京市医疗保险管理工作二等奖

七三一医院

六一八厂医院

丰台区妇幼保健院

2008年北京市医疗保险管理工作三等奖

电力医院

东方医院

长辛店医院

铁营医院、南苑医院

北京丰台医院

七三一医院社区卫生服务中心

兴隆中医医院

北京医院协会右安门医院

北京市木材厂职工医院

国庆庆祝活动最佳医疗服务保障奖

佑安医院

电力医院

铁营医院

长辛店医院

七三一医院

北京市丰台区卫生局卫生监督所

丰台区疾病预防控制中心

北京航天总医院

2008年度首都卫生系统文明单位

电力医院

铁营医院

北京丰台医院

丰台区妇幼保健院

卫生职工培训中心

首都国庆60周年群众游行支持贡献单位

佑安医院

丰台区疾病预防控制中心

北京市交通安全先进单位

博爱医院

七三一医院

铁营医院

北京市残疾人社区康复达标区工作先进单位

七三一医院

丰台区妇幼保健院

丰台区社区卫生服务管理中心

北京市药品安全监管工作优秀奖

电力医院

七三一医院

2008年度传染病疫情和死亡登记报告工作“先进单位”

博爱医院

南苑医院

助老慈善医疗服务先进单位

南苑医院

右安门社区卫生服务中心

抗震救灾重建家园工人先锋号

南苑医院

北京丰台医院

丰台区疾病预防控制中心

北京市国庆安保工作先进单位

北京丰台医院

北京航天总医院

北京市二〇〇八至二〇〇九年度供热行业管理先进单位

丰台区市政市容委

北京市二〇〇八至二〇〇九年度供热行业管理先进单位

丰台区市政市容委

北京市二〇〇八至二〇〇九年度铁路道口管理先进单位

丰台区市政市容委

2009年停车场管理先进单位

丰台区市政市容委

2009年北京电视台优秀记者站

丰台广播电视中心

凝聚流动党员 筑就坚强堡垒》“2008年度北京市广播影视奖”电视社教类三等奖

丰台广播电视中心

首都国庆60周年联欢晚会先进集体

丰台广播电视中心

北京市法院系统财务决算报表先进单位

丰台法院

北京法院新闻宣传工作先进单位

丰台法院

司法建议工作优秀单位奖

丰台法院

司法统计工作单位一等奖

丰台法院

人民政协报《法官视点》栏目最佳组织奖

丰台法院

《北京日报？法官讲法》法院组织奖

丰台法院

北京市法院系统集体二等功

丰台法院刑事审判庭

北京市法院系统集体三等功

丰台法院执行庭

《北京电视台？经济法眼》特别贡献奖
丰台法院新闻宣传中心
首都职工素质教育工程先进单位
北京三兴汽车有限公司
北京市工业职业技能大赛优秀组织单位
北京三兴汽车有限公司
北京市先进社区居委会
云岗街道北区社区、南二社区
首都绿化美化花园式社区
云岗街道翠园社区
2009年北京市消防安全先进单位
云岗街道办事处
2009年度首都国家安全工作先进集体
云岗街道办事处
北京市模范职工之家
云岗街道办事处
北京市创建学习型社区先进街道
云岗街道办事处
北京市第三届和谐“乒乓球比赛”优秀组织奖
云岗街道办事处
北京市第七届全民健身节暨北京市和谐杯千台万人乒乓球展示活动优秀组织奖
云岗街道办事处
北京市防范和处理邪教工作1999－2009年先进集体
云岗街道办事处
“宜城杯”全国社区工作自主创新成果百花奖特等奖
云岗街道办事处
首都国庆60周年联欢晚会工作中做出突出贡献奖
云岗街道办事处
奥运会、健康北京灭蟑行动、建国60周年庆祝活动病媒生物控制先进集体
云岗街道办事处
“学习型组织”先进单位
丰台区气象局
北京市残疾人社区康复达标区培育工作先进单位
卢沟桥街道
建国60周年北京市民政系统庆典先进集体
卢沟桥街道
军休职工作先进单位
卢沟桥街道
北京市2009年度消防工作先进单位
卢沟桥街道
首都国庆60周年群众游行支持贡献单位
卢沟桥街道
首都国庆60周年联欢晚会工作中作出突出贡献奖
卢沟桥街道
2009年度北京市人口和计划生育工作模范区县
人口和计划生育委员会
北京市(全国)残疾人社区康复达标区
区残联
2009年度“两刊”宣传工作先进单位
区残联
北京市优秀巡逻车组
丰台公安分局和义派出所丰6101车组
北京市“青年文明号”
丰台公安分局科技园区派出所
北京市人民满意的政法单位
丰台公安分局治安支队治安行动队
北京市公安局第六届青年民警科技创新活动二等奖
丰台分局科技信通处
北京市公安局第六届青年民警科技创新活动三等奖
丰台分局出入境管理处
丰台分局勤务指挥处
丰台分局东高地派出所
北京市公安局第六届青年民警科技创新活动优秀奖
丰台分局科技信通处
丰台分局南苑派出所
丰台分局勤务指挥处
丰台分局勤务指挥处

丰台分局刑侦支队技术队
丰台分局云岗派出所。

北京市公安局精神文明岗

丰台公安分局出入境接待大厅

集体二等功

丰台公安分局：勤务指挥处、办公室国庆办、人口管理处派出所基础工作科、石榴园派出所、看丹派出所、警务督察队、治安支队大型活动危险物品及犬类管理队、巡警支队便衣打击队、刑侦支队机动车队、国保支队机动侦察队、南苑镇派出所阅兵村外围安保工作组、预审处三科、洋桥派出所3702车组

首都国庆60周年联欢晚会工作先进集体

区文化委员会

第二十一届国际科学与和平周活动优秀组织奖

区文化委员会

北京市2008年“扫黄打非”暨文化市场管理工作先进集体

区文化委员会

2008年度首都文明单位

区文化委员会

首都“迎国庆讲文明树新风”活动先进单位

区文化委员会

2008年度文物安全和执法工作先进集体

区文化委员会

北京市国家安全工作先进领导党小组

南苑街道

60周年庆祝活动安全生产保障工作先进单位

南苑街道

北京市军工工作管理工作先进单位

南苑街道

北京市语言文字工作先进单位

南苑街道

北京市城管执法系统国庆60周年庆祝活动环境保障突出贡献单位

丰台城市管理监察大队

新中国成立60周年庆祝活动安全保卫工作先进集体

丰台城市管理监察大队

国庆60周年联欢晚会群众联欢活动最佳组织奖

丰台城市管理监察大队

魅力北京、和谐城管——北京既全国部分城市城管队伍书法、美术作品邀请展中被评为最佳组织单位

丰台城市管理监察大队

2009年北京市军队转业干部安排工作先进单位

丰台城市管理监察大队

2009年度全市城管执法系统先进大队

丰台城市管理监察大队

城管执法系统先进集体荣誉称号

丰台城市管理监察大队

北京市城管执法系统国庆60周年庆祝活动环境保障先进基层单位

大红门分队、卢沟桥乡分队、直属分队、东铁营分队、南苑乡分队、卢沟桥分队、丰台分队

北京市城管执法系统国庆60周年庆祝活动环境保障党员突击队先进集体

太平桥分队

北京市政府统计系统第三届文化艺术节优秀组织一等奖

丰台区统计局调查队

北京市政府统计系统第三届文化艺术节迎奥运知识竞赛三等奖

丰台区统计局调查队

北京市政府统计系统第三届文化艺术节经济普查及统计法规知识竞赛三等奖

丰台区统计局调查队

北京市政府统计系统第三届文化艺术节文艺汇演一等奖

丰台区统计局调查队编演的歌舞剧《和丰之歌》

北京市第七届职工艺术节优秀表演奖

丰台区统计局调查队编演的歌舞剧《和丰之歌》

2009年度《数据》杂志统计宣传工作先进集体
丰台区统计局调查队
城乡携手迎奥运共建文明京郊行先进单位
丰台区统计局调查队
2008－2009年北京市优秀统计分析专题报告二等奖
丰台区统计局调查队撰写的《丰台区人口老龄化带来的挑战及对策》
2009年度北京市统计系统网站工作综合考评二等奖
丰台区统计局调查队
2009年度北京市统计系统网站运维奖
丰台区统计局调查队
北京市妇联系统先进集体
新村街道办事处
2009年度北京市消防安全工作先进单位
新村街道办事处
北京市先进社区居委会
三环新城第二社区
2009年度开展劳动保障监察工作先进单位
方庄地区办事处
2009年北京市消防工作先进单位
方庄地区办事处
首都文明社区
芳古园一区第一区社区
芳古园二区社区
芳城园三区社区
芳星园二区社区
芳城东里社区
北京市健康社区
芳古园一区第二社区
芳星园一区社区
北京市无烟餐饮单位
米斯特比萨方庄餐厅
好伦哥餐饮有限公司方庄店
2009年北京市安全生产月活动最佳实践活动奖
方庄地区办事处
北京市最受喜爱的十大餐饮街
方庄餐饮街
北京市第三届和谐乒乓球比赛优秀组织奖
方庄地区办事处
首都国庆60周年联欢晚会突出贡献奖
方庄地区办事处
北京市地方税务局和北京市国家税务局纳税信用A级企业
北京市丰台区烟草专卖局(公司)
北京市打假先进集体
北京市丰台区烟草专卖局(公司)
2009年北京市宣传工作先进科室
人力社保局就业培训科
2009年北京市社会保障卡信息采集比对考核评比优胜奖
人力社保局社保中心
2009年北京市社会保障卡信息采集比对考核评比贡献奖
人力社保局社保中心
北京市2008年社会保障经办机构重点业务考核优胜单位
人力社保局社保中心
北京市2008年综合统计工作考核二等奖
人力社保局社保中心
2009年全国民营企业招聘工作组织优秀单位
人力社保局职介中心
2009年北京市乒乓球团体赛冠军
人力社保局退管中心
2009年北京市健骨操优胜奖
人力社保局退管中心
2009年北京市优秀鉴定机构
人力社保局鉴定所
2009年北京市劳动监察先进单位
人力社保局监察大队
2009年开展清理人力资源市场专项行动先进单位
人力社保局监察大队
新中国成立60周年庆祝活动安全生产保障

工作先进单位
北京三兴汽车有限公司
国庆60周年彩车设计制作优秀奖
北京三兴汽车有限公司
国庆60周年彩车最佳组织单位奖
北京三兴汽车有限公司
国庆60周年支持贡献单位奖
北京三兴汽车有限公司
北京市思想政治工作优秀单位
右安门街道办事处
维护首都国家安全先进集体
右安门街道办事处
首都青年文明号
右安门街道办事处
北京市第九届思想政治工作优秀单位
右安门街道办事处
2007—2008年度铁路护路联防工作先进集体
右安门街道办事处
2005—2008年度全国社会治安综合治理先进集体
右安门街道办事处
市共青团达标创优组织奖
右安门街道办事处
北京市社区公共服务平台工作先进
右安门街道社区服务中心
2009年度北京市国土资源系统文明标兵
丰台国土分局
2009年度北京市乡(镇)、村级干部国土资源法律知识宣传教育培训活动先进单位
丰台国土分局
2009年度北京市土地供应奖
丰台国土分局
2009年度土地储备工作先进单位
丰台国土分局
2009年度北京市国土系统先进集体称号
丰台国土分局
2009年度北京市国土资源系统党日活动铜奖
丰台国土分局
2009年度丰台区献血先进单位
丰台国土分局
2009年度北京市国土系统财务综合管理先进单位
丰台国土分局
2009年度北京市国土资源系统预算管理先进单位
丰台国土分局
北京市第七届全民健身体育节全民健身路径交流大会优秀组织奖
体育局
北京市龙舟比赛优秀组织奖
体育局
首都国庆突出贡献单位奖
体育局
北京市第三届和谐杯乒乓球比赛优秀组织奖
体育局
北京市第七届全民健身体育节突出贡献奖
体育局
输送优秀竞技体育后备人才“突出贡献奖”
体育局
北京市第三届“和谐杯”乒乓球比赛优秀组织单位
体育局
北京市农业局农机知识技能大赛二等奖获得者
丰台区农林机械技术推广站
2009年度北京市动物防疫工作先进集体
丰台区防治重大动物疫病指挥部
北京市种子管理系统先进单位
丰台区种子管理站
2009年度北京渔政工作先进集体
丰台区渔政监督管理站
北京市农业技术推广二等奖
丰台区渔政监督管理站
2005—2008年度北京市爱国主义教育基地优秀活动三等奖
卢沟桥文化旅游区办事处
首都国庆60周年联欢晚会突出贡献奖

方庄地区办事处

2009年度开展劳动保障监察工作先进单位

方庄地区办事处

2009年北京市消防工作先进单位

方庄地区办事处

北京市第三届和谐乒乓球比赛优秀组织奖

方庄地区办事处

2009年北京市安全生产月活动最佳实践活动奖

方庄地区办事处

首都文明社区

芳古园一区第一区社区

芳古园二区社区

芳城园三区社区

芳星园二区社区

芳城东里社区

北京市健康社区

芳古园一区第二社区

芳星园一区社区

北京市无烟餐饮单位

米斯特比萨方庄餐厅

好伦哥餐饮有限公司方庄店

北京市最受喜爱的十大餐饮街

方庄餐饮街

2009年北京市宣传工作先进科室

人力社保局就业培训科

2009年北京市社会保障卡信息采集比对考核评比优胜奖

人力社保局社保中心

2009年北京市社会保障卡信息采集比对考核评比贡献奖

人力社保局社保中心

北京市2008年社会保障经办机构重点业务考核优胜单位

人力社保局社保中心

北京市2008年综合统计工作考核二等奖

人力社保局社保中心

2009年北京市乒乓球团体赛冠军

人力社保局退管中心

2009年北京市健骨操优胜奖

人力社保局退管中心

2009年北京市优秀鉴定机构

人力社保局鉴定所

2009年北京市劳动监察先进单位

人力社保局监察大队

2009年开展清理人力资源市场专项行动先进单位

人力社保局监察大队

北京市妇联系统先进集体

南苑街道办事处

北京市劳动就业安置先进单位

南苑街道办事处

2009年度北京市工会工作创新先进单位

丰台区总工会

2009年度首都职工素质教育工程优秀组织单位

丰台区总工会

2009年度北京市职工体育先进集体

丰台区总工会

北京市第七届职工艺术节优秀组织单位

丰台区总工会

北京市万人太极拳表演破吉尼斯世界纪录优秀组织单位

丰台区总工会

2009年度北京市职工“和谐杯”乒乓球比赛优秀组织奖

丰台区总工会

2009年度全市工会经审工作规范化建设标准考核工作一等奖

丰台区总工会经费审查委员会办公室

劳动用工规范一条街工程先进单位

大红门街道劳动监察科

北京市社会领域党建试点工作先进单位

大红门街道工委组织部

首都国庆60周年群众游行支持贡献奖单位

丰台团区委

北京市共青团“达标创优”竞赛活动2009年度团建先进区县奖

丰台团区委

北京市五四红旗团委

丰台区卫生局团委

北京市五四红旗团支部

丰台区和义街道机关社区联合团支部

北京市共青团“达标创优”竞赛活动2009年度竞赛活动组织奖

丰台区右安门街道团工委

首都未成年人思想道德建设工作先进集体

丰台团区委

2008年优秀工作站

希望工程丰台工作站

北京市人大系统优秀信息单位

丰台区人大

北京市爱国卫生红旗单位

地方税务局

北京市第七届职工艺术合唱节三等奖

地方税务局

北京市单位内部安全保卫集体二等功

地方税务局

北京市模范职工小家

地方税务局

北京市消防安全先进单位

地方税务局

北京市食品卫生B级单位

地方税务局

北京市交通安全先进单位

地方税务局

首都文明单位

地方税务局第一税务所

首都文明单位

地方税务局长辛店税务所

地方税务局花乡税务所

地方税务局南苑税务所

北京市青年文明号

地方税务局第一税务所

地方税务局园区涉外税务所

国庆安保工作先进集体

工商分局

北京市工商行政管理局2008年度先进分局

工商分局

国庆安保工作先进集体

安监局

安全生产保障工作先进集体

安监局

安全生产保障工作先进科室

安监局综合科

安监局监督科

2009年度税收工作目标管理考核先进单位

丰台区国家税务局

首都文明标兵

丰台区国家税务局

首都文明单位

丰台区国家税务局第二税务

2009年度税收工作目标管理考核先进税务所

丰台区国家税务局第十二税务所、稽查局

北京市先进个人

北京市“三八”红旗奖章获得者

贾敏　孙萍　王兰英　杨　巍　石莉

北京市计划生育先进工作者

王子静　武艳梅　沙　强　王振华
李建刚　刘玉民　褚文革　任　红
秦钢　张立琴

2009年度人口和计划生育工作先进个人

王百玲　张立琴　秦　钢　任红
叶永红　李　玲

北京市绿化美化先进个人

李世豪　刘文彤　宋莉

北京市爱国卫生先进个人

张兴林　李春生　白淑敏　史建民
刘占明　孙雅静　迟　欣　李世豪
赵德育　王建斌　刘海东　路　鸿
王　刚　郝　宁　张　振　熊柏华
李建刚　张小龙　施晓义　周先忠
张小龙　施晓义　周先忠

首都"迎奥运　讲文明　树新风"活动先进个人

张立楠　单红艳　岳文勇　陈　楠
骆增全　张学源　赵　剑　骆增全

第二批全国经济普查市级先进个人

王卫军　薛俊玲　高迎生　牛小慧
刘旭芳　武岩磊　白茹娟　王　建
魏金鑫　马　铮　孙景苗　张炳良
赵丽娟　梁中申　杨　勇　陈世贵
龚早红　代胜林　潘洪银　毕　蕾
周　峰　王秀娟　王庆安　刘　利
徐桂永　陶瑞梅　陈雪晴　陈立红
丁　丽　李　延　齐欣瑶　刘　红
吴　博　许媛媛　赵俐霞　陈　敏
李耀银　庄子鹏　范卫华　王建美
赵　晖　郭春香　张　敏　田宏林
杜　玺　高万柱　程雅翠　马国保
宋金忠　李军会　史建民　赵占峰
乔军枚　刘炳亮　郑文东　崔海清
范　荣　孙敬水　周　游　陈　雁
李　堃　李亚军　解　刚　陈　娟
许同欣　刘富强　曹进元　宋建丽
李树兰　杨俊武　王复华　逯建国
高亚宁　赵　颖　王海燕　田虹燕
刘　芬　杜爱华　张小龙　靳莲芬
陈星平　王永伟　张小龙　靳莲芬
陈星平

国庆安保工作先进个人

刘旭斌　韩　澈　杨　毅　喻中文
曾庆海　王振华　王山修　杨国梁
胡国强　齐洪志　李　晋　刘　建
张英斌　李振国

首都五一劳动奖章获得者

冯民波

首都国家安全工作先进个人

陈爱民

2009年北京市消防工作先进个人

刘治国

北京市妇女儿童工作先进个人

贾　敏

北京市"宜城杯"全国社区工作自主创新成果百花奖

李　刚

2009年北京市优秀教师获得者

张　璇　王菡彤　黄　京　支　梅
成丽英　刘青岩　徐　红　车向军
张　燕　张守惠　王　涛　沈静洁
王　玲　张懿民　赵　宏　朱庆婕
张文会　叶　涛　刘洪兴　张胜荣
罗　俊　刘艳霞　孙　茜

2009年北京市优秀教育工作者

李有毅　王振民

北京市铁路道口管理先进个人

王令全

北京市"迎国庆 保平安，百日安全播出竞赛"先进个人三等奖

刘　宇

首都国庆60周年联欢晚会圆满成功做出积极贡献

骆建宏

北京市法院新闻宣传工作先进个人三等奖

王　悦

北京市法院新闻宣传工作先进个人一等奖

曹　静

北京市卷烟打假先进个人

李增森

北京市优秀思想政治工作者

王　萍

北京市法院系统个人一等功

秦建平

北京市法院系统个人二等功

夏建平　云　强

北京市法院系统个人三等功

王景春　王永斌　刘铁山　韩文川
张立楠

北京市法院预备法官培训优秀技能指导教师

赵旭东

北京市法院优秀司法统计员

袁雪英

北京市法院优秀信息员

王　静

北京市法院刊物工作优秀通讯员

王琼瑶

人民法院报优秀通讯员

李　力

2009年北京市特殊教育工作先进个人

董文妍

2009年度北京市民政系统先进个人

王　超　王付红　秦淑兰　任学东
李秋玲　王胜国　李秀芝　康春霞
张燕湘

2009年度养老服务机构建设工作先进个人

王　超

2009年度北京市平安国庆60周年先进个人

康春霞

北京市工业高级技术能手

陈　川

北京市工业职业技能大赛优秀组织者

温玉春　魏建洲

北京市工业职业技能大赛突出贡献奖

马洲杰

北京市红十字先进个人

安桂梅

2009年北京市森林防火工作先进个人

廉洪武

2009年交通安全宣传管理市级交通安全优秀个人

王　刚

北京市十年来同法轮功及其他邪教组织斗争先进个人

贾京生

北京市优秀团干部

魏晓娟

北京市残疾人社区康复达标区培育工作先进个人

陈国祥　付　晔

北京市人民满意的政法干警

李会强　罗建

北京市公安局反恐工作先进个人

刘　峰

北京市公安局国庆安保之星

王　栋　毕以庆　靳继营

北京市政府法制工作先进个人

郑箐笙

北京市公安局优秀共产党员

高永杰

北京市"监管系统十佳民警"

安桂勇

北京市先进军转工作者

张　晖

北京市卷烟打假先进个人

赵京虎

北京市公安局优秀女民警标兵

杨　健　蒋晓红　李　竞　马兰英
孙国萍

北京市公安局好警嫂标兵

张　娜　孙利芳　冯燕平　杨敏青

个人一等功

康　健　张宝山

个人二等功

丰台公安分局：
赵磊砢　杨国清　刘国清　罗　建
古　宁　狄　鑫　郭向东　靳继营
郭敬松　吴凤元　刘春华　杜崇庆
黄红飞　毕以庆　张富柱　康志刚
王　栋　薛宝国　邱建伟　郭　鹏
马庆斌　秦军涛　丁　勇

北京城管执法系统第四届青年岗位能手

王岩峰

北京城管执法系统第四届城管巾帼之星

申凤华

北京市城管执法系统国庆60周年庆祝活动环境保障先进个人

钱立功　尹　萍　盛起立　张秋森
陈洪信　黄向明　宋荆洋　陈传家
王　吉　王兰英　杨宝俊　王冬云

王洪彬　张俊华　董立军　金　宇
刘桂玉　王建业　王力理　白雪云
黄雪梅　刘凤岐　池世峰　王毓洪
张东迅　张　捷　刘全明　郭万民
李　斌　朱京生　赵　晶　李志龙
王炳捷　宋　琦　芮玉连　李正平
徐　毅　张永春　温庭军　惠中秋
姜玉明　李海兴　马　欣　高银生
李海燕　孙　婧　贾　磊　钱晓东
李新洲　王富春　刘永鑫　焦方明
李　鹏　刘文广　高学英　马爱国
李　强

北京市城管执法系统国庆60周年庆祝活动环境保障党员示范岗标兵

周　兵　张京媛　张令福　张一民

北京市新中国成立60周年庆祝活动安全保卫工作先进个人

刘建伟　杨培杰　王京平

北京市语言文字工作先进个人

李建刚

2009年度北京市交通安全工作先进个人

刘　俐

2009年度北京市消防安全工作先进个人

刘　健

北京市先进社区居委会主任

曹瑞锋

2009年北京市消防工作先进个人

刘治国

首都国家安全工作先进个人

陈爱民

建国60周年国庆旅游市场治理工作先进个人

李颖全　陶早兵

北京市公安局安全保卫嘉奖

刘　峰

2009年度全国烟草打假先进个人

林　海

2009年北京市就业促进先进个人

郭艳霞

2009年北京市矫正帮教先进个人

程兴东

2007年度全国优秀城乡规划设计二等奖

叶大华

2007－2008年度北京市群众体育先进个人

高立光

2009年度北京市国土资源管理先进工作者

丰台国土分局　石　莉

2009年度北京市国土资源系统优秀党务工作者

丰台国土分局　李　刚

2009年度北京市国土资源系统优秀共产党员

丰台国土分局　董树立　姜新焕
石　莉　张　舰

2009年度北京市储备投资工作先进个人

丰台国土分局　田　涛　岳立阳

2009年度北京市土地储备工作先进个人

丰台国土分局　石　莉

2009年度北京市国土资源系统信访工作先进个人

丰台国土分局　董树立　孙立珍

2009年度北京市国土资源系统财务管理先进个人

丰台国土分局　王　晶

2009年度北京市国土系统“保红线”先进个人

丰台国土分局　王廉友

2009年度北京市宣传教育培训先进个人

丰台国土分局　董树立　刘跃芬
王廉友

2009年度丰台区献血先进个人

丰台国土分局　李　晋

首都国庆60周年群众游行优秀工作者

张少军

2009年度北京市动物防疫工作先进个人

丰台区动物卫生监督所　陈香阁
扈雪玲

2009年北京市就业促进先进个人

郭艳霞

2009年北京市矫正帮教先进个人

程兴东

2009年度职工互助保障先进个人

赵世梅　王森　鲍颖超　孙秀梅

北京市“首都职工素质建设工程十佳通讯员”

谢法明

2009年度北京市住房城乡建设委系统先进工作者

张永挺　邓国斌

首都国庆60周年群众游行优秀工作者

高文娟　朱立达　杨光　尹　航

高　雅　司　丽

北京市优秀团干部

刘怀生　杨文清

北京市优秀共青团员

石丽媛

北京共青团系统信息工作先进个人

刘萌萌

北京青少年发展基金会、希望工程北京捐助中心工作站先进个人、希望工程先进工作者

李雪梅

安全生产先进个人

刘凤英　陈　勇　李建鹏　张　强

张振淮　张林祥

2009年度税收工作目标管理考核评比中二等功获得者

付　诚

统计资料

丰台区国民经济主要指标一览表
MAIN NATIONAL ECONOMIC INDICATORS FOR FENGTAI DISTRICTS

项目		Item		丰台区 Fengtai 2009	2008	2009年为2008年% 2009 as% of 2008
综合		**General Survey**				
地区生产总值	(万元)	Gross Domestic Product	(10000 yuan)	6007006	5655722	109.7
第一产业		Primary Industry		9941	9511	104.2
第二产业		Secondary Industry		141.4	135.7	109.0
第三产业		Tertiary Industry		4582999	4288853	109.9
财政收入	(万元)	Fiscal Revenue	(10000 yuan)	398049	361709	110.0
#增值税		Increased Value Tax		41450	36433	113.8
营业税		Operating Tax		164702	138140	119.2
个人所得税		Private Income Tax				
企业所得税		Enterprise Income Tax		61507	66381	92.7
财政支出	(万元)	Fiscal Expenditure	(10000 yuan)	898375	730136	123.0
人口和劳动力		**Population and Labor Force**				
总人口	(人)	Total Population	(person)	1823000	1753000	104.0
常住户籍人口	(人)	Permanent Registered Population	(person)	1051641	1036118	101.5
#非农业人口		Non - agriculture		930658	914377	101.8
男		Male		534854	527063	101.4
女		Female		516787	509055	101.5
出生率	(‰)	Birth Rate	(‰)	8.22	8.17	100.6
死亡率	(‰)	Death Rate	(‰)	4.71	4.16	113.2
自然增长率	(‰)	Natural Growth Rate	(‰)	3.51	4.01	87.5
城镇单位从业人员	(人)	Employyed persons in urban units	(person)	411575	388531	105.9
按产业分		Grouped by Industry				
第一产业		Primary Industry		917	417	219.9
第二产业		Secondary Industry		110160	117426	93.8
第三产业		Tertiary Industry		300498	270688	111.0
按职工非职工分		Grouped by Staff and Workers or Non - staff - and - worker				
在岗职工人数	(人)	Fully Employed Staff and Workers at their Posts (person)		366764	337206	108.8

续表 1

项目	Item	丰台区 Fengtai 2009	2008	2009年为2008年% 2009 as % of 2008
#国有经济	State – owned	139064	121655	114.3
集体经济	Collective – owned	11638	10907	106.7
城镇个体劳动者	Urban and Rural Individuals			
劳动工资	**Wages**			
在岗职工工资总额 （万元）	Total Wages of Fully Employed Staff and Workers （10000 yuan）	1607971	1391129	115.6
#国有经济	State – owned	753940	628482	120.0
集体经济	Collective – owned	32167	24035	133.8
在岗职工平均工资 （元）	Average Wage of Fully Employed Staff and Workers （yuan）	44180	40994	107.8
固定资产投资	**Investment in Fixed Assets Assets**			
全社会固定资产投资（万元）	Total Investment in Fixed Assets （10000 yuan）	3893310	3062809	127.1
新增固定资产 （万元）	Incremental Fixed Assets （10000 yuan）	1967083	1507839	130.5
房屋施工面积 （万平方米）	Floor Space of Buildings under Construction （10000 sq. m）	1142.6	1144.2	99.9
房屋竣工面积 （万平方米）	Floor Space of Buildings Completed （10000 sq. m）	333.0	261.5	127.3
农村经济	**Rural Economy**			
农村劳动力 （人）	Labor Force （person）	265715	231709	105.6
种植业	Planting	8421	9040	93.2
林业	Forestry	4844	4401	110.1
牧业	Animal Husbandry	406	486	83.5
渔业	Fishery	90	90	100.0
农村工业	Rural Industry	29961	31246	95.3
农村建筑业	Rural Construction	19923	18675	106.7
农村运输业	Rural Transportation	17106	18866	90.7
农村商、饮食业、服务业	Commerce, Catering and Services	74268	72883	101.9
耕地面积 （公顷）	Area under Cultivation （hectare）	3095.7	3135.7	98.7
农业机械总动力 （千瓦）	Total Power of Agricultural Machinery （kw）	49254	54028.8	91.2
化肥施用实物量 （吨）	Consumption of Chemical Fertilizers （ton）	848.3	1000.7	84.8
化肥施用折纯量 （吨）	Consumption of Chemical Fertilizers （100%）（ton）	358.8	384.8	93.2
农村用电量 （万千瓦时）	Consumption of Electricity （10000 kwh）	46340	544110.4	85.2
农业总产值 （万元）	Gross Output Value of Agriculture （10000 yuan）	30497.4	29276.3	104.2
种植业	Planting	19502.5	18512.4	105.3
林业	Forestry	3932.6	3847.1	102.2
牧业	Animal Husbandry	4373.6	4691	95.2
渔业	Fishery	2264.6	1725.9	131.2
农作物总播种面积 （万公顷）	Sown Area of Farm Crops （10000 hectare）	0.167	0.218	76.6

续表 2

项目		Item		丰台区 Fengtai 2009	2008	2009年为2008年% 2009 as% of 2008
粮食作物		Grain		0.052	0.076	68.4
经济作物		Industrial Crops				
其他作物		Other Crops		0.011	0.142	7.7
农副产品产量		Yield of Farm and Sideline Crops				
粮食	(万吨)	Grain	(10000 tons)	0.17	0.26	65.4
蔬菜	(吨)	Vegetable	(ton)	19207.6	24897.6	77.1
干鲜果	(吨)	Dry and Fresh Fruits	(ton)	1944.3	1935.1	100.5
畜产品产量		Output of Livestock Products				
生猪出栏	(头)	Slaughtered Hogs	(head)	14615	12922	113.1
猪牛羊肉	(吨)	Pork, Beef and Mutton	(ton)	1176.5	1016.3	115.8
#猪肉		Pork		1129.6	969.5	116.5
禽肉		Meat of Poultry	(ton)	71.5	140.2	51.0
禽蛋		Poultry Eggs	(ton)	1527.3	1564.1	97.6
牲畜年底头数	(头)	Number of Livestock(year – end)	(head)			
大牲畜		Large Animals		1276	1559	81.8
猪		Hogs		11667	12140	96.1
羊		Goats and Sheep		2435	2295	106.1
水产品产量	(吨)	Output of Aquatic Product	(ton)	622	474	131.2
农村经济总收入	(万元)	Total Rural Economic Revenue(10000 yuan)		2365335.2	2091112	113.1
农村利润总额	(万元)	Total Profits of Rural Economy(10000 yuan)		221928.6	202757	109.5
国家税金		State Taxes		90292.7	89123	110.2
提取盈余公积金		Surplus Accumulation Funds Drawn		32401.9	33669	96.2
劳动所得		Income from Work				
乡镇企业单位个数	(个)	Number of Township Village Enterprise	(unit)	976	861	113.4
乡镇企业个数	(个)	Number of Persons of Township Village Enterprise	(person)	64595	58799	109.9
乡镇企业净利润	(万元)	Net Profit of Township and Village Enterprise	(10000 yuan)	125256	63400	197.6
工业		**Industry**				
企业单位个数	(个)	Number of Enterprises	(unit)	476	463	102.8
国有		State – owned		25	35	71.4
集体		Collective – owned		22	46	47.8
其他		Others		429	382	112.3
工业总产值(现价,万元)		Gross Output Value of Industry (at current prices, 10000 yuan)		3687812	3534877	104.2
国有		State – owned		361333	307620	117.5
集体		Collective – owned		60018	56894	105.5
其他		Others		3266461	3170363	103.0
全部轻工业总产值(现价,万元)		Gross Output Value of Light Industry (at current prices, 10000 yuan)		967686	947774	102.1

续表 3

项目	Item	丰台区 Fengtai 2009	2008	2009年为2008年% 2009 as% of 2008
全部重工业总产值（现价，万元）	Gross Output Value of Heavy Industry (at current prices, 10000 yuan)	2720126	2587103	105.1
工业总产值（现价，万元）	Gross Output Value of Industry (at current prices, 10000 yuan)	968037	959347	100.9
工业企业财务指标	Financial Indicators for Enterprises with Independent Accounting System			
主营业务收入（万元）	Business income of the main products (10000 yuan)	3963027	4356909	91.0
#国有	State - owned	367277	339650	108.1
主营业务成本（万元）	Core business cost (10000 yuan)	3330375	3555576	93.7
#国有	State - owned	294126	265252	110.9
固定资产原价（万元）	Original Value of Fixed Assets (10000 yuan)	1884609	1940097	97.1
#国有	State - owned	325947	354323	92.0
固定资产净值（万元）	Net Value of Fixed Assets (10000 yuan)	1131302	1202695	94.1
#国有	State - owned	182711	211145	86.5
全部流动资金年平均余额（万元）	Annual Average Balance of Circulating Funds (10000 yuan)	3213289	3310841	97.1
#国有	State - owned	444374	4231110	105.0
利润总额（万元）	Total Profits (10000 yuan)	209397	252605	82.9
#国有	State - owned	23493	11517	204.0
产品销售率（%）	Ratio of Sales Value to Gross Output Value (%)	94.77%	95.58%	
商业	**Commerce**			
社会消费品零售额（万元）	Retail Sales of Consumer Goods (10000 yuan)	6350407	5441137	116.7
按类别分	Grouped by Type of Goods			
吃的商品	Food	1442748	1318212	109.4
穿的商品	Clothing	252918	210906	119.9
用的商品	Daily Used Articles	4533291	3777227	120.0
烧的商品	Fuel	121450	134792	90.1
网点数（个）	Number of Outlets (unit)	73613	69453	106.0
#商业	Wholesale and Retail	67727	63818	106.1
饮食业	Catering	5273	5120	103.0
住宿	Accommodation	613	515	119.0
营业人员（人）	Personnel (person)	274278	255420	107.5
#商业	Wholesale and Retail	219354	208362	105.3
饮食业	Catering	39716	36691	108.2
住宿	Accommodation	15208	10367	146.7
外经、外贸	**Foreign Economy and Trade**			
海关进出口贸易总额（万美元）	Total Value of Imports and Exports at Customs (USD 10000)	704000	560786	125.5
利用外资签订协议（合同）数（个）	Number of Signed Agreements and Contracts of Foreign Capital to be	38	35	108.6

续表 4

项目		Item	丰台区 Fengtai 2009	2008	2009年为2008年% 2009 as% of 2008
利用外资签订协议(合同)金额	(万美元)	Amount of Foreign Capital to be Utilized through Agreements and	30947.5	16640.9	186.0
实际利用外资	(万美元)	Amount of Foreign Capital Actually Used	10567.0	11625.0	90.9
旅游人数	(万人)	Number of Tourists (10000 persons)	1267.9	901.2	140.7
教育		**Education**			
学校数	(个)	Number of Schools (unit)			
小学		Primary Schools	93	94	98.9
普通中学		Regular Secondary School	45	47	95.7
招生数	(人)	New Student Enrollment (person)	21882	22660	96.6
小学		Primary Schools	11040	11627	95.0
初级中等学校		Junior Secondary Schools	7562	7545	100.2
高级中等学校		Senior Secondary Schools	3280	3488	94.0
在校学生	(人)	Student Enrollment (person)	96209	96706	99.5
小学		Primary Schools	64372	64155	100.3
初级中等学校		Junior Secondary Schools	21613	21556	100.3
高级中等学校		Senior Secondary Schools	10224	10995	93.0
毕业生	(人)	Graduates (person)	19006	19644	96.8
小学		Primary Schools	9600	9712	98.8
初级中等学校		Junior Secondary Schools	5974	6003	99.5
高级中等学校		Senior Secondary Schools	3432	3929	87.4
幼儿园、托儿所个数	(个)	Number of Kindergardens (unit)	112	111	100.9
幼儿入托数	(人)	New Enrollment (person)	27388	24289	112.8
文化		**Culture**			
文化馆、站	(个)	Cultural Centers (unit)	22	21	104.8
公共图书馆	(个)	Public Libraries (unit)	2	2	100.0
公共图书馆藏书	(万册)	Collection (10000 volume)	58	48	120.8
电影放映单位	(个)	Film Projection Units (unit)	1	1	100.0
区级以上重点文物保护单位	(个)	Cultural Relics Preserved at District Level and above (unit)	35	35	100.0
卫生		**Health**			
卫生机构数	(个)	Number of Health Institutions (unit)	467	452	103.3
#医院		Hospitals	56	52	107.7
卫生院		Clinics	2	2	100.0
床位数	(张)	Number of Beds (unit)	7830	6518	120.1
#医院		Hospitals	7629	6273	121.6
卫生院		Clinics			
平均每千人拥有床位数	(张)	Average Number of Beds Per 1000 Persons (unit)	7.4	6.6	112.1
卫生技术人员	(人)	Medical Technical Personnel (person)	12222	11141	109.7
#医生		Doctors	4299	4035	106.5
公用设施		**Public Utilities**			
区级以上公园	(个)	Parks at District Level and above (unit)	24	24	100.0
体育场馆	(个)	Stadiums and Gymnasiums (unit)			
道路长度	(公里)	Length of Roads (km)			

(丰台区统计局提供)

附　　录

中共北京市丰台区委主要文件目录

中共北京市丰台区委文件

京丰发〔09〕1号　关于在全区推进廉政风险防范管理工作的意见
京丰发〔09〕2号　关于贯彻《北京市加强社会建设实施纲要》的实施意见
京丰发〔09〕3号　关于印发《区委常委会2009年工作要点》的通知
京丰发〔09〕4号　关于印发《区委常委会2009年议题计划》的通知
京丰发〔09〕5号　关于加强和改进工会工作的意见
京丰发〔09〕6号　关于表彰2008年度社会治安综合治理先进单位的决定
京丰发〔09〕7号　关于在全区党员中开展深入学习实践科学发展观活动的实施意见
京丰发〔09〕8号　关于表彰2008年度农村党建"三级联创"先进单位的决定
京丰发〔09〕9号　关于加快农村经济发展、促进农民增收的若干意见
京丰发〔09〕10号　关于印发《丰台区学习实践科学发展观活动有关任务责任分解》的通知
京丰发〔09〕11号　关于调整区委常委分工的通知
京丰发〔09〕12号　印发《关于深入开展"平安丰台"建设的意见》的通知
京丰发〔09〕13号　关于加快形成城乡经济社会发展一体化新格局的意见
京丰发〔09〕14号　关于贯彻《北京市对台工作规划纲要(2009－2012年)》的实施意见
京丰发〔09〕15号　关于印发《中共丰台区委丰台区人民政府领导班子学习实践科学发展观活动整改落实方案》的通知
京丰发〔09〕16号　关于表彰新中国成立60周年庆祝活动先进单位的决定
京丰发〔09〕17号　关于成立中共丰台区园林绿化局委员会、纪律检查委员会的通知
京丰发〔09〕18号　关于成立中共丰台区人力资源和社会保障局委员会、纪律检查委员会的通知
京丰发〔09〕19号　关于进一步加强党校工作的意见

中共北京市丰台区委办公室文件

京丰办发〔09〕1号　关于成立丰台区社会建设工作领导小组的通知
京丰办发〔09〕2号　关于立即开展安全生产

大检查和隐患大排查专项行动的通知

京丰办发〔09〕3 号　关于转发《区委组织部 2009 年工作要点》的通知

京丰办发〔09〕5 号　关于转发《丰台区 2009 年政法维稳工作要点》的通知

京丰办发〔09〕6 号　关于印发《丰台区 2009 年全国“两会”安全保卫工作方案》的通知

京丰办发〔09〕7 号　关于印发《丰台区 2009 年信访工作要点》的通知

京丰办发〔09〕9 号　关于印发《丰台区 2009 年宣传思想工作要点》的通知

京丰办发〔09〕10 号　关于印发《丰台区开展社会治安秩序综合整治专项行动方案》的通知

京丰办发〔09〕12 号　关于表彰 2009 年度丰台区督查、信息工作先进单位和先进个人的决定

京丰办发〔09〕14 号　关于调整丰台区双拥工作委员会成员的通知

京丰办发〔09〕15 号　关于成立丰台区国庆筹备工作领导小组的通知

京丰办发〔09〕17 号　关于贯彻落实《北京市委办公厅、北京市政府办公厅关于进一步净化社会文化环境促进未成年人健康成长的若干意见》的实施意见

京丰办发〔09〕18 号　转发《区委宣传部关于围绕庆祝新中国成立 60 周年深入开展群众性爱国主义教育活动的实施意见》的通知

京丰办发〔09〕19 号　印发《关于深入开展“国庆平安行动”、全面加强社会面控制工作的方案》的通知

京丰办发〔09〕20 号　关于印发《丰台区关于进一步完善领导干部接待群众来访制度的意见》等三个文件的通知

京丰办发〔09〕21 号　关于在机构改革中做好档案工作的通知

京丰办发〔09〕22 号　关于印发《“平安丰台”建设折子工程》的通知

京丰办发〔09〕23 号　关于组织学习《党内反邪教警示教育提纲》的通知

京丰办发〔09〕25 号　关于进一步加强和完善机构编制管理、严格控制机构编制的通知

京丰办发〔09〕27 号　关于印发《丰台区人民政府机构改革实施意见》的通知

京丰办发〔09〕28 号　关于调整丰台区社会建设工作领导小组成员的通知

京丰办发〔09〕29 号　关于做好 2009 年国庆节前后有关工作的通知

京丰办发〔09〕31 号　关于进一步加强国庆期间应急值守工作的通知

京丰办发〔09〕32 号　关于 2009 年 9 月 18 日调整工作时间的通知

京丰办发〔09〕33 号　关于区领导国庆节前带队进行国庆安保和安全生产检查的通知

京丰办发〔09〕34 号　关于进一步做好 2009 年残疾人就业保障金征缴工作的通知

京丰办发〔09〕35 号　关于成立 2009 年冬季征兵工作领导小组的通知

京丰办发〔09〕37 号　关于印发《北京市丰台区机构编制委员会办公室主要职责、内设机构和人员编制规定》的通知

京丰办发〔09〕38 号　关于印发《丰台区工程建设领域突出问题专项治理工作实施方案》的通知

京丰办发〔09〕40 号　关于成立丰台区村“两委”换届选举工作领导小组的通知

京丰办发〔09〕41 号　关于印发《丰台区贯彻实施〈中共北京市委关于率先形成城乡经济社会发展一体化新格局的意见〉分工方案》的通知

京丰办发〔09〕43 号　关于做好 2010 年元旦、春节期间有关工作的通知

京丰办发〔09〕44 号　关于进一步加强会风建设的通知

丰台区人民政府主要文件目录

丰台区人民政府文件

丰政发〔2009〕1号　北京市丰台区人民政府关于印发区十四届人大四次会议审议批准的《政府工作报告》的通知

丰政发〔2009〕2号　北京市丰台区人民政府关于印发落实市政府第十五阶段大气污染控制措施任务分解的通知

丰政发〔2009〕3号　北京市丰台区人民政府关于发布行政规范性文件清理结果的通知

丰政发〔2009〕4号　北京市丰台区人民政府关于成立轨道交通工程征地拆迁指挥部的通知

丰政发〔2009〕5号　北京市丰台区人民政府关于促进北京丽泽金融商务区金融产业发展的意见（试行）

丰政发〔2009〕6号　北京市丰台区人民政府关于印发《丰台区人民政府2009年在直接关系群众生活方面拟办的重要实事》的通知

丰政发〔2009〕7号　关于印发2009年区政府折子工程的通知

丰政发〔2009〕8号　北京市丰台区人民政府关于加强部门统计工作整合全区经济社会统计信息资源的意见

丰政发〔2009〕9号　北京市丰台区人民政府关于印发《丰台区产业发展引导基金管理办法（试行）》的通知

丰政发〔2009〕10号　北京市丰台区人民政府北京市丰台区人民武装部关于表彰2008年度民兵先进单位和个人的决定

丰政发〔2009〕11号　北京市丰台区人民政府关于印发《2009年区政府会议计划议题安排意见》的通知

丰政发〔2009〕12号　北京市丰台区人民政府关于表彰2008年度行政机关效能建设工作先进单位的决定

丰政发〔2009〕13号　北京市丰台区人民政府关于社区居民委员会换届选举工作意见

丰政发〔2009〕14号　关于印发2009年区政府投资计划折子工程的通知

丰政发〔2009〕15号 北京市丰台区人民政府关于印发《丰台区事业单位岗位设置管理实施办法》的通知丰政发〔2009〕16号　关于转发促进李家峪村开发建设若干意见的通知

丰政发〔2009〕17号　关于表彰2008年度安全生产工作先进单位和先进个人的决定

丰政发〔2009〕18号　北京市丰台区人民政府关于2009年财政收入目标任务分解落实的意见

丰政发〔2009〕19号　北京市丰台区人民政府关于印发《丰台区扩大内需重点项目绿色审批通道实施办法（试行）》的通知

丰政发〔2009〕20号　北京市丰台区人民政府关于2009年保增长促发展的意见

丰政发〔2009〕21号　北京市丰台区人民政府关于进一步做好促进就业工作的意见

丰政发〔2009〕22号　北京市丰台区人民政府关于印发建立保增长促发展领导机构和工作机制的通知

丰政发〔2009〕23号　北京市丰台区人民政府关于印发2009年区政府保增长折子工程的通知

丰政发〔2009〕24号　北京市丰台区人民政府关于2009年新增区级火灾隐患挂账督办的通知

丰政发〔2009〕25号　关于印发丰台区城乡居民养老保险实施方案的通知

丰政发〔2009〕26号　关于成立大红门服装商贸区工作领导小组的通知

丰政发〔2009〕27号　北京市丰台区人民政府关于建立“保增长、保民生、保稳定”工作三会

联动机制的通知

丰政发〔2009〕28号 关于授予王意同学"见义勇为积极分子"称号的决定

丰政发〔2009〕30号 关于转发深化改革转变职能提高效率进一步建设服务型政府意见的通知

丰政发〔2009〕31号 北京市丰台区人民政府关于表彰2008年度荣获科学技术奖单位和个人的决定

丰政发〔2009〕32号 北京市丰台区人民政府关于印发丰台区市政基础设施征地拆迁主体下移机制实施方案的通知

丰政发〔2009〕33号 北京市丰台区人民政府关于整治新生违法建设工作的实施意见

丰政发〔2009〕34号 北京市丰台区人民政府关于印发帮扶企业应对国际金融危机若干措施的通知

丰政发〔2009〕35号 北京市丰台区人民政府关于创建全国双拥模范城活动的实施意见

丰政发〔2009〕36号 北京市丰台区人民政府关于印发"建国60周年庆祝活动"社会面火灾防控工作实施方案的通知

丰政发〔2009〕37号 北京市丰台区人民政府关于促进商标发展工作的意见

丰政发〔2009〕38号 北京市丰台区人民政府关于公布第二批区级非物质文化遗产名录的通知

丰政发〔2009〕39号 北京市丰台区人民政府转发关于进一步明确责任突出重点加强甲型H1N1流感预防控制工作的通知

丰政发〔2009〕40号 北京市丰台区人民政府关于印发土地储备开发项目资金监管暂行办法的通知

丰政发〔2009〕41号 北京市丰台区人民政府关于印发新中国成立六十周年系列文化活动总体方案的通知

丰政发〔2009〕42号 北京市丰台区人民政府关于印发专利奖励及转化资助办法的通知

丰政发〔2009〕43号 北京市丰台区人民政府关于印发2009年市绿色审批通道项目任务分解的通知

丰政发〔2009〕44号 北京市丰台区人民政府关于国资委直接监管企业国有资本收益收取管理暂行办法的通知

丰政发〔2009〕45号 北京市丰台区人民政府关于机构设置的通知

丰政发〔2009〕46号 北京市丰台区人民政府关于印发农村征地补偿费管理办法(试行)的通知

丰政发〔2009〕47号 北京市丰台区人民政府关于加强依法行政工作的意见

丰政发〔2009〕48号 北京市丰台区人民政府关于做好2009年兵役登记工作的通知

丰政发〔2009〕49号 北京市丰台区人民政府关于印发《丰台区2009年下半年重点工作任务分解表》的通知

丰政发〔2009〕50号 北京市丰台区人民政府关于调整2009年区政府投资计划折子工程的通知

丰政发〔2009〕51号 北京市丰台区人民政府关于做好2009年在京重大投资项目调查服务事项任务分解方案落实工作的通知

丰政发〔2009〕52号 北京市丰台区人民政府北京市丰台区人民武装部2009年冬季征兵命令

丰政发〔2009〕54号 北京市丰台区人民政府关于《北京市集体土地房屋拆迁管理办法》的实施意见

丰台区人民政府办公室文件

丰政办发〔2009〕1号 北京市丰台区人民政府办公室关于转发丰台区2009 年无障碍设施建设和改造工作实施方案的通知

丰政办发〔2009〕2号 北京市丰台区人民政府办公室关于转发丰台区2008 年度安全生产工作情况和2009 年安全生产工作思路的通知

丰政办发〔2009〕4号　北京市丰台区人民政府办公室关于转发丰台区打击非法开采矿产资源专项工作方案的通知
丰政办发〔2009〕5号　北京市丰台区人民政府办公室关于印发《丰台区社区工作者管理办法实施细则》及《丰台区社区服务站试点工作实施方案》的通知
丰政办发〔2009〕6号　北京市丰台区人民政府办公室关于转发《北京丽泽金融商务区2009　年工作要点》的通知
丰政办发〔2009〕8号　北京市丰台区人民政府办公室关于转发丰台区首届社区运动会暨第三届"和谐杯"乒乓球比赛工作方案的通知
丰政办发〔2009〕9号　北京市丰台区人民政府办公室关于调整防汛指挥部领导成员名单的通知
丰政办发〔2009〕10号　北京市丰台区人民政府办公室关于转发促进区域经济发展保障经济增长若干意见的通知
丰政办发〔2009〕11号　北京市丰台区人民政府办公室关于转发做好农村改革发展和重大投资项目政府信息公开工作的通知
丰政办发〔2009〕12号　北京市丰台区人民政府办公室关于调整区政府领导近期分工的通知
丰政办发〔2009〕13号　关于转发家电下乡工作方案的通知
丰政办发〔2009〕16号　北京市丰台区人民政府办公室关于转发2009　年解决无城镇危房户工作实施方案的通知
丰政办发〔2009〕18号　北京市丰台区人民政府办公室关于转发丰台区社区便民菜店推广工作实施方案的通知
丰政办发〔2009〕20号　北京市丰台区人民政府办公室关于转发整治违法排污企业保障群众健康环保专项行动实施方案的通知
丰政办发〔2009〕23号　北京市丰台区人民政府关于调整丰台区无障碍设施建设工作领导小组的通知
丰政办发〔2009〕24号　北京市丰台区人民政府办公室关于转发第七届全民健身体育节工作方案的通知
丰政办发〔2009〕25号　北京市丰台区人民政府办公室转发关于残疾人"人人享有康复服务"审评实施方案的通知
丰政办发〔2009〕26号　北京市丰台区人民政府办公室关于成立土地储备开发项目资金监督工作小组的通知
丰政办发〔2009〕27号　北京市丰台区人民政府办公室转发关于机构调整变动部门和单位经费资产处置工作意见的通知
丰政办发〔2009〕28号　北京市丰台区人民政府办公室关于长辛店镇"6.4"山火处理情况的通报
丰政办发〔2009〕29号　北京市丰台区人民政府办公室关于调整黄标车淘汰领导小组成员的通知
丰政办发〔2009〕30号　北京市丰台区人民政府办公室关于转发加强新中国成立60　周年庆祝活动筹备工作档案管理意见的通知
丰政办发〔2009〕31号　北京市丰台区人民政府办公室关于调整退出企业改革调整工作协调小组成员名单的通知
丰政办发〔2009〕32号　北京市丰台区人民政府办公室关于做好严厉打击非法开采矿产资源工作的通知
丰政办发〔2009〕33号　北京市丰台区人民政府办公室关于印发北京南站地区管理委员会主要职责内设机构和人员编制规定的通知
丰政办发〔2009〕34号　北京市丰台区人民政府办公室关于转发医疗保险费用持卡结算工作方案的通知
丰政办发〔2009〕35号　北京市丰台区人民政府办公室关于印发南苑机场外围服务保障方案的通知
丰政办发〔2009〕37号　北京市丰台区人民政府办公室关于机构改革中行政执法工作衔接等有关事项的通知

丰政办发〔2009〕38号　北京市丰台区人民政府办公室关于印发甲型H1N1流感防控工作督查方案的通知

丰政办发〔2009〕39号　北京市丰台区人民政府办公室关于抓紧拟订主要职责内设机构和人员规定草案的通知

丰政办发〔2009〕40号　北京市丰台区人民政府办公室关于转发开展汽车摩托车下乡工作实施方案的通知

丰政办发〔2009〕41号　北京市丰台区人民政府办公室关于转发解决住宅小区临时代永久用电问题实施方案的通知

丰政办发〔2009〕42号　北京市丰台区人民政府办公室关于转发庆祝新中国成立60周年环境综合整治方案的通知

丰政办发〔2009〕43号　北京市丰台区人民政府办公室关于转发儿童福利机构孤儿成年后安置工作实施方案的通知

丰政办发〔2009〕44号　北京市丰台区人民政府办公室关于转发落实扩大内需重大项目行政问责办法的通知

丰政办发〔2009〕45号　北京市丰台区人民政府办公室关于转发劳动保障监察两网化管理试点工作实施方案的通知

丰政办发〔2009〕46号　北京市丰台区人民政府办公室转发市政府办公厅关于依法规范升挂国旗的通知

丰政办发〔2009〕47号　北京市丰台区人民政府办公室关于印发群租房专项整治工作方案的通知

丰政办发〔2009〕48号　北京市丰台区人民政府办公室转发市政府办公厅关于做好国庆节期间有关工作意见的通知

丰政办发〔2009〕49号　北京市丰台区人民政府办公室关于印发河西渣土场整治工作方案的通知

丰政办发〔2009〕50号　北京市丰台区人民政府办公室关于成立南苑棚户区改造指挥部办公室的通知

丰政办发〔2009〕51号　北京市丰台区人民政府办公室关于成立军民融合产业促进工作小组的通知

丰政办发〔2009〕52号　北京市丰台区人民政府办公室关于印发2009－2010年度预防煤气中毒工作方案的通知

丰政办发〔2009〕53号　北京市丰台区人民政府办公室关于进一步规范公文报送工作的通知

丰政办发〔2009〕54号　北京市丰台区人民政府办公室关于进一步规范办公室内部公文处理工作的意见

丰政办发〔2009〕55号　北京市丰台区人民政府办公室关于印发会议决定事项落实情况督查考核办法的通知

丰政办发〔2009〕56号　北京市丰台区人民政府办公室关于印发公文处理工作考核办法的通知

丰政办发〔2009〕57号　北京市丰台区人民政府办公室关于印发街道系统政府信息公开目录样本的通知

丰政办发〔2009〕58号　北京市丰台区人民政府办公室关于建立依申请公开会商制度的通知

丰政办发〔2009〕59号　北京市丰台区人民政府办公室关于印发区政府专题会议服务保障办法的通知

丰政办发〔2009〕61号　北京市丰台区人民政府办公室关于印发蒲黄榆路工程征地拆迁工作实施方案的通知

丰政办发〔2009〕62号　北京市丰台区人民政府办公室关于调整科技工作领导小组成员的通知

丰政办发〔2009〕63号　北京市丰台区人民政府办公室关于转发市教委市卫生局关于近期强化中小学甲型H1N1流感防控工作意见的通知

丰政办发〔2009〕64号　北京市丰台区人民政府办公室关于转发开展重金属污染企业专项

检查实施方案的通知

丰政办发〔2009〕65号　北京市丰台区人民政府办公室关于印发丰台区行政规范性文件清理工作管理办法的通知

2009年丰台区各级各类学校基本数据

项　目	学校（所）	教职工数（人）	在校生数（人）	招生数（人）	毕业生数（人）
总计	259	14264	128168	33125	27716
中学小计	45	4601	31837	10842	9406
初级中学	18	1180	7087	2739	1687
完全中学	15	2946	20499	6751	6521
高级中学	4	1046	296	308	
九年一贯制学校	8	475	2892	979	772
其他学校附设中学班	313	77	118		
职业高中	6	740	4449	1407	1868
小学小计	93	4602	64372	11040	9600
教育部门办	89	4602	61057	10602	9078
其他部门办	30	0	29		
社会力量办	4	3285	438	493	
幼儿园小计	112	4241	27388	9833	6832
教育部门办	21	880	7786	2424	1800
其他部门办	26	945	6325	2084	1684
社会力量办	30	1446	7428	2874	1681
集体办	35	970	5849	2451	1667
特殊教育小计	3	80	122	3	10
工读学校	1	34	0		
弱智儿童学校	2	46	122	3	10

丰台区小学一览表

学校名称	校长	邮政编码	学校详细地址	电话号码
一、教育部门和集体办				
北京市丰台区右安门第一小学	张悦峰	100054	北京市丰台区右安门外东二条51号	63538827
北京市丰台区玉林小学	梁秀桥	100069	北京市丰台区玉林里18号	63291380
北京市丰台区翠林小学	刘洪	100069	北京市丰台区右安门外翠林小区三	83401920
北京市丰台区太平桥第二小学	杨国梅	100073	北京市丰台区太平桥8号	63262101
北京市丰台区六里桥小学	冯玉梅	100055	北京市丰台区连花池南里15号	63453505
北京市西罗园学校	姜波	100077	北京市丰台区西罗园二区21号楼	67222633
北京市洋桥学校	徐朝辉	100077	北京市丰台区洋桥北里6号	67218657
北京市丰台区西罗园小学	闫卫华	100068	北京市丰台区海户西里12号楼	67233006
北京市丰台区西罗园第四小学	陈卫东	100077	北京市丰台区洋桥西里31号	67217206
北京市丰台区西罗园第五小学	吴家荣	100077	北京市丰台区西罗园三区16号楼	67223982

续表

学 校 名 称	校长	邮政编码	学 校 详 细 地 址	电话号码
北京市丰台区角门小学	张会军	100068	北京市丰台区角门东里甲 30 号	67541724
北京市赵登禹学校	徐唯	100067	北京市丰台区嘉园二里 43 号	67539155
北京市丰台区大红门第一小学	马丽丽	100075	北京市丰台区大红门西前街 24 号	67267294
北京市丰台区大红门第二小学	武金英	100075	北京市丰台区大红门东后街 157 号	67221506
北京市丰台区西罗园第六小学	房建国	100068	北京市丰台区西罗园南里 9 号楼	67232530
北京市丰台区东罗园小学	王艳荣	100075	北京市丰台区马公庄 5 号楼	67269874
北京市丰台区苏家坡小学	王春林	100075	北京市丰台区大红门路 15 号	67212473
北京市丰台区时光小学	林燕鸣	100079	北京市丰台区石榴园北里 20 号楼	67243361
北京市丰台区西马场第一小学	赵秀云	100068	北京市丰台区西马场金润小区 2 区 25	87597043
北京市丰台区南苑镇第一小学	李淑捷	100076	北京市丰台区南苑公所胡同 22 号	67991392
北京市丰台区南苑第四小学	蒋梅荣	100076	北京市丰台区南苑机场警备东路六	67964608
北京市丰台区五爱屯小学	杨静	100076	北京市丰台区南苑西宏苑小区 6 号楼	67991284
北京市丰台区东高地第一小学	张雪丽	100076	北京市丰台区东高地斜街 1 号	68769993
北京市丰台区东高地第二小学	吴萍华	100076	北京市丰台区东高地万源东里 75 栋	68753771
北京市丰台区东高地第三小学	陈翠敏	100076	北京市丰台区东高地梅源小区内	68759889
北京市丰台区东高地第四小学	徐艳红	100076	北京市丰台区万源南路 2 号	88524604
北京市丰台区东铁匠营第一小学	徐绯	100075	北京市丰台区蒲黄榆路胡村 1 号	67614441
北京市丰台区东铁匠营第二小学	许芳	100079	北京市丰台区永外北铁营 259 号	67610205
北京市丰台区蒲黄榆第一小学	张小军	100075	北京市丰台区蒲黄榆西里 3 号楼	67653658
北京市丰台区蒲黄榆第三小学	张光彦	100075	北京市丰台区蒲安里 15 号	67613813
北京市丰台区成寿寺小学	吴新升	100078	北京市丰台区成寿寺村 76 号	67607225
北京市大成学校	凌云	100141	北京市丰台区青塔小区 C 区	68671697
北京市丰台区实验学校	石磊	100071	北京市丰台区程庄路 90 号	63833941
北京市丰台区丰体时代小学	张拥军	100166	北京市丰台区丰体南路一号院 10 号	63821729
北京市丰台区小瓦窑小学	郑海生	100040	北京市丰台区小瓦窑村 93 号	68633001
北京市丰台区丰台第一小学	高秀贤	100071	北京市丰台区东安街头条 2 号	68749564
北京市丰台区丰台第二小学	胡敏	100070	北京市丰台区丰台南路 107 号	63720323
北京市丰台区师范学校附属小	田昆升	100071	北京市丰台区文体路 30 号	63845663
北京市丰台区丰台第五小学	李磊	100071	北京市丰台区西四环南路 78 号	63823080
北京市丰台区丰台第六小学	张蕾	100071	北京市丰台区丰台镇七里庄 138 号	63823479
北京市丰台区丰台第七小学	校施京平	100071	北京市丰台区东大街东里	63838946
北京铁路职工子弟第十一小学	杨凤娥	100070	北京市丰台区西四环南路 93 号	63736807
北京市丰台区丰台第八小学	孙淑凤	100070	北京市丰台区韩庄子小区二里 8 号楼	63720715
北京市丰台区实验小学	段兰华	100070	北京市丰台区科学城恒富街 1 号	63743474
北京市丰台区万柳园小学	曹洁	100070	北京市丰台区万柳园小区 10 号楼	63300078
北京市丰台区长辛店第三中学	王立华	100072	北京市丰台区朱家坟一里 44 号	83885842
北京市丰台区长辛店第一小学	吴亚民	100072	北京市丰台区长辛店大街 145 号	83876718

续表

学 校 名 称	校长	邮政编码	学 校 详 细 地 址	电话号码
北京市丰台区长辛店第二小学	董山	100072	北京市丰台区长辛店大街262号	83876245
北京市丰台区长辛店第七小学	李旭红	100072	北京市丰台区长辛店陈庄大街4号	83877075
北京二七车辆厂小学	陈宝忠	100072	北京市丰台区张郭庄南路3号	83804642
北京长辛店铁路小学	孙少红	100072	北京市丰台区长辛店崔村一里7号	83305703
北京市丰台区云岗第一小学	孔秀云	100074	北京市丰台区云岗北区西里7号	88532492
北京市丰台区云岗第二小学校	张德江	100074	北京市丰台区云岗南区西里23号	83316381
北京市丰台区芳星园小学	王志清	100078	北京市丰台区方庄芳星园2区9号楼	67629257
北京市丰台区芳星园第二小学	孙曾红	100078	北京市丰台区芳星园三区21号楼	67644438
北京市丰台区芳群园第一小学	王君霞	100078	北京市丰台区芳群园一区14#楼	67634832
北京市丰台区芳城园小学	刘爱华	100078	北京市丰台区方庄芳城园二区1号	67648616
北京市丰台区芳古园小学	申瑞芝	100078	北京市丰台区方庄小区芳古园1区19	67629801
北京市丰台区卢沟桥第一小学	李静	100165	北京市丰台区卢构桥城内街155号	83891403
北京市丰台区卢沟桥第二小学	张利民	100165	北京市丰台区卢沟桥南里32号	83893491
北京市丰台区马家堡小学	王毅	100068	北京市丰台区马家堡西里52号	67528743
北京市丰台区和义学校	王海燕	100076	北京市丰台区南苑北里3区12号楼	67983090
北京市丰台区长辛店中心小学	刁全贵	100072	北京市丰台区槐树岭5号	83800556
北京市丰台区王佐学校	黄玉兰	100074	北京市丰台区王佐镇西王佐村25号	83316351
北京市丰台区南宫中心小学	马新	100074	北京市丰台区云岗新村78号	83316716
北京市丰台区首科花园小学校	李思琴	100073	北京市丰台区太平桥村550号	63379841
北京市丰台区三路居小学	黄书亮	100073	北京市丰台区三路居105号	83062366
北京市丰台区万泉寺小学	张建超	100073	北京市丰台区万泉寺270号	63336670
北京市丰台区东管头小学	刘红燕	100073	北京市丰台区东管头村6号	63307457
北京市丰台区小井小学	白文梅	100161	北京市丰台区小井村338号	63814959
北京市丰台区西局小学	孙向东	100073	北京市丰台区西局后街81号	63834783
北京市丰台区岳各庄小学	郭玉荣	100161	北京市丰台区岳各庄村470号	83666296
北京市丰台区靛厂小学	李德华	100039	北京市丰台区靛厂村甲300号	63823941
北京市丰台区郑常庄第一小学	张波	100141	北京市丰台区大成路长安新城1区11	68697083
北京市丰台区小屯小学	崔秀芳	100071	北京市丰台区小屯路150号	68654723
北京市丰台区张仪村小学	仇志忠	100071	北京市丰台区张仪村240号	68633912
北京市丰台区大瓦窑小学	陈淑通	100166	北京市丰台区大瓦窑村170号	83290622
北京市丰台区草桥小学	林艳玲	100067	北京市丰台区草桥欣园四区	67529075
北京市丰台区黄土岗小学	李静	100070	北京市丰台区后黄土岗3号	63726855
北京市丰台区新发地小学	徐学敏	100160	北京市丰台区新发地天伦锦城12号	83721271
北京市丰台区白盆窑小学	侯健	100070	北京市丰台区花乡白盆窑村南	83791278
北京市丰台区郭公庄小学	陈罕芙	100060	北京市丰台区郭公庄村467号	83703318
北京市丰台区高立庄小学	王兰	100070	北京市丰台区高立庄村246号	83700095

续表

学 校 名 称	校长	邮政编码	学校详细地址	电话号码
北京市丰台区六圈小学	张淑凤	100070	北京市丰台区富锦嘉园小区内	83623899
北京市丰台区看丹小学	陈宝玉	100070	北京市丰台区建新路36号	63713286
北京市丰台区阳春小学	侯建利	100070	北京市丰台区花乡羊坊村111号	83702037
北京市丰台区保台小学	林燕萍	100070	北京市丰台区保台村140号	83614603
北京市丰台区樊家村小学	张晓红	100070	北京市丰台区南大元290号	63736204
北京市丰台区纪家庙小学	王红	100070	北京市丰台区于家胡同59号	63359123
北京市丰台区四合庄小学	杨美凤	100070	北京市丰台区花乡育仁里2号院	83621316
北京市丰台区人民村小学	赵艳蓉	100070	北京市丰台区人民村58号	83600516
北京小学丰台万年花城分校	刘显洋	100070	北京市丰台区万年花城万芳园2区4	58370903
北京市丰台区西铁匠营小学	解立霞	100054	北京市丰台区右安门外西铁匠营村1	83407194
北京市丰台区石榴庄小学	祁红	100079	北京市丰台区石榴庄南里2号	67658142
北京市丰台区分钟寺小学校	余芳	100164	北京市丰台区分钟寺450号	87690600
北京市丰台区槐房小学	辛洁	100076	北京市丰台区南苑槐房村335号	67911653
北京市丰台区新宫小学	刘彤	100076	北京市丰台区新宫村370号	67913638
二、民办				
北京市丰台区康华小学	范春荣	100075	北京市丰台区南顶村31号	67254217
北京第一实验小学彩虹分校	孙世荣	100075	北京市丰台区光彩路67号院	87809788
北京市阳光红学校	封香兰	100071	北京市丰台区西五里店21号	51438058
北京第二实验小学怡海分校	史德志	100070	北京市丰台区南四环西路129号	63743221
北京市丰台区晓月苑小学	杨淑芬	100165	北京市丰台区卢沟桥晓月苑一里14	83214610
北大附属实验学校	李明春	100070	北京市丰台区明春苑小区	83701122
三、其它部门办				
北京市第十二中学体育分校	张炳	100071	北京市丰台区文体路32号	63804652
打工子弟学校				
北京市蓝天丰苑学校	刘乙辰	100076	北京市丰台区南苑五爱屯东街2号	67997625
北京市丰台区振华民生学校	邹平	100166	北京市丰台区卢沟桥乡大瓦窑村525	83291054

丰台区中学一览表

学 校 名 称	校长	邮政编码	学校详细地址	电话号码
一、教育部门和集体办				
首都医科大学附属中学	刘建宾	100069	丰台区右安门外翠林小区二里	83401226
北京市右安门外国语学校	景晓琳	100069	丰台区右安门外玉林东里三区	63291397
北京市太平桥中学	郑洁	100073	丰台区西客站南路27号	63475285
北京市丰台区三路居中学	单鸾娇	100073	丰台区骆驼湾37号	83062120
北京市丰台区角门中学	王振民	100068	丰台区马家堡路122号	67532812
北京市西罗园学校	姜波	100077	丰台区西罗园二区21号楼	67222633

续表

学校名称	校长	邮政编码	学校详细地址	电话号码
北京市洋桥学校	徐朝辉	100077	丰台区洋桥北里6号	67218657
北京市丰台区南顶中学	王弋	100075	丰台区大红门路60号	67235977
北京市赵登禹学校	徐唯	100067	丰台区马家堡嘉园一里17号	67573220
北京市丰台区南苑中学	栗培志	100076	丰台区南苑西路1号	67991601
北京市航天中学	柳学袖	100076	丰台区万源北路3号	67991659
北京市丰台区东铁匠营第一中学	骆国层	100075	丰台区刘家窑东里7号	67621765
北京市丰台区东铁匠营第二中学	刘志全	100079	丰台区石榴园北里4号	67283340
北京市丰台区丰台路中学	姜波	100071	丰台区西四环中路103号	63822494
北京市大成学校	凌云	100141	丰台区青塔小区C区	68671697
北京市丰台区实验学校	石磊	100071	丰台区程庄路90号	63833946
北京市第十二中学	李有毅	100071	丰台区益泽路十五号	83666027
北京市丰台区丰台第一中学	李晨辉	100070	丰台区桥南新华街2号	63726654
北京市丰台区丰台第二中学	王志江	100071	丰台区东安街头条3号	63800782
北京首都师范大学附属丽泽中学	臧富仁	100071	丰台区北大街七号	63825292
北京市丰台第八中学	刘磊	100071	丰台区北大地一里16号	63841055
北京市丰台第七中学	焦素琴	100070	丰台区新村四里三号	63739315
北京市丰台区看丹中学	李迎红	100070	丰台区看丹建新路19号	63737583
北京市第十中学	林晓红	100072	丰台区长新店镇南关东里1号	83884109
北京市丰台区长辛店第一中学	王亚荣	100027	丰台区长辛店桥西扶轮胡同45	83878013
北京市丰台区长辛店第三中学	王立华	100072	丰台区朱家坟一里44号	83885842
北京市丰台区槐树岭学校	张冬梅	100072	丰台区槐树岭2号院	83803650
北京市云岗中学	葛保红	100074	丰台区云岗北区东里1号	68740542
北京市第十八中学	钟灵	100078	丰台区方庄芳星园二区11号	67696709
北京市芳星园中学	李晓东	100078	丰台区方庄芳城园三区10号	67684478
北京市丰台区左安门中学	何百忠	100164	丰台区成寿寺路四方景园五区	67644261
北京市丰台区卢沟桥中学	杨燕	100165	丰台区晓月苑小区垂虹街2号	83219582
北京市丰台区和义学校	王海燕	100076	丰台区南苑北里3区12号楼	67983090
北京市丰台区王佐学校	黄玉兰	100074	丰台区王佐镇西王佐村25号	83316351
北京市丰台区黄土岗中学	冯明	100160	丰台区南四环西路16号	83716088
北京市丰台区郭公庄中学	徐晓华	100160	丰台区花乡郭公庄村443号	83612348
二、民办				
北京新桥外国语学校	陈燕冰	100069	丰台区右安门外开阳里东巷24	63587607
北京市明德中学	陈秀萍	100073	丰台区马连道骆驼湾37号	83062818
北京市中桥外国语学校	李雪兰	100073	丰台区太平桥东局甲2号	63394508
北京市阳光红学校	封香兰	100071	丰台区西五里店21号	51438058
北京市第十二中学高中分校	李有毅	100071	丰台区益泽路15号	83666014

续表

学校名称	校长	邮政编码	学校详细地址	电话号码
北京市第八中学怡海分校	尹小凤	100070	丰台区南四环西路129号	63798086
北京市丰华中学	崔东	100072	丰台区朱家坟一里45号	83806697
北京市圣云中学	杨效欣	100072	丰台区卢沟桥晓月苑一里14号	83218989
北大附属实验学校	李明春	100070	丰台区明春苑小区	83701122
三、其它部门办				
北京市第二二二中学	徐建中	100075	丰台区光彩北路4号	87280852
北京市第十二中学体育分校	张炳	100071	丰台区文体路32号	63804652
打工子弟学校				
北京市丰台区振华民生学校	邹平	100166	北京市丰台区卢沟桥乡大瓦窑村	83291054

丰台区职业高中一览表

学校名称	校长	邮政编码	学校详细地址	电话号码
丰台区职业教育中心学	曹继成	100078	丰台区方庄芳古园二区九号	67628098
北京市洋桥职业学校	杨士维	100077	丰台区西罗园四区二十九号	67220459
丰台区城市园林建设学	孙默林	100161	北京市丰台区岳各庄一号	63820263
北京新桥外国语学校	陈燕冰	100069	丰台区右安门外开阳里东巷	63587607
丰台区汽车维修职业学	岳东明	100070	丰台区花乡高立庄195号	83795515
北京八一艺术学校	姬崇恭	100070	丰台区马家楼路125号	60121588

丰台区特教工读一览表

学校名称	校长	邮政编码	学校详细地址	电话号码
工读学校	苗森	100072	丰台区长辛店西峰寺	6083872559
丰台区培智中心学校	张北平	100078	方庄小区芳星园1区7号	67642945
丰台区第二培智学校	杨振东	100071	丰台区大井北里9号楼	63821643

丰台区幼儿园一览表

幼儿园全称	园长	邮政编码	幼儿园详细地址	电话号码
一、教育部门				
北京市丰台区育英幼儿园	田丽	100077	丰台区洋桥西里33号	67210212
北京市丰台区西罗园幼儿园	马玉华	100077	丰台区洋桥北里32号	67227202
北京市丰台区群英幼儿园	范建华	100077	丰台区西罗园三区十号楼	67220618
北京市丰台区东罗园幼儿园	赵丽君	100075	丰台区赵公口小区1号楼	67216759
北京市丰台区南苑教工幼儿园	张培红	100076	丰台区南苑东长街12号	67991753
北京市丰台区蒲黄榆第一幼儿园	穆新莉	100075	丰台区蒲黄榆三里甲3号	67625296
北京市丰台区蒲黄榆第二幼儿园	翟丽娟	100075	丰台区蒲安里8号楼	67622340
北京市丰台区丰台第二幼儿园	游向红	100161	丰台区丰台北路望园东里8号	63822181

续表

幼儿园全称	园长	邮政编码	幼儿园详细地址	电话号码
北京市丰台区丰台第三幼儿园	梁莉	100071	丰台区五里店南里 29 号楼	63813003
北京市丰台区青塔第二幼儿园	权明	100141	丰台区青塔小区秀园 7 号	68676040
北京市丰台区丰台第一幼儿园	朱继文	100071	丰台区东大街 27 号	63894794
北京市丰台区丰台第六幼儿园	闫俊喜	100071	丰台区丰台正阳小区 7 号楼	63853303
北京市丰台区丰台第四幼儿园	刘银玉	100070	丰台区桥南造甲南里 17 号	63712465
北京市丰台区第五幼儿园	彭俊红	100070	丰台区丰台桥南韩庄子东里	63712242
北京市丰台区樊家村教工幼儿园	张明英	100070	丰台区芳菲路 88 号院 12 号楼	83684187
北京市丰台区长辛店第一幼儿园	王晓红	100072	丰台区长辛店曹家口 26 号	83876687
北京市丰台区方庄第一幼儿园	何艳华	100078	丰台区方庄芳古园一区 16 号	67699664
北京市丰台区芳庄第二幼儿园	孔震英	100078	丰台区方庄小区芳星园 3 区 22	67635271
北京市丰台区方庄第三幼儿园	吴东慧	100078	丰台区方庄芳城园一区 8 号楼	67644688
北京市丰台区实验幼儿园	彭俊娟	100078	丰台区方庄芳群园二区十号	67652880
北京市丰台区嘉园第一幼儿园	郑淑敏	100067	丰台区马家堡嘉园二里 25 号	67532807
二、集体办				
北京市丰台区太平桥东里幼儿园	蒋雪莲	100073	丰台区太平桥东里 20 号院	63484711
北京市丰台区西罗园第一幼儿园	杨立杰	100077	丰台区西罗园一区 11 号楼	67216393
北京市丰台区西罗园第二幼儿园	周薇薇	100068	丰台区西罗园海户西里五区 7	67228132
北京市丰台区大红门街道办事处东	杨书兰	100075	丰台区大红门东楼	87271525
北京市丰台区南苑镇新开路幼儿园	贾玉	100076	丰台区南苑头道街 16 号	67991307
北京市丰台区东铁营办事处第二托儿所	曹子辉	100075	丰台区蒲黄榆四里 13 楼一层	67662829
北京市丰台区卢沟桥街道第二幼儿园	于向英	100039	丰台区大成居住区蔚园 15 楼	68671451
北京市丰台区卢沟桥街道办事处五	陈智慧	100071	丰台区五里店南里小区 17 号	63817685
北京市丰台区丰台镇兴隆幼儿园	耿学玲	100071	丰台区丰台镇北大地二里	63811799
北京市丰台区北大地西区幼儿园	陈宗宇	100071	丰台区北大地 ·里 14 栋	63864382
北京市丰台区丰台镇正阳幼儿园	单秀丽	100070	丰台区丰台桥南正阳头 5 号	63718494
北京市丰台区新村街道办事处孟村	韩淑惠	100071	丰台区孟村 120 号	63734585
北京市丰台区长辛店大街幼儿园	段秋菊	100072	丰台区长辛店大街 100 号	83876295
北京市丰台区芳群第二幼儿园	郭惠如	100078	丰台区方庄芳群园四区十号	67638316
北京市丰台区宛平幼儿园	王学明	100165	丰台区晓月苑垂虹街 3 号	83214743
北京市丰台区大井幼儿园	刘秀利	100071	丰台区田各庄村 133 号	83696791
北京市丰台区三路居幼儿园	张玉红	100073	丰台区丽泽路(临)27 号	83062326
北京市丰台区万泉寺幼儿园	宋喜琴	100073	丰台区鹅凤营村万泉寺	63353652
北京市丰台区东管头幼儿园	佟义	100073	丰台区卢沟桥乡东管头水头	63309331
北京市丰台区小井幼儿园	刘慧兰	100161	丰台区小井村 558 号	63843365
北京市丰台区西局幼儿园	杨金星	100161	丰台区卢构桥乡西局幼儿园	63893180
北京市丰台区岳各庄幼儿园	刘亚丽	100161	丰台区岳各庄 543 号	83668688
北京市丰台区靛厂幼儿园	董建平	100039	丰台区卢沟桥靛厂幼儿园 805	88247057

续表

幼儿园全称	园长	邮政编码	幼儿园详细地址	电话号码
北京市丰台区黄土岗乡中心幼儿园	王振红	100070	丰台区黄土岗乡中心幼儿园2	83608172
丰台区新发地农工商联合公司中心	孙立华	100076	丰台区汉龙南站京开路78号	67928075
北京市丰台区花乡白盆窑中心幼儿园	赵艳红	100161	丰台区花乡白盆窑6号	83793384
北京市丰台区花乡郭公庄村幼儿园	李凤琴	100160	丰台区花乡郭公庄村幼儿园8	83704884
北京市丰台区看丹村中心幼儿园	安春霞	100070	丰台区花乡看丹村578号	63722783
北京市丰台区榆树庄园艺术幼儿园	顾凤玲	100070	丰台区人民村152号	83602596
北京市丰台区草桥幼儿园	李爱香	100067	丰台区草桥欣园一区三号楼	87584713
北京市丰台区大红门幼儿园	李祖芳	100075	丰台区大红门东前街48号	67211691
北京市丰台区南苑乡西铁营村幼儿园	尹贤晶	100069	丰台区右安门外中顶村255号	63587323
北京市丰台区石榴庄中心幼儿园	宋春利	100075	丰台区石榴庄西街227号	87269235
北京市丰台区分中寺幼儿园	王晓华	100164	丰台区左安门外分中寺幼儿	67659256
北京市丰台区南苑乡新宫村村民委员会	赵颖芝	100076	丰台区南苑乡新宫村39号	67913773
三、民办				
北京市北方之星艺术幼儿园	李丁丁	100069	丰台区右安门外玉林小区东	63053264
北京市丰台区红黄蓝多元智能实验幼儿园	马淑英	100069	丰台区右安门外开阳里一区6	83528183
北京市丰台区首科双语传媒幼儿园	谢燕梅	100073	丰台区华源三里8号楼	63373506
北京市丰台区小红帽艺术幼儿园	杨立杰	100039	丰台区大成里青塔小区芳园9	68675150
北京市丰台区芳茹双语艺术幼儿园	刘东生	100068	丰台区角门小区东里7号楼西	67544482
北京欣宇幼儿园	霍秀云	100068	丰台区西马场北里15号	67563275
北京市邮政管理局海慧寺幼儿园	王凤清	100075	丰台区南顶村邮局宿舍44号	67243028
北京市丰台区翩翩艺术幼儿园	张伟光	100068	丰台区大红门建欣苑三里15	87898728
北京市丰台区幼师附属实验艺术幼儿园	李明生	100076	丰台区南苑北里1区7号楼	67961109
北京市阳光双语艺术幼儿园	刘爱芬	100079	丰台区石榴园北里小区24号	87259975
北京市丰台区意馨艺术幼儿园	曹明明	100079	丰台区东铁营政馨家园8号楼	87686009
北京育强体育才艺幼园	李大军	100064	成寿寺四方景园二区7号楼	87645009
北京市丰台区高娃钢琴幼儿园	赵红梅	100039	丰台区小屯路6号	68671184
北京市星桥幼儿园	赵秀珍	100071	丰台区大瓦窑349号	83292374
北京市丰台区星星天地幼儿园	李建英	100071	丰台区风管路一号院3号楼	83824826
北京市丰台区英才幼儿园	孟炜	100071	丰台区西四环南路60号	63850959
北京市丰台怡海幼儿园	饶亦玲	100070	丰台区南四环西路129号	63743220
北京市丰台区雅瀚艺术幼儿园	张水临	100067	丰台区草桥欣园三区11号楼	67504980
北京航天华盛幼儿园	花向红	100074	丰台区云岗南区西里22号	68376265
北京市丰台区嘉萌实验艺术幼儿园	宋雪云	100074	丰台区云岗南区西里41号楼	83393986
北京市丰台区汇佳实验幼儿园	张书婷	100078	丰台区方庄芳古园二区6号楼	67685252
北京市丰台区方庄鹤立实验幼儿园	张贺立	100078	丰台区方庄芳古园一区11号	67604977
北京开发红黄蓝双语幼儿园	蔺玉华	100078	丰台区方庄紫芳园二区7号楼	87643052
北京市丰台区嘉园实验艺术幼儿园	祁爱连	100069	丰台区嘉园二里34号楼	67534412

续表

幼儿园全称	园长	邮政编码	幼儿园详细地址	电话号码
北京市丰台区宝贝星河幼儿园	刘朝辉	100067	丰台区北甲地路6号玺萌丽苑	67523612
北京市丰台区笑笑南洋之星幼儿园	陈萍	100068	丰台区马家堡路角门14号院	67509369
北京市丰台区真爱幼儿园	张素丹	100068	丰台区西马场南里二区18号	87594150
北京市丰台区环雅阳光双语幼儿园	丁慧敏	100068	丰台区马家堡西路28号院7号	87578082
北京市丰台区嘉德双语幼儿园	贾立红	100067	丰台区嘉园三里15号楼	87568891
北京市丰台区金贝德实验幼儿园	邹俊军	100076	丰台区南苑和义东里小区	67994299
四、其它部门办				
中国人民解放军空军工程设计研究	屈文军	100068	丰台区永外洋桥12号	66711060
北京市环球橡胶厂托儿所	穆兰	100075	丰台区永外海慧寺1号	67247632
中国人民解放军95810部队幼儿园	姜燕	100076	丰台区警备东路6号3区95810	66915022
空军装备研究院蓝天幼儿园分园	高春红	100076	丰台区南苑警备东路六号二	66713354
航天万源实业公司第一幼儿园	周雅	100076	丰台区东高地万源东里90栋	88521980
航天万源实业公司第二幼儿园	周雅	100076	丰台区东高地斜街甲16号	88521980
北京市南厢物资经营公司托儿所	扈秀兰	100079	丰台区东铁营横七条44号	67672920
八一电影制片厂幼儿园	刘洵若	100161	丰台区六里桥北里甲1号	66824742
解放军第三〇二医院幼儿园	高　旭	100039	丰台区西四环中路100号	66933041
空军直属机关蓝天幼儿园	秦书华	100161	丰台区六里桥北里华凯花园	52731266
中国人民解放军海军航空兵部幼儿园	丁洁	100071	丰台区东大街五号	66959271
中国人民解放军62301部队幼儿园	冯秀兰	100071	丰台区东安街头条十九号	66873462
中国人民解放军总后勤部六一幼儿园	刘建霞	100071	丰台区西四环南路63号院内	66888030
66040部队机关幼儿园	孟瑄	100071	丰台区东大街49号	66870354
中国人民解放军62030部队院务部	赵晶	100071	丰台区丰台镇东大街20号院	66948941
北京市丰台区政府机关幼儿园	方宝燕	100071	丰台区北大街1号	83656447
装甲兵工程学院幼儿园	黄立芬	100072	丰台区杜家坎19号院	66717471
中国人民解放军63963部队幼儿园	邓祖梅	100072	丰台区长辛店槐树岭3号院幼	66862192
中国人民解放军总参谋部第五十一	陈采雁	100072	丰台区长辛店朱家坟五里三	66861042
北京二七车辆厂幼儿园	王永霞	100072	丰台区张郭庄南路1号	83804570
北京北方车辆集团有限公司幼儿园	佟新	100072	丰台区朱家坟二里12号	83807200
北京二七机车厂托儿所	段秋菊	100072	丰台区长辛店崔村一里11号	83306612
中国北方车辆研究所前进幼儿园	崔立红	100072	丰台区长辛店槐树岭四号院	83808646
中国航天科技集团公司第十一研究	周妍	100074	丰台区云岗东里8楼	68375547
北京市丰台区卫生局幼儿园	庄惠清	100078	丰台区方庄小区芳星园三区2	67628836
芳星第一幼儿园	张颖	100078	丰台区方庄小区芳星园二区1	67638297

校外教育单位一览表

单位名称	负责人	联系电话	地　　址	邮编
北京市丰台区青少年活动	王振民	63831957	丰台镇文体路36号	100071
东高地青少年科技馆	张云翼	68383621	丰台区东高地甲一号	100076
云岗科技站	赵宝生	68191590	丰台云岗南区西里20号	100074
劳技中心	张明才	87681448	丰台区方庄芳群园4区7 100078	

驻区高等院校一览表

学校名称	学校详细地址	邮编	电话
首都经济贸易大学	北京市丰台区张家路口121号	100070	83952350
首都医科大学	北京市丰台区右安门外西头条10号	100069	63291983
中国戏曲学院	北京市丰台区万泉寺400号	100073	63353774
北京电子科技学院	北京市丰台区富丰路7号	100070	83635022

索 引

说明：1. 主题词首按汉语拼音序排列，首字相同按第二字音序，其余类推。
2. 主题词后的数字表示该词及内容页码，a、b 字母在双栏文中分别表示左、右栏。
3. 特载、附录部分不作索引。

F

G

H

J

K

L

M

N

P

Q

R

S

T

W

X

Y

Z

中润发奥迪展厅

做中国最好的豪华品牌汽车经销商

北京中润发汽车销售有限公司成立于1998年，注册资金1500万元，现有员工300人，是一家股份制民营企业。1999年6月，公司被授权成为中国第一家奥迪品牌经销商。公司投资建设的中国第一家奥迪四位一体经销店于2000年3月28日正式开业，2004年9月，中国第一家奥迪二手车中心在中润发公司挂牌成立。截止到2010年，公司已经累计销售奥迪品牌轿车超过20000辆，日接待维修客户200台次，为奥迪品牌在中国市场的发展做出了巨大的贡献，并成为全国知名豪华品牌汽车经销商。

北京中润发汽车销售有限公司作为奥迪的优秀经销商,一直秉承奥迪豪华高档品牌所具有的运动基因，通过鼎力支持体育运动，展现极富动感、积极进取的品牌价值。同时，公司也在经济及文化领域同社会各界保持着频繁的接触，作为各大经济论坛的长期合作伙伴，我们用尊贵、进取的奥迪产品为各种政、经盛会增添了专业、权威与高端的华彩。另一方面，中润发公司更是在公益事业方面不后于人。慈善，是丰衣足食后的人文义举，是天下为公的豁达生活态度，援建希望小学、支援灾区同胞、救助失学儿童，中润发奥迪的身影一直穿插其间。作为各个领域中的积极参与者，中润发汽车销售有限公司在10年间不断进取，勇于创新，在纷繁的竞争中脱颖而出，向着更高的目标不断迈进。

董事长 李春明

中国第一家奥迪授权经销商

中国第一家奥迪专业二手车中心

中国第一家奥迪用户俱乐部

中国民营企业500强

中国汽车销售百强店

北京市百强企业

第一汽车奖最佳经销商

一汽-大众最佳销售业绩奖

一汽-大众服务精英奖

一汽-大众特殊贡献奖

奥迪技术服务竞赛全球总决赛季军

奥迪技术服务竞赛中国区总冠军